Suivez la réforme territoriale

sur www.geo-hatier.com

- Les cartes actualisées 2015-2016 à vidéoprojeter et à imprimer
- Des données statistiques et des textes pour enrichir le manuel et les dossiers au programme

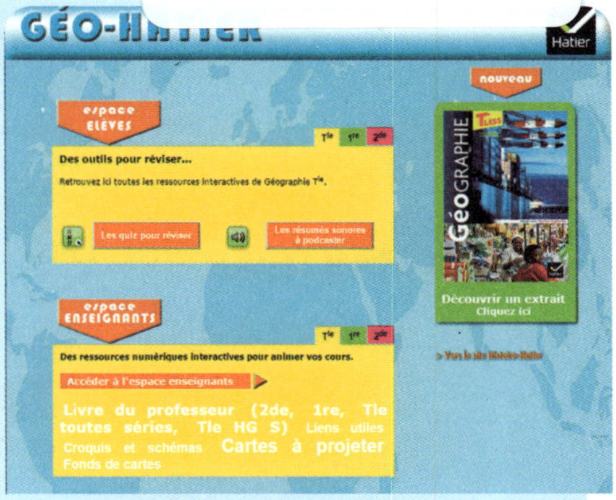

⊕ En accès libre, pour l'étude de sa région

- Le croquis corrigé
- Le fonds de croquis
- La fiche d'identité régionale
- Les chiffres-clés
- Des documents utiles

La France métropolitaine des régions : chiffres-clés

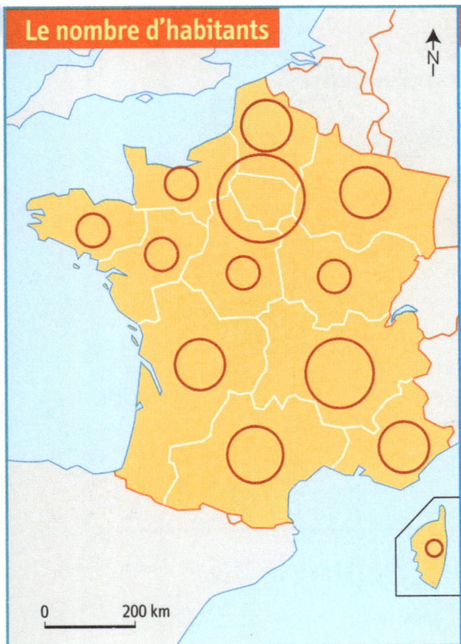

- plus de 11 millions
- plus de 7 millions
- plus de 4 millions
- plus de 2 millions
- moins de 400 000

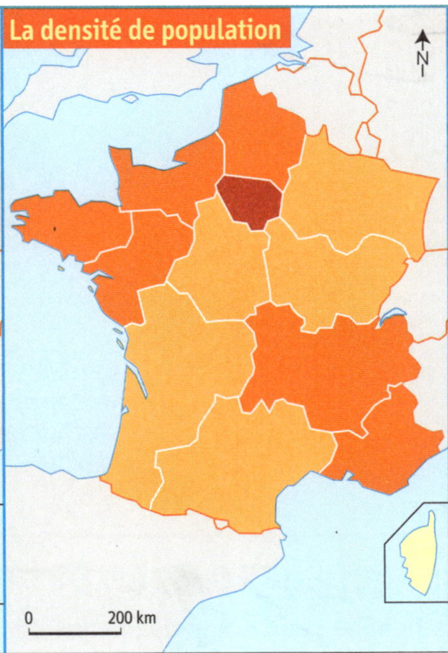

- plus de 200 habitants au km²
- de 100 à 200 habitants au km²
- de 40 à 100 habitants au km²
- moins de 40 habitants au km²

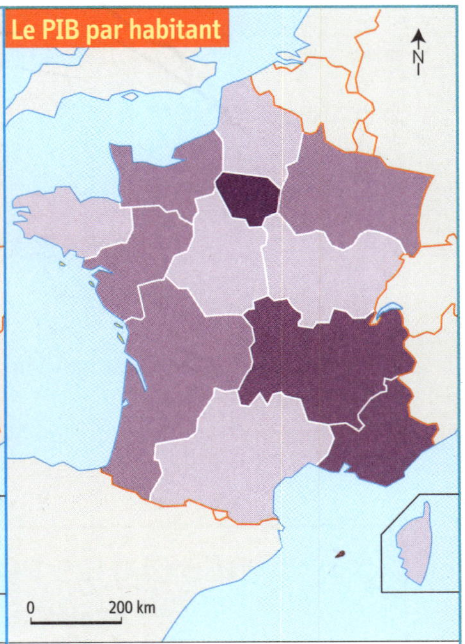

- plus de 51 000 €
- de 28 000 à 30 000 €
- de 26 000 à 28 000 €
- de 24 000 à 26 000 €

Les ressources du manuel interactif enrichi

CARTES INTERACTIVES

▸ Pour comprendre l'organisation d'un territoire, toutes les **cartes incontournables du manuel se construisent pas à pas** en cliquant sur les éléments de légende.

CROQUIS INTERACTIFS ET À IMPRIMER

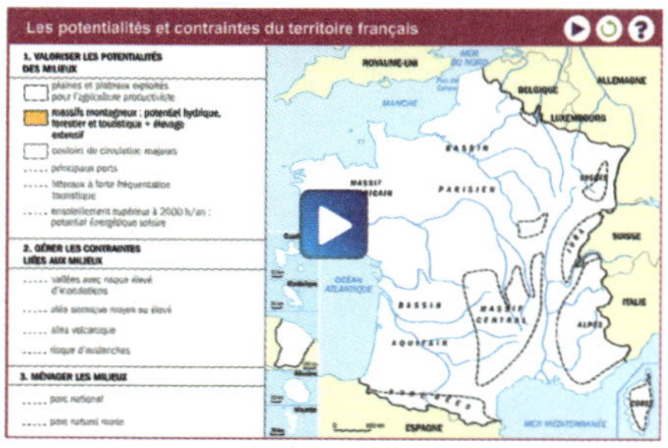

▸ Pour animer la préparation à l'examen, des **croquis type bac** sont proposés **corrigés, interactifs et fonds de croquis à imprimer.**

✚ Les croquis des 13 nouvelles régions métropolitaines et des régions d'outre-mer.

QUIZ ET RÉSUMÉS SONORES

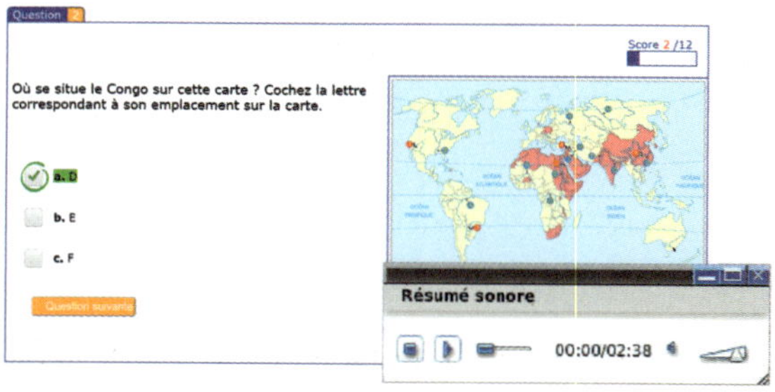

▸ Des **quiz** sur les repères spatiaux et les notions à retenir.

▸ Des **résumés sonores** sur les éléments importants du cours.

VIDÉOS

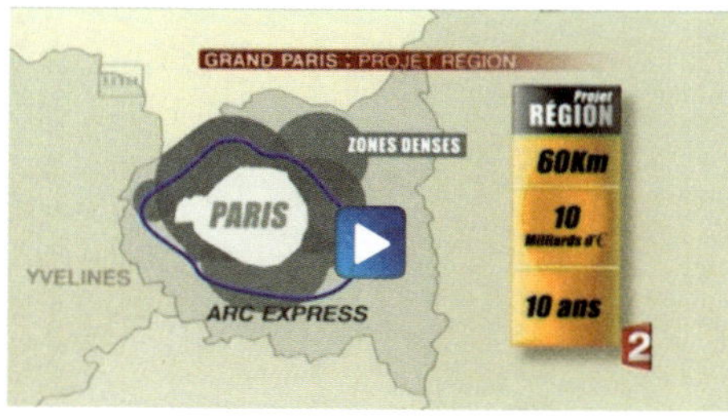

▸ Dans chaque chapitre, **des vidéos documentaires** permettent d'introduire **l'étude d'un cas concret** ou d'illustrer une notion géographique.

DES OUTILS POUR VIDÉOPROJETER ET PERSONNALISER

- Zoom et affichage plein écran de chaque document
- Une navigation facilitée : sommaire interactif, recherche par mots-clés, marque-pages
- Une personnalisation possible grâce aux annotations et au comparateur de documents
- Un outil de création de cours à partir de vos documents personnels et ceux du manuel

INFOS ET DÉMO SUR **www.editions-hatier.fr**

Géographie 1re

L ES · S

Sous la direction de

Annette CIATTONI
Professeur honoraire au lycée Louis-le-Grand à Paris

Anne FRÉMONT-VANACORE
Professeur au lycée Chaptal à Paris

Antoine MARIANI
Professeur au lycée Fénelon à Paris

Coordination pédagogique

Sarah GUYONNET
Professeur au lycée Georges Brassens à Évry-Courcouronnes

Auteurs

Stéphanie BEUCHER-AUJOL
Professeur au lycée Montaigne à Bordeaux

Marie-José EYSSETTE-LOUVEAUX
Professeur au lycée Louis-le-Grand à Paris

Éloïse LIBOUREL
Enseignant-chercheur à l'Université Paris-Est

Sarah MEKDJIAN
Maître de conférences à l'université Pierre Mendès-France à Grenoble

Véronique ZIEGLER
Professeur au lycée Molière à Paris

Hatier

Programme séries L ES

Thème 1 Comprendre les territoires de proximité (11-12h)

Questions	Mise en œuvre
Approches des territoires du quotidien → CHAPITRE 1	▸ Un aménagement choisi dans un territoire proche du lycée (étude de cas) ▸ Acteurs et enjeux de l'aménagement des territoires
La région, territoire de vie, territoire aménagé → CHAPITRE 1	▸ La région où est situé le lycée ▸ La place et le rôle des régions en France et dans un autre pays européen

Thème 2 Aménager et développer le territoire français (24-26h)

Questions	Mise en œuvre
Valoriser et ménager les milieux → CHAPITRE 2	▸ La gestion durable d'un milieu (étude de cas) ▸ Potentialités et contraintes du territoire français (ultramarin compris)
La France en villes → CHAPITRE 3	▸ Mouvements de population, urbanisation, métropolisation ▸ Aménager les villes : réduire les fractures sociales et spatiales ▸ Entre attractivité urbaine et nouvelles formes de développement : les espaces ruraux
Les dynamiques des espaces productifs dans la mondialisation → CHAPITRE 4	▸ Un territoire de l'innovation (étude de cas) ▸ Dynamiques de localisation des activités et mondialisation
Mobilités, flux et réseaux de communication dans la mondialisation → CHAPITRE 5	▸ Roissy : plateforme multimodale et *hub* mondial (étude de cas) ▸ La connexion inégale du territoire français à l'Europe et au monde par les réseaux de transport et le numérique

Thème 3 L'Union européenne : dynamiques de développement des territoires (10-12h)

Questions	Mise en œuvre
De l'espace européen aux territoires de l'Union européenne → CHAPITRE 6	▸ L'Union européenne : frontières et limites ; une union d'États à géométrie variable ▸ Disparités et inégalités socio-spatiales : l'action de l'Union européenne sur les territoires
Les territoires de l'Union européenne et leur développement → CHAPITRE 7	▸ Le développement d'un territoire ultramarin : entre Union européenne et aire régionale (étude de cas) ▸ Discontinuités, distances, insularité, spécificités socio-économiques

Thème 4 France et Europe dans le monde (11-12h)

Questions	Mise en œuvre
L'Union européenne dans la mondialisation → CHAPITRE 8	▸ L'Union européenne, acteur et pôle majeurs de la mondialisation ▸ Une façade maritime mondiale : la *Northern Range*
La France dans la mondialisation → CHAPITRE 9	▸ La présence française dans le monde ▸ Paris, ville mondiale

ISBN : 978-2-218-98681-9

Sommaire séries L ES

Programme séries S

Thème 1 Comprendre les territoires de proximité (7-8h)

Questions	Mise en œuvre
Approches des territoires du quotidien → CHAPITRE 1	Une étude de cas au choix : - Un aménagement choisi dans un territoire proche du lycée - La région où est situé le lycée Acteurs et enjeux de l'aménagement des territoires

Thème 2 Aménager et développer le territoire français (16-17h)

Questions	Mise en œuvre
Valoriser et ménager les milieux → CHAPITRE 2	Potentialités et contraintes du territoire français (ultramarin compris)
La France en villes → CHAPITRE 3	Mouvements de population, urbanisation, métropolisation Nouvelles formes de développement des espaces ruraux Aménager les villes : réduire les fractures sociales et spatiales
Les dynamiques des espaces productifs dans la mondialisation → CHAPITRE 4	Une étude de cas au choix : - Roissy : plateforme multimodale et *hub* mondial - Un territoire de l'innovation - Un espace de production agricole Dynamiques de localisation des activités et mondialisation

Thème 3 L'Union européenne et la France dans le monde (13-14h)

Questions	Mise en œuvre
Les territoires de l'Union européenne et leur développement → CHAPITRES 6 ET 7	L'Union européenne : frontières et limites ; disparités et inégalités socio-spatiales : l'action de l'Union européenne sur les territoires Le développement d'un territoire ultramarin : entre Union européenne et aire régionale (étude de cas)
L'Union européenne et la France dans la mondialisation → CHAPITRES 8 ET 9	L'Union européenne, acteur et pôle majeurs de la mondialisation La présence française dans le monde Un territoire d'intégration de la France et de l'Union européenne au monde, au choix : - Paris, ville mondiale - Une façade maritime mondiale : la *Northern Range*

Sommaire séries S

Le croquis

séries L ES

séries S

D'après B.O. du 6 octobre 2011 et du 21 février 2013

La deuxième partie de l'épreuve du bac se compose d'un exercice portant sur la discipline qui ne fait pas l'objet de la composition. En géographie : soit, pour les séries L/ES, l'étude critique d'un (ou de deux) document(s), pour les séries S, l'analyse d'un (ou de deux) document(s), soit, **pour toutes les séries, la réalisation d'un croquis d'organisation spatiale d'un territoire, en réponse à un sujet** (dans ce cas, un fond de carte est fourni au candidat).

À titre indicatif, cette partie peut compter sur 8 points dans la note globale de 20.

Méthode générale

ÉTAPE 1 *Analyser les termes du sujet*

Définir les mots-clés du sujet au brouillon.

ÉTAPE 2 *Sélectionner les informations*

- Pour vous entraîner, vous pouvez consulter les cartes du manuel, mais, lors de l'examen, vous ne disposerez d'aucune source documentaire.
- Il faut donc s'habituer à retenir les éléments essentiels.

ÉTAPE 3 *Ordonner la légende*

- Dégager deux ou trois thèmes essentiels qui serviront de titres aux parties de la légende.
- Classer et hiérarchiser les informations, d'abord au brouillon, en essayant d'équilibrer les différentes parties de la légende. N'hésitez pas à supprimer des informations si le croquis risque d'être surchargé.

ÉTAPE 4 *Choisir les figurés cartographiques*

- Vérifier au brouillon que les figurés peuvent se superposer et exprimer la hiérarchie des informations.
- Choisir les figurés les plus visibles, les plus intenses pour les faits les plus importants.

ÉTAPE 5 *Compléter le croquis*

La réalisation du croquis se fait en plusieurs étapes :

1. Recopier la légende sur la feuille qui lui est réservée.
2. Placer les figurés sur le fond de carte en traçant les hachures à la règle.
3. Indiquer quelques éléments de nomenclature (par exemple les villes, les mers, les ports…).
4. Indiquer si possible l'orientation.
5. Écrire le titre avec soin.
6. Relire le croquis en vérifiant l'orthographe.

Conseils : Les noms doivent être écrits horizontalement, en majuscules. N'employez pas le crayon à papier.

S'entraîner avec le manuel

Sujets guidés

Les figurés cartographiques

INFORMATIONS À CARTOGRAPHIER	FIGURÉS UTILISÉS	DIFFÉRENCIER DES FIGURÉS	HIÉRARCHISER DES FIGURÉS
Localisation d'éléments de surface (États, espaces urbains, agricoles, zones industrielles...)	**Figurés de surface** - plages colorées - plages hachurées - plages de pointillés	**Pour distinguer des phénomènes de nature différente :** - varier la couleur des plages - varier l'orientation des hachures - varier les types de points	**Pour hiérarchiser des phénomènes de même nature :** - varier l'intensité d'une même couleur - varier la gradation des hachures en jouant sur l'espacement ou l'épaisseur des traits - varier la densité des points
Localisation d'éléments ponctuels (barrage, ville, usine, port...)	**Figurés ponctuels**	**Pour distinguer des phénomènes de nature différente :** - varier la forme - varier la couleur	**Pour hiérarchiser des phénomènes de même nature :** - varier la taille des figurés - varier l'intensité d'une même couleur
Localisation d'éléments linéaires (fleuves, routes, voies ferrées, flux d'échanges...)	**Figurés linéaires**	**Pour différencier des types de flux :** - varier la couleur ou la forme des flèches	**Pour hiérarchiser des flux :** - varier l'épaisseur des flèches

La composition

séries L ES

Extrait du B.O. du 6 octobre 2011

Pour traiter le sujet choisi :
– le candidat montre qu'il sait analyser un sujet, qu'il maîtrise les connaissances nécessaires et qu'il sait les organiser ;
– il rédige un texte comportant une introduction (dégageant les enjeux du sujet et comportant une problématique), plusieurs parties structurées et une conclusion ;
– il peut y intégrer une (ou des) productions(s) graphique(s).

séries S

Extrait du B.O. du 21 février 2013

Le candidat doit montrer qu'il sait analyser un sujet et qu'il maîtrise les connaissances nécessaires. Pour traiter le sujet, il produit une réponse organisée et pertinente, comportant une introduction, plusieurs paragraphes et une conclusion. Il peut y intégrer une (ou des) productions(s) graphique(s).

À titre indicatif, cette partie peut compter sur 12 points dans la note globale de 20.

S'entraîner avec le manuel

Sujets guidés

Illustrer la composition par une représentation graphique

Le jour de l'examen, la présence d'un schéma dans une composition peut valoriser la copie. Vous pouvez intégrer un **schéma simple d'organisation spatiale ou un schéma fléché qui décrit un processus,** par exemple. Les schémas en fin de chapitre dans votre manuel ainsi que les schémas bilans d'études de cas, vous donnent des exemples de représentations possibles.

Conseils de réalisation pour les schémas spatiaux

- Tout schéma étant par définition une simplification de la réalité, il faut trouver des solutions graphiques simples : il est inutile de représenter le détail des tracés. Contentez-vous de lignes droites (pour les axes de transports, les cours d'eau...).

➜ Élaborez la légende et recopiez-la dans le cadre du schéma.
➜ Placez les figurés sur le schéma ; ajoutez quelques éléments de nomenclature.
➜ Écrivez le titre du schéma avec soin.
➜ Relisez le schéma en vérifiant l'orthographe des noms et de la légende.

Méthode générale

	séries L ES	séries S
Temps de l'épreuve	*Il est conseillé, sur les 4 heures que dure l'épreuve, de consacrer 2 h 45 à 3 h à la composition.*	*Il est conseillé, sur les 3 heures que dure l'épreuve, de consacrer 1 h 45 à 2 h à la composition.*
ÉTAPE 1 **Analyser le sujet** *Au brouillon*	▸ **Définir les mots-clés.** ▸ **Mobiliser ses connaissances** en notant au brouillon les idées qui répondent au sujet. ▸ **Dégager et formuler une problématique :** utiliser les mots-clés et préciser les cadres chronologiques et géographiques.	▸ **Définir les mots-clés.** ▸ **Mobiliser ses connaissances** en notant au brouillon les idées qui répondent au sujet. ▸ **Formuler le fil conducteur :** utiliser les mots-clés et préciser les cadres chronologiques et géographiques.
ÉTAPE 2 **Élaborer le plan** *Au brouillon*	▸ **Sélectionner et classer les informations** qui pourraient vous être utiles pour répondre au sujet (documents étudiés, études de cas faites en classe, chiffres-clés). ▸ **Élaborer le plan de la composition en trois grandes parties** subdivisées en sous-parties. Veiller à ce que les parties soient équilibrées.	▸ **Sélectionner et classer les informations** qui pourraient vous être utiles pour répondre au sujet (documents étudiés, études de cas faites en classe, chiffres-clés). ▸ **Élaborer le plan de la composition en plusieurs paragraphes** correspondant chacun à une seule idée.
ÉTAPE 3 **Rédiger l'introduction** *Sur la copie*	**Suivre une démarche en trois temps :** - l'annonce du sujet (notamment des mots-clés et de l'espace concerné) ; - la formulation de la problématique ; - l'annonce du plan de la composition.	▸ **Présenter brièvement** le sujet en y insérant le fil conducteur de votre devoir.
ÉTAPE 4 **Rédiger le développement** *Sur la copie*	▸ **Rédiger les deux ou trois parties du développement :** chaque partie est composée de plusieurs sous-parties correspondant à une idée. Chaque idée s'appuie sur des arguments et des exemples précis. ▸ **Séparer les parties par le saut d'une ou deux lignes** et marquer les paragraphes par un alinéa. ▸ **Intégrer éventuellement un schéma simple** pour illustrer votre propos. N'oubliez pas de lui donner un titre et une légende *(voir encadré page ci-contre)*.	▸ **Rédiger le développement en plusieurs paragraphes :** chaque paragraphe introduit une idée principale illustrée d'un ou plusieurs arguments et d'exemples précis. ▸ **Séparer les paragraphes par un saut de ligne.** ▸ **Intégrer éventuellement un schéma simple** pour illustrer votre propos. N'oubliez pas de lui donner un titre et une légende *(voir encadré page ci-contre)*.
ÉTAPE 5 **Rédiger la conclusion** *Sur la copie*	▸ **Rédiger la conclusion en deux étapes :** une réponse à la problématique en deux ou trois phrases et une ouverture du sujet.	▸ **Rédiger le bilan de votre réflexion** en deux ou trois phrases.

L'étude critique de document(s) L'analyse de document(s)

séries L ES

Extrait du B.O. du 6 octobre 2011

L'étude critique de documents doit permettre au candidat de rendre compte du contenu du ou des document(s) proposé(s) et d'en dégager ce qu'il(s) apporte(nt) à la compréhension des situations, des phénomènes ou des processus géographiques évoqués. Le candidat doit mettre en œuvre les démarches de l'étude de document(s) :

– en dégageant le sens général du ou des document(s) en relation avec l'objet géographique auquel il(s) se rapporte(nt) ;
– en faisant apparaître les enjeux spatiaux qu'il(s) exprime(nt) et la manière dont il(s) en rend(ent) compte ;
– en montrant l'intérêt et les limites éventuelles du ou des document(s) pour la compréhension de cette question géographique et en prenant la distance critique nécessaire ;
– en montrant, le cas échéant, l'intérêt de la confrontation des documents.

séries S

Extrait du B.O. du 21 février 2013

Le candidat doit mettre en œuvre les démarches de **l'analyse de document(s)** en faisant preuve de sa capacité à comprendre le contenu du (ou des) document(s) ainsi que les enjeux spatiaux qu'il(s) exprime(nt), à en dégager les apports et les limites pour la compréhension de la situation géographique abordée. Lorsque deux documents sont proposés, on attend du candidat qu'il les mette en relation en montrant l'intérêt de leur confrontation.

À titre indicatif, cette partie peut compter sur 8 points dans la note globale de 20.

S'entraîner avec le manuel

Sujets guidés

Méthode générale

	Étude critique de document[s] (séries L, ES)	Analyse de document[s] (séries S)
Temps de l'épreuve	*Il est conseillé, sur les 4 heures que dure l'épreuve, de consacrer environ 1 h 15 à l'étude critique de document(s).*	*Il est conseillé, sur les 3 heures que dure l'épreuve, de consacrer 1 heure à 1 h 15 à l'étude de document(s).*
ÉTAPE 1 **Analyser la consigne** *Au brouillon*	▸ **Lire la consigne** attentivement et souligner les mots-clés. ▸ **Définir les mots-clés** au brouillon.	▸ **Lire la consigne** attentivement et souligner les mots-clés. ▸ **Définir les mots-clés** au brouillon.
ÉTAPE 2 **Étudier le(s) document(s)** *Au brouillon*	▸ **Lire le document.** ▸ **Repérer les éléments qui permettent de le présenter :** titre, source, nature, légende, indicateurs utilisés. ▸ **Dégager le sens général du document :** résumer en une phrase l'idée principale du document. ▸ **Dégager les apports et les limites du document au sujet étudié :** sélectionner les informations pour répondre à la consigne (faits, chiffres, phénomènes...). ▸ **Mobiliser ses connaissances** en regard des éléments sélectionnés. ▸ **Dégager l'intérêt de la confrontation de deux documents :** identifier points communs, différences et complémentarités sous la forme d'un tableau. ▸ **Porter un regard critique sur le document.** – Évoque-t-il l'ensemble d'un événement/phénomène ou une partie ? – Est-il neutre ? Peut-il être nuancé ?	▸ **Lire le document.** ▸ **Repérer les éléments qui permettent de le présenter :** titre, source, nature, légende, indicateurs utilisés. ▸ **Dégager les apports et les limites du document au sujet étudié :** sélectionner les informations pour répondre à la consigne (faits, chiffres, phénomènes...). ▸ **Mobiliser ses connaissances** en regard des éléments sélectionnés. ▸ **Dégager l'intérêt de la confrontation de deux documents :** identifier points communs, différences et complémentarités sous la forme d'un tableau.
ÉTAPE 3 **Rédiger la réponse à la consigne** *Le plan au brouillon* *La rédaction sur la copie*	▸ **Bâtir un plan détaillé à la réponse en plusieurs parties :** chaque partie comporte une idée principale illustrée d'exemples précis tirés du document et de vos connaissances. N'oubliez pas la dimension critique. ▸ **Rédiger en introduction la présentation** du (des) document(s) et l'annonce du thème de l'étude. ▸ **Rédiger votre réponse en suivant votre plan** directement sur votre copie. – Aller à la ligne à chaque paragraphe. – Penser aux transitions entre les parties. ▸ **Rédiger une ou deux phrases de conclusion.**	▸ **Organiser sa réponse en plusieurs paragraphes** selon un plan détaillé : chaque paragraphe comporte une idée principale illustrée d'exemples précis tirés du document et de vos connaissances. ▸ **Rédiger en introduction la présentation** du (ou des) document(s). ▸ **Rédiger votre réponse en suivant votre plan** directement sur votre copie. Aller à la ligne à chaque paragraphe. ▸ **Rédiger une ou deux phrases de conclusion.**

CHAPITRE 1
Approches des territoires du quotidien

L'action de la région Bourgogne

Plaquette, décembre 2014

erritoires de proximité

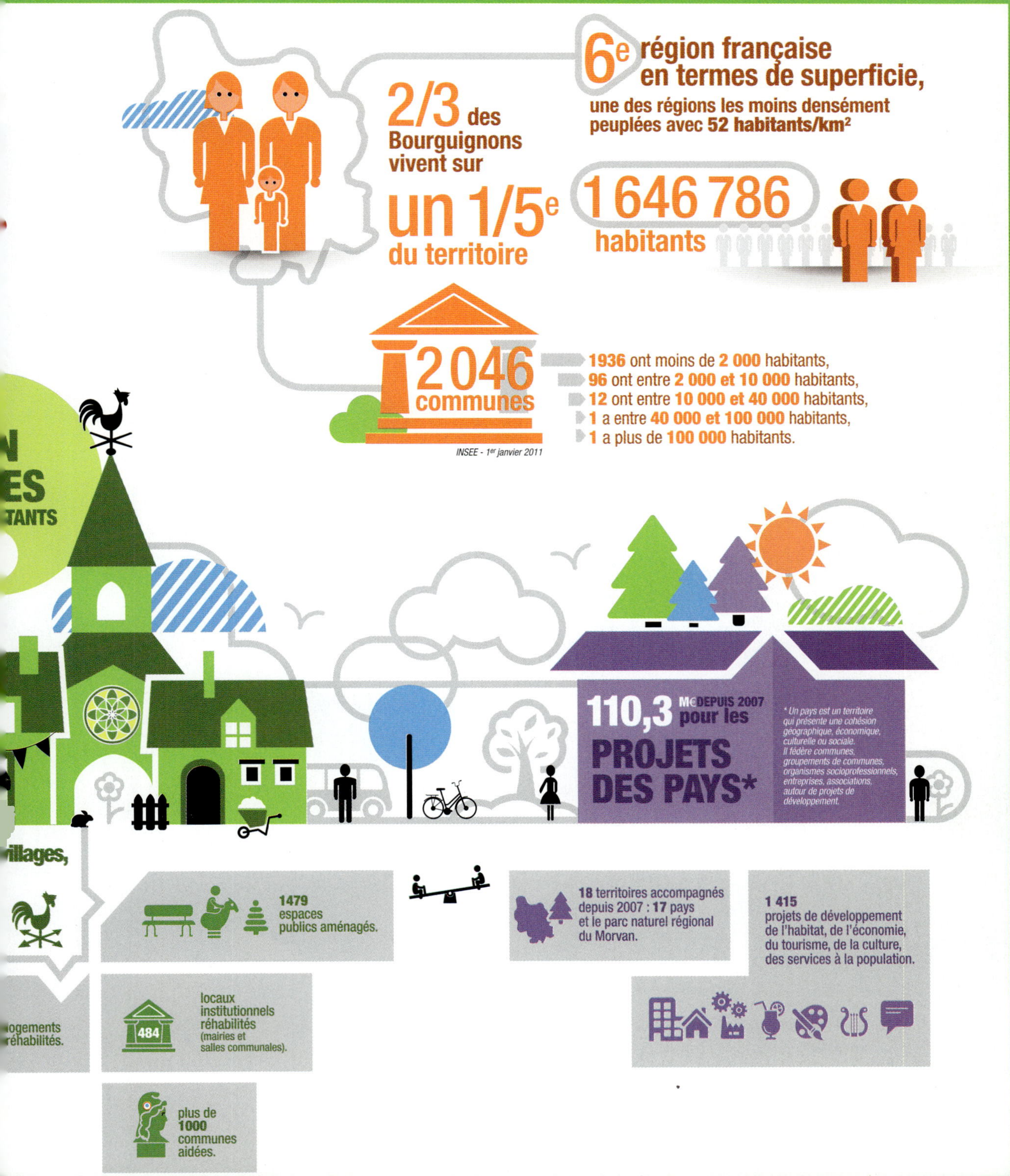

CHAPITRE 1 — APPROCHES DES TERRITOIRES DU QUOTIDIEN

Dans le cadre de régions redéfinies, les territoires du quotidien évoluent, accordant une place croissante à l'intercommunalité et aux métropoles.

Quelles sont les compétences des différents acteurs en matière d'aménagement ?

1 La piscine de la Communauté de communes du Pays de L'Aigle (Orne)

La piscine Le Cap'Orne à l'Aigle est un équipement public au service de 25 communes regroupées pour former la communauté des communes des pays de l'Aigle et de la Marche, soit un bassin de vie d'environ 21 000 personnes.

2 L'Hôtel de Région Pays de la Loire à Nantes

La Région Pays de la Loire ouvre ici les coulisses de ses projets immobiliers au travers de l'exposition « Bâtisseurs d'avenir ».

Notions

Aménagement Réalisation menée par un ou des acteurs publics ou privés visant à améliorer la vie des habitants, le fonctionnement des activités économiques ou des services publics.

Territoire Un espace organisé, aménagé et approprié par une population et ses représentants politiques.

Question

Observez les photographies et complétez le tableau suivant.

	Photographie 1	Photographie 2
Aménagement observé		
Localisation		
Objectifs de sa construction		
Acteurs impliqués		

Comment étudier un aménagement proche de mon lycée ?

À proximité de votre lycée, de nombreux aménagements ont été construits. L'objectif est d'étudier l'un de ces aménagements récents en constituant un dossier ou un diaporama basé sur des visites et des recherches.

ÉTAPE 1

Sélectionner et décrire l'aménagement choisi

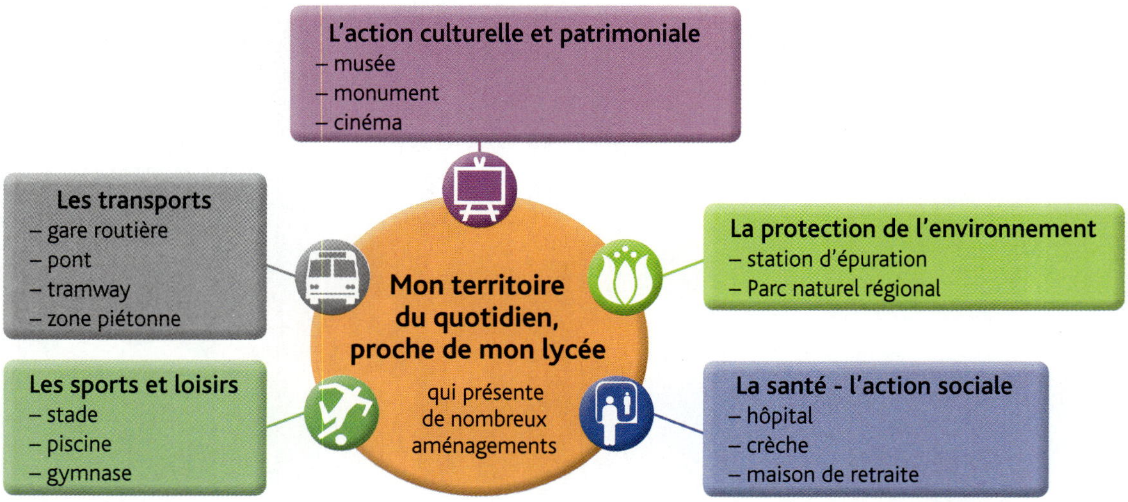

La démarche

1. ***Choisir un aménagement*** à proximité du lycée (voir schéma ci-dessus).
2. ***Décrire l'aménagement :*** date de réalisation, noms de l'architecte et du maître d'ouvrage, type de bâtiments, de matériau, superficie…
3. ***Prendre ou sélectionner des photographies*** de l'aménagement en gros plan et en plan large.
4. ***Localiser l'aménagement*** à partir d'une ou plusieurs cartes.
5. À partir de ces cartes, ***réaliser un croquis*** qui :
   - situe l'aménagement ;
   - montre et nomme les différents quartiers de l'espace urbain (centre, banlieue) ou les types d'espaces (rural, industriel, touristique…) du territoire où il est situé ;
   - représente et nomme les principaux moyens de communication.

   Attention à ne pas oublier le titre et l'échelle du croquis.

Quelles ressources utiliser ?
- Un repérage sur le terrain
- Des photographies
- Une enquête auprès des habitants du quartier
- Des cartes (sur Édugéo ou Google Maps par exemple)

ÉTAPE 2

Identifier les différents acteurs de l'aménagement

La démarche

1 *Établir la liste des différents acteurs :* publics (Union européenne, État, région, département, intercommunalité, commune...) ou privés.

2 *Enquêter sur le rôle de ces acteurs*
- Quand et comment cet aménagement a-t-il été choisi ?
- Les habitants du quartier ont-ils été consultés ?
- Quels sont les coûts de cet aménagement ?
- Quelle est la part des différents acteurs dans ces coûts ?
- Qui gère l'aménagement ?
- Quel est le rôle des citoyens et des associations ?

3 *Organiser, si possible, une rencontre* avec les acteurs locaux à l'origine de l'aménagement.

Quelles ressources utiliser ?
- Les sites Internet de l'aménagement et des collectivités territoriales
- Des plaquettes à disposition du public
- Une rencontre avec les acteurs locaux du projet

ÉTAPE 3

Présenter les enjeux de cet aménagement

La démarche

1 *Comprendre pourquoi cet aménagement a été bâti*
- Identifier les populations auxquelles il est destiné.
- Définir l'objectif de l'aménagement : reconversion d'activités, amélioration du cadre de vie, meilleure desserte du quartier, lutte contre les inégalités, insertion dans la mondialisation...

2 *Étudier les effets de l'aménagement sur les habitants et l'organisation du territoire (conséquences économiques, sociales...)*
- Réaliser un questionnaire pour consulter les usagers de l'aménagement.
- Identifier les éventuels conflits d'usage ou encore les possibles débats à l'origine du projet ou après sa réalisation entre les acteurs.

3 *Présenter le futur de l'aménagement*
- Des extensions ou des transformations de l'aménagement sont-elles prévues ?
- Cet aménagement entraîne-t-il la réalisation d'un autre aménagement ?

Quelles ressources utiliser ?
- La presse régionale ou nationale
- Les sites internet des différents acteurs
- Réaliser un sondage auprès des usagers de l'aménagement

! **Attention à bien distinguer les publications promotionnelles des documents à caractère scientifique.**

Le Musée des civilisations de l'Europe et de la Méditerranée à Marseille

Le MUCEM est un aménagement culturel ambitieux qui est rapidement devenu un symbole de Marseille.

Problématique

Quelles sont les répercussions économiques, sociales et urbanistiques de cet aménagement pour le quartier mais aussi pour la ville de Marseille ?

ÉTAPE 1

Sélectionner et décrire l'aménagement choisi

1 Description

L'aménagement choisi est le nouveau musée installé à Marseille, le MUCEM, qui a été inauguré en 2013. Il est construit par l'architecte Rudy Riciotti sur l'ancien môle portuaire J4 et utilise aussi le Fort Saint-Jean, monument historique du XIIe siècle, désormais restauré et ouvert au public. Le musée est dédié à la découverte des étapes majeures des civilisations méditerranéennes. Il s'étend au total sur 30 000 m², dont 5 600 m² d'exposition.

Quelles ressources utiliser ?

- Le site du musée : www.mucem.org
- Des SIG : www.googlemaps.fr http://carto.marseille.fr

2 Repérage

En utilisant Google Maps, tapez Marseille MUCEM. Le site de la ville de Marseille, http://carto.marseille.fr, permet également d'afficher des critères différents sur la carte (voir ci-dessous).

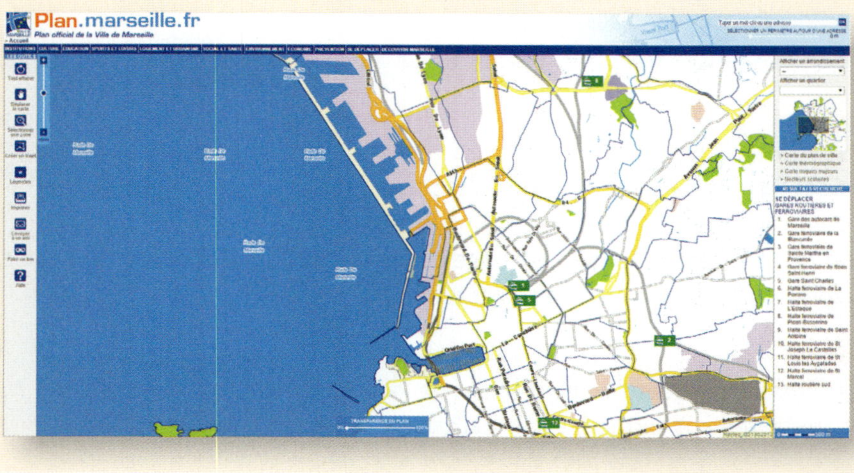

3 Passer de la carte au croquis

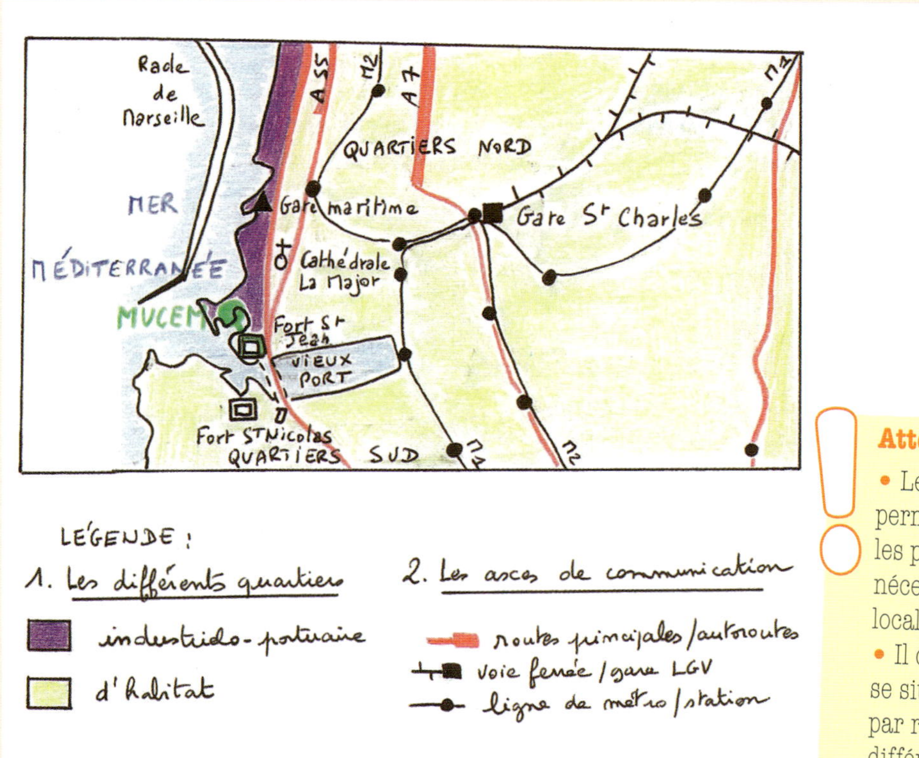

Le MUCEM est donc situé sur un ancien espace industriel, à la pointe sud du port, près des quartiers Nord de Marseille. Il est plutôt mal desservi par les transports en commun (métro). Mais, à l'échelle de l'agglomération de Marseille, il est au centre de Marseille.

Attention :

- Le croquis doit permettre de repérer les principaux éléments nécessaires à la localisation du MUCEM.
- Il doit montrer où se situe le musée par rapport aux différents quartiers de l'agglomération de Marseille, en particulier par rapport au port.
- Il peut être réalisé à la main ou avec un logiciel (*cf.* p. 61).

4 Sélectionner deux photographies

Exemples

Le nouveau bâtiment 1, la passerelle 2 et le Fort Saint-Jean 3 qui forment le MUCEM accessible au public.

Cette photographie présente le site du MUCEM avec au premier plan la rade de Marseille 4 et permet de localiser le musée par rapport à des éléments du croquis.

ÉTAPE 2

Identifier les différents acteurs de l'aménagement

1 Présenter les acteurs du projet

À partir du site officiel du MUCEM, www.mucem.org, cliquez sur « Le MUCEM » en page d'accueil. Sélectionnez « L'histoire du MUCEM », puis « Le MUCEM à Marseille ».

C'est l'État qui a suscité la création d'un musée national en région. Le ministère de la Culture et de la Communication en est donc à l'origine, l'annonce est faite en 2000. Un concours d'architecture est organisé en 2004, la première pierre est posée en 2009. Ce projet s'inscrit dans le cadre de l'opération d'aménagement Euroméditerranée visant à revitaliser Marseille et en particulier son port.

Quelles ressources utiliser ?

- Le site du musée : www.mucem.org
- Le site des opérateurs du patrimoine et des projets immobiliers de la culture : www.oppic.fr
- Des plaquettes à disposition du public

2 Enquêter sur le rôle de ces acteurs : l'exemple des coûts et du financement

À partir du site de l'Oppic, l'opérateur de cet aménagement, www.oppic.fr (opérateur du patrimoine et des projets immobiliers de la culture), quatre acteurs principaux sont repérés, on peut présenter leur part dans le budget par un diagramme circulaire.

Part des acteurs dans le coût total du MUCEM (160,3 milliards d'euros)

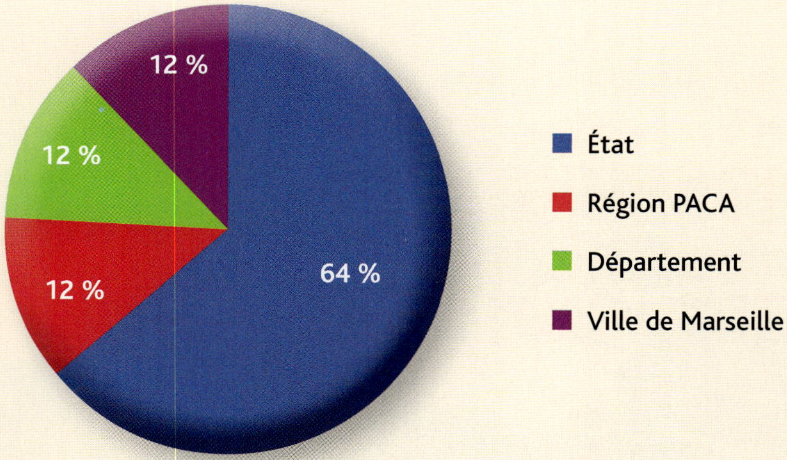

ÉTAPE 3

Présenter les enjeux de cet aménagement

1 Réaliser une revue de presse

À l'aide de la revue de presse, on peut mesurer la fréquentation et la programmation du musée (critères pour évaluer sa réussite), son rôle moteur pour développer de nouvelles activités économiques dans le quartier du port et améliorer la desserte du quartier et sa place dans la nouvelle image de Marseille. Le futur de l'aménagement est également évoqué.

1

Couverture du magazine GEO de février 2013

2

« Dans le Panier, le plus vieux quartier de la ville, et sur la rive nord du Vieux-Port, zones directement reliées au MUCEM, la mutation saute aux yeux. Snacks bobos, restaurants, boutiques design : depuis le printemps, les ouvertures se multiplient dans ces quartiers populaires, historiquement rétifs au tourisme. [...] La création du MUCEM, initiative de l'État dans le cadre de l'opération d'aménagement Euroméditerranée, a longtemps été moquée à Marseille. Aujourd'hui, selon une étude du comité départemental du tourisme, 93 % des habitants le plébiscitent »

A. Descamps, www.latribune.fr, 3 juin 2013.

3

« 15 % d'étrangers, un bon tiers de Marseillais sur le total du public français et 30 % de "récidivistes" que le MUCEM a suffisamment séduits pour qu'ils y reviennent une seconde fois... Les chiffres sont exceptionnels. Mais ils ne garantissent pas pour autant au MUCEM une réussite prolongée. Et l'arrivée de l'hiver sur Marseille, tardive mais bien réelle, la fin des deux expositions temporaires d'inauguration et le creux dans la fréquentation touristique font ressortir, en ce début janvier, les points sensibles d'un musée en plein démarrage. "Notre pyramide des âges est semblable à celles des autres musées nationaux, analyse Bruno Suzzarelli. Le visiteur moyen du MUCEM a 48 ans. Nous sommes par contre déçus par la part de 18-25 ans que nous avons réussi à attirer". Même déception sur la fréquentation des catégories populaires, pourtant nombreuses à Marseille.

Avec la morte saison, le MUCEM découvre aussi combien son territoire est isolé du reste du centre-ville, peu irrigué par la vie urbaine et mal desservi par les transports publics. À la nuit tombée, depuis la fermeture du J1, autre phare de MP 2013, l'ancienne entrée du port industriel est déserte. Et quand le mistral souffle, aucun Marseillais n'ose s'y aventurer : "On veut faire du MUCEM un lieu de vie, insiste Thierry Fabre, en charge du développement culturel. On va améliorer l'accueil, notamment au niveau de la restauration le soir." »

Télérama, 21 janvier 2014.

Exemple de tableau de travail pour regrouper les idées autour de trois axes.

	Doc. 1	Doc. 2	Doc. 3
Un musée qui attire des visiteurs			
Un musée qui a permis l'implantation de nouvelles activités économiques dans le quartier			
Un musée qui participe à une nouvelle image positive de Marseille			

2 Conclure

Le MUCEM se définit comme un lieu culturel nouveau qui doit être une passerelle entre les deux rives de la Méditerranée, mais aussi un aménagement destiné à revitaliser l'agglomération de Marseille, une des plus grandes de France. Le musée a permis l'implantation de nouvelles activités économiques dans le quartier du port et valorise l'image de Marseille.

Dossier 1

S | L ES

Acteurs et enjeux de l'aménagement des territoires

L'aménagement des territoires du quotidien doit répondre aux besoins des habitants et faire face à de nouveaux enjeux. Divers acteurs publics et privés participent au façonnement de ces espaces de vie.

▸ **Quels sont les objectifs des aménagements pour les territoires de proximité ?**

A Aménager les territoires de proximité

1 Réaménager l'espace urbain : la reconversion d'un site industriel à Toulouse

Construit sur une friche industrielle, le Cancéropôle de Toulouse sera le premier centre européen de traitement et de recherche sur la maladie.

1 La clinique universitaire abritera 306 lits d'hospitalisation.
2 Les laboratoires de l'Inserm et du CNRS pourront tester en temps réel leurs nouveaux protocoles.
3 La Maison commune regroupera un centre d'affaires, un amphithéâtre, une résidence pour les malades non hospitalisés, une salle de sport et un restaurant interentreprises.
4 À l'entrée du Canceropôle, un institut de recherches, des hôtels, des bureaux et des start-up.

1. Décrivez les particularités du site du Cancéropôle de Toulouse.
2. Pourquoi peut-on qualifier ce site de « *cluster* » c'est-à-dire de groupe d'entreprises innovantes ?

2 Faire face à l'évolution des mobilités des citadins

« Les citadins attendent légitimement de pouvoir voyager dans des conditions dignes, confortables et prévisibles. [...] Les usagers attendent aussi un bon niveau de sécurité objective et ressentie dans leurs déplacements. [...] Ils attendent aussi une ville agréable à vivre, aux nuisances (bruit, pollution) réduites et dotée d'espaces publics nombreux et apaisants. Enfin, c'est parce qu'ils sont souvent dans des situations où l'usage de la voiture est obligatoire, qu'ils ont dissocié automobilité et plaisir, et ressentent de ce fait l'usage de la voiture comme étant de plus en plus coûteux, bien que ce soit inexact dans les faits. La culture des pouvoirs publics est désormais très attentive à l'environnement. La réduction de la dépendance vis-à-vis du pétrole et la prévention de l'impact du changement climatique sont des objectifs qui font consensus. En ville, cela se traduit par une forme de consensus sur les moyens : dissuader de faire usage de la voiture et développer des transports publics. »

J.-P. Orfeuil, « Quelles villes et quelles mobilités au service des dynamiques productives contemporaines ? », *Annales des Mines - Responsabilité et environnement* n° 75, 3/ 2014.

1. Quelles sont les nouvelles attentes des citadins ?
2. En quoi rencontrent-elles les objectifs des pouvoirs publics ?

3 Réduire et traiter les déchets

Plaquette du Conseil général de Lozère (2011).

1. Quels aménagements sont prévus pour le traitement des déchets ?

2. Comment l'enjeu environnemental se manifeste-t-il concrètement dans la vie des citoyens ?

4 Rénover des espaces de vie : la Coulée verte à Saint-Dizier (Haute-Marne)

Comme le montre le panneau de chantier, ce projet urbain mené en 2011-2012 fait appel à un partenariat d'acteurs.

- Identifiez les acteurs impliqués dans le projet et la part de financement de chacun.

B La place croissante des acteurs

5 Les acteurs privés : le centre commercial Atoll à Angers-Beaucouzé

« "Il n'y a pas de fatalité de la laideur en entrée de ville." C'est sur ce créneau que le concepteur, aménageur et gestionnaire de L'Atoll, Philippe Journo, PDG de la société la Compagnie de Phalsbourg, a emporté le choix d'Angers Loire Métropole, en 2008, au moment de doter le territoire d'un aménagement commercial innovant et attractif. En ce sens, L'Atoll tient déjà ses promesses. Le mastodonte, d'une emprise au sol de 91 000 m², vaste comme deux fois le Stade de France, ne désemplit pas depuis son ouverture, le 4 avril, à l'entrée Ouest de l'agglomération, sur la commune de Beaucouzé. [...] "Nous recevons la visite de représentants d'autres agglomérations, intéressés par ce parc nouvelle génération", confirme Ph. Journo.

[...] Nouveau dans son concept commercial, mais surtout dans son concept architectural, l'écoparc s'appuie fortement sur le végétal et le développement durable. C'est le premier centre commercial, par exemple, à solliciter la certification Haute Qualité Environnementale. "L'Atoll, c'est une enveloppe dédiée au commerce et à l'équipement de la maison bien sûr, mais c'est aussi une vitrine, un aménagement phare qui va donner à Angers et à son territoire une image définitivement moderne et innovante." »

Communauté d'agglomération Angers-Loire-Métropole, *Métropole. Le Magazine* n° 35, avril-mai-juin 2012.

Doc. 5 Quels sont ici les acteurs et leurs objectifs ?

Doc. 5 et 6 et Doc. 4 p. 27 Présentez les nombreux acteurs qui interviennent dans l'aménagement des territoires.

Vocabulaire

Budget participatif Lorsqu'une commune met en place un budget participatif, les citoyens se prononcent pour décider de l'attribution de tout ou partie du budget de la commune.

6 Les résultats du vote pour le budget participatif de Paris

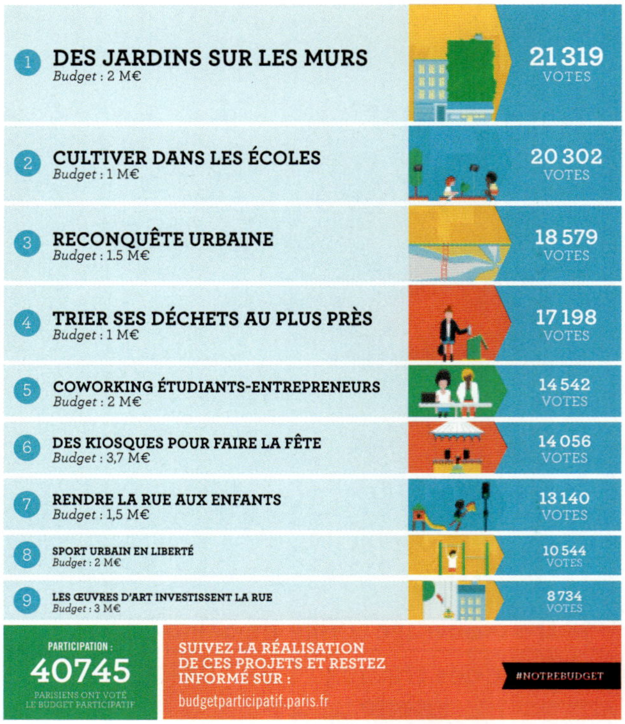

Les projets gagnants pour le budget participatif 2014 ont été intégrés au budget de la Ville de Paris.

1. Quels types de projets ont été soumis au vote ?
2. La participation vous semble-t-elle significative ?

C Des enjeux d'aménagement parfois conflictuels

7 Des conflits entre différentes logiques d'aménagement

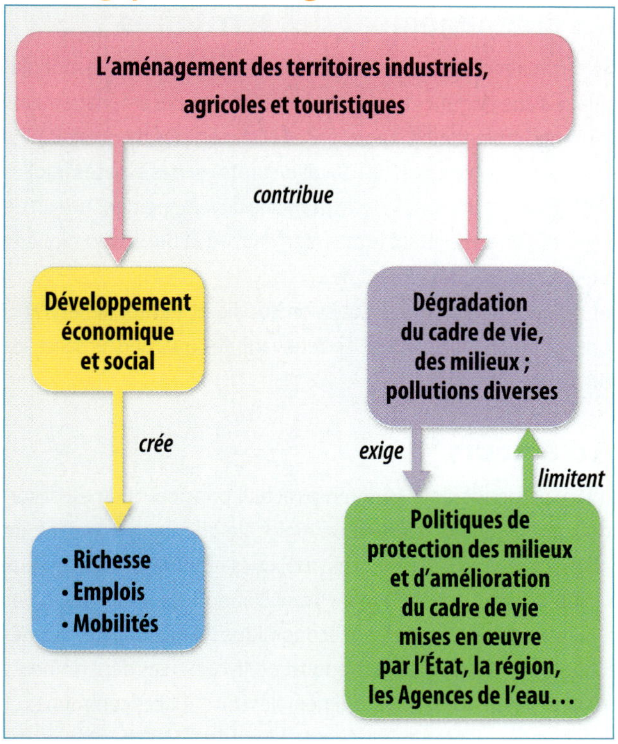

1. En quoi les aménagements peuvent-ils avoir des conséquences contradictoires ?
2. Quel est le rôle des pouvoirs publics ?

8 Conflits d'usages autour d'un projet d'éoliennes (Vosges)

Quel aménagement suscite ici un conflit d'usage ? Quels sont les arguments présentés ?

9 Le projet de Center Parcs à Roybon (Isère), au centre d'une polémique

Manifestation de défense du projet de village de vacances Center Parcs, organisée par l'association Vivre en Chambaran.

« Les manifestants défendaient à nouveau ce projet, critiqué par des opposants réunis dans une "**zone à défendre**" installée près du chantier de construction du groupe Pierre & Vacances. Dimanche, le cortège a pris soin d'éviter les lieux et "toute rixe avec les opposants".
Pour le président de l'association […] :
"Ce projet pourrait permettre d'assurer un avenir aux générations futures." […]
Le projet, subventionné par les pouvoirs publics, prévoit 697 créations d'emplois […] et d'importantes retombées fiscales pour les collectivités locales. […]
Lancé en 2007, le projet a déjà fait l'objet de nombreux recours, parfois jusqu'au Conseil d'État, visant le permis de construire, l'autorisation de défrichement ou le plan local d'urbanisme. […] »

« Nouvelle manifestation en faveur du projet de Center Parcs », *Le Monde*, 14 décembre 2014.

Vocabulaire

Zone à défendre (ZAD) Notion inventée par les opposants à de grands projets d'aménagement en reprenant le sigle ZAD qui signifie initialement Zone d'Aménagement différé.

PRÉPA BAC

Étude/Analyse de documents

Doc. 8 et 9 À partir de ces documents, expliquez quels sont les conflits d'usages et quels types d'arguments sont mis en avant.

Cours 1

Acteurs et enjeux de l'aménagement des territoires

S | L ES

Les acteurs de l'aménagement des territoires à toutes les échelles doivent répondre à l'émergence des enjeux économiques et sociaux.

Les communes en France
- 36 681 communes au 27 janvier 2015
- 86 % comptent moins de 2 000 habitants et ne regroupent que 24,5 % de la population française

Les 14 métropoles représentent :
- 0,65 % des intercommunalités
- 25 % de la population française
- 65 % du PIB

Source : Données Insee, 2015.

1 Les enjeux de l'aménagement des territoires

- En concurrence avec d'autres territoires dans le cadre de l'Union européenne et de la mondialisation, les territoires français font face à une exigence accrue de compétitivité. Les aménagements renforcent leur attractivité en favorisant l'implantation d'entreprises et de services de qualité.
- Le développement durable est aussi un enjeu majeur. Il s'agit de protéger des espaces fragiles par des politiques de préservation (Parc naturel régional…), de penser le développement urbain de manière à préserver l'environnement tout en permettant le maintien d'un équilibre économique et social (**Agendas 21**, quartiers Haute Qualité Environnementale…).
- Ces aménagements doivent prendre en compte la cohésion sociale et territoriale et s'articuler avec la Politique de cohésion de l'Union européenne. En rénovant des quartiers urbains, les aménagements améliorent le cadre de vie et la mixité.

2 Une pluralité d'acteurs

- Les acteurs publics ont une place prépondérante. Longtemps acteur principal, l'État est désormais relayé par ses services déconcentrés, comme la Direction régionale de l'environnement, de l'aménagement et du logement dans les régions. Des agences publiques répondent à des enjeux particuliers (Conservatoire du littoral, Agence nationale pour l'amélioration de l'habitat…). Les régions sont un acteur majeur en matière de développement économique (TER, tourisme), d'aménagement du territoire, de protection de l'environnement, d'éducation (lycées). Les départements ont en charge les collèges, l'action sociale et les routes départementales **(doc. 4)**. Les communes et intercommunalités ont un rôle important dans les territoires du quotidien **(doc. 1)**. L'UE, à travers les fonds structurels, y participe aussi.
- Des acteurs privés, en particulier des entreprises, sont impliqués dans l'aménagement des territoires (centres commerciaux, parkings, pôles de recherche…).
- Les citoyens participent de plus en plus aux choix d'aménagements, directement à travers des débats publics, des votes ou par l'intermédiaire d'associations.

3 Espaces de vie et échelles d'aménagement

- Les communes, maillon de base du territoire, ne correspondent plus aux espaces de vie des habitants : les réseaux de transport et les bassins d'activité qui structurent les territoires du quotidien dépassent les limites communales. Des regroupements ont été créés dès 1999 en **intercommunalités** autour des Établissements publics de coopération intercommunale (EPCI). Ces derniers ont des compétences en aménagement du territoire à travers les **SCOT**, qui imposent des cadres et des objectifs communs aux communes pour les constructions de zones d'activité, de logement et de réseaux de transport **(doc. 2)**. Les réformes de 2010 et 2014-2015 favorisent la mutualisation des moyens dans le cadre d'intercommunalités plus vastes et regroupant davantage d'habitants.
- Dans le cadre de la réforme territoriale, la loi de modernisation de l'action publique territoriale et d'affirmation des métropoles de 2014 donne un statut de métropole à 14 intercommunalités de plus de 400 000 habitants dans une aire urbaine de plus de 650 000 habitants. Elles ont pour objectif de rationaliser la gestion locale, d'être les locomotives du développement économique grâce à des compétences renforcées et de rayonner à l'étranger.
- Plusieurs intercommunalités peuvent se regrouper dans un pôle d'équilibre territorial et rural pour élaborer un projet de territoire en matière de développement économique et de promotion de la transition écologique, en cohérence avec le SCOT. **(doc. 3)**

▶ **L'aménagement des territoires fait intervenir des acteurs divers qui interagissent au service de nouveaux enjeux.**

Notion

Aménagement des territoires
Ensemble des mesures politiques et économiques visant à améliorer le fonctionnement des territoires.

Vocabulaire

Agenda 21
Document fixant un projet de territoire sur la base d'une gestion durable.

Intercommunalité
Groupement de communes dans un établissement public de coopération intercommunale (EPCI). Les EPCI coopèrent dans des domaines comme l'aménagement, la gestion des ordures, les infrastructures…

SCOT
Schéma de cohérence territoriale.

1 Une intercommunalité urbaine

Couverture du magazine de la Communauté d'agglomération Évry Centre Essonne, *Évryagglo*, hors-série n° 38 sur la réforme territoriale, oct. 2014.

Comment ce document caractérise-t-il la communauté d'agglomération d'Évry Centre Essonne ?

2 Une intercommunalité rurale : le SCOT du Haut-Jura

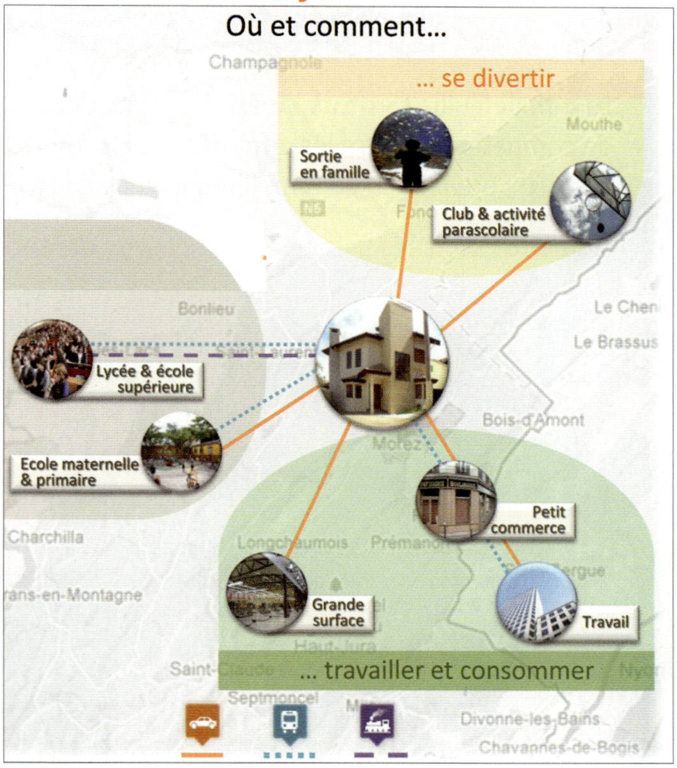

A partir de 2010, les communes du Parc naturel régional du Haut-Jura ont établi un SCOT.

Dans quels domaines ce SCOT intervient-il ? Est-ce conforme à la définition d'un SCOT ?

3 Un territoire rural dans la réforme

« Faire émerger une grande ambition : promouvoir une destination Thiérache, c'est l'objectif de l'office de tourisme du pays de Thiérache [...]. Les offices de tourisme d'Hirson, Vervins et Guise ont été fusionnés pour unifier l'offre.

Pérenniser des initiatives déjà bien rodées comme Herbus : ce système de transport collectif public à la demande, sur l'ensemble des communes du Pays de Thiérache, rencontre un réel succès tant au niveau de sa fréquentation qu'au niveau de la satisfaction retirée par ses usagers. Herbus, c'est un fichier clients d'environ 1 000 usagers, 290 demandes d'informations ou réservations par mois et 560 personnes transportées par mois. »

Préfecture de l'Aisne, Communiqué de presse, « Rénover le cadre institutionnel dans les territoires ruraux », 28 novembre 2014, D.R.

Quels sont les objectifs du pôle d'équilibre territorial et rural de Thiérache ?

4 Le département, acteur de l'aide sociale

S L ES

La réforme territoriale : quels enjeux ?

Le « millefeuille territorial » est l'objet de débats, notamment à cause de nombreux chevauchements de compétences entre les différentes collectivités territoriales. Pour simplifier la gestion des territoires et mieux prendre en compte l'importance du rôle des métropoles, une réforme territoriale est en cours.

Quelles sont les principales mesures contenues dans la réforme territoriale de 2014-2015 ?

A Pourquoi une réforme ?

1 Le « millefeuille territorial »

« L'article 1er de la Constitution précise "que l'organisation de la République française est décentralisée". La France compte 101 départements, 36 700 communes, 22 régions et 2 600 groupements intercommunaux. Quatre échelons administratifs locaux se partagent des compétences : commune, intercommunalité, département et région. Cet empilement des échelons d'administration, les compétences partagées et les financements croisés sont souvent résumés par l'expression "millefeuille territorial". Cette organisation est souvent illisible pour le citoyen et nuit à l'efficacité de l'action publique des territoires. »

Site du Gouvernement, www.gouvernement.fr, 2015.

2 Deux exemples d'empilement de compétences

a. La gestion du Marais poitevin

Au moins huit collectivités s'occupent du Marais poitevin : l'État, deux régions, trois départements, l'agence de l'eau Loire-Bretagne et le Conservatoire du littoral et des rivages lacutres.

b. Les acteurs du tourisme à Besançon

Besançon compte trois antennes d'offices de tourisme : une pour la ville, une pour le département, une pour la région. Chaque échelon développe ses plaquettes, son site Internet et sa stratégie de communication.

PRÉPA BAC

Étude/Analyse de documents

Doc. 1 et 2 Après avoir présenté les documents et la notion de « millefeuille territorial », expliquez les raisons de la réforme.

3 La réforme territoriale : une idée ancienne

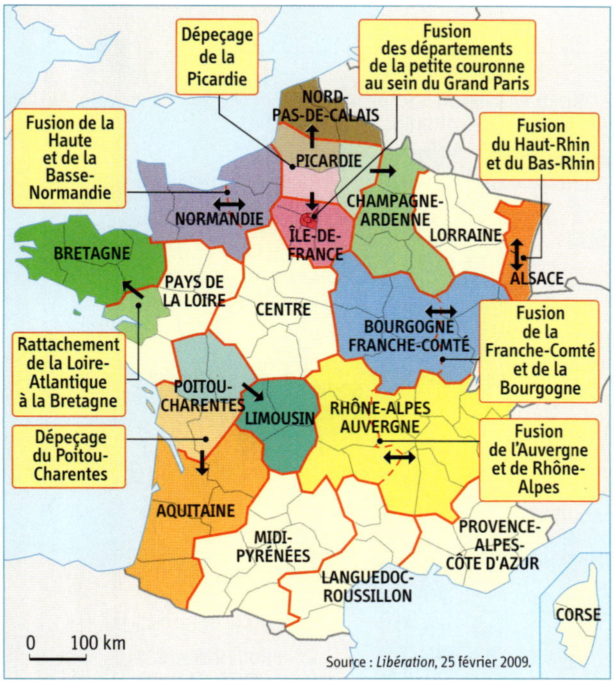

En 2009, la commission Balladur de réforme territoriale a proposé une simplification de la division administrative et le regroupement de certaines régions.

4 Les régions françaises avant la réforme de 2014

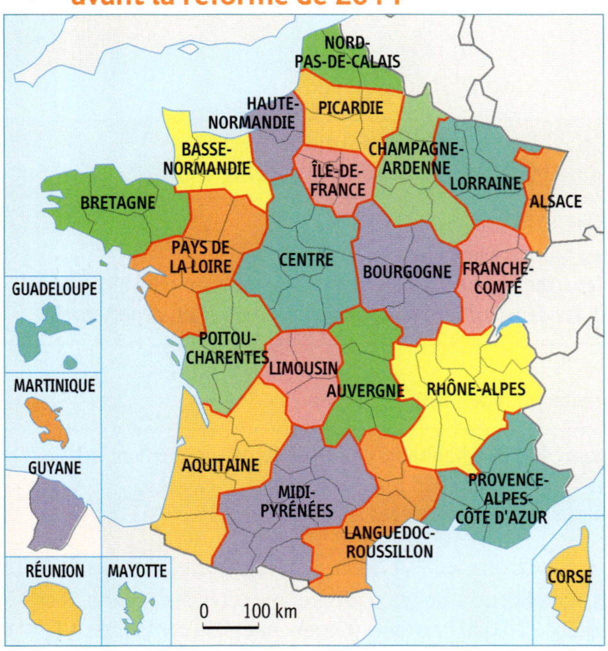

Doc. 3 et 4 En confrontant les deux cartes, montrez les objectifs de la réforme envisagée en 2009.

5 Les différents enjeux de la réforme territoriale

« Trois objectifs doivent être conciliés. [...] Le premier privilégie la gestion quotidienne des territoires et des hommes. C'est la couverture des besoins en éducation, en santé et sécurité publiques, en administration des réseaux de transports, d'énergie, d'information, et aussi en matière d'aide aux plus démunis [...]. [Cela] nécessite des territoires et des structures d'intervention proches des intéressés, et suffisamment fixes et délimités pour être identifiables et accessibles rapidement. [...] À l'opposé, un second objectif concerne la vision stratégique à plusieurs décennies d'un ensemble territorial, dans le triple cadre de la France, de l'Europe et du monde. Les espaces peuvent être ici plus vastes, plus éloignés des préoccupations immédiates des habitants, les limites plus floues [...]. Il faut [...] ajouter une troisième finalité au découpage territorial : l'apprentissage et l'exercice de la démocratie locale. Il doit autant assurer la descente normale des décisions des autorités sur leur terrain de compétence, qu'assurer la remontée des contre-pouvoirs des citoyens vers leurs gouvernants, à toutes échelles des territoires. [...] Il faut des échelons administratifs intermédiaires, assortis d'une pédagogie locale incessante.

[...] La prise en compte [des changements démographiques] des territoires heurte deux certitudes aujourd'hui également erronées. La première nous vient de la Révolution, avec la départementalisation [...]. Cet héritage, dépassé, réduit l'imagination de la réforme territoriale à des regroupements de circonscriptions et à des gommages de frontières, mais sans oser toucher à l'unité et à la continuité du puzzle. La seconde erreur est de croire à la taille optimale de très grandes régions dans la compétition internationale [...]. »

G. Burgel, « Réforme territoriale : différencier les espaces et les objectifs », © RERU – *Big Bang Territorial*, 2015.

1. D'après l'auteur, quels sont les trois objectifs qui doivent être pris en compte par la réforme territoriale ?
2. D'après la phrase soulignée, la région correspond-elle ici à un territoire de vie ? Pourquoi ?
3. Que pense l'auteur du département ? Que devient le département dans la réforme (appuyez-vous sur le doc. 7 p. 34) ?
4. Quel semble être l'avis de l'auteur sur les nouvelles régions ? Et globalement sur la réforme de 2014 ?

B La réforme territoriale de 2014-2015

6 Les nouvelles régions

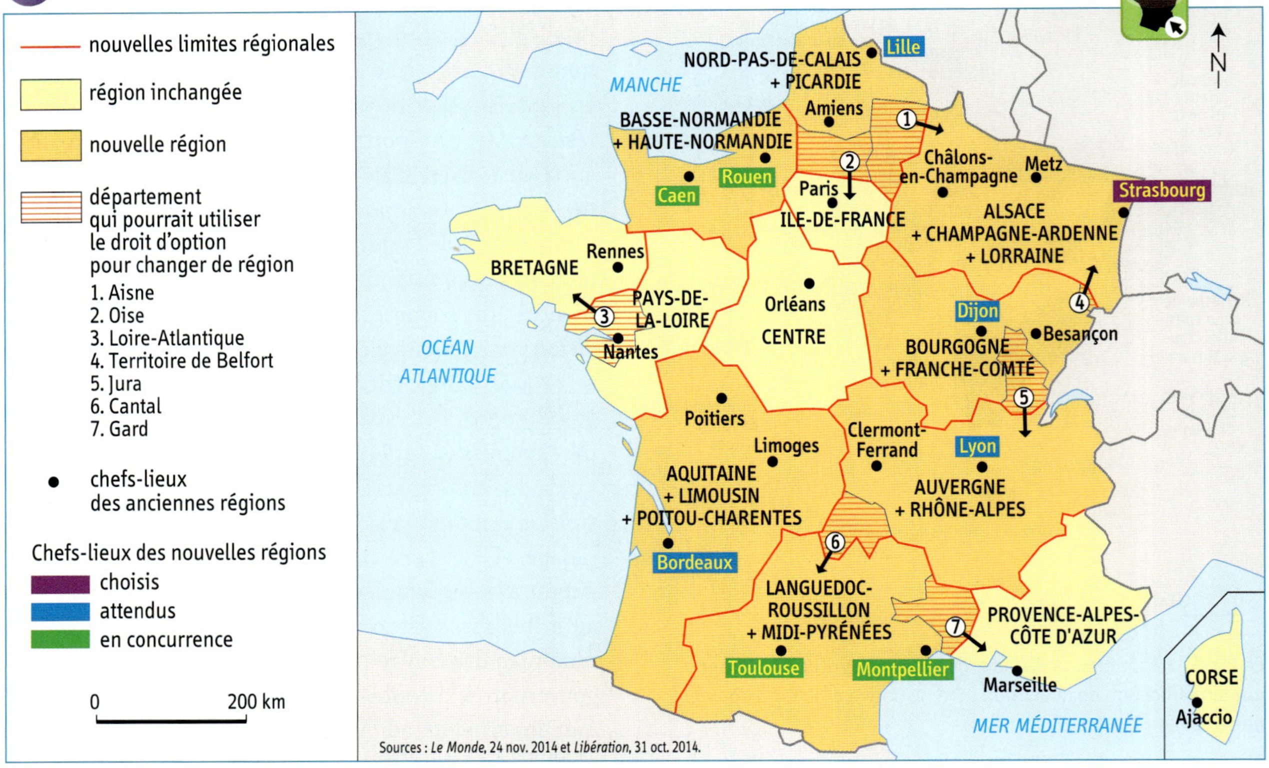

Sources : *Le Monde*, 24 nov. 2014 et *Libération*, 31 oct. 2014.

Comparez ce nouveau découpage régional au découpage précédent (doc. 4 p. 33). Quels en sont les principaux changements ? Quelles régions ne changent pas ?

7 Les collectivités territoriales dans la réforme territoriale

L'organisation jusqu'en 2015	Les nouvelles dispositions (lois MAPTAM, NOTRe de 2014-2015)
22 régions métropolitaines	– 13 régions le 1er janvier 2016. – Choix des capitales au plus tard le 1er juillet 2016. – Droit d'option : un département peut quitter une région pour en rejoindre une autre s'il y a l'accord des deux conseils régionaux concernés et du département.
101 départements	– 101 départements. – Le Conseil départemental remplace le Conseil général.
15 communautés urbaines	14 métropoles d'au moins 400 000 habitants chargées du développement urbain : – 11 métropoles créées le 1er janvier 2015 ; – Grand Paris et Aix-Marseille-Provence créées le 1er janvier 2016 ; – Nice déjà existante.
2 600 groupements intercommunaux (Communautés de communes et communauté d'agglomération) réunissant au moins 5 000 habitants	Les intercommunalités, nouvelle ossature du territoire, aux côtés des régions. Elles devront atteindre un seuil de 20 000 habitants (Communauté de communes) et 50 000 habitants pour les communautés d'agglomération. Des exceptions sont prévues pour les départements peu denses et montagneux.

8 La loi définit la métropole

« La métropole est un établissement public de coopération intercommunale à fiscalité propre regroupant plusieurs communes d'un seul tenant et sans enclave au sein d'un espace de solidarité pour élaborer et conduire ensemble un projet d'aménagement et de développement économique, écologique, culturel et social de leur territoire afin d'améliorer la cohésion et la compétitivité et de concourir à un développement durable et solidaire du territoire régional. Elle valorise les fonctions économiques métropolitaines, ses réseaux de transport et ses ressources universitaires, de recherche et d'innovation, dans un esprit de coopération régionale et interrégionale et avec le souci d'un développement territorial équilibré. »

Loi MAPTAM du 27 janvier 2014, article 43.

Quels sont les critères de définition de la métropole ? Quelles seront ses compétences en matière d'aménagement ?

9 Les métropoles françaises

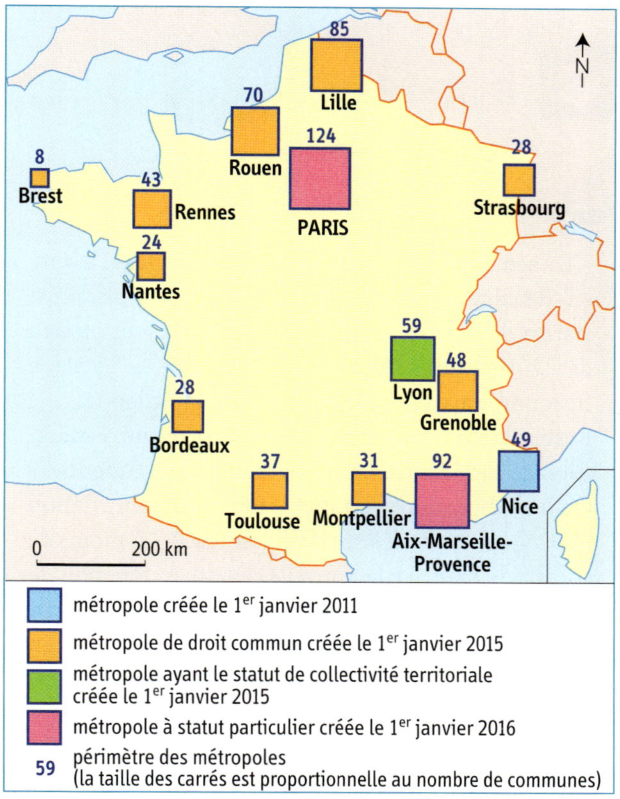

10 La métropole de Lyon

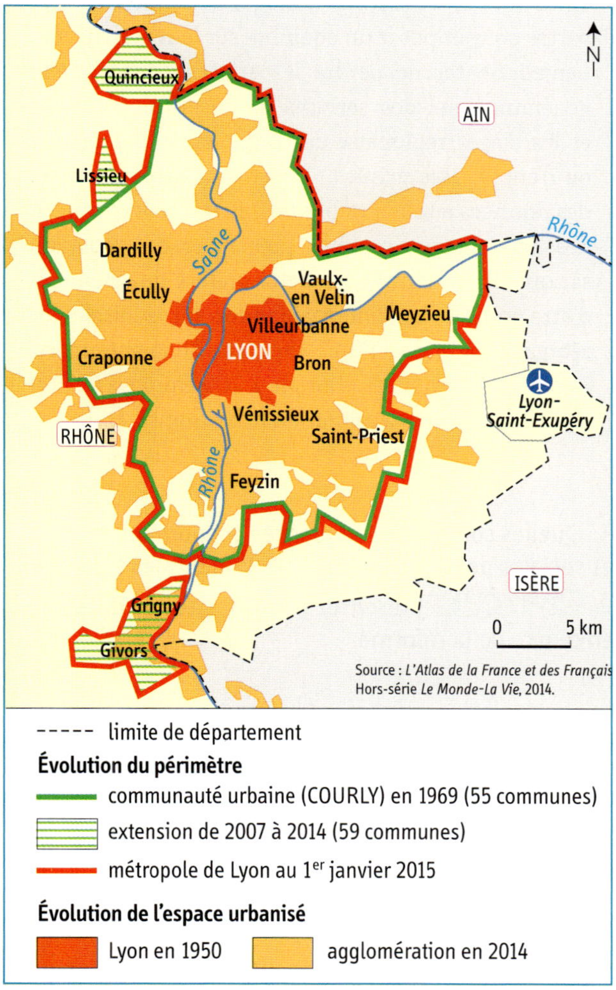

11 Les compétences de la métropole de Lyon

« La métropole lyonnaise résulte de la fusion de la communauté urbaine de Lyon (le Grand Lyon) et de la portion du département du Rhône située sur le périmètre urbain[1]. Elle est dotée de compétences très étendues reprenant celles du département, principalement l'action sociale, mais aussi les compétences d'une intercommunalité, certaines compétences régionales, avec les financements afférents. [...]
La métropole, dont le budget passe à environ 3 milliards d'euros, peut également reprendre des politiques exercées par les communes membres, mais aussi leur en déléguer comme l'action sociale. L'État peut déléguer à la métropole des compétences en matière de logement (aides à la pierre, logement prioritaire, droit au logement opposable) mais pas le logement d'urgence. Elle a comme capitale Lyon et comprend trois organes : une assemblée délibérante (le conseil de la métropole), des conférences consultatives locales des maires, une conférence métropolitaine des maires chargée d'élaborer un pacte de cohérence entre métropole et commune. »

D'après France 3 Rhône-Alpes, 21 novembre 2014.

1. Le département du Rhône continue donc d'exister.

PRÉPA BAC

Étude/Analyse de documents

Doc. 10 et 11 Après avoir présenté les documents et leur contexte, vous montrerez l'impact de la réforme territoriale sur la métropole de Lyon.

C Débats et limites de la réforme

12 Quel nom pour les nouvelles régions ?

« La semaine dernière, l'Assemblée nationale a voté en deuxième lecture une nouvelle carte administrative de la France, découpée en 13 régions au lieu de 22. Une fois cette réforme entérinée, la Lorraine fusionnera avec l'Alsace et Champagne-Ardenne.
Reste à trouver un nom à cette future entité. Faudra-t-il l'appeler "Alsace Lorraine Champagne-Ardenne" ? Ou utiliser, comme certains le font déjà, l'abréviation "ALCA", sur le modèle de la région PACA ? À moins de choisir de baptiser la nouvelle région en fonction de son positionnement géographique : "Grand Est", par exemple, ou, pourquoi pas, "Quatre Frontières", en référence à sa contiguïté avec la Belgique, le Luxembourg, l'Allemagne et la Suisse. »

L'Est républicain, 2 décembre 2014.

Caricature de Delestre.

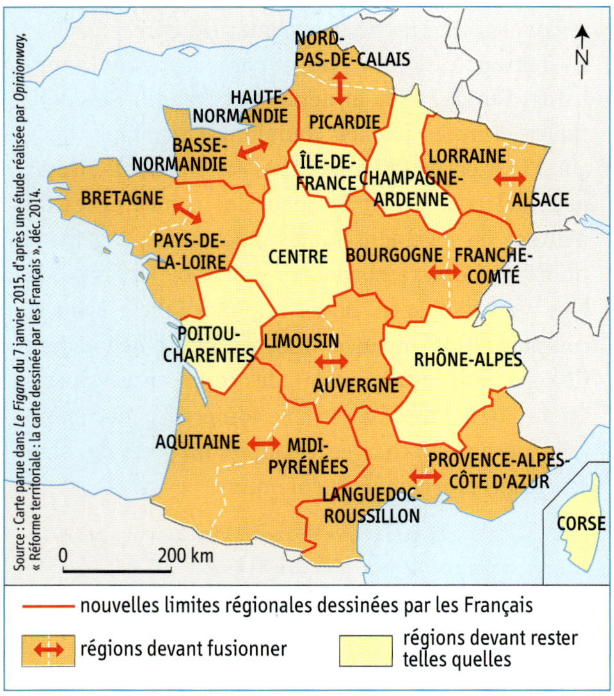

13 Quelles capitales régionales ?

« Avec la réforme territoriale, 9 villes vont perdre leur statut de capitale régionale et les effectifs associés. Elles réclament des contreparties. Le "club des ex" recrute mais il n'a que neuf places peu convoitées à offrir. Le maire de Châlons-en-Champagne, Benoist Apparu, a lancé ce mardi la mobilisation des capitales régionales menacées de perdre leur statut. La réforme territoriale fusionne 22 régions en 13 super-régions, ce qui condamne 9 villes à s'effacer après 2016 à l'issue d'un vote des futures assemblées régionales élues fin 2015. Benoist Apparu et deux associations d'élus représentant les villes moyennes et les grandes villes ont déjà convaincu les représentants de 4 autres villes (Metz, Besançon, Limoges et Amiens) de se battre pour imposer un équilibre sur leurs territoires. L'enjeu : éviter de perdre les effectifs des conseils généraux, ceux des services déconcentrés de l'État et les sièges régionaux des organismes parapublics ou d'entreprises privées. "Nous souhaitons collecter des données sur le nombre de fonctionnaires concernés dans chaque capitale, préconiser des réorganisations et rencontrer les deux préfets qui viennent d'être nommés par Thierry Mandon sur la mission de réorganisation de l'État", explique Benoist Apparu. Besançon compte par exemple 1 700 employés d'État et 410 salariés de la région Franche-Comté. [...] »

M. Quiret, *Les Échos*, 10 décembre 2014.

1. Quelles sont les conséquences économiques et sociales de la perte du statut de capitale régionale ?

2. Doc. 12 et 13 Présentez les difficultés de mise en œuvre de la réforme.

14 Redécoupage régional et sondage

Carte du redécoupage régional dessinée suite à un sondage réalisé en décembre 2014 et paru dans *Le Figaro*.

15 La réticence des Alsaciens

Manifestation contre la réforme territoriale en Alsace le 10 janvier 2015.

16 Pourquoi conserver les communes et les départements ?

« Le découpage de l'espace français [...] ne doit rien au hasard. La question renvoie en effet à un moment fondamental de l'histoire nationale : la nuit du 4 août 1789 qui vit tout à la fois l'abolition des privilèges et l'esquisse d'une nouvelle architecture territoriale censée traduire, géographiquement, la soumission de tous les Français à la même loi. Dessinée pour répondre à l'aspiration égalitaire de l'été 1789, la carte administrative du pays est en cela bien davantage qu'un simple schéma de papier : c'est une représentation charnelle du territoire, un "lieu de mémoire" qui charrie tout à la fois le souvenir de la Révolution et l'idéal de la République. [...] Afin de traduire dans l'espace le nouveau principe d'égalité, mais aussi d'organiser le plus aisément possible des élections et de lever plus efficacement l'impôt, un nouveau découpage est décidé dès les premières semaines de la Révolution. [...] Quels sont les critères du découpage ? La richesse ? Le peuplement ? Le territoire ? Les membres de la commission choisissent en fait de privilégier la troisième option, en s'inspirant des travaux du géographe Robert de Hessein, qui avait imaginé en 1780 de découper le territoire sur la base de multiples de 9, soit 80 carrés (plus Paris)[1] de 18 lieues de côté, chacun subdivisés en 9 districts, eux – mêmes découpés en 9 cantons. Jacques-Guillaume Thouret conservera l'ordre de grandeur en le fondant sur des critères d'accessibilité : 80 unités environ, ce qui permet à chaque citoyen "d'arriver de tous les points de ce territoire au centre de l'administration en une journée de voyage". Les tenants des particularismes provinciaux jugent cette unité trop petite, mais ils ne sont pas écoutés.. Les paroisses de l'Ancien Régime sont en revanche maintenues. Rebaptisées "communes" elles restent l'échelon de base intangible, de l'espace français, et ce jusqu'à aujourd'hui. »

J. Gauther, T.Wieder, *Le Monde*, 9 juin 2014.

1. Les premiers départements

1. Quels sont les principes qui ont inspiré le découpage départemental en 1789 ? Comment se sont-ils traduits dans ce découpage ?

2. Ces principes sont-ils encore fondés ?

3. Pourquoi les Français sont-ils encore plus attachés à leur commune ?

PRÉPA BAC

Étude/Analyse de documents

Doc. 12 et 15 Après avoir présenté les documents, expliquez pourquoi les Alsaciens perçoivent cette réforme comme une remise en cause de leur territoire du quotidien.

Étudier ma région

> **!** Attention, si votre région a changé de périmètre dans le cadre de la réforme territoriale 2014-2015, il faut faire attention aux sources qui ne prendront pas toujours en compte le regroupement territorial.

ÉTAPE 1
Collecter des informations pour caractériser votre région

1. **Cherchez les éléments clés :** nom, capitale, départements, superficie, population…
2. **Choisissez des indicateurs économiques :** PIB, taux de croissance, taux de chômage, solde migratoire,…
3. **Identifiez les principaux secteurs d'activité de votre région.**
4. **Trouvez les éléments qui fondent l'identité de votre région :** logo, nom, drapeau… et analysez la composition de ces éléments (et éventuellement son évolution).
5. **Présentez votre travail sous forme d'un tableau :** cet outil vous permet également de situer votre région par rapport à des moyennes nationales, à des régions voisines…

Quelles ressources utiliser ?
- Site du Conseil régional
- Plaquettes, publicités réalisées par le Conseil régional
- Insee (onglet Régions)

Exemple de tableau

Nom	Bretagne (Région Bretagne)	Moyenne des régions de France métropolitaine
Capitale	Rennes	
Départements	Finistère, Morbihan, Ille-et-Vilaine, Côtes d'Armor	
Superficie	27 208 km²	41 800 km²
Population	3,2 millions d'habitants	4,8 millions d'habitants
PIB/hab.	25 666 euros	34 500 euros
Taux de chômage	8,6 % (2e trimestre 2014)	10,5 % (2e trimestre 2014)

Source : Conseil régional de Bretagne et Insee, 2015.

ÉTAPE 2
Étudier l'organisation de votre région pour préparer votre croquis

1. **Cherchez des cartes thématiques** de votre région et du territoire français, notamment dans votre manuel : ensembles naturels, peuplement, urbanisation, réseaux de transport…
2. **Localisez les principaux secteurs d'activité.**
3. **Comparez la localisation de ces activités avec d'autres éléments :** villes, frontières, axes de transport…

Quelles ressources utiliser ?
- Géoportail
- Le site compagnon de votre manuel : www.geo-hatier.com

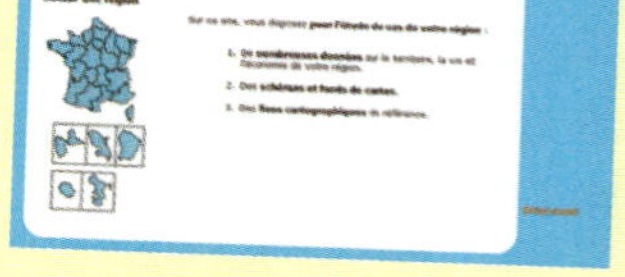

ÉTAPE 3

Connaître votre région comme acteur de l'aménagement

1. **Étudiez le budget de votre région :** répartition selon les secteurs
2. **Identifiez les compétences de votre région** en matière d'aménagement du territoire.
3. **Illustrez l'étude d'un cas concret d'aménagement** (lycée, TER, par exemple). Il s'agit d'enquêter rapidement sur sa réalisation (date, objectifs visés, acteurs, débats). Des photographies enrichiront le dossier.

Quelles ressources utiliser ?
- Site du Conseil régional
- Insee (onglet Régions)
- Site www.action-publique.gouv.fr

ÉTAPE 4

Réaliser un croquis de l'organisation spatiale de votre région

1. **Prendre un fond de carte** sur le site compagnon de votre manuel
2. **Structurez votre légende.** Reprenez le plan de vos travaux pour sélectionner les informations.

Avec et dans votre manuel
- Le site compagnon www. geo-hatier.com fournit des fonds de cartes
- La méthode générale pour réaliser un croquis page 10

Si votre région n'est pas concernée par la réforme territoriale	Si votre région est concernée par la réforme territoriale
I. Un territoire de vie II. Un territoire d'activités III. Un territoire d'aménagement	I. Un nouveau territoire de vie II. Un territoire d'activités III. Un territoire d'aménagement recomposé

3. **Choisissez les figurés.** Les éléments incontournables à faire figurer sont : les métropoles et grandes agglomérations, les activités et leurs dynamiques, les réseaux de transports, les ensembles naturels (montagnes, plateaux...), les éléments d'influence extérieure à la région...
4. **Nommez les différents éléments** représentés sur votre croquis.

séries L ES

ÉTAPE 5

Questionner la place de votre région en Europe

1. **Comparez les indicateurs économiques de votre région** à la moyenne européenne.
2. **Identifiez le rôle de l'Union européenne dans les projets de votre région.** Le site www.europe-en-france.gouv.fr donne les informations nécessaires.

Quelles ressources utiliser ?
- Eurostat
- Le site www.europe-en-france.gouv.fr est très utile pour identifier les projets financés par l'UE dans votre région

Étude de cas 1

S | L ES

L'Île-de-France, territoire de vie, territoire aménagé

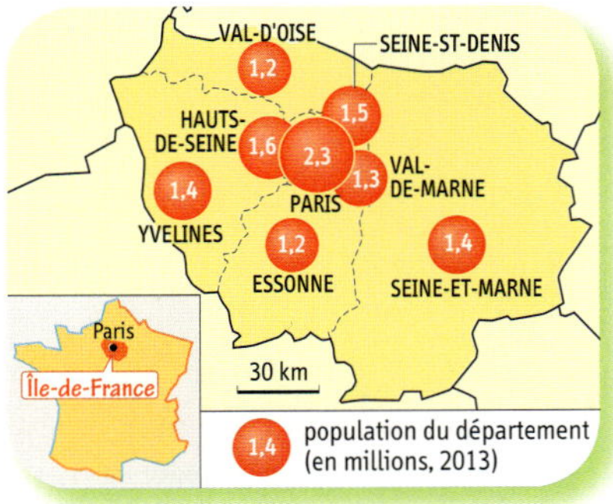

L'Île-de-France, première région économique française (30 % du PIB national) est la région d'une ville mondiale, Paris, et le territoire de vie de 12 millions de Franciliens (18,6 % de la population française).

Comment acteurs et aménagements parviennent-ils à concilier ces deux dimensions ?

A L'Île-de-France, territoire de vie pour 12 millions de Franciliens

1 L'une des plus petites, mais la plus peuplée des régions françaises

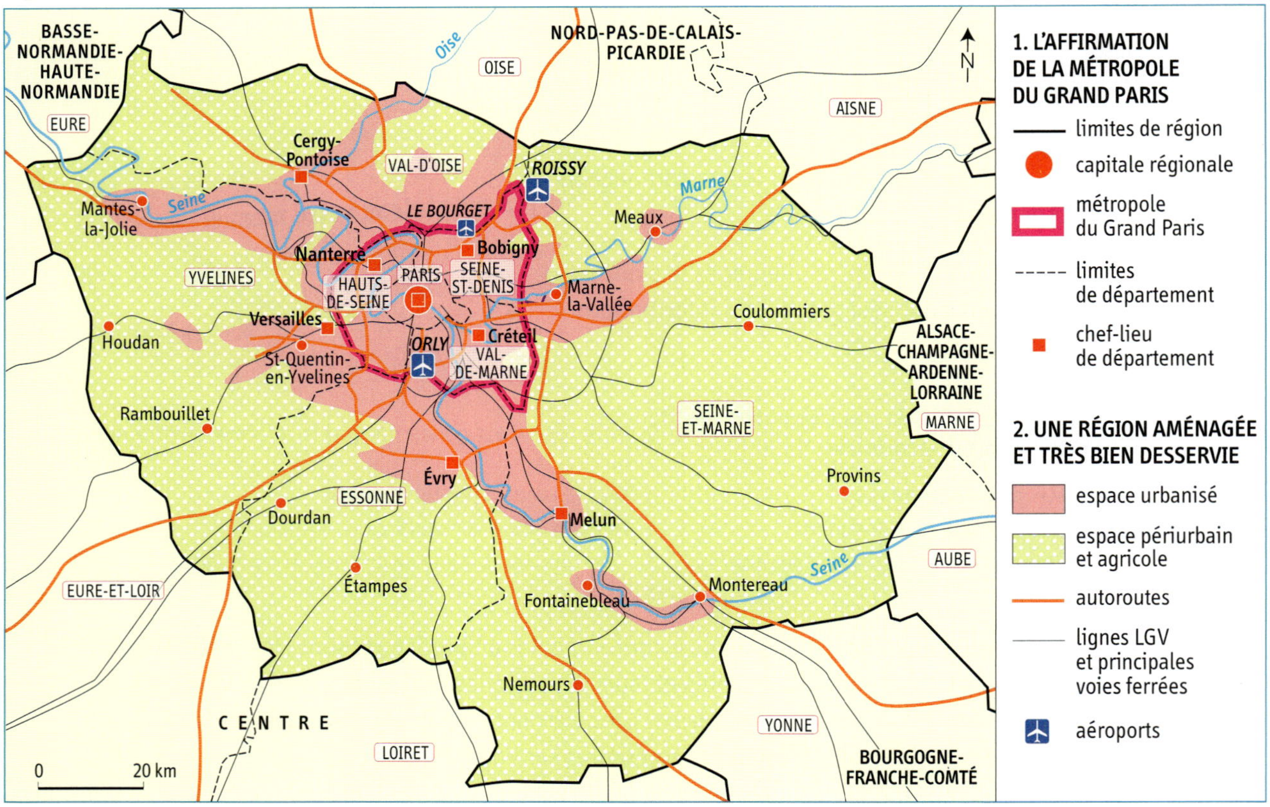

En Île-de-France, 1 300 communes abritent 12 millions d'habitants sur 12 000 km² (2,2 % du territoire métropolitain).

2 De nouveaux quartiers aux portes de Paris (Issy-les-Moulineaux)

Questions

1. Doc. 1 et 2 Décrire l'espace de vie des Franciliens.
2. Doc. 1 De quelles collectivités territoriales est composée la région Île-de-France ?

B L'Île-de-France, le premier territoire d'activités français

3 Les pôles d'emplois en Île-de-France

« En Île-de-France, 39 pôles d'emplois rassemblent 43 % des 5,4 millions de salariés. [...] En province, les pôles d'emplois sont plus modestes. Avec 250 000 emplois, Lyon arrive en deuxième position, devant Marseille, Lille et Toulouse. [...] Le QCA (quartier central des affaires) est, de loin, le pôle d'emplois français et régional le plus important. Avec près de 500 000 emplois salariés, il représente à lui seul près de 30 % des emplois salariés de Paris et près de 10% des emplois salariés franciliens. La finance et l'assurance, ainsi que les activités de support et de conseil, sont des secteurs bien représentés. Ce quartier, vitrine de Paris, comporte également de nombreux commerces, hôtels, palaces et restaurants. Par ailleurs, l'administration y est aussi représentée. Ce pôle mixte en termes d'activités compte 39 % de cadres. Le quartier de La Défense est le pôle francilien le plus important en dehors de Paris (144 600 emplois). Au fil des années, il est devenu l'extension du QCA vers l'ouest, mais sa composition sectorielle est différente : beaucoup de sièges sociaux localisés à Paris ont décidé de s'installer à La Défense au cours des années 1990. Le secteur finance-assurance y est dominant : il représente plus d'en emploi du pôle sur quatre (28 %). [...] Le pôle d'emploi de La Défense concentre une majorité de cadres (57 %). »

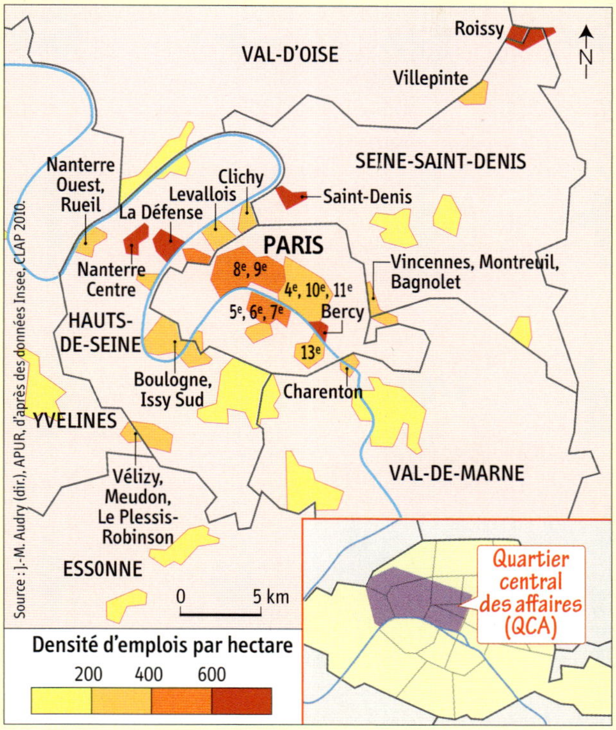

J.-M. Audry (dir.), « En Île-de-France, 39 pôles d'emploi structurent l'économie régionale », APUR, 2015, D.R.

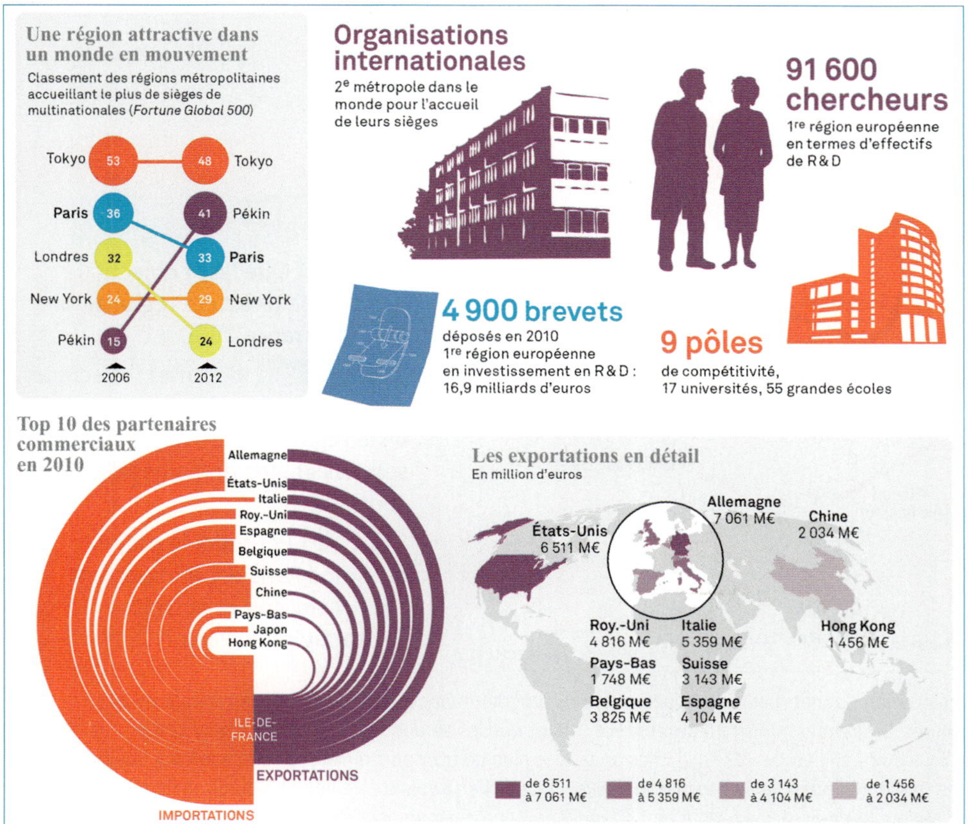

Source : IAU-IDF, SDRIF, « Défis, projet spatial régional et objectifs », 2015.

4 L'Île-de-France dans une économie globale

Questions

1. Doc. 3 Décrivez et localisez les deux pôles d'emplois les plus importants en Île-de-France.
2. Doc. 4 Quels sont les atouts économiques de l'Île-de-France à l'échelle mondiale ?

C L'Île-de-France, un territoire d'action et d'aménagement

5 Le Schéma directeur régional « Île-de-France 2030 »

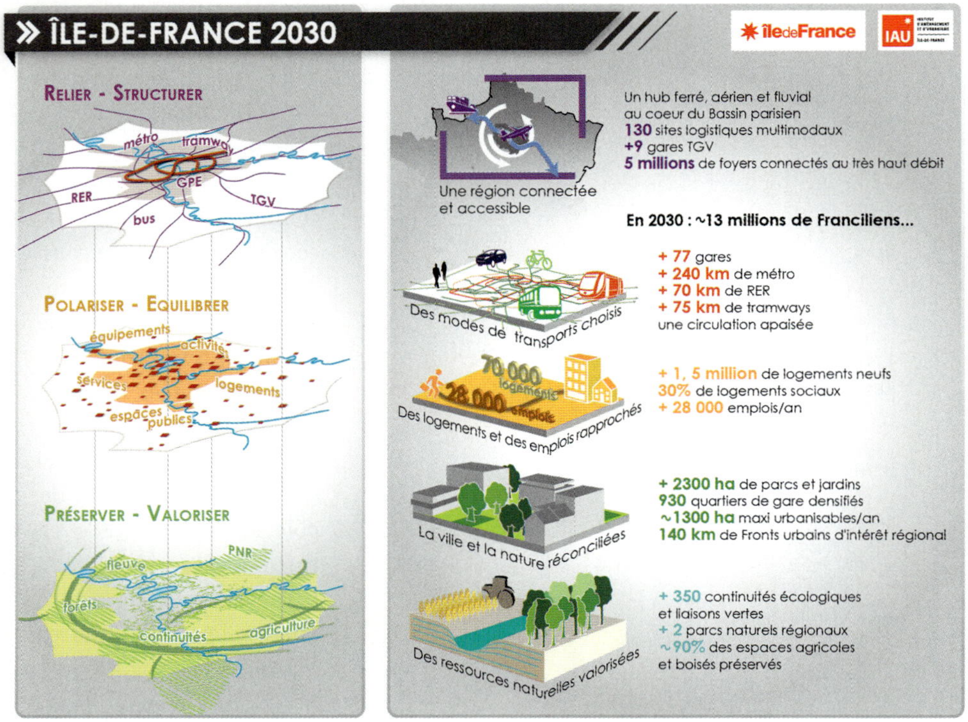

Le Schéma directeur régional « Île-de-France 2030 » propose une planification du territoire régional afin de mieux l'aménager. Il réunit différents partenaires : le Conseil régional d'Île-de-France, le Conseil économique, social et environnemental régional d'Île-de-France, l'État, les collectivités territoriales, les partenaires socio-économiques et les acteurs associatifs. Il a été adopté par le Conseil régional en octobre 2013, approuvé par l'État en décembre.

6 Le Grand Paris, une nécessité difficile à financer

Source : *Le Monde*, 17 juillet 2014.

« Manuel Valls entend accélérer la réalisation du métro automatique en rocade, programmé pour faire le tour de la capitale en 2030 pour un budget de 22,6 milliards d'euros. Le Premier ministre a promis récemment que les aéroports d'Orly et de Roissy seraient desservis par ce moyen de transport rapide d'ici à 2024 au lieu de 2027. [...] Mais boucler le plan de transport du Grand Paris, estimé à quelques 30 milliards d'euros, ressemble à une mission impossible au moment où l'exécutif affiche sa volonté de ne pas alourdir la fiscalité et de réduire les dépenses budgétaires. La région Île-de-France a besoin de 140 millions d'euros par an pour finaliser le financement des projets de modernisation des transports existants. » (B. Jérôme, *Le Monde*, 16 juillet 2014.)

Questions

1. **Doc. 5** Quel est l'objectif du Schéma directeur régional « Île-de-France 2030 » ?
2. **Doc. 5 et 6** Identifiez les acteurs qui participent à l'aménagement de la région Île-de-France. Quels sont les grands domaines d'intervention ?
3. **Doc. 6** Pourquoi le projet du Grand Paris est-il important pour maintenir et accroître l'attractivité de Paris ?

BILAN DE L'ÉTUDE DE CAS

L'ÎLE-DE-FRANCE, TERRITOIRE DE VIE, TERRITOIRE AMÉNAGÉ

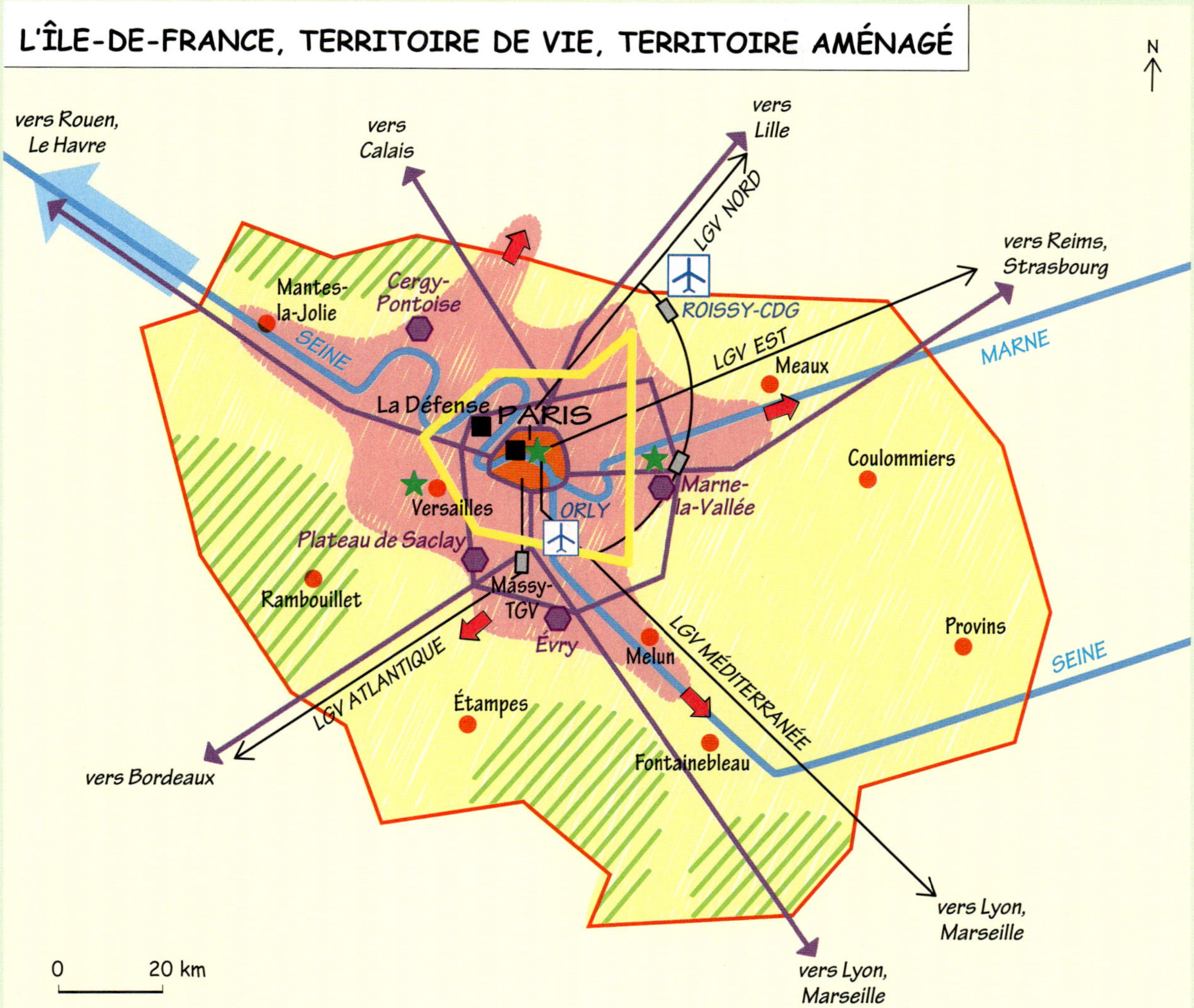

1. UNE RÉGION DOMINÉE PAR PARIS	2. LE PREMIER TERRITOIRE D'ACTIVITÉS FRANÇAIS	3. UN TERRITOIRE AMÉNAGÉ ET PLANIFIÉ
la ville-centre, une métropole mondiale	principal centre d'affaires	aéroport principal
espace urbanisé correspondant à l'agglomération parisienne	espace technopolitain	lignes LGV avec gare d'interconnexion
ville moyenne	site touristique international	principale autoroute
limites de la région Île-de-France	espace périurbain et agricole	axe fluvial vers Le Havre
limites de la Métropole du Grand Paris		poussée de l'urbanisation plus ou moins contenue
		Parc naturel régional

En vous appuyant sur votre étude de cas et la lecture du croquis, rédigez trois paragraphes en répondant aux questions suivantes.

1. Comment s'organise le territoire de vie des Franciliens ?

2. Quelles sont les principales activités économiques de la région Île-de-France ?

3. Quelles sont les actions menées pour aménager la région Île-de-France ?

Étude de cas 2

S L ES

La région Auvergne-Rhône-Alpes

Auvergne-Rhône-Alpes est une nouvelle région métropolitaine issue de la réforme des régions (2015). Elle résulte de la fusion des régions Rhône-Alpes et Auvergne.

Quels sont ses nouveaux contours ? À quels débats cette fusion a-t-elle donné lieu ?

A Auvergne-Rhône-Alpes : un nouveau territoire de vie ?

1 Le nouveau périmètre d'Auvergne-Rhône-Alpes

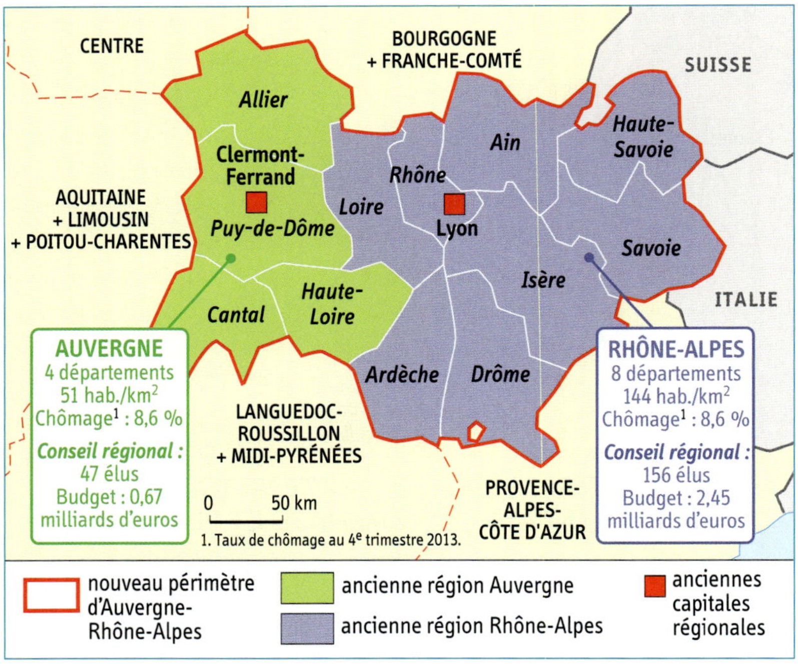

2 Une proximité culturelle ancienne

« La région Rhône Alpes est dorénavant mariée avec l'Auvergne. Cela peut choquer mais les historiens savent que les dialectes franco-provençaux typiques de la "Rhodanie", des Alpes du Nord, de la Suisse romande et du Dauphiné, ou tout simplement de la région Rhône-Alpes, ont des affinités avec l'occitan le moins méridional, celui des Auvergnats du temps jadis. Leur langue avait quelque peu influencé, voici belle lurette, l'illustre serment de Strasbourg en 842, premier document écrit en langue française ou pré-française au titre des dynastes carolingiens. »

E. Le Roy-Ladurie, *Le Monde*, 4 juillet 2014.

3 La structure économique des régions Auvergne et Rhône-Alpes avant la fusion

Part des entreprises travaillant dans le secteur de...	Auvergne	Rhône-Alpes
l'agriculture	22,5 %	8,8 %
l'industrie	6,8 %	6,3 %
la construction	9,2 %	10,1 %
le commerce, les transports et les services divers	47,9 %	59,4 %
l'administration publique, l'enseignement, la santé et l'action sociale	13,6 %	15,4 %
Nombre d'établissements actifs au 31 déc. 2011	133 297	601 162

Source : Insee, Données locales, 2015.

4 L'Auvergne vue par Rhône-Alpes

Caricature de Deligne sur la vision de l'Auvergne par Rhône-Alpes, parue dans *La Montagne*, 24 septembre 2014.

5 Des espaces d'entreprises déjà adaptés

rhône-alpes auvergne

france 3

Groupama
Rhône-Alpes Auvergne

CLARA
CANCÉROPÔLE
LYON AUVERGNE
RHÔNE - ALPES

COLAS
Rhône-Alpes
Auvergne

France 3 avait jusqu'à 2010 une antenne régionale Rhône-Alpes Auvergne, de même que Réseaux Ferrés de France. L'assureur Groupama, l'entreprise de bâtiment Colas et le Cancéropôle Clara sont des exemples d'entités dont les logiques fonctionnelles ont déjà le périmètre de la nouvelle région.

Questions

1. **Doc. 1 et 3** Quelles sont les principales différences entre les régions Auvergne et Rhône-Alpes ?
2. **Doc. 1, 2 et 5** Quels arguments peuvent justifier la création d'une région Auvergne-Rhône-Alpes ?
3. **Doc. 4** Décrivez la caricature. Sur quels clichés se fonde-t-elle ?
4. **Doc. 4** Quelle est l'entreprise représentée ? D'où est-elle originaire ?
5. **Doc. 5** Dans quel périmètre fonctionnaient les entreprises représentées avant la réforme ?
6. **Doc. 6** Comment les services régionaux s'adaptent-ils à ce nouveau périmètre ?

6 Les aspects fonctionnels de la nouvelle région

« Rhône-Alpes et l'Auvergne n'ont pas attendu que la future grande région soit gravée dans le marbre de la loi pour se rapprocher. “Nous avons déjà mis en place un comité de pilotage, un comité technique et un comité de suivi avec la participation de tous les groupes politiques dans chacune de nos régions” expliquent en chœur les deux présidents.

Sur le plan pratique, la direction générale de Rhône-Alpes/Auvergne se situera à Lyon, mais la direction de certains services comme l'agriculture ou le numérique pourrait être installée à Clermont-Ferrand. Dès que la fusion sera entérinée, René Souchon[1] fermera “l'antenne de l'Auvergne à Bruxelles pour aller dans les locaux de l'Eurorégion avec Rhône-Alpes”.

Concernant l'Hôtel de Région à Clermont inauguré en juin dernier, il “continuera d'abriter les 400 agents territoriaux actuels” assure René Souchon. En revanche, l'idée d'organiser alternativement certaines assemblées à Lyon et à Clermont paraît abandonnée. Enfin, Jean-Jack Queyranne[2] n'exclut pas de déléguer aux départements ou aux intercommunalités certaines compétences comme les routes : “Nous ne sommes pas dans l'impérialisme régional”, rassure-t-il.

Le souci des deux présidents est de préserver le lien de proximité avec les Auvergnats et les Rhônalpins dans une entité élargie : “c'est vital si on veut que notre institution soit comprise”, expliquent-ils. »

G. B., « Fiançailles entre Rhône-Alpes et Auvergne », *Le Dauphiné*, 11 octobre 2014.

1. Président de l'ancienne région Auvergne.
2. Président de l'ancienne région Rhône-Alpes.

B Le périmètre d'action en débat

7 Le point de vue des acteurs économiques

« Après avoir créé, non sans craintes de la région, une puissante Métropole de Lyon dotée des pouvoirs du département et de la communauté urbaine sur son territoire, la réforme territoriale prévoit la création d'une nouvelle région Auvergne-Rhône-Alpes à compter du 1er janvier 2016.

Si les "Acteurs économiques" perçoivent aisément les avantages de ce rapprochement, des craintes et des objections sourdent au pied des volcans. Les échéances récentes nous rappellent en effet que dans une phase accélérée de transformations économiques et technologiques, les replis identitaires les plus inquiétants prospèrent comme les conservatismes les plus insolites, tel que celui qui s'est manifesté lors de la suppression des numéros de départements sur les plaques minéralogiques . [...]

En s'associant avec l'entité Rhônalpine avec laquelle les liens sont déjà nombreux, la région Auvergne intégrera l'une des dix premières régions d'Europe alors même que sa géographie comme ses caractéristiques socio-économiques la protègeront, comme les Savoie ont su préserver leur identité, de sa dissolution dans un ensemble disparate. [...]

Comme il existe déjà une Chambre régionale des comptes Auvergne-Rhône-Alpes, le projet de loi prévoit de nommer la future région Auvergne-Rhône-Alpes, ce qui devrait rassurer les Auvergnats si aucun amendement ne vient remettre en cause cette préséance. »

Y. Delaire, www.latribune.fr, 26 août 2014.

8 Campagne sur Internet contre la fusion

Montage photo réalisé par des internautes sur Facebook pour une pétition contre le nouveau regroupement régional.

9 Trouver une capitale

« Lyon capitale d'Auvergne-Rhône-Alpes n'est pas une évidence. [...]

La géographie, tout d'abord. Il suffit de poser son regard sur la carte des futures régions de France pour constater que le centre d'Auvergne-Rhône-Alpes se situera non pas à Lyon mais bien davantage... à Saint-Etienne. Au cœur de la nouvelle entité, entre Clermont-Ferrand et Lyon, l'actuelle préfecture de la Loire disposera d'un emplacement stratégique de premier plan permettant d'éviter tout tropisme vers l'est et le nord. Elle sera par ailleurs accessible par l'ensemble des habitants de la région.

L'économie, ensuite. [...] La ville présente de réels avantages susceptibles de parler concrètement aux décideurs : des prix immobiliers parmi les plus bas de France, du foncier disponible en quantité, un quartier d'affaires (Châteaucreux) en voie de consolidation à proximité immédiate de sa gare TGV, un autre dit "créatif" tourné vers le design (Manufacture-Plaine-Achille) à quelques encablures, un aéroport en plein développement, etc.

La sociologie, ou plutôt la morale enfin. Car c'est bien des deux qu'il s'agit. Ancienne cité industrielle et minière marquée par l'effort et le travail de sa population ouvrière, longtemps raillée pour sa noirceur, conspuée pour sa supposée laideur, la ville a durement souffert des reconversions que lui ont imposées les crises successivement traversées depuis quarante ans. À l'heure actuelle, elle n'échappe pas aux difficultés que rencontrent la France et l'Europe. »

R. Nordier, www.rue89lyon.fr, 5 juin 2014.

Questions

1. **Doc. 7** Pourquoi les acteurs économiques sont-ils en faveur de la fusion ? Qui en a peur ? Pourquoi ?
2. **Doc. 9** Après avoir localisé Saint-Étienne (*cf.* p. 47), citez les arguments en faveur de Saint-Étienne capitale régionale. Qu'en pensez-vous ?
3. **Doc. 8 et 9** Résumez les arguments pour et contre la fusion.

BILAN DE L'ÉTUDE DE CAS

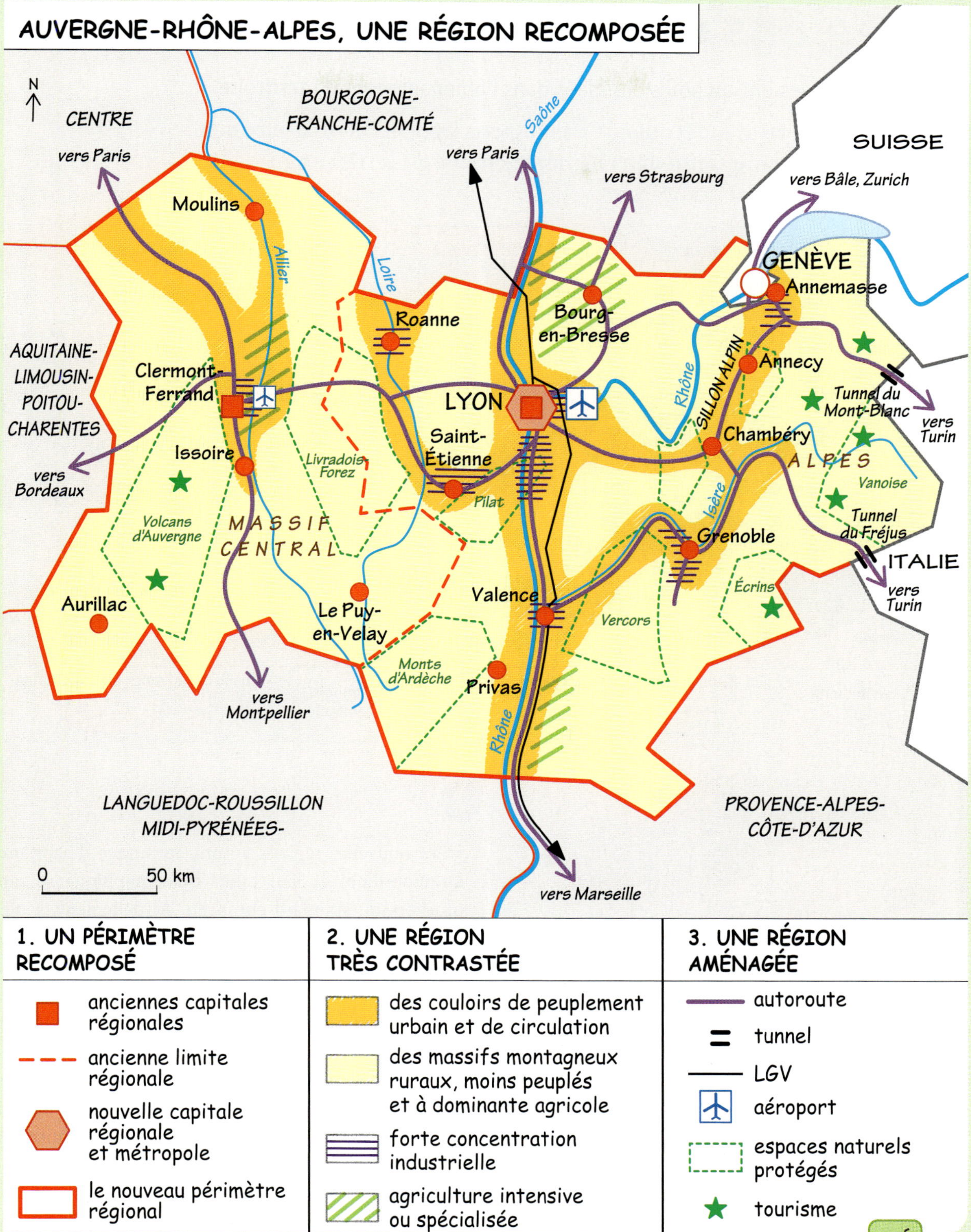

En vous appuyant sur votre étude de cas et la lecture du croquis, rédigez trois paragraphes en répondant aux questions suivantes.

1. Quelles sont les différences entre les deux anciennes régions ?

2. Quels sont leurs points communs ?

3. Montrez que cette fusion crée une région plus puissante.

S | L ES

Les régions en France métropolitaine

Les régions françaises ont un poids croissant dans l'aménagement du territoire.

Dans quelle mesure le redécoupage des régions françaises rend-il compte de leur importance croissante dans l'aménagement du territoire ?

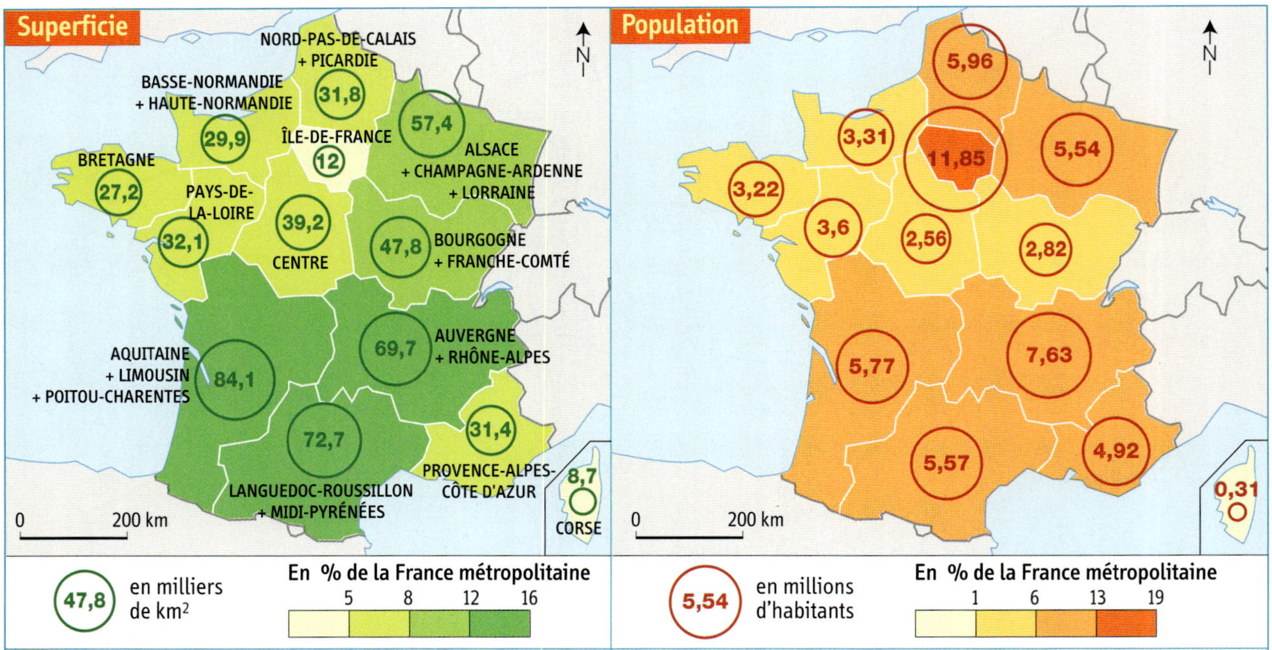

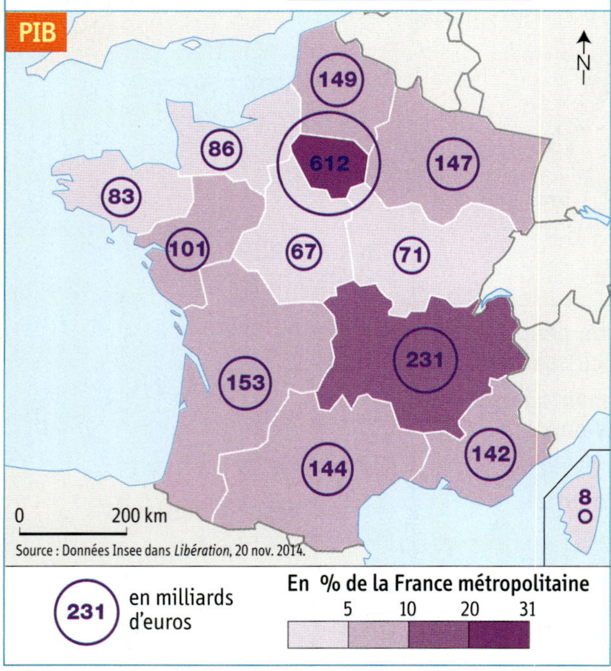

1 Les 13 régions métropolitaines

▸ La délimitation de nouvelles régions a-t-elle diminué les disparités entre les régions ? Justifiez votre réponse.

2 Des « macrorégions européennes » ?

« Les nouvelles régions auront davantage d'habitants qu'aujourd'hui et leur poids démographique se rapprochera du standard européen. Actuellement, seules quatre régions (Île-de-France, Rhône-Alpes, PACA et Nord-Pas-de-Calais) dépassent les quatre millions d'habitants contre sept des seize *Länder* allemands et huit des vingt régions d'Italie. Dans la carte à treize régions, sept auront plus de quatre millions d'habitants et la moyenne de la population sera de 4,8 millions. Celle des *Länder* allemands est de 5,1 millions d'habitants. La comparaison avec l'Allemagne a toutefois ses limites : la France n'est pas un pays fédéral. Les nouvelles régions françaises n'auront pas, quelle que soit leur taille, le même poids que les *Länder* : "Le budget d'un Land représente huit fois celui d'une région française. Pour avoir la même puissance de frappe, il faudrait n'avoir que deux régions en France", calcule Philippe Subra, géographe professeur à l'Université Paris VIII. En outre, la taille ne détermine pas le poids. L'Alsace est la plus petite région française. Son PIB régional est troisième au palmarès derrière l'Île-de-France et Rhône-Alpes. »

Le Monde, 24 novembre 2014.

▸ Comparez les régions françaises et allemandes. ▸

3 La région, un acteur essentiel de la construction des lycées

Le lycée polyvalent Chevalier de Saint-Georges, aux Abymes, en Guadeloupe, a pris ce nom en 2013 en hommage au musicien abolitionniste, à l'initiative de la région Guadeloupe. Cet équipement bénéficie d'un financement conjoint de la région, de l'État et de l'Union européenne.

4 Les dépenses d'action économique des régions

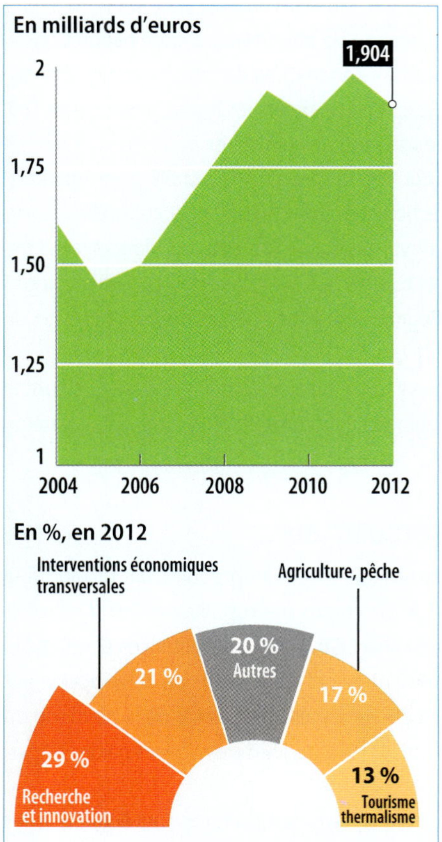

Source : L. Albert, *Les Échos*, 16 septembre 2014.

1. Comment l'action économique des régions évolue-t-elle ?
2. Quels sont ses principaux secteurs d'investissement ?

5 La région, un acteur majeur de la politique touristique

1. Sur quels éléments de l'attractivité touristique de la région le Comité régional du tourisme en PACA fonde-t-il sa campagne promotionnelle ?
2. Quels sont les nouveaux outils de communication utilisés par la région ?
3. Cette campagne insiste-t-elle sur l'identité de la région ?

PRÉPA BAC

Étude/Analyse de documents

Doc. 3 et 4 Après avoir présenté les documents, montrez quels sont les domaines d'intervention économiques représentés.

Cours 2

La région en France

S | L ES

Les régions françaises connaissent, dans le cadre de la réforme territoriale, un renforcement de leurs compétences. Mais ces changements obligent également à redéfinir les territoires de vie régionaux.

La réforme territoriale vue par Aurel dans *L'Hérault*, magazine du Conseil général n° 238, sept. 2014.

1 La région, territoire de vie, espace vécu

• Les régions françaises sont très diverses : après la réforme territoriale adoptée fin 2014, le nombre de régions métropolitaines passe de 22 à 13 à partir du 1er janvier 2016 (les nouveaux Conseils régionaux seront élus en octobre 2015). Elles regroupent un nombre variable de départements (entre 1 et 13). De même, elles sont très différentes par leur poids démographique et économique. L'Île-de-France domine dans tous ces domaines.

• Les périmètres des régions actuelles correspondent parfois à des limites historiques ou identitaires avec des spécificités marquées (comme en Corse). Dans certains cas, comme en Bretagne, l'identité subsiste sur un territoire qui ne correspond pas entièrement au périmètre originel. D'autres régions, comme PACA ou Auvergne-Rhône-Alpes, ont été créées de toutes pièces lors de la régionalisation de 1955 ou de la réforme territoriale de 2014.

• Dans tous les cas, les régions deviennent des périmètres pertinents pour penser l'appartenance à un territoire de vie et de projet **(doc. 2)**. On y mène sa vie professionnelle et familiale et on s'y attache à travers des symboles (comme l'emblème sur la plaque minéralogique, le drapeau, les produits régionaux…). La région est aussi présente dans le quotidien des habitants à travers les transports, l'enseignement, la culture…

2 La région, acteur de l'aménagement du territoire

• Les compétences de la région ont été accrues par plusieurs étapes de décentralisation (1982, 2003, 2014-15) qui en ont fait une **collectivité territoriale** importante pilotée par un Conseil régional élu au suffrage universel. La région est compétente en matière de transports, de développement économique, de santé, d'action culturelle… Elle finance et gère les lycées, ainsi que les TER. Elle est devenue un acteur incontournable de l'aménagement des territoires.

• Les services déconcentrés de l'État **(doc. 2)**, comme la Direction régionale pour l'environnement, l'aménagement et le logement ou la Direction régionale aux affaires culturelles, participent à la gestion et à l'aménagement à l'échelle régionale. La région coopère donc avec l'État, ainsi qu'avec les départements, intercommunalités et communes qui la composent. Elle reçoit des financements à travers les Contrats de Projet État-Région et distribue son budget en fonction de ses priorités d'action **(doc. 3)**.

• C'est à l'échelle régionale que se gèrent les nouveaux enjeux de l'aménagement que sont le développement durable (à travers les Agendas 21 régionaux), la compétitivité (doc. 3), la stratégie territoriale…

3 La région et la réforme territoriale

• La réforme territoriale de 2014 a fusionné des régions jugées trop petites par rapport à la moyenne européenne. L'objectif du passage de 22 à 13 régions métropolitaines est d'accroître leur poids relatif et de leur donner un périmètre correspondant à des compétences élargies qui entreront progressivement en vigueur. C'est notamment le cas en matière de développement économique et d'aménagement, où ses pouvoirs ont été renforcés. Chef de file de la politique du tourisme, elle est aussi responsable des réseaux de transports antérieurement gérés par les départements.

• Cette réforme a donné lieu à un débat, chez les acteurs institutionnels et économiques comme chez les citoyens, sur la pertinence des nouveaux périmètres, jugés parfois artificiels ou arbitraires. La question du choix des capitales régionales est centrale. Les départements craignent également que leurs compétences et leurs financements ne soient réduits.

▶ **La réforme territoriale augmente les compétences de la région, qui apparaît de plus en plus comme un acteur incontournable de l'aménagement des territoires.**

Notions

Décentralisation / Centralisation

La décentralisation est le processus de transfert d'une partie des pouvoirs de l'État au profit de collectivités territoriales comme les régions, les départements, les métropoles ou les communes.

La centralisation désigne l'organisation politique et administrative caractérisée par la concentration du pouvoir au niveau de l'État.

Vocabulaire

Collectivité territoriale
Périmètres institutionnels (communes, intercommunalités, départements, régions) sur lesquels s'appuie la décentralisation.

Région
La région correspond en France à l'unité administrative immédiatement inférieure à l'État. Elle regroupe le plus souvent plusieurs départements.

1 La région, territoire vécu

1. Quel élément de la spécificité régionale est ici représenté Pourquoi ?

2. Qui est le promoteur de cette campagne en faveur de la région Centre ? Quel est son objectif ?

2 Les services déconcentrés de l'État en région

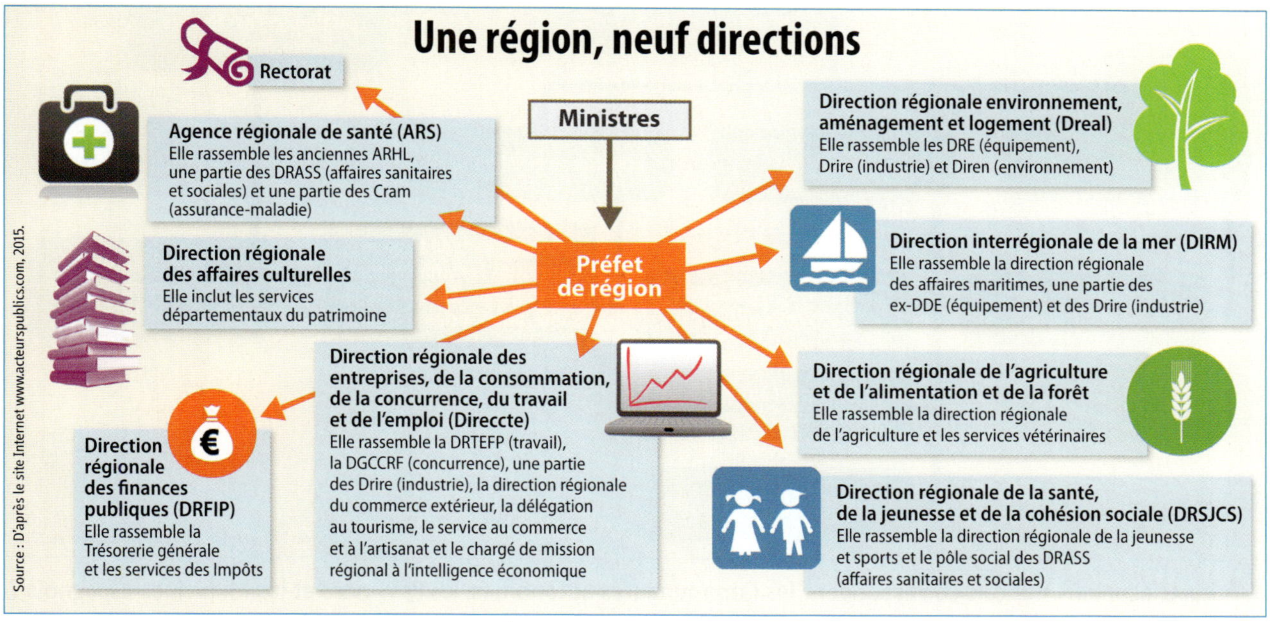

Quels sont les domaines d'intervention de l'État ? Est-ce une limite à la décentralisation ?

3 Le Contrat de Plan État-Région Centre (CPER) 2015-2020

« Une nouvelle génération de Contrats de Plan accompagne la réforme de l'organisation territoriale de la France engagée par le Gouvernement. [...]

Les contrats de plan s'organiseront autour d'une priorité transversale : l'emploi. Cinq volets essentiels pour investir dans l'avenir ont été définis :

– mobilité multimodale ;
– transition écologique et énergétique ;
– numérique ;
– innovation, filières d'avenir et usines du futur ;
– enseignement supérieur, recherche et innovation.

Les CPER constituent également un outil de la politique publique d'égalité des territoires. [...] Les régions bénéficieront ainsi de moyens renforcés pour l'animation d'une politique d'aménagement au service de l'égalité des territoires. [...]

La nouvelle génération de CPER organise la convergence de financements [...]. C'est pourquoi le Gouvernement décide de mobiliser une enveloppe annuelle moyenne de 1,6 milliard d'euros durant la période 2015-2020. Pour la première fois, d'autres sources de financement seront également mobilisées à un haut niveau. Plusieurs opérateurs de l'État seront aussi parties prenantes des CPER, comme l'Ademe[1], l'ANRU[2] ou les Agences de l'eau. »

Site Internet de la Préfecture de la région Centre, www.centre.gouv.fr, 2015, D.R.

1. Agence de l'environnement et de la maîtrise de l'énergie.
2. Agence nationale pour la rénovation urbaine.

1. Quelles sont les principaux objectifs du CPER ? 2. Comment le CPER s'adapte-t-il à la réforme territoriale ?

Dossier 4

La place et le rôle de la région en Espagne

Dans d'autres pays européens, comme en Espagne, les régions peuvent avoir des statuts et des compétences parfois très différents. En fonction de leur statut, leur poids politique, en matière d'aménagement et de développement économique, varie. Certaines régions ont une autonomie renforcée et demandent parfois leur indépendance.

Quelles sont les compétences des Communautés autonomes en Espagne ?

1 L'organisation administrative de l'Espagne

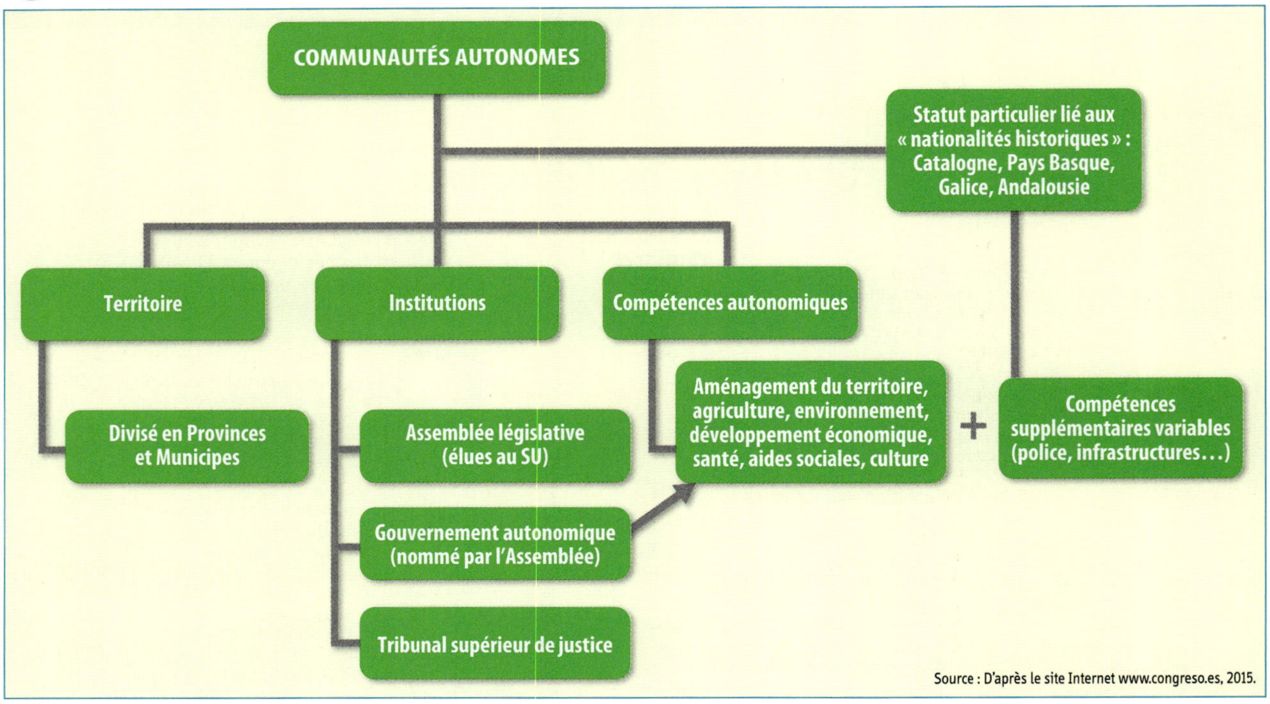

Source : D'après le site Internet www.congreso.es, 2015.

1. À quels échelons français correspondent les Communautés autonomes, les Provinces et les Municipes espagnols ?
2. Quelles sont les compétences des communautés autonomes ?

2 Des Communautés autonomes aux identités fortes

Andalucía
Canarias
Govern de les Illes Balears
MADRID about you
Castilla-La Mancha Descubre y siente
(Galice)
Asturias paraíso natural
EUSKADI
COMUNITAT VALENCIANA
CATALUNYA
Reyno de Navarra Tierra de Diversidad

Quels sont les éléments mis en avant par les identités graphiques des Communautés autonomes ?

PRÉPA BAC

Étude/Analyse de document

Doc. 1 Après avoir présenté le document, montrez que les institutions des communautés autonomes espagnoles sont bien plus puissantes que celles des régions françaises.

3 Des aménagements régionaux de première ampleur

La cité des Arts et des Sciences de la Communauté autonome de Valence.

4 Le PIB/habitant des régions espagnoles

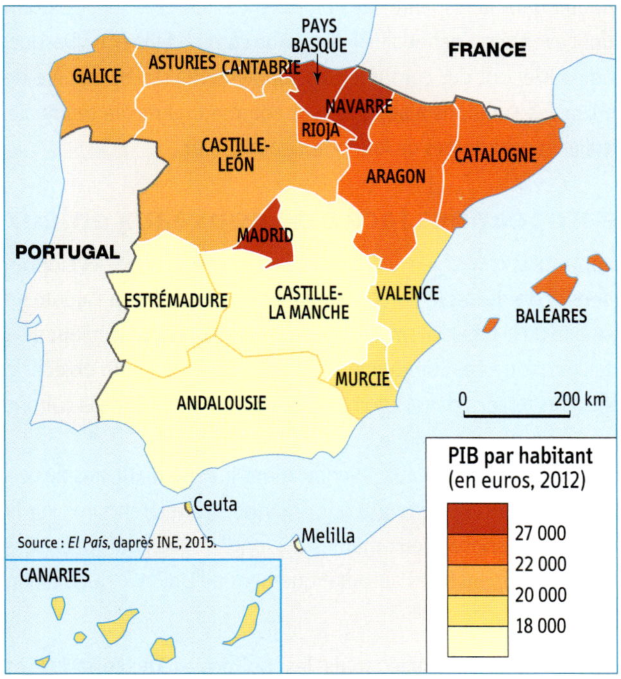

Source : *El País*, d'après INE, 2015.

▸ Quelles sont les régions les plus riches ? Les régions les plus pauvres ? Où se situent-elles ?

5 La « consultation alternative catalane »

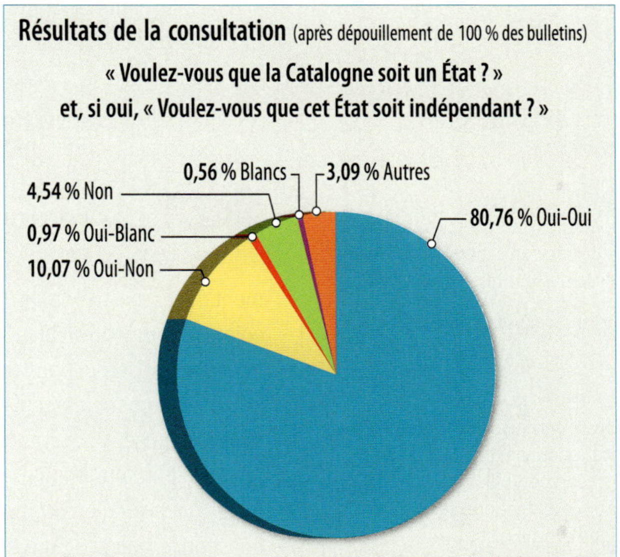

Source : "*1,8 millones de personas votan por la independencia catalana en el 9-N*", *El País*, 10 nov. 2014.

« Pour les partis qui ont appuyé la convocation de cette consultation du 9 novembre 2014, le succès se manifeste dans les 1,8 million de bulletins de vote obtenus conjointement par les quatre formations souverainistes du Parlement [catalan]. (...) ». Cette consultation n'est pas un référendum car la tenue d'un scrutin officiel a été interdite par le Parlement espagnol.

▸ Qui est à l'initiative de cette consultation ?

La place et le rôle des régions en Europe

Les régions européennes ont des périmètres, des statuts et des compétences très différents d'un pays à l'autre, mais toutes font face à de nouveaux enjeux économiques et politiques.

Un manuel d'allemand du *Land* Bade-Wurtemberg

En Allemagne, ce n'est pas le ministère de l'Éducation nationale, mais les *Länder* qui définissent les programmes scolaires.

1 Des régions de poids très variable

• Les régions en Europe sont caractérisées par de grandes différences **(doc. 1)**. Leur taille varie beaucoup, mais également leur population, leurs activités et leur puissance économique. En effet, un facteur de 1 à 20 existe en termes de densités de population, et la région la plus riche a un PIB/hab. près de 12 fois supérieur à la région la plus pauvre.

• Les régions françaises se situent dans la moyenne en termes de taille et de population, à l'exception de l'Île-de-France, région la plus peuplée de l'Union européenne. En termes économiques et de développement, elles se situent au-dessus de la moyenne de l'échantillon.

2 Les compétences régionales

• L'Union européenne a choisi de s'appuyer sur les régions comme entité administrative pour l'ensemble des démarches, notamment l'attribution des **FSE**. Le niveau **NUTS** 2 correspond, dans la nomenclature statistique européenne, aux régions françaises et à la plupart des découpages de même échelle dans les autres pays. Cela permet d'établir des comparaisons et de diminuer les disparités nationales.

• Les statuts des régions sont très disparates selon les pays **(doc. 2)**. Ils sont liés à l'histoire politique de chacun : ainsi l'Allemagne, État **fédéral**, laisse-t-elle une grande autonomie à ses ***Länder***. Il en va de même en Espagne, où les **Communautés autonomes** créées par la Constitution de 1978 ont des prérogatives étendues. La France, État traditionnellement très centralisé, a mis en œuvre un processus de décentralisation qui accroît peu à peu les compétences des régions et les rend à même d'exercer un lobbying plus efficace auprès de la Commission européenne **(doc. 3)**. En revanche, les plus petits États, comme les Pays Baltes, n'ont pas de système régional.

• La disparité de statuts se traduit dans la disparité des compétences. En Espagne, les Communautés autonomes qui coïncident avec une « nationalité » reconnue comme telle (Pays Basque, Catalogne, Galice et plus tard Andalousie) ont des compétences supplémentaires en matière de police notamment. Au Royaume-Uni, les « nations » apparaissent comme une maille régionale, mais ont chacune un statut particulier et sont dotées de leur propre parlement.

3 Les régions européennes face à de nouveaux enjeux

• L'Union européenne a pour objectif la convergence des niveaux de richesse et de développement de ses régions. Les FSE permettent d'aider les régions les moins bien dotées. À cela s'ajoute un enjeu de compétitivité dans le contexte de la mondialisation. En France, la réforme des régions a eu pour objectif de leur donner une taille critique. Les Eurorégions transfrontalières ont pour objectif la mise en commun des atouts de plusieurs régions dans le domaine des infrastructures, de la culture, de la recherche… pour renforcer l'attractivité économique.

• Aujourd'hui, l'Union européenne doit faire face aux revendications indépendantistes de certaines de ses régions comme la Catalogne ou l'Écosse qui ont organisé des référendums sur la question, en vertu du droit des peuples à disposer d'eux-mêmes qui fonde le droit européen. Ces éventuels nouveaux États seraient-ils ou non intégrés automatiquement à l'Union ? La question n'est pas tranchée.

▶ **La diversité des régions européennes est forte, mais les politiques de cohésion et de compétitivité cherchent à les faire converger.**

Vocabulaire

Cohésion
Les politiques de cohésion ont pour objectif l'harmonisation économique et sociale des territoires.

Communauté autonome
Échelon régional espagnol.

Fédéralisme
Système d'organisation administrative et institutionnelle d'un État où les entités fédérées jouissent d'une relative autonomie en matière législative, juridique et administrative.

FSE
Fonds structurels européens.

Land
Échelon régional allemand.

NUTS
Nomenclature des unités territoriales statistiques.

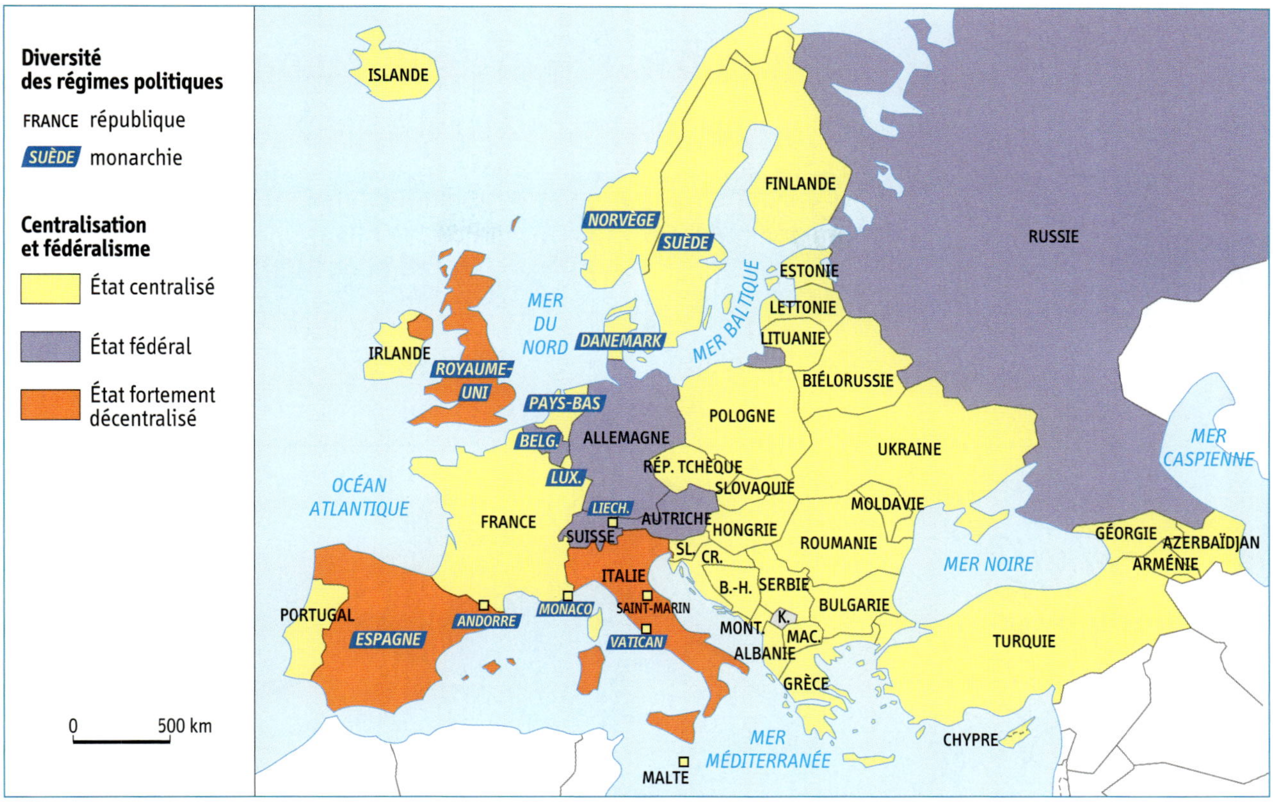

1 Unité et diversité politique de l'Europe

2 Les types de régions en Europe

« On peut [...] distinguer trois grands types de régions : Celles qui ont un statut de quasi-États : c'est le cas des pays fédéraux comme l'Allemagne et l'Autriche, ou quasi-fédéraux comme l'Espagne.

Celles qui ont un statut de collectivités territoriales, possédant un pouvoir réglementaire ou de décision incarné par des élus, et donc une représentativité démocratique à l'échelon régional.

Celles qui sont des organes administratifs mis en place par les pouvoirs publics : c'est un échelon qui correspond à la déconcentration du pouvoir étatique. [...]

L'Union européenne reconnaît-elle cette pluralité de modèles d'organisation régionale ?

[L]es institutions européennes agissent comme si la situation des régions était semblable dans les différents pays.

Or dans certains pays, c'est l'État central qui gère réellement la politique régionale, la répartition des fonds et des dossiers concernant leurs différentes régions. Et, dans d'autres, ce sont les régions elles-mêmes qui traitent l'ensemble des dossiers. On le voit très bien dans la ville de Bruxelles, où les bureaux de représentation les plus importants appartiennent aux régions dont l'autonomie institutionnelle est la plus forte. »

Entretien avec G.-F. Dumont, Site Internet Touteleurope.eu, 7 mars 2014.

▸ Comment les différences de statut se traduisent-elles dans le fonctionnement de l'UE ?

3 Le lobbying des régions à Bruxelles

« Pas moins de 1 500 invités se pressaient, le 5 juin, à l'inauguration de la nouvelle Maison des régions, à quelques centaines de mètres du Parlement européen, à Bruxelles. Elle réunit les régions Aquitaine, Emilie-Romagne (Italie), Wielkopolska (Pologne) et le *Land* de Hesse. [...] La réunion de quatre régions de différents pays sous un même toit est suffisamment rare pour être saluée. [...]

Son objectif ? "Favoriser la compréhension et la connaissance mutuelles, fondements essentiels du projet européen", selon la déclaration cosignée par les partenaires. [...] Le concept de lobbying n'a ici rien de péjoratif et les régions françaises ne s'y trompent pas : leur présence reste incontournable à Bruxelles. Des demandes en faveur des personnes âgées à la révision de la réglementation sur l'anguille, l'élevage des cailles, en passant par l'Indication Géographique Protégée, le foie gras ou le vin...

Les dossiers défendus par les responsables aquitains ne manquent pas. [...] Notre rôle est de rendre l'Europe plus proche de nos concitoyens en répondant aux demandes d'information des acteurs locaux, et d'identifier les possibles financements européens de leurs projets", précisent à l'unisson les trois chargées de missions du Bureau Aquitaine Europe. »

N. Bétaille, « Aquitaine/Bruxelles : La Région booste son lobbying », *La Vie économique du Sud-Ouest*, 12 juin 2013.

▸ Quel est l'enjeu pour une région d'être présente à Bruxelles ?

CONSIGNE Après avoir présenté le document et l'avoir resitué dans son contexte, vous montrerez les enjeux de la réforme territoriale sur deux régions. Quelles sont les limites de ce document ?

La fusion des deux Normandies

Dessin de Chaunu paru dans *La Réforme*, 30 mai 2014.

« La pomme de la concorde. La Normandie est divisée en deux régions administratives depuis plus de cinquante ans. De nombreux citoyens militent en faveur de sa réunification et jamais leur objectif n'a paru si proche. »

Méthode générale Analyser un dessin de presse

Les dessins de presse peuvent être analysés en géographie afin d'étudier une question qui fait débat ou montrer un discours dénonçant une certaine réalité.

Pour analyser un dessin de presse, il faut procéder selon les étapes suivantes :
- identifier la source : auteur, date, destinataires, type de journal ;
- contextualiser le dessin de presse, c'est-à-dire le relier à l'actualité ;
- décrire le dessin de presse : la structure du dessin (premier et second plans, personnages, couleurs, scène...) et les informations qu'il contient (dialogues, titre) ;
- confronter ce dessin aux connaissances du cours pour l'interpréter ;
- identifier les éléments sur lesquels l'auteur a voulu insister (exagérations).

Étape 1 Lire le document

Entraînement 1

1. À quoi renvoient les dénominations ❶ ? Comment est-ce géographiquement représenté ici ?
2. Ce projet de fusion ❷ semble-t-il conflictuel ? Quels arguments viendraient conforter une réunion de ces deux régions ?
3. Essayez d'identifier les élus politiques ❸.
4. Par quelle autre région ici représentée ❹ la Haute-Normandie est-elle influencée ? La Basse-Normandie bénéficie-t-elle de cette influence ? La Haute-Normandie est-elle présentée comme souhaitant s'unir à la Basse-Normandie ?

Étape 2 Présenter le document et le resituer dans son contexte

Entraînement 2 En vous appuyant sur la méthode générale p. 56, présentez le document et son contexte.

Étape 3 Extraire des informations et les organiser pour construire sa réponse

Entraînement 3 À l'aide de vos réponses à l'entraînement 1 et des indications qui figurent sur le document, complétez le tableau suivant.

Thèmes	Description du dessin	Analyse du dessin	Limites du dessin
Une fusion non conflictuelle de deux régions			
Une fusion présentée comme profitant davantage à la			

Étape 4 Rédiger la réponse à la consigne

Entraînement 4 Répondez à la première partie de la consigne : « Après avoir présenté le document et l'avoir resitué dans son contexte, vous montrerez les enjeux de la réforme territoriale sur deux régions ».

Étape 5 Mettre en valeur les limites d'un document

Méthode générale Montrer les limites d'un document

Il s'agit de :
– montrer que le document n'offre qu'un seul point de vue sur le phénomène étudié. Appuyez-vous sur la source du document, sa date, son auteur, sa nature (une caricature ou dessin de presse, par exemple, sert notamment souvent à provoquer, dénoncer ou critiquer) ;
– faire le point sur ce que l'auteur ne dit pas dans le document ;
– suggérer des pistes ou des documents qui auraient pu être étudiés en contrepoint.

Entraînement 5 Répondez à la deuxième partie de la consigne en rédigeant un paragraphe de conclusion montrant les limites du document étudié.

Méthode BAC Croquis

Sujet Basse et Haute-Normandie, une région dans la réforme territoriale

Étape 1 *Analyser le sujet*

Basse et Haute-Normandie, une région dans la réforme territoriale

Basse-Normandie et Haute-Normandie deviennent une seule et même région

Les impacts sur l'organisation de la région : capitale, services, centralités, activités sont-ils remis en question ?

Une importante réforme territoriale portée par le chef de l'État entend transformer pour plusieurs décennies l'architecture territoriale de la République. Le Conseil constitutionnel a validé le 15 janvier 2015 la nouvelle carte de France métropolitaine à 13 régions.

Étape 2 *Réaliser le croquis*

Entraînement Réalisez le croquis à l'aide de la méthode générale au début du manuel (p. 10) et des indications de légende.

TITRE : ....

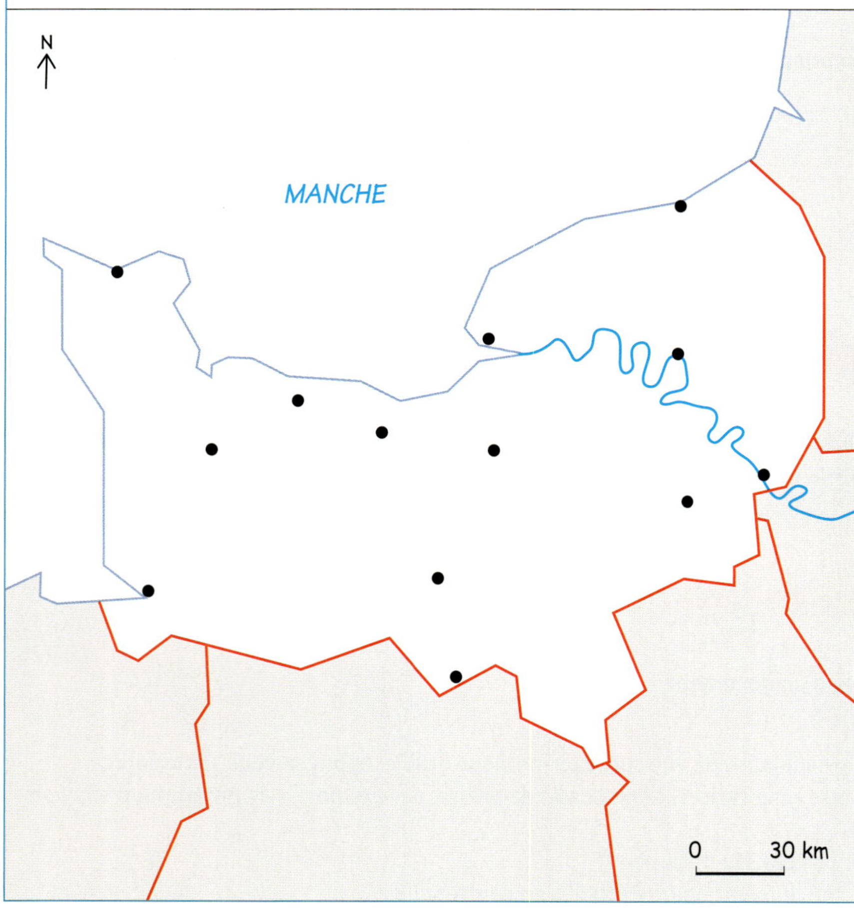

1. Un nouveau territoire de vie né de la fusion
- ancienne limite régionale
- ancienne capitale régionale
- concurrence pour le statut de capitale régionale
- métropole
- nouveau périmètre régional

2. Un territoire très contrasté
- un couloir de peuplement urbain, de concentration industrielle et de circulation

Des espaces ruraux et agricoles
- dominante élevage
- dominante grandes cultures
- polyculture et élevage

3. Une région aménagée
- port
- autoroute
- espace naturel protégé
- tourisme

Sujet | Nord-Pas-de-Calais-Picardie, une région dans la réforme territoriale

Étape 1 *Analyser le sujet*

Nord-Pas-de-Calais-Picardie, une région dans la réforme territoriale

- **Nord-Pas-de-Calais-Picardie** : Région réunissant deux régions : Picardie et Nord-Pas-de-Calais
- **une région** : Les impacts sur l'organisation de la région : capitale, services, centralités, activités sont-ils remis en question ?
- **dans la réforme territoriale** : Certains départements, comme l'Oise et l'Aisne, pourraient exercer leur « droit d'option » afin de s'opposer à leur insertion dans cette nouvelle région. Ils entreraient alors dans d'autres régions, comme l'Île-de-France ou Champagne-Ardenne

Étape 2 *Réaliser le croquis*

Entraînement Réalisez le croquis à l'aide de la méthode générale au début du manuel (p. 10) et des indications de légende.

1. Un nouveau territoire de vie né de la fusion

- ancienne limite régionale
- ancienne capitale régionale
- nouvelle capitale régionale, métropole
- nouveau périmètre régional
- département susceptible de quitter la région

2. Un territoire très contrasté

- un espace métropolitain dynamique
- un bassin industriel et minier en reconversion
- un espace rural et agricole de grande culture

3. Une région aménagée

- technopôle
- un carrefour logistique européen
- LGV
- tunnel sous la Manche
- autoroute
- aéroport
- port
- espace naturel protégé
- tourisme

TITRE : ....

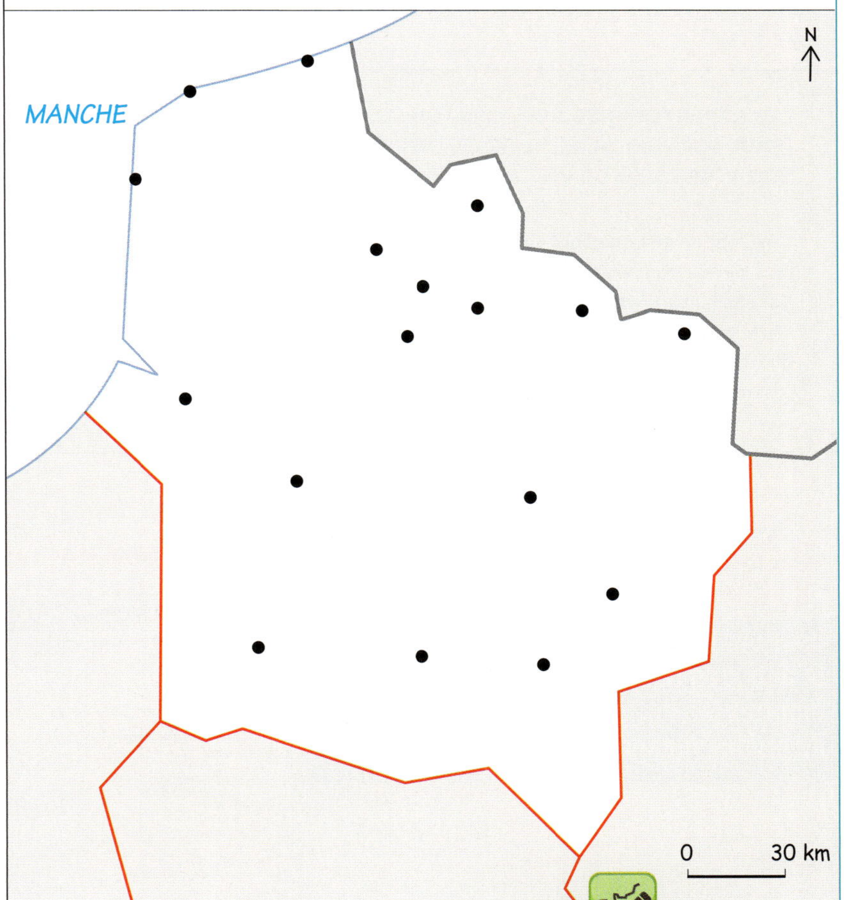

S L ES

Étude/Analyse de document

Après avoir présenté le document et l'avoir replacé dans son contexte, vous mettrez en valeur les différents rôles du département dans l'aménagement des territoires et le quotidien des populations.

Affiche de l'Assemblée des départements de France (2015)

La France compte 101 départements depuis la départementalisation de Mayotte en 2011.

LES DÉPARTEMENTS ASSURENT CHAQUE JOUR DES SERVICES PUBLICS INDISPENSABLES POUR GRANDIR SEREINEMENT, VIVRE DÉCEMMENT ET VIEILLIR DIGNEMENT QUEL QUE SOIT VOTRE LIEU DE VIE.

Développement équilibré des territoires : entretien et développement du réseau routier, aide aux communes dans la réalisation de leurs projets, travaux publics et création d'emplois, soutien à l'économie sociale et solidaire.
Accessibilité à des services publics de qualité : gestion et construction des collèges, transports scolaires, amélioration des réseaux numériques.
Solidarité envers les plus fragiles : Services permettant aux personnes âgées ou handicapées de vivre dignement chez elles ou dans des lieux adaptés, protection des enfants et des familles grâce à des services d'accueil spécifiques, soutien aux personnes dans leur recherche d'emploi.

Étude/Analyse de document

Après avoir présenté le document, décrivez les changements apportés par le nouveau découpage régional, puis montrez les difficultés de mise en œuvre de ce découpage.

Les nouvelles régions en 2015

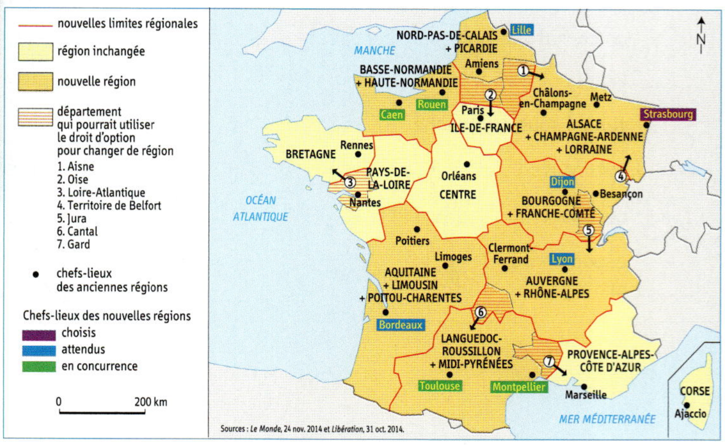

Voir la carte en grand format page 34.

FAIRE LE POINT

Les notions

Exercice 1 Définissez les termes et notions suivants : *aménagement* • *région* • *réforme territoriale* • *intercommunalité* • *décentralisation*.

Les repères spatiaux

Exercice 2 Sur un fond de carte de France (téléchargeable sur www.geo-hatier.com), localisez :
– les régions françaises ;
– les départements français ;
– les principales villes françaises.

Exercice 3 Sur un fond de carte de la région où est situé votre lycée (téléchargeable sur www.geo-hatier.com), localisez : les principales villes ; les départements ; les axes de communication ; les principales activités.

Exercice 4 Sur un fond de carte de votre commune ou communauté de communes, localisez :
– les principales communes et communautés de communes ;
– les aménagements étudiés en classe.

Les capacités du chapitre

✔ Commenter un document iconographique.

✔ Analyser un aménagement local.

✔ Réaliser la fiche d'identité d'une région.

✔ Réaliser le croquis d'une région.

GéoTICE Faire un schéma de votre région en utilisant InkScape

InkScape est un logiciel gratuit de dessins. Il est téléchargeable à l'adresse suivante : **www.inkscape.org**.

Inkscape

Sur Internet, **cherchez**, puis **enregistrez** sur votre ordinateur une carte de la région, par exemple sur le site du Conseil régional. Vous pouvez faire de même avec toutes les cartes thématiques nécessaires.

Étapes principales de réalisation du schéma	Comment procéder dans InkScape ?
Importer le(s) fond(s) de carte(s) trouvé(s) dans InkScape.	Fichier → Importer → choisissez le bon fichier.
Créez un nouveau calque, nommez-le « fond schéma ». Ouvrir le gestionnaire de calques.	Calque → Ajouter un calque. Calque → Calques Le calque sélectionné est celui sur lequel vous travaillez. En cliquant sur le cadenas, on peut le verrouiller ou le déverrouiller, sur l'œil on peut l'afficher ou le cacher.
Sur ce calque, tracez un contour simplifié de la région.	Outil Stylo → placez des points qui sont automatiquement reliés par des droites. Le tracé se ferme quand on rejoint le premier point.
Sur des calques différents, placez les éléments qui vous semblent importants en simplifiant les contours (principales villes, principales routes, principaux espaces agricoles ou industriels...) et en choisissant les figurés appropriés.	• Pour les figurés de surface : – outil Stylo ; – outil Formes prédéfinies (jouez sur la taille et les couleurs). • Pour les figurés ponctuels, utilisez l'outil Formes prédéfinies. • Pour les figurés linéaires : outil Crayon → tracer le trait souhaité. Pour modifier le trait : Objet → Remplissage et contour → Style du contour.
Bâtissez la légende en reprenant, sur un nouveau calque, tous les figurés utilisés. N'oubliez pas de donnez un titre au schéma.	Outil Texte → écrire le texte (chaque bloc de texte se comporte comme un objet).

RÉVISER

Approches des territoires du quotidien

Repères

- 13 nouvelles régions métropolitaines (contre 22 précédemment)
- 272 régions en Europe (NUTS2)
- Région française la plus peuplée : Île-de-France, avec 11,9 millions d'habitants
- Région française la moins peuplée : Guyane, avec 250 000 habitants
- Superficie régionale moyenne : 41 000 km^2

Idées clés

Les territoires du quotidien s'adaptent aux enjeux de compétitivité, de cohésion et de développement durable

Des acteurs publics et privés participent à l'aménagement de ces territoires, avec la participation croissante des citoyens. Les espaces de vie se redéfinissent : la commune ne correspond plus au cadre principal des activités. À l'échelle locale, les intercommunalités voient leurs compétences renforcées et les métropoles sont créées autour des grandes villes pour prendre en compte les nouveaux modes de vie. Elles concentrent les compétences en matière d'aménagement du territoire.

La réforme territoriale redéfinit le périmètre et les compétences des régions françaises

Son but est de leur donner plus de poids en Europe et plus d'autonomie et de compétitivité dans un contexte de mondialisation. Les nouvelles régions auront donc de plus amples compétences, notamment en matière d'aménagement du territoire. Elles sont présentes concrètement en matière de transport, d'enseignement, de culture, mais aussi d'identité. Toutefois, cette réforme a donné lieu à des débats.

En Europe, les régions ont des caractéristiques assez hétérogènes et des écarts de développement subsistent

L ES

C'est sur cette unité administrative que s'appuient les politiques européennes. Les différents statuts institutionnels dépendent du régime du pays et confèrent aux régions des compétences plus ou moins étendues. L'objectif de cohésion de l'Union européenne se manifeste par des aides aux régions les moins bien dotées. Des revendications indépendantistes se manifestent dans certaines régions.

Ne pas confondre

Gouvernance/Gouvernement

La gouvernance désigne les modalités d'organisation des acteurs territoriaux.
Le gouvernement est l'instance politique dirigeante d'un État.

Surfer

- Site de la DATAR : www.datar.gouv.fr
- Sites des Préfectures de régions
- Sites des Conseils régionaux

Lire

- *L'Aménagement du territoire*, roman d'Aurélien Bellanger, Gallimard, 2014

Voir

- *L'Aménagement du territoire*, film documentaire de Jean Breschand, 2006
- *Saga Cité*, film d'animation de sensibilisation à l'aménagement durable des villes, de Yohan Gaillard, 2012
- *50 ans d'aménagement du territoire en film*, film réalisé à partir d'archives de l'INA
- *Régions d'Europe*, série documentaire diffusée par France TV/TV5 Monde/ORF qui propose de partir à la découverte d'une région d'Europe

Schémas clés

Schéma des régions françaises

Les régions sont des exemples très utiles pour illustrer une composition.
Intégrer un schéma spatial régional pour enrichir un propos peut être pertinent pour l'ensemble du programme.

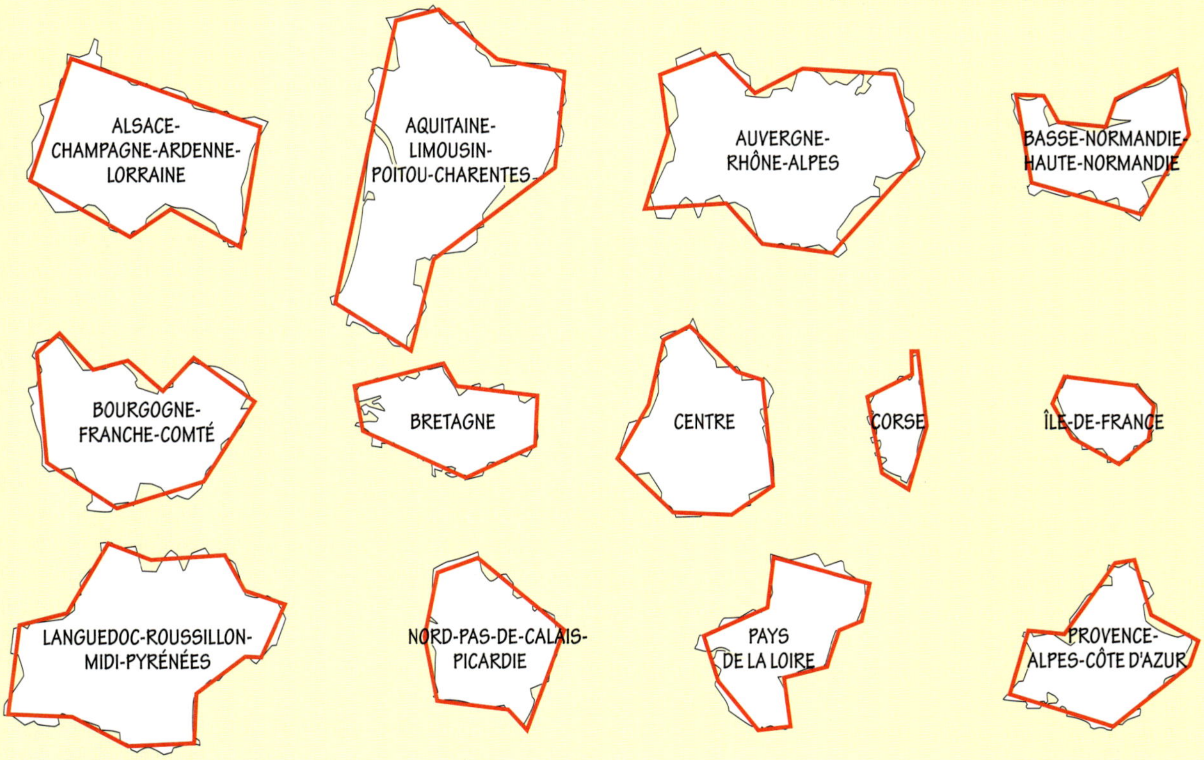

Les principaux enjeux des nouvelles régions

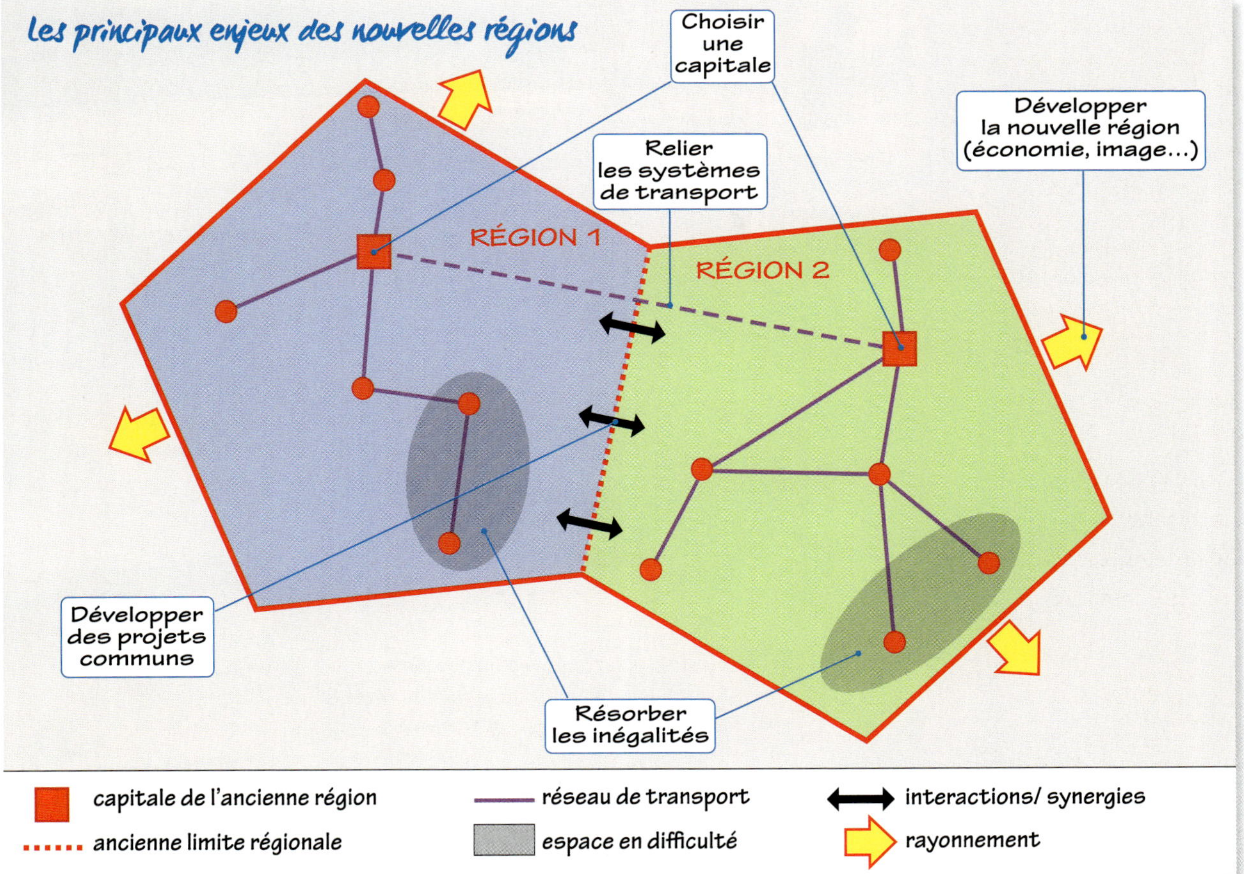

Partie 2

Aménager et

CHAPITRE 2
Valoriser et ménager les milieux

CHAPITRE 3
La France en villes

Un territoire urbain : Rennes Métropole

Vue de nuit sur l'esplanade Charles de Gaulle

développer le territoire français

CHAPITRE 4
Dynamiques des espaces productifs dans la mondialisation

CHAPITRE 5 L ES
Mobilités, flux et réseaux de communication dans la mondialisation

Chapitre

2 Valoriser et ménager les milieux

Le territoire français métropolitain et ultramarin présente une grande diversité de milieux, autant d'atouts que les hommes ont progressivement valorisés à travers de nombreux usages. La « nature », de plus en plus construite, est transformée par l'homme.

Comment valoriser les milieux en France tout en les protégeant ?

1 La station du Grau-du-Roi sur le littoral languedocien

1 Lagune et marais salants
2 Grau (ouverture dans le cordon littoral) rectifié par l'homme
3 Lido (cordon dunaire rectiligne) artificialisé

Le littoral, autrefois insalubre à cause de la présence d'étangs hébergeant des moustiques (risque de paludisme), a été aménagé pour un tourisme de masse.

2 Le parc de la Vanoise

Le parc national de la Vanoise, créé en 1963, protège un territoire peu peuplé où la biodiversité est très riche. Les usages sylvo-pastoraux, associant forêt et élevage sur pâturages naturels, en permettent la conservation.

Notions

Aménagement Ensemble des actions publiques et privées destinées à développer des activités économiques et/ou de protection dans un espace.

Biodiversité Contraction de « biologique » et « diversité », le terme désigne la diversité des êtres vivants et des écosystèmes.

Milieux Ensemble des conditions naturelles ou sociales qui influencent la vie des individus et des communautés dans un espace donné.

Questions

1. **Doc. 1** Montrez que le milieu littoral a été fortement aménagé.
2. **Doc. 1** Comment ces aménagements valorisent-ils le littoral ?
3. **Doc. 2** Quel type de milieu le parc couvre-t-il ?
4. **Doc. 2** Quels usages sont ici compatibles avec la protection ?
5. **Doc. 1 ET 2** Confrontez les aménagements des deux milieux.

La Camargue : la gestion durable d'un delta

Le **delta** du Rhône, zone humide riche en biodiversité, a été classé **Réserve de biosphère** par l'Unesco. Il est utilisé pour la production de riz, la viticulture et l'élevage. La production de sel, longtemps très importante, est désormais presque arrêtée. C'est aussi un espace touristique.

Comment concilier de manière durable les différents usages du delta ?

A Le delta, un milieu aménagé et valorisé par l'homme

1 Les marais salants et la ville d'Aigues-Mortes

Aigues-Mortes, reliée à la Méditerranée par un canal 1, entourée de marais salants 2, a perdu son statut de port à cause de l'envasement. La vieille ville, à l'enceinte quadrangulaire, fut construite par Saint Louis qui s'y embarqua pour la croisade.

2 Les changements de cours du Rhône

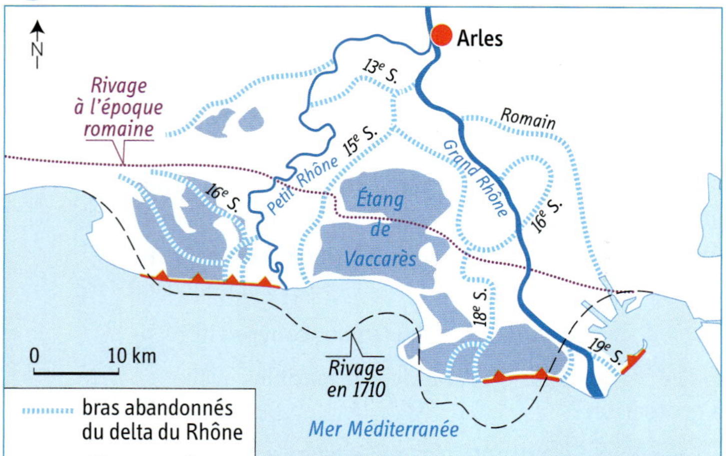

Source : R. Paskoff, *Les Littoraux, impact des aménagements sur leur évolution*, Éd. Masson, 3e édition, 1998.

3 La Camargue : une construction du Rhône

« La Camargue est une vaste zone humide construite par les apports du Rhône. Ce delta est une mosaïque de milieux associant des marais salés partiellement inondés dans l'année [...] et des marais d'eau douce aménagés pour la chasse ou utilisés pour le pâturage en été. Ils portent une riche biodiversité : 283 espèces d'oiseaux, hérons, oies cendrées, flamands roses. »

Site Internet du PNR de Camargue, www.parc-camargue.fr, 2014.

4 La Camargue : paysages et usages

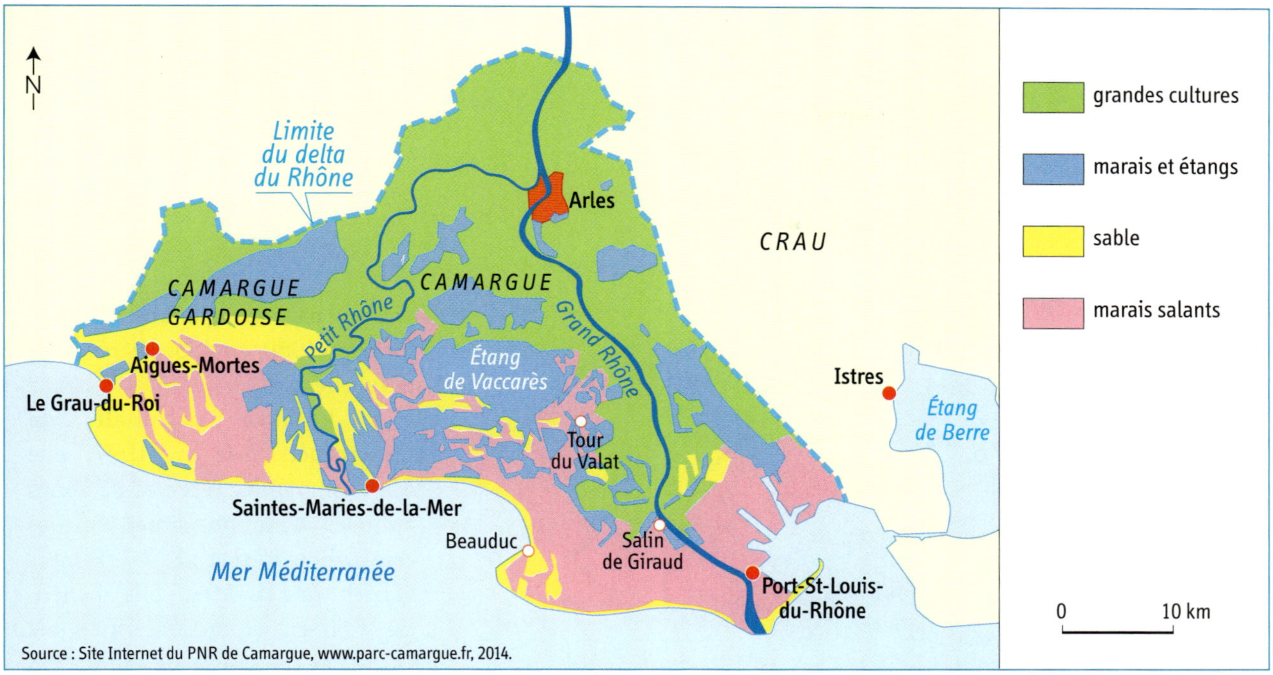

Source : Site Internet du PNR de Camargue, www.parc-camargue.fr, 2014.

5 La Camargue inondée par le Rhône (2003)

Source : Site Internet du PNR de Camargue, www.parc-camargue.fr, 2014.

Le delta a toujours été menacé par les crues du fleuve, qui ont parfois provoqué des changements de cours. Malgré la construction de digues dès la fin du XIXe siècle, les inondations sont toujours présentes, comme ici en 2003, où des brèches sont apparues dans les digues.

6 Concilier activités et protection des milieux

« Au milieu du XIXe siècle, la maîtrise des divagations du Rhône grâce aux digues et le développement de l'irrigation et du drainage (pour dessaler certains sols) ont permis le développement agricole : céréales, vignes et, depuis la Seconde Guerre mondiale, le riz qui fait l'objet d'une **Indication géographique protégée (IGP)**. Les cultures couvrent un tiers de la surface du delta. L'élevage du taureau et du cheval de Camargue qui a contribué à donner une identité au delta demeure extensif. [...] Le tourisme est une activité importante orientée vers la découverte de la nature. À Salin-de-Giraud et Aigues-Mortes, s'est développée depuis des siècles la **saliculture** [...]. Aujourd'hui, le site de Salin ne produit plus que 360 000 tonnes de sel par an, utilisé pour le déneigement des routes. La fin de l'exploitation salicole de ces espaces oblige à repenser leurs modalités de protection. »

Site Internet du PNR de Camargue, www.parc-camargue.fr, 2014.

Vocabulaire

Delta Embouchure d'un cours d'eau où les alluvions apportées par le fleuve s'accumulent et forment une avancée plus ou moins marquée de la terre aux dépens de la mer.

IGP (Indication géographique protégée) Label européen qui désigne un produit dont les caractéristiques sont liées à une zone géographique dans laquelle se déroule au moins leur production ou leur transformation ou leur élaboration.

Réserve de biosphère Site désigné par les gouvernements nationaux et reconnu par l'Unesco pour promouvoir un développement durable.

Saliculture Exploitation d'un marais salant.

Questions

1. Doc. 1, 3 et 4 Quels sont les types de milieux en Camargue ?
2. Doc. 1 et 6 Par quels aménagements ces milieux sont-ils mis en valeur ?
3. Doc. 2 Quelles modifications le delta du Rhône a-t-il connues depuis l'époque romaine ?
4. Doc. 1 et 6 Quels sont les usages du delta développés à Aigues-Mortes et dans ses alentours ?
5. Doc. 2 et 5 Quelles contraintes et quels risques pèsent sur ce milieu ? Quels aménagements sont mis en place pour y faire face ?

B Un delta protégé

7 Les espaces protégés et les types de protection

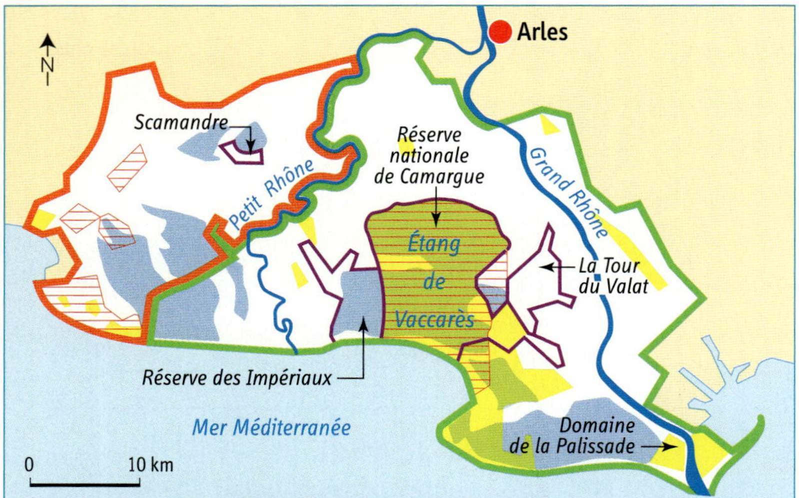

Sources : F. Verger et R. Ghirardi, *Les Zones humides du territoire français*, Belin, 2009 et T. Lavoux *et al.*, *Les Enjeux écologiques et fonciers en Camargue*, rapport du Conseil général de l'environnement et du développement durable, 2011.

Vocabulaire

Natura 2000 Réseau européen qui est l'application de la « directive Habitats » 1992 et de la « directive Oiseaux » (1979). Son but est le maintien des habitats naturels et des espèces d'intérêt communautaire.

Convention de Ramsar Label international qui valorise les actions de gestion durable des zones humides d'importance internationale.

Réserve naturelle Site où la conservation de la faune, de la flore, du sol, des eaux, des gisements de minéraux présente une importance particulière. Certaines réserves sont nationales (RNN), d'autres régionales (RNR) ou départementales (RND).

Questions

1. Doc. 8 Quels sont les acteurs de la protection de la Camargue ? À quelles échelles travaillent-ils ?
2. Doc. 7 et 8 Quelles sont les deux principales structures de protection créées en 1980 et 2014 ? Quel est l'objectif du PNR de Camargue ?
3. Doc. 11 Comment un site classé reçoit-il le label Grand Site ? Montrez que ce label veut concilier protection et mise en valeur.
4. Doc. 8, 10 et 11 La protection est-elle compatible avec la fréquentation touristique ? Justifiez votre réponse.

8 Les modes et les acteurs de la protection

« Le **Parc naturel régional** (86 400 ha), fondé en 1980, englobe les réserves naturelles :

– La **Réserve nationale de Camargue**, créée en 1927, une des plus grandes réserves de zones humides d'Europe, située sur les communes d'Arles et des Saintes Maries de la Mer. Elle bénéficie d'une protection intégrale (276 espèces d'oiseaux dont 258 d'intérêt patrimonial) et contient l'Étang du Vaccarès.

– Les **Réserves naturelles régionales** : la Tour du Valat et Scamandre en Camargue gardoise.

– La **Réserve départementale** des Impériaux.

Ces deux dernières réserves ont pour objectif la conservation d'un patrimoine naturel, le maintien d'activités traditionnelles compatibles avec la conservation.

– Le **Grand Site** de la Camargue gardoise, site classé en 2014.

– Le **Conservatoire du littoral**, 7 sites en Camargue dont le Domaine de la Palissade, premier à être acquis par le CNL, en 1977. Il était à l'origine un espace de chasse et de loisirs. Acquisition du site des étangs et marais des salins de Camargue et, en 2009, des marais salins situés à Salin-de-Giraud pour remplacer la gestion salicole par une gestion hydraulique favorisant la reconnexion avec la mer.

– Le **Réseau Natura 2000** (UE) : 7 sites protégés par le PNR.

– Le **Site Ramsar** (ONU) : zone humide protégée. »

Y. Veyret, © Hatier, 2015.

9 La Camargue gardoise, Grand Site entre eau et biodiversité

Les aménagements du Grand Site permettent de valoriser le patrimoine historique, ici la Tour Carbonnière (XIVe siècle), tout en autorisant la visite des marais grâce à la construction de voies piétonnières.

10 Le Grand Site Camargue gardoise

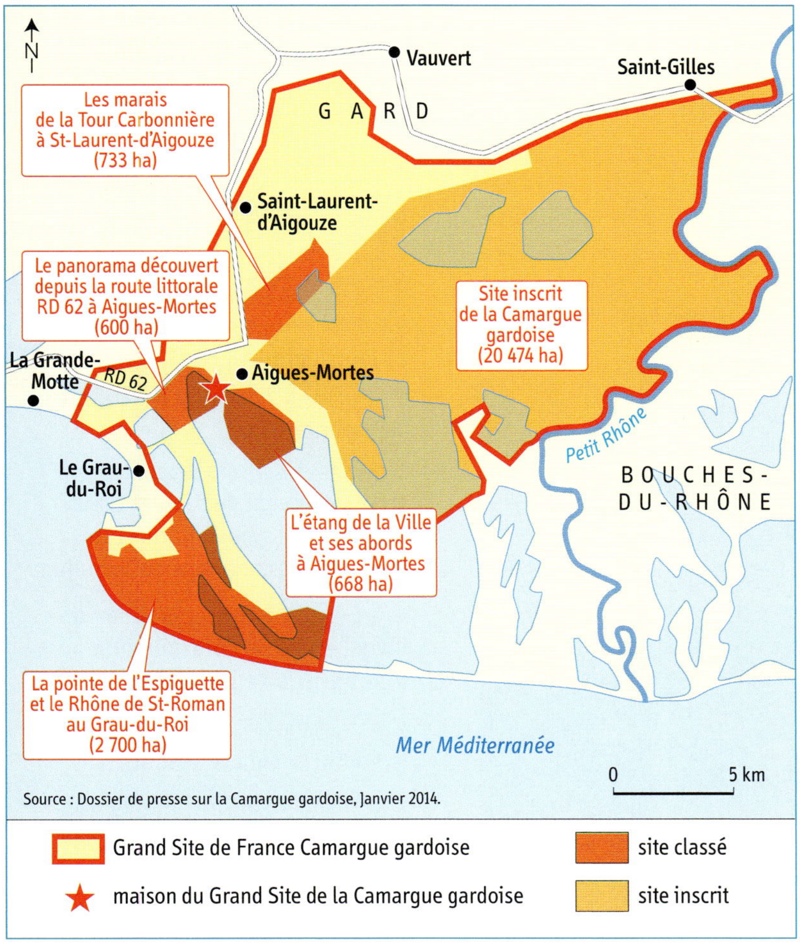

11 Le label Grand Site

« Un Grand Site est un territoire remarquable pour ses qualités paysagères, naturelles et culturelles. Le label Grand Site de France est attribué par le Ministre chargé des sites à un site classé de grande notoriété et de forte fréquentation développant un projet de préservation, de gestion et de mise en valeur, répondant aux principes du développement durable, conciliant préservation du paysage, "l'esprit des lieux", qualité de l'accueil du public, participation des habitants et des partenaires à la vie du Grand Site. C'est un label sélectif, attribué pour 6 ans, qui peut être retiré en cas de manquement aux engagements. Depuis 2004, 14 Grands Sites ont été labellisés, le dernier en 2014 étant la Camargue gardoise. Cette distinction reconnaît la qualité et la diversité des paysages des zones humides de ce territoire. Elle valide aussi les efforts réalisés par les acteurs locaux. »

Ministère de l'Écologie, du Développement durable et de l'Énergie, www.developpement-durable.gouv.fr, 2014.

C Une gestion intégrée difficile en raison des conflits

Vocabulaire

Gestion intégrée Gestion associant protection et usages économiques dans le cadre d'un développement durable.

12 Des conflits d'usage : intensification de la pression touristique et urbaine

Source : D'après Élaboration de l'avant-projet de Charte - Agenda du Parc naturel régional de Camargue, Séminaire d'échanges du 27 juin 2008 : premiers résultats de la démarche prospective.

13 La nature des conflits

Viticulture, riziculture	Pollution de l'eau des marais (pesticides, engrais)
Tourisme	Surfréquentation ; dégradation des cordons dunaires ; perturbation des oiseaux
Pêche, chasse	Risque de surexploitation

14 Les cabanons de Beauduc

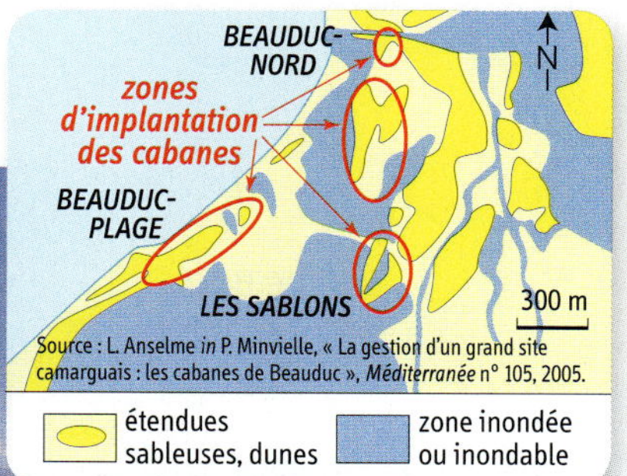

Source : L. Anselme *in* P. Minvielle, « La gestion d'un grand site camarguais : les cabanes de Beauduc », *Méditerranée* n° 105, 2005.

Près de 400 cabanons construits illégalement sont détruits à partir de 2005.

Questions

1. Doc. 12 à 14 Citez les différents conflits d'usage et leurs acteurs.
2. Doc. 12 Pourquoi les conflits s'amplifient-ils ?
3. Doc. 7 et 14 Dans quelle structure de protection et dans quel type de milieu naturel se trouvent les cabanons de Beauduc ?
4. Doc. 14 Montrez que ce bâti illégal entre en contradiction avec les objectifs de protection.
5. Doc. 14 et 15 Comment le conflit a-t-il été résolu ?
6. Doc. 15 Montrez que le nouveau plan d'aménagement concilie protection du milieu et diversité des usages.

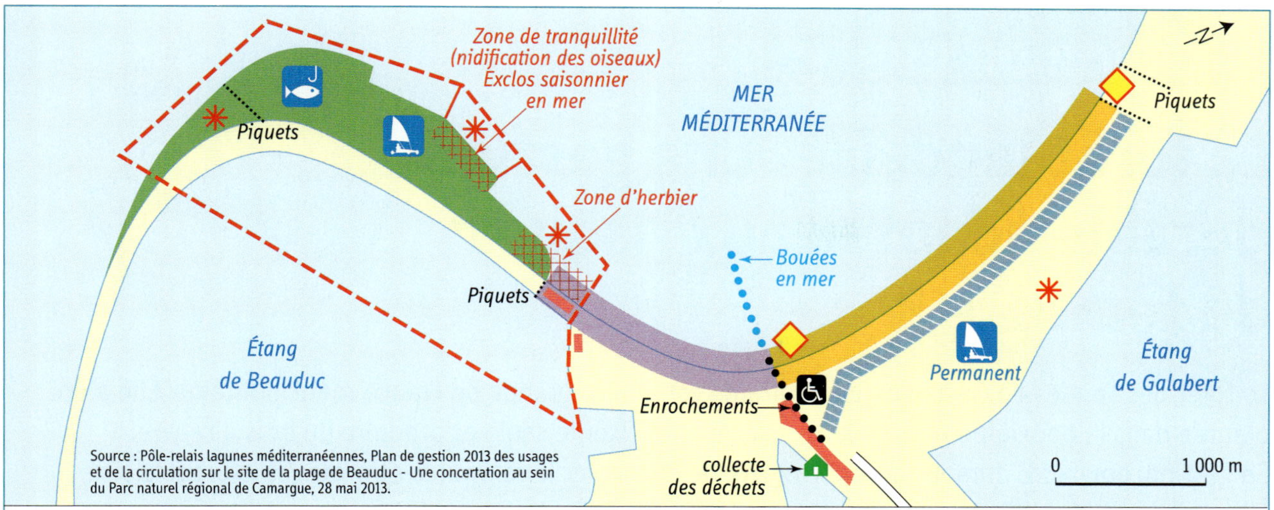

- enjeux écologiques majeurs
- arrêté préfectoral de protection de biotope
- zone naturelle préservée (véhicules non autorisés)
- aire de stationnement prioritaire
- balisage pour la circulation et stationnement des véhicules
- zone aménagée pour personnes handicapées
- zone de sports nautiques
- école de kite surf
- zone dévolue aux autres activités
- zone de pêche (du 01/10 au 31/03)
- zone de char à voile (du 01/10 au 31/03)

15 Le réaménagement de la plage de Beauduc pour un développement durable

Un travail commun entre le Conservatoire du littoral, le Parc naturel régional de Camargue, les plaisanciers, la Fédération française de vol libre (écoles et clubs) et les services de l'État a abouti à une redéfinition du zonage conciliant activités et protection du cordon sableux.

BILAN DE L'ÉTUDE DE CAS

1. Complétez le croquis de la Camargue et sa légende.

1. Paysages et usages de la Camargue
- ☐ espaces agricoles
- ☐ marais et étangs
- ☐ sable
- ☐ marais salants

2. Les territoires de protection de la nature
- .... limite du Parc naturel régional de Camargue
- .... limite du Grand site Camargue gardoise
- ☐ ....

3. Des usages difficiles à concilier
- .... pression urbaine
- .... zone de reconversion touristique
- ✳ plan de gestion du cordon dunaire

TITRE : ....

2. Rédigez un paragraphe montrant les enjeux et les difficultés d'une gestion durable du delta de la Camargue.

La forêt landaise : une gestion durable adaptée aux risques de tempête ?

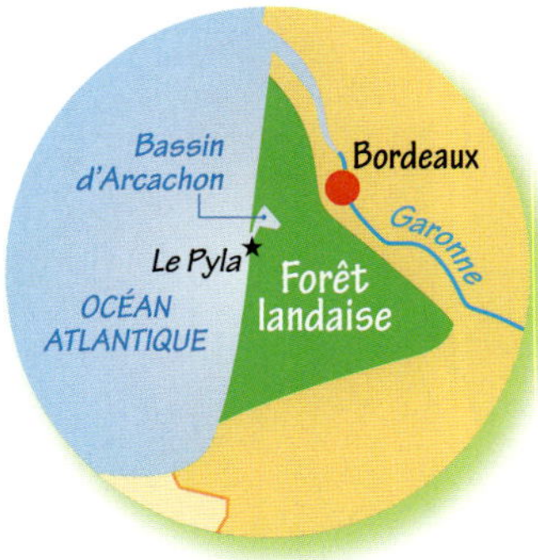

La forêt des Landes de Gascogne en Aquitaine est la plus grande de France métropolitaine. Elle a été plantée dans la deuxième moitié du XIXe siècle pour fixer le sable et produire du bois d'œuvre. Sa gestion, pour être durable, doit permettre de conserver la ressource et protéger la biodiversité. Elle doit aussi faire face aux risques de tempêtes.

Est-il possible d'envisager des modes de gestion durables de la forêt landaise ?

1 La forêt landaise

2 Un patrimoine créé par l'homme

« La forêt des Landes est une création de l'homme à partir d'une essence locale, le pin maritime présent en Aquitaine depuis plus de 8 000 ans. Entre le XVIIIe siècle et le milieu du XXe siècle, cette essence a progressivement été implantée sur l'ensemble du territoire, voué précédemment au pastoralisme. De vastes marécages insalubres occupaient l'espace. Les pins ont été semés pour fixer le cordon dunaire et pour assainir les zones humides des Landes. Entre 1786 et 1793, Nicolas Brémontier expérimenta la culture du pin pour fixer la dune littorale entre le Pyla et Arcachon. Cette réussite fut suivie par la plantation de 90 000 ha le long du cordon littoral. Vers 1850, J. Chambrelent fut chargé de l'assèchement et de la mise en culture des 700 000 ha de cette plaine marécageuse. Une loi de 1857 obligea les communes à assainir et à ensemencer leurs terrains. C'est une forêt cultivée, une ressource renouvelable créée par l'homme. C'est une forêt essentiellement privée. 10 % seulement de sa surface appartient à l'État et aux collectivités locales. Elle se situe pour partie dans le Parc naturel régional des Landes de Gascogne. »

Site Internet www.parc-landes-de-gascogne.fr, 2014.

3 Les tempêtes de 1999 et 2009

« Les tempêtes Martin et Lothar des 26-27 décembre 1999 avec des vents qui ont dépassé 110 à 130 km/h ont amputé le massif landais de 27 millions de m^3 de bois.

Le 24 janvier 2009, la tempête Klaus avec des pointes de vent à 170 km/h a affecté 593 000 ha et près de 37 millions de m^3 de pin maritime, soit près de 50 % de la surface forestière du massif des Landes de Gascogne, soit 6 ans de récolte pour satisfaire la consommation industrielle régionale. Les pins maritimes de 20 à 40 ans ont été les plus sinistrés. »

Site Internet www.agri-agro.aquitaine.fr, 2014.

4 La forêt landaise après la tempête de 2009

Depuis cette tempête, un sixième de la pinède a été replantée. Le « Plan Chablis » a pour objectif de replanter 40 millions d'arbres d'ici à 2017.

Vocabulaire

Aléa Probabilité d'un événement modifiant un système naturel ou technologique et présentant un danger potentiel pour les hommes et l'environnement.

Questions

1. Doc. 1 et 2 Montrez que la forêt landaise est à la fois un milieu naturel et aménagé à des fins économiques.
2. Doc. 3 et 4 À quel aléa naturel la forêt landaise est-elle sensible ?
3. Doc. 5 Montrez que les tempêtes et leurs conséquences sont susceptibles de remettre en cause l'espèce choisie et les usages du milieu.

5 La culture du pin maritime remise en question ?

« Les tempêtes ont montré la fragilité de la forêt de pins, le boisement du massif landais doit-il être poursuivi ? Si la reconstitution de la forêt landaise fait partie des objectifs du gouvernement, certains souhaitent d'autres usages pour les terres forestières (agriculture, tourisme). Mais la forêt landaise génère de nombreux emplois et fait partie du patrimoine culturel. “La menace d'une tempête majeure constitue aujourd'hui pour les forestiers un élément permanent qu'il leur faut intégrer dans la gestion ordinaire”. Il faut renforcer la stabilité des peuplements, avoir des arbres moins hauts[1], varier les essences. La réflexion des gestionnaires de la forêt conduit à envisager “un retour à une sylviculture plus proche de la nature [...] qui redonne à la forêt son caractère multifonctionnel, avec une production de bois de qualité tout en permettant le retour et le maintien d'une certaine biodiversité végétale et animale, garante d'équilibres durables.” »

Rapport de l'Assemblée nationale, 2009.

1. Les pins maritimes mesurent en moyenne 25 m de hauteur, ce qui les rend sensibles aux vents violents.

BILAN DE L'ÉTUDE DE CAS

1. Complétez le schéma sur les potentialités et la vulnérabilité du milieu forestier landais. Donnez un titre au schéma.

2. Rédigez une réponse à la problématique (p. 74).

TITRE : ....

Les Landes, un milieu naturel caractérisé par :
- ....
- ....

↓

Un milieu aménagé par l'homme :
- la plantation de pins
- l'assèchement des zones marécageuses
- la construction de routes et de pistes

↓

Un milieu forestier exploité pour :
- ....
- ....
- ....

↑ ↓

La vulnérabilité du milieu : risque de .... à cause de la hauteur des ....

Étude de cas 3

La haute montagne, entre aménagement et protection : Les Arcs

Sur la commune de Bourg-Saint-Maurice, les Arcs est une station de 3e génération marquée par d'immenses complexes d'immeubles. Elle est caractéristique du Plan neige, vaste opération d'aménagement de la haute montagne lancée en 1960. Elle est reliée à Paris par TGV et depuis la gare de Bourg-Saint-Maurice par funiculaire. Le versant a été urbanisé après la création du Parc national de la Vanoise.

Le tourisme et la protection de la nature contribuent-ils à un développement durable de ce territoire ?

1 La station des Arcs : plusieurs sites pour une station de 3e génération du Plan Neige

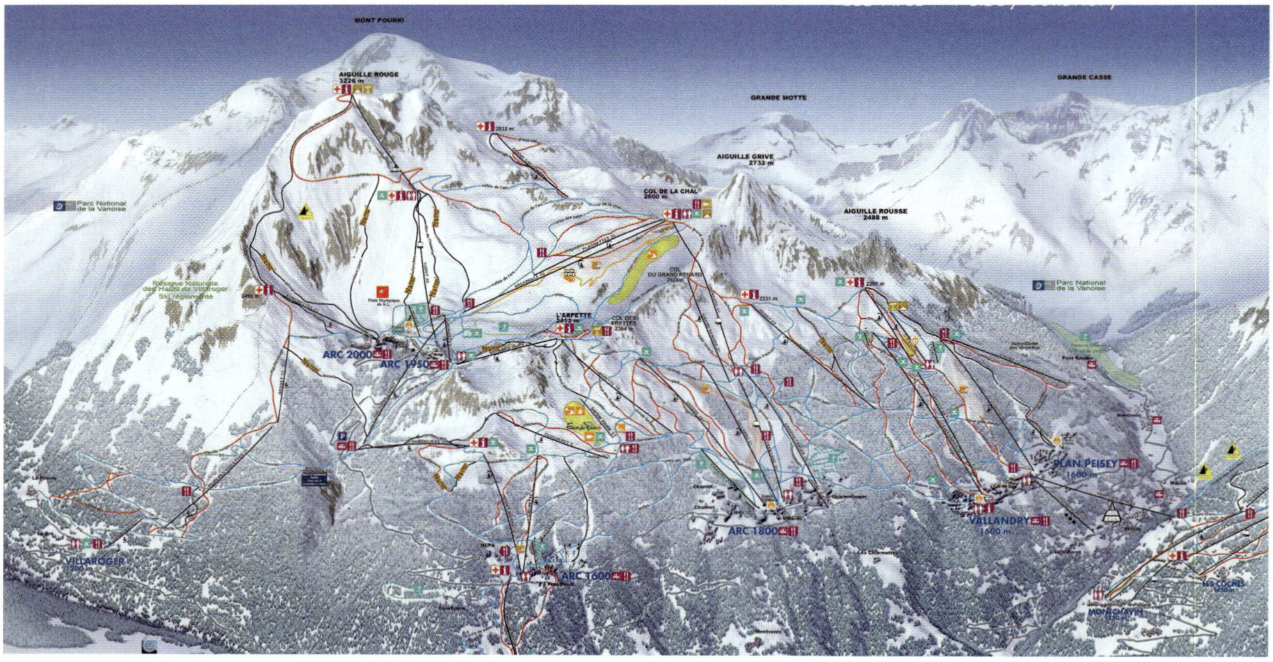

2 Les conflits d'usage

« La station des Arcs est située dans le Parc national de la Vanoise en Savoie, entre les vallées de la Tarentaise au Nord et de la Maurienne au Sud. Il se compose d'une **aire optimale d'adhésion** (1 465 km²) qui compte 36 900 habitants et d'un cœur (528 km²) sans habitat permanent mais qui est parsemé de nombreux chalets d'alpage. La question du partage entre espace protégé et espace aménagé en milieu de montagne se pose. Les plus grands domaines skiables voient leurs remontées toucher aux limites mêmes du cœur du parc et des **réserves naturelles** : c'est le cas des Arcs. Les actifs qui vivent de l'"or blanc" parlent d'un "encerclement par le Parc", empêchant toute extension de la station. Le principal sujet de contentieux ? Les possibilités de développement économique des communes potentiellement entravé par les exigences de protection de la nature imposée par le parc. »

L. Laslaz, « L'action publique et les Parcs nationaux français », 2008 *in* R. Sechet, I. Garat et D. Zeneidi (dir.), *Espaces en transaction*, PU Rennes, Actes du colloque Espaces et sociétés aujourd'hui, (colloque de 21-22 oct. 2004).

Vocabulaire

Aire optimale d'adhésion Zone périphérique d'un parc national. Elle fait partie du parc en raison de sa continuité géographique et d'une solidarité écologique avec le cœur. Le développement économique y est possible.

Réserve naturelle Site où la conservation de la faune, de la flore, du sol, des eaux, des gisements de minéraux présente une importance particulière. Certaines réserves sont nationales (RNN), d'autres régionales (RNR) ou départementales (RND).

Station de 3e génération (ou station intégrée) Station conçue pour la pratique des sports d'altitude et organisée en un ou plusieurs sites.

3 Concilier tourisme et parc national ?

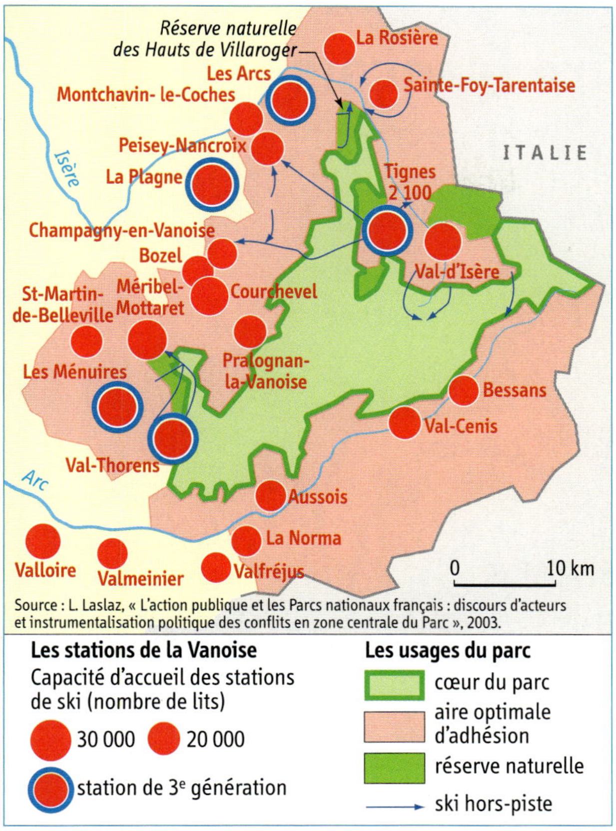

Source : L. Laslaz, « L'action publique et les Parcs nationaux français : discours d'acteurs et instrumentalisation politique des conflits en zone centrale du Parc », 2003.

4 La Réserve naturelle nationale des Hauts de Villaroger et le ski

« Le 28 janvier 1991 est créée la Réserve naturelle des Hauts de Villaroger. Sa gestion est confiée à l'Office national des forêts (ONF) de la Savoie. Vaste de 1 062 hectares, elle s'échelonne entre 1 200 à 3 650 mètres d'altitude. Située en bordure du domaine skiable des Arcs, la réserve a notamment pour vocation d'assurer un refuge hivernal à la faune montagnarde, dont l'emblématique tétras-lyre [petit coq de bruyère].

Le ski, identifié comme un facteur de dérangement pour l'oiseau, fait l'objet d'une réglementation partielle dans la réserve (arrêté préfectoral de 1994). Cette dernière comprend ainsi une zone où la pratique du ski est autorisée (itinéraire des Planchettes et itinéraire du Grand Col) et une zone où celle-ci est interdite. Cette réglementation résulte de nombreuses discussions et d'un compromis trouvé entre les tenants de la protection de l'environnement et les acteurs économiques ».

D'après le Site Internet de la réserve des Hauts de Villaroger, www.reserves-naturelles.org, 2015.

Questions

1. Doc. 1 Dans quel type de milieu naturel se situe la station des Arcs ? Quelles potentialités ont ici été mises en valeur ?
2. Doc. 1 Quels aménagements sont nécessaires pour la mise en place d'une station de ski comme les Arcs ?
3. Doc. 2, 3 et 4 Montrez que le développement de la station entre en conflit avec les dispositifs de protection du Parc de la Vanoise.

BILAN DE L'ÉTUDE DE CAS

▶ Complétez le schéma ci-contre, sans oublier de lui donner un titre.

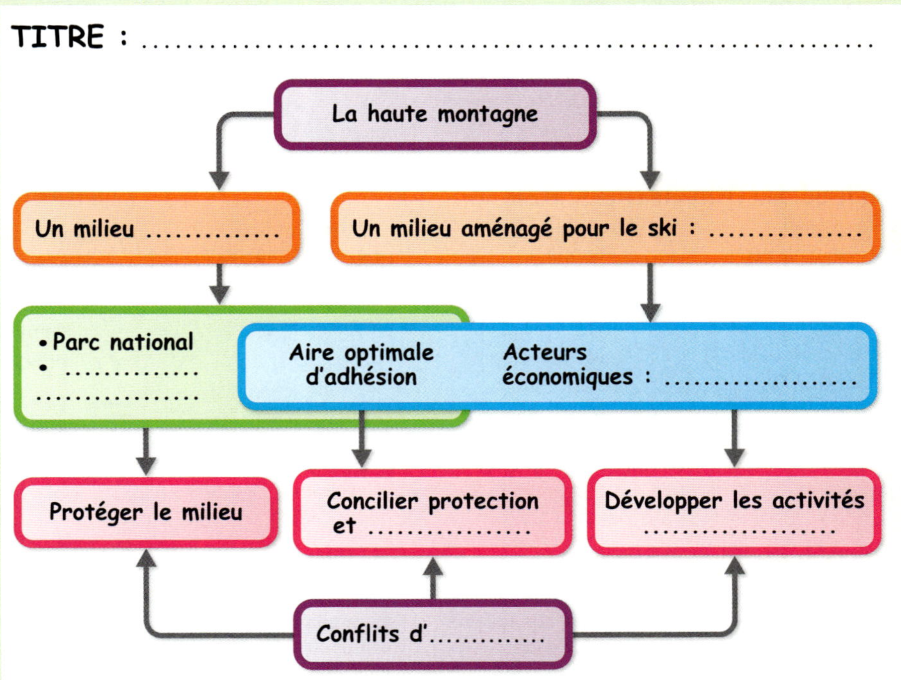

Cartes

Potentialités et contraintes du territoire français

S L ES

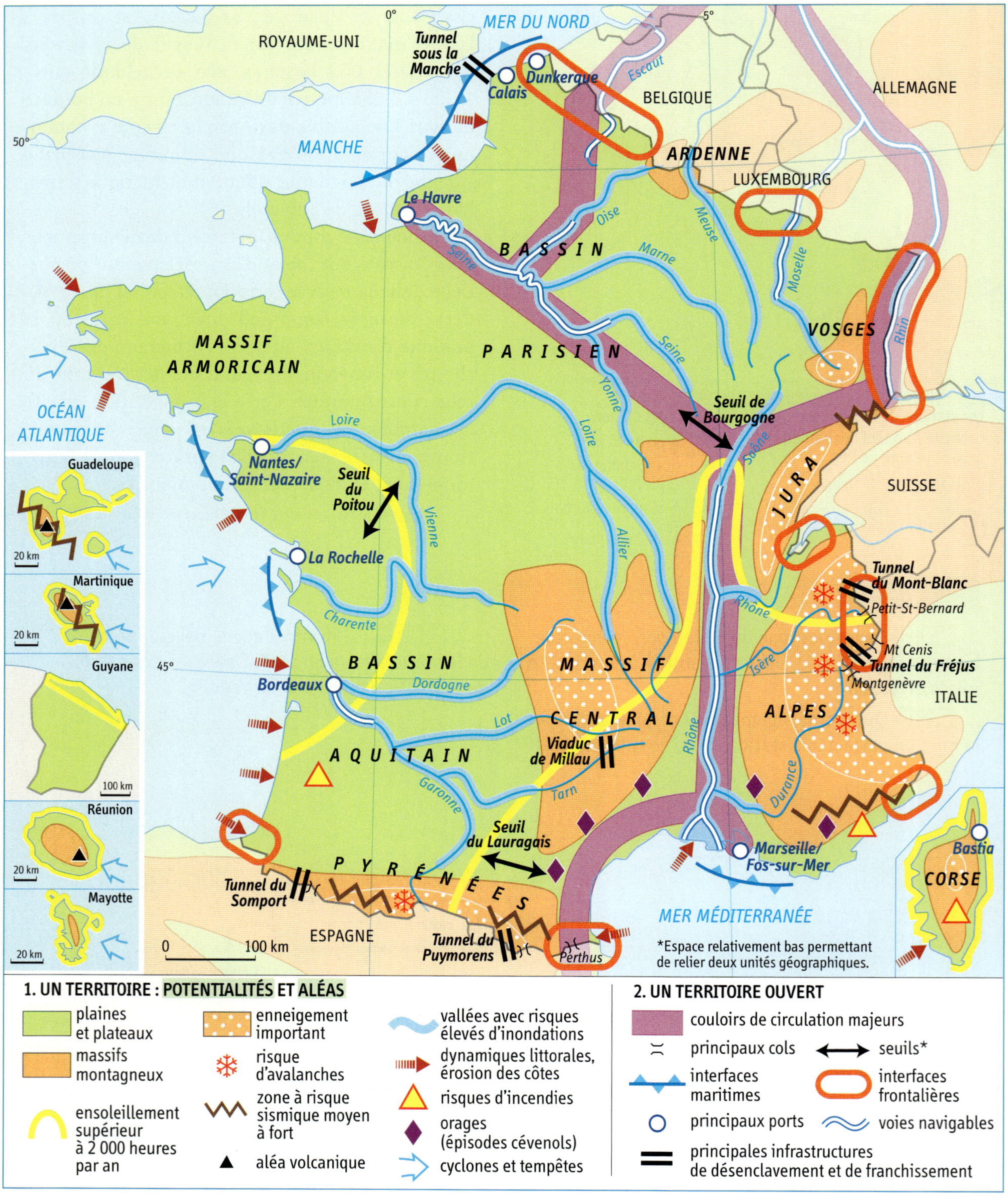

1 Les potentialités et contraintes du territoire français

Vocabulaire

Aléa Probabilité d'un événement modifiant un système naturel ou technologique et présentant un danger potentiel pour les hommes et l'environnement.

Potentialités Caractères d'un milieu qui peuvent être valorisés ou non en fonction de la société et de facteurs techniques.

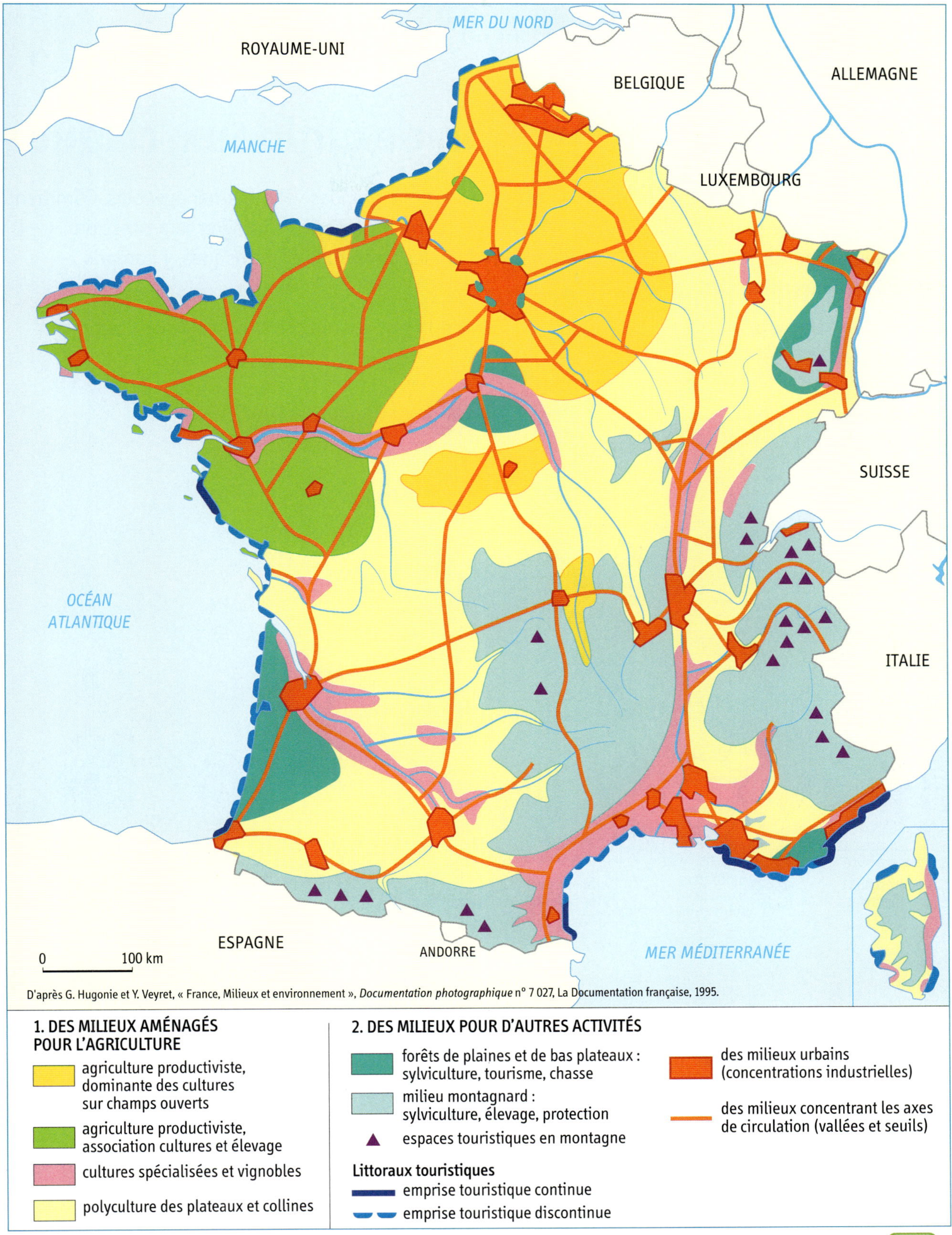

D'après G. Hugonie et Y. Veyret, « France, Milieux et environnement », *Documentation photographique* n° 7 027, La Documentation française, 1995.

1. DES MILIEUX AMÉNAGÉS POUR L'AGRICULTURE

- agriculture productiviste, dominante des cultures sur champs ouverts
- agriculture productiviste, association cultures et élevage
- cultures spécialisées et vignobles
- polyculture des plateaux et collines

2. DES MILIEUX POUR D'AUTRES ACTIVITÉS

- forêts de plaines et de bas plateaux : sylviculture, tourisme, chasse
- milieu montagnard : sylviculture, élevage, protection
- ▲ espaces touristiques en montagne

Littoraux touristiques

- emprise touristique continue
- emprise touristique discontinue

- des milieux urbains (concentrations industrielles)
- des milieux concentrant les axes de circulation (vallées et seuils)

2 Des milieux valorisés par l'homme

Questions

1. Doc. 1 et 2 Quelles sont les principales potentialités du territoire français. Comment sont-elles exploitées par les aménagements ?

2. Doc. 1 et 2 Comment les contraintes du territoire sont-elles valorisées par les aménagements ?

3. Doc. 1 et 2 De quelles activités les milieux naturels français sont-ils les supports ?

S L ES

Valorisation, protection des milieux, risques

La France est riche de potentialités : eau, forêts, soleil et vent, grandes vallées aménageables. Comment concilier leur usage et un développement durable ? Ce dernier nécessite d'intégrer la protection des milieux à leur utilisation. Il implique aussi de réduire les pollutions et les risques, y compris dans des milieux urbanisés.

Comment transformer les potentialités des milieux en ressources pour le développement des sociétés ?

1 La ressource en eau

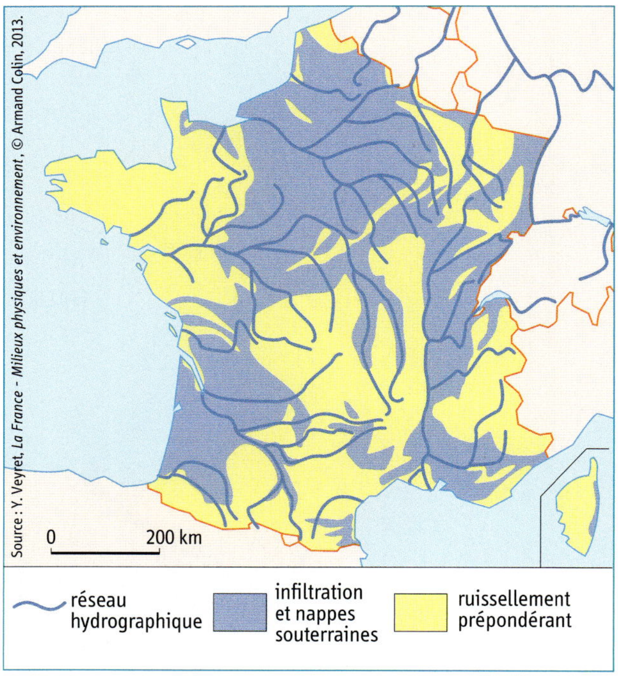

Source : Y. Veyret, *La France - Milieux physiques et environnement*, © Armand Colin, 2013.

2 La ressource forestière

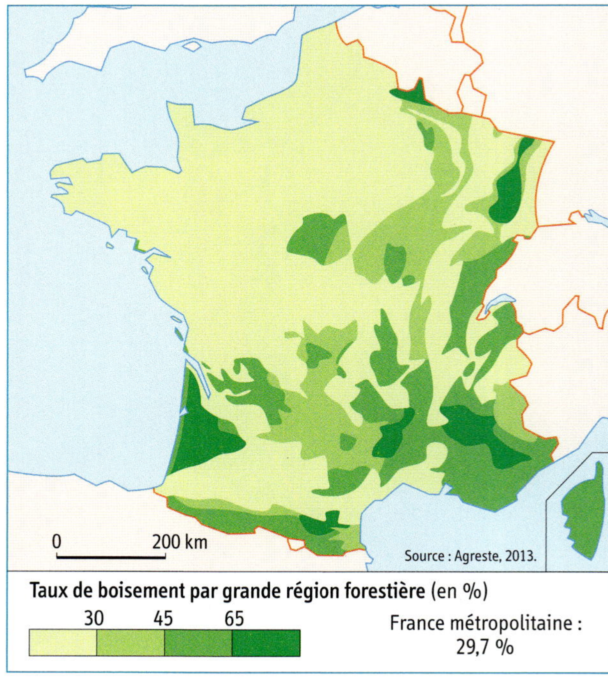

Source : Agreste, 2013.

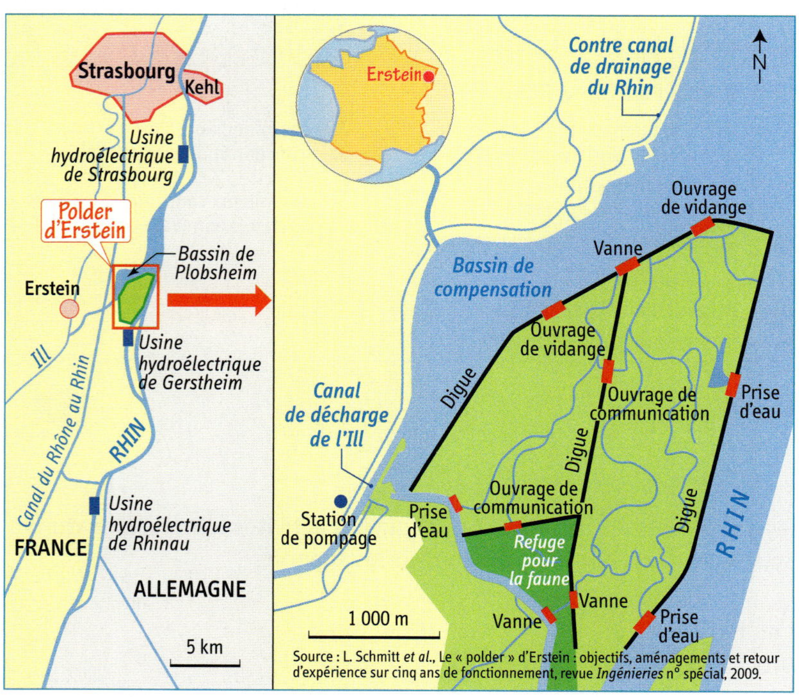

Source : L. Schmitt *et al.*, Le « polder » d'Erstein : objectifs, aménagements et retour d'expérience sur cinq ans de fonctionnement, revue *Ingénieries* n° spécial, 2009.

3 Le Rhin supérieur : une vallée aménagée et ménagée

Le « polder d'Erstein » a été conçu pour réguler le débit des crues du Rhin. Il a une vocation écologique. Immense bassin de rétention de 600 hectares, il est capable de stocker jusqu'à 7,8 millions de m³ d'eau en moins de 15 heures. Il occupe l'espace d'une ancienne forêt qui se situait dans le lit majeur du Rhin avant les travaux de canalisation entamés dans la seconde moitié du XXᵉ siècle.

4 De l'aléa aux risques

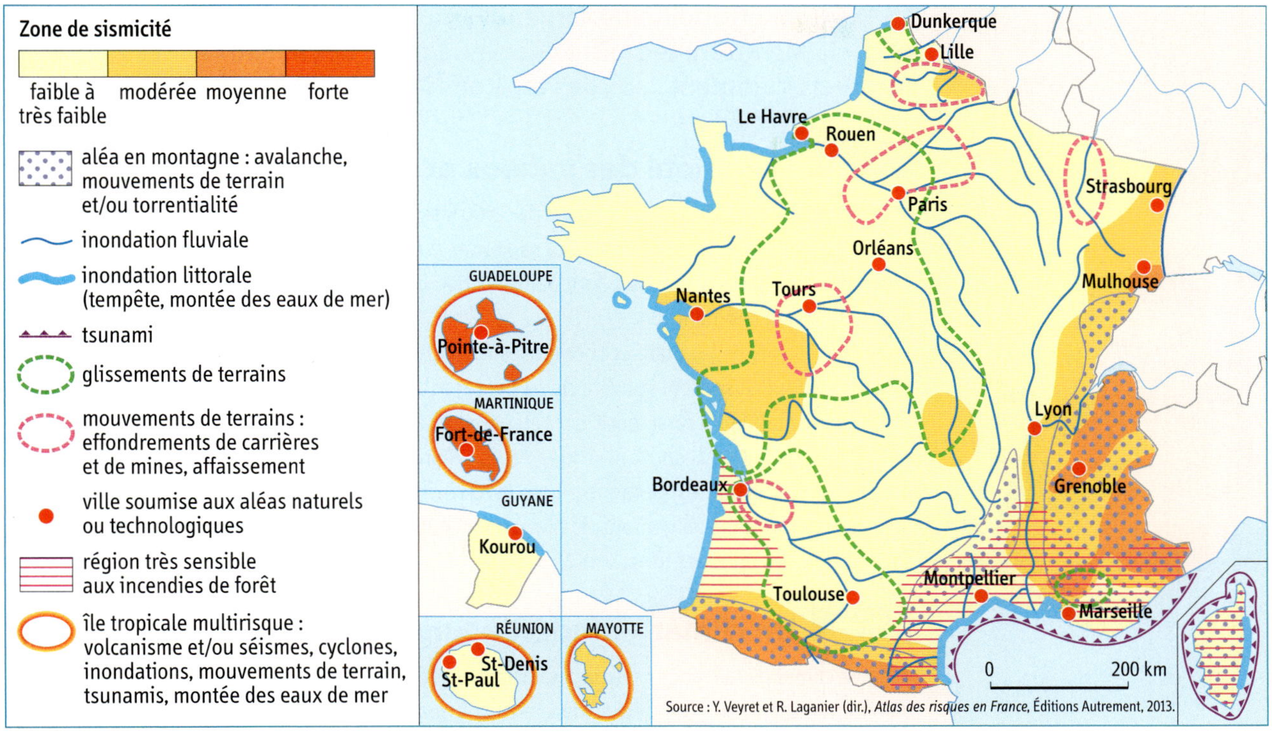

Source : Y. Veyret et R. Laganier (dir.), *Atlas des risques en France*, Éditions Autrement, 2013.

1. Comparez les territoires du risque et leur peuplement (carte de l'atlas p. 314).
2. Doc. 1, 3 et 4 Montrez que l'eau est à la fois une ressource et un facteur de risque nécessitant des aménagements.

5 Les milieux entre valorisation, aménagement et protection

« La nature française métropolitaine se caractérise par un climat "modéré", des sols variés pour une agriculture elle-même diverse, de l'eau globalement abondante, des forêts. [...] Pourtant, cette nature a enregistré depuis des millénaires des modifications importantes liées aux actions des sociétés. Des zones humides ont été asséchées et mises en culture, le cours des fleuves a souvent été modifié pour supprimer les divagations du cours d'eau, l'irrigation s'est généralisée [...] mais la pollution de l'air s'est affirmée au XIXe siècle industriel, celle de l'eau s'est généralisée et la dégradation de la biodiversité a aussi accompagné le développement de l'urbanisation. Depuis quelques décennies, une prise de conscience des atteintes aux milieux justifie une politique de protection fondée sur de nombreuses lois et réglementations sur l'eau, l'air, les pollutions, les risques. En outre, une attention particulière est portée aux effets des rejets de gaz à effet de serre et aux changements climatiques à venir comme en témoigne la préparation de la conférence de Paris qui se tiendra en 2015. »

Y. Veyret, *La France. Milieux physiques et environnement*, © Armand Colin, 2013.

6 La mesure de la qualité de l'air à Paris

Le ballon à vocation touristique et scientifique est un Observatoire atmosphérique qui doit contribuer à informer les Parisiens sur le niveau de pollution de l'air, notamment sur les particules fines, les plus dangereuses pour la santé.

Doc. 4 et 6 À quels aléas est exposé Paris ?

S L ES

Des milieux et des ressources variées

La France métropolitaine, largement ouverte sur l'Atlantique et sur la Méditerranée, offre des paysages et des milieux variés auxquels s'ajoutent ceux des territoires d'Outre-mer.

L'étagement de la végétation en montagne

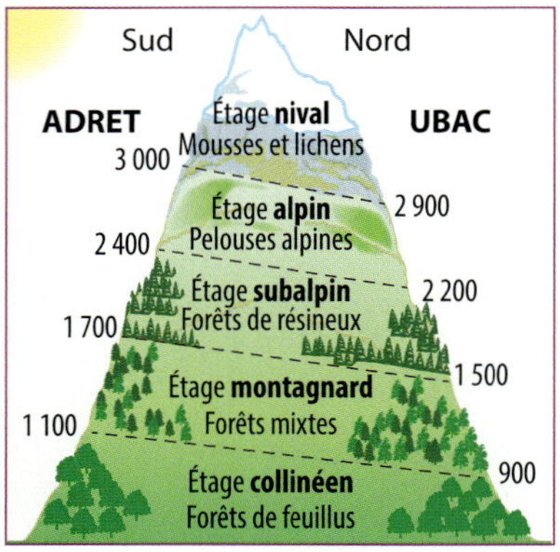

1 La variété des milieux et des potentialités

• Les littoraux métropolitains, longs de 5 500 km, associent des côtes rocheuses, à falaises (Bretagne, Pays de Caux...), des côtes basses sableuses avec plages et dunes (Picardie, Aquitaine, Corse orientale), des côtes à marais (Mont-Saint-Michel, bassin d'Arcachon…) parfois transformés en **polders** par assèchement.

• Les plaines et les plateaux composés de roches sédimentaires (Bassins parisien, aquitain, Alsace, Limagne) disposent souvent de sols aptes à l'agriculture.

• La montagne se caractérise par l'étagement de la végétation. On y distingue la moyenne montagne (Jura, Massif central et Vosges, Alpes et Pyrénées au-dessous de 2 000 m) qui porte forêts et pâturages, et la haute montagne (Alpes, Pyrénées au-dessus de 2 000 m) qui est le domaine des neiges et des glaciers alimentant de nombreux cours d'eau. Elle a été diversement perçue par la société selon les époques **(doc. 1 et 2)**.

2 Un climat « modéré », une eau abondante

• Le climat de la France métropolitaine traversée par le 45e parallèle de latitude Nord est globalement modéré ou « tempéré », mais cela est à nuancer. Les températures moyennes annuelles sont de 15° C à Perpignan, 12° C à Paris, 10° C à Strasbourg. Les précipitations moyennes annuelles varient de 600 mm à Paris, à prés de 2 000 mm au Mont Aigoual (sud du Massif Central) à 1 500 m d'altitude.

• On distingue le **climat océanique** à l'ouest, plus **continental** à l'est (Alsace). Plus chaud au sud, il est **méditerranéen** (avec un été sec) en Provence, et plus humide en Aquitaine. L'altitude explique des températures plus fraîches et une humidité plus grande qu'en plaine (neige en montagne). L'énergie solaire et l'énergie éolienne se développent.

• Les précipitations apportent des quantités d'eau importantes, indispensables pour de nombreuses activités. Les fleuves (Loire, Rhône, Seine, Garonne, Rhin) et les rivières fournissent de l'énergie, sont utiles pour l'irrigation, les usages domestiques et industriels de l'eau (refroidissement des centrales nucléaires), le tourisme, la navigation. Les lacs nombreux dans les massifs montagneux et sur leurs bordures (Lac d'Annecy, de Gérardmer) constituent aussi des réserves d'eau. Les zones humides, littorales ou continentales, sont des lieux à fort potentiel de biodiversité. Les nappes souterraines qui se rechargent grâce à l'eau qui s'infiltre, sont d'autres réserves d'eau souvent utilisées pour l'irrigation. **(doc. 3)**

3 Les milieux spécifiques de la France d'Outre-mer

• Surtout située aux basses latitudes, la France ultramarine est tropicale (Antilles, Réunion, Mayotte, Nouvelle-Calédonie, Polynésie française) et équatoriale (Guyane). Ces territoires se caractérisent par des climats chauds plus ou moins humides **(doc. 4)**. Ils portent une riche couverture végétale (notamment en Guyane où la forêt tropicale humide occupe une grande partie du territoire). Sur les littoraux se développent localement la mangrove – végétation forestière des régions tropicales qui se développe sur les côtes basses marquées par les marées – ou les récifs coralliens.

• Saint-Pierre-et-Miquelon et les terres Australes et Antarctiques appartiennent à des milieux froids, plus ou moins rudes.

▶ **Tous ces milieux constituent des potentialités pour la société, valorisées en fonction de ses attentes et des évolutions techniques et économiques.**

Notions

Biodiversité
Définition p. 67.

Milieux
Définition p. 67.

Vocabulaire

Climat continental
Climat marqué par des forts contrastes entre un hiver froid et un été chaud et souvent humide (orages).

Climat méditerranéen
Climat marqué par des hivers assez doux et des étés très chauds. L'été est sec et les précipitations tombent au printemps et en automne (grosses averses).

Climat océanique
Climat marqué par de faibles contrastes de températures et de précipitations entre l'hiver et l'été en raison de la proximité de l'océan qui rafraichit l'été et adoucit l'hiver.

Polder
Terrain conquis sur la mer ou sur des zones humides.

1 La perception des milieux

« La campagne, la montagne, la mer sont devenues des ressources à exploiter pour satisfaire les attentes de citadins de plus en plus nombreux. [...] Quand on sait que la mer a été longtemps le lieu du défi, le lieu du combat, le lieu de la mort, on perçoit le changement radical de perspective qui s'est opéré [...]. Ce n'est guère qu'au XIXe siècle que s'est développé un autre regard et qu'ont été créées les stations balnéaires, tout spécialement sous le Second Empire (Deauville, Biarritz), expression du "désir de rivage" dont parle A. Corbin. De même, c'est seulement au XVIIIe siècle que quelques aventuriers ont découvert la montagne et s'en sont approchés avec émerveillement et passion (De Saussure partant à la conquête du mont Blanc en 1787). De répulsive, d'effrayante, de dangereuse, elle est devenue le lieu du dépassement, du plaisir ; de l'"enfer blanc" on est passé à l'"or blanc".
Il se crée de nouvelles activités jusqu'alors inimaginables et désormais créatrices de richesses : le tourisme en est le meilleur exemple. »

B. Steck et J.-F. Steck, *La France*, Bréal, 2008 (www.editions-breal.fr).

Montrez que les potentialités des milieux sont mises en valeur en fonction de la perception qu'en ont les sociétés.

2 La découverte de la montagne (1905)

Doc. 1 et 2 Que nous apprennent ces documents sur les potentialités de la montagne ? Quelle mise en valeur de la montagne est représentée sur l'affiche ?

3 La ressource en eau en France métropolitaine

« L'eau est une ressource indispensable à la satisfaction des besoins des hommes et des sociétés. Le territoire métropolitain bénéficie en moyenne de 480 milliards de mètres cubes de pluie par an (source Météo France), auxquels s'ajoutent 11 milliards de mètres cubes provenant des fleuves transfrontaliers (Rhin non compris). Sur ce total, environ 321 milliards de mètres cubes s'évaporent dans l'atmosphère. Le bilan des ressources internes en eau de la France s'élève donc à 170 milliards de mètres cubes par an. Cela correspond à environ 2 800 mètres cubes d'eau par habitant et par an. La France ne manque pas d'eau d'autant que les nappes souterraines sont estimées à environ 2 000 milliards de mètres cubes, et les eaux stagnantes (lacs naturels, grands barrages et étangs) représentent 108 milliards de mètres cubes. Mais les ressources en eaux françaises sont inégalement réparties et varient selon les saisons, ce qui explique que certaines régions peuvent connaître des difficultés en période de sécheresse. La qualité de l'eau est aussi à considérer. Les eaux polluées demandent des traitements lourds et couteux. »

« L'eau en France : une ressource globalement excédentaire », www.cnrs.fr, © CNRS/sagascience, 2014.

Quelles limites la richesse en eau douce de la France métropolitaine présente-t-elle ?

4 Les transferts d'eau à La Réunion

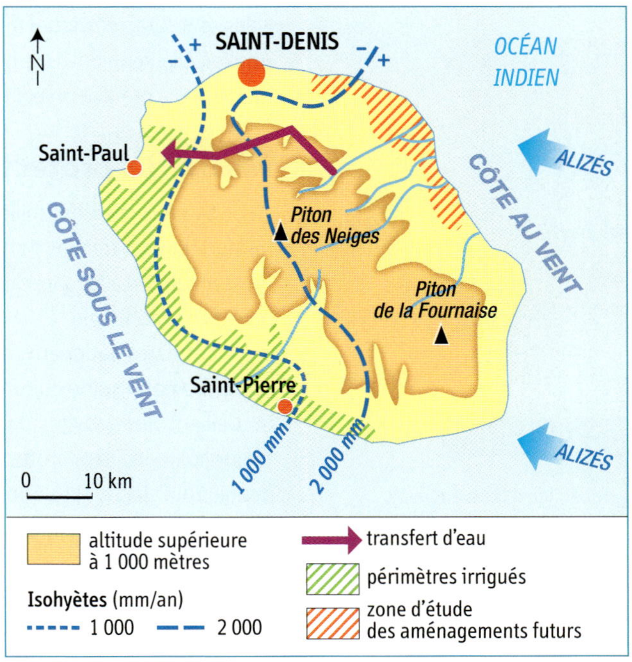

Confrontez la répartition de l'eau et de la population (doc. 3 p. 227) à La Réunion. Qu'en déduisez-vous pour justifier les transferts d'eau ?

Une France aménagée et ménagée

Aménager ou protéger ? Aménager et protéger ?
Le développement qui tente d'associer gestion et protection devient le fondement de toute action durable sur les milieux.

La France dans la lutte contre le changement climatique

→ Diminution des émissions de gaz à effet de serre de 40 % d'ici 2030 par rapport au niveau de 1990, divisé par 4 d'ici 2050.

Les acteurs institutionnels de la protection

Conservatoire du littoral	État
Grand site	État
Site classé et site inscrit	État
Réserves naturelles nationales	État
Parcs naturels régionaux	État et collectivités territoriales
Réserve départementale	Département
Convention Ramsar	ONU/État
Natura 2000	UE/État
Réserve mondiale de biosphère	ONU/ Unesco/État

1 Des milieux et des paysages mis en valeur

• Les sols souvent fertiles, la présence d'eau utile pour l'irrigation contribuent au développement d'une importante agriculture. La forêt fournit du bois qui alimente une « filière-bois », mais elle a aussi d'autres fonctions, écologiques et de loisirs.

• L'hydroélectricité dépend en partie de l'eau des fleuves et des montagnes. Les énergies solaire et éolienne devraient relayer pour partie au moins les **énergies fossiles**.

• La variété des paysages, associée à une bonne accessibilité, facilitée notamment par la présence de grandes vallées, fait de la France un grand pays touristique particulièrement dans les montagnes (Alpes, Pyrénées) et sur les littoraux. La France compte 14 Grands Sites labellisés par l'État pour leurs qualités exceptionnelles.

2 Des pollutions et des risques à réduire

• Les modes d'**aménagement** des **milieux** et l'urbanisation s'accompagnent de nuisance (le bruit), de pollutions et de risques technologiques (incendies, explosions, fuites toxiques).

• La pollution de l'air et les rejets de gaz à effet de serre résultent de l'agriculture, des activités industrielles, des transports. Des lois et des réglementations tentent de réduire ces pollutions. Un Plan climat national (ou plan d'atténuation) est complété par le Plan national d'adaptation au changement climatique couvrant la période 2011-2015, dans le but de réduire les rejets de gaz à effet de serre pour limiter le réchauffement.

• La gestion de l'eau résulte de réglementations pour partie provenant de l'Union européenne. Elles ont pour but d'assurer une gestion durable de la ressource, une bonne qualité de l'eau de consommation et une maîtrise des risques liés à l'eau. **(doc. 2)**

• Des **aléas** naturels concernent la France métropolitaine : pluies abondantes, canicules, sécheresses, tempêtes, inondations, aléas sismiques et mouvements de terrain, avalanches. Certains aléas sont caractéristiques des territoires ultramarins (cyclones, séismes, épisodes volcaniques aux Antilles, à la Réunion). Une politique de gestion des risques naturels envisage la prévision, l'alerte mais aussi la prévention par le biais de plans de prévention des risques et la protection.

3 La protection des milieux et de la biodiversité

• La protection des milieux et de la biodiversité est ancienne, comme en témoigne la loi de restauration des terrains de montagne (1882) destinée à réduire l'effet des torrents sur les versants montagnards et à favoriser le boisement des pentes. Les forêts de protection ont toujours le même objectif en montagne.

• Les parcs nationaux, nés en 1960, ont pour but la protection de la biodiversité, des paysages, du patrimoine culturel, en liaison avec les acteurs locaux dans le cœur du parc tout en accueillant des activités dans l'aire optimale d'adhésion (charte de 2006). Les parcs naturels régionaux, concilient protection et développement économique local. Des parcs marins existent depuis 2007. **(doc. 1)** Le Conservatoire du littoral créé en 1975 a pour vocation la sauvegarde des espaces côtiers et lacustres : 12 % des côtes en métropole et outre-mer sont sa propriété et sont impossibles à vendre.

• Les directives européennes Natura 2000 concernent de vastes espaces (directive Habitat et directive Oiseaux) ; elles visent à protéger la faune et la flore. Les zones humides les plus importantes relèvent de la convention des Nations unies ou convention Ramsar.

▶ **Les acteurs de la gestion et ceux de la protection des territoires doivent coordonner leurs actions pour réduire les conflits et aller vers un développement durable.**

Notions

Aménagement
Définition p. 67.

Biodiversité
Définition p. 67.

Milieux
Définition p. 67.

Vocabulaire

Aléa Probabilité d'un événement modifiant un système naturel ou technologique et présentant un danger potentiel pour les hommes et l'environnement.

Énergie fossile
Énergie fournie par le pétrole, le charbon, le lignite. Sources d'énergie non renouvelable.

1 Les Parcs en France

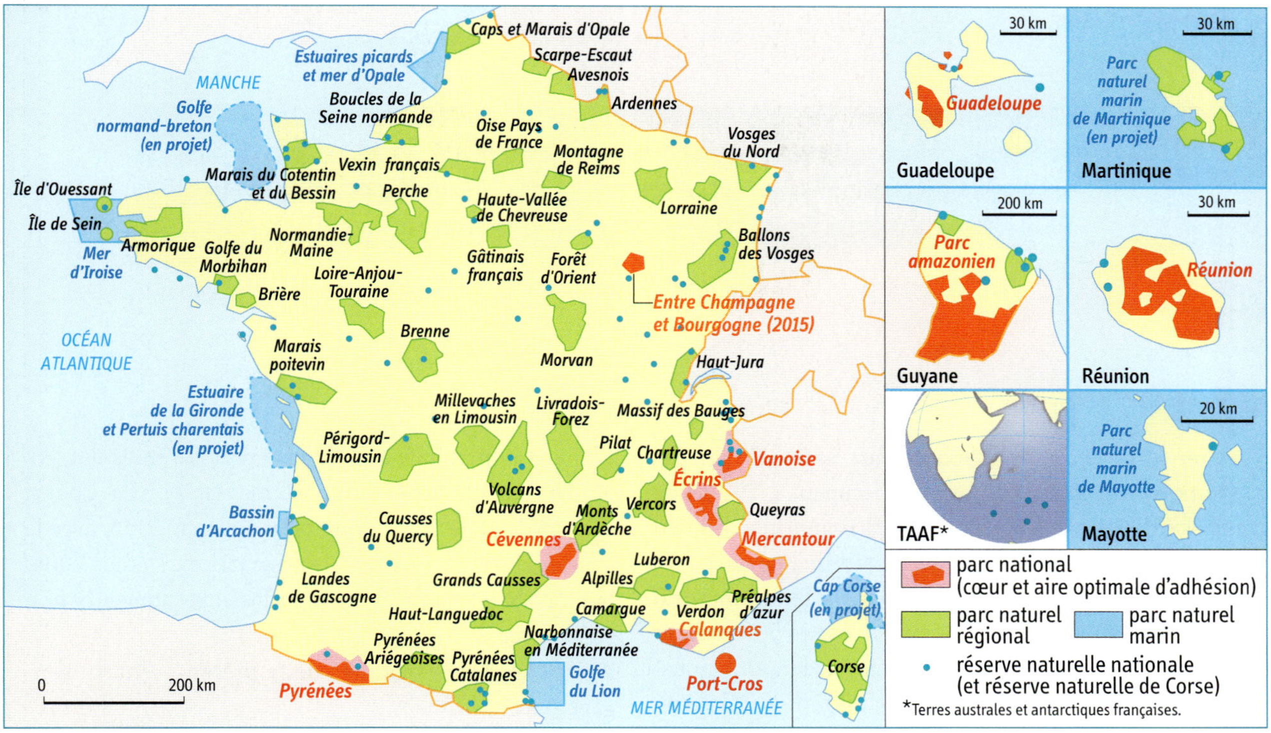

1. Quels sont les milieux protégés par les Parcs nationaux en France ? Confrontez avec la carte p. 314.

2. Quels sont les différents milieux valorisés par les PNR ?

3. Quelle est la différence entre un PN et un PNR ?

4. En vous appuyant sur la localisation des parcs marins et sur la carte p. 79, quels sont les facteurs susceptibles de justifier la protection ?

2 La qualité de l'environnement urbain : Saint-Pierre-des-Corps (Indre-et-Loire)

« La ville, espace construit, s'inscrit dans la nature et possède des espaces de nature. Elle doit prendre en compte les impacts environnementaux de son développement (bruit, pollution, risques…) et privilégier un développement plus économe d'espaces et de ressources, une qualité paysagère (espaces verts). Ainsi, la ville de Saint-Pierre-des-Corps (près de Tours) n'utilise plus depuis 2009 de produits phytosanitaires[1] pour traiter les espaces verts (jardins, parcs, stades, mais aussi voirie, bordures de trottoir et cimetière). La commune s'inscrit ainsi dans un projet de développement durable et préserve l'environnement, tout en permettant aux employés municipaux et aux usagers de la voie publique d'être en sécurité, puisqu'ils ne sont plus au contact des produits toxiques habituellement utilisés pour les traitements évoqués. »

A. Ciattoni et A. Frémont-Vanacore, © Hatier, 2015.

1. Relatifs aux soins à donner aux plantes.

1. Qu'est-ce que l'environnement urbain ? De quoi est-il composé ?

2. Quels sont les avantages qu'offre la non-utilisation de produits phytosanitaires en ville ?

Méthode BAC Étude/Analyse de document

S L ES

CONSIGNE **Après avoir présenté le document, vous identifierez les éléments du milieu protégés par la mise en place du Parc. Vous mettrez en valeur l'attractivité du Parc et ses conséquences en terme de protection.**

Le Parc national de Port-Cros

« Créé le 14 décembre 1963, le Parc national dont les cœurs Port-Cros et Porquerolles, occupent 1 700 ha de terres émergées et 2 900 ha de surfaces marines, est l'un des deux plus anciens Parcs nationaux de France. [...]
C'est sous les vagues que l'exceptionnelle biodiversité du Parc national s'exprime le mieux. Avec ses 500 espèces d'algues, 180 espèces de poissons, le domaine sous-marin offre une grande diversité paysagère. [...] Il abrite des populations importantes de mérou brun. [...] Huit espèces de baleines et dauphins s'observent fréquemment au large des côtes.
La pratique de la plongée s'est particulièrement développée dans les eaux de Port-Cros, premier parc marin d'Europe. Alors que l'on dénombrait environ 11 700 plongées par an en 1985, on en compte près de 60 000 actuellement. [...] Le Parc s'est engagé dans une démarche contractuelle pour la gestion de la plongée sous-marine avec la mise en place d'une Charte multilatérale afin de responsabiliser les usagers et d'influencer leurs comportements. [...] La Charte est [...] devenue obligatoire pour tous en 2004, avec le soutien des structures locales signataires. Depuis 2004, la plongée se trouve donc interdite aux plongeurs non signataires.
Article 4. Les signataires de la présente Charte s'engagent à : [...]
- proscrire toute action de perturbation, de prélèvement ou de destruction des espèces ;
- s'interdire et prohiber tout nourrissage ou tout procédé attractif pour des animaux ;
- proscrire tout rejet polluant.
Article 5. Le nombre de plongeurs est limité sur chaque site aménagé ou non, à quarante plongeurs maximum pouvant être simultanément en action de plongée. »

Site officiel du Parc national de Port-Cros, www.portcrosparcnational.fr, 2011 et 2014.

Étape 1 *Délimiter le sujet et bâtir l'introduction*

Méthode générale **Rédiger une introduction**

L'introduction n'excède pas 8 à 10 lignes, elle a pour but de :
– présenter le document et le resituer dans son contexte géographique, politique et économique ;
– présenter le sujet en analysant les mots de la consigne.

Entraînement 1 Au brouillon, recopiez la consigne et analysez chacune de ses composantes en répondant aux questions suivantes.

« vous identifierez les éléments du milieu protégés par la mise en place du Parc »	1 Quand le Parc de Port-Cros a-t-il été créé ? Dans quel but ? 2 Quel milieu est ici protégé ? 3 Localisez précisément Port-Cros en remettant cette île dans son contexte géographique (région, contexte d'urbanisation, activités...).
« vous mettrez en valeur l'attractivité du Parc »	4 Définissez le terme « attractivité ». 5 Quelle activité a été renforcée par la mise en place du Parc ?
« et ses conséquences en terme de protection »	6 Définissez le terme « protection ».

Exemple d'introduction ▶

Le document proposé est un extrait de texte, provenant du site du Parc naturel national de Port-Cros, entre 2011 et 2014. Ce document, issu d'une source officielle, permet d'étudier la richesse du milieu marin. Le parc marin a été créé en 1963, soit peu de temps après la mise en place de la loi sur les Parcs nationaux, dans le département du Var, en milieu méditerranéen. Plusieurs éléments du milieu sont ainsi protégés. Néanmoins, paradoxalement, la protection génère un regain d'attractivité pour un certain type d'activités : la plongée de loisirs et d'exploration. Une réglementation a donc été définie dans le but d'une gestion durable du milieu.

Pourquoi la mise en place d'un Parc national peut-elle provoquer un regain d'attractivité pour cet espace, et quelles réglementations sont mises en place dans un objectif de développement durable ?

Vous pouvez annoncer le plan ▶

Dans un premier temps, nous...
Puis, nous aborderons...
Enfin, nous...

Étape 2 Sélectionner et organiser les informations

Entraînement 2 Dans le tableau, classez les informations extraites des documents en fonction de trois axes de réflexion. Réfléchissez ensuite aux explications fournies par les documents, en vous appuyant sur les éléments du cours (notions générales, chiffres, dates...).

Axes de réflexion/Parties du plan	Citations	Explications, éléments et notions du cours
Un milieu exceptionnel	– « C'est sous les vagues que l'exceptionnelle biodiversité du Parc national s'exprime le mieux. Avec ses 500 espèces d'algues, 180 espèces de poissons » – « Mérou brun » – « Huit espèces de baleines et dauphins »	– Milieu marin d'une exceptionnelle biodiversité : faune, flore, paysages sous-marins. Espèces protégées de Méditerranée. – Parc mis en place très tôt : la Charte protège le milileu depuis 1963.
Un regain d'attractivité qui a nécessité la mise en place d'une réglementation	Regain d'attractivité : .... Types de réglementation (à classer) : .... Aménagements :	....
Un projet de développement durable	....	– Concilier protection d'un milieu et développement d'une activité économique. – Gestion menée par plusieurs acteurs : concertation.

Étape 3 Rédiger la réponse

Entraînement 3 À l'aide du tableau complété, rédigez votre réponse.

Étape 4 Rédiger la conclusion

Méthode

La conclusion sert à :
– montrer l'intérêt du document dans le contexte du chapitre étudié et par rapport à la consigne (choix du document, pertinence de l'auteur, du point de vue) ;
– évoquer les limites du document.

Entraînement 4

1 Quel a été l'intérêt de l'étude de ce document, dans le chapitre étudié ?

2 Quelles sont les limites du document ?

3 À partir des trois questions précédentes, rédigez la conclusion.

CONSIGNE Après avoir présenté le document, vous montrerez quel milieu et quelle ressource font ici l'objet d'une publicité, puis vous expliquerez le rôle de l'homme sur cette ressource. Enfin, vous montrerez quels arguments sont mis en valeur par le publicitaire.

Affiche publicitaire pour l'eau d'Évian (2015)

MARQUE, LOGO

• Milieu naturel
• Couleurs pâles, bleu et blanc

SLOGAN PUBLICITAIRE

Couleur du slogan et du texte, en lien avec la couleur du milieu représenté → impression de pureté pour faire ressortir le caractère « naturel » de cette eau

TEXTE PUBLICITAIRE

LIEN PUBLICITAIRE

Méthode générale **Analyser une affiche publicitaire**

L'analyse d'une publicité présente plusieurs intérêts :
– l'étude des représentations d'une société sur un milieu, un type d'espace, un produit ;
– l'étude d'un contexte géographique et historique de production d'un discours ;
– l'étude des pratiques d'une société sur son espace ;
– la stratégie de développement d'une firme, d'une ville, etc.

Vous devez analyser à la fois :
– le logo, le slogan de la marque (qui permettent d'identifier l'auteur et ses objectifs) ;
– les éléments visuels représentés (personnages, objets, paysages, couleurs, nombre d'éléments, style, mise en scène) ;
– les éléments du texte et du slogan.

Étape 1 Analyser la consigne et rédiger l'introduction

Méthode

Au brouillon, analysez la consigne et le document étudié afin de rédiger l'introduction :
– relever chacun des termes importants de la consigne afin de les définir ;
– présenter le document étudié (nature, thème, source, date) ;
– relier le document au sujet.

CONSEIL Pensez ici à relier le sujet et le document aux notions de milieu, de potentialités, de ressources, de valorisation et d'aménagement.

Entraînement 1 Rédigez une introduction.

Étape 2 Sélectionner les informations et les analyser

Entraînement 2

1 Étude du slogan

a. Quelle ressource est créée par la nature ?
b. Pourquoi l'homme doit-il la protéger ?

2 Étude du texte

Lisez le texte et repérez son organisation en deux parties :
– le milieu naturel ;
– la politique de protection.

a. Quelles propriétés de l'eau d'Évian sont mises en avant par la publicité ?
b. Quel lien est fait entre cette ressource et son milieu naturel ?
c. Qui protège cette ressource ? Contre quoi ? Comment ?

3 Étude de l'image (montagne enneigée, aucune activité humaine)

Quelle est la volonté du publicitaire qui a fait ce choix de représentation ?

4 Étude du lien publicitaire

Pourquoi la firme Évian invite-t-elle les consommateurs à venir visiter son site Internet et la source d'eau d'Évian ?

Étape 3 Bâtir le plan et organiser ses idées

Entraînement 3 Recopiez et complétez le tableau ci-dessous.

Thèmes / Parties du plan	Citations, éléments visuels présents sur la publicité	Analyse	Notions du cours à définir et connaissances → dimension critique
Le milieu .... et la ressource en	Texte : – « naturelle » – « Alpes millénaires » – .... Image :	– L'eau d'Évian est une eau de source provenant d'un massif montagneux alpin – Les milieux montagnards sont très riches en ressources en eau douce, du fait du climat (glaciers, neige), de l'hydrographie	– Milieu montagnard et ses caractéristiques : .... – Potentialités et ressources : .... – Dimension critique : ....
Une ressource protégée par	Texte : – .... –	– Collaboration des acteurs pour préserver la qualité de l'eau – Les activités des hommes en milieu montagnard peuvent avoir un impact sur la qualité et la pureté de l'eau d'Évian	– Anthropisation : .... – Protection : .... – Collaboration des acteurs : .... Dimension critique : d'autres activités peuvent avoir des conséquences sur la qualité de l'eau
La richesse en minéraux et sa pureté : un argument publicitaire pour	Texte : .... Image :	– La pureté et le caractère naturel de l'eau d'Évian est un argument publicitaire – Contexte de réflexion sur la ressource en eau et les impacts humains sur cette ressource – Éducation au développement durable ?	Dimension critique : ....

Méthode BAC Composition

Sujet **Potentialités et contraintes du territoire français (territoires ultramarins compris).**

Étape 1 *Analyser les termes du sujet*

Relation entre les deux termes à analyser.

Potentialités et contraintes du territoire français (territoires ultramarins compris)

Possibilités de ressources que les sociétés peuvent choisir de valoriser

Obstacle, voire risque, que peut présenter un milieu

Cadre spatial de l'analyse : territoire métropolitain et ultramarin

Méthode

Afin de cerner le sujet et faire émerger l'idée centrale, les termes doivent être reliés entre eux par une série de petites questions que vous pouvez poser au brouillon.

Entraînement 1 Avant de formuler l'idée centrale, répondez aux questions suivantes.

a. Les potentialités ont-elles toujours été perçues comme telles par la société ?

b. Toutes les potentialités du territoire français sont-elles exploitées ? Pourquoi ?

c. Comment les potentialités et les contraintes peuvent-elles guider l'organisation du territoire français ?

Entraînement 2 Choisissez, parmi les questions suivantes, celle qui convient le mieux à la formulation de l'idée centrale :

a. Quelles sont les potentialités et les contraintes du territoire français ?

b. Comment les sociétés ont-elles perçu les potentialités nées de la diversité des milieux et surmonté certaines contraintes ?

Étape 2 *Mobiliser ses connaissances*

Méthode

Au brouillon, en vous aidant du cours et des exemples, mobilisez vos connaissances pour chaque terme du sujet.

Étape 3 *Construire le plan*

Entraînement 3 Recopiez et remplissez le tableau suivant pour construire votre plan.

Thèmes / Parties du plan	Idées principales	Exemples et notions du cours
I. Des potentialités et des contraintes nées de la diversité des milieux		
II. Valoriser les potentialités : aménagements et gestion des risques		
III. Concilier la mise en valeur des potentialités et la protection des milieux pour assurer un développement durable		

Méthode générale Présenter une copie

La présentation de votre composition est très importante car il s'agit du résultat final que le professeur évaluera. Il faut respecter certaines règles de présentation afin de bien faire apparaître les étapes de votre réflexion.

Alinéa →

Souligner les potentialités des milieux et les contraintes du territoire français métropolitain et ultramarin relève du constat. Toutefois, on ne peut pas les ignorer pour comprendre la construction et la gestion du territoire. Comment les sociétés ont-elles perçu les potentialités nées de la diversité des milieux et surmonté certaines contraintes ? Autant d'exigences qui ont nécessité des aménagements et des mesures de protection. Après avoir présenté..., nous analyserons... Enfin, nous montrerons...

← Introduction (L/ES) composée de :
- la présentation et l'analyse du sujet et de l'espace étudié ;
- l'annonce de la problématique ;
- l'annonce du plan

Saut de 2 lignes entre l'introduction et la partie I →

Alinéa →

Les potentialités et les contraintes qui caractérisent le territoire naissent de la diversité de ses milieux. Parmi ces potentialités, certaines sont susceptibles de devenir des ressources pour la société, si elles répondent aux attentes de celle-ci et si elles sont exploitables à un coût acceptable. On relève la variété des climats, source de potentiel hydrique, la diversité des paysages, potentiel touristique, celle de ses milieux, potentiel de biodiversité, la longueurde ses littoraux.

← Phrase d'introduction présentant l'idée principale de la partie I

Saut de 2 lignes entre la partie III et la conclusion →

Alinéa →

Si les potentialités du territoire français métropolitain et ultramarin, malgré des contraintes relatives, sont devenues des ressources pour le développement, leur valorisation nécessite de concilier aménagements et protection, pour un développement durable.

← La conclusion comprend :
- le bilan des trois temps de la démonstration ;
- la réponse à la problématique posée en introduction ;
- si possible, une ouverture pour élargir le sujet.

Étude/Analyse de document

Après avoir présenté le document et son contexte, vous identifierez le milieu et les ressources protégés par la mise en place du Parc, puis vous montrerez qu'il vise à concilier différents usages de ce milieu.

Les enjeux de la création du Parc naturel marin du bassin d'Arcachon

« Deuxième domaine maritime mondial grâce à l'Outre-mer et riche d'une zone économique exclusive (ZEE) pour l'essentiel tropicale, la France a pris du retard dans la mise en place des Aires marines protégées (AMP), qui se déclinent en quinze catégories. Même si les réserves marines sont anciennes : celle des Sept-Îles (Côtes-d'Armor), créée par la Ligue de protection des oiseaux, date de 1912 ; l'Agence des Aires marines protégées a été créée en 2006 ; le premier Parc naturel marin (le statut le plus exigeant des AMP), en 2007, en mer d'Iroise.

Entériné en 2014, sixième en date après Iroise, Mayotte, golfe du Lion, Glorieuses (dans l'océan Indien), estuaires picards/mer d'Opale, partie prenante du réseau communautaire Natura 2000, le Parc marin du bassin d'Arcachon s'étend sur 435 km². Cette lagune ouverte soumise aux courants de marée abrite des colonies d'oiseaux d'intérêt international (sternes caugek, migrateurs), des tortues et mammifères marins (marsouins). À l'opposé de la quasi-sanctuarisation des parcs nationaux, presque aussi souple que les parcs naturels régionaux, le parc marin cherche à concilier activités littorales (pêche, ostréiculture, tourisme) et protection, en visant le "bon état des écosystèmes" et "l'exploitation durable des activités". C'est la condition *sine qua non* à la création d'AMP en bordure d'un littoral peuplé et actif : le bassin d'Arcachon compte 350 entreprises ostréicoles, 120 000 résidents permanents et 130 000 secondaires, 2 900 anneaux de plaisance. […] Une telle pression sur les ressources littorales justifie la protection, mais en constitue aussi la limite. De fait, le parc implique certaines contraintes pour l'espace terrestre environnant. Outre les restrictions d'accès qu'il impose, il doit promouvoir auprès des acteurs locaux la gestion intégrée des zones côtières (Gizc), définie par l'Union européenne, et peut s'opposer au développement d'activités polluantes. »

Extrait de A. Frémont et A. Frémont-Vanacore, « Géographie des espaces maritimes », *Documentation photographique* n° 8 104, La Documentation française, mars-avril 2015.

Étude/Analyse de document

Après avoir présenté le document, vous identifierez et localiserez l'aléa, puis vous décrirez et expliquerez la logique de gestion de ce risque.

La gestion du risque volcanique en Martinique

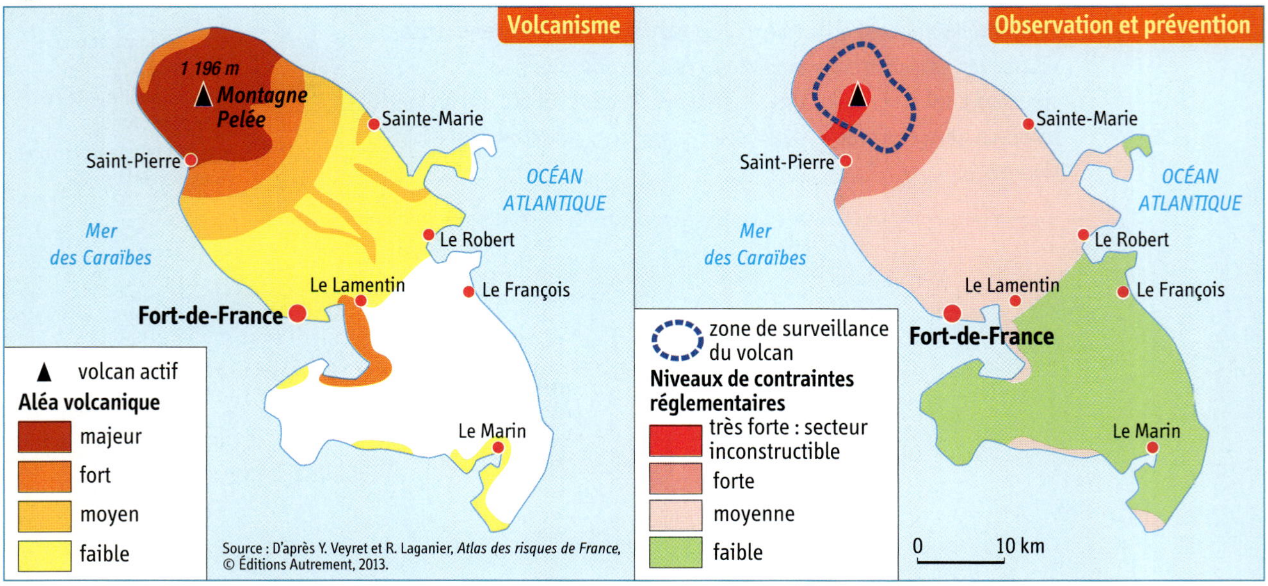

Source : D'après Y. Veyret et R. Laganier, *Atlas des risques de France*, © Éditions Autrement, 2013.

FAIRE LE POINT

Les notions

Exercice 1 Définissez les notions et termes suivants : *milieu naturel* • *ressource* • *potentialités* • *aménagement* • *risque* • *protection* • *biodiversité* • *développement durable* • *conflit d'usage.*

Les repères spatiaux

Exercice 2

1. Localisez sur une carte de France métropolitaine et d'Outre-mer les différents climats et milieux naturels.
2. Indiquez ensuite quelques parcs naturels nationaux et régionaux.
3. Mentionnez quelques sites protégés par l'UE et par l'Unesco sur le territoire français.

Les capacités du chapitre

✔ Mettre en relation les potentialités des milieux naturels et l'action des hommes sur ces milieux afin de les exploiter.

✔ Connaître quelques exemples de modes de gestion des milieux ; de territoires de protection.

✔ Mettre en relation les différents acteurs présents dans la gestion ou l'usage d'un milieu naturel, afin de montrer une dynamique de gestion intégrée ou de conflits d'usages.

✔ Comparer les différents modes de protection des milieux en France, leurs objectifs et finalités.

Exercice 3 Quelle est la différence entre un Parc national et un Parc naturel régional ?

GéoTICE

Agriate (Corse) sur le site du Conservatoire du littoral

Le Conservatoire du littoral est un organisme institutionnel, créé en 1975, qui a pour but d'acquérir des terrains situés sur le littoral afin d'éviter leur urbanisation ou leur artificialisation.

Sur la page du Conservatoire du littoral, **www.conservatoire-du-littoral.fr, cliquez** sur la rubrique « Les sites du Littoral », puis sélectionnez le site d'Agriate en Corse.
Pour situer et voir ce territoire protégé, vous pouvez afficher sur la carte les différents terrains acquis par le Conservatoire, les sites et les photographies aériennes des Agriates.

1. Réalisez une fiche présentant :
– la date du début de la protection de ce site ;
– un très bref historique du site : pourquoi et contre quoi est-il protégé ? ;
– le type de milieu protégé par le Conservatoire ;
– quelques espèces protégées ;
– les effets de la protection (usages prohibés, usages limités, usages encouragés) ;
– les aménagements et la mise en valeur du site par le Conservatoire du littoral.

Dans l'onglet « Gestion », consultez le projet de territoire. Commencez par lire le préambule (p. 8).

2. Quels acteurs participent à la gestion d'Agriate ?
Lisez les parties « Premier principe : des richesses naturelles et culturelles à préserver, à mieux connaître et à partager » (p. 18) et « Troisième principe : un projet ouvert aux activités économiques et favorisant le lien social » (p. 50).

3. Comment les objectifs de protection et de développement économique sont-ils conciliés dans cet espace ?

4. Quel est l'objectif de la charte des bons usages de l'Agriate ?

Agriate sur le site du Conservatoire du littoral, www.conservatoire-du-littoral.fr.

Illustrer une composition

Cette étude peut faire l'objet d'un exposé sur un acteur de protection d'un milieu mais elle peut aussi être intégrée à une composition sur les milieux en France, où elle servira d'exemple pour illustrer le cas d'un milieu entre protection et développement.

RÉVISER

Valoriser et ménager les milieux

Repères

Superficie du territoire :
- France métropolitaine : 551 000 km² (1er rang dans l'UE)
- Départements d'Outre-mer : 89 000 km²
- Collectivités d'Outre-mer : 22 000 km²

Longueur des littoraux en France métropolitaine :
5 500 km

Point culminant :
le mont Blanc, 4 810 m

Plus long fleuve :
la Loire, 1 020 km

Idées clés

Les milieux en France métropolitaine et ultramarine sont très variés

La France métropolitaine, en raison de sa position, en terminaison du continent européen, largement ouverte sur l'Atlantique et sur la Méditerranée, et de sa situation en latitude, bénéficie d'une grande variété de milieux.

Les milieux ultramarins, situés pour la plupart en zone tropicale, contribuent à accentuer cette diversité.

Leurs ressources sont susceptibles d'être valorisées par la société en fonction de ses attentes et du développement économique et technique.

Les milieux sont valorisés et protégés

Les sols contribuent au développement d'une importante agriculture. La diversité des paysages est un atout pour le tourisme. L'eau, le soleil, le vent fournissent des potentialités énergétiques. Les usages de la forêt sont nombreux.

Néanmoins, un certain nombre de contraintes demeurent : aléas naturels (inondations, tempêtes, cyclones et éruptions volcaniques en France ultramarine), pollutions et nuisances diverses. La politique de prévention des risques naturels, la protection des milieux, les directives européennes contribuent à ménager les milieux et la biodiversité.

Ne pas confondre

Milieu/Territoire
Le **milieu** est l'ensemble des données naturelles qui influencent les sociétés humaines et sont modifiées par elles.
Le **territoire** est un espace approprié par une société, limité par des frontières et soumis à des lois.

Potentialités/Ressources
Les **potentialités** sont des caractères d'un milieu qui peuvent être valorisés ou non en fonction de la société et de facteurs techniques.
Les **ressources** sont des richesses. éventuelles offertes par un milieu et exploitables à un coût acceptable.

Surfer

- Le site du ministère de l'Écologie et du Développement durable et de l'Énergie : www.developpement-durable.gouv.fr
- Le site des parcs nationaux : www.parcsnationaux.fr
- Le site de la fédération des parcs naturels régionaux : www.parcs-naturels-régionaux.tm.fr/fr

Lire

- *La Vanoise* de Roger Frison-Roche, Éditions Arthaud, 1974

Voir

- *Le Grand Bleu* de Luc Besson (1988)
- Le magazine *Thalassa* sur France 3

Schémas clés

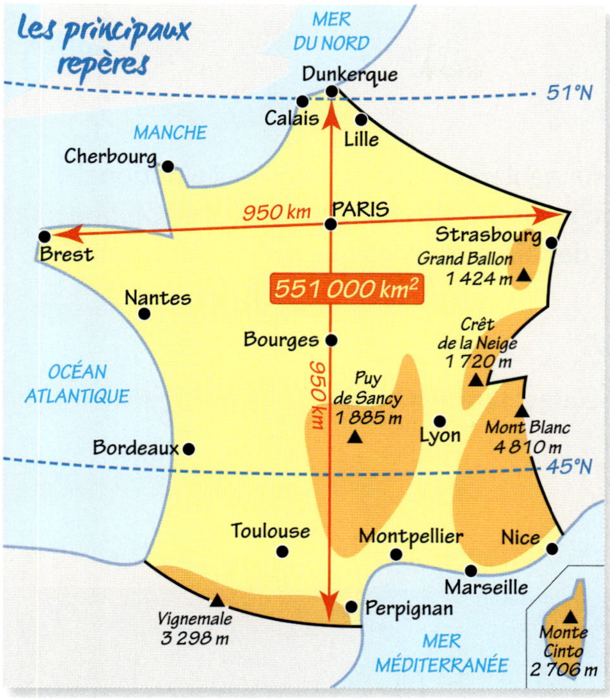

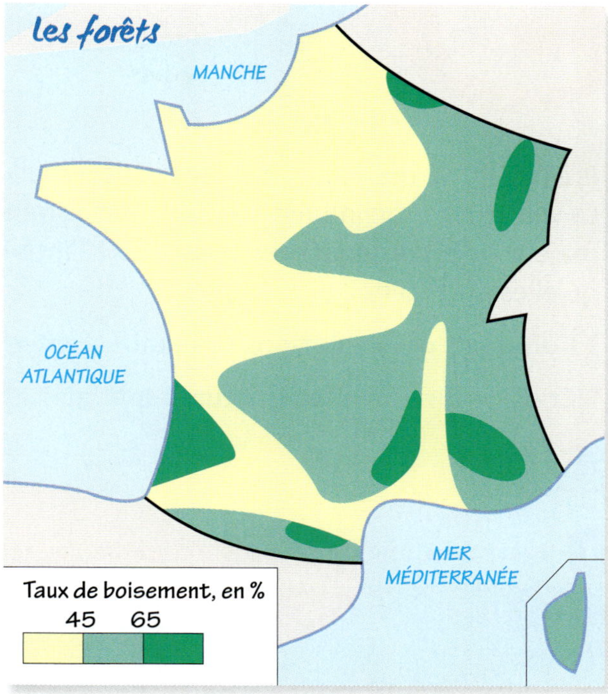

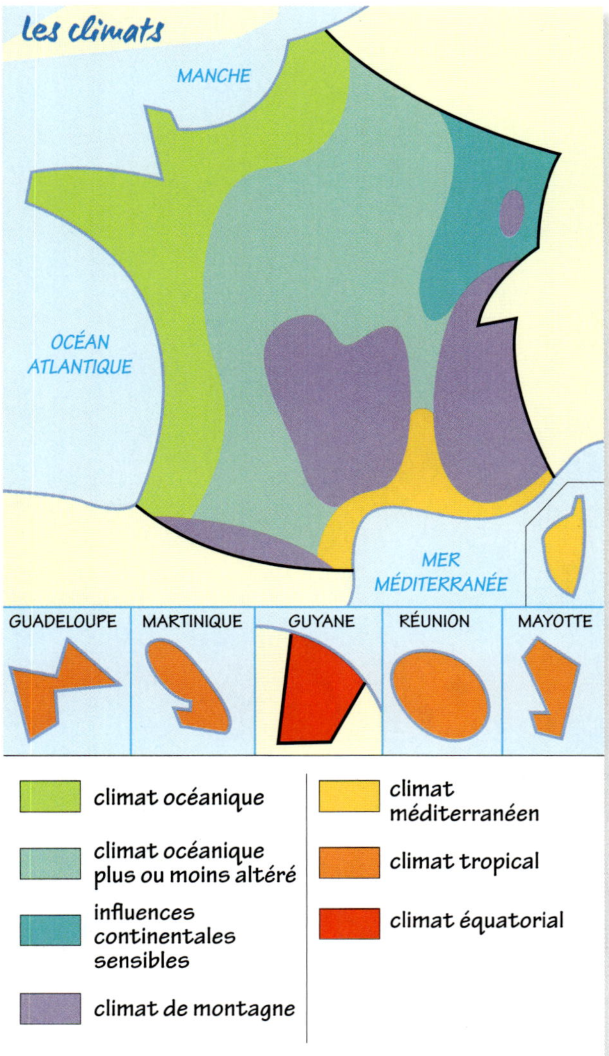

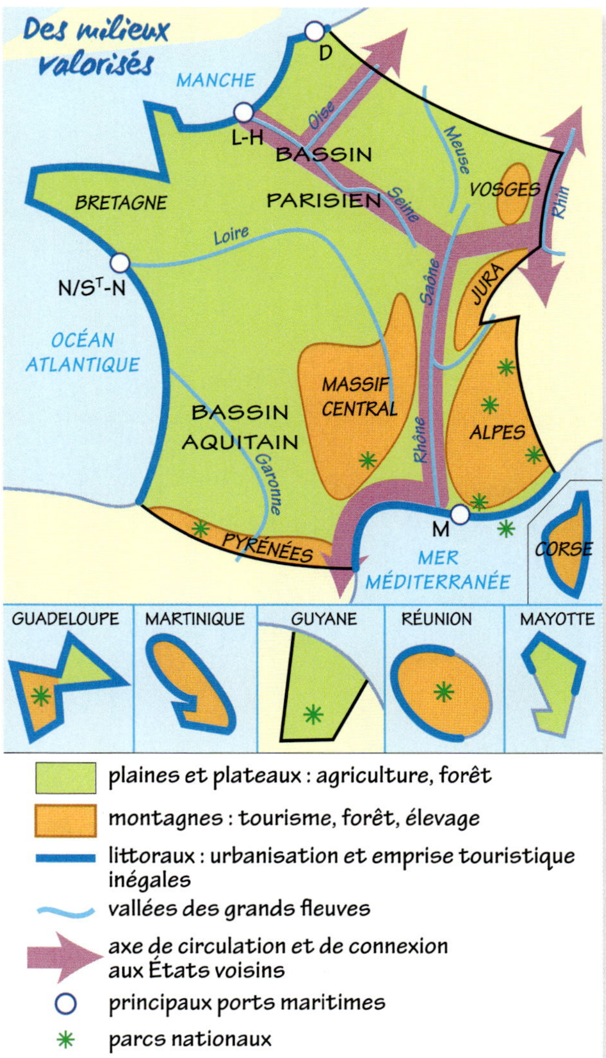

CHAPITRE 3

LA FRANCE EN VILLES

Près de 80 % des Français vivent dans les villes, sur seulement 20 % de l'espace national. La ville exerce son influence sur la quasi-totalité du territoire. Ce changement géographique majeur a des conséquences, aussi bien à l'intérieur des aires urbaines que sur les campagnes qu'elles polarisent.

- **Comment ces évolutions se manifestent-elles ?**
- **Comment réduire les fractures spatiales et sociales dans les villes ?**

1 Marseille, une métropole attractive, au rayonnement grandissant

Le 12 janvier 2013, 350 000 personnes ont assisté, sur le Vieux Port, aux festivités célébrant Marseille, capitale européenne de la culture. Ce titre reconnaît et renforce les efforts entrepris pour s'affirmer comme une métropole nationale et de plus en plus européenne.

2 Des campagnes attractives pour les citadins

À 60 km de Montpellier, cette bergerie transformée en gîte rural témoigne de l'influence urbaine jusque dans les moyennes montagnes cévenoles en bordure du Parc national.

Notions

Métropolisation Processus de concentration des fonctions stratégiques dans les grandes villes.

Urbanisation Processus de concentration des hommes et des activités dans les villes.

Questions

1. **Doc. 1** Quelle fonction métropolitaine est ici mise en évidence ?

2. **Doc. 2** Quels éléments de la photographie témoignent de l'insertion de la bergerie dans les logiques urbaines ?

3. Comment ces deux photographies témoignent-elles de l'attractivité généralisée des villes et de leur rayonnement sur l'ensemble du territoire, y compris jusque dans les campagnes isolées ?

Réseaux urbains et métropoles

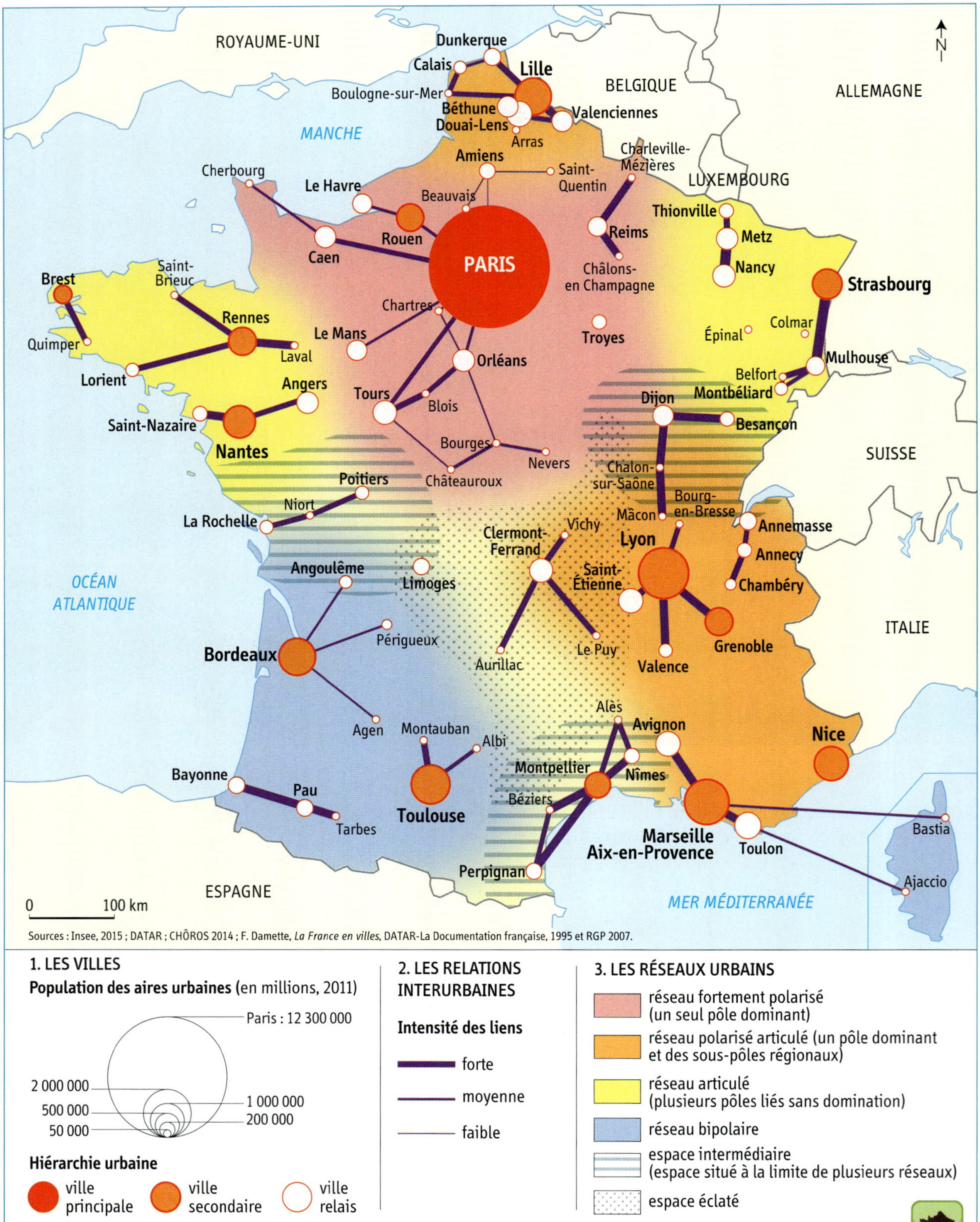

1 Les réseaux urbains en France métropolitaine

1. Quelle est la caractéristique majeure du réseau urbain français ?
2. Les différents réseaux urbains sont-ils polarisés par une seule aire urbaine ?
3. Localisez les « espaces éclatés ». Expliquez leur localisation.

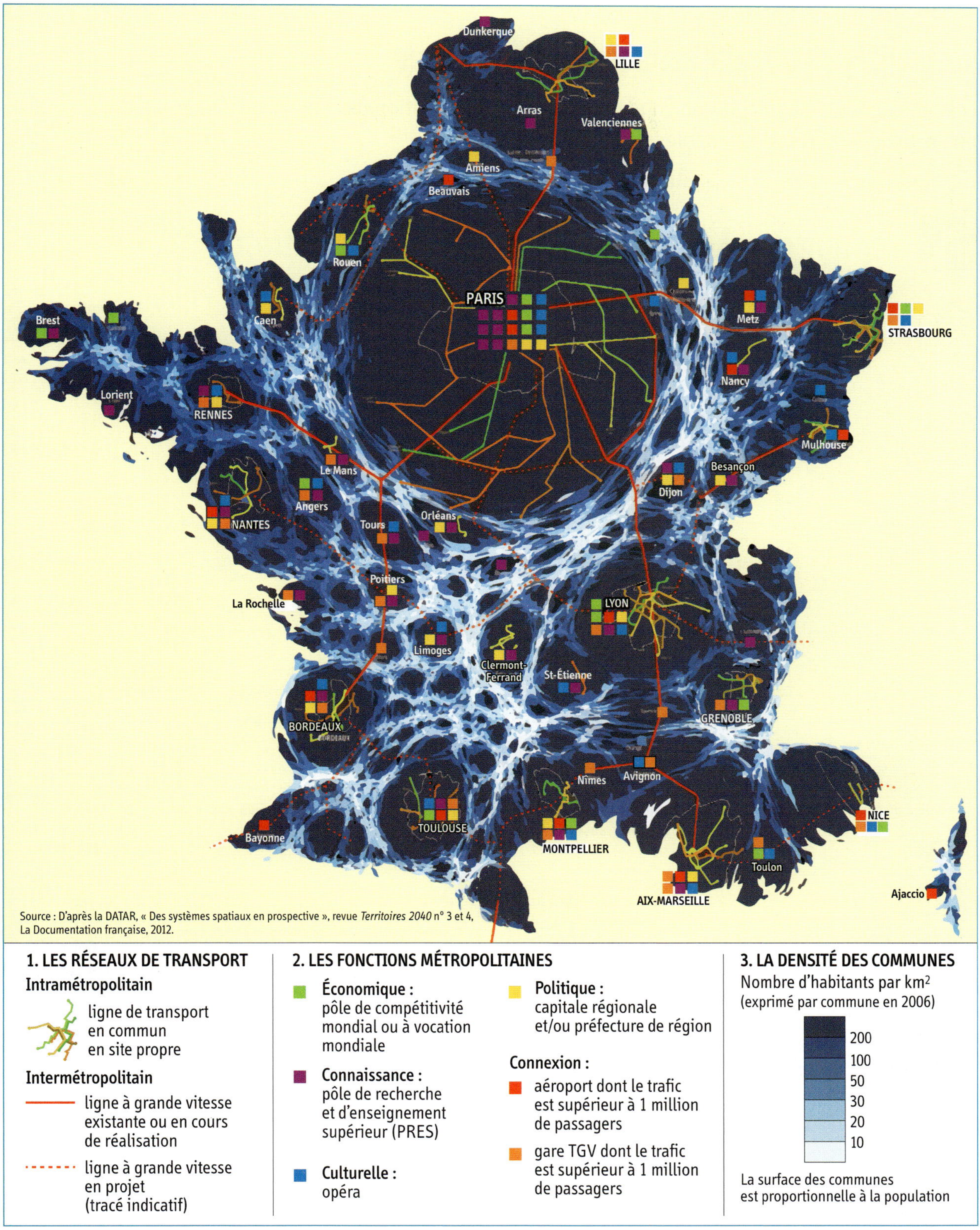

Source : D'après la DATAR, « Des systèmes spatiaux en prospective », revue *Territoires 2040* n° 3 et 4, La Documentation française, 2012.

1. LES RÉSEAUX DE TRANSPORT

Intramétropolitain

ligne de transport en commun en site propre

Intermétropolitain

ligne à grande vitesse existante ou en cours de réalisation

ligne à grande vitesse en projet (tracé indicatif)

2. LES FONCTIONS MÉTROPOLITAINES

Économique : pôle de compétitivité mondial ou à vocation mondiale

Connaissance : pôle de recherche et d'enseignement supérieur (PRES)

Culturelle : opéra

Politique : capitale régionale et/ou préfecture de région

Connexion :

aéroport dont le trafic est supérieur à 1 million de passagers

gare TGV dont le trafic est supérieur à 1 million de passagers

3. LA DENSITÉ DES COMMUNES

Nombre d'habitants par km²

(exprimé par commune en 2006)

200
100
50
30
20
10

La surface des communes est proportionnelle à la population

2 Les fonctions métropolitaines

1. Repérez et définissez les fonctions métropolitaines.
2. Quel est le rôle des transports dans l'affirmation des métropoles ?
3. Doc. 1 et 2 Confrontez ces deux cartes : mettez en évidence que certains réseaux régionaux font apparaître des concurrences entre métropoles.

Vocabulaire

Métropole Ville d'un certain seuil démographique disposant de fonctions stratégiques.

Réseau urbain Organisation des relations de dépendance, complémentarité ou concurrence entre les unités urbaines d'un territoire.

S L ES

Les dynamiques urbaines

Les mouvements de population conduisent à une concentration des hommes dans les villes, en particulier dans les métropoles.

Quelles sont les villes les plus attractives et pourquoi ?

A Mouvements de population et urbanisation

1 Population et solde migratoire

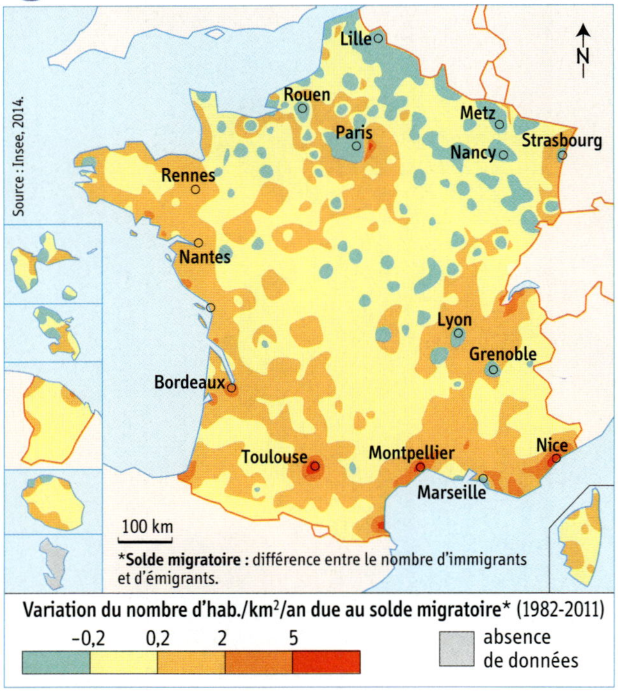

2 Population et solde naturel

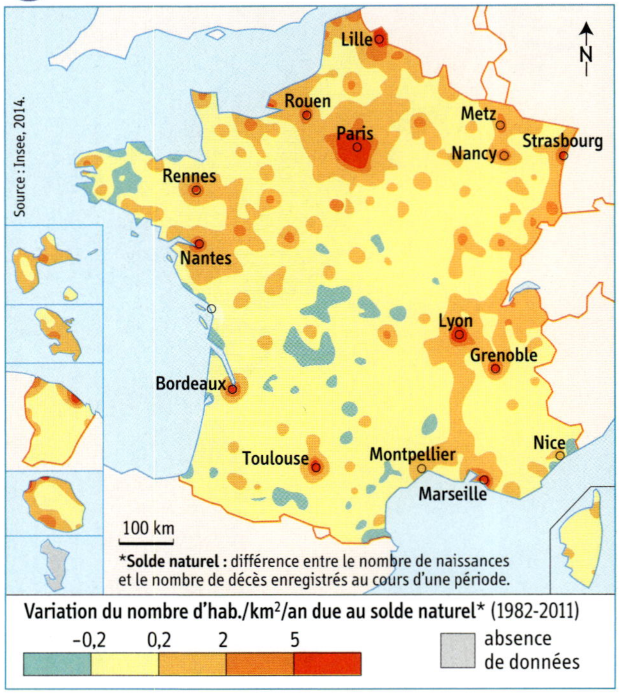

3 Évolution des densités de population

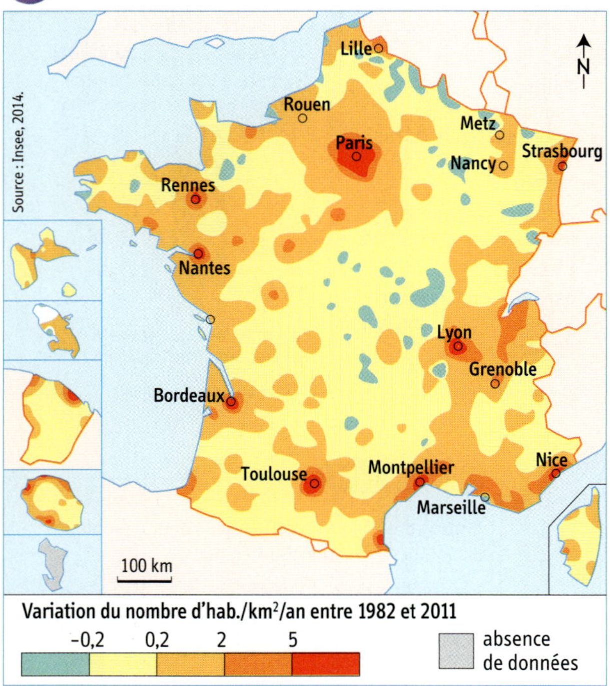

4 Un territoire sous influence urbaine

	Population en 2011	Part dans la population totale en 2011 (en %)
Aire urbaine de Paris	12 292 000	19 %
Les 13 plus grandes aires urbaines de province	13 290 700	20 %
Autres aires urbaines	29 508 300	45 %
Espaces multipolarisés[1]	6 814 900	10 %
Espaces hors d'influence des pôles urbains	3 026 600	5 %
Ensemble	64 933 400	100 %

Insee, recensements 1982-2011, *Insee Première* n° 1 483, janvier 2014.

1. Qui comptent plusieurs pôles, plusieurs centres.

Pourquoi peut-on dire que l'urbanisation est en voie d'achèvement ?

Quelles sont les aires urbaines les plus denses et les plus étendues ?

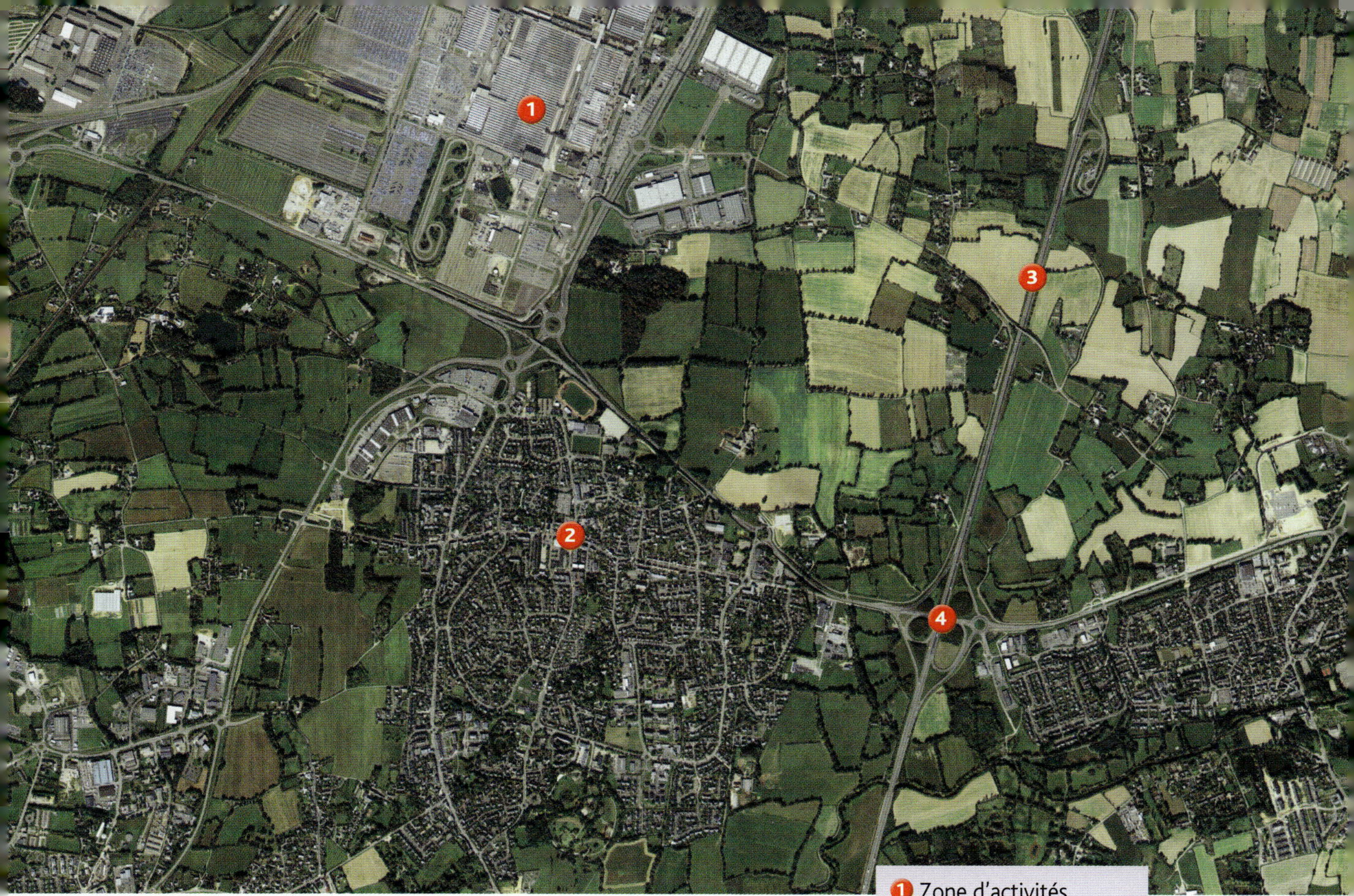

1 Zone d'activités
2 Lotissements
3 Autoroute
4 Échangeur autoroutier

© IGN-2015 – Autorisation n° 80-1508.

5 Étalement urbain et périurbanisation au Sud de Rennes

1. Quel est le type d'habitat spécifique de la périurbanisation ?

2. Par quoi celle-ci est-elle guidée ? Sur quel type d'espace empiète-t-elle ?

6 De la ville à l'urbain

« Les données disponibles confirment un fait simple et implacable : l'urbanisation de la France, est, sauf exceptions minimes, achevée. Le phénomène urbain organise l'espace français comme celui de l'Europe et, chaque jour davantage, de l'ensemble de la planète. De même que la ville était la figure particulière des sociétés rurales dans le monde médiéval, aujourd'hui, les campagnes sont des figures particulières de l'univers urbain, se différenciant par certains aspects de la ville proprement dite, mais lui devenant comparables par les modes de vie de leurs habitants ».

J. Lévy, *Réinventer la France*, © Librairie Arthème Fayard, 2012.

Pourquoi peut-on « vivre en urbain » sans habiter une ville ?

Vocabulaire

Aire urbaine Ensemble formé par un pôle urbain et sa couronne périurbaine.

Périurbanisation
Urbanisation diffuse au-delà des banlieues ou de la périphérie d'une ville, guidée par les axes de transport.

Technopôle Espace productif spécialisé dans les hautes technologies associant industrie de pointe et de recherche.

7 De l'urbain à l'urbanité

« Les géographes insistent sur certaines caractéristiques de l'urbain. Jacques Lévy met par exemple en exergue le couple densité/diversité pour définir l'urbanité. Dans les centres-villes, espaces de l'urbanité maximale, on observe aussi bien la forte concentration des hommes, richesses, bâtiments, activités, emplois, etc. que leur hétérogénéité. À mesure que l'on atteint la banlieue et le périurbain, la densité et/ou la diversité décroissent. Dans le périurbain par exemple, la densité diminue fortement ; dans les quartiers d'affaires, les **technopôles**, c'est la diversité qui fait défaut. Si 95 % de la population française peut être considérée comme urbaine, on observe des degrés d'urbanité très variables. »

M. Reghezza-Zitt, *La France. Une géographie en mouvement*, Documentation photographique n°8 096, La Documentation française, 2013.

Comment peut-on définir l'urbanité ?

PRÉPA BAC

Étude/Analyse de documents

Doc. 1 et 2 Après avoir présenté les documents, décrivez les zones les plus dynamiques en termes de solde migratoire et de solde naturel.

B Une métropolisation croissante

8 Le processus de métropolisation

« La métropolisation est un processus qui, par la concentration des hommes et des activités qu'il engendre, transforme certaines grandes villes en métropoles, soit, si l'on se réfère à l'étymologie, des villes-mères. Les métropoles, dont l'importance varie selon le rayonnement (régional, national, international, voire mondial) sont des pôles d'attraction et de diffusion des flux. Ce sont des lieux d'articulation entre des réseaux (réseaux d'entreprises, réseaux de transports, réseaux de socialisation et de pouvoirs…). Elles concentrent en leur sein des services de haut niveau (destiné notamment aux entreprises), du personnel qualifié, des infrastructures de transport et de communication, des pouvoirs de commandement politiques et/ou économiques (capitale politique, sièges d'entreprises), des équipements culturels de renommée (opéras, journaux, chaînes de télévision). Plus elles sont importantes, plus ces éléments sont nombreux et variés, multipliant ainsi les bases économiques et fonctionnelles de la métropole. […]

La métropolisation ne s'opère pas partout de la même manière. La concentration des fonctions est plus ou moins prononcée et concerne des domaines inégalement variés. Ainsi en France, seule Paris est une métropole de dimension mondiale alors que les autres métropoles ont du mal à s'affirmer, y compris à l'échelle européenne. »

F. Smits, *Géographie de la France*, © Hatier, 2011.

▸ Quels types d'activités et de populations sont concentrés dans les métropoles ?

9 Le quartier d'affaires Euralille, au centre de la métropole

1 Centre ancien
2 Gare de Lille-Flandres
3 Centre commercial Euralille, qui regroupe un hypermarché Carrefour et une galerie marchande de 120 boutiques
4 Gare de Lille-Europe (TGV, Thalys et Eurostar)
5 Lille Grand Palais, qui regroupe trois espaces : le palais des Congrès, la salle d'expositions et une salle de spectacle
6 Tour de Lille (bureaux – tertiaire supérieur)

▸ Quelles sont les fonctions métropolitaines illustrées par cette photographie ?

10 Le développement de fonctions métropolitaines en périphérie de Toulouse

La présence d'Airbus et de l'aéroport génère le développement d'activités de haute technologie et l'étalement urbain.

1 Zone résidentielle à Blagnac
2 Aéroport de Toulouse-Blagnac
3 Pistes de l'aéroport
4 Usine Airbus

Montrez que les fonctions métropolitaines ne se concentrent pas uniquement dans le centre des villes.

11 La hiérarchie des métropoles

« La métropolisation ne bouleverse pas les hiérarchies urbaines du territoire français ; elle en crée de nouvelles. Le fait métropolitain privilégie un certain nombre d'agglomérations. [...] De fait, la métropolisation est souvent plus avancée dans les capitales régionales comme Lyon, Lille ou Strasbourg, mais toutes ces villes ne sont pas métropoles. Par exemple, Nantes et Rennes ou Toulouse et Bordeaux connaissent des trajectoires contrastées : le degré de métropolisation est bien plus élevé à Toulouse et à Nantes. Limoges, Clermont-Ferrand, Caen ou Dijon conservent un rôle de capitale régionale incontestée, mais ne peuvent être considérées comme des métropoles d'envergure européenne.
[De plus,] les métropoles ont pour caractéristiques de tisser des interactions intenses avec des villes de même rang. Se dessine alors une interrelation [...] à des échelles diverses : certaines métropoles comme Lille, Lyon, Toulouse, sont ainsi rattachées au système métropolitain européen, quand Paris est inséré dans le système des villes globales. »

M. Reghezza-Zitt, « La France, une géographie en mouvement », *Documentation photographique* n° 8 096, La Documentation française, nov.-déc. 2013.

Décrivez la hiérarchie urbaine des métropoles en France métropolitaine.

Cours 1 Mouvements de population, urbanisation et métropolisation

S | L ES

La France est urbaine. Les dynamiques démographiques et spatiales renforcent l'emprise des villes sur le territoire.

Espaces urbains, espaces ruraux

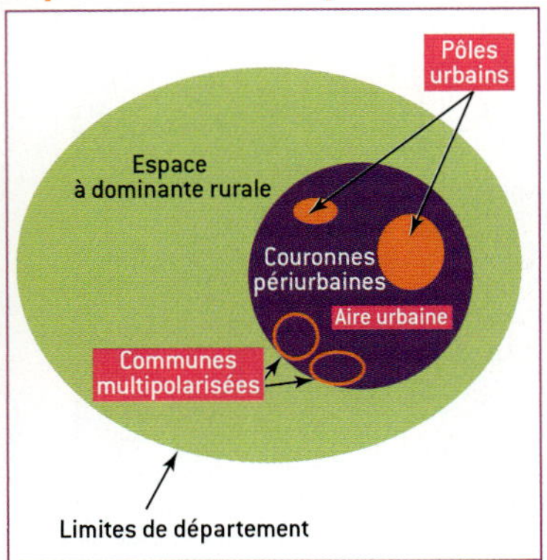

1 L'attractivité persistante des villes

• Pour certains géographes, le processus d'urbanisation serait en voie d'achèvement. Près de 80 % des habitants vivent dans des villes et, pourtant, d'un point de vue quantitatif, les espaces urbains continuent de croître démographiquement avec un **accroissement naturel** et un **solde migratoire** positifs. Dans les espaces ruraux qui gagnent de la population, cette dynamique concerne les villes petites et moyennes.

• Les grandes villes de la périphérie du territoire sont les principales bénéficiaires de cette croissance par solde migratoire positif. Cette évolution concerne surtout les villes du Sud, les littoraux et les Alpes du Nord. Cet ensemble attractif forme le « croissant périphérique ».

2 Une urbanisation parfois difficile à définir

• L'ampleur du processus ne permet plus d'utiliser l'opposition classique ville-campagne. La ville concentre les hommes et les activités sur un espace réduit pour favoriser les contacts, les échanges, les créations de tout type (économiques, culturelles). L'attractivité forte et continue des villes est à l'origine d'un étalement spatial **(doc. 1)** qui se traduit par une extension des **banlieues** et surtout par la **périurbanisation** aux marges des agglomérations **(doc. 2)**. De nouvelles notions doivent être inventées pour exprimer ces réalités multiformes de l'urbanisation.

• Mais les villes ne se limitent pas aux 20 % du territoire qu'elles occupent physiquement. Grâce à un maillage très dense, le réseau urbain français, des plus grandes aux plus petites villes, polarisent la totalité du pays. Même les 5 % les plus isolés demeurent dans l'influence des aires urbaines. Toutes les populations bénéficient des valeurs de l'urbain même quand elles n'habitent pas en ville. Malgré tout, le degré d'urbanité décroît avec la distance à la ville.

3 La métropolisation : une urbanisation qualitative

• Le poids démographique d'une agglomération présente toujours un atout mais ce sont de plus en plus des critères qualitatifs qui doivent être pris en considération. Pour accroître leur aire d'influence au-delà de la région, voire du pays, les villes les plus importantes cherchent à regrouper et à développer des fonctions rares, stratégiques, dites de décision dans tous les domaines : politique, économie, finance, culture, création. Elles souhaitent ainsi s'affirmer comme des métropoles.

• En France, Paris est la seule métropole mondiale **(doc. 3)**. Lyon serait la seule métropole européenne. Malgré tout, à la périphérie du territoire, sur les littoraux et au sein de régions frontalières, des villes comme Lille, Marseille, Toulouse, Bordeaux, Nantes ou Strasbourg sont incontestablement des métropoles régionales et, de plus en plus, des métropoles européennes, même incomplètes. Au même niveau hiérarchique, aux échelles nationale et européenne, elles peuvent avoir des relations de complémentarité, mais surtout de vive concurrence. Ce processus est hautement sélectif et accroît les disparités.

• La réforme territoriale, en réduisant le nombre de régions, va favoriser la métropolisation de certaines au détriment de celles qui perdront leur statut de capitale régionale. Celles qui le conserveront pourront sans doute s'affirmer davantage comme des métropoles de rang européen.

▶ **L'urbanisation du territoire, de plus en plus qualitative, est à l'origine d'inégalités fonctionnelles.**

Notions

Métropolisation
Définition p. 97.

Périurbanisation
Urbanisation diffuse au-delà des banlieues ou de la périphérie d'une ville, guidée par les axes de transport.

Vocabulaire

Accroissement naturel
Différence entre le nombre de naissances et le nombre de décès enregistrés au cours d'une période.

Banlieue
Périphérie d'une ville en continuité des zones centrales.

Solde migratoire
Différence entre le nombre d'immigrants et d'émigrants.

1 Les villes : emprise spatiale et poids démographique

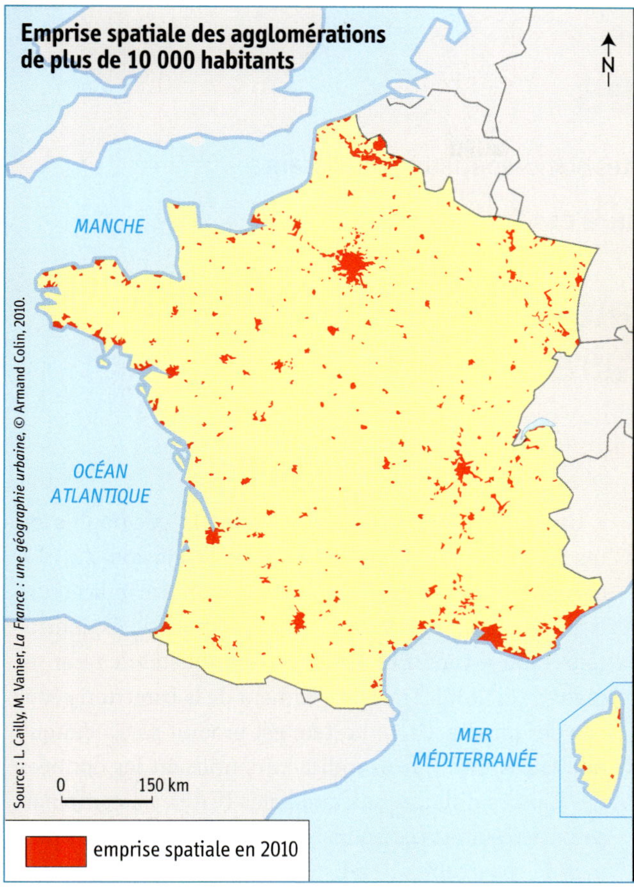

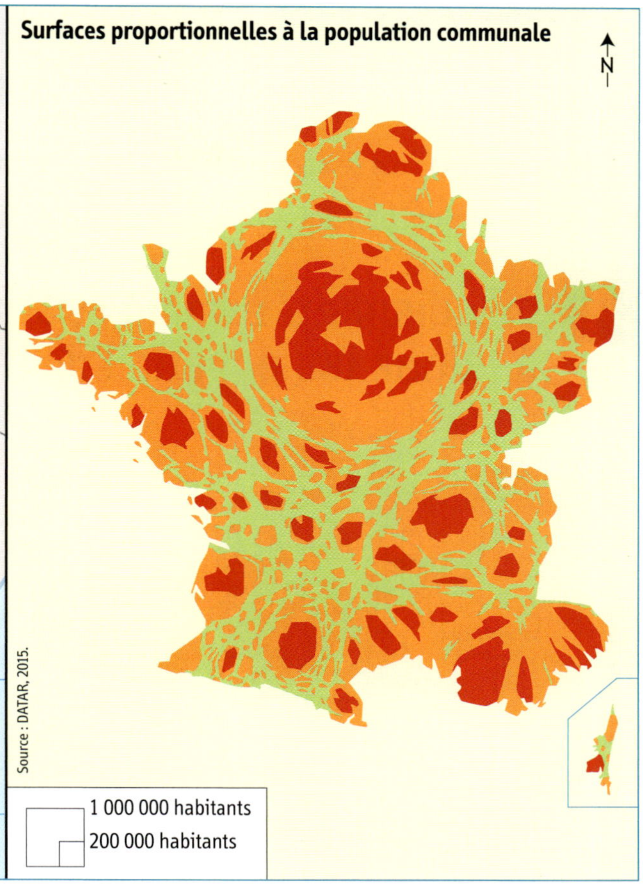

▸ Quelle relation établissez-vous entre la population des villes et leur emprise spatiale ?

2 Urbanisation et périurbanisation

« La périurbanisation est d'abord un processus d'exurbanisation résidentielle par lequel les ménages appartenant aux classes moyennes – au sens large – , principalement des familles, quittent le centre ou la proche banlieue pour accéder à la propriété en maison individuelle dans des communes rurales ou des petites villes situées dans un rayon plus ou moins proche. En France, ce mouvement débute au milieu des années 1960, connaît une très forte intensité entre 1975 et 1990, et ralentit ensuite. Il insuffle une forte croissance démographique à des communes situées aux franges des agglomérations urbaines. Celle-ci se nourrit d'un solde migratoire positif mais aussi d'un excédent naturel élevé, ces espaces accueillant des ménages plutôt jeunes, au début. Dans le temps, cette croissance a pris une forme aréolaire et ondulatoire, et s'est reportée toujours plus loin de la ville-mère pour atteindre aujourd'hui 10 à 25 km pour les villes moyennes, 40 à 60 km pour les métropoles régionales, plus de 100 km pour Paris, dont la périurbanisation gagne les confins de l'Île-de-France et déborde sur les départements limitrophes (Loiret, Eure-et-Loir, Oise, Yonne). Cette dynamique centrifuge de la croissance démographique traduit un desserrement résidentiel, c'est-à-dire une redistribution du centre vers la périphérie. »

L. Cailly et M. Vanier (dir.), « La Question périurbaine revisitée », *La France : Une Géographie urbaine*, © Armand Colin, 2010.

▸ Quels sont les facteurs et les conséquences de la périurbanisation ?

3 Paris, métropole dominante de la France

« L'alliance d'une forte primatie[1] à l'échelle nationale et d'une centralité de premier plan à l'échelle européenne, voire mondiale, confère à Paris une dimension exceptionnelle et unique en Europe [...]. Paris doit cette place au fait qu'elle est l'unique relais dont dispose la France pour s'insérer dans le système des villes européennes. [...] Lyon, à un degré moindre Marseille, Toulouse et Strasbourg, capitale contestée du Parlement européen, occupent une place très secondaire dans la hiérarchie [...]. Cela renforce le poids décisionnel de Paris dans l'espace français et lui permet de bénéficier davantage de la métropolisation. »

A. Frémont-Vanacore, *La France en Europe*, © Armand Colin, 2009 (2de édition).

1. Écart entre le 1er rang et le 2d.

▸ Pourquoi Paris est-elle la métropole française dominante ?

Les politiques urbaines

Le territoire de la ville se caractérise par des contrastes socio-spatiaux grandissants.

Quelles sont les politiques engagées pour réduire ces fractures urbaines ?

A Des disparités socio-spatiales à toutes les échelles de l'aire urbaine

1 Les contrastes socio-spatiaux dans l'agglomération de Bordeaux

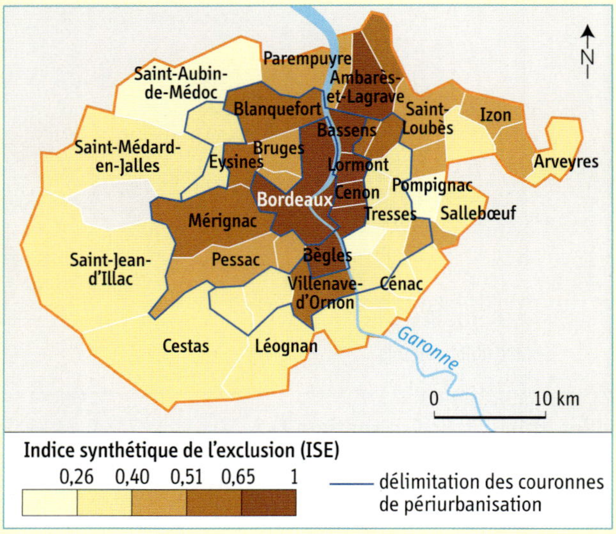

« Un nouvel indicateur pour établir la géographie de l'exclusion : l'indice synthétique de l'exclusion. [...] Ce dernier repose sur une combinaison de treize indicateurs issus de différents organismes statistiques. Six indicateurs sont extraits des résultats des enquêtes de recensement de l'INSEE. Trois proviennent de la Direction générale des impôts. Un indicateur est produit par la Banque de France. Enfin, trois indicateurs utilisent les données des Caisses d'allocations familiales (CAF). La combinaison des résultats communaux des treize indicateurs permet de construire un indice synthétique d'exclusion qui s'échelonne de 0 à 1. Les communes s'approchant de 1 ont un plus fort phénomène d'exclusion et vice-versa. »

G.-F. Dumont et L. Chalard, « Les villes-centres, territoires d'exclusion ou de "gentrification" ? », *Population et Avenir* n° 700, nov.-déc. 2010.

Où se trouvent les communes avec les indices synthétiques d'exclusion les plus forts ? Avec les indices les plus faibles ?

2 La ZUP de Colmar

Une ZUP désigne une zone à urbaniser en priorité (habitat collectif des années 1960).

Quels contrastes ce paysage urbain traduit-il ?

1 Grands ensembles des années 1960
2 Lotissements pavillonnaires
3 Espace agricole

3 Des quartiers sensibles

« Malgré les plans successifs appliqués depuis plus de 30 ans pour améliorer la situation des banlieues, celle-ci semble s'aggraver, comme le montre la forte augmentation du nombre de quartiers défavorisés [...]. Les "problèmes des banlieues" recouvrent [...] plusieurs caractéristiques : forte densité de population, concentration de population étrangère, forte proportion de moins de 25 ans, taux de chômage élevé, taux de délinquance nettement supérieur à la moyenne nationale, situation locale où la tension entre les différents groupes sociaux est perceptible. Cependant, vu le nombre élevé de ces quartiers prioritaires qui se trouvent majoritairement dans ces "banlieues", on se doute qu'ils ne peuvent être tous des lieux de forte insécurité, des zones de non-droit [...]. »

B. Giblin, *Atlas de la France et des Français*, Hors-série *Le Monde-La Vie*, 2014.

▸ Pourquoi est-il si difficile d'améliorer la situation des quartiers sensibles ?

4 La rénovation du centre de Montpellier

L'embellissement du centre de Montpellier contribue à l'embourgeoisement résidentiel (gentrification).

▸ Pourquoi les centres-villes attirent-ils les populations aisées ?

5 La diversité des espaces périurbains

Données Insee 2011	Saint-Nom-la-Bretèche (78)	Montfort-l'Amaury (78)	Lizy-sur-Ourcq (77)	Fontenay-Trésigny (77)
Population	5 164	3 127	3 621	5 218
Part des ménages propriétaires de leur résidence principale, en %	84,8	65,1	38,7	64,3
Revenu net déclaré moyen par foyer fiscal, en €	93 926	42 015	19 248	26 480
Foyers fiscaux imposables, en %	84	69,2	52,3	68,4
Taux de chômage, en %	7,4	5,8	17,9	10,8
Distance à la ville centre (Paris), en km	30	56	72	53

Données Insee, 2014.

1. Comparez Saint-Nom-la Bretèche et Lizy-sur-Ourcq.
2. Pourquoi peut-on dire que la périurbanisation est parfois subie, parfois choisie ?

6 La tentation du repli : la progression des résidences fermées à Marseille

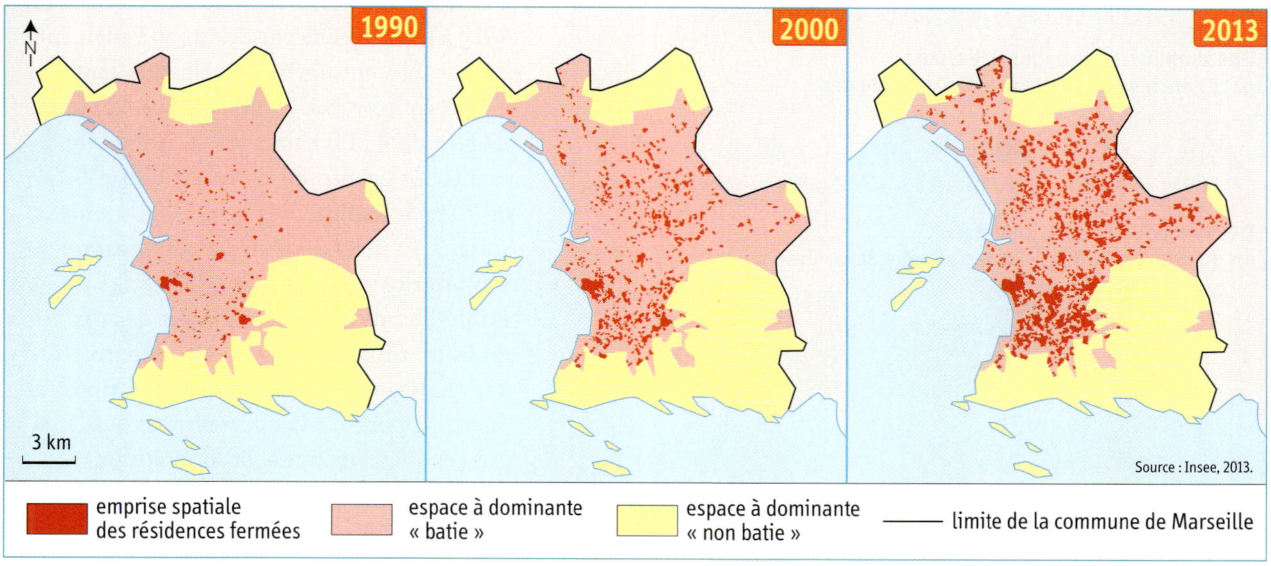

▸ Quelle est l'évolution des résidences fermées à Marseille de 1990 à 2013 ? Quelles sont les localisations préférentielles ?

B Des politiques urbaines renouvelées

7 Les objectifs de la nouvelle politique de la ville

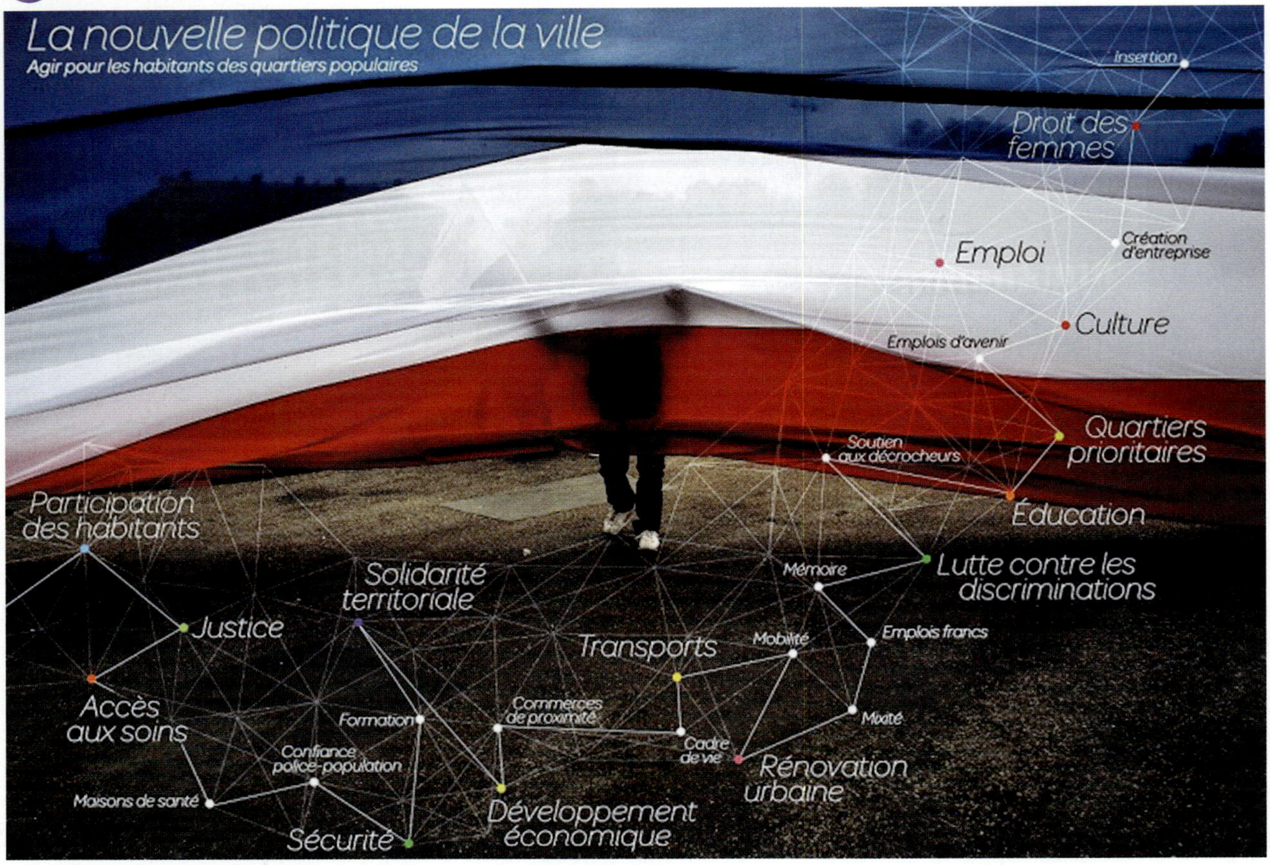

Document du ministère de la Ville sur les objectifs de la nouvelle politique de la ville.

▸ **Regroupez en grandes rubriques les différents domaines d'intervention de la politique de la ville qui apparaissent sur le document de présentation.**

8 La simplification de la politique de la ville

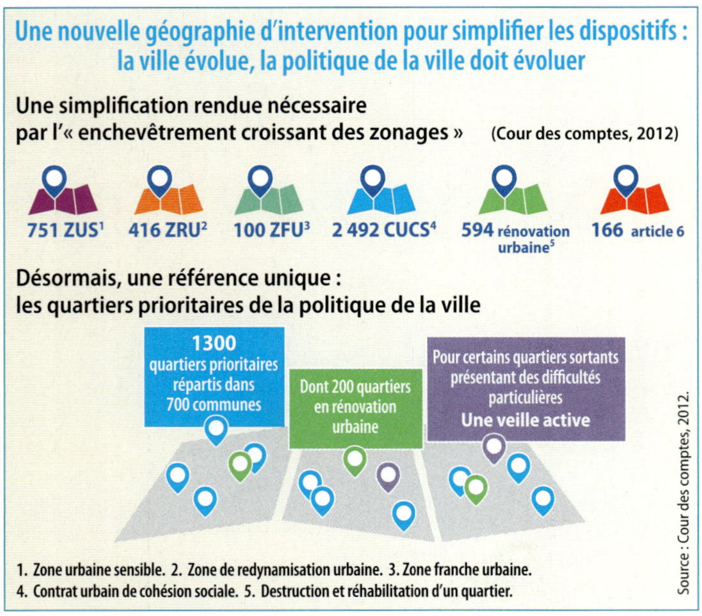

▸ **En quoi la nouvelle politique de la ville est-elle un progrès ?**

9 La loi SRU et la politique de la ville

« Depuis son vote en 2000, cette loi [loi relative à la solidarité et de renouvellement urbain, loi SRU] a fait l'objet de vifs débats au Parlement. Jusqu'à présent, l'article 55, le plus connu et le plus controversé, fixait à chaque commune de plus de 3 500 habitants (1 500 en Île-de-France) l'exigence de disposer, d'ici à 2020, de 20 % de son parc résidentiel en logements sociaux. Le nouveau texte prévoit notamment de porter ce taux minimal à 25 % [...].

En décembre 2010, à l'occasion des dix ans de la loi SRU, Jean Leonetti, député UMP des Alpes-Maritimes, maire d'Antibes et ancien opposant à la loi, reconnaît que "malgré ses imperfections, la loi a été un outil, un levier pour imposer la mixité sociale dans nos commune". »

F. Béguin, www.lemonde.fr, 5 septembre 2012.

10 Le Grand Plan de Ville (GPV) du Havre

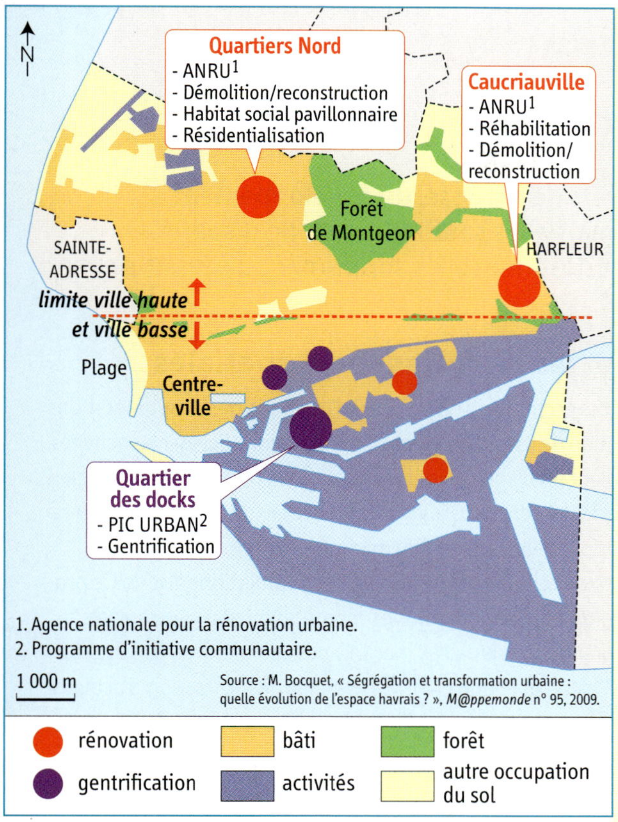

▸ Quelles sont les différentes stratégies selon les quartiers du GPV ?

« La convention signée entre la ville du Havre et l'ANRU en 2004 [prévoyait] pour les quartiers Nord de réintroduire de la mixité sociale, en travaillant sur l'intégration de ces quartiers dans leur environnement (pavillonnaire). L'insertion d'un lotissement et d'un pôle de services de santé aux abords du Montgaillard témoigne du potentiel des quartiers Nord [...]. Cette stratégie est justifiée par le cadre de vie agréable et l'environnement intéressant de ces quartiers prochainement desservis par le tramway havrais. Les quartiers Nord font l'objet d'une rénovation destinée aux classes moyennes, [...] visant à y réduire la part des populations en difficulté. Lui aussi concerné par le projet du tramway, le quartier de Caucriauville se voit plutôt attribuer les fonctions d'une petite ville devant disposer de ses propres équipements et services. [...]
Au sud, [...] la zone la plus proche du centre-ville havrais [...] fait l'objet d'aménagements visant à reconquérir un quartier d'entrepôts vacants liés à l'activité portuaire et d'immeubles d'habitat ancien dégradés. [...] La proximité du quartier avec le centre-ville ainsi que les nombreuses possibilités liées au terrain sont des atouts que la municipalité a décidé de valoriser dans le cadre d'un projet cofinancé par l'Union européenne (PIC Urban). »

M. Boquet, « Ségrégation et transformation urbaine : quelle évolution de l'espace havrais ? », *M@ppemonde* n° 95, 2009.

11 Favoriser la mixité sociale et les activités (Lyon, 9e arrondissement)

Le projet immobilier îlot Diebold-Marietton est le premier projet urbain partenarial (PUP) implanté sur le territoire de l'agglomération du Grand Lyon. Véritable morceau de ville composé de trois îlots, il se développe sur une superficie d'environ 20 000 m² dans une zone ANRU (Agence nationale pour la rénovation urbaine). L'îlot 1, conçu par l'atelier d'architecture Vera & Barrand, regroupe 18 logements sociaux, une résidence étudiante de 189 chambres, des locaux d'activités et des commerces.

▸ Pourquoi peut-on dire que cette réalisation s'inscrit dans le développement durable ?

Cours 2 Aménager les villes : réduire les fractures sociales et spatiales

S | L ES

Les villes demeurent des foyers de richesse, de développement, de création et d'innovation mais elles souffrent aussi de disparités. Les politiques de la ville sont destinées à les supprimer ou à les atténuer.

Population vivant en quartier prioritaire (selon la taille de l'agglomération, en %)

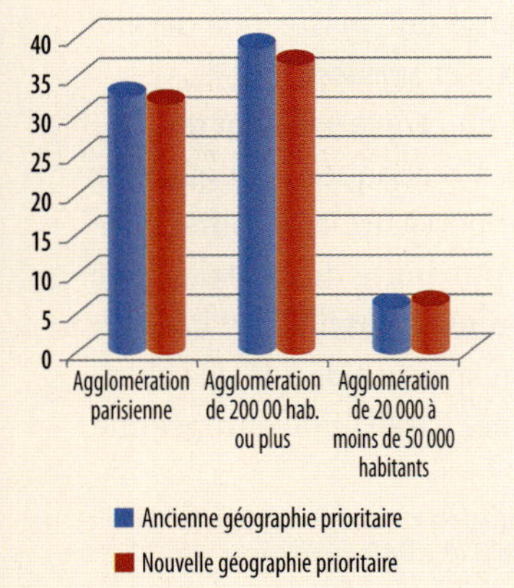

Source : Insee, *France, portrait social*, 2014.

1 L'urbanisation et les fractures socio-spatiales

- L'étalement urbain provoque ou accroît des disparités à l'intérieur des agglomérations **(doc. 1)**. La concurrence pour l'occupation de l'espace, tant par les populations que par les activités, explique que les quartiers centraux soient privilégiés au détriment de ceux qui sont périphériques. Les populations les plus aisées, et surtout les fonctions les plus sélectives, vont investir les centres-villes, où le foncier et les loyers sont les plus élevés du fait du manque de place.
- Les opérations de rénovation et/ou réhabilitation attirent des populations aisées. Ce processus de **gentrification**, **(doc. 2)** éloigne les populations les moins favorisées des centres.
- La périurbanisation résulte en grande partie de ces mécanismes. Malgré tout, elle est aussi très diversifiée car elle peut être aussi bien subie que choisie. De même, la localisation d'activités technopolitaines permet à des **centralités périphériques** de s'affirmer autour des métropoles les plus puissantes et ainsi de renforcer la métropolisation.

2 Les politiques de la ville

- Les collectivités locales et l'État, avec la contribution des financements européens, mettent en place une politique de la ville fondée sur de nombreux dispositifs pour revaloriser les zones urbaines en difficulté et réduire les inégalités entre les territoires.
- Il y a une trentaine d'années, des émeutes dans certaines banlieues défavorisées sont à l'origine d'une prise de conscience. Plusieurs lois se succèdent pour favoriser l'accès au logement, améliorer l'habitat, corriger les déséquilibres trop forts entre fonction résidentielle et emploi. En 2000, la loi SRU réaffirme fortement la politique de la ville autour des notions de cohésion sociale et de solidarité.
- Les dispositifs sont fondés sur des contrats entre l'État et les partenaires locaux publics et aussi privés, ainsi que sur des zonages pour que ces territoires bénéficient d'aides financières et de mesures fiscales spécifiques. Des mesures encouragent la mixité sociale.

3 Pour des politiques plus globales et une ville durable

- Les différents territoires d'intervention se sont empilés et enchevêtrés, et certains quartiers, souvent en banlieue, ont continué à cumuler toutes les difficultés. La loi de programmation pour la ville et la cohésion urbaine, publiée en 2014, rappelle la nécessité de renforcer la politique de la ville et simplifie la géographie prioritaire d'intervention pour plus d'efficacité.
- L'ANRU (Agence Nationale pour la rénovation urbaine) a été désignée pour devenir l'Institut de la ville durable. L'approche se veut plus globale et tente de prendre en compte les trois piliers du développement durable : les urgences sociales et la mixité, le développement économique et l'emploi, l'impact environnemental à travers les mobilités, le chauffage ou la gestion des déchets. Les SCOT (Schémas de cohérence territoriale, **doc. 3**) et les PLU (Plans locaux d'urbanisme) doivent intégrer la notion de développement durable.
- Après la question du logement, celle des transports constitue un domaine incontournable d'un point vue social et économique pour relier les différentes composantes urbaines entre elles et favoriser l'accès à l'emploi.

▶ **La politique de la ville se veut pragmatique et personnalisée.**

Vocabulaire

Centralité périphérique
Pôle secondaire d'activités métropolitaines et de peuplement dans une aire urbaine.

Gentrification
Processus de retour des populations aisées dans les quartiers centraux des villes après la réhabilitation de l'habitat.

1 Les disparités socio-spatiales à l'échelle de l'aire urbaine

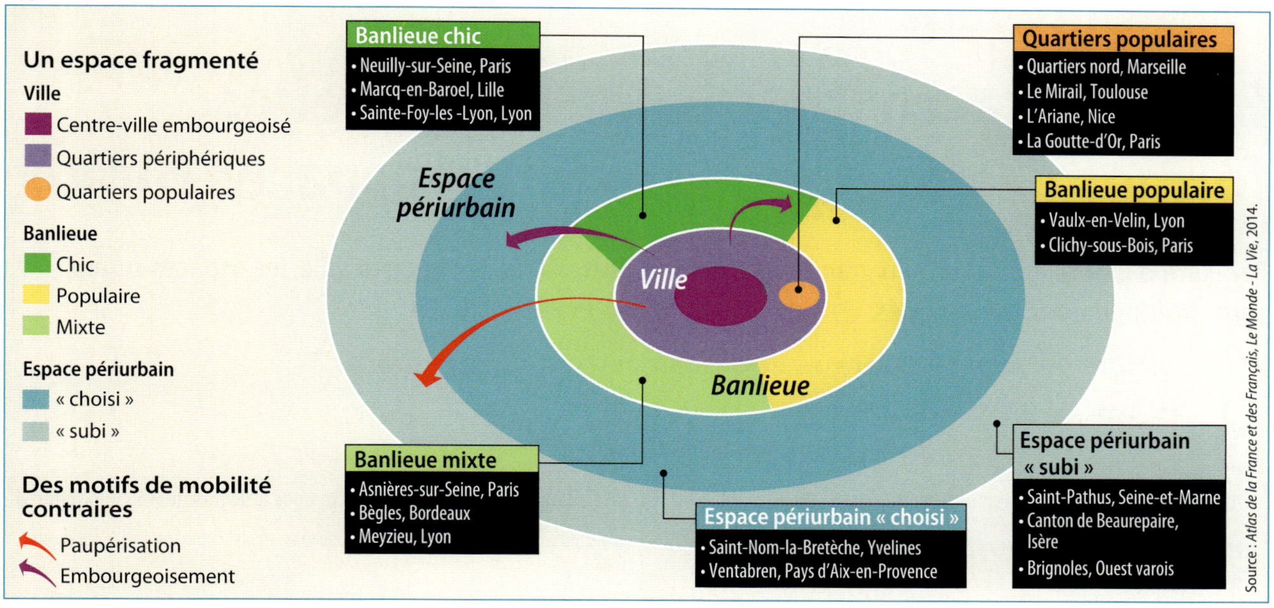

Source : *Atlas de la France et des Français*, *Le Monde - La Vie*, 2014.

2 L'embourgeoisement des centres urbains

« Les centres des pôles urbains ont connu plusieurs phases de transformation qui ont généralement tendu à y affirmer les fonctions d'encadrement économique, l'activité commerciale non alimentaire, la dimension culturelle, touristique et récréative. Cette évolution s'est faite au détriment des fonctions productives (industrielles surtout) et de la vocation industrielle, en tout cas pour les catégories sociales les plus modestes.

Elle est passée par une transformation du visage des centres urbains. [...] La gentrification [...] a fait de ces quartiers autrefois "taudifiés" et insalubres, à la densité très forte, des zones résidentielles de prestige, des zones commerciales vouées aux boutiques de luxe (prêt-à-porter, galeries d'art, restaurants) et au tourisme. »

D. Oster et Y. Colombel, *La France*, Nathan, 2014.

3 Le SCOT de l'agglomération de Vannes

PRÉPA BAC

Étude/Analyse de documents

Doc. 1 et 2 Après avoir présenté les documents, vous montrerez que les dynamiques des centres urbains sont à la fois sociales, fonctionnelles et paysagères.

S | L ES

Entre attractivité urbaine et nouvelles formes de développement : les espaces ruraux

Par suite d'un étalement urbain grandissant et de la forte attractivité de la ville, les espaces ruraux sont profondément transformés.

Quelles sont les nouvelles formes de développement de ces espaces ?

1 Les nouvelles dynamiques démographiques des espaces ruraux

a. Taux de croissance désormais plus fort que celui de l'espace urbain

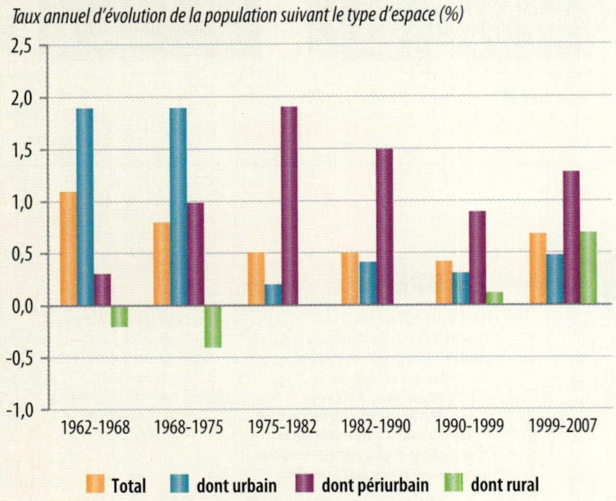

Source : Insee, recensements de la population, 2015.

b. Un solde migratoire positif mais qui masque la dégradation du solde naturel

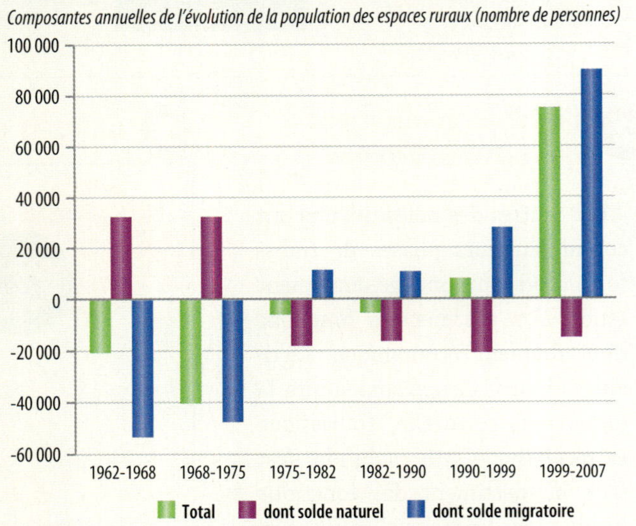

2 La fin de la dualité ville-campagne

« On a toujours pensé le territoire en France dans une opposition entre espace rural et espace urbain. Cette opposition séculaire se défait sous nos yeux. L'urbanité, la culture urbaine, l'usage de la ville – même rare – sont devenus des biens communs. Les images de la ville sont omniprésentes. En parallèle, la question de la campagne, du travail sur le vivant, l'agriculture mais aussi la nature et les paysages, les animaux, les forêts, les rivages, les montagnes, tout cela se rassemble peu à peu dans un monde "vert" qui est aussi présent dans les cités qu'au-dehors des cités. Partout la nature est magnifiée, mise en spectacle, aimée, vénérée même. »

D'après J. Viard, *Nouveau Portrait de la France. La Société des modes de vie*, Éditions de l'Aube, 2011.

Quels sont les éléments illustrant la fin de l'opposition entre ville et campagne ?

3 Un front d'urbanisation à Blainville-sur-Orne (Calvados)

4 Un espace rural isolé : la Corse intérieure

Le village de Piedicroce se situe dans la Castagniccia (châtaigneraie), région autrefois la plus peuplée de l'île. Les terrasses sur les pentes sont désormais abandonnées. Cette région est intégrée au Parc naturel régional de Corse.

Justifiez qu'il s'agit d'un territoire en déclin.

5 L'agriculture dans les campagnes urbaines

« Selon le recensement de l'agriculture de 2010, plus des trois quarts des exploitations et des surfaces agricoles sont situées dans des communes urbaines ou périurbaines. La poussée urbaine sur les terres agricoles est plus forte dans le Sud et dans l'Ouest, plus rapide aujourd'hui autour des villes moyennes alors qu'elle ralentit autour des grandes métropoles. L'ombre portée de la ville se traduit par la pression foncière, la perturbation de la circulation des engins agricoles, par les vols et des dégradations. Mais l'agriculture périurbaine offre des circuits de commercialisation courts, fournit des produits frais, des emplois et des services (loisirs). »

D'après M. Poulot, « Agricultures dans la ville, agricultures pour la ville : acteurs, pratiques et enjeux », *Bulletin de l'Association de Géographes Français* (BAGF), n° 2013-3, 2013.

Quels sont les effets contradictoires de la proximité urbaine ?

6 Des espaces de production et de loisirs

Quelle perception de l'espace rural cette publicité traduit-elle ?

7 La valorisation des territoires ruraux

Pôle d'excellence rural (PER)	Zone de revitalisation rurale (ZRR)	Parcs naturels régionaux	Parcs nationaux
Renforcer les territoires ruraux les plus compétitifs	Aides aux territoires ruraux en difficulté	Protection et développement économique local dans le cadre d'une structure intercommunale	Concilier protection des milieux et développement économique dans l'aire optimale d'adhésion

PRÉPA BAC

Étude/Analyse de documents

Doc. 3 et 5 Après avoir présenté les documents, vous expliquerez les nouvelles formes de développement des espaces ruraux.

Cours 3

S | L ES

Les nouvelles formes de développement des espaces ruraux

L'influence directe des villes et les attentes d'une société urbaine transforment les territoires ruraux engagés dans de nouveaux modes de développement.

1 La fin de l'opposition rural-urbain ?

• Tout oppose en apparence espaces urbains et espaces ruraux. D'un côté, l'occupation est dense, continue et la « nature » semble peu présente. De l'autre, des paysages perçus comme « naturels », associés à des valeurs positives. Face à la concentration des agglomérations urbaines, le peuplement des territoires ruraux est discontinu, faits de villages et de petites villes.

• Cette opposition s'efface en partie sous l'effet de l'influence urbaine dont le type et l'intensité différencient de plus en plus les territoires ruraux. **(doc. 1)**

2 Les territoires ruraux intégrés aux dynamiques urbaines

• Les campagnes urbaines ne se limitent pas à la frange des agglomérations. Les effets de la périurbanisation sont plus lointains et diffus. Elles offrent un cadre de vie, une maison individuelle à ceux qui ont souvent été chassés des villes par le coût de l'immobilier. Les effets de l'éloignement des emplois et des services pénalisent les catégories sociales les plus modestes, qui sont rejetées de plus en plus loin des centres. La poussée urbaine, qui s'exerce au détriment des espaces agricoles, est à l'origine d'une concurrence, source de conflits. Mais l'agriculture fournit aussi des produits frais et des services. Les espaces agricoles sont de plus en plus intégrés aux schémas d'aménagement urbain durable.

• Les fonctions récréatives privilégient certaines campagnes, plus pittoresques et attractives, plus proches des villes et/ou mieux desservies : Normandie, Bourgogne, Sologne, Périgord, Lubéron ou Alpilles. Les littoraux et les montagnes sont devenus les terrains privilégiés des loisirs citadins. Leur fréquentation très sélective, concentrée dans l'espace et le temps (saisonnalité) contribue à urbaniser les territoires sur lesquels la pression est forte : vallée de Chamonix ou de la Tarentaise, golfe du Morbihan, bassin d'Arcachon par exemple. Les périmètres de protection (PNR) doivent assurer le développement local par l'entretien des paysages, le maintien d'activités agricoles ou artisanales dont ils garantissent la promotion.

3 Les territoires ruraux plus à l'écart de l'influence urbaine

• L'agriculture productive modèle les paysages et organise l'espace des campagnes agricoles, considérées en général comme moins attractives par les citadins : grandes cultures du Bassin parisien, cultures de fruits et légumes de la basse vallée du Rhône par exemple. Ces territoires, dominés par la fonction agricole, sont en lien avec les villes où se trouvent les services spécialisés, les marchés.

• Là où l'agriculture recule car les conditions ne sont plus rentables, le boisement progresse (plantations de conifères) et ferme progressivement les paysages. Le tourisme « vert » ne peut revitaliser à lui seul des territoires délaissés.

• Un cinquième des communes métropolitaines appartient au rural isolé. La population y est souvent âgée et défavorisée. Le maintien des commerces et des services devient difficile quand la densité de peuplement tombe en dessous de 30 hab./km^2. Les déplacements vers les centres urbains sont longs et difficiles, surtout en montagne. Les mesures de revitalisation rurale ou les Pôles d'excellence rurale (PER) ont pour objectif depuis 20 ans de maintenir ou faire renaître une trame de services et d'activités dans les bourgs et les petites villes.

▶ **Les espaces ruraux connaissent de fortes mutations impliquant de nouveaux acteurs et conduisant à de nouvelles formes d'aménagement et de développement.**

1 La diversité des territoires ruraux en France

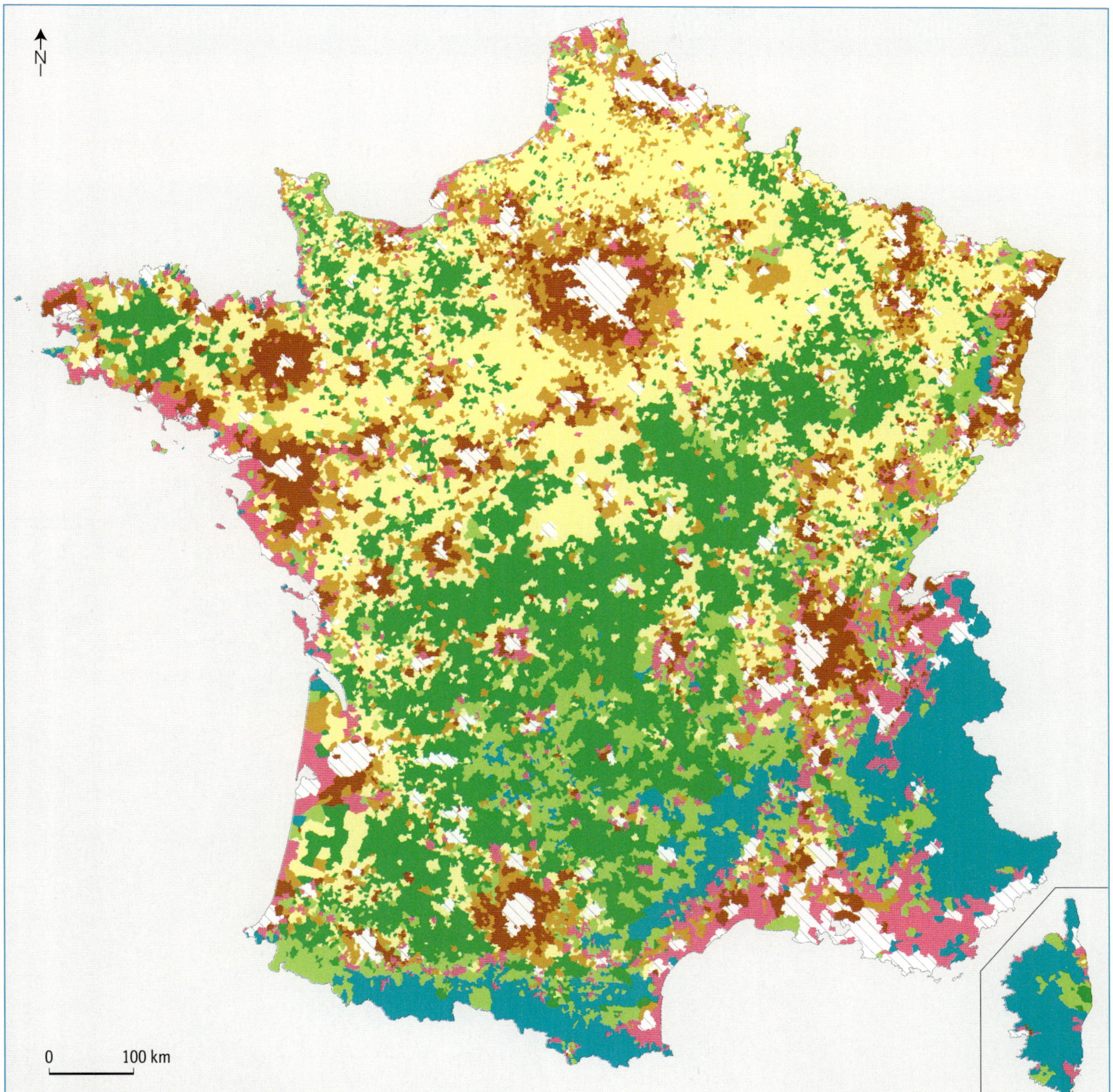

Source : DATAR, *Territoires en mouvement* n° 7, 2012.

1. CAMPAGNES DES VILLES, DU LITTORAL ET DES VALLÉES URBANISÉES

- densifiées, en périphérie des villes, à très forte croissance résidentielle et à économie dynamique
- diffuses, en périphérie des villes, à croissance résidentielle et dynamique économique diversifiée
- densifiées, du littoral et des vallées, à forte croissance résidentielle et à forte économie présentielle[1]

2. CAMPAGNES AGRICOLES ET INDUSTRIELLES

- sous faible influence urbaine

3. CAMPAGNES VIEILLIES À TRÈS FAIBLE DENSITÉ

- à faibles revenus, économie présentielle[1] et agricole
- à faibles revenus, croissance résidentielle, économie présentielle et touristique
- à faibles revenus, croissance résidentielle, économie présentielle et touristique dynamique, avec éloignement des services d'usage courant
- hors champ : unités urbaines > 10 000 emplois

1. Économie fondée sur la population réellement présente sur le territoire.

1. Où se trouvent les territoires ruraux les plus dynamiques ?
2. Où se situent les plus fragiles ?

CONSIGNE **Après avoir présenté le document, vous décrirez et expliquerez l'urbanisation et l'étalement urbain de l'agglomération de Saint-Denis de la Réunion. Vous en montrerez les conséquences et les risques pour les populations.**

Extrait de la carte topographique de Saint-Denis de La Réunion (2010, au 1/25 000ᵉ)

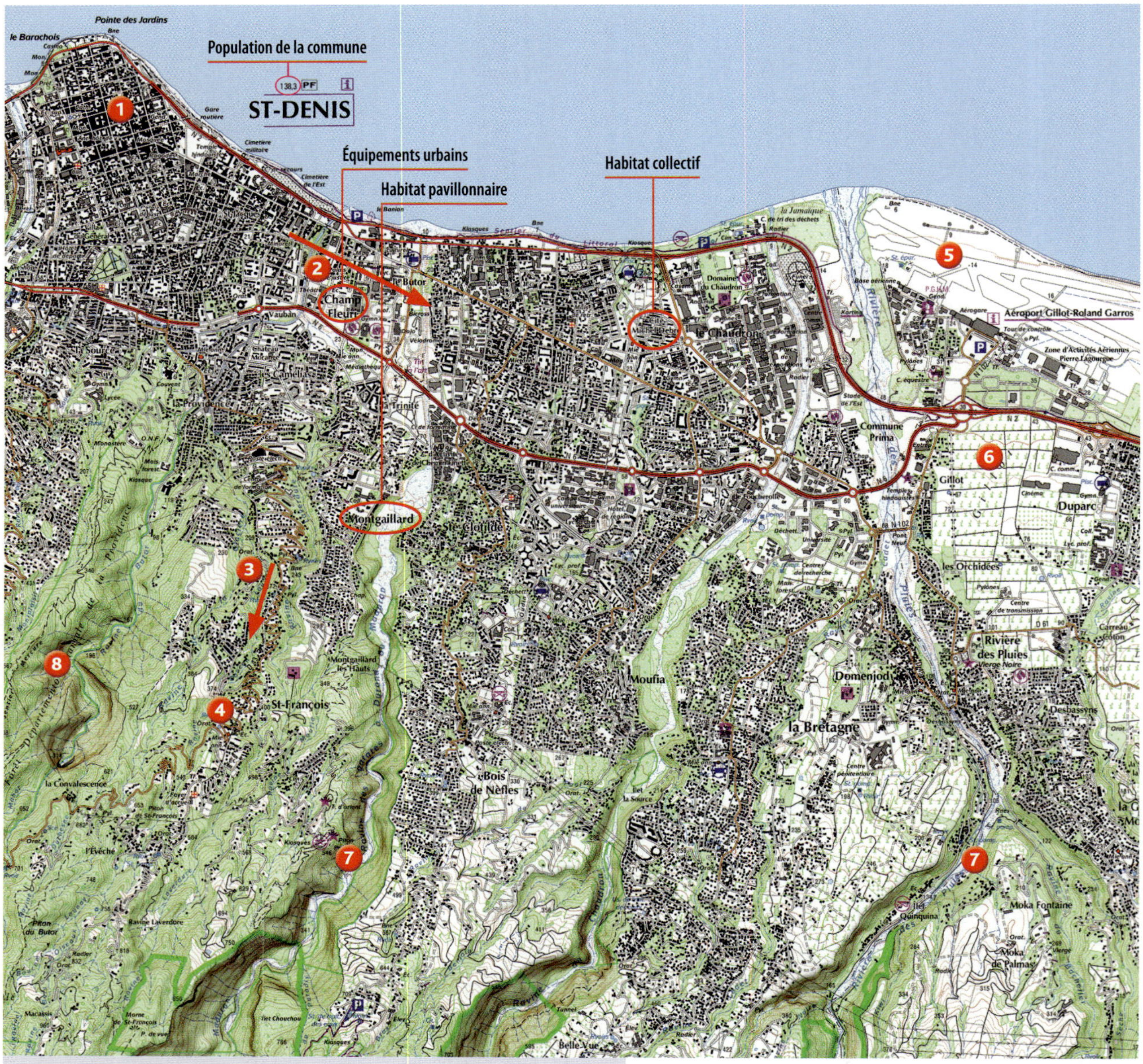

1. Site originel, plan en damier colonial
2. Progression de l'urbanisation le long du littoral
3. Progression de l'urbanisation le long des pentes
4. Lotissement récent
5. Aéroport et zone d'activité en zone inondable
6. Plantation de cannes à sucre
7. Vallée profonde creusée par des torrents
8. Forêt de protection plantée sur les versants abrupts

Méthode générale **Analyser une carte topographique**

Analyser une carte topographique permet d'observer des phénomènes généraux étudiés dans le cours, sur un territoire précis. Cette analyse permet de mettre en évidence l'état actuel ou ancien d'un phénomène.
L'analyse comparative de deux extraits de cartes à des dates différentes permet de montrer l'évolution d'un processus ou la mise en place d'un aménagement.
Cet exercice nécessite la maîtrise de la lecture d'une carte topographique et de sa légende, mais aussi de connaître son cours. Les connaissances sont indispensables pour dépasser la simple observation des phénomènes car elles permettent d'expliquer les logiques d'organisation du territoire étudié, quelle que soit son échelle.
L'analyse d'une carte topographique (ou d'un extrait de carte) peut conduire à la réalisation d'un schéma montrant les différents espaces ou processus présents sur la carte.

Étape 1 Présenter le document

Méthode générale **Présenter une carte**

Votre présentation doit toujours comprendre :
- le nom de la carte ;
- l'échelle de la carte ;
- la source (Institut géographique national (IGN)) ;
- la localisation de l'espace étudié ;
- l'angle sous lequel la carte sera analysée en fonction des indications de la consigne.

Exemple

Le document proposé est un extrait de carte topographique au 1/25 000ᵉ de la ville de Saint-Denis, sur l'île de la Réunion. Cette carte est produite par l'IGN en 2010. La Réunion est un territoire ultramarin français de l'océan Indien. Au nord de l'île, Saint-Denis concentre la majeure partie de la population de La Réunion. Les alentours de Saint-Denis connaissent, comme la majeure partie du territoire français métropolitain, une forte urbanisation et un processus d'étalement urbain important dans un milieu tropical et à fortes dénivellations, où l'abondance des précipitations peut générer des risques. Dans un premier temps, nous décrirons et expliquerons l'urbanisation et l'étalement urbain de l'agglomération de Saint-Denis, puis nous en montrerons les conséquences spatiales ainsi que les risques éventuels pour les populations.

Étape 2 Lire le document et en extraire des informations

Entraînement 1 Définissez l'urbanisation et l'étalement urbain, puis répondez aux questions suivantes.
a. Décrivez le centre de Saint-Denis.
b. Décrivez les étapes et les formes de l'étalement urbain.

Entraînement 2 Analysez les conséquences de l'étalement urbain dans l'agglomération de Saint-Denis en répondant aux questions suivantes.
a. Où a été construit l'aéroport ? Pourquoi ?
b. Quels sont les risques pour les populations créés par l'étalement urbain ? (Tenez compte du relief et du climat tropical.)
c. Montrez qu'il existe des conflits d'usages et une compétition pour l'espace entre espace urbanisé et espace agricole.

Étape 3 Construire le plan

Exemple de plan

I. Une urbanisation et un étalement urbain importants
II. Les conséquences multiples de l'étalement urbain

Étape 4 Rédiger la réponse

Entraînement 3 Rédigez la réponse sans oublier la conclusion soulignant les limites du document.

Exemple de conclusion

Cet extrait de carte nous permet d'analyser les étapes, les formes et les conséquences de l'étalement urbain à Saint-Denis de la Réunion, une agglomération en milieu tropical. L'ampleur du phénomène aurait été encore mieux perçue en le confrontant avec une carte ancienne ou des données statistiques évolutives de la population des quartiers de Saint-Denis.

CONSIGNE Après avoir présenté les documents, vous montrerez l'image que cherche à renvoyer un département rural pour mettre en place une stratégie de développement.

1 Campagne publicitaire en faveur du tourisme dans l'Aisne (2006)

1 Le slogan
2 Une entrée de métro
3 Le paysage de l'Aisne
4 La personne qui court = le public visé par cette publicité
5 Un acteur, le conseil départemental de l'Aisne
6 Le nom de la campagne publicitaire

2 La campagne publicitaire du département

« C'est reparti pour "*l'Aisne it's open*", opération de notoriété pilotée par le Conseil général[1]. Cette fois, ce n'est plus dans le métro parisien, dans les aéroports, mais carrément à la télévision, que le "02" s'affiche [...].
Cinq visages de l'Aisne sont mis en lumière au travers de ces clips pour présenter "un territoire jeune et animé", "une nature préservée", "des loisirs pour toute la famille", "un patrimoine exceptionnel" et "Champagne !". Le festival, la plage de Monampteuil, la forêt de Saint-Gobain, le château médiéval de Coucy, le golfe de l'Ailette et la base nautique voisine (accueillant un Center Parcs), la voie verte jusqu'au Chemin des Dames, le Familistère Godin, la cathédrale de Laon et le vignoble de champagne dans le Sud-Aisne sont mis en valeur à travers les différents clips. Cette campagne de communication destinée évidemment à accroître la notoriété du département de l'Aisne "devrait être vue par plus de 40 millions de spectateurs", estime-t-on au Conseil général. [...] "Construire une image positive de ce département qui soit de nature à attirer des touristes et des habitants pour un week-end ou pour toute une vie", c'est en tout cas l'ambition affichée. [...] Cette nouvelle campagne baptisée "mon département de l'Aisne, je l'aime" a nécessité un budget de 330 000 €, dont 20 000 € pour la réalisation des clips. »

Le Courrier Picard, 12 octobre 2014.

1. Depuis le 1er janvier 2015, le Conseil général est devenu le Conseil départemental.

Étape 1 *Présenter les documents*

Situez le département de l'Aisne sur le territoire français et montrez que le Conseil départemental est un acteur majeur dans la stratégie de développement économique.

Étape 2 *Sélectionner des informations et construire un plan*

Entraînement Complétez le tableau suivant afin de construire le plan de votre réponse.

Thème	Document 1	Document 2
Une stratégie de marketing territorial menée par un acteur départemental…	– « campagnes publicitaire de 2006 »	– « accroître la notoriété », « construire une image positive » – « nouvelle campagne »
… pour développer le tourisme en ciblant notamment les citadins de la région parisienne	– .... – .... –	– aménités et patrimoine mis en valeur par le tourisme : .... – ....

Étape 3 *Rédiger la réponse*

Méthode BAC Croquis

S | L ES

Sujet : Distribution et dynamiques de la population en France métropolitaine

Étape 1 *Analyser les termes du sujet*

Distribution et dynamiques de la population en France métropolitaine

- Distribution : Répartition
- dynamiques : Mouvements, flux (solde migratoire), mais aussi dynamiques démographiques (solde naturel)
- population en France métropolitaine : Ensemble des habitants d'un espace géographique. Ici, en France métropolitaine

Étape 2 *Réaliser le croquis*

Entraînement À l'aide de la méthode générale p. 10, réalisez le croquis. N'oubliez pas de lui donner un titre.

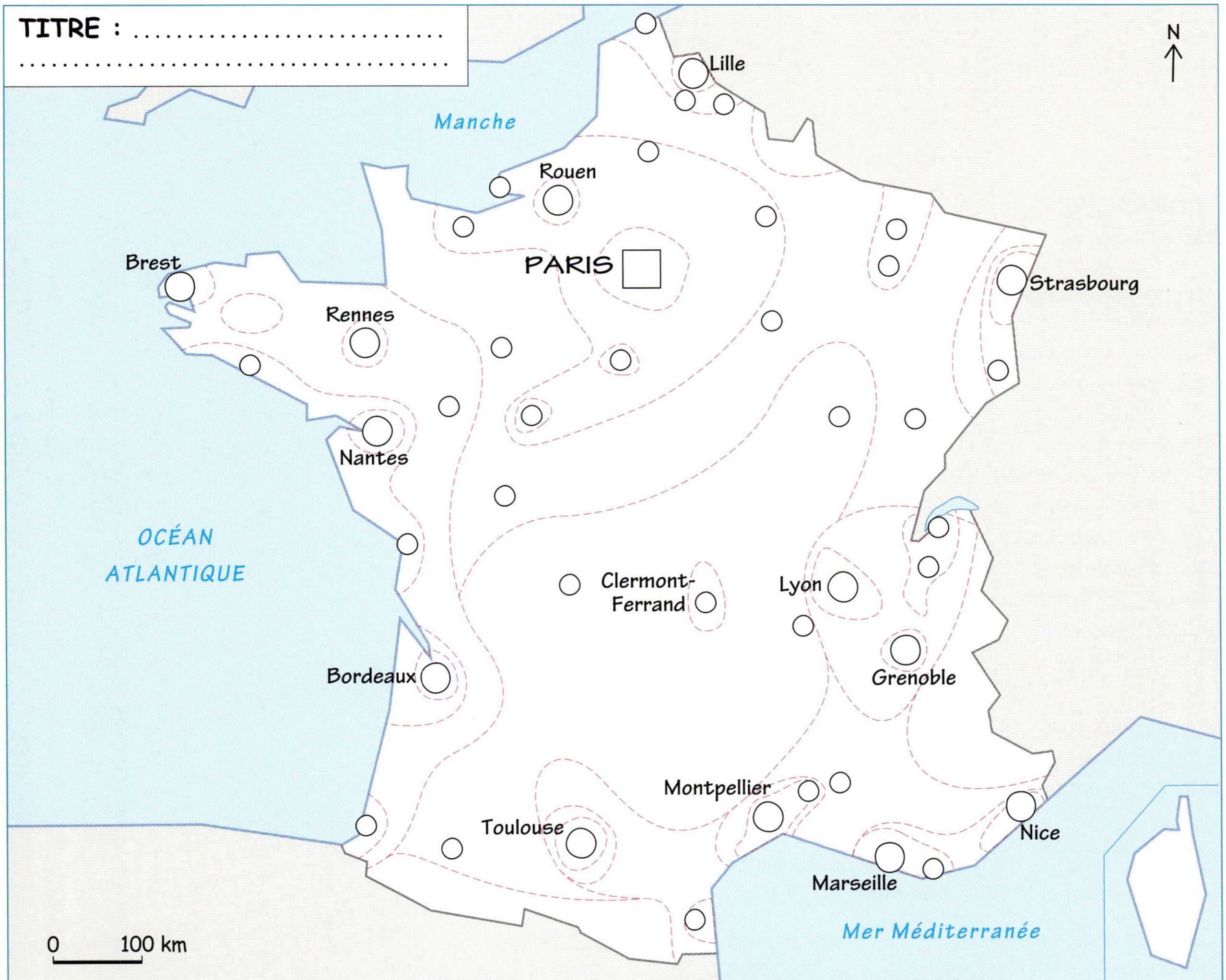

1. UNE POPULATION MAJORITAIREMENT URBAINE, INÉGALEMENT RÉPARTIE SUR LE TERRITOIRE	2. DES DYNAMIQUES DE POPULATION PRINCIPALEMENT EN FAVEUR DES ESPACES URBAINS
☐ Paris, capitale	☐ villes-centres et banlieues : des espaces où la densité de population augmente très fortement
.... les grandes villes françaises	☐ les espaces périurbains : des espaces attractifs et dynamiques
.... un réseau dense de villes moyennes	☐ des campagnes vivantes, bénéficiant d'apports de population
	☐ espaces perdant des populations

Méthode BAC Composition

S L ES

Sujet Aménager les villes : réduire les fractures spatiales et sociales

Étape 1 *Analyser les termes du sujet*

Aménager les villes : réduire les fractures spatiales et sociales

- **Aménager** : Politique mise en œuvre par différents acteurs dans le cadre de l'espace urbain
- **réduire** : Action de diminuer
- **les villes** : Commune de plus de 2 000 habitants. Ici, l'accent est mis sur le pluriel, donc sur la diversité des villes
- **les fractures** : Disparités, inégalités, qui se traduisent spatialement par une ségrégation
- **spatiales et sociales** :
  – Sociales : différences sociales (revenus, formation, emploi…)
  – Spatiales : disparités inscrites dans l'espace urbain ⟶ renvoie aux termes de quartiers, de ségrégation

Étape 2 *Dégager l'idée centrale du sujet*

Méthode générale **Formuler la problématique** L ES

Dans l'introduction, il faut énoncer de manière simple la question qui guide la réflexion et le développement du sujet. Cette idée centrale oriente la réflexion sur un axe choisi et constitue la problématique de la composition. La question posée doit être assez large pour couvrir tous les aspects du sujet. Vous devez donc exclure toutes les questions partielles et veiller à faire figurer les mots du sujet dans votre question. La problématique sera intégrée dans votre introduction entre la présentation du sujet et l'annonce de votre plan.

Méthode générale **Formuler un fil directeur** S

Une fois le sujet analysé et les limites posées, il faut formuler le fil directeur que votre devoir va suivre. Vous pouvez le rédiger sous forme de question et/ou comme l'annonce de vos différents paragraphes. Il sera à insérer dans votre introduction après la rapide présentation du sujet.

Le sujet nous invite ici à observer et comprendre l'existence de fractures spatiales et sociales dans les villes françaises, mais aussi à étudier comment les aménagements et les politiques urbaines peuvent réduire ces disparités.

Entraînement 1 Parmi les propositions suivantes, choisissez celle qui convient le mieux au sujet et justifiez votre choix.

a. Dans quelle mesure les villes françaises rencontrent-t-elles des problèmes de fractures spatiales et sociales ?
b. Les politiques de la ville réduisent-elle les fractures sociales et spatiales ?
c. Comment les politiques de la ville peuvent-elles réduire les disparités socio-spatiales dans les villes ?

Étape 3 *Construire le plan et classer les informations*

Entraînement 2 Complétez le tableau ci-dessous en indiquant, pour chaque information, la partie du plan correspondante.

Plan possible ▶

I. Des dynamiques qui accentuent les fractures socio-spatiales dans les villes
II. Les politiques de la ville pour tenter de réduire les disparités
III. Les limites des politiques mises en œuvre

Informations	Exemples dans le manuel	Partie du plan
L'étalement urbain provoque ou accroît les disparités à l'intérieur des agglomérations	Doc. 1 et 2 page 106	
Certains quartiers s'appauvrissent, d'autres quartiers sont dans une dynamique de gentrification	Doc. 4 et 6 page 107	
Favoriser la mixité sociale par des mesures de zonage	Doc. 9 page 108 et doc. 10 page 109	
Rénover certains quartiers pour améliorer les conditions de vie des habitants	Doc. 10 page 109	
Des politiques d'aménagement avec l'ANRU	Doc. 11 page 109	
Des espaces périurbains « subis » ou « choisis »	Doc. 5 page 107	
Vers une réforme de la « géographie prioritaire »	Doc. 7 et 8 page 108	

Étape 4 *Rédiger le développement*

Chaque sous-partie est composée au minimum d'une idée générale, illustrée par un exemple.

Exemple ▶

Idée générale : *Au sein de certains quartiers paupérisés des centres-villes se développe un processus de reconquête de ces espaces par des populations plus aisées. Ces dernières rachètent des appartements et commerces pour les réhabiliter ou reviennent vivre dans ces quartiers après une opération de réhabilitation de l'habitat ou d'aménagement du quartier.*

Exemple : *Le cas de Montpellier est représentatif : la mise en place du tramway par la municipalité ainsi que les opérations d'embellissement et réhabilitation des quartiers centraux ont favorisé l'installation de populations aisées.*

Notion du cours : *On désigne ce processus par le terme de « gentrification ».*

Vous pouvez illustrer votre développement par un schéma, par exemple ici le schéma 1 page 125.

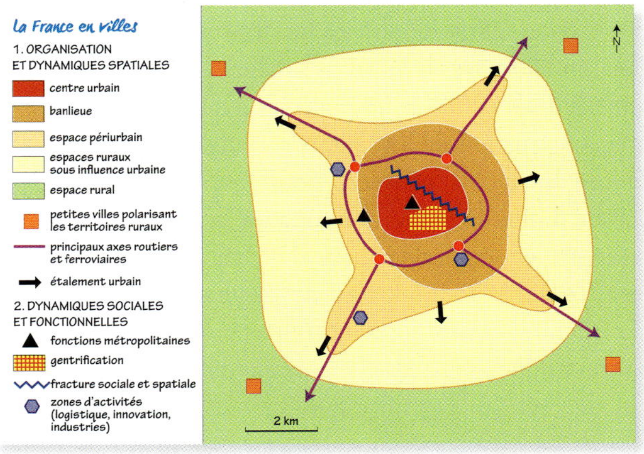

Étape 5 *Rédiger la conclusion*

Entraînement 3 Rédigez la conclusion.

S | L ES

Composition — Urbanisation et métropolisation en France métropolitaine

S

Composition — Les nouvelles formes de développement des espaces ruraux

Étude/Analyse de document

Après avoir présenté le document, vous montrerez comment il illustre les politiques de l'État pour tenter de réduire les fractures sociales et spatiales dans les villes, puis vous en ferez le bilan.

« Trente ans d'échecs de la politique de la ville »

« Trente-cinq ans de politique de la ville pour en arriver à ce constat. Si les mots employés par le Premier ministre, faisant état d'un "apartheid territorial, social, ethnique" qui sévit dans les banlieues, ont pu heurter, ils ont eu le mérite de braquer le projecteur sur les échecs des politiques publiques et notamment celle de la politique de la ville. Le premier "plan banlieue" fut lancé en 1977. Il fut suivi par neuf autres. […]

La rénovation urbaine, mise en œuvre massivement depuis 2004, a certes profondément modelé le visage des banlieues. 500 quartiers en ont bénéficié. 340 000 logements ont été rénovés et 141 000 autres construits. Mais la transformation urbaine ne s'est pas prolongée par une transformation de la population de ces territoires, objectif assigné à la politique de la ville. Les banlieues demeurent spécialisées dans l'accueil des pauvres, des précaires et des minorités.

Depuis trente ans, les gouvernements de droite ou de gauche ont pourtant tenté de lutter contre la ségrégation à l'œuvre, avec une obsession : changer la politique de peuplement. En clair, tenter de casser les concentrations ethniques liées à la pauvreté des populations arrivant sur ces territoires. […]

Puis, en 2000, avec la loi sur la solidarité et le renouvellement urbains (SRU), les pouvoirs publics ont poussé à la construction de logements sociaux dans les communes les moins pourvues pour favoriser la mixité sociale. Enfin, la rénovation urbaine lancée en 2003 a parié sur les démolitions pour chercher à déconcentrer les cités HLM. "Tout cela n'a changé que marginalement la structure du parc social et n'a pas produit la dispersion attendue", remarque Renaud Epstein, sociologue. »

S. Zappi, *Le Monde*, 24 janvier 2015.

Étude/Analyse de document

Après avoir présenté le document, vous montrerez qu'il a pour objectif d'inscrire Marseille dans la métropolisation et vous mettrez en évidence ses limites.

Publicité pour Marseille Métropole

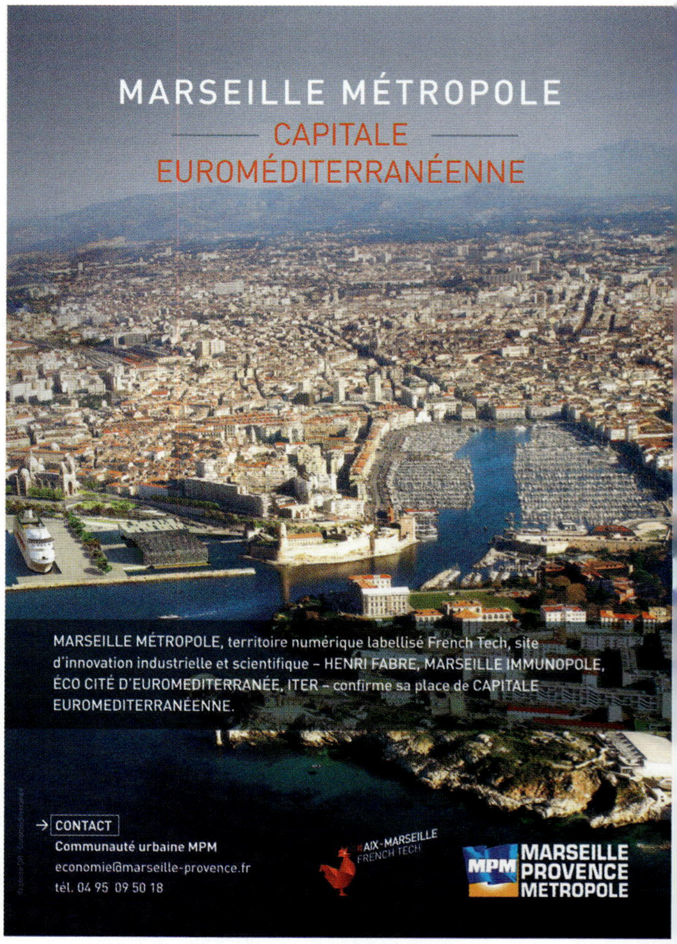

Campagne publicitaire de décembre 2014.

FAIRE LE POINT

Les notions

Exercice 1 Définissez les termes et notions suivants :

urbanisation • aire urbaine • banlieue • périurbanisation • métropolisation • ruralité • étalement urbain • espace rural.

Les repères spatiaux

Exercice 2 Sur un fond de carte de France (téléchargeable sur le site www.geo-hatier.com), localisez :
– Paris, Lyon, Lille, Nice, Marseille, Montpellier, Nantes et Rennes ;
– les 3 principales métropoles françaises ;
– les différents types d'espaces ruraux.

Exercice 3 Citez un quartier qui a connu un processus de gentrification ; un quartier visé par la politique de la ville ; une opération de rénovation urbaine.

Les capacités du chapitre

✔ Distinguer ville-centre, banlieue et périurbain.

✔ Décrire et expliquer le phénomène d'étalement urbain à l'aide d'un schéma.

✔ Décrire et expliquer les impacts de la métropolisation à plusieurs échelles.

✔ Développer une analyse critique d'une opération de rénovation urbaine ou de marketing territorial.

Exercice 4 Réalisez un schéma permettant de distinguer la ville-centre, la banlieue et l'espace périurbain.

GéoTICE Étudier un PLU

Le Plan Local d'Urbanisme (PLU) est le principal document d'urbanisme de planification de l'urbanisme au niveau communal ou intercommunal, mis en place depuis 2000. Il fixe les règles d'occupation et d'utilisation des sols et les grandes orientations relatives au développement de la ville.

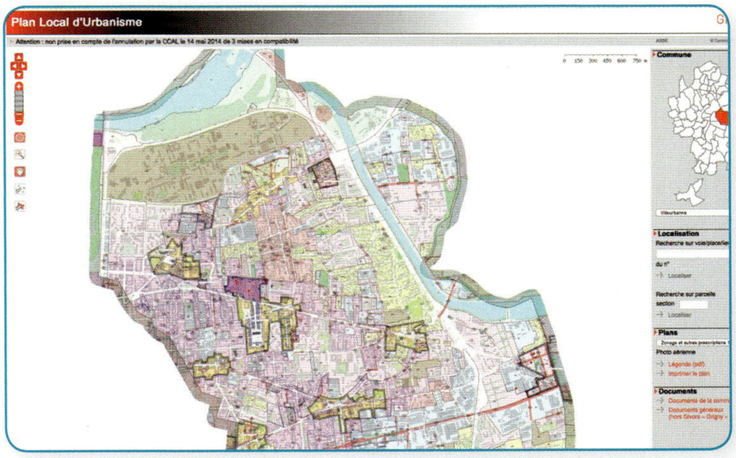

Le PLU de Villeurbanne, sur le site Internet du PLU de la communauté urbaine de Lyon, http://plu.grandlyon.com

La communauté urbaine du Grand Lyon rend public son PLU sur Internet.

Allez sur http://plu.grandlyon.com. Dans le menu déroulant à droite, **sélectionnez** la commune de Villeurbanne (commune de la banlieue de Lyon, devant faire face à une urbanisation très importante). Dans la rubrique « Plans », **téléchargez** la légende en PDF.

1. Observez le PLU de Villeurbanne, et relevez :
– quelques zones urbaines accueillant la fonction habitation (UA, UB, UC, UD, UE) ; accueillant des activités (UF et UG) ; accueillant les équipements collectifs (UN) ;
– quelques zones à urbaniser (AU) ;
– quelques zones vouées à une fonction de « nature en ville », c'est-à-dire les zones agricoles (A) et naturelles (N) ; les espaces boisés et les espaces végétalisés à mettre en valeur ;
– des zones soumises à des risques.

2. Les zones d'habitation, d'activités et d'équipements collectifs sont-elles mixtes ?

3. Quel est majoritairement le paysage de Villeurbanne ?

4. Quels types d'espaces la ville souhaite-t-elle favoriser par son PLU ?

5. Comment sont localisées les zones habitables et d'activités par rapport aux risques auxquels la commune est confrontée ?

RÉVISER

La France en villes

Repères

La population en France :
66 millions d'habitants

Principales aires urbaines (en millions d'hab.)

- Paris : 12,3
- Lyon : 2,1
- Marseille-Aix-en-Provence : 1,7
- Toulouse : 1,2
- Lille : 1,15
- Bordeaux : 1,1
- Nice : 1

Ne pas confondre

Urbanisation/Métropolisation

L'urbanisation est un processus de concentration de la population dans les villes.
La métropolisation est un processus de concentration des fonctions de commandement dans une grande ville.

Idées clés

La France est un territoire urbanisé

Près de 80 % des habitants vivent dans les villes. Néanmoins, le mouvement se poursuit, alimenté par les soldes naturel et migratoire positif. Il s'accompagne d'un étalement urbain au point que les limites entre l'urbain et le rural sont de plus en plus floues. Au sein du réseau urbain, la métropolisation est une forme sélective d'urbanisation qualitative.

Les villes, foyers de richesse, sont aussi marquées par d'importantes fractures sociales et spatiales

À des centres au cœur de la ville ou en périphérie, riches et dynamiques, s'opposent des espaces plus ou moins en difficulté et paupérisés. Des politiques ont été initiées pour réduire ces inégalités entre les territoires. Celles-ci ont pris des formes diverses : rénovation de l'habitat, renforcement de la cohésion sociale et de la solidarité dans le cadre de la loi SRU, zonages de l'espace dont les Zones urbaines sensibles (ZUS) pour bénéficier d'aides spécifiques. Récemment, l'Agence nationale pour la rénovation urbaine a été désignée pour devenir l'Institut de la ville durable en charge de la mise en place de politiques plus globales, respectueuses d'un développement durable.

L'influence directe des villes et les attentes d'une société urbaine transforment les territoires ruraux engagés dans de nouvelles formes de développement

L'intensité de l'influence urbaine différencie de plus en plus les territoires ruraux. À des territoires très intégrés aux dynamiques urbaines (cadre de vie plus agréable, fonctions récréatives) s'opposent des territoires plus à l'écart mais dynamiques, ou encore isolés, désertifiés où le peuplement tombe à moins de 30 habitants au km^2.

Surfer

- Données statistiques de l'Insee : www.insee.fr
- DATAR, portail de l'aménagement des territoires : www.datar.gouv.fr
- Commissariat général à l'égalité des territoires (CGET) : www.cget.gouv.fr
- Ministère en charge de la ville : www.ville.gouv.fr
- La politique de la ville : www.ville.gouv.fr, onglet « Tout sur la politique de la ville »
- Marseille-Provence 2013, capitale européenne de la culture : www.mp2013.fr

Lire

- *Pour la ville* de Guy Burgel, Créaphis Éditions, 2012
- *La Forme d'une ville* de Julien Gracq, Éditions José Corti, 1989
- *Une Année en Provence* de Peter Mayle, Le Seuil, 1996

Voir

- *Le Bonheur est dans le pré* d'Étienne Chatiliez, 1995
- *Une Grande Année* de Ridley Scott, 2006

Schémas clés

La France en villes

1. ORGANISATION ET DYNAMIQUES SPATIALES
- centre urbain
- banlieue
- espace périurbain
- espaces ruraux sous influence urbaine
- espace rural
- petites villes polarisant les territoires ruraux
- principaux axes routiers et ferroviaires
- étalement urbain

2. DYNAMIQUES SOCIALES ET FONCTIONNELLES
- fonctions métropolitaines
- gentrification
- fracture sociale et spatiale
- zones d'activités (logistique, innovation, industries)

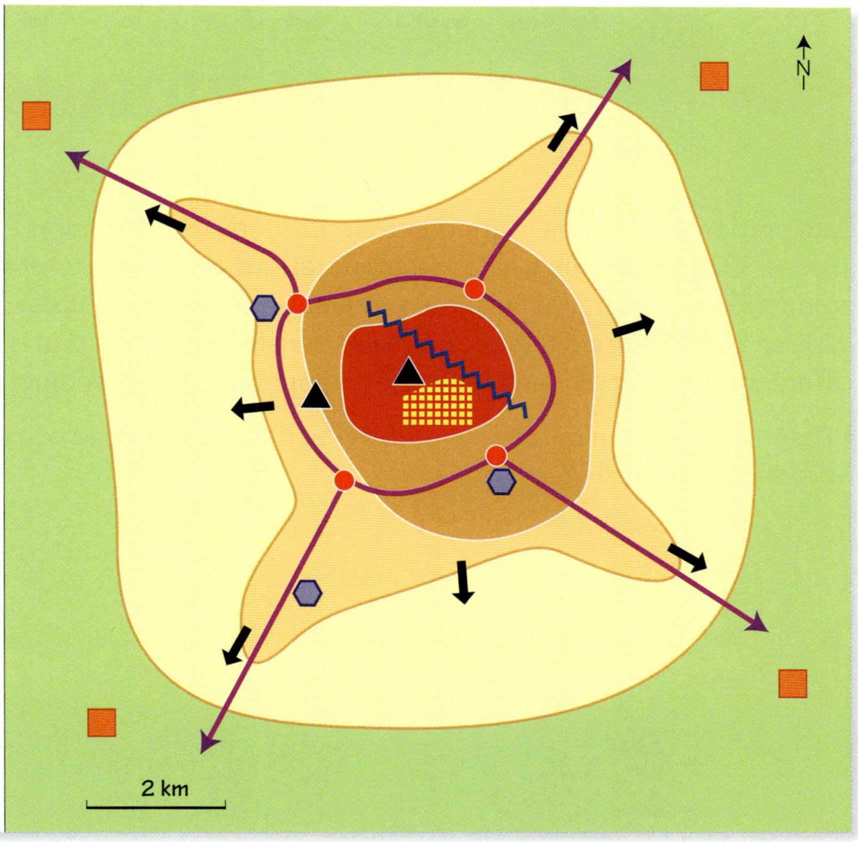

Les types de campagnes

- principaux bassins de vie à dominante urbaine

1. LES « CAMPAGNES DES VILLES »...
- ...les plus proches et les plus aisées
- ...en voie de périurbanisation

2. LES « CAMPAGNES PRODUCTIVES »...
- ...en majorité agricoles et industrielles

3. LES « CAMPAGNES RÉSIDENTIELLES »...
- ...attractives et touristiques
- ...à économie touristique et montagnarde

4. LES « CAMPAGNES EN DIFFICULTÉ »...
- ...vieillies et agricoles

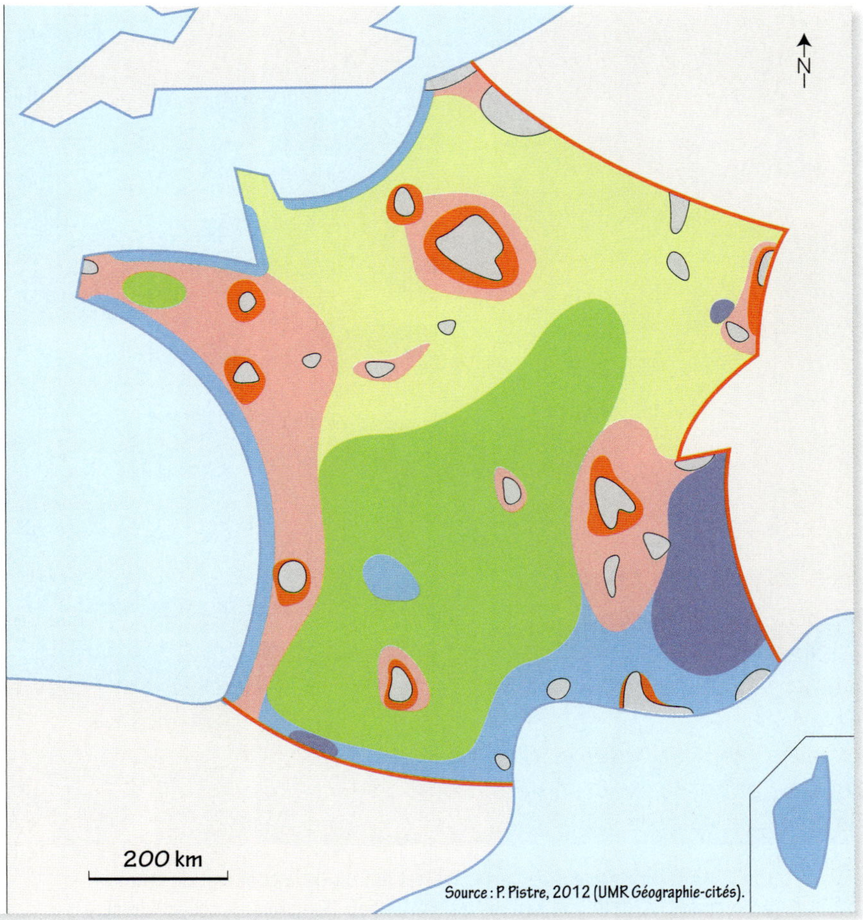

Source : P. Pistre, 2012 (UMR Géographie-cités).

CHAPITRE 4

DYNAMIQUES DES ESPACES PRODUCTIFS DANS LA MONDIALISATION

L'adaptation à la mondialisation et les mutations des structures économiques à partir des années 1970 ont conduit à des restructurations quantitatives et qualitatives de l'appareil productif. L'ouverture du système productif français sur l'Europe et le monde entraîne la mise en concurrence d'une économie nationale longtemps protégée. À l'échelle locale, les différents acteurs prennent des mesures pour renforcer la compétitivité des territoires.

Comment la mondialisation modifie-t-elle la géographie des espaces productifs français ?

1 Un territoire d'innovation : Paris-Saclay

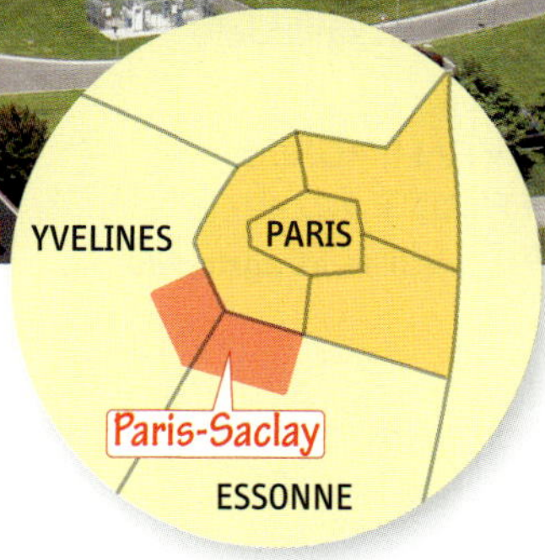

Le Synchrotron SOLEIL, accélérateur de particules, est le fruit de la coopération entre centres de recherche (CEA, CNRS) et acteurs institutionnels (État, région, collectivités). Il est représentatif du mode de fonctionnement des territoires innovants.

2 La reconversion des anciens chantiers navals des Halles Alstom à Nantes

Les anciennes Halles (construites au XIXe siècle, voir photographie du haut) sont devenues des espaces récréatifs.

Notions

Espace productif Espace aménagé et mise en valeur pour une activité économique.

Mondialisation Mise en relation des différentes parties du monde sous l'effet de l'accélération des échanges. De nombreux phénomènes (économiques, culturels et sociaux...) touchent désormais la planète entière.

Questions

1. **Doc. 1** Montrez que le Synchrotron s'insère dans un environnement attractif pour des chercheurs.

2. **Doc. 2** Montrez que l'exemple des chantiers navals de Nantes illustre la reconversion du site industriel en France (type d'activités et modernisation du bâti).

3. **Doc. 1 et 2** Confrontez les deux photographies. Comment ces deux espaces s'insèrent-ils dans les espaces productifs français ?

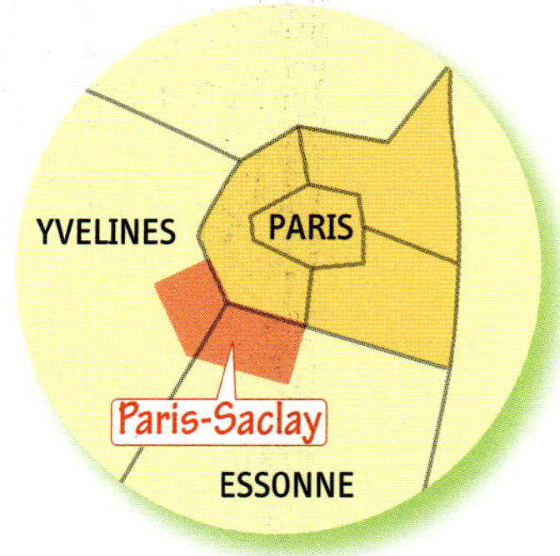

Un territoire de l'innovation : Paris-Saclay

Le **technopôle** du plateau de Saclay, premier pôle scientifique et technologique français, se classe parmi les premiers pôles de recherche mondiaux. Dans le cadre du « Grand Paris », de nouveaux projets d'aménagement visent à renforcer la compétitivité mondiale de ce territoire majeur de l'innovation en Île-de-France.

Quelles sont les spécificités d'un territoire de l'innovation ?

Vocabulaire

Cluster Groupe d'entreprises innovantes.

Technopôle Parc d'activités spécialisé dans les hautes technologies.

A Des atouts pour un territoire innovant d'exception

1 Paris-Saclay dans la hiérarchie mondiale des *clusters*

Nom du *cluster*	Principales entreprises	Eléments clés
1. Silicon Valley (Californie, États-Unis)	Google, Apple	– 64 % de travailleurs étrangers – Un des berceaux de l'informatique
2. Boston (Massachusetts, États-Unis)	Akamai, Genzyme	– 85 collèges et universités – Concentre l'essentiel de l'investissement du pays dans le biomédical
3. Tech City London (Royaume-Uni)	Techstars, Last.fm	– Lancement d'un programme pour les start up en 2010 – 140 entreprises de haute technologie
4. Paris-Saclay (France)	**EADS, Siemens**	**– Opération d'intérêt national, administrée par l'Établissement public de Paris-Saclay** **– Lancement en 2013** **– Campus réunissant universités et écoles d'ingénieurs**
5. Silicon Wadi (Tel Aviv, Israël)	Waze, Teva	Forte spécialisation dans la haute technologie
6. Skolkovo Innovation City (Moscou, Russie)	IBM, Rusnano	– Lancement en 2010 – Université conçue par le MIT (Boston)
7. Bangalore (Inde)	Infosys, Wipro	Cœur de la recherche informatique en Inde
8. Beijing (Chine)	Baidu, Lenovo	– 70 collèges et universités – 30 % de l'investissement privé chinois

Initiative privée — Initiative publique — Initiative mixte

D'après la *MIT Technology Review*, 2014.

Questions

1. **Doc. 1** Comment le plateau de Saclay se place-t-il dans la hiérarchie des grands *clusters* mondiaux ?

2. **Doc. 1 et 3** Quelles sont les entreprises localisées sur le plateau de Saclay ?

3. **Doc. 2 et 3** Quel intérêt les entreprises ont-elles à s'installer sur le plateau de Saclay ?

4. **Doc. 3** Comment sont réparties les entreprises et activités de recherche et d'innovation sur le territoire du plateau de Saclay ? Reliez ceci à la notion de *cluster*.

5. **Doc. 2 et 3** Réalisez un tableau classant les différents atouts qui expliquent l'installation des entreprises, mais aussi des salariés très qualifiés (chercheurs notamment), sur le plateau de Saclay.

Type d'atout	Exemples tirés des documents
Localisation	
Cadre de vie	
Accessibilité	

2 Paris-Saclay : une localisation et une accessibilité privilégiée

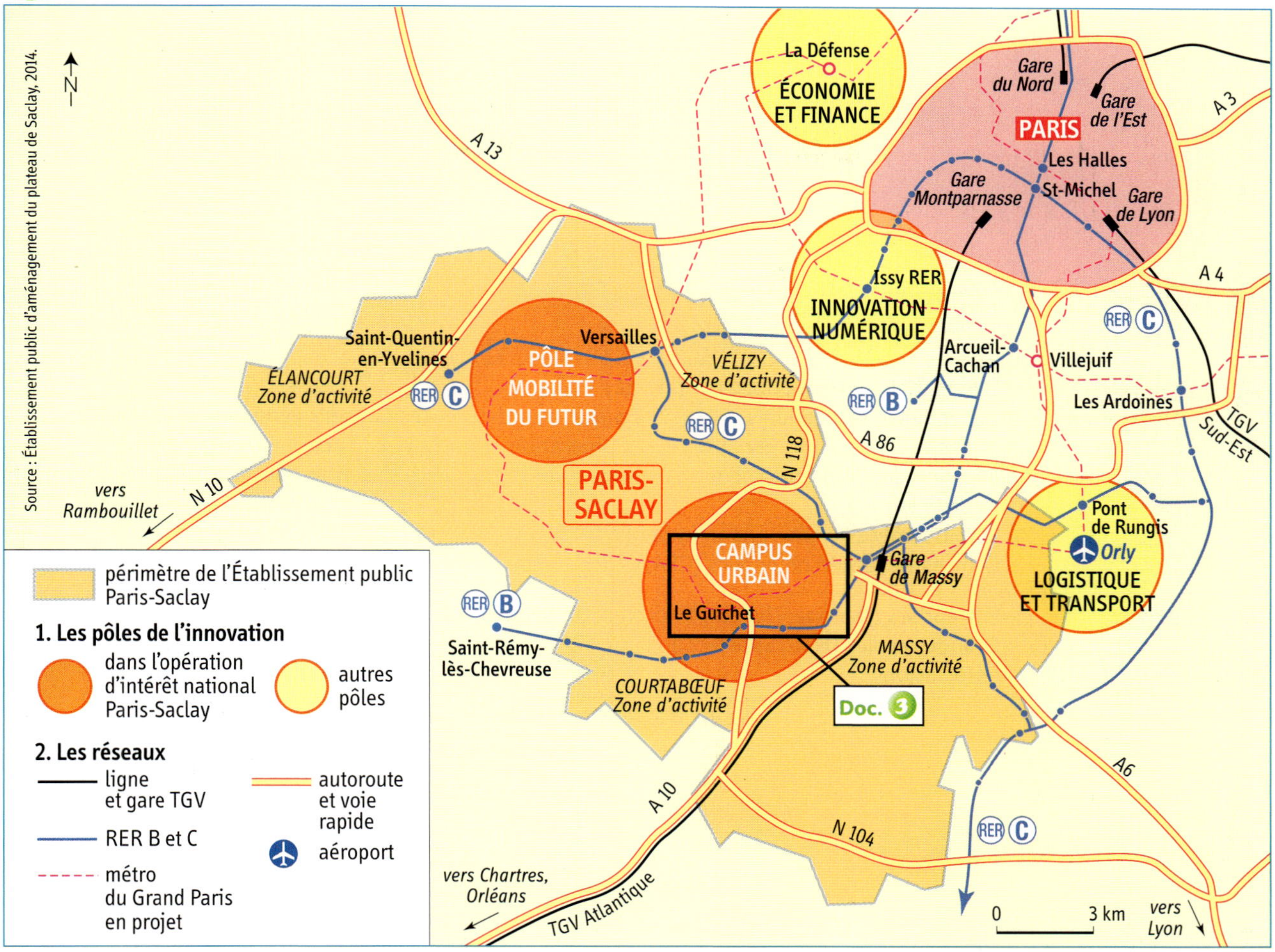

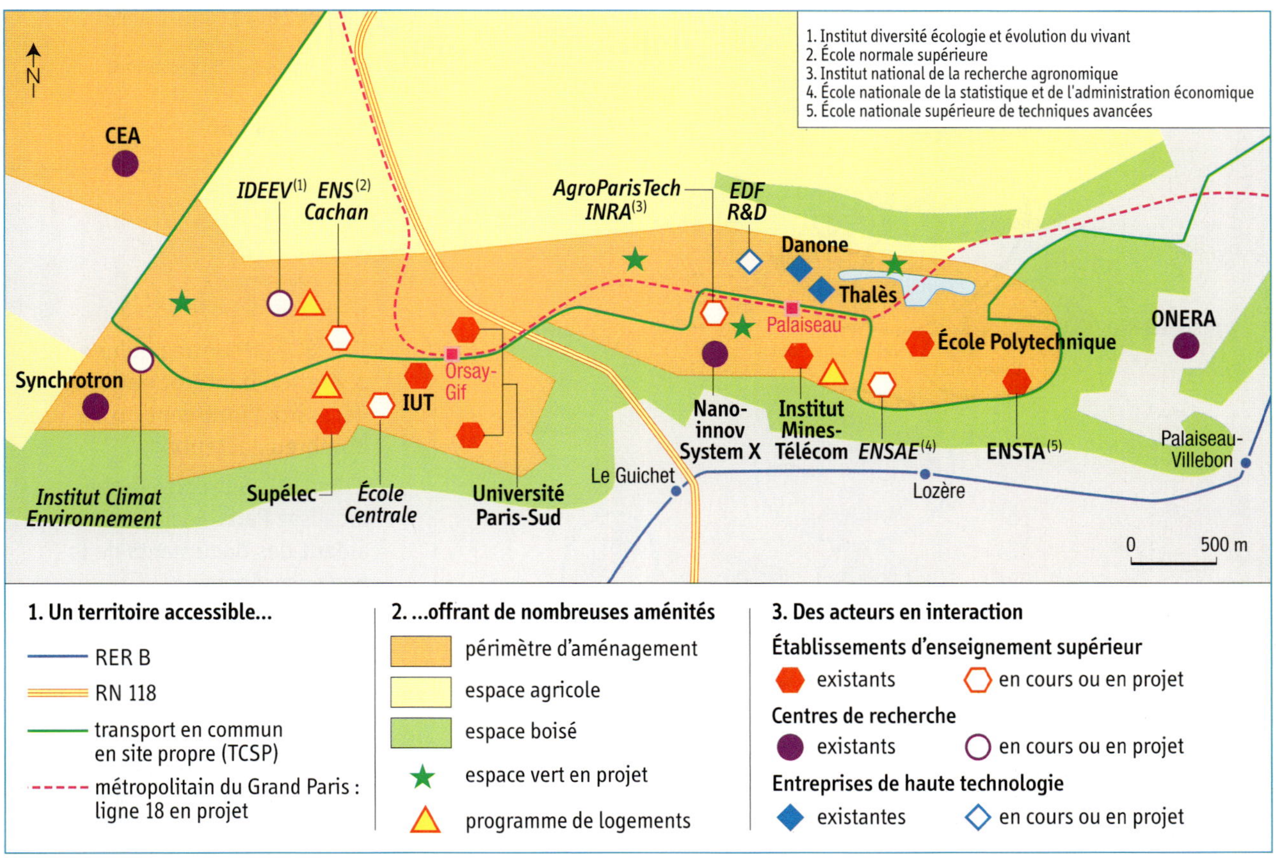

3 Des acteurs de l'innovation sur le campus urbain du plateau de Saclay

B Un territoire aménagé par de multiples acteurs

4 Les acteurs de l'opération d'intérêt national (OIN) Paris-Saclay-Versailles-Saint-Quentin en Yvelines

Acteurs publics	– État : Établissement public Paris-Saclay – Collectivités territoriales : Conseil régional d'Île-de-France ; Conseils généraux de l'Essonne et des Yvelines ; Communautés d'agglomération du plateau de Saclay, d'Europ'Essonne, de Saint-Quentin-en-Yvelines, Versailles Grand Parc ; un représentant des maires des Yvelines et de l'Essonne – Établissements d'enseignement public (Université Paris-Sud, École Polytechnique) – Centres de recherche publics (CEA, CNRS, INRIA...)
Acteur privés	– Entreprises (Danone, Thalès, Motorola, EDF, Sanofi, Renault, Dassault System...) – Grandes écoles (HEC, Supélec...) – Associations

Source : D'après le site Internet de l'établissement public Paris-Saclay, www.epps.fr, 2014.

5 Le pôle de compétitivité de System@tic Paris-Région

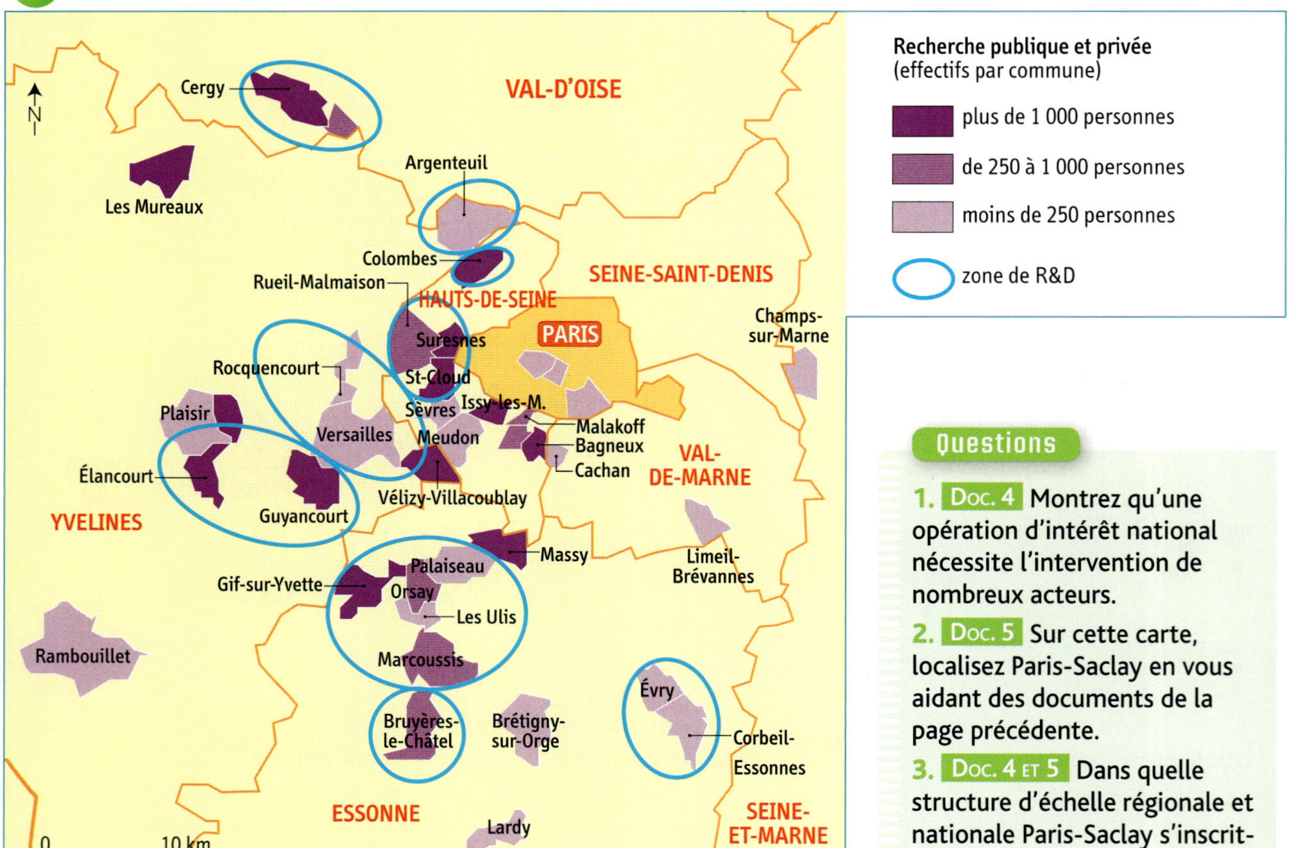

Source : F. Bost, *La France : mutations des systèmes productifs*, Sedes, 2014.

La région Île-de-France accueille un pôle de compétitivité mondiale, System@tic Paris-Région, qui bénéficie de la coopération entre recherche publique et privée. System@tic met en réseau différents territoires en Île-de-France. Il est aussi un des membres fondateurs de Paris-Saclay et son siège est sur le campus urbain.

Questions

1. **Doc. 4** Montrez qu'une opération d'intérêt national nécessite l'intervention de nombreux acteurs.
2. **Doc. 5** Sur cette carte, localisez Paris-Saclay en vous aidant des documents de la page précédente.
3. **Doc. 4 et 5** Dans quelle structure d'échelle régionale et nationale Paris-Saclay s'inscrit-il ?
4. **Doc. 6** Pourquoi les projets d'aménagement en transports prévus sont-ils importants ?

6 Les aménagements en termes de transports

À l'est du périmètre de l'OIN de Saclay, le pôle multimodal de Massy préfigure le haut degré d'accessibilité du plateau de Saclay prévu dans le projet Grand Paris. Déjà desservi par les lignes B et C du RER, il le sera aussi par deux nouvelles lignes de métro, dont une le reliant à l'aéroport d'Orly, d'ici 2024.

1 À partir de Paris, RER B desservant Roissy-CDG, la Gare du Nord et raccordé à Orlyval.

2 Gare d'interconnexion au TGV, desserte régionale, nationale et européenne.

BILAN DE L'ÉTUDE DE CAS

1. Quels atouts et activités font du plateau de Saclay un territoire attractif pour les entreprises et pour les salariés très qualifiés ?
2. Mettez en évidence la synergie entre les différents acteurs du plateau de Saclay, qui font de ce territoire un pôle d'exception.

▶ À partir de l'étude de cas et de son bilan, complétez la légende du croquis suivant. N'oubliez pas de lui donner un titre.

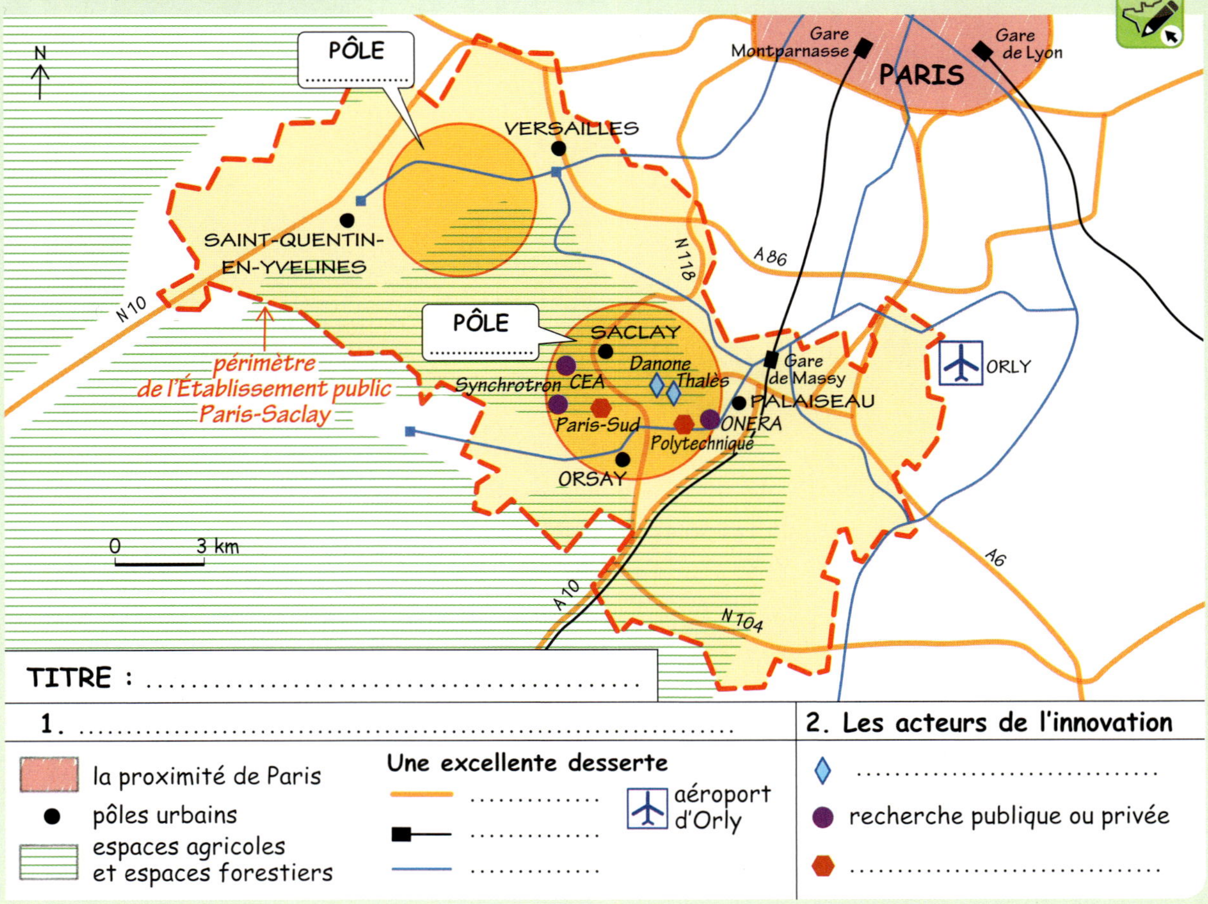

TITRE : ....

1.		2. Les acteurs de l'innovation
la proximité de Paris	**Une excellente desserte**	◆ ....
● pôles urbains	—	● recherche publique ou privée
espaces agricoles et espaces forestiers	■—	⬢ ....
	—	
	✈ aéroport d'Orly	

Étude de cas 2

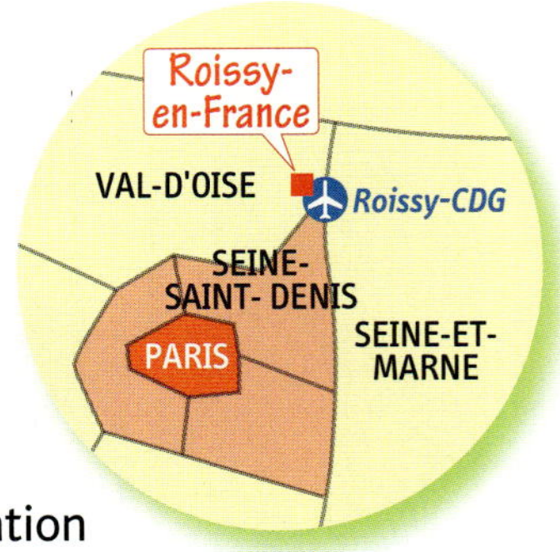

S

Roissy, plateforme multimodale et *hub* mondial

Le Grand Roissy est l'un des principaux pôles de croissance et de création d'emplois en Île-de-France. Ce territoire dynamisé par la présence du ***hub*** aéroportuaire mondial, Roissy-Charles de Gaulle, localisé sur trois départements, rassemble aujourd'hui plus de 260 000 emplois privés.

Pourquoi l'aéroport de Roissy est-il un espace productif majeur aux portes de Paris ?

A Le développement de multiples activités dans et autour de l'aéroport

1 Un pôle d'activités multiples

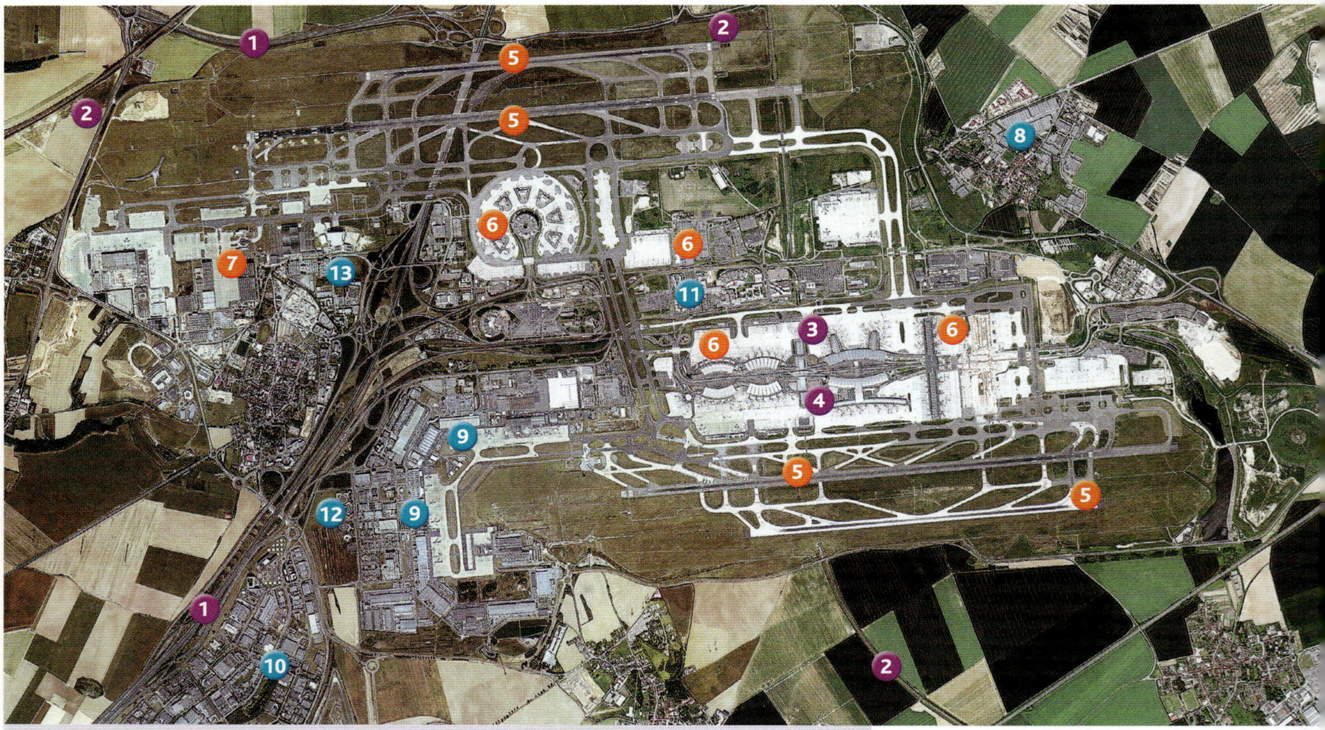

I. Les voies d'accès
1 Autoroute
2 Ligne à grande vitesse
3 Gare TGV
4 RER

II. Les équipements de l'aéroport
5 Pistes
6 Terminaux
7 Bâtiments techniques

III. Les pôles d'activités
8 Siège social de la compagnie Air-France-KLM
9 Zone de fret et de logistique multimodale
10 ZAC de Paris-Nord et Centre d'exposition de Paris-Nord-Villepinte
11 Hôtels
12 Aéroville : centre commercial ouvert en 2013 (170 boutiques, restaurants, loisirs)
13 L'International Trade Center Roissy Paris CDG (prévu en 2018) : un centre de congrès pour 6 000 personnes, 6 hôtels et résidences, des surfaces d'exposition de 47 000 m² et 21 000 m² de bureaux.

Vocabulaire

Hub Plaque tournante d'une compagnie aérienne qui concentre sur un aéroport l'essentiel de ses vols et correspondances. Par extension, nœud d'un réseau de transport.

2 L'aéroport en chiffres (2013)

Un *hub* mondial	Des activités
– 8e aéroport mondial, – 2e aéroport européen	Siège d'environ 700 entreprises et 85 000 emplois dont 20 000 créés dans les dix dernières années
– 3 aérogares, 62 millions passagers – 300 ha de zone de fret	Une zone hôtelière de 5 000 chambres d'hôtels et d'unités d'hébergement
– *hub* mondial d'Air France-KLM, principal *hub* européen de l'alliance SkyTeam – *hub* européen de FedEx et de la Poste (capacité de traitement de 3,5 millions de tonnes de fret par an).	– 15 % de la création d'emplois en Île-de-France depuis 1975. – Un des piliers de l'économie française : Roissy a généré 21 milliards d'euros de richesses en 2013 : 1,7 % du PIB français, 5,8 % de celui de l'Île-de-France.

Source : Institut d'Aménagement et d'Urbanisme de la Région Île-de-France (IAU), 2014.

4 Un concept inédit : l'espace muséal dans le Terminal 2

Un espace de 250 m² est destiné à recevoir une sélection d'œuvres des musées parisiens. 1 500 à 2 000 visiteurs sont attendus chaque jour.

3 L'essor de l'emploi à Roissy-en-France

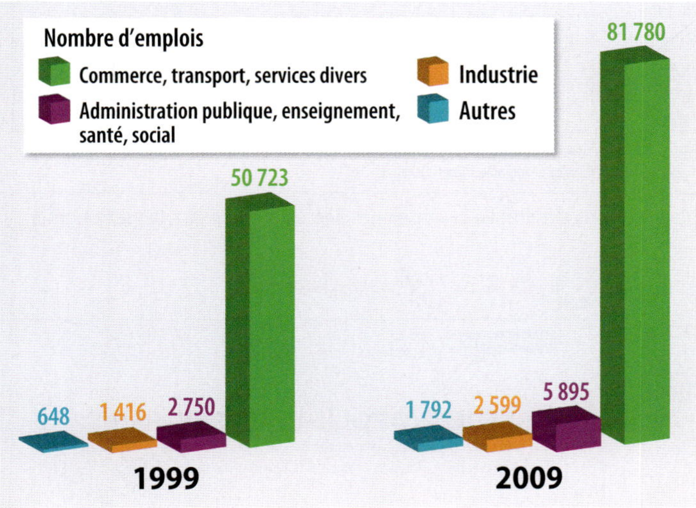

Questions

1. **Doc. 1 et 2** Décrivez le *hub* de Roissy.

2. **Doc. 1, 2 et 4** Quelles sont les différentes activités qui se sont développées à partir de la fonction aéroportuaire ?

3. **Doc. 2 et 3** Montrez la diversité des emplois liés à la présence de l'aéroport.

4. **Doc. 4 et 5** Pourquoi et comment la société ADP cherche-t-elle à diversifier les activités au sein de l'aéroport ?

5 Un centre commercial

« Sous l'impulsion d'Aéroports de Paris (ADP), la société gestionnaire, le quatrième aéroport mondial a pris les allures d'un gigantesque centre commercial, dont les boutiques se bousculent presque jusqu'au pied de l'avion. Cette mue[1] est toute récente. En moins d'une décennie, les boutiques ont colonisé Roissy. En 2014, elles couvrent 56 700 m² de surface. "C'est plus que le Printemps Haussmann", le grand magasin parisien, pointe M. Arkwright. Surtout, cette activité pèse désormais très lourd. [...] En 2013, le chiffre d'affaires tiré de l'activité commerces par ADP s'est établi à 386 millions d'euros, en progression de 8,7 % sur un an [alors] que le chiffre d'affaires total d'ADP, lui, n'a progressé que de 4,3 %. [...] En 2006, un passager en partance de Charles-de-Gaulle ne dépensait en moyenne qu'un peu moins de 10 euros en zones [...] *duty free*. On était alors très loin de la rentabilité d'Amsterdam, où le panier moyen culminait à 15 euros. Paris a comblé son retard et dépassé son rival hollandais. En 2014, un passager dépense en moyenne 17,70 euros à Roissy contre 16,50 euros à l'aéroport de Schiphol. "L'élément majeur" [de ce boom] a été l'extension de la surface consacrée aux commerces. »

G. Dutheil, *Le Monde*, 7 mars 2014.

1. Changement, transformation.

B Les facteurs de l'attractivité de Roissy

6 Un espace organisé pour des passagers captifs

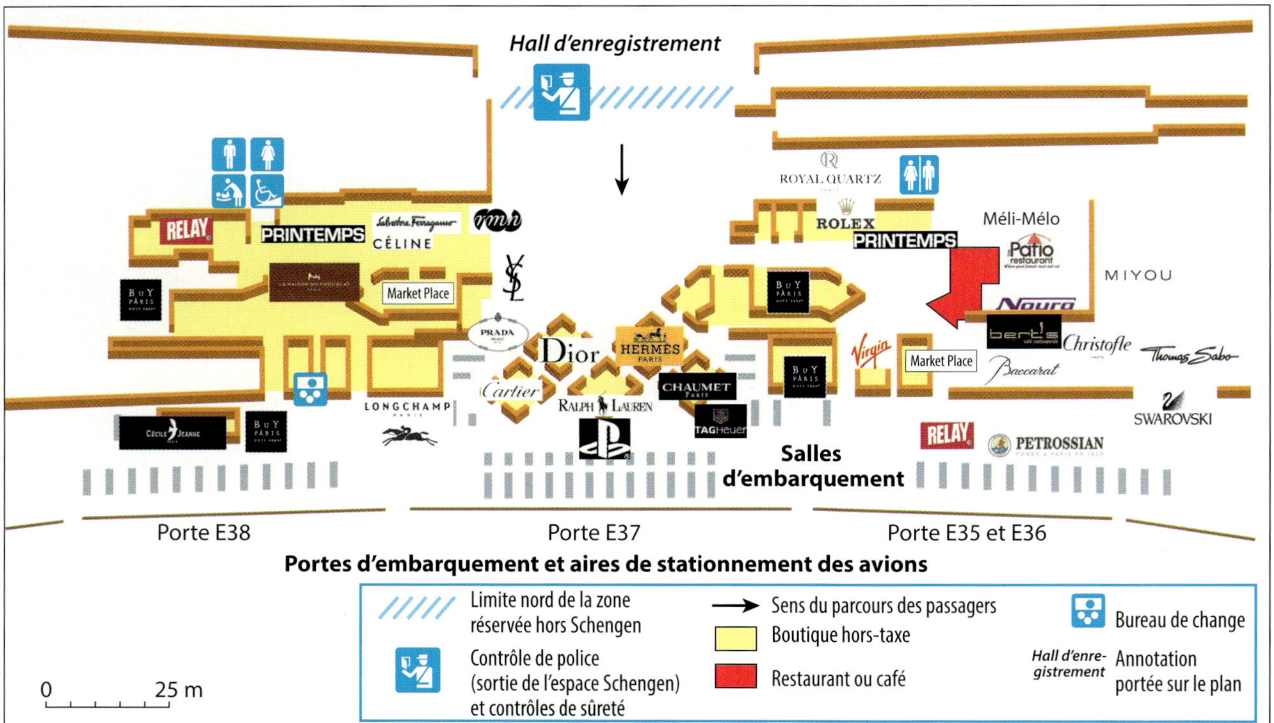

Source : Plan public d'Aéroports de Paris, légendé et annoté par J.-B. Frétigny, « Les mobilités à l'épreuve des aéroports : des espaces publics aux territorialités en réseau. Les cas de Paris Roissy-Charles-de-Gaulle, Amsterdam Schiphol, Francfort-sur-le-Main et Dubai International », 2013 (thèse de géographie, Université Paris I).

L'exploitation du trafic international des passagers a incité Aéroports de Paris a multiplié les enseignes liées à la mode et à la gastronomie caractéristiques de l'image de la France.

7 Le desserrement des activités autour de Paris

Évolution de l'emploi salarié en Île-de-France, base 100 en 1995

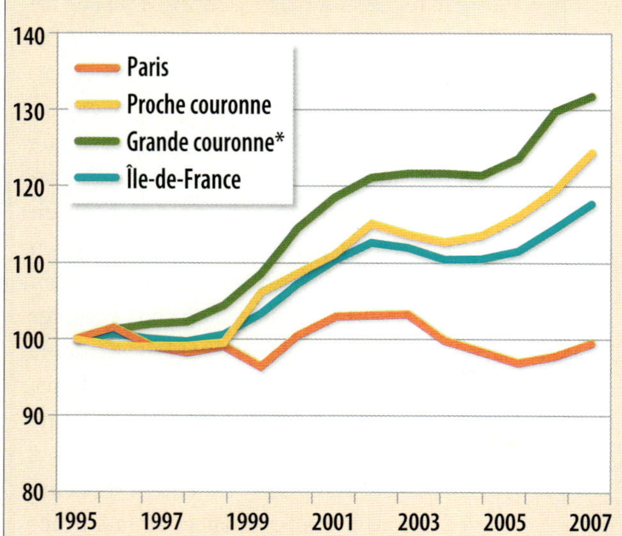

* Roissy se situe dans la grande couronne.

Source : IAU Île-de-France, *Emploi et territoires : la trajectoire de l'Île-de-France vers la spécialisation*, 2009.

8 Attirer les investisseurs

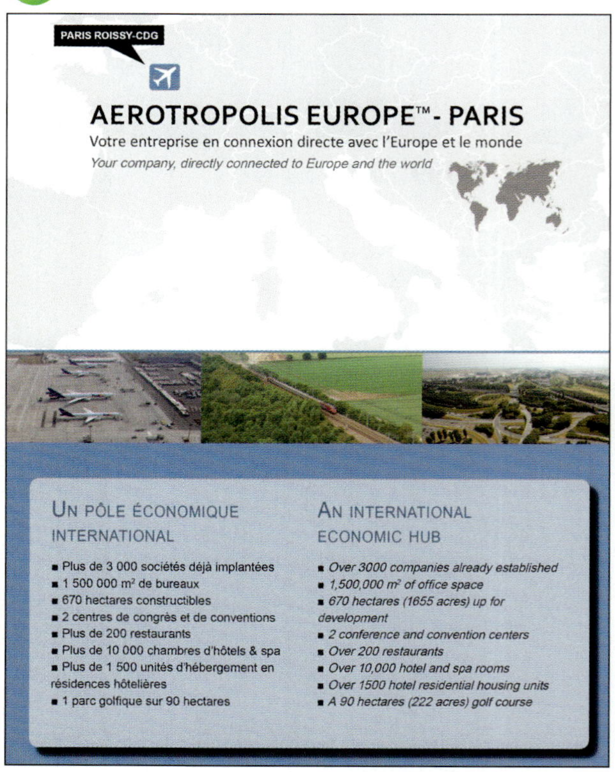

Questions

1. Doc. 6 Quels publics sont visés par les commerces présents dans l'aéroport ?
2. Doc. 6 Comment sont organisées les activités à l'intérieur de l'aéroport de Roissy ?
3. Doc. 7 Dans quelle partie de l'Île-de-France se trouve Roissy ?
4. Doc. 7 Comment l'emploi salarié a-t-il évolué dans cet espace ? Montrez que l'évolution de l'emploi à Roissy s'inscrit dans un mouvement qui touche l'ensemble de l'Île-de-France.
5. Doc. 8 Quels sont les avantages mis en avant par la plaquette promotionnelle pour attirer les investisseurs près de Roissy ?

BILAN DE L'ÉTUDE DE CAS

1. Pourquoi peut-on parler d'une « ville » quand on évoque Roissy Charles-de-Gaulle ?
2. Quels sont les facteurs de localisation des activités dans et autour de l'aéroport ?

▶ Complétez le schéma ci-dessous à l'aide des mots suivants : *autoroutes, hub mondial, lignes ferroviaire et à grande vitesse, aéroport Roissy-Charles de Gaulle.*
N'oubliez de donner un titre au schéma.
Ce schéma peut venir illustrer une composition, comme celle p.154.

TITRE : ....

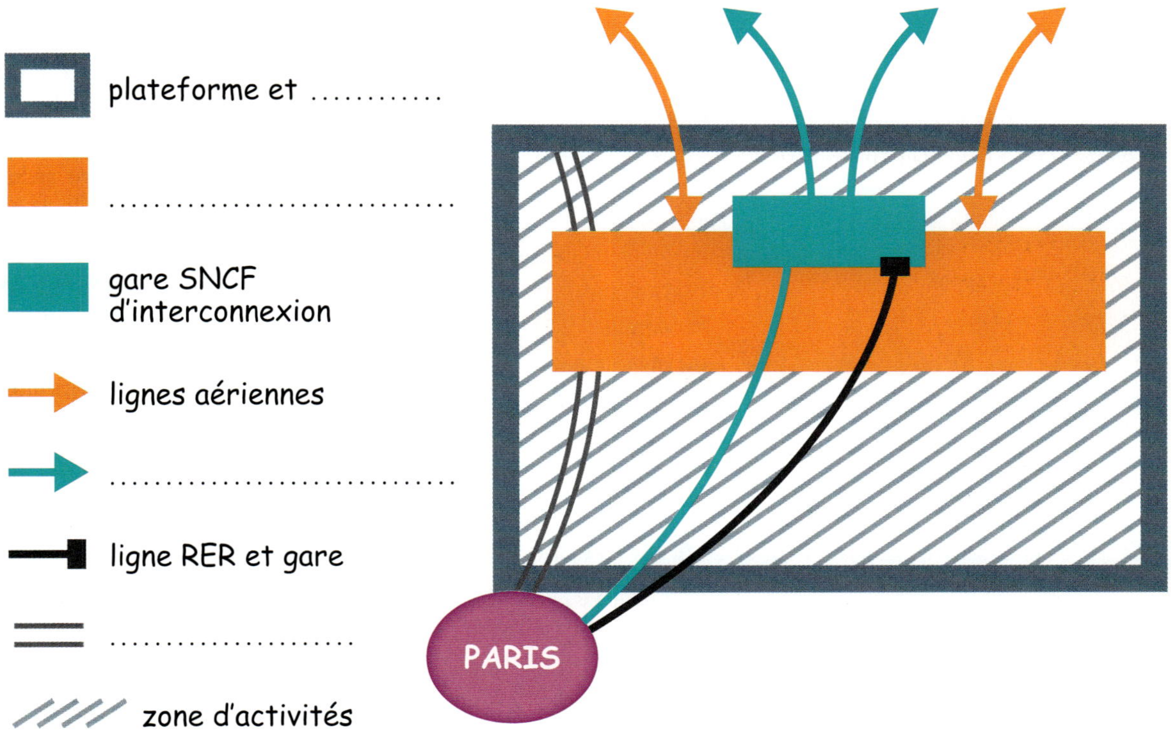

S

Le vignoble bordelais, entre ancrage local et mondialisation

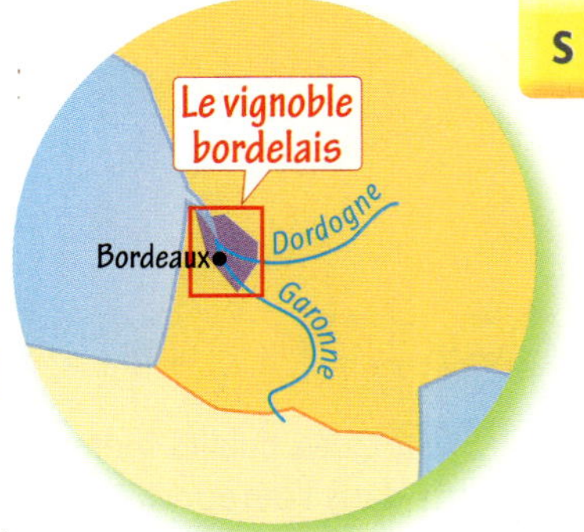

Le Bordeaux est un vin prestigieux exporté dans de nombreux pays : 24 bouteilles en sont achetées chaque seconde dans le monde. Le vignoble s'ouvre également aux investisseurs étrangers et à de nouvelles logiques productives.

Comment les spécificités du vignoble bordelais sont-elles un atout dans la mondialisation ?

1 Les vins de Bordeaux

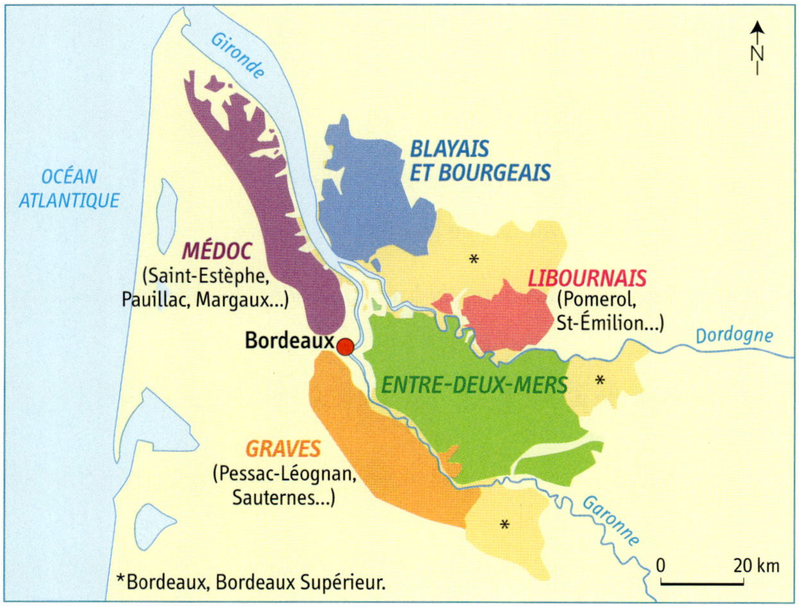

2 Un vignoble de notoriété mondiale

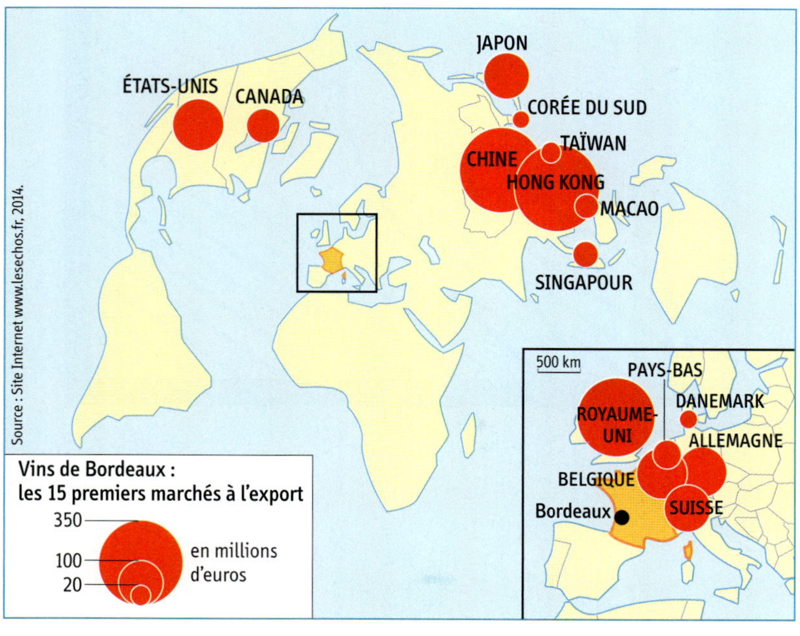

3 Une entreprise viticole dans la mondialisation

« Il y a un peu plus de 20 ans, Laurent Dubois est venu soutenir ses parents dans l'exploitation familiale, le Château Les Bertrands, avec en tête l'envie de développer l'export de leurs vins en appellation Blaye Côtes de Bordeaux. Défi audacieux peut-être, mais pari gagnant certainement ! "Quand je suis arrivé sur l'exploitation en 1993, mes parents avaient un seul client étranger, en Belgique [...] car ils ne parlaient pas anglais", se souvient Laurent Dubois. Le viticulteur décide alors d'étendre cette clientèle étrangère [...] : "au début, on travaillait beaucoup avec les pays les plus proches : Allemagne, Belgique, Suisse et Angleterre". Rapidement, à ces pays s'en ajoutent d'autres, et en 2006 l'Asie est en ligne de mire. [...] Le Japon, Singapour, mais surtout la Chine et Hong Kong sont séduits par les vins de Blaye Côtes de Bordeaux et leur histoire, de longue date et très souvent familiale. L'investissement personnel de Laurent Dubois paye : "je vais en Chine deux fois par an, pendant au moins une semaine". Le viticulteur espère à terme séduire les États-Unis, "un marché difficile à pénétrer".

[...] Chaque marché a son propre fonctionnement : "en Chine, on apprend d'abord à se connaître avant d'essayer de faire des affaires. Aux États-Unis, c'est vraiment un business". Laurent Dubois souligne cependant que dans tous les cas, les notions de famille et de terroir sont importantes pour les clients. »

Site Internet www.vin-blaye.com, 2014.

4 L'arrivée des investisseurs chinois

Situé dans l'Entre-Deux-Mers, le Château Grand Moueys a été acheté en 2012 par Jin Chang Zang, fabricant d'alcool chinois. 90 % de la production est exportée en Chine.

Questions

1. Doc. 1 et 3 Où est située l'exploitation de Laurent Dubois ? Quel type de vins produit-il ?

2. Doc. 2 Où les vins de Bordeaux sont-ils principalement exportés ?

3. Doc. 2, 3 et 4 Classez dans le tableau suivant les acteurs impliqués dans le système productif du vignoble bordelais.

Acteurs locaux	Acteurs étrangers

4. Doc. 3 Quelles stratégies mettent en place certains viticulteurs locaux pour accroître la compétitivité internationale du vin bordelais ?

5. Doc. 4 Pourquoi peut-on dire que le vignoble bordelais est mondialisé ?

BILAN DE L'ÉTUDE DE CAS

1. Complétez le schéma ci-dessous à l'aide des termes suivants. : *entreprises familiales, exportations, stratégies de marketing* N'oubliez pas de donner un titre au schéma.

2. Rédigez un paragraphe montrant que l'ancrage local du vignoble bordelais est un facteur d'insertion dans la mondialisation.

TITRE : ....

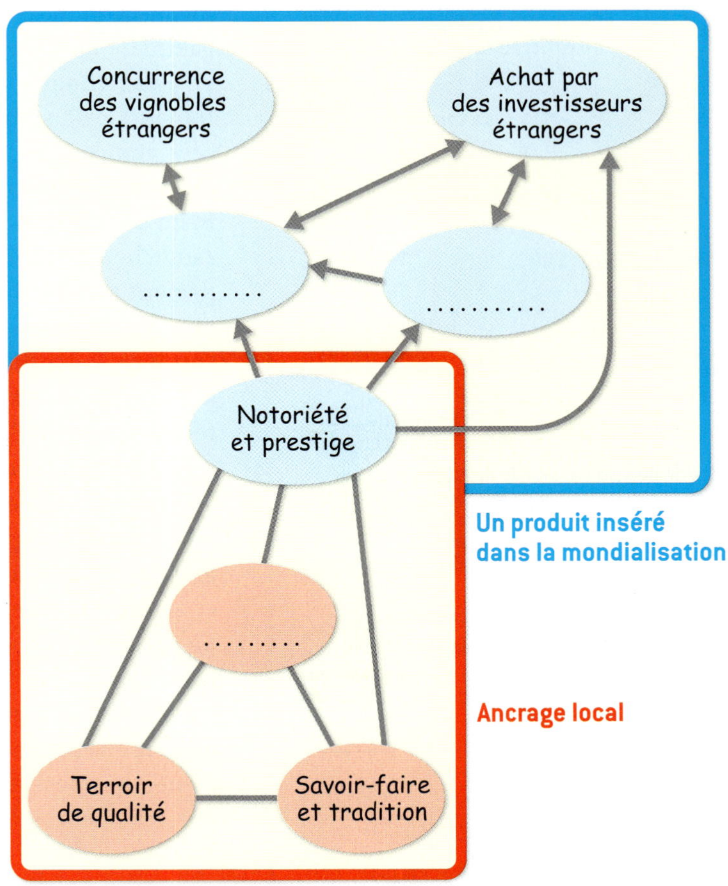

S | L ES

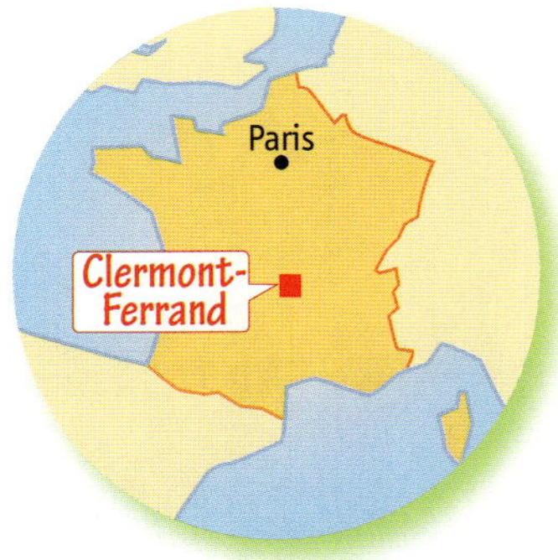

Michelin, une entreprise auvergnate innovante dans la mondialisation

La petite entreprise artisanale créée en 1899 à Clermont-Ferrand est devenue le numéro un mondial du pneumatique. L'innovation se pense désormais à l'échelle mondiale mais l'entreprise reste fidèle à sa ville d'origine qui concentre 75 % de l'activité de R&D du groupe.

À quelles échelles géographiques se développe la stratégie d'entreprise de Michelin ?

1 Michelin stimule l'économie clermontoise

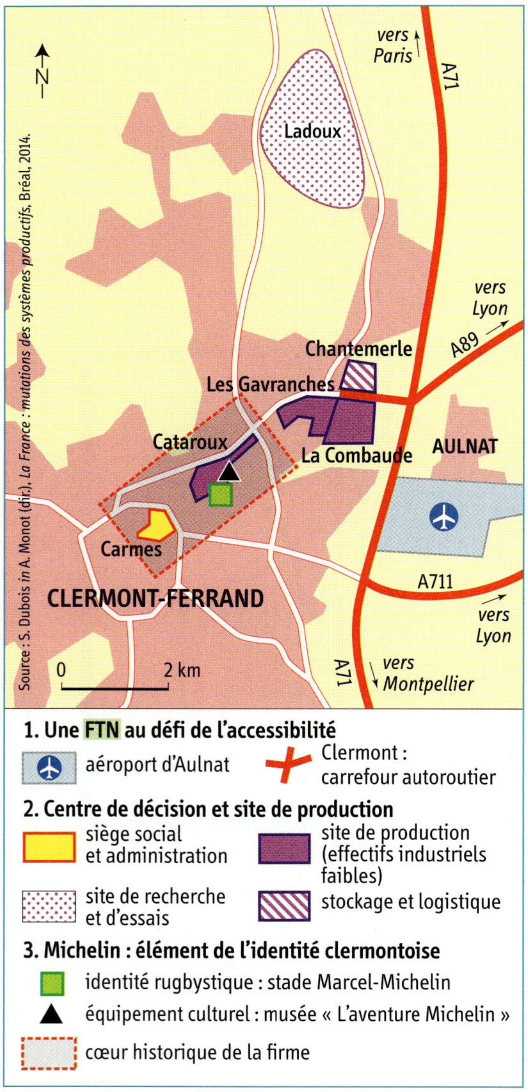

Source : S. Dubois *in* A. Monot (dir.), *La France : mutations des systèmes productifs*, Bréal, 2014.

Vocabulaire

FTN Entreprise présente dans au moins cinq pays.

Joint-venture Co-entreprise.

2 Se tourner vers le marché asiatique pour innover

« Michelin a beau restructurer ses activités – avec notamment la suppression de 730 postes sur son site de Joué-lès-Tours –, il poursuit aussi ses investissements à l'international. Le manufacturier a annoncé hier la création d'une ***joint-venture*** en Indonésie avec l'industriel local Petrokimia Butadiene Indonesia (PBI), afin de produire du caoutchouc synthétique. L'investissement global se montera à 435 millions de dollars, et la co-entreprise sera détenue à 55 % par Bibendum[1]. Pour Michelin, il s'agit d'être à même de proposer en Asie des pneus tourisme plus haut de gamme. [...] "Nous allons vers des pneus tourisme de plus en plus technologiques, via notamment les réglementations toujours plus strictes en termes d'émission de CO_2 imposées aux constructeurs automobiles." indique un membre du comité exécutif de Bibendum. Un savoir-faire jalousement conservé en interne : si Bibendum achète 65 % de son caoutchouc synthétique en externe, il conserve le développement et la production des 35 % les plus évolués, nécessitant les formulations les plus complexes. La décision d'investir en Indonésie entre dans cette stratégie et s'ajoutera à deux usines déjà existantes sur ce métier, l'une implantée en France, à Bassens (Gironde), l'autre aux États-Unis, à Louisville (Kentucky). "Avec cette implantation, Michelin répond à la demande du marché asiatique, qui monte en gamme" souligne un analyste chez Natixis. Alors que le groupe construit actuellement deux grosses usines en Chine et en Inde, l'usine indonésienne servira de rampe de lancement à cette offensive. Avec des coûts mutualisés puisque l'association avec PBI évitera de faire venir le caoutchouc synthétique d'Europe ou des États-Unis. L'industriel local dispose en effet sur place d'une usine de fabrication de butadiène – composé essentiel du caoutchouc synthétique – déjà opérationnelle. »

M. Amiot, *Les Échos*, 18 juin 2013.

1. Bibendum est le bonhomme Michelin, image de la marque. Par extension, il désigne donc l'entreprise elle-même.

3 Un leader mondial du pneumatique

170
pays où Michelin a une présence commerciale

171
millions de pneus fabriqués par le groupe

3 500
centres de distribution et de services dans 39 pays

plus de 170
millions de voitures et camionnettes équipées avec des pneus fabriqués par le groupe

10 %
du CA du groupe est dédié aux investissements

16,5
millions de produits lifestyle Michelin vendus en 2013

Source : Site Internet www.michelin.com, 2015.

4 Une firme transnationale (FTN)

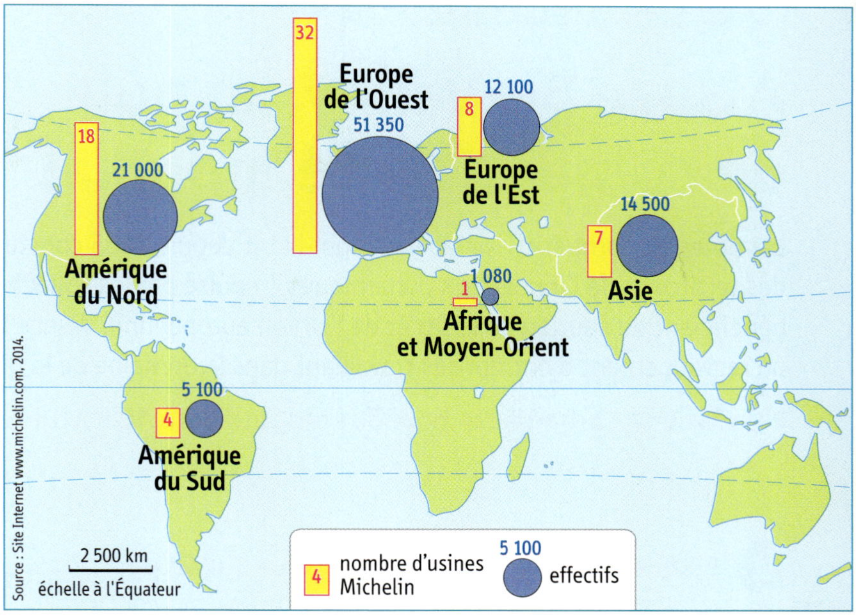

Questions

1. Doc. 1 Quelles sont les activités de l'entreprise présentes au sein de la ville ?

2. Doc. 2 En quoi la création d'une *joint-venture* en Indonésie fait partie de la stratégie d'innovation du groupe ?

3. Doc. 2, 3 et 4 Montrez que Michelin est une firme transnationale.

BILAN DE L'ÉTUDE DE CAS

▶ Montrez, en complétant le schéma ci-contre, que Michelin développe une stratégie de FTN à partir d'un ancrage local.

Vous utiliserez les mots suivants : *Espace de décisions stratégiques de la firme ; Présence commerciale dans 170 pays ; Décisions ; Optimisation de la NDIT ; 3 500 centres de distribution ; Espace de déploiement de la firme ; Production ; Innovation et R&D.*

N'oubliez pas de donner un titre à votre schéma.

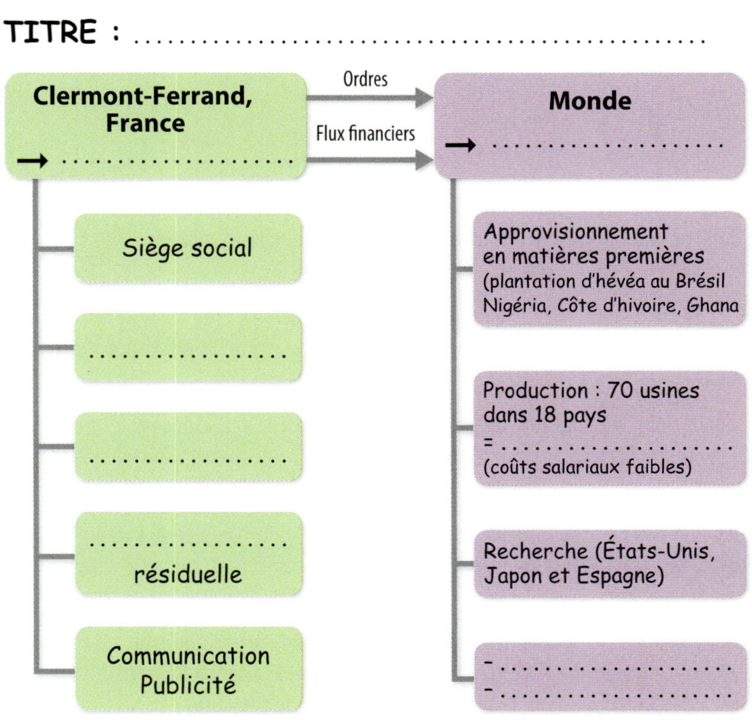

S | L ES

Alsace BioValley, un pôle de compétitivité mondial

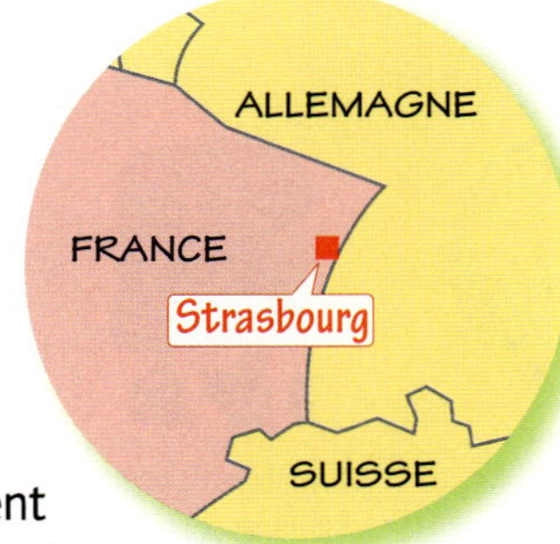

Les **pôles de compétitivité** labellisés par l'État depuis 2005 constituent des territoires de l'innovation dynamiques. Impulsé par les collectivités locales, bénéficiant du soutien de l'État et de l'Union européenne, Alsace BioValley est un regroupement d'entreprises travaillant dans le domaine de la biochimie et du médicament.

Comment s'organise le pôle de compétitivité Alsace Biovalley ? Quels sont ses objectifs ?

1 Plaquette de présentation d'Alsace BioValley

2 Le pôle de compétitivité en quelques dates

1998 Création de l'association Alsace BioValley dont l'objectif est de promouvoir la Biovalley comme pôle technologique majeur en Europe.

2005 L'État crée les pôles de compétitivité. En Alsace est créé le Pôle d'innovations Thérapeutiques qui vient renforcer l'action d'Alsace Biovalley.

2010 Le pôle de compétitivité prend le titre de *cluster* des sciences de la vie et des technologies médicales.

2013 Signature d'un partenariat avec le Massachusetts Life Science Center, l'un des plus grands clusters mondiaux dans le domaine de la santé ; préparation d'un partenariat avec le Japon.

2014 Lancement des travaux de l'usine-école (centre de formation innovant dédié aux métiers de la production en milieu aseptique) sur le Campus universitaire d'Illkirch, financée par l'État, le Conseil Régional d'Alsace, la Communauté Urbaine de Strasbourg, le fonds européen FEDER et de nombreux partenaires industriels. Ouverture prévue en 2016.

3 Un *cluster*

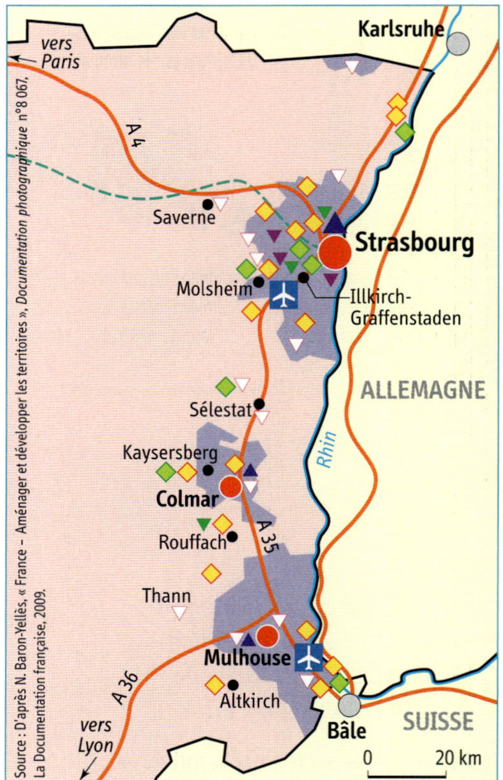

Source : D'après N. Baron-Yellès, « France – Aménager et développer les territoires », *Documentation photographique* n°8 067, La Documentation française, 2009.

1. Un espace desservi en infrastructures de transport
- aéroport
- LGV en construction
- autoroutes

2. Territoires du pôle de compétitivité
- zonage du pôle par commune

3. Une concentration

- d'entreprises dans le secteur
- biotechnologie et pharmacie
- vie et santé

- d'universités et de pôles de recherche
- université, centre de recherche
- plateforme technologique
- centre d'essais cliniques
- technologie médicale

Vocabulaire

Cluster Groupe d'entreprises innovantes.

Pôle de compétitivité Pôle d'innovation encouragé par l'État.

4 Alsace : BioValley, l'innovation médicale sans frontières

Dans un rayon de 150 kilomètres, on recense plus de 700 entreprises spécialisées dans les sciences de la vie, regroupant 50 000 salariés, 15 000 scientifiques, 6 prix Nobel, 100 000 étudiants, 11 parcs technologiques et une kyrielle de plateformes universitaires.
Et la plupart des majors mondiaux sont présents au cœur de ce vivier transfrontalier au service de la santé : Novartis, Roche, Merck, Transgene, Lilly, Sanofi... Des centaines de start-up, de part et d'autre des frontières, se nourrissent également des innovations technologiques issues de la recherche publique. Si la dynamique était jusque-là bien plus forte outre-Rhin et en Suisse, le Grand Est français rattrape progressivement son retard, notamment autour de Strasbourg.
À côté des bataillons de chercheurs alignés par le CNRS, l'Inra et l'Inserm, les instituts de recherche prolifèrent, que ce soit dans la chirurgie mini-invasive, dans l'imagerie médicale, dans les neurosciences, dans la génétique ou dans la robotique. [...]
La nouvelle gouvernance du pôle de compétitivité a choisi de mettre le cap en priorité sur la croissance industrielle, avec pour objectif de créer 2 000 emplois d'ici à 2018 et d'élargir son périmètre d'intervention outre-Vosges. Une assistance aux jeunes pousses pour lever des fonds vient d'être mise en place, tout comme a été signé un accord de coopération avec le Massachusetts Life Sciences Center pour cofinancer les innovations thérapeutiques de demain. L'an dernier, Alsace BioValley avait déjà permis à une dizaine de start-up d'exposer au Salon Bio Chicago et de monter des partenariats d'affaires. [...] »

C. Lienhardt, *Les Échos*, 17 septembre 2014.

5 La future usine-école d'Illkirch

Questions

1. **Doc. 1 et 2** Quelles sont les caractéristiques principales d'Alsace BioValley ?
2. **Doc. 3 et 4** Mettez en évidence les atouts de la situation du pôle de compétitivité.
3. **Doc. 3 et 4** Montrez qu'Alsace-BioValley s'inscrit dans des réseaux à différentes échelles.

BILAN DE L'ÉTUDE DE CAS

▶ Complétez le schéma ci-dessous à l'aide des mots suivants : *monde ; proximité ; publics ; innovations ; investissements ; entreprises ; centres de recherche ; privés ; cluster ; exportations ; universités ; grappe d'entreprises.* N'oubliez pas de donner un titre au schéma.

TITRE : ....

Des activités organisées selon un facteur de....... et de synergie : le modèle du ....
- ....
- ....
- ....

Des acteurs engagés dans le projet
- **Des acteurs .... :**
  - États
  - Collectivités territoriales
  - UE
- **Des acteurs .... :**
  - Universités
  - ....

Alsace Biovalley, un pôle de compétitivité mondial

Un rôle mondial dans le secteur de la santé
- .... médicales
- Fabrication et .... de médicaments dans le ....
- Attire des ....

Les espaces industriels français dans la mondialisation

S L ES

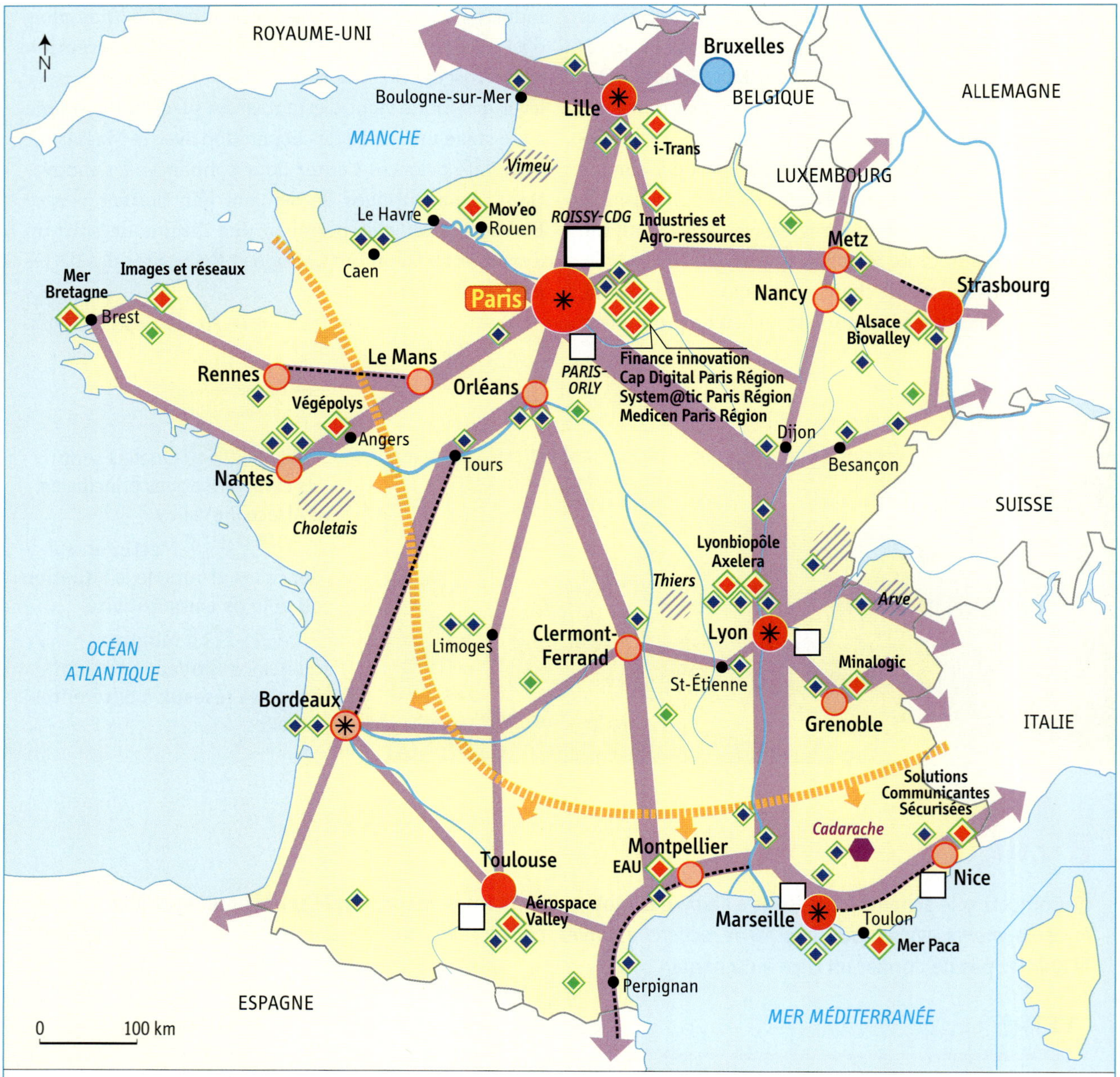

1. LES FACTEURS DE L'INNOVATION

1. La mise en réseaux des territoires

des réseaux de transport hiérarchisés

hub aéroportuaire et aéroport important

LGV en construction ou en projet

2. Les politiques pour renforcer la compétitivité

favoriser la coopération entre les acteurs

aides européennes en faveur de l'innovation

3. Des aménités

ceinture de l'héliotropisme

2. LES LIEUX DE L'INNOVATION

1. Le poids des métropoles

ville mondiale

métropole européenne

métropole nationale ou régionale

Pôles de compétitivité

à vocation mondiale — pôle national

quartier d'affaires important existant ou en projet

2. L'innovation en milieu rural

exemples de pôles de compétitivité d'excellence rurale

district industriel

centre de recherche nucléaire de Cadarache (projet ITER)

1 Les territoires de l'innovation en France

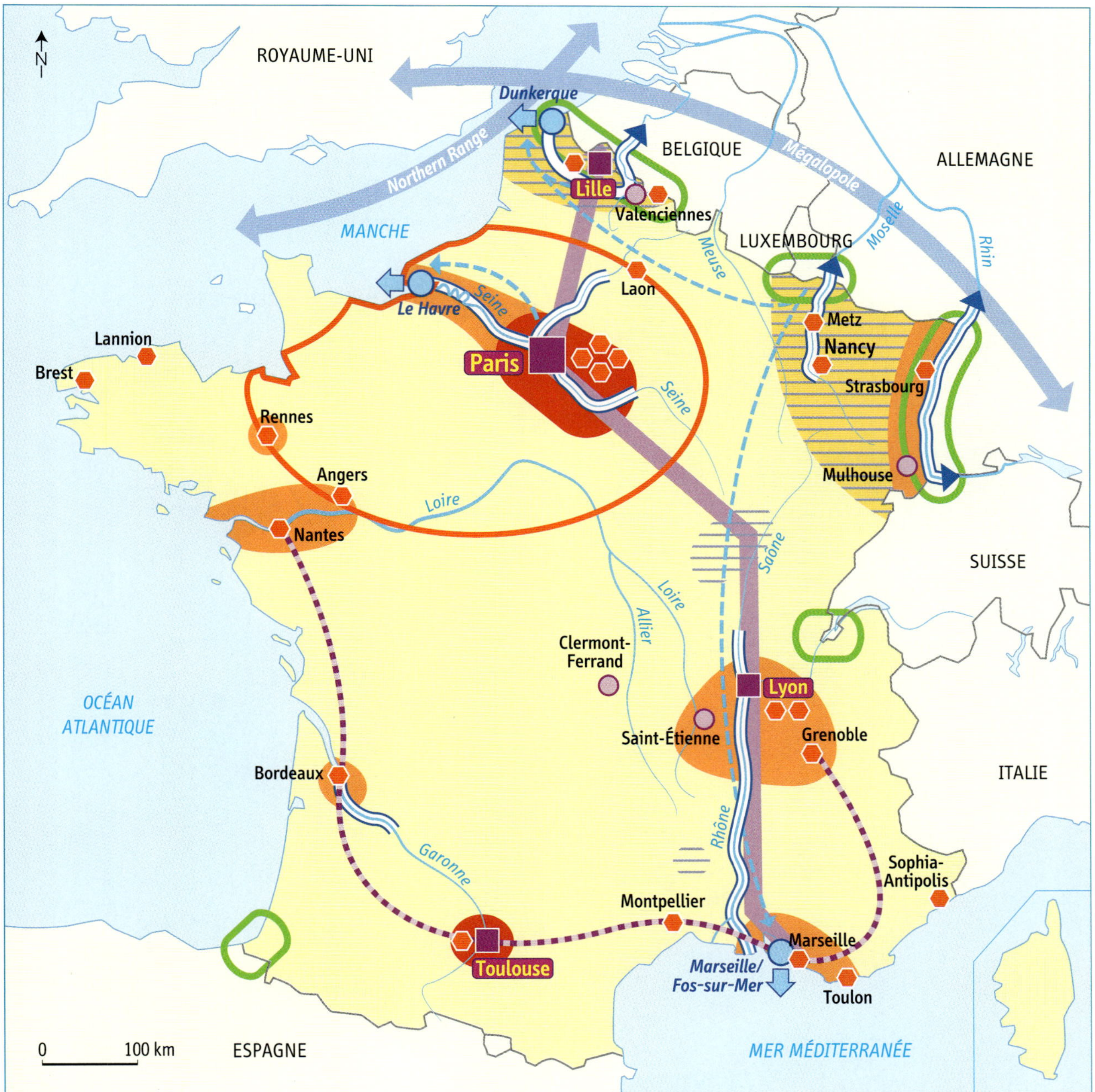

1. ORGANISATION DE L'ESPACE INDUSTRIEL

- métropole commandant la production industrielle ou la sous-traitance
- ville industrielle
- grand port maritime
- axe intérieur majeur
- axes européens majeurs
- voie navigable à gabarit européen

2. LOCALISATIONS INDUSTRIELLES

- aire de déconcentration industrielle initiée par l'État dans les années 1960
- littoralisation de la sidérurgie
- zones industrialo-portuaires (ZIP) : interfaces européennes et mondiales
- interface frontalière continentale
- principales technopoles (technopôles et pôles de compétitivité à vocation mondiale)
- arc des périphéries dynamiques et technologiques

3. TYPES D'ESPACES INDUSTRIELS

- région industrielle d'innovation
- région industrielle forte
- région en reconversion industrielle
- région peu industrialisée
- région en net déclin industriel

2 Les espaces industriels

Repérer 1. Doc. 1 Où sont localisés les territoires les plus innovants au sein du territoire français ? Pourquoi ?

2. Doc. 2 Quels sont les principaux espaces industriels français ?

Cartes — Les espaces productifs agricoles et de services

S | L ES

S

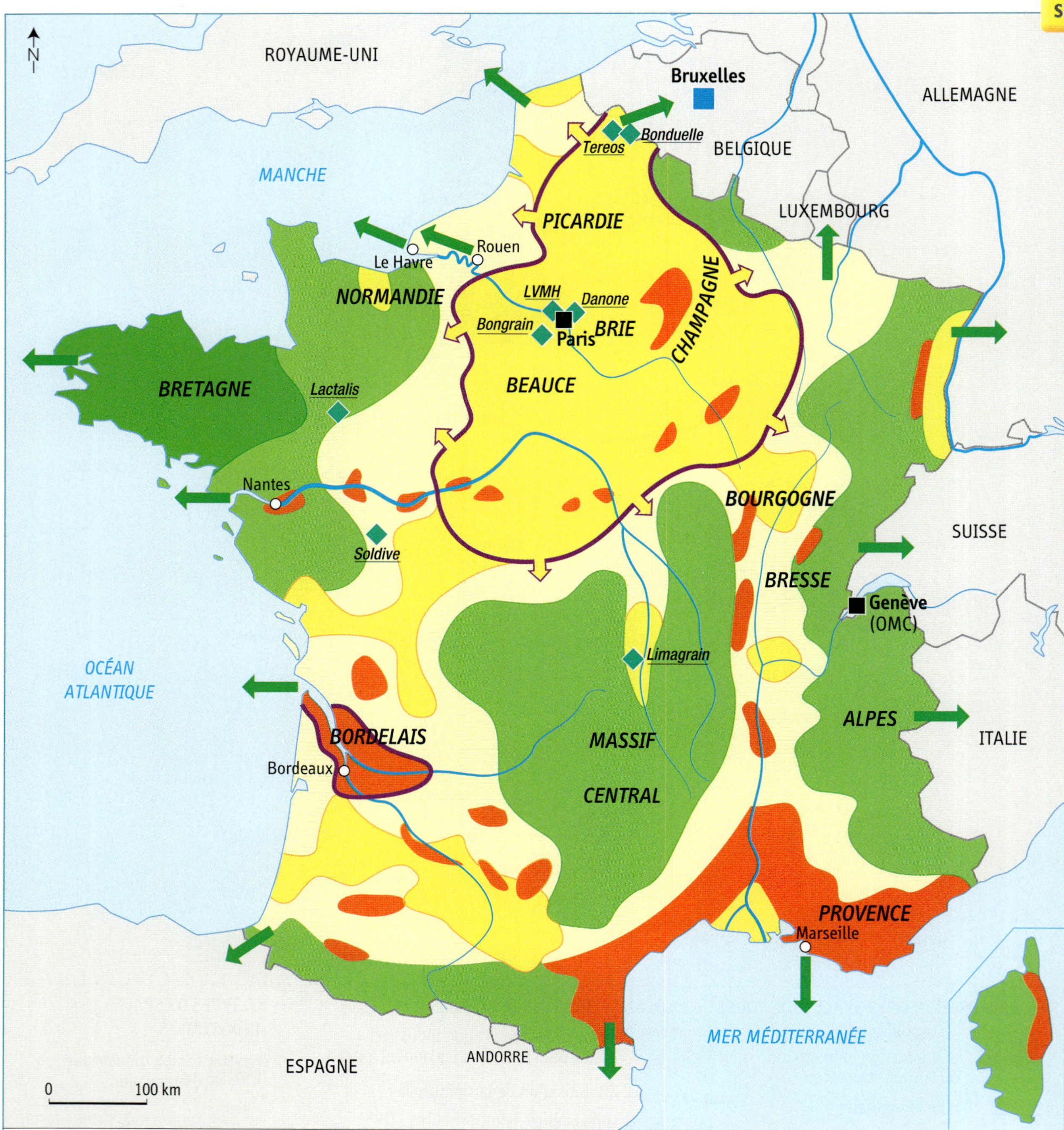

1. ORIENTATIONS DE LA PRODUCTION

- grandes cultures (dominante céréalière)
- tendance à l'expansion de la grande culture
- limite des régions les plus intégrées
- élevage intensif
- élevage plus ou moins extensif
- polyculture, élevage
- cultures spécialisées (vignes, fruits, légumes)

2. DES ESPACES INTÉGRÉS AUX MARCHÉS EUROPÉENS ET MONDIAUX

- ville exerçant une forte influence sur les activités agricoles
- principaux flux d'exportation de produits agroalimentaires
- aides européennes (PAC)
- quelques exemples d'entreprises du secteur agroalimentaire présentes sur les marchés européen et mondial (sièges sociaux)

1 Les espaces agricoles

Repérer Quels sont les espaces agricoles les mieux intégrés à la mondialisation ? Pourquoi ?

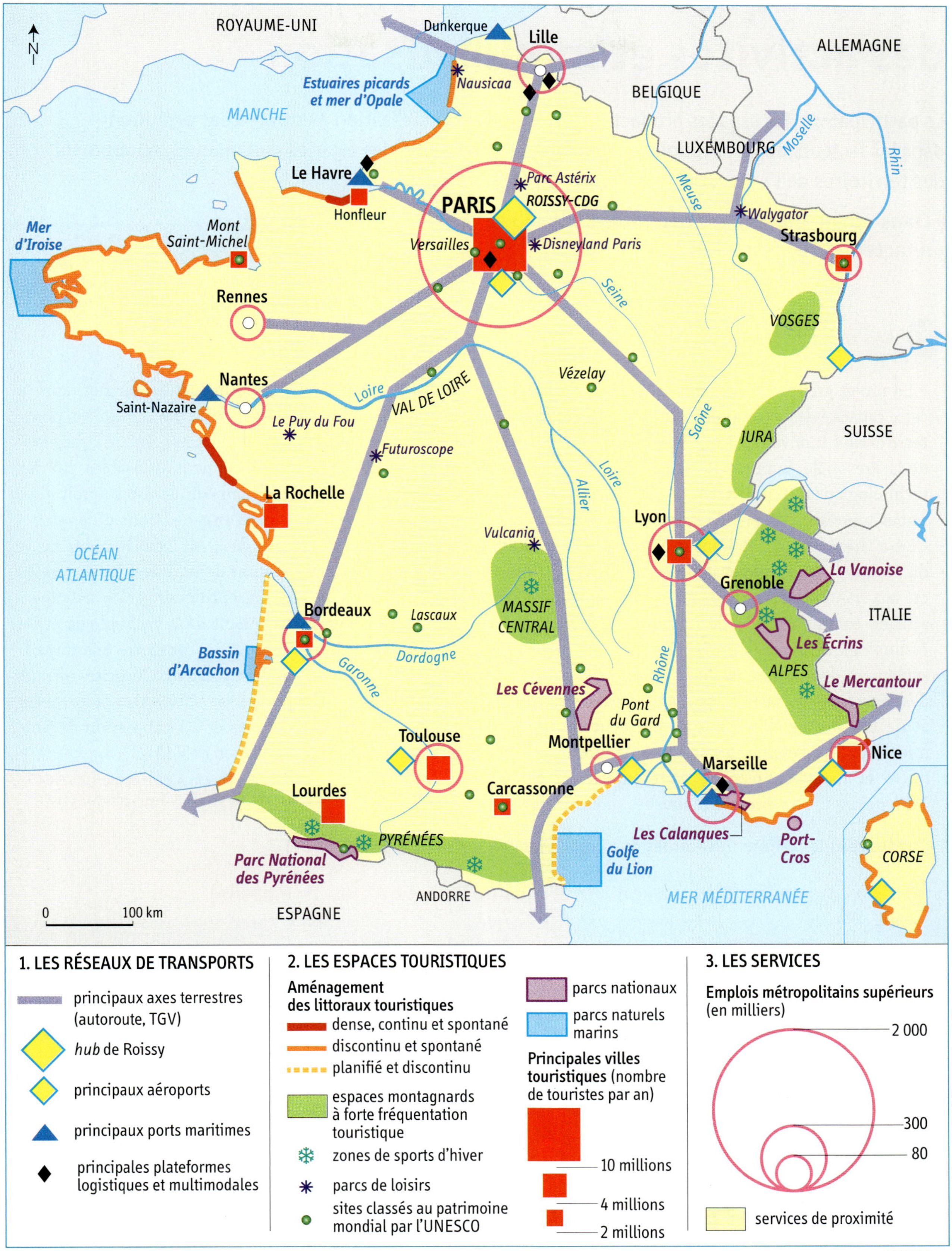

2 Les espaces de services

Repérer Que montre la répartition des services métropolitains ?

Dynamiques de localisation des activités et mondialisation

La participation des espaces productifs français à la mondialisation a entraîné des évolutions dans les facteurs de localisation des activités. La géographie des espaces dynamiques, notamment des **territoires de l'innovation**, en est un bon révélateur.

Dans quelle mesure les aménités sont-elles un facteur de localisation des activités ?

Vocabulaire

Aménités Atouts et/ou agréments d'un lieu. Ils peuvent être paysagers, climatiques, culturels et/ou fonctionnels.

1 Les métropoles laboratoires de l'innovation : le campus Giant à Grenoble

« Le projet grenoblois de campus GIANT illustre bien cette capacité des métropoles à construire des systèmes territoriaux innovants. Initié en 2007 sur le quartier de la Presqu'île, le projet illustre bien les interactions technologiques et non technologiques entre les systèmes innovants. Depuis la création d'une antenne du CEA à Grenoble en 1956, jusqu'à la création, en 2005, du complexe scientifique européen MINATEC, consacré aux nanotechnologies, le polygone scientifique s'est affirmé comme un lieu de l'excellence scientifique et technologique. Avec le projet GIANT, il ne s'agit plus seulement de produire de l'innovation mais d'impulser des structures sociales et spatiales capables de capter et de transformer l'innovation. L'objectif est, en premier lieu, de diversifier les activités d'innovation : aux micro et nanotechnologies, représentées par MINATEC, s'ajoutent les énergies nouvelles (pôle GREEN) et la santé (pôle NANOBIO). Ainsi les recherches dans le domaine de l'information et de la communication pourront porter en partie sur les technologies de l'imagerie, avec des applications directement utilisables par les laboratoires de la recherche médicale. De surcroît, l'innovation doit porter sur les organisations et les structures, la présence au sein de GIANT de Grenoble École de Management permettant de renforcer les synergies entre les trois secteurs scientifiques, grâce à l'expertise de l'école en management de la technologie et de l'innovation. Enfin, l'innovation comporte une dimension territoriale puisqu'il est prévu une "écocité" offrant aux familles 3 000 logements et surtout un cadre de vie "propice aux idées nouvelles et à l'élaboration de projets" (brochure de présentation de GIANT). »

S. Beucher *in* A. Monot (dir.), *La France : mutations des systèmes productifs*, Bréal, 2014 (www.editions-breal.fr).

Quelles sont les différentes formes que prend l'innovation avec le projet GIANT ?

2 La reconversion d'un site industriel : l'usine Smart à Ambach (Moselle)

Touchée par la crise de la métallurgie, la Lorraine a pu s'appuyer sur son savoir-faire industriel et son accessibilité en Europe pour renouveler son tissu industriel.

3 Le technopôle de Sophia-Antipolis (Alpes Maritimes)

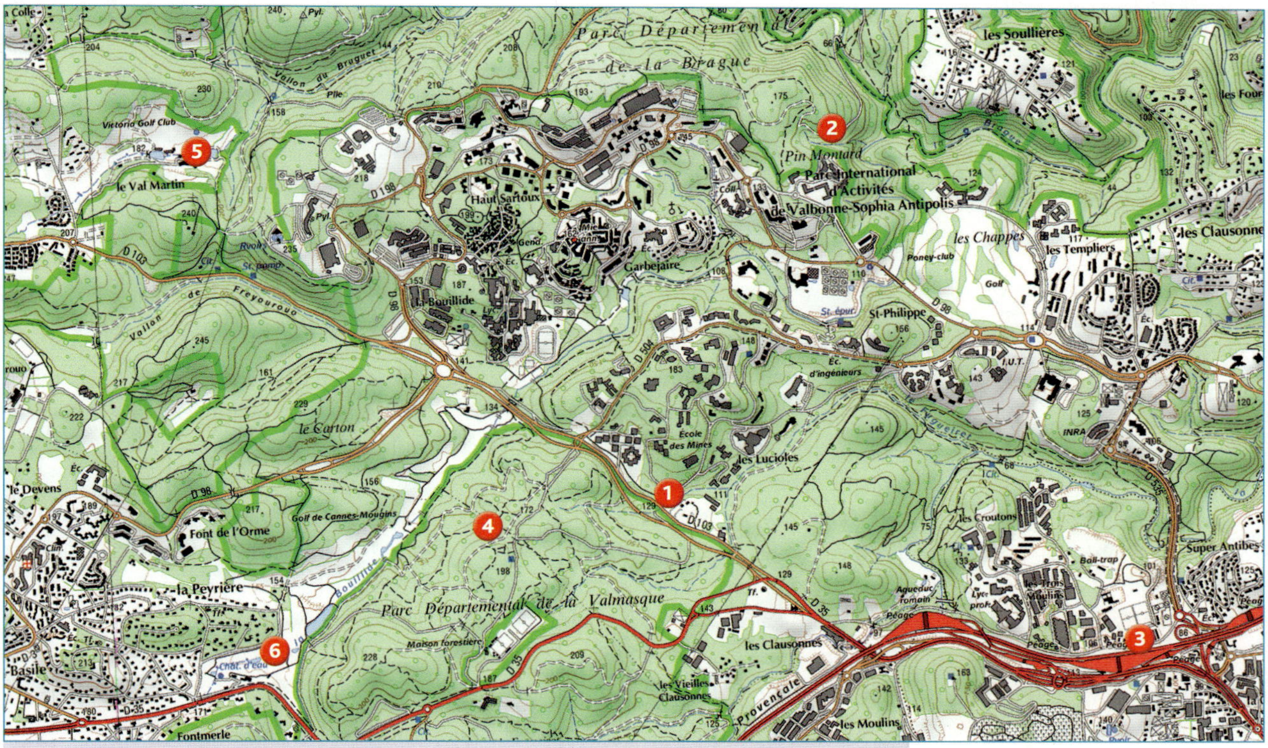

1 Enseignement supérieur (École des Mines)
2 Technopôle
3 Forte accessibilité
4 Qualité paysagère
5 Loisirs de proximité
6 Lotissement paysager

IGN-2015 – Autorisation n° 80-1508.

4 Les transports, facteurs de localisation du pôle touristique de Disneyland

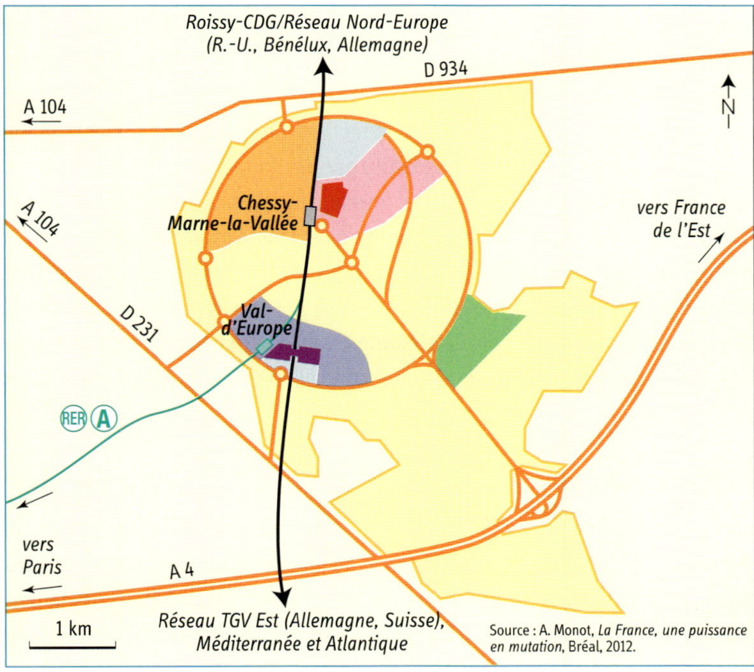

Source : A. Monot, *La France, une puissance en mutation*, Bréal, 2012.

1. Un réseau de transport performant permet l'accès au site à 280 millions de visiteurs potentiels

- LGV et gare TGV
- RER A et gare
- routes et autoroutes

2. Un aménagement du territoire né de l'accessibilité du site

Le centre Disney

- limite du domaine de la société Euro Disney
- Disney Village : centre de spectacle et de congrès
- deux parcs d'attraction
- complexe hôtelier : 7 hôtels, 8 000 chambres
- parkings
- golf Disneyland

Un nouveau centre urbain : Val d'Europe

- centre urbain : 21 000 habitants, 1 000 entreprises
- le plus grand centre commercial d'Europe

Relevez l'ensemble des activités présentes à proximité de ce pôle de services.

PRÉPA BAC

Étude/Analyse de document

Doc. 3 Après avoir présenté le document, montrez en quoi l'implantation de Sophia-Antipolis est révélatrice de nouveaux facteurs de localisation des espaces productifs.

Cours 1

Mondialisation et évolution des facteurs de localisation

S | L ES

La France est la troisième puissance économique européenne, la sixième au monde. L'adaptation à la mondialisation modifie les logiques d'implantation, entraînant des restructurations de l'appareil productif français.

« En moyenne, pour 100 fermetures d'usines, on compte 60 créations. »

« L'Année de l'économie 2014-2015 », Hors-série *Les Échos*.

1 Mondialisation et ouverture de l'économie française

• Les systèmes productifs nationaux s'envisagent désormais à l'échelle mondiale. Les produits assemblés en France contiennent de moins en moins de composants produits sur le territoire. En outre, des entreprises étrangères s'installent en France, bien placée pour la réception des **investissements directs étrangers (IDE)** ou prennent des participations dans des groupes français. Ainsi, sur les vingt premières entreprises de l'agroalimentaire implantées en France, cinq sont des filiales de grands groupes étrangers (Nestlé, Coca Cola). Les 20 000 entreprises étrangères installées en France représentent 2 millions d'emplois, 28 % de la recherche-développement et le tiers des exportations. Parallèlement, les grandes firmes françaises (Saint-Gobain, L'Oréal, Veolia) se lancent à la conquête des marchés mondiaux. Une centaine de grands groupes français y réalise 88,5 % de leur chiffre d'affaires.

• Néanmoins, la mondialisation croissante des marchés multiplie les concurrents et fragilise certaines filières, comme l'automobile ou l'agroalimentaire. **(doc. 1 et 2)**

2 Mondialisation et recompositions multiformes

• La mondialisation entraîne une redéfinition du rôle économique de l'État. Longtemps acteur décisif par son interventionnisme et l'importance du secteur industriel nationalisé, il se désengage de l'appareil productif par la privatisation. Toutefois, il impulse une politique industrielle fondée sur la recherche et la compétitivité comme à Saclay en Île-de-France. La mise en place d'un Conseil stratégique de l'attractivité pour attirer capitaux et unités de production est révélatrice de l'importance qu'accorde l'État à celle-ci.

• L'économie française se pense de plus en plus à l'échelle continentale. Les firmes, comme EADS, mettent en œuvre des stratégies européennes, tandis que des coopérations transfrontalières se développent. L'Europe centrale et orientale attire les investisseurs d'Europe occidentale en raison de coûts de main-d'œuvre plus faibles (industrie automobile) dans la cadre de la **NDIT**.

• L'appareil productif se transforme. Si l'agriculture française est la première de l'UE, on assiste à une tertiarisation de l'économie. Le secteur tertiaire représente 77 % du PIB dans un contexte où la distinction des secteurs est de moins en moins pertinente. Cette évolution est caractéristique de la troisième phase de la mondialisation, marquée par une mondialisation financière et des réseaux internationaux de production.

3 L'ancrage des systèmes productifs à l'échelle locale

• La mise en concurrence des économies à l'échelle mondiale amène les différents acteurs du **système productif** à mettre l'accent sur la **compétitivité** et à s'intéresser aux lieux qui portent les activités économiques, à leurs atouts, leurs spécificités (**districts industriels** ou SPL, système productif localisé). De multiples acteurs locaux participent d'ailleurs à l'aménagement des **espaces productifs** : les collectivités locales par l'intermédiaire de leurs agences de développement économique, les universités, les laboratoires de recherches, les entreprises **(doc. 3)**.

• La recherche de la compétitivité peut passer par des stratégies de relocalisation **(doc. 4)** ou la mise en place de nouvelles logiques productives : ainsi, dans le domaine agricole, le productivisme est dénoncé au profit de pratiques agricoles plus soucieuses de l'environnement et de la recherche de la qualité. Les terroirs s'affirment à travers l'essor des AOC et autres labels.

▶ **La mondialisation, facteur de concurrence entre les territoires, valorise les activités et les territoires les plus compétitifs.**

Notions

Espace productif
Définition p. 127.

Mondialisation
Définition p. 127.

Vocabulaire

Compétitivité
Capacité d'une entité économique (entreprise, secteur d'activité, territoire, etc.) à fournir et vendre durablement des biens en situation de concurrence.

District industriel
Espace industriel spécialisé en milieu rural, rassemblant des PME en forte interaction.

IDE (investissements directs à l'étranger)
Investissements qu'une entreprise d'un pays effectue dans un autre pays (ouverture de filiales ou participation au capital).

NDIT (nouvelle division internationale du travail)
Nouveau partage du travail à l'échelle mondiale caractérisé notamment par le redéploiement des industries à faible valeur ajoutée dans les pays émergents.

Système productif
Organisation économique de la production, qui permet d'envisager l'ensemble des interrelations entre les différentes filières et branches d'activité qui participent directement ou indirectement à la production.

1 L'évolution de l'emploi industriel en France

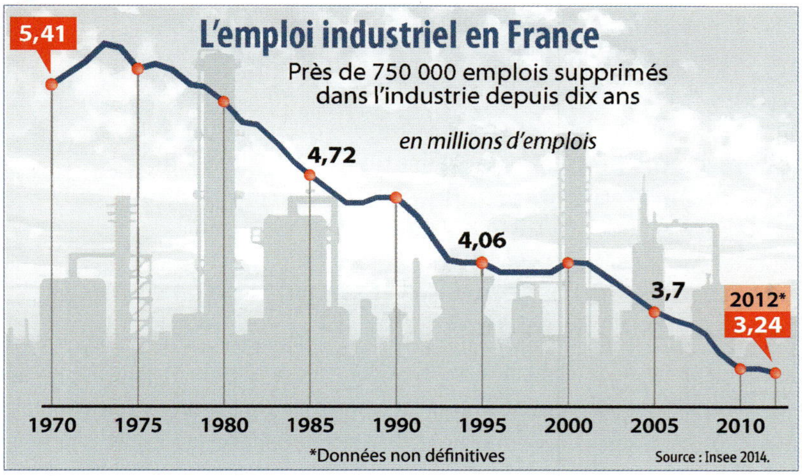

▸ Commentez l'évolution de l'emploi industriel en France.

2 Une manifestation contre la fermeture du site PSA à Aulnay

En 2012, pour la première fois, un constructeur automobile a fermé une usine en France.

3 Les laboratoires Pierre Fabre à Lavaur, près de Toulouse

Situés dans un parc d'activité à proximité de l'autoroute et de l'aéroport de Toulouse-Blagnac, ces laboratoires dermo-cosmétiques (Avène) concentrent 2 700 chercheurs. Le groupe est présent dans 130 pays.

▸ Quelle branche dynamique de l'industrie française est ici représentée ?

4 Les relocalisations en France : l'exemple des skis Rossignol

« Trois ans après avoir failli disparaître, le géant du ski surfe sur le *made in France*. Il fabrique désormais 44 % de ses produits dans l'Hexagone.

Pour Rossignol, *made in France* se conjugue avec compétitivité. Deux ans après avoir entrepris de relocaliser en Haute-Savoie la production de 75 000 paires de skis auparavant fabriqués à Taïwan, le groupe Rossignol rapatrie à Sallanches (Haute-Savoie) 20 000 paires supplémentaires. Sur la saison 2011-2012, Rossignol, qui emploie 1 221 personnes dans le monde, dont 694 en France, a vendu 900 000 paires de ski dont 300 000 produites à Sallanches. Tous types de fabrications confondues, la part du *made in France* atteint désormais 44 % de sa production et celle de l'Europe 99 %. Un renversement total de stratégie par rapport à celle du précédent propriétaire, l'américain Quiksilver. Racheté en novembre 2008 par la société Chartreuse et Mont-Blanc, dirigée par Bruno Cercley, Rossignol accusait alors 300 millions d'euros de dettes et perdait 200 000 euros par jour. Aujourd'hui, Rossignol concentre ses investissements en Europe. Pour des raisons de marketing, mais aussi économiques, puisque 70 % du coût des skis viennent des matières premières et qu'il fallait transporter tous les composants. En fait, en l'espace de dix ans, les ventes mondiales de skis ont diminué de moitié, passant de 7 à 3 millions de paires. Le géant français a donc intérêt à produire au plus près de son marché principal, l'Europe, qui représente 60 % de ses ventes, pour être plus réactif. [...] »

G. Serraz, *Les Échos*, 11 janvier 2013.

▸ Pourquoi l'entreprise Rossignol a-t-elle relocalisé sa production à Sallanches ?

Cours 2

Une nouvelle géographie des espaces productifs

S | L ES

Les nouveaux facteurs de localisation, l'inégale intégration des espaces productifs dans la mondialisation et la valorisation des atouts de certains territoires expliquent des recompositions.

Les inégalités régionales face à l'innovation

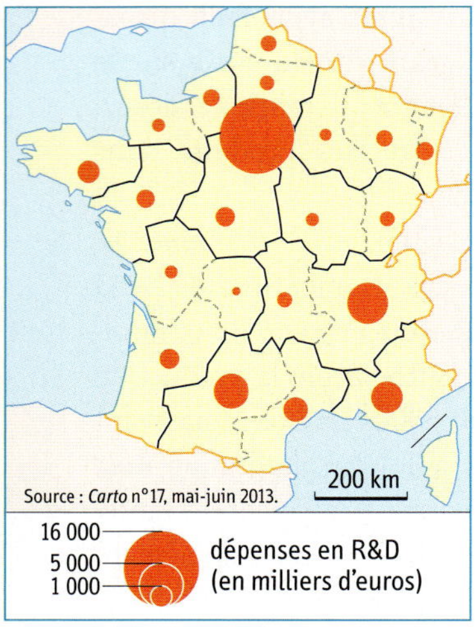

Source : *Carto* n°17, mai-juin 2013.

1 Les nœuds des réseaux de transport : des espaces productifs dynamiques

• La recherche de l'innovation combinée aux évolutions sectorielles de l'appareil productif conduit à de nouvelles logiques de localisation pour les entreprises. Les transports jouent un rôle essentiel dans les choix d'implantation. Les réseaux de transports rapides et les nouvelles technologies de l'information permettent les échanges matériels et immatériels et la mobilité de la main-d'œuvre à plusieurs échelles (locale, nationale, internationale).

• Un grand nombre d'entreprises, notamment logistiques, font le choix de s'implanter à proximité des ***hubs*** comme Roissy ou des plateformes logistiques comme Delta 3 à Dourges **(doc. 1)**.

2 Les métropoles et les territoires en réseau au centre de l'innovation

• Les territoires innovants se situent à proximité des **métropoles** qui concentrent les fonctions de commandement, de recherche, pour bénéficier d'équipements de qualité, d'une main-d'œuvre bien formée (Grandes écoles, Universités) et d'**aménités**. Les métropoles contrôlent ainsi l'appareil de production **(doc. 2)**. Les technopoles sont les plus innovantes.

• L'Île-de-France occupe une place dominante par la qualité des services supérieurs destinés aux entreprises, l'importance des sièges sociaux de grands groupes (La Défense). Elle est aussi la première région industrielle française, le premier pôle d'innovation d'échelles européenne et mondiale (**technopôles** du Grand Paris), devant la région Auvergne-Rhône-Alpes (chimie, pharmacie). Les régions de l'Ouest et du Sud s'affirment de plus en plus grâce à des PME innovantes (Laboratoires P. Fabre à Castres, L'Occitane à Manosque) et à l'implantation de grands groupes industriels (Airbus à Toulouse).

• Dans un contexte de mobilité croissante des acteurs et de recherche de compétitivité, l'innovation ne se fait plus nécessairement en un point précis du territoire. Elle se fait en effet grâce à la collaboration de réseaux d'acteurs dont l'ancrage à l'échelle locale est toujours privilégié. Ces systèmes productifs organisés en réseau prennent aujourd'hui deux formes en France : les **pôles de compétitivité** lancés en 2005 par l'État **(doc. 3)** et les grappes d'entreprises initiées en 2009 par la **DATAR** pour encourager l'innovation dans des territoires périphériques.

3 Les espaces inadaptés et/ou en perte de vitesse

• La crise touche particulièrement les industries traditionnelles **(doc. 2)**, sidérurgiques, textiles, automobiles ou les industries agroalimentaires centrées sur les produits bas de gamme.

• Les anciens bassins miniers (régions de Lens, Valenciennes, de Moselle) sont devenus des lieux du chômage de masse. Les efforts de reconversion menés depuis les années 1970 par l'État et les collectivités locales rencontrent parfois des succès grâce à la valorisation d'atouts comme la proximité des régions les plus dynamiques d'Europe : usines Toyota (Valenciennes), Smart en Lorraine ; plateforme de Dourges ; Musée Louvre-Lens, Centre Pompidou à Metz.

• L'industrie agroalimentaire en Bretagne connaît d'importantes restructurations. Pour soutenir les espaces ruraux en difficulté, **les pôles d'excellence rurale (PER)** appuient des initiatives locales autour de projets privés et publics.

▶ **Entre permanences et mutations, la géographie des systèmes productifs reflète les nouvelles logiques de localisation. Elles ne sont plus spécifiquement françaises mais concourent à valoriser les territoires locaux qui permettent de se distinguer d'une concurrence mondiale.**

Notion

Innovation
Mise en œuvre d'un produit, d'un procédé ou d'une organisation nouveaux.

Vocabulaire

Aménités
Atouts et/ou agréments d'un lieu. Ils peuvent être paysagers, climatiques, culturels et/ou fonctionnels.

DATAR
Délégation interministérielle à l'aménagement du territoire et à l'attractivité régionale.

Hub
Plaque tournante d'une compagnie aérienne qui concentre sur un aéroport sur un aéroport l'essentiel de ses vols et correspondances. Par extension, nœud d'un réseau de transport.

Métropole
Ville d'un certain seuil démographique disposant de fonctions stratégiques.

PER (pôle d'excellence rurale)
Label attribué par l'État à des projets destinés à dynamiser les espaces ruraux en difficulté.

Pôle de compétitivité
Pôle d'innovation encouragé par l'État.

Technopôle
Espace productif spécialisé dans les hautes technologies associant industrie de pointe et de recherche.

1 La plateforme logistique Delta 3 à Dourges (Pas-de-Calais)

1 Terminal conteneurs
2 Entrepôts Leroy-Merlin
3 Entrepôts Decathlon
4 Autoroute A1
5 Entrepôts Oxybul
6 Entrepôts GEFCO
7 Entrepôts et zones logistiques
8 Gare de triage
9 Ancien terril
— — canal de la Deûle

▸ Quels atouts du Nord de la France Delta 3 favorise-t-elle ?

2 L'émergence d'une nouvelle géographie industrielle

« Trois types d'espaces d'inégale importance coexistent. Les métropoles contrôlent désormais l'appareil industriel grâce à la concentration des fonctions de commandement, de recherche et de production (dans les branches de haute technologie notamment) en leur sein. Leur prépondérance est largement liée à l'évolution des branches industrielles : celles à forte valeur ajoutée et/ou de haute technologie, s'y concentrent en raison de leurs besoins en réseaux de recherche et de commercialisation.
[...] L'Île-de-France est la première région industrielle. [...] Les régions industrielles "traditionnelles" du Nord et de l'Est sont le lieu de production des principales branches de l'industrie française spécialisée dans la moyenne technologie. Leur appareil industriel a évolué [...]. L'Ouest et le Sud s'affirment de plus en plus dans l'espace industriel grâce à des PMI innovantes et à l'implantation de grands groupes industriels. [...] Ces espaces offrent un cadre de vie agréable et une main-d'œuvre abondante propices à attirer les industries de haute technologie.

F. Smits, *Géographie de la France*, © Hatier, 2011.

▸ Distinguez trois types de régions industrielles.

Vocabulaire

Cluster Groupe d'entreprises innovantes.

3 Un *cluster* en milieu rural, la Mecanic Vallée

« Inséré au cœur de la "France du vide", ce SPL (système productif local) [...] s'inscrit dans trois départements plutôt périphériques (Aveyron, Lot, Corrèze) par rapport aux grands pôles urbains régionaux (Toulouse et Limoges). Articulé autour de villes moyennes (Tulle, Brive, Villefranche-de-Rouergue, Rodez), ce *cluster* est composé de 210 entreprises employant 14 000 salariés. Celles-ci relèvent aussi bien de PME locales (Blanc Aéro à Villefranche-de-Rouergue, Ratier Figeac et Figeac Aéro à Figeac) que de filiales de grands groupes étrangers (BogWarner à Tulle et Robert Bosch à Rodez). Elles sont toutes des leaders nationaux, voire internationaux, dans leurs métiers respectifs (aéronautique, composants automobiles et machines-outils) et surtout dans la maîtrise de certaines techniques de production (fonderie sous pression, usinage à très grande vitesse). Les acteurs décisionnels locaux ont largement contribué à la mise en réseau de ces entreprises. Outre les conseils régionaux et généraux (qui ont participé à la construction d'infrastructures logistiques – autoroute, aéroport de Rodez), des organismes économiques *ad hoc* ont joué un rôle fécond dans l'avènement du *cluster* (Limousin Expansion, Midi-Pyrénées Expansion et Midi-Pyrénées Innovation). Il convient également de citer des structures locales d'appui [...] ainsi que l'ensemble des chambres de commerce et d'industrie. Quant à l'État, il a reconnu officiellement, par le truchement de la DATAR, la pertinence d'une telle démarche fin 1998, l'association Mecanic Vallée a obtenu le label "Système productif local". En 2010, Mecanic Vallée a été labellisée "Grappe d'entreprises exemplaire". »

D'après S. Dubois in A. Monot (dir.), *La France : mutations des systèmes productifs*, Bréal, 2014 (www.editions-breal.fr).

▸ Quels sont les acteurs qui participent au SPL de la Mecanic Vallée et quel est le rôle de chacun d'entre eux ?

Étude/Analyse de documents

S L ES

CONSIGNE Après avoir présenté les documents, vous expliquerez les étapes de la reconversion du site industriel d'Amnéville et vous analyserez le changement de fonction et d'image de cet espace.

1 La reconversion d'un espace productif français : Amnéville (département de la Moselle)

« Amnéville, commune mosellane de 10 000 habitants, dans la vallée de l'Orne, à mi-chemin entre Metz et Thionville, appartenait au "polygone lourd" de la sidérurgie lorraine […]. Dans un contexte de **reconversion**, […] la présence d'une source chlorurée sodique hyperminérale associée à une volonté municipale convaincue de l'intérêt médical et social d'une station thermale a changé la donne.

Aujourd'hui, cet ensemble touristique et ludique sur une **friche industrielle** symbolise ce défi lancé par la municipalité, qui s'était donnée pour ambition de refuser la fatalité, en jouant, à l'initiative de son maire, le docteur Kiffer, la carte de la bifurcation de l'industrie vers le thermalisme, les loisirs et le tourisme, dans la seconde moitié des années 1980.

Alors que la sidérurgie était encore florissante, la municipalité […] avait déjà amorcé une bifurcation vers le loisir, puisque le complexe piscine-patinoire fut le premier équipement implanté sur le site (décembre 1974). [L'] élément symbole [de ce nouveau développement] demeure néanmoins le centre thermal, qui accueille aujourd'hui 15 000 curistes par an et occupe la 6e place sur le plan national. […] Cinq pôles d'activités (ont été créés) sur le site d'Amnéville-les-Thermes : les activités "santé et détente" (centres thermal et de remise en forme ; les activités "sportives" (piscine, patinoire, squash, golf, piste de ski…) ; les activités "nature" (zoo, accrobranche, parcours pédestres, etc.) ; les activités dites de "luxe" (casino) et les activités "culture" amorcées dès 1990 avec l'aménagement d'une salle de spectacles modulable d'une capacité de 12 000 places. […] Grâce à ces équipements successifs, Amnéville-les-Thermes est un exemple de réussite de reconversion, avec plus de 4 millions de visiteurs par an.

L'image phare de cette reconversion demeure la conquête de 160 ha de **crassier** […]. Le sommet du crassier a été conservé : c'est là qu'a été aménagé le monorail avec deux pistes de luges […]. La salle de spectacles le Galaxie a été implantée sur le crassier côté est, et côté ouest a été aménagé le golf (18 trous). Une piste de ski *indoor* […] est venue concrétiser depuis 2006 l'aménagement de ce crassier. […] Elle a accueilli en novembre 2008 pour la seconde année consécutive le championnat de France de ski *indoor* alpin […] et le 1er championnat international de ski *indoor* alpin. […] »

La touristification amnévilloise a fini par redessiner une image nouvelle de la ville, recréant de l'attractivité face à une situation contextuelle répulsive. […] »

É. Fagnoni, « Amnéville, de la cité industrielle à la cité touristique : quel devenir pour les territoires urbains en déprise ? », *Mondes en développement*, Revue franco-belge, Éditions De Boeck, Tome 32, n° 125, n° 1 / 2004, www.cairn.info/revue-mondes-en-developpement-2004-1-page-51.htm.

2 L'ancien crassier d'Amnéville et la nouvelle piste de ski

Vocabulaire

Crassier Accumulation de déchets dans le cadre d'une exploitation minière.

Friche industrielle Espace abandonné par l'industrie.

Reconversion Processus de transformation d'un espace en crise pour y développer de nouvelles activités.

Étape 1 Analyser la consigne l'introduction

Entraînement 1

1 Présentez le document et replacez-le dans son contexte (contexte géographique, historique et économique de la région concernée – dans le passé et au moment de la rédaction de l'article).

2 Définissez les termes « reconversion », « site industriel », « fonction » et « image ». Reliez ces termes entre eux afin de reformuler la consigne.

3 Parmi les trois reformulations suivantes, choisissez celle qui convient le mieux.
a. Comment la ville d'Amnéville a-t-elle changé ses activités ?
b. Quels aménagements ont permis la reconversion du site industriel d'Amnéville ? Quelles en sont les conséquences sur l'image de cet espace ?
c. La reconversion du site industriel d'Amnéville est-elle une réussite ?

4 Rédigez l'introduction.

Étape 2 Extraire, exploiter et organiser les informations

Entraînement 2

1 En fonction des passages soulignés dans le texte, repérez les trois thèmes principaux.

– Thème 1 : Un ancien site industriel
– Thème 2 : Une politique de ....
– Thème 3 : Des résultats ....

2 Afin de bâtir un plan détaillé, complétez le tableau suivant.

Thèmes	Idées principales/Arguments	Citations du texte	Explication par des notions et éléments du cours
I. Un ancien site industriel	1. Le déclin de l'industrie	– « appartenait au polygone lourd de la sidérurgie lorraine »	– Crise industrielle à partir des années 1970, Nord et Est de la France durement touchés. – Délocalisations et chômage.
	2. Une friche industrielle	– « friche industrielle » « le crassier », « image du crassier »	– Sites abandonnés et pollués. Réserves foncières. Mauvaise image pour ces territoires.
	3. Une nécessité de reconversion	– « refuser la fatalité »	– Volonté de reconversion venant des élus locaux et de l'État : réhabiliter des friches et développer de nouveaux aménagements.
II. Une politique de			
III. Des résultats			

Étape 3 Rédiger la réponse

Méthode

Chaque thème correspond à un paragraphe de votre réponse, lui-même divisé en deux ou trois idées. Illustrez vos idées à l'aide des documents (citations du texte par exemple), puis expliquez à l'aide de vos connaissances personnelles et des notions du cours.

Exemple de rédaction pour la troisième idée du premier paragraphe

Idée
Citation
Notions/explications/précisions

Face à la crise industrielle et au retrait des activités industrielles en Lorraine dans les années 1970 et 1980, la municipalité a souhaité impulser une dynamique de reconversion et s'adapter à la conjoncture économique : « ce défi lancé par la municipalité, qui s'était donnée pour ambition de refuser la fatalité, en jouant, à l'initiative de son maire, le docteur Kiffer, la carte de la bifurcation de l'industrie vers le thermalisme, les loisirs et le tourisme, dans la seconde moitié des années 1980. » L'acteur communal est donc un acteur majeur de cette politique de reconversion, qui vise à transformer une friche industrielle pour lui donner une nouvelle activité et attirer de nouveaux aménagements pour recréer de l'emploi et changer l'image de la ville ou de la région.

Entraînement 3

Rédigez la totalité de votre réponse.

Étape 4 Rédiger une conclusion

Méthode

La conclusion montre l'intérêt des documents choisis pour répondre à la question (pertinence des documents), mais aussi les limites de ces documents (Ces documents sont-ils suffisants pour répondre à la question ? Quelle est leur objectivité ?).

Entraînement 4

Rédigez la conclusion.

Méthode BAC Composition

Sujet Dynamiques de localisation des activités et mondialisation

Étape 1 *Analyser le sujet*

À l'aide de vos connaissances personnelles et de l'étude de cas réalisée en classe, sélectionnez trois types d'activités économiques en France

Dynamiques de localisation des activités et mondialisation

- **Dynamiques de localisation** : Évolution des facteurs de localisation emplacement, situation des activités sur le territoire français
- **activités** : À l'aide de vos connaissances personnelles et de l'étude de cas réalisée en classe, sélectionnez trois types d'activités économiques en France
- **et** : Relation entre les deux termes
- **mondialisation** : Mise en relation des différentes parties du monde sous l'effet de l'accélération des échanges. De nombreux phénomènes touchent désormais la planète entière

Étape 2 *Dégager l'idée centrale*

Reliez les termes du sujet entre eux afin de trouver la problématique/le fil directeur (voir méthode générale p. 13).

Exemple ▶ *Dans un contexte de mondialisation, dans quelle mesure les dynamiques de localisation des activités évoluent-elles, au point de dessiner en partie une nouvelle géographie des espaces productifs ?*

Étape 3 *Rédiger l'introduction*

Méthode générale **Rédiger une introduction**

Une introduction comporte trois étapes :

1. La présentation et l'analyse du sujet
Il s'agit de définir l'espace étudié et les termes du sujet, en les reliant entre eux afin de présenter le sujet.
2. L'annonce de la problématique/du fil directeur
3. L'annonce du plan

Le but est ici de présenter le contexte de compétitivité : crise économique, concurrence des espaces, en lien avec la mondialisation. Vous pouvez faire un lien avec les anciens facteurs de localisation des activités, vus en cours d'histoire.

L'espace étudié est ici l'espace français métropolitain, ouvert sur l'UE et mondial.

En début d'introduction, il est possible de rédiger une accroche. Dans le cas présent par exemple, vous pouvez commencer votre introduction sur une délocalisation récente d'une firme industrielle française, sur le départ d'une activité ou, au contraire, sur la relocalisation d'une activité.

Étape 4 Sélectionner des informations et les classer pour bâtir un plan

Entraînement 1 Classez les idées suivantes dans le tableau selon qu'elles appartiennent à la partie I ou II du plan ci-dessous.

1. La recherche d'une main-d'œuvre qualifiée
2. La proximité des centres d'innovation
3. Une exigence de compétitivité
4. La mise en réseau des entreprises
5. La valorisation des aménités
6. Une accessibilité optimale

Partie I De nouvelles exigences liées à la mondialisation	Partie II Les nécessaires mutations de la localisation des activités

La partie III pourra être une typologie des espaces productifs français. Il faudra ici mettre en valeur la nouvelle géographie des espaces productifs français, qui découle de ces nouvelles exigences et des nécessaires mutations de la localisation des activités.

Méthode **La typologie en géographie**

Les typologies peuvent en effet terminer certaines compositions en géographie. Grâce aux éléments généraux mis en place dans les deux premières parties, le but est de classer les différents types d'espaces productifs français en fonction de critères : activités, compétitivité, accessibilité, image, aménagements.
Ici, nous pouvons les classer des plus compétitifs aux moins compétitifs en fonction de l'ensemble de ces critères.

Exemple détaillé de la partie III

III. Une nouvelle géographie des espaces productifs dessinée par la recherche de la compétitivité

A. Les espaces à la pointe de la compétitivité

CONSEIL Organisez votre sous-partie A avec quelques exemples choisis d'espaces très compétitifs et faites ressortir les raisons de cette situation.

B. Les espaces productifs en cours d'adaptation

CONSEIL Pensez à mettre en valeur les espaces en cours de reconversion, en les classant par rapport aux types d'activités que les acteurs du territoire ont choisi pour redynamiser l'économie et l'emploi. Par exemple, les espaces de reconversion industrielle se basant sur l'activité touristique ou encore les espaces industriels reconvertis dans l'innovation, etc.

C. Les espaces productifs en crise ou « sous perfusion »

CONSEIL Classez ces espaces par rapport à leurs perspectives de sortie de crise ou de reconversion. Pensez à citer des exemples.

Étape 5 Rédiger la composition

Entraînement 2 En suivant le plan fourni ci-dessus, rédigez l'ensemble de la composition.

Étape 6 Rédiger la conclusion

Entraînement 3 Dans l'exemple de conclusion proposé ci-dessous, repérez les différentes étapes.
Ajoutez une ouverture en fin d'introduction.

Méthode

L'ouverture vous permet de relier le sujet à d'autres thématiques du programme, à un élément d'actualité, ou de se poser une question rhétorique sur le futur proche.

Les dynamiques de localisation des activités en France ont beaucoup évolué, dans un contexte de mondialisation et de mise en concurrence accrue des territoires entre eux, à toutes les échelles, ce qui redessine en partie la géographie des espaces productifs. Les entreprises ont aujourd'hui de nouvelles exigences, comme celle de profiter d'une très bonne accessibilité ou de la proximité aux métropoles. Les territoires se sont donc adaptés à ces nécessités afin de rester compétitifs et d'attirer les entreprises : les acteurs locaux cherchent à valoriser les aménités de leurs territoires, à favoriser les synergies entre entreprises. Cela conduit à une nouvelle géographie des espaces productifs, expliquant une nouvelle hiérarchisation à l'échelle nationale, européenne et mondiale.

Méthode BAC Croquis

Sujet : Localisation des espaces productifs français et mondialisation

Étape 1 *Analyser les termes du sujet*

Localisation des espaces productifs français et mondialisation

- **Localisation** : Où sont localisées les activités ? Le sujet invite à décrire mais aussi à expliquer la localisation
- **des espaces** : Renvoie à la notion de diversité : quelles activités doit-on sélectionner pour le croquis ?
- **productifs** : Définition p. 127
- **français** : Invite à délimiter l'espace concerné : espace métropolitain
- **et** : Relation entre deux termes
- **mondialisation** : Mise en relation des différentes parties du monde, échanges intensifiés à l'échelle mondiale, concurrence entre les différents espaces mondiaux

Étape 2 *Sélectionner des informations*

Méthode

Le croquis de synthèse nous invite à synthétiser des informations, c'est-à-dire à les sélectionner afin de montrer à la fois la répartition de certains espaces/activités, mais aussi afin d'expliquer cette répartition, et d'en faire ressortir les conséquences. Comme dans une composition, il faut choisir les éléments qui répondent au sujet donné.

Entraînement 1

1. Sélectionnez, dans les cartes p. 142, 143 et 145, les activités que vous souhaitez faire apparaître.

   CONSEIL Certaines activités peuvent être regroupées afin de les simplifier.

2. Quels éléments sont similaires sur les trois cartes ? Il s'agit des atouts du territoire français et des facteurs de localisation, qui devront apparaître sur votre croquis.

3. Quels espaces sont :
   - marqués par une concentration d'activités diversifiées et compétitives ?
   - en reconversion ?
   - délaissés, peu concernés par l'accueil de ces trois types d'activités ?

   CONSEIL Cela vous permettra de réaliser une typologie, montrant que la mondialisation a hiérarchisé les espaces productifs.

Étape 3 *Bâtir le plan de la légende et choisir les figurés*

La première partie de votre légende devra mettre en valeur les facteurs de localisation et les atouts des espaces productifs français.

Entraînement 2 Complétez la première partie de la légende.

La deuxième partie dresse une typologie des esaces productifs en France, par rapport à leur insertion dans la mondialisation et à leur dynamisme économique. Ces espaces doivent être classés, des mieux intégrés et dynamiques par rapport à la mondialisation, aux moins intégrés et dynamiques.

Entraînement 3 Complétez la deuxième partie de la légende et titrez-la.

Donnez ensuite un titre au croquis. N'oubliez pas d'ajouter les noms essentiels sur le croquis.

Étape 4 *Réaliser le croquis*

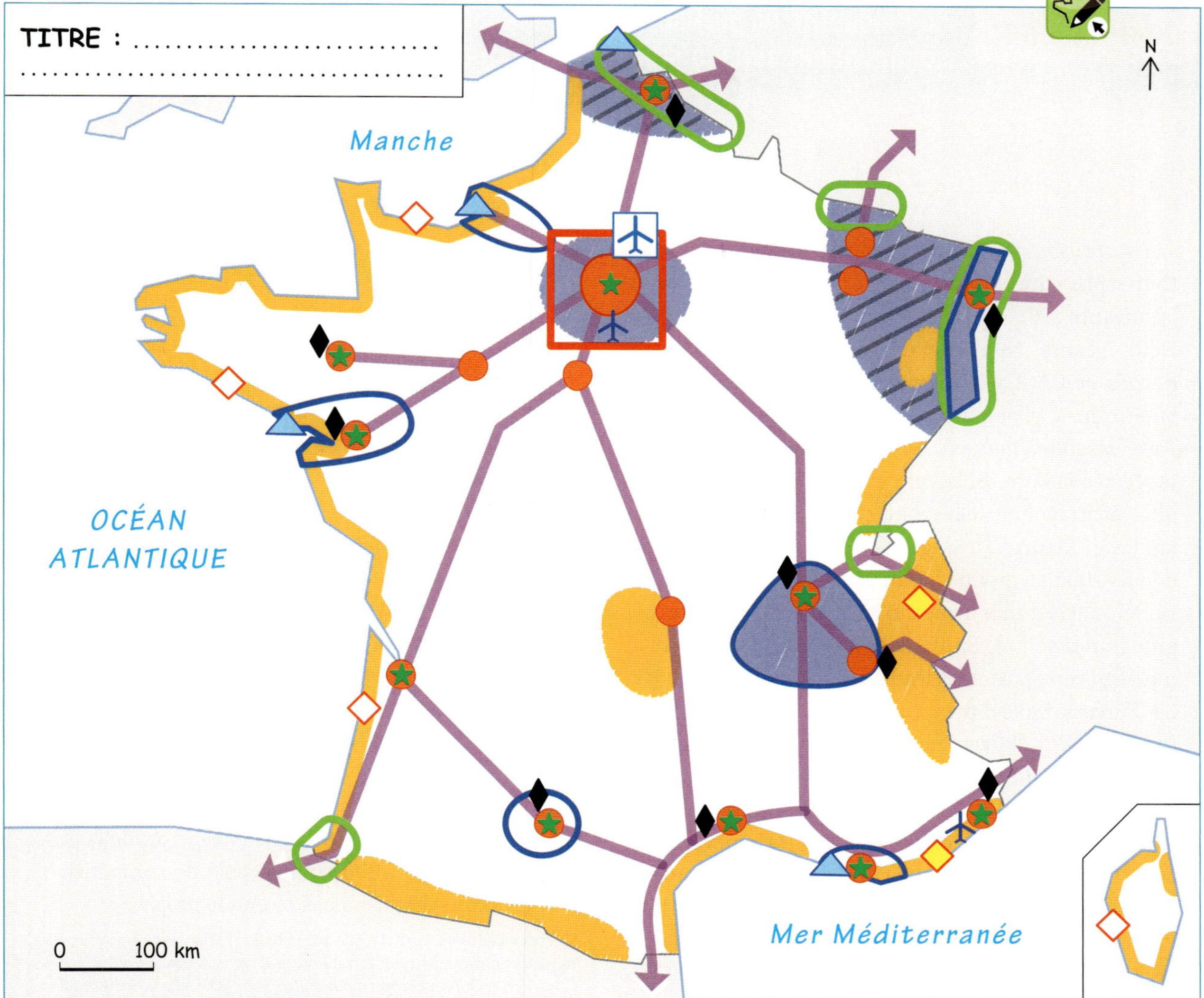

1. LES ATOUTS DU TERRITOIRE FRANÇAIS	2. DES .... DIVERSEMENT .... À LA ....
A. L'accessibilité, un facteur déterminant	**A- Des espaces très intégrés**
axe de .... majeur	Paris et l'Île-de-France, pôle majeur d'........ (........), fonctions ...., forte fréquentation touristique internationale
hub de	métropole à forte capacité d'innovation
.... international	littoraux et montagnes à forte fréquentation touristique internationale
grand	**B. Espaces productifs d'intégration moyenne**
B. Un potentiel productif important	....
des métropoles : bassins de consommation importants, ... qualifiée	littoral touristique
une tradition .... ancienne	**C. Espaces productifs en crise**
....	région industrielle .... en ....
C. Des .... nombreuses	
des .... dotées d'un riche patrimoine	
des .... littoraux et montagnards attractifs pour le tourisme	

BAC sujets types

S L ES

Étude/Analyse de document — **Après avoir présenté le document, vous montrerez l'importance de l'industrie du surf sur la côte basque. Vous préciserez ensuite comment cet espace productif est organisé.**

L'industrie du surf sur la côte basque française

« Le *surf business* s'organise autour de six grandes firmes, toutes présentes en Aquitaine et dont la hiérarchie est la suivante :
Deux "géants" totalisent chacun plus de 300 millions d'euros de CA, Quiksilver et O'Neill. Filiales de firmes américaines, elles ont toutes deux leur siège social au Pays basque. Viennent ensuite deux firmes d'importance secondaire, Billabong et Rip Curl Europe. D'origine australienne, elles ont choisi une implantation landaise (Soorts/Hossegor). Oxbow, qui appartient depuis 2005 au groupe Lafuma, est positionné loin derrière [...]. C'est une firme qui se singularise par son origine française [...]. Enfin, le Californien Volcom est un nouveau venu parmi les leaders. [...]
La "Surficon Valley" française correspond-elle au modèle [du *cluster*] ? [...] Certaines initiatives semblent le montrer. Regroupant la totalité des majors du secteur, EuroSIMA, branche européenne de la Surf Industry Manufacturers Association créée au début des années 1990 aux États-Unis, est une structure fédérative garante de la représentation de l'industrie de la glisse auprès des institutions. [...] Son président, par ailleurs fondateur de Rip Curl Europe, considère EuroSIMA comme "très active auprès des recherches d'aides et de financements, dans les domaines de l'innovation, de la R&D, de la formation et du développement durable." Le réseau constitué par EuroSIMA fut ainsi un incontestable levier pour impulser la reconnaissance par l'État en 2005 de la "Surficon Valley" en tant que système productif local (SPL), label créé en 1998 sur le modèle des districts industriels italiens. Le SPL Glisse associe ainsi des pôles de fabrication qu'ils soient industriels (majors) ou artisanaux (shapers), des lieux de distribution (surfshops), de formation (écoles de surf), d'information (magazine *Surf session*), mais aussi des structures institutionnelles (CCI Bayonne Pays basque, collectivités locales à l'exception notable du Conseil général des Landes). Enfin, il intègre des associations (Association Clean Shaper) ou des organismes de recherche ou de formation. La constitution en SPL est souvent motivée par la recherche de subventions. [...]
Afin d'acquérir une envergure internationale que le label SPL ne permettait pas, les entreprises de la glisse ont candidaté fin 2006 comme pôle de compétitivité, [...]. Toutefois, l'État n'a pas retenu le projet. »

D. Vye, « La filière Surf et Voile sur le littoral atlantique français, entre nature et développement durable », in F. Bost, S. Daviet, *Entreprises et environnement : quels enjeux pour le développement durable ?*, Presses universitaires de Paris-Ouest, 2011.

Composition — **Les territoires français sont-ils toujours compétitifs ?**

FAIRE LE POINT

Les notions

Exercice 1 Définissez les notions et termes suivants : *espace productif* • *mondialisation* • *industrie* • *services* • *innovation* • *aménités* • *métropole* • *pôle de compétitivité* • *cluster* • *hub* • *délocalisation* • *relocalisation*

Exercice 2 Expliquez le changement des logiques de localisation des activités sur le territoire français depuis les années 1970.

Les repères spatiaux

Exercice 3 Sur un fond de carte de France (téléchargeable sur www.geo-hatier.com), placez :
– les principaux pôles de compétitivité français d'envergure mondiale ;
– les espaces industriels ;
– les espaces touristiques ;
– les espaces agricoles les mieux insérés dans la mondialisation.

Les capacités du chapitre

✔ Mettre en relation l'évolution des espaces productifs français avec le contexte de mondialisation.

✔ Expliquer l'attractivité de certains espaces productifs en France et le déclin ou la réadaptation d'autres espaces.

✔ Mettre en relation la géographie des espaces productifs avec celle des métropoles et axes de transports/pôles multimodaux.

✔ Expliquer la localisation d'un territoire d'innovation et son organisation.

Exercice 4 Répondez aux questions suivantes.

a. Quel est l'impact de la mondialisation sur les espaces productifs français ?
b. Quels sont les facteurs de l'attractivité ou du déclin des espaces productifs ?
c. Quel est le rôle des transports dans la géographie des espaces productifs ?
d. Quelles sont les spécificités d'un territoire innovant ?

GéoTICE

Étudier le site promotionnel d'un espace productif innovant : le Génopole d'Évry

Le Génopole d'Évry est un *cluster* d'entreprises créé en 1998, dédié à la recherche en génétique. Son site officiel a pour but d'informer, mais aussi de diffuser son image et d'attirer les éventuels investisseurs et acteurs de l'innovation.

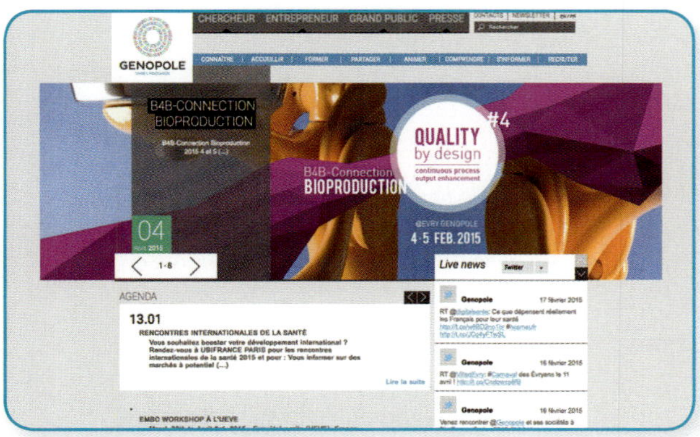

Le site du Génopole, www.genopole.fr.

Allez sur le site du Génopole, www.genopole.fr.
À l'aide des rubriques « Connaître », « Accueillir », « Former », « Partager » et « Animer », recopiez et complétez le tableau suivant.

Spécialités, domaines d'activité	
Date de création du *cluster*	
Localisation	
Entreprises	
Recherche	
Facteurs d'attractivité	
Diffusion de l'image du *cluster*	

RÉVISER

Dynamiques des espaces productifs dans la mondialisation

Repères

La France en 2014

Industrie
- 13 % de la population active
- 12 % du PIB
- 2e exportateur européen

Agriculture
- 54 % de la surface nationale
- 3 % de l'emploi en France

Services
- 4e exportateur mondial de services
- 3e rang mondial pour les recettes touristiques

Idées clés

La mondialisation est un facteur décisif de recomposition du système productif industriel français

La mondialisation met en avant les espaces productifs ouverts sur l'Europe et le monde (espaces innovants, espaces associés à des nœuds de transports). Elle suscite aussi une concurrence qui peut conduire à des délocalisations (industrie automobile) et à l'affaiblissement des secteurs traditionnels (sidérurgie). Les acteurs qui participent à ces évolutions sont divers : l'État, qui a un rôle d'accompagnement des évolutions ; les FTN ; l'UE et les collectivités locales.

La mondialisation modifie les dynamiques de localisation des espaces productifs français

Les aménités favorisent les régions métropolitaines, frontalières et littorales. Les territoires les plus dynamiques sont aussi ceux où sont mis en réseaux les entreprises (*clusters*) au sein d'un environnement favorable en terme de logistique et d'innovation.

La mondialisation recompose la géographie des espaces productifs

Les territoires à la pointe de l'innovation, insérés dans la mondialisation, sont les plus dynamiques (*clusters* comme Saclay, Grenoble...). C'est aussi le cas des territoires qui s'adaptent à la concurrence comme les grandes régions agricoles (vignoble de qualité, grandes régions d'agriculture intensive). Par contre, les vieilles régions minières sont des territoires en crise ou en reconversion.

Surfer

- Des statistiques générales sur l'économie : www.insee.fr
- Site du ministère de l'Économie et du Redressement productif : www.economie.gouv.fr
- Site du ministère de l'Agriculture : www.agriculture.gouv.fr

Lire

- *Le Quai de Ouistreham* de Florence Aubenas, Éditions de l'Olivier, 2010

Voir

- Émission « Attention Grands Travaux », notamment celles sur la zone commerciale de Plan de Campagne ou celle sur le technopôle de Sophia Antipolis

Schémas clés

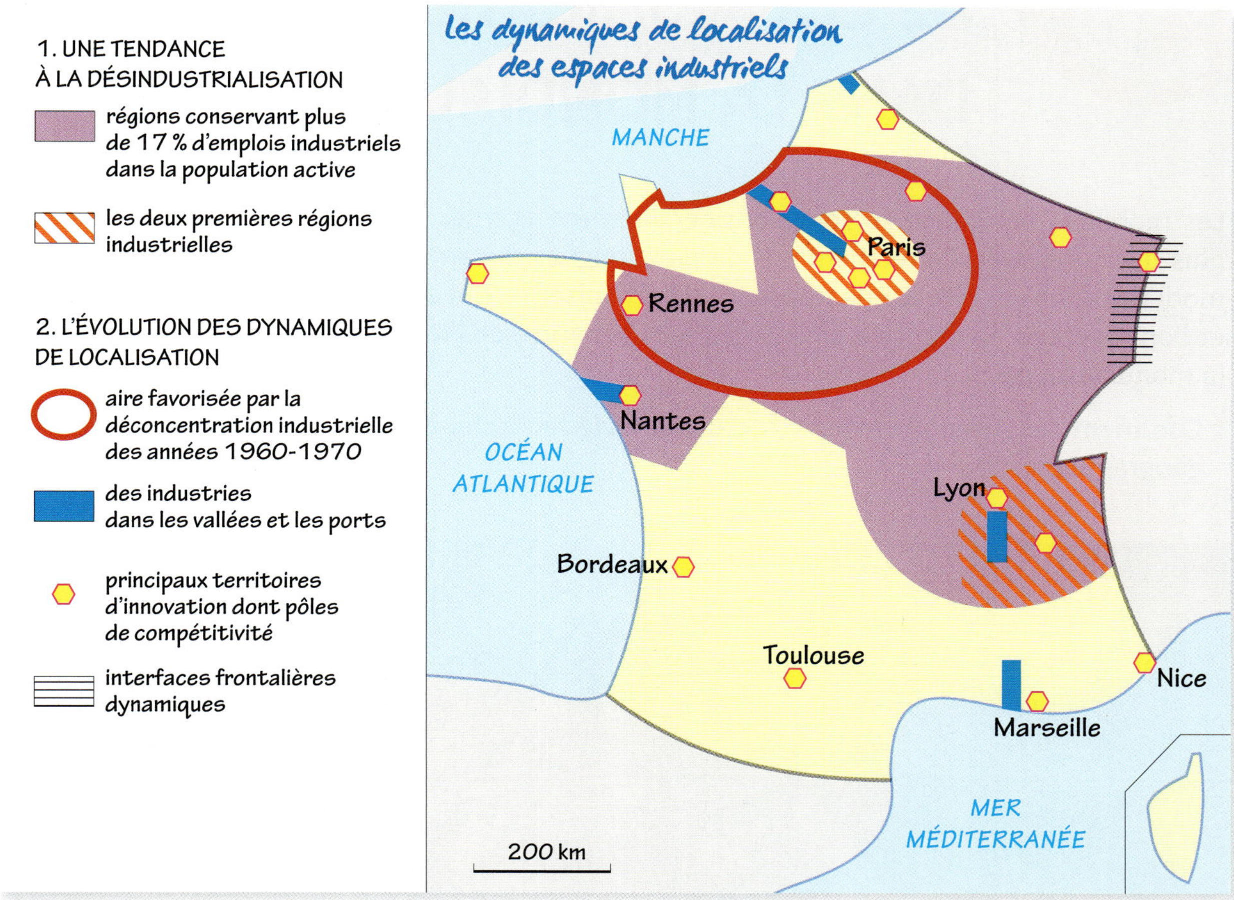

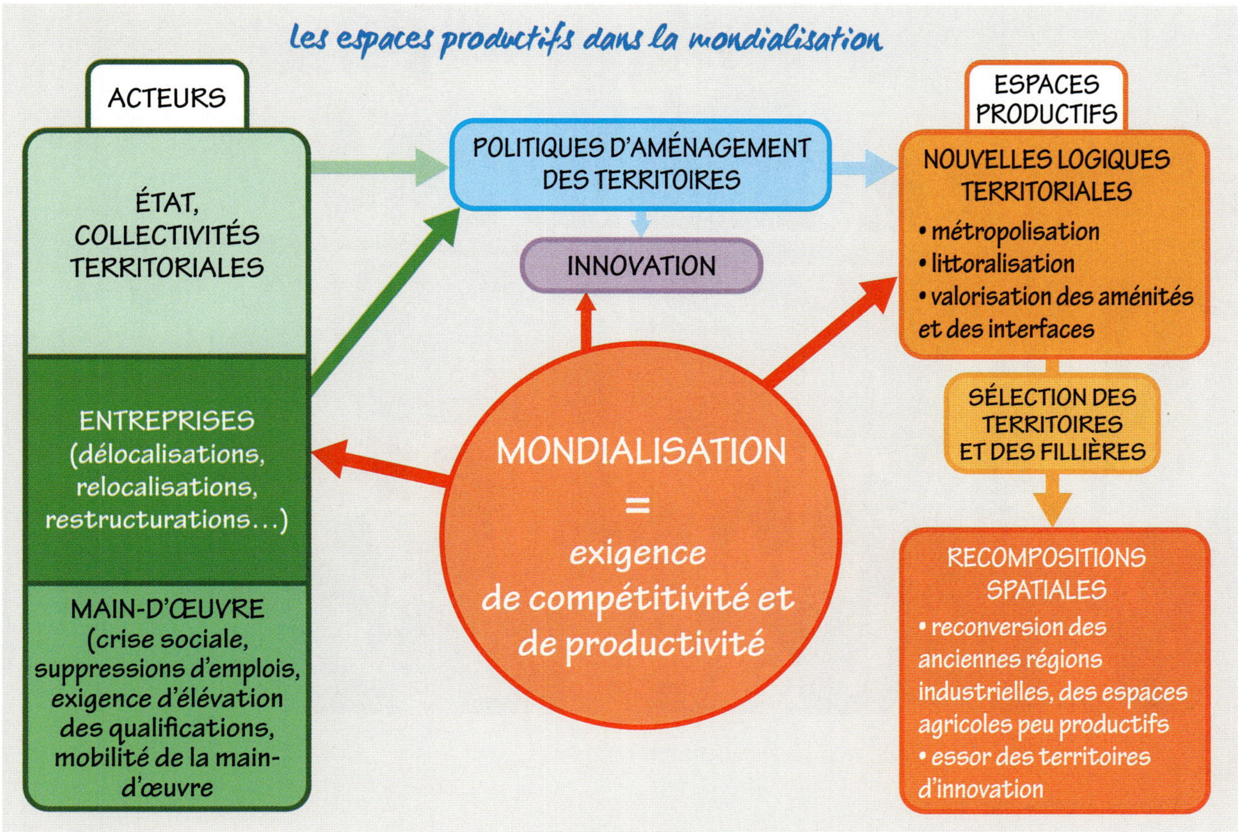

Chapitre 5 — Mobilités, flux et réseaux de communication dans la mondialisation

Les mobilités en France se sont considérablement accrues. Elles sont plus fréquentes, plus diversifiées et s'effectuent sur de plus longues distances. Le développement et la modernisation des réseaux de transport et l'urbanisation ont été à l'origine de ce processus et l'ont soutenu. La France a ainsi largement bénéficié de l'intégration européenne et de la mondialisation.

Comment ces réseaux et flux structurent-ils le territoire à toutes les échelles géographiques ?

1 La Gare du Nord à Paris, nœud ferroviaire régional, national et européen

550 00 voyageurs empruntent chaque jour l'un des moyens de transport à disposition : TGV nationaux et internationaux, TER, RER, métro, bus, taxi, Autolib', Vélib'.

2 Le viaduc de Millau, dans l'Aveyron

Inauguré en 1994, le viaduc est un ouvrage d'art qui franchit les Gorges du Tarn. Il permet à l'A75 (la Méridienne) de désenclaver le Massif Central et de désengorger Millau. Il offre un itinéraire alternatif à la vallée du Rhône, saturée, entre l'Europe du Nord-Ouest et la Méditerranée.

Notions

Accessibilité Caractérise la qualité de la desserte d'un lieu par les réseaux de communication.

Désenclavement Action de relier un lieu isolé (enclavé) par l'intermédiaire de voies de circulation.

Flux Déplacement de personnes, de biens, d'informations entre des lieux différents.

Mobilités Déplacements physiques effectués par les personnes.

Réseaux Trames plus ou moins denses et hiérarchisées, dessinées par les voies de communication et les lignes de télécommunications.

Questions

1. **Doc. 1** À quelles échelles les flux se déploient-ils à partir de la Gare du Nord à Paris ?
2. **Doc. 2** Quelle est l'échelle privilégiée par la réalisation de cet aménagement ?
3. **Doc. 1 et 2** À l'aide du tableau ci-dessous, mettez en évidence les inégalités entre ces deux espaces en matière de desserte par les réseaux de transport.

	Photographie 1	Photographie 2
Type d'espace		
Type de milieu		
Échelle de flux		

Étude de cas 1

Roissy : plateforme multimodale et *hub* mondial

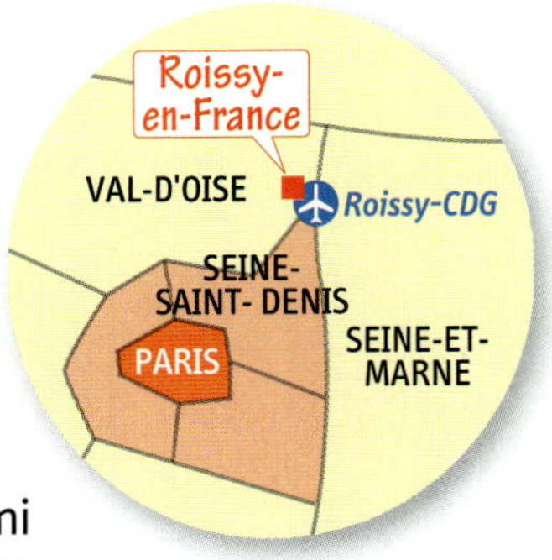

La plateforme aéroportuaire de Roissy-Charles de Gaulle se classe parmi les 10 premiers aéroports mondiaux pour le trafic de passagers et le **fret**. La qualité des aménagements et l'efficacité de la plateforme en font le ***hub*** européen le plus performant. Cette réussite, confirmée par l'attractivité résidentielle et économique exercée par l'aéroport, engendre néanmoins des nuisances au plan local.

Pourquoi l'aéroport est-il un nœud majeur d'échanges à l'échelle mondiale ?

A L'organisation spatiale de la plateforme multimodale

1 Une organisation au service des mobilités à toutes les échelles

DOC

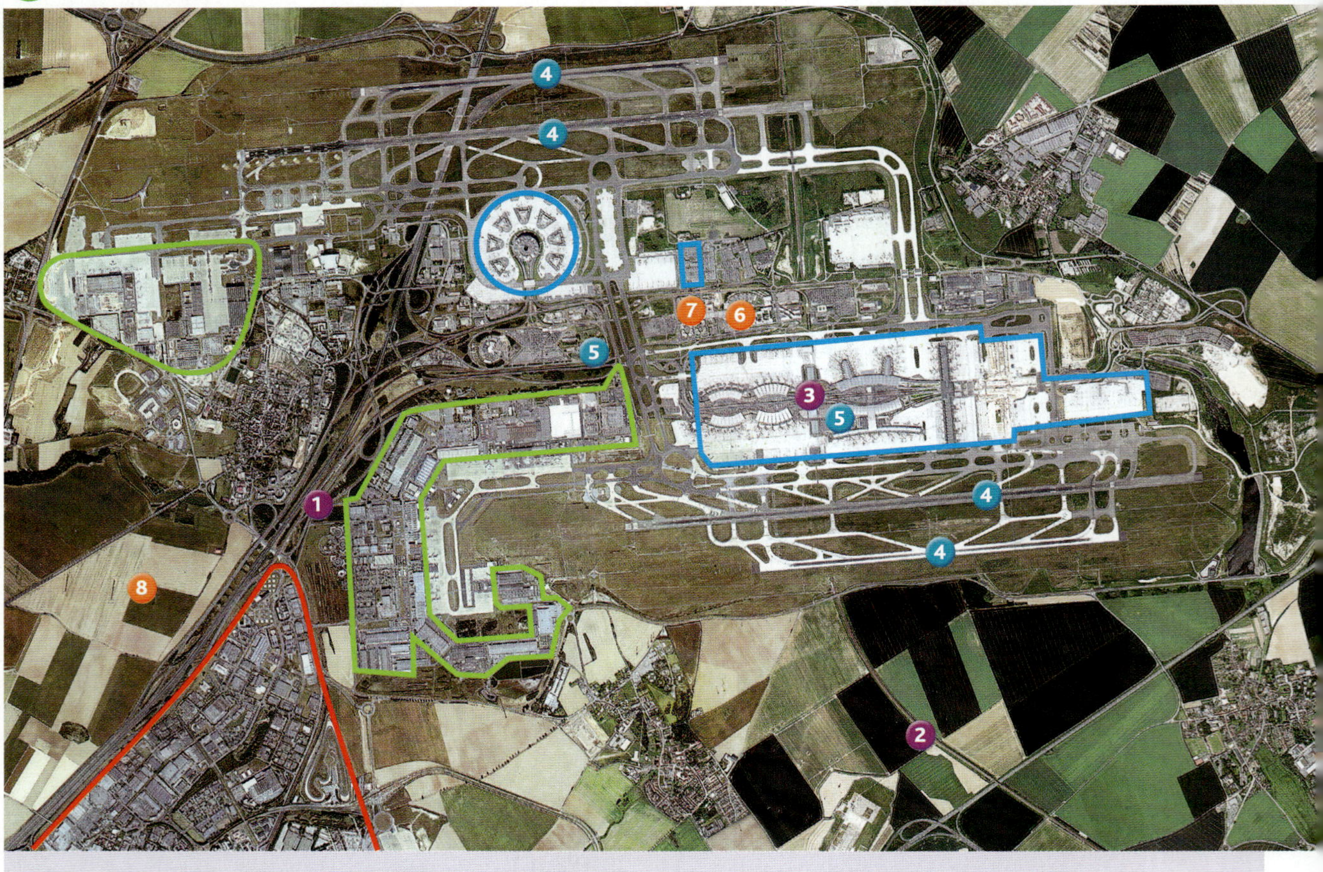

1. Une connexion à toutes les échelles géographiques
- 1 Autoroutes
- 2 Ligne à grande vitesse (TGV Nord Europe, Thalys, Eurostar)
- 3 Gare TGV – RER B – CDG Val

2. Des équipements aéroportuaires étendus
- 4 4 longues pistes (deux doublets de 4 200 m et 2 700 m)
- 5 Tours de contrôle
- Terminaux passagers

3. Les principaux pôles d'activités liées aux transports et mobilités
- 6 Siège social de la compagnie aérienne Air France-KLM
- Zones de fret et de logistique multimodale (*hub* FEDEX)
- Zone d'Aménagement Concerté (ZAC) de Paris-Nord et Centre d'exposition de Villepinte
- 7 Roissypôle
- 8 Projet EuropaCity

2 Le Terminal 2 et ses satellites, clés de voûte du *hub*

Les satellites sont les espaces d'accueil des passagers pour l'embarquement et le débarquement.

1 Voies routières
2 Gare TGV – RER – CDG Val
3 Aires de stationnement
4 Satellites

3 Roissy, un *hub* mondial

Fonctionnement	24h/24, 365 jours/an
Réseau	• 290 villes • 80 pays • 150 compagnies aériennes
Trafic (2013)	• 62 millions de passagers (capacité d'accueil : 80 millions) • 3,6 millions de tonnes de fret/an • 8e rang mondial pour les passagers et 6e pour le fret
Correspondances	• 25 000 correspondances en moins de 2h par semaine. • 31,7 % des passagers TGV en correspondance. • 73 % des passagers aériens en correspondance

Sources : Aéroports de Paris et Air France KLM, 2014.

Vocabulaire

Hub Plaque tournante d'une compagnie aérienne qui concentre sur un aéroport l'essentiel de ses vols et correspondances. Par extension, nœud d'un réseau de transport.

Fret Transport de marchandises.

Intermodalité Combinaison de plusieurs modes de transport.

Questions

1. Doc. 1 et 2 Caractérisez l'emprise spatiale de Roissy.

2. Doc. 1 et 2 Qu'est-ce qui contribue à favoriser une intermodalité efficace ?

3. Doc. 3 Quel est l'objectif principal d'une plaque-tournante, c'est-à-dire d'un *hub* ?

B les effets économiques liés à l'aéroport de Roissy

4 La concentration spatiale des activités autour du *hub*

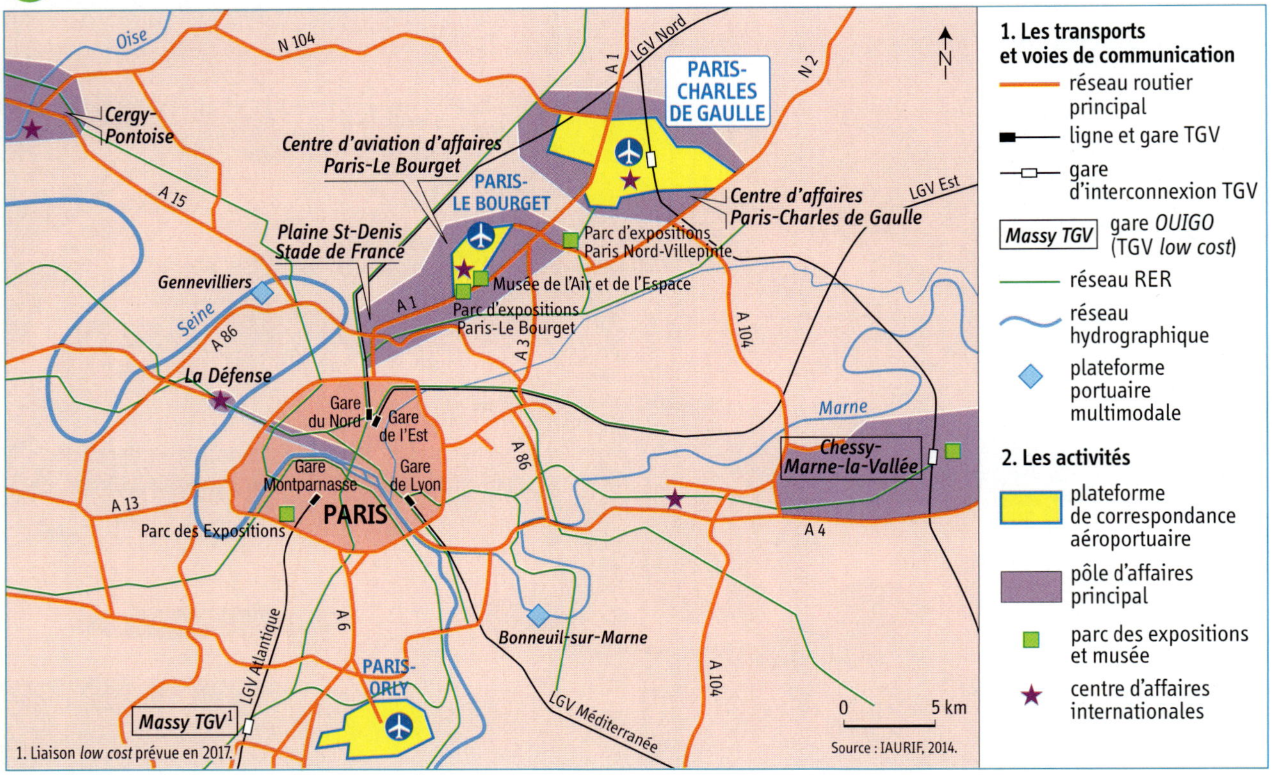

5 Une forte attractivité résidentielle

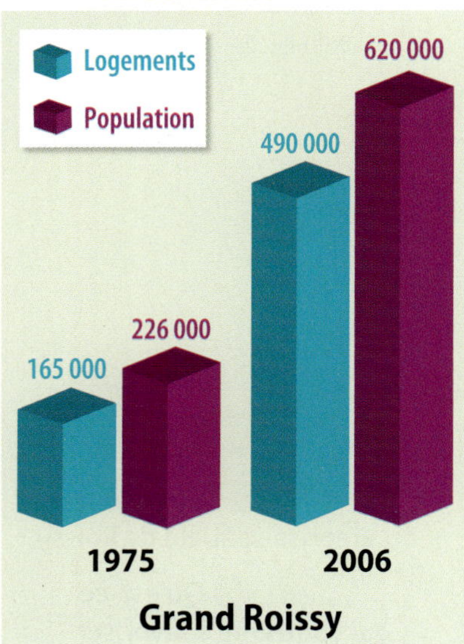

Source : IAURIF, 2011.

6 HubstartParis, la promotion du pôle d'activités de Roissy

« Le Grand Roissy est l'un des principaux pôles de croissance et de création d'emplois de la région Île-de-France. Ce territoire, localisé sur trois départements, la Seine-et-Marne, la Seine Saint-Denis et le Val d'Oise, rassemble aujourd'hui plus de 322 000 emplois tous secteurs confondus.

Grâce au dynamisme des deux aéroports Paris-Charles de Gaulle (7e aéroport mondial) et Paris-Le Bourget (1er aéroport européen d'affaires), à la présence des deux parcs d'exposition Paris-Nord Villepinte et Paris-Le Bourget, et des grands parcs d'activités comme Paris Nord 2 International Business Park, Aerolians Paris, Mitry, etc., plusieurs centaines d'entreprises bénéficient d'un accès privilégié aux plus grands marchés mondiaux.

Pour offrir un environnement d'affaires compétitif et attractif à l'international, une démarche originale de valorisation du territoire du Grand Roissy s'est mise en place sous la marque Hubstart Paris Region®.

Plus de 30 acteurs publics et privés du Grand Roissy/Le Bourget sont au cœur de cette dynamique. »

Site Internet www.hubstart-paris.com, 2014.

7 Le projet EuropaCity dans le cadre du Grand Paris

Au sein du Triangle de Gonesse, une filiale immobilière du groupe Auchan souhaite bénéficier du raccordement du RER D au Grand Paris express pour réaliser EuropaCity d'ici 2020-2022. Le site regroupera 500 commerces, deux salles de spectacle, un centre des congrès, un cirque permanent, trois parcs d'attractions et des hôtels, 3 300 logements au sein d'un écoquartier. Ce projet devrait créer 11 500 emplois directs et 6 300 indirects et bénéficier du passage de 800 000 personnes par jour.

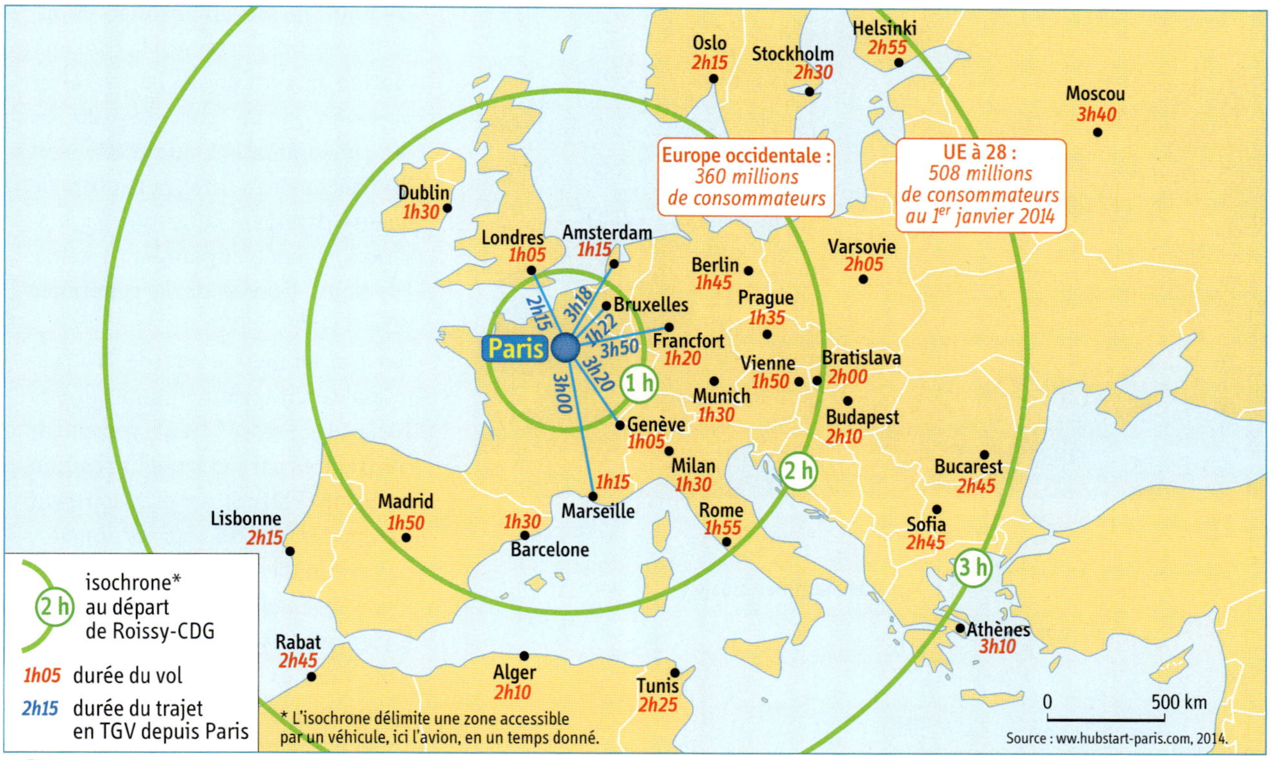

8 Un *hub* au cœur de l'Europe de l'Ouest

L'aéroport est situé au cœur d'un foyer de population et de consommateurs majeur au sein d'un espace-temps compris souvent entre 1h et à peine plus de 3h de vol en Europe.

Questions

1. **Doc. 4 et 5** Quelles sont les activités liées à la présence de l'aéroport ? Quelles sont leurs conséquences ?
2. **Doc. 6** Quel est l'objectif de cet extrait du site promotionnel d'HubstartParis ?
3. **Doc. 7** Comment expliquer l'ampleur du projet EuropaCity ?
4. **Doc. 4, 7 et 8** À quelles échelles s'exerce le rayonnement de Roissy ?

C Roissy, des enjeux environnementaux à l'échelle locale

9 Un lotissement pavillonnaire récent à Tremblay-en-France

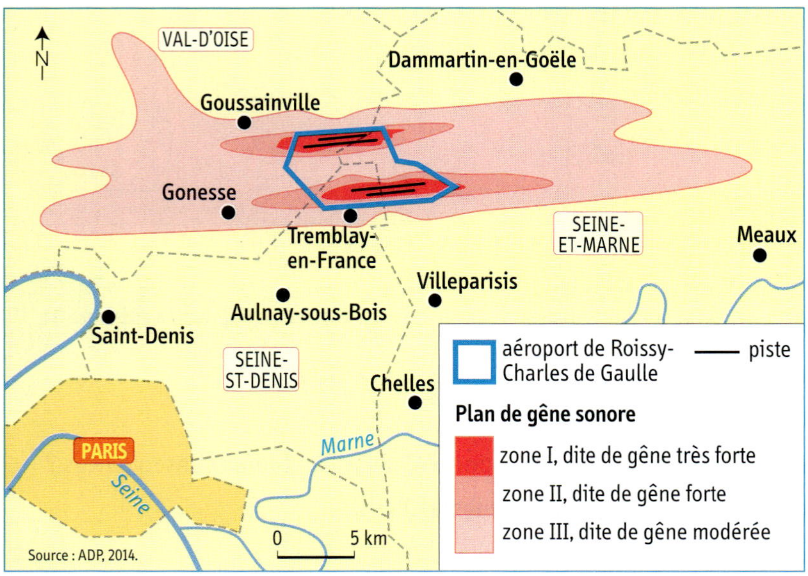

10 Le plan de gêne sonore de l'aéroport de Roissy

11 Améliorer les liaisons à l'échelle régionale

« Le président du SIEVO[1] et de la Communauté d'agglomération Roissy Porte de France rappelle que la création de la liaison ferroviaire entre Amiens, Creil et Roissy va engendrer un déséquilibre territorial :

Du point de vue social

Les habitants de l'est du Val d'Oise ne bénéficieront pas d'un service équivalent. Les élus du SIEVO ne peuvent pas accepter qu'une fois de plus, leur territoire et leurs habitants soient victimes d'une telle iniquité [injustice, inégalité].

Du point de vue environnemental

La [liaison va entraîner] la consommation directe de 80 ha de terres agricoles et de près de 120 ha de consommation indirecte, soit 200 hectares au total, la rupture de qualité paysagère, ainsi que les nuisances engendrées pour les riverains.

Du point de vue de la cohérence territoriale

Les communes du sud de la Communauté d'agglomération Roissy Porte de France étant fortement contraintes par le Plan d'Exposition au Bruit (PEB), il paraît incohérent d'empiéter sur les espaces fonciers des communes qui pourront accueillir du logement dont le territoire a fortement besoin et dont l'État rappelle aux élus la nécessité. »

Site Internet du SIEVO, www.sievo-95.org, 2014, D.R.

1. Syndicat mixte d'études et de programmation pour le développement de l'est du val d'Oise. Il regroupe 25 communes à l'est du Val d'Oise, aux abords de l'aéroport international Roissy-Charles de Gaulle.

Questions

1. Doc. 9 et 10 Quelles sont les principales nuisances causées par l'aéroport de Roissy ?
2. Doc. 11 Pourquoi les aménagements autour de Roissy génèrent-ils des oppositions ?

BILAN DE L'ÉTUDE DE CAS

ROISSY, UNE PLATEFORME MULTIMODALE

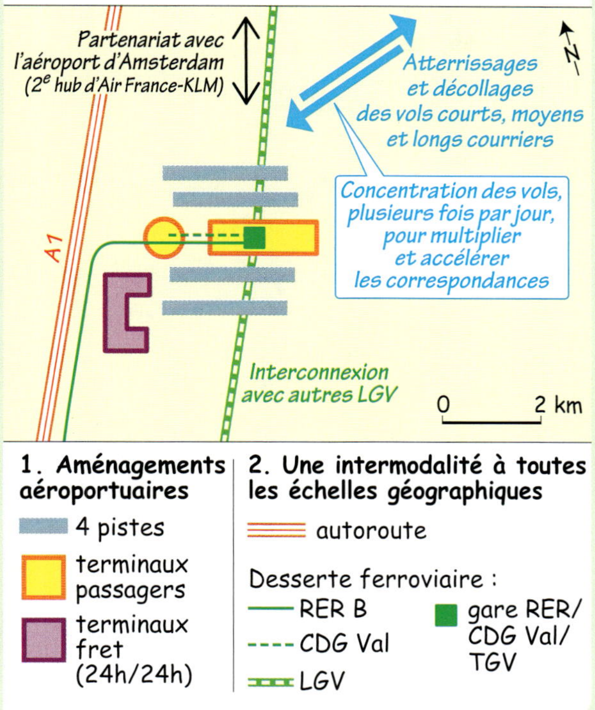

▸ Comment s'organise une plateforme multimodale et quel est son intérêt ?

ROISSY, UN NŒUD EN ÎLE-DE-FRANCE AU SERVICE D'UNE MÉTROPOLE MONDIALE

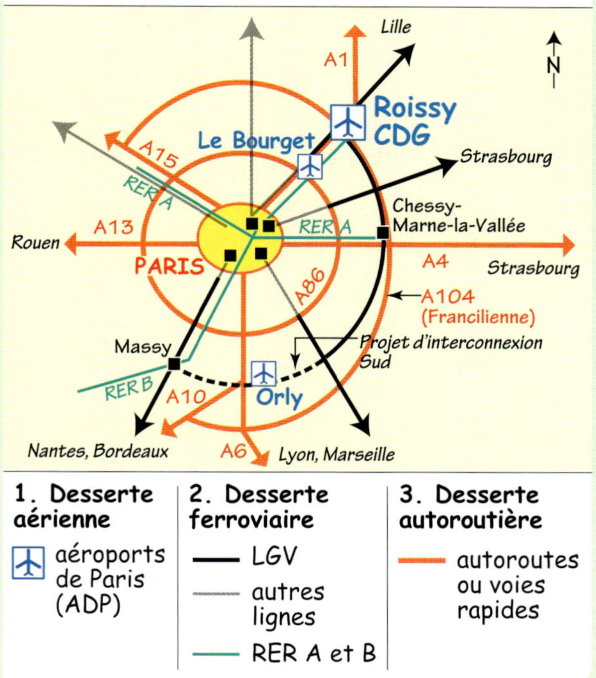

▸ Montrez qu'à partir de l'aéroport de Roissy se déploient les moyens d'une accessibilité optimale à l'échelle régionale.

ROISSY, 1er AÉROPORT FRANÇAIS ET 2e PLATEFORME AÉROPORTUAIRE D'EUROPE

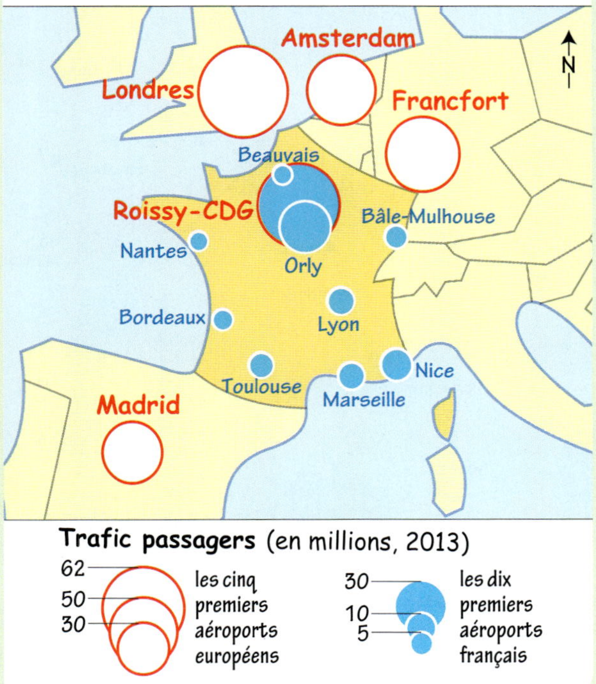

▸ Quelle est la place de l'aéroport de Roissy dans la hiérarchie des aéroports européens ?

ROISSY, UN *HUB* DE RANG MONDIAL

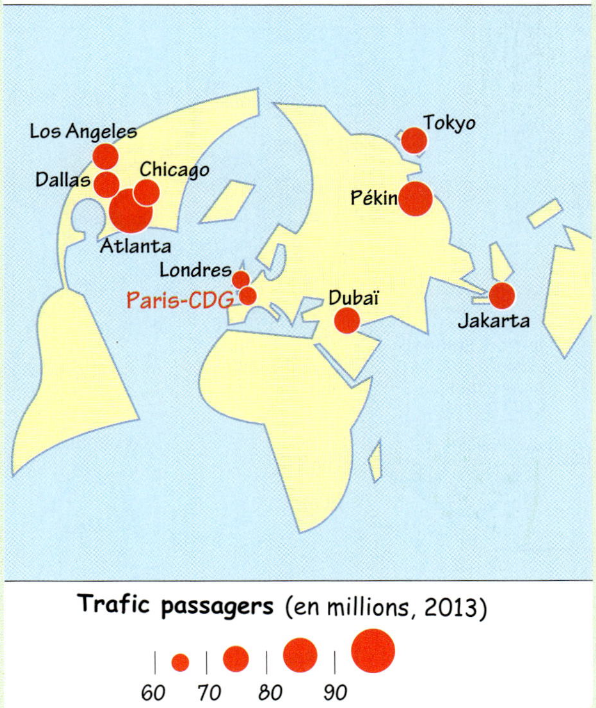

▸ Quelle est la place de l'aéroport de Roissy à l'échelle mondiale ?

Les réseaux : une France ouverte

1 Le réseau autoroutier

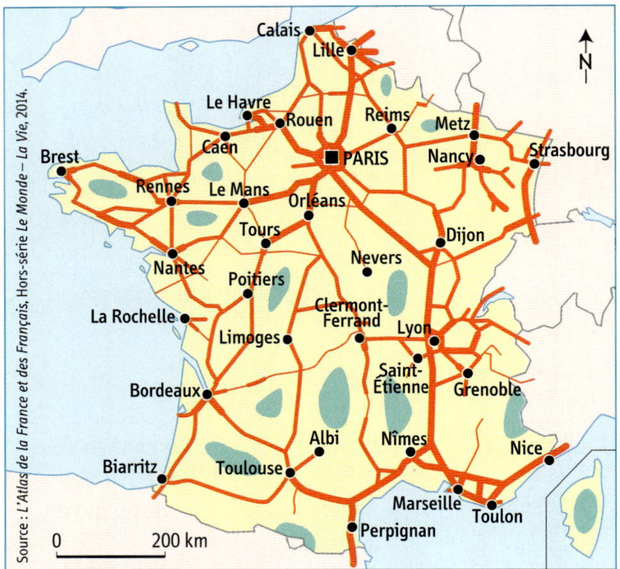

Trafic des autoroutes et voies express
- plus de 30 000 véhicules/jour
- de 10 000 à 30 000
- moins de 10 000

zone située à plus de 30 minutes d'une autoroute ou d'une voie express

Repérer Quels sont les principaux axes ?

3 L'Internet mobile en France

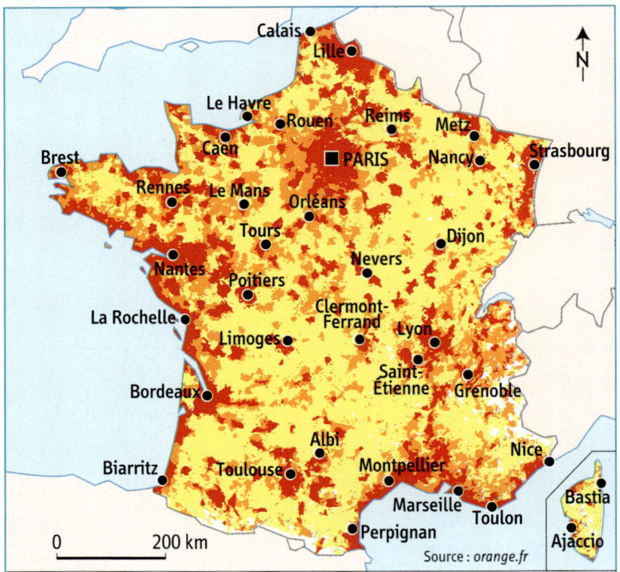

Couverture du réseau mobile Orange (janvier 2015)

4G | H+ | 3G+ | 2G

Repérer Quelles sont les zones les mieux desservies et pourquoi ? Où sont les zones « d'ombre » ?

2 Le réseau fluvial en Europe du Nord-Ouest

Réseau à grand gabarit (> 1 000 tonnes)
- convois de 3 200 à 18 000 tonnes
- convois de 1 250 à 6 000 tonnes
- port maritime
- port fluvial

Comparez le maillage des canaux dans le Nord-Ouest de l'Europe et dans le Nord de la France.

4 Les réseaux à grande vitesse

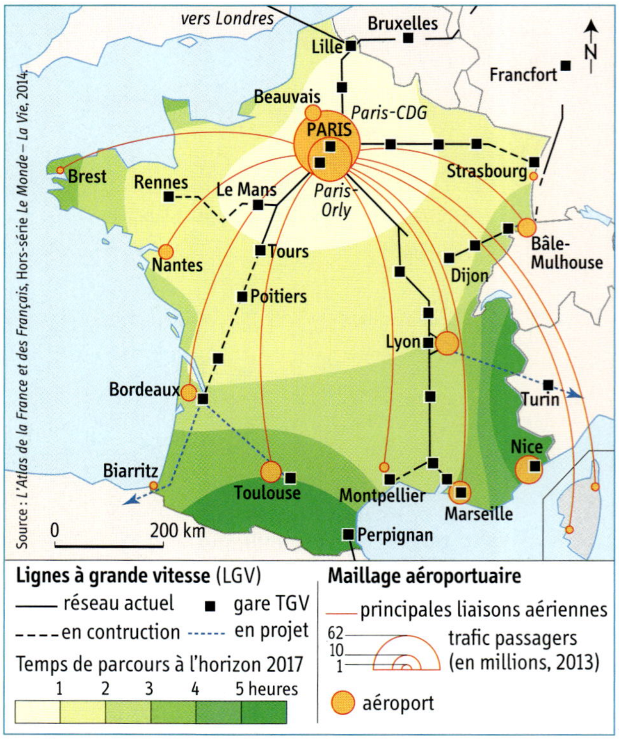

Lignes à grande vitesse (LGV)
- réseau actuel
- gare TGV
- en contruction
- en projet

Temps de parcours à l'horizon 2017 : 1, 2, 3, 4, 5 heures

Maillage aéroportuaire
- principales liaisons aériennes
- trafic passagers (en millions, 2013) : 62, 10, 1
- aéroport

Mettez en évidence les concurrences mais aussi les complémentarités entre les dessertes ferroviaires à grande vitesse et aériennes.

5 L'inégale connexion du territoire français à l'Europe et au monde

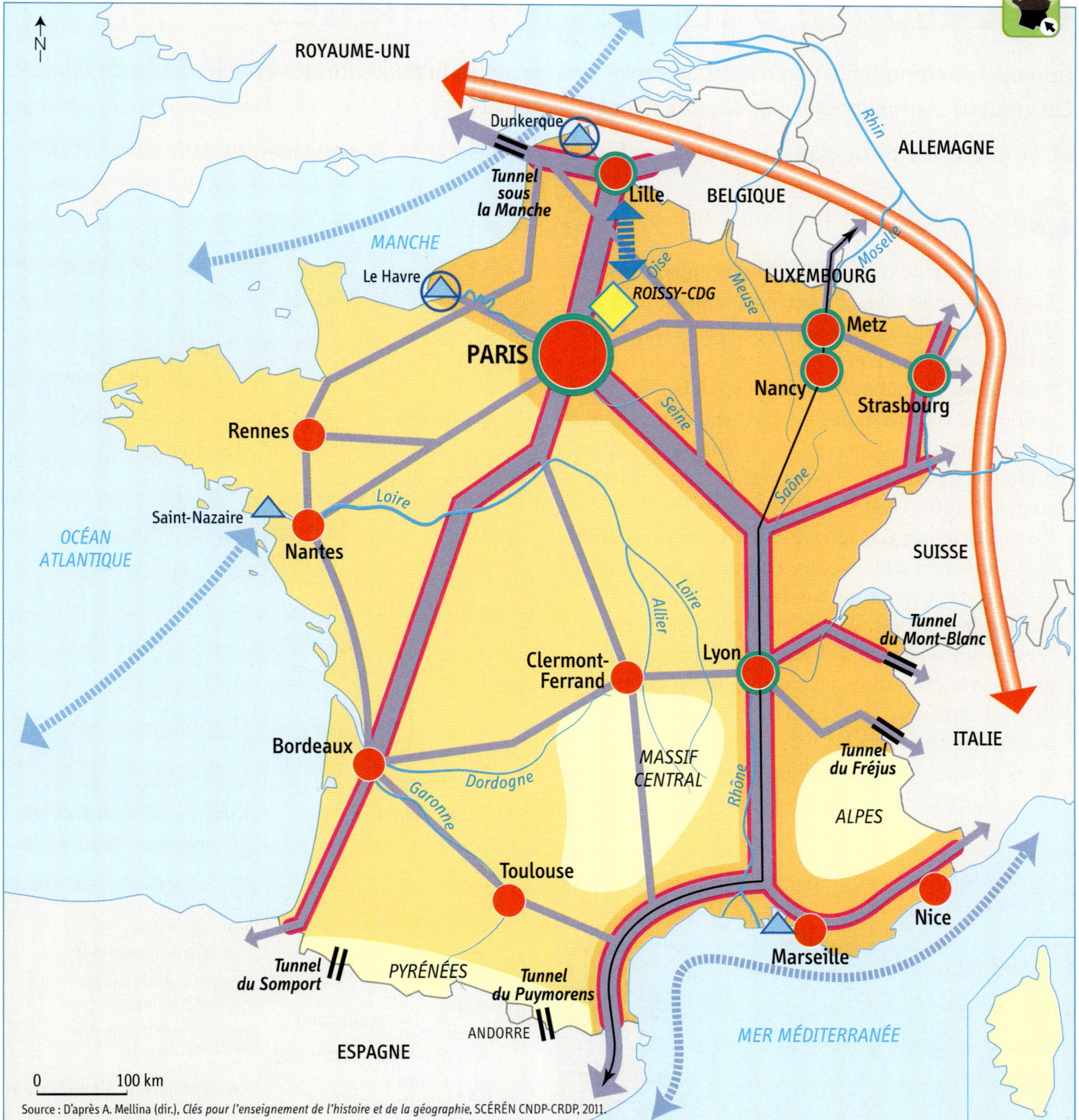

Source : D'après A. Mellina (dir.), *Clés pour l'enseignement de l'histoire et de la géographie*, SCÉRÉN CNDP-CRDP, 2011.

1. UN TERRITOIRE INÉGALEMENT CONNECTÉ

⊖ → ⊕

densité des réseaux

- nœud majeur
- nœud secondaire
- axe majeur (autoroute, TGV)
- axe secondaire ou transversal

2. UNE INTÉGRATION RENFORCÉE À L'UE ET AU MONDE

- ville s'affirmant comme carrefour européen
- *hub* mondial
- port
- port de la *Northern Range*
- route maritime majeure
- mégalopole européenne
- grand axe européen
- autoroute ferroviaire (ferroutage)
- tunnel transfrontalier
- projet de canal fluvial à grand gabarit

Repérer Quels sont les principaux carrefours et corridors en France ?

Réseaux et mobilités : une structuration de l'espace à toutes les échelles

Les voies de communication tissent une toile plus ou moins fine à toutes les échelles géographiques. Ces réseaux sont parcourus par des flux d'inégale intensité.

▶ **Comment les principaux axes et carrefours dynamisent-ils le peuplement et les activités ?**

1 Réseaux et structuration du territoire

« Les réseaux de transport ont beaucoup changé en France au cours des 50 dernières années, mais les progrès ont été concentrés sur quelques axes et l'ouverture européenne est assez récente. Qu'il s'agisse de la route, du rail ou du transport aérien, l'organisation des transports reste largement dominée par Paris : toutes les Lignes à Grande Vitesse (LGV), ou presque, y passent – y compris des transversales comme Nantes-Lyon –, les deux aéroports de Paris, Paris-Charles de Gaulle et Paris-Orly, en 2010, ont reçu plus de 83 millions de voyageurs alors qu'aucun aéroport de province n'atteignait 10 millions [...].
Sur le plan des réseaux de transport, on passe de l'étoile (en référence à "l'étoile Legrand" qui avait présidé à la réalisation des chemins de fer autour de Paris à la fin du XIXe siècle) à la toile, grâce au développement des transversales et de plateformes multimodales comme celle de Roissy (avion, TGV, autoroute) ou de Marseille (navire, rail, tube, avion). »

F. Smits, *Géographie de la France*, © Hatier, 2011.

▶ **Quelles sont les évolutions des réseaux de transport en France ?**

2 Le carrefour lyonnais

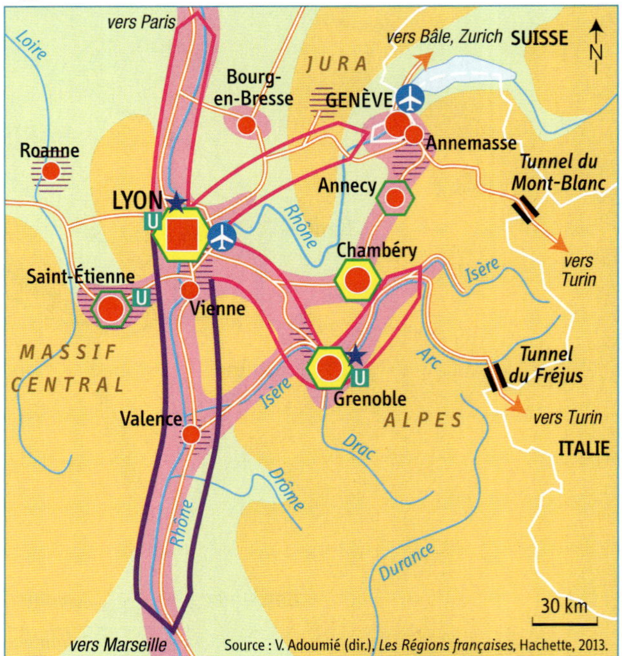

Source : V. Adoumié (dir.), *Les Régions françaises*, Hachette, 2013.

1. Le cadre physique
- cours d'eau
- principaux massifs

2. Une combinaison inégale de transports
- TGV, autoroute et canal à grand gabarit
- TGV et autoroute
- autoroute
- tunnel
- aéroport international (*hub*)

3. Un foyer urbain et d'activités
- métropole
- autre ville
- espace de commandement majeur
- ville relais de commandement
- couloir de peuplement et d'activités
- zone de production industrielle
- technopôle
- université

▶ **Pourquoi le carrefour lyonnais est-il un nœud de communication multimodal à toutes les échelles ?**

Vocabulaire

Multimodalité Combinaison de plusieurs modes de transport au cours d'un même déplacement ou transport.

3 Le nouveau hall de la Gare de Lyon à Paris

La Gare de Lyon a été agrandie pour absorber un trafic croissant généré par les mobilités à toutes les échelles géographiques grâce aux réseaux de TGV nationaux et internationaux, TER, RER et métro.

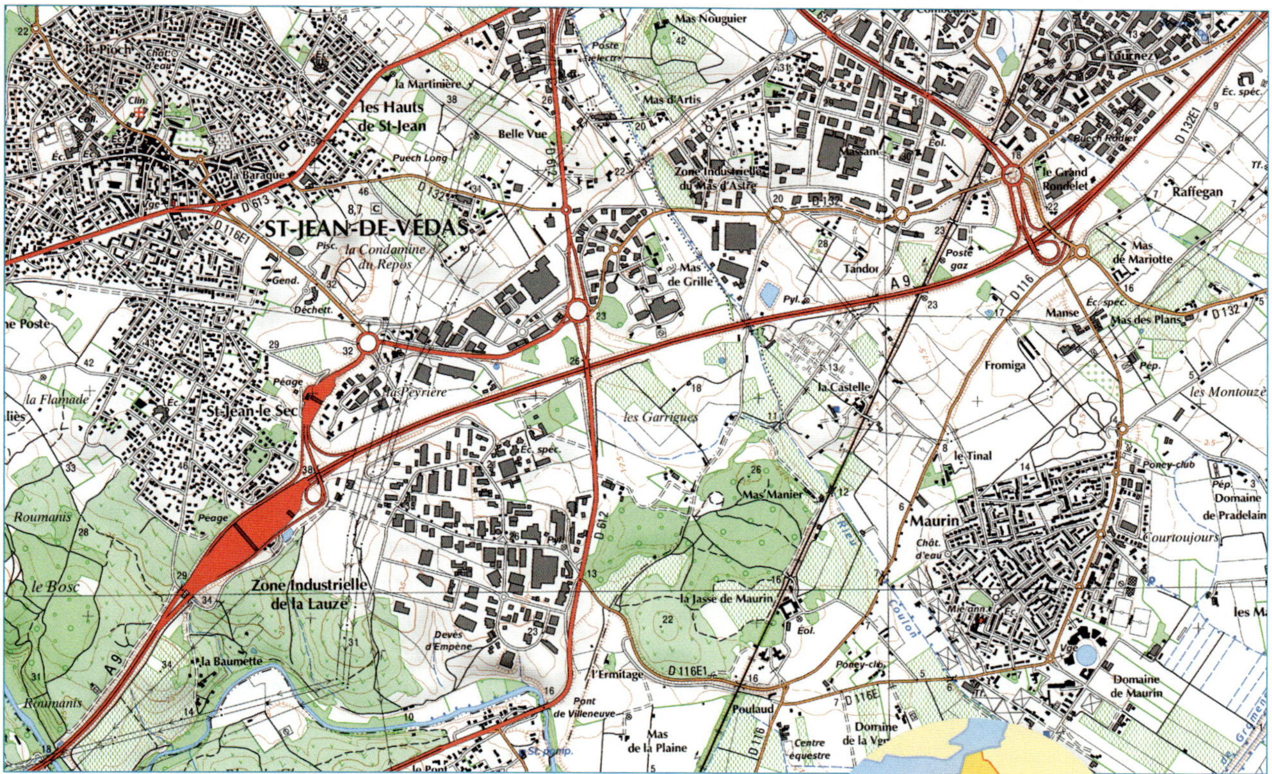

4 Voies de communication et dynamiques périurbaines à Montpellier

▶ À partir de cet extrait de carte topographique au 1/25 000e, mettez en évidence l'impact des voies de communication sur les dynamiques et les activités périurbaines.

Ce téléphérique urbain permettra de franchir la rivière Penfeld et évitera un long contournement d'une partie de la rade de Brest.

5 Brest : le premier projet de téléphérique urbain en France

PRÉPA BAC

Composition

Afin d'illustrer une composition sur les réseaux et les mobilités, choisissez deux documents à deux échelles différentes. Pour chacun d'entre eux, rédigez un paragraphe décrivant les impacts des réseaux de transport sur les territoires concernés.

Cours 1

L'accroissement des mobilités et l'ouverture sur l'Europe et le monde

La France est un pays développé, en situation de carrefour européen et disposant de trois ouvertures maritimes. Elle a bénéficié de l'accroissement des mobilités à toutes les échelles géographiques.

Augmentation des distances entre 1976 et 2010
(selon le type de déplacement, en %)

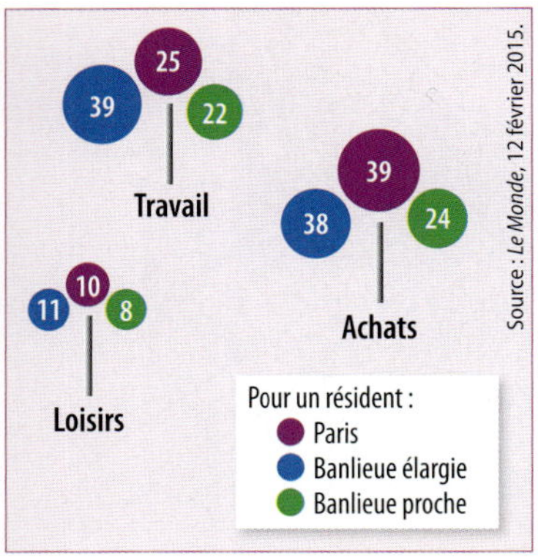

1 La multiplication et la diversification des mobilités

• Les **mobilités** en France sont de plus en plus fréquentes et s'effectuent sur des distances plus longues. Leurs motivations sont plus nombreuses : trajets domicile-travail, déplacements professionnels, pratiques de loisirs ou touristiques, changements résidentiels ou multirésidence. Ces mobilités concernent les Français mais aussi les autres populations qui visitent ou traversent le territoire national. **(doc. 3)** La France demeure la première destination touristique du monde avec 83 millions de touristes étrangers en 2013.

• Cet accroissement des mobilités s'explique par une économie de plus en plus tertiarisée fondée sur les échanges et par les processus d'urbanisation et de métropolisation. Ceci suppose des déplacements de personnes et de biens à l'origine de **flux** de plus en plus importants **(doc. 1)**.

• Ces mobilités sont facilitées par la réduction de l'**espace-temps** et la diminution de l'**espace-coût**. En effet, le transport aérien et la grande vitesse ferroviaire ont considérablement accéléré les déplacements. La large diffusion de l'automobile illustre la baisse du coût des déplacements.

2 Le développement des réseaux de transport et de l'intermodalité

• Les **réseaux** de transport ont été à la fois cause et conséquence de cette augmentation des mobilités. Le maillage des voies de communication s'est considérablement densifié. Les autoroutes dépassent 11 000 km. Quant aux LGV, elles comptent plus de 2 000 km. Roissy, grâce au groupe Air France-KLM constitué en 1994, s'est imposé comme un ***hub*** mondial. Les ports comme Marseille et Le Havre ont bénéficié de programmes de modernisation pour étendre les terminaux dédiés au trafic de conteneurs.

• Pour limiter les **ruptures de charge**, aussi bien pour les passagers que pour les marchandises, les aéroports et zones dédiées à la logistique deviennent des plateformes **multimodales** qui facilitent le passage d'un mode de transport à l'autre (intermodalité) en mettant en œuvre les combinaisons les plus efficaces. Le **ferroutage** **(doc. 2)** et les autoroutes de la mer doivent aussi fluidifier les échanges tout en s'inscrivant dans le développement durable.

• Les TIC (technologies de l'information et de la communication) suppriment certaines mobilités mais en permettent surtout de plus nombreuses.

3 L'intégration européenne et la mondialisation

• Les mobilités et les transports participent au renforcement de l'intégration européenne comme en témoignent les connexions autoroutières et les prolongements des LGV aux frontières du Nord, de l'Est et du Sud. Les tunnels alpins (Mont-Blanc et Fréjus) et sous la Manche constituent aussi des rattachements à la dorsale européenne.

• Les ports et aéroports majeurs sont des aménagements incontournables pour bénéficier des dynamiques liées à la mondialisation. Les ports de Marseille, et surtout du Havre et de Dunkerque à proximité de la *Northern Range*, captent et alimentent une partie de ces flux qui structurent la voie maritime la plus animée par le commerce mondial.

▶ **Les mobilités et réseaux de transport sont des révélateurs du développement du territoire français ainsi que de son degré de participation aux dynamiques européennes et mondiales.**

Notions

Flux
Définition p. 163.
Hub
Définition p. 165.
Mobilités
Définition p. 163.
Réseaux
Définition p. 163.

Vocabulaire

Espace-coût
Terme qui met en rapport la distance parcourue et le coût du trajet.

Espace-temps
Terme qui met en rapport la distance parcourue et la durée du déplacement.

Ferroutage
Transport de marchandises associant le rail et la route dans un même transport.

Multimodalité
Combinaison de plusieurs modes de transport.

Rupture de charge
Interruption du déplacement des personnes ou des marchandises pour changer de véhicule ou de mode de transport pour poursuivre le trajet.

1 Les territoires d'une société fondée sur l'hypermobilité

« Le concept de bassin de vie est une représentation quasi obsolète. Elle a été forgée dans les années 1970 lorsque les comportements quotidiens des Français étaient encore homogènes, rythmés par les mêmes temporalités et les mêmes vitesses.

Depuis, les déplacements n'ont cessé d'accentuer leur portée, sans parler des effets d'Internet. L'unité de vie spatio-temporelle s'est estompée. Les habitants d'un même territoire et surtout d'une même grande ville ont de moins en moins les mêmes rythmes et les mêmes horizons. Ce qui les réunit, plus que leur adresse, ce sont leurs trajets, les lieux disjoints de leur sociabilité professionnelle ou autre. Les usagers de telle ou telle ligne de RER ont autant d'intérêt à partager qu'avec leurs voisins de résidence ! Nous sommes dans une société de réseaux, comme l'ont expliqué les sociologues depuis vingt ans. [...]

Certes, il y a inégalité d'accès à la mobilité. Pour les plus vulnérables, l'espace de vie peut se rétrécir, se limiter à la cité, au quartier, au hameau. Mais la précarité ou le vieillissement n'exonèrent pas des déplacements, y compris subis. [...] Le concept de bassin de vie ne rend pas compte des énormes différences sociales de vécus spatiaux, par les parcours et les trajets. »

D'après un entretien de M. Vanier, géographe professeur à l'université de Grenoble, propos recueillis par B. J., *Le Monde*, 12 février 2015.

▸ À quelle échelle les mobilités les plus nombreuses s'opèrent-elles ?

2 Le ferroutage entre Perpignan et Bettembourg

Le ferroutage permet le transport de conteneurs sur des trains spécialement aménagés.

▸ Quels sont les avantages du ferroutage ?

3 Les mobilités touristiques en France

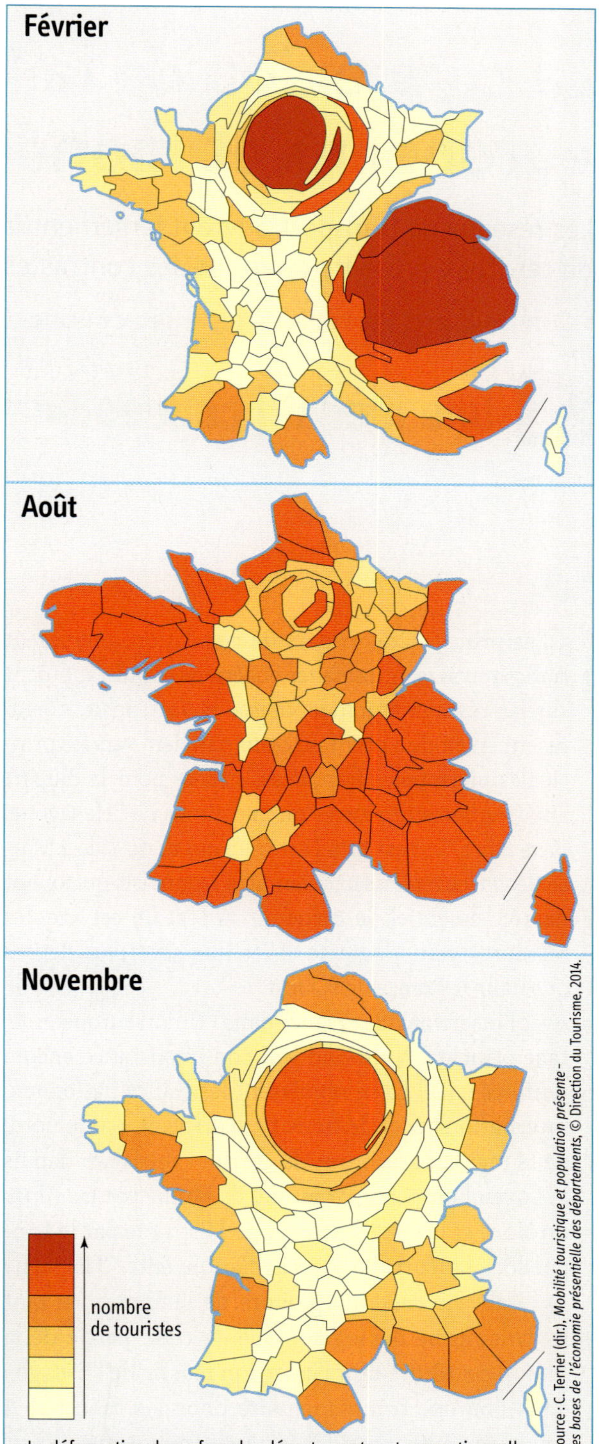

La déformation de surface des départements est proportionnelle au nombre moyen de touristes pendant ce mois dans le département.

1. Selon la saison, quelles sont les régions qui bénéficient le plus des mobilités touristiques ?
2. Pourquoi y a-t-il moins de mobilités en novembre ?

PRÉPA BAC

Étude de document

Doc. 3 Montrez l'intérêt de ces cartes par anamorphose pour rendre compte des mobilités touristiques et de leur variabilité saisonnière.

La connexion de la France aux réseaux européens et mondiaux

Les réseaux de transport ouvrent largement la France sur l'Europe et le monde. La desserte du territoire présente pourtant des contrastes importants.

▸ **Quelles sont les régions les mieux connectées à l'échelle internationale et pourquoi ?**

A Une inégale connexion à différentes échelles

1 La France, carrefour européen

« Les principaux corridors de circulation, réunissant trafics routiers, ferroviaires et aériens et qui s'appuient sur les réseaux à grande vitesse et fort débit, s'organisent en étoile à partir du cœur parisien, vers les principales métropoles françaises, situées pour la plupart aux frontières terrestres ou maritimes de l'Hexagone. L'axe Nord-Sud essentiel est celui qui va de Lille à Marseille via les régions parisienne et lyonnaise, qui jouent un rôle essentiel de carrefour. À l'est de cet axe, les réseaux à grande vitesse et les flux sont plus denses que dans la France de l'Ouest.

Avec l'insertion de la France dans l'Union européenne, l'axe principal Nord-Sud voit son importance encore renforcée. […] Là se réunissent les trafics nationaux, internationaux et de transit qui arrivent, par le nord, de la région parisienne, du corridor mosellan depuis le Luxembourg, et, par le sud, de l'Italie par les Alpes du Nord et la Côte d'Azur, et de l'Espagne par le Languedoc. Le corridor de circulation entre l'Espagne et l'Italie ne cesse de prendre de l'importance tant le dynamisme démographique de cette partie de la France est fort et tant l'insertion réussie de l'Espagne dans l'Europe communautaire dope les flux. […] À l'ouest, un autre corridor terrestre, moins important, joint le Nord-Pas-de-Calais et la région parisienne à Bordeaux et, au-delà, à la péninsule Ibérique.

L'insertion de la France dans l'espace européen ouvre des opportunités aux grandes villes de l'Est et du Nord qui, de frontalières, peuvent s'affirmer comme de véritables carrefours européens. »

A. Frémont, « Les transports en France – Quelles mobilités pour quelle société ? », *Documentation photographique* n°8 066, La Documentation française, nov.-déc. 2008.

▸ **Quels sont les impacts de l'intégration européenne sur la géographie des réseaux de transport et des flux en France ?**

2 L'*hinterland* des ports français

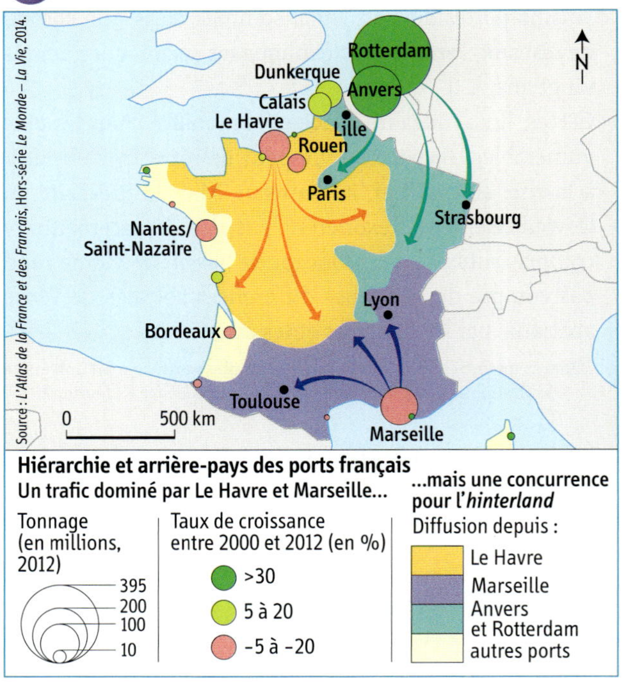

▸ **Où se situe la concurrence la plus vive et pour quel arrière-pays ?**

3 Les corridors européens en France

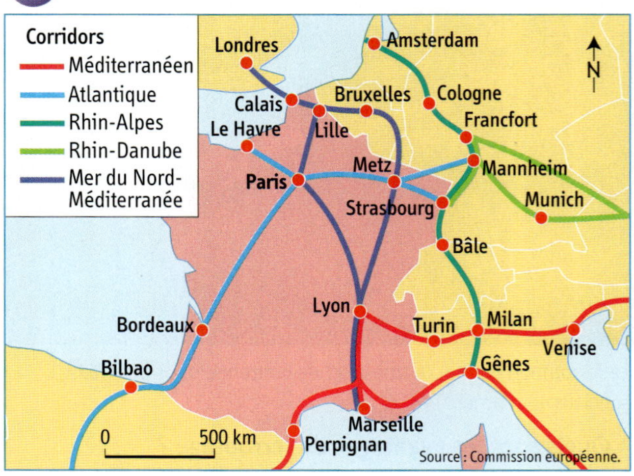

▸ **Quel est le principal corridor européen traversant la France ?**

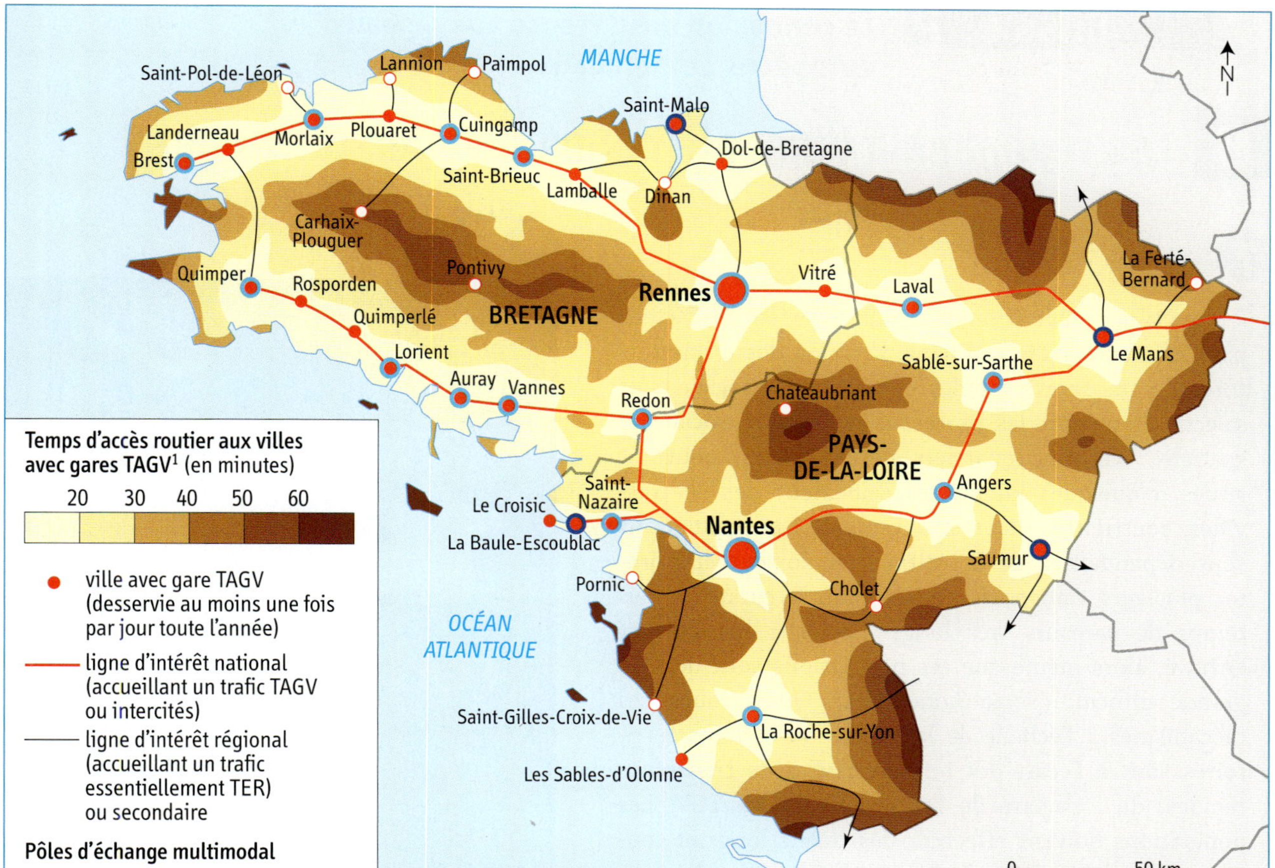

1. Trains aptes à la grande vitesse.

Source : G. Baudelle, I. Brugioni, A. Lepetit, *L'Ouest et le rail. Enjeux et prospective*, Presses Universitaires de Rennes, 2014.

4 L'inégale accessibilité d'une région périphérique : la Bretagne

▸ Quels sont les territoires les plus enclavés ?

5 La liaison ferroviaire à grande vitesse Paris-Barcelone

Le Nord, un carrefour européen 6

▸ Quels réseaux de transport font du Nord un carrefour européen ?

« La région du Nord a retrouvé, grâce aux transports rapides et à l'ouverture des frontières, une vocation ancienne de passages et de carrefour.

Tous les types de transports y sont représentés sur un territoire réduit, pour les passagers et pour le fret : port de marchandises lourdes (Dunkerque, 3e port français), port de passagers (Calais, 1er port français), aéroport (Lesquin, un million de passagers), TGV (vers Paris, Bruxelles, Londres par l'Eurotunnel sous la Manche), quatre autoroutes, des canaux à grand gabarit (Dunkerque-Escaut, bientôt Oise-Escaut)...

Le tout s'organise selon un grand Y dont le centre se trouve à Lille et qui, depuis Paris, conduit vers l'Angleterre ou vers la Belgique et les Pays-Bas. Le point de départ de cette renaissance fut la mise en service du tunnel sous la Manche en 1993. [...]

La meilleure valorisation est la multimodalité, l'interconnexion efficace des différents modes de transport sur de vastes plateformes, lieux attractifs pour les entrepôts, les services, l'industrialisation. La plateforme de Dourges, entre Lille et Lens, et celles dédiées au poisson et autres industries agroalimentaires à Boulogne en constituent les premiers exemples. »

A. Frémont, *Portrait de La France*, © Flammarion, 2011.

B Les réponses à l'inégale connexion des territoires

7 L'accès différencié aux transports

« Dans la mondialisation, la mobilité devient un facteur particulièrement discriminant. L'accès à des infrastructures de transports rapides et fiables est socialement sélectif et nourrit les processus d'exclusion sociale et spatiale : certains quartiers périphériques, pourtant situés à quelques kilomètres seulement des centres-villes, souffrent de leur enclavement. Les populations sont dépendantes de la voiture ou doivent emprunter plusieurs transports en commun, accumulant des temps de parcours très longs. L'accès à l'emploi est entravé, alors même que ces populations sont déjà en grande difficulté socio-économique. On retrouve ces mécanismes à l'échelle de la France où certains territoires sont à l'écart des infrastructures de transports rapides, qu'il s'agisse de l'autoroute ou du TGV. Les populations doivent effectuer des trajets longs et coûteux pour accéder à des services parfois les plus élémentaires et à l'emploi, ce qui est un facteur d'exclusion et de **paupérisation**. »

M. Reghezza-Zitt, « La France, une géographie en mouvement », *Documentation photographique* n°8 096, La Documentation française, nov.-déc. 2013.

▸ Expliquez pourquoi la desserte peut différencier des espaces et des populations.

8 À l'échelle nationale, le plan THD (Très Haut Débit)

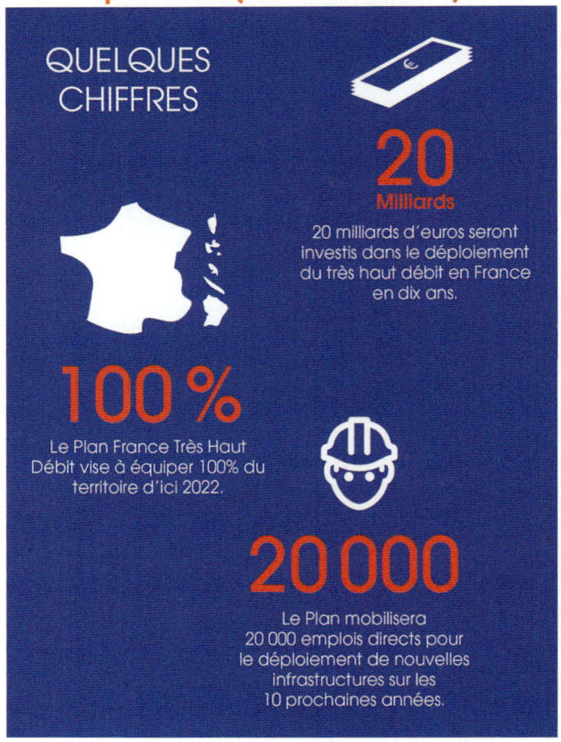

Source : Plan France Très Haut Débit, 2014.

▸ Pourquoi investir dans le THD permet-il de lutter contre l'**enclavement** ?

9 À l'échelle régionale, la route Balanine (Haute-Corse)

La récente route nationale 197 a permis de désenclaver la Balagne en mettant en relation les régions de Corte et Bastia avec celles d'Île-Rousse et de Calvi sur le littoral du Nord-Ouest de l'île.

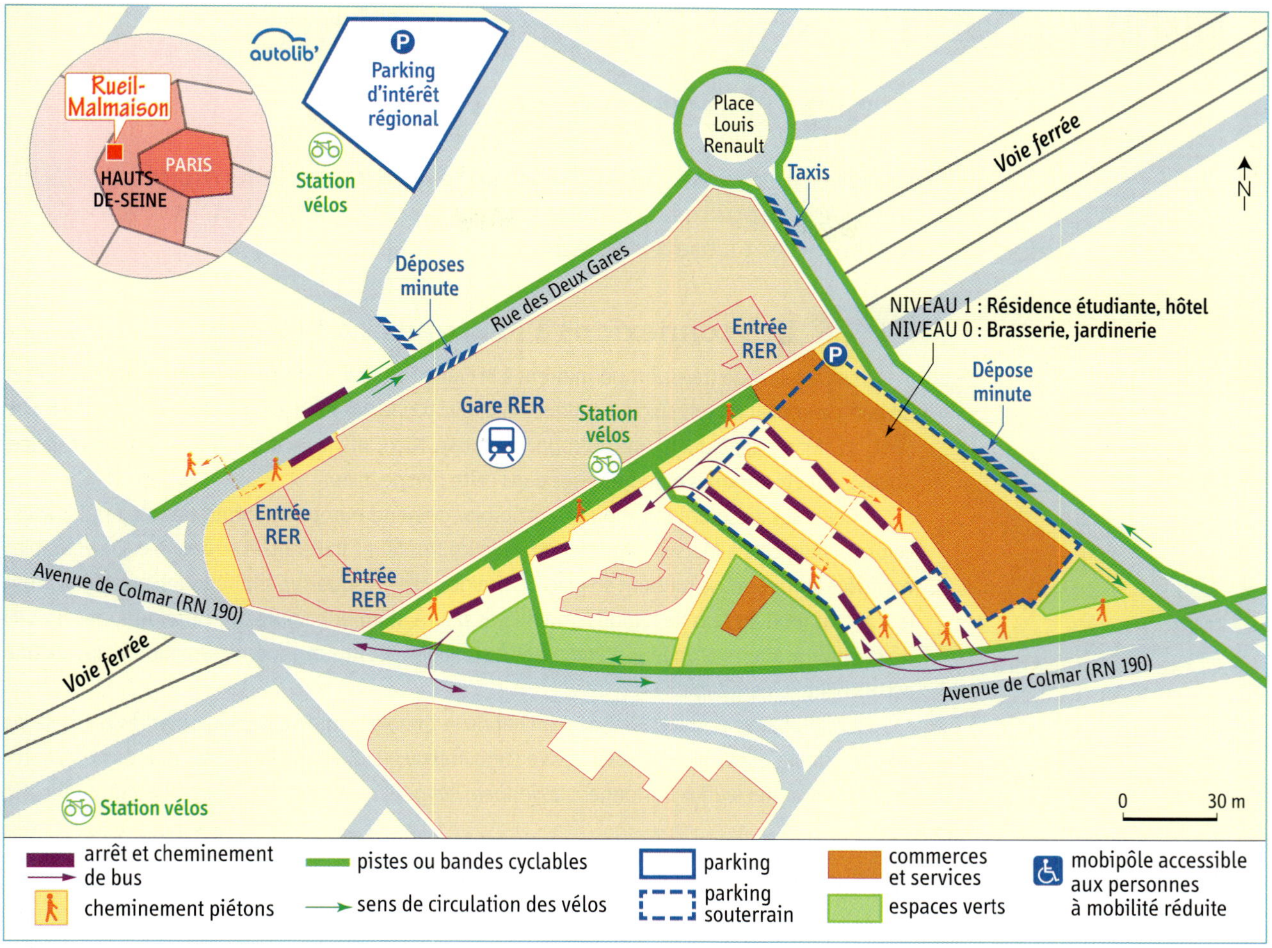

10 À l'échelle locale, le mobipôle de Rueil-Malmaison

Ce mobipôle est un pôle multimodal destiné à desservir la capitale et le quartier commercial de Rueil-Malmaison.
Cette carte est diffusée par le site www.mobipole.fr.

Pourquoi ce pôle multimodal est-il au service de mobilités plus durables ?

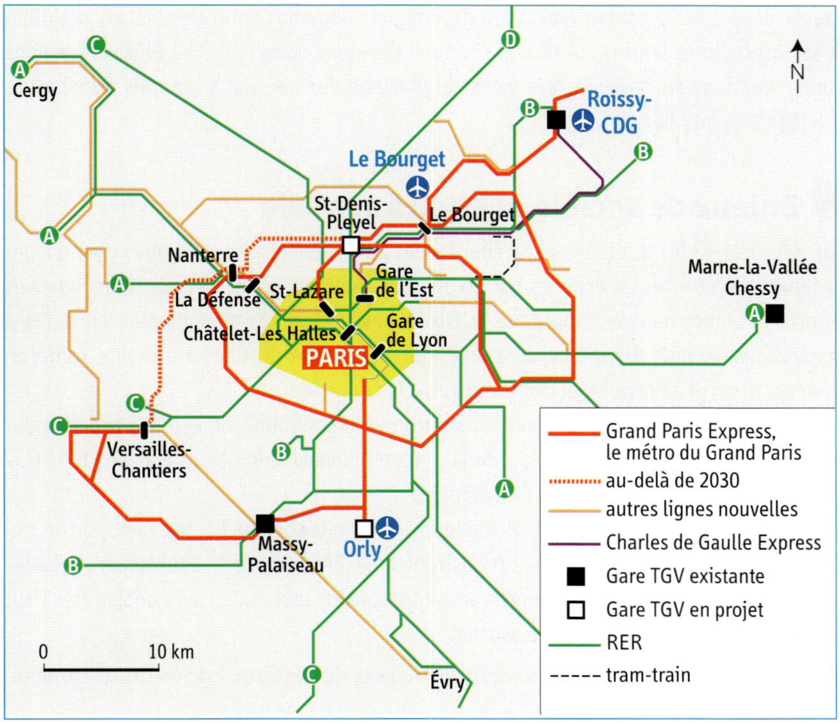

11 En Île-de-France, le nouveau Grand Paris

Que vont permettre les nouvelles lignes de transport prévues dans le projet du Grand Paris ?

Vocabulaire

Enclavement Caractérise un lieu difficile d'accès – du fait de l'éloignement et/ou du temps de parcours –, mal ou peu desservi.

Paupérisation Processus d'appauvrissement des populations et par extension des lieux.

PRÉPA BAC

Étude de document

Doc. 10 Après avoir présenté le document, vous montrerez les solutions apportées pour faciliter les mobilités urbaines.

D'inégales connexions à toutes les échelles

Les réseaux de transport permettent de structurer le territoire mais sans supprimer toutes les disparités. Fréquemment, ils les renforcent à toutes les échelles géographiques.

1 Des connexions à l'Europe et au monde

• Les réseaux de transport permettent à la France de renforcer son intégration européenne et de participer pleinement aux dynamiques liées à la mondialisation. Les principaux ports (Le Havre **(doc. 1)**, Marseille, Dunkerque), aéroports (Roissy, Nice) et gares (Lille, Massy, Marne-la-Vallée, Roissy), ont été agrandis et modernisés dans cette perspective.

• Ces voies de communication et leurs prolongements européens bénéficient à certains axes : celui qui relie Lille à Marseille et celui qui relie les frontières italienne et espagnole. De véritables **corridors** européens se mettent en place. Certaines villes, jusque-là périphériques, mettent à profit leur localisation au sein de régions frontalières pour s'affirmer comme des carrefours, des nœuds de communication européens. L'agglomération lilloise illustre cette transformation à travers une accessibilité remarquable.

• Les mobilités et transports de marchandises témoignent de complémentarités par-delà les frontières mais elles révèlent aussi la vive concurrence à laquelle se livrent les grands ports européens pour capter les flux qui longent la *Northern Range* et rayonner sur le Nord-Ouest du continent.

2 Des discriminations et des disparités

• Quelques régions, villes, axes ou quartiers sont favorisés par la qualité et la densité de la desserte. L'accès aux mobilités est facilité et les flux sont les plus intenses. Ce processus sélectif, à toutes les échelles géographiques, est particulièrement discriminant pour les espaces délaissés, surtout pour les populations et les activités qui s'y trouvent.

• L'intégration européenne et la mondialisation favorisent l'amélioration des réseaux de transport, stimulent les mobilités mais renforcent aussi fortement les disparités et hiérarchies.

• Certains secteurs sont victimes d'un effet tunnel **(doc. 2)**. Les réseaux de transport ne font que les traverser sans les desservir mais avec des impacts négatifs : coupure spatiale, pollution sonore et atmosphérique. D'autres territoires sont mal desservis, voire **enclavés**. Plusieurs régions de montagne souffrent du caractère très lâche du maillage des réseaux, y compris numériques (Internet, téléphonie mobile).

3 Enjeux de société et équité spatiale

• Pour **désenclaver** les territoires et faciliter l'accès aux mobilités, les politiques d'aménagement des territoires à toutes les échelles géographiques se préoccupent des questions relatives aux transports, y compris dans les espaces les mieux desservis, comme en région parisienne. Dans les agglomérations les plus denses, certains aménagements sont destinés à accroître l'offre en transport en commun et à encourager des transports plus durables.

• Malheureusement, la crise économique compromet la réalisation de certains projets pour des raisons financières **(doc. 4)**. C'est le cas de la jonction fluviale Seine-Nord Europe, de la LGV Lyon-Turin ou des autoroutes ferroviaires (ferroutage).

• Certains grands projets suscitent des polémiques, comme la construction de l'aéroport Notre-Dame-des-Landes près de Nantes **(doc. 3)**. Les Zones à défendre (ZAD) semblent se substituer aux Zones d'aménagement concerté (ZAC). Contrairement aux autres grands projets, le plan national Très Haut Débit (THD) concerne la totalité du territoire national.

▶ **À défaut de parvenir à une égalité utopique en matière de desserte, les acteurs de l'aménagement privilégient l'équité territoriale.**

Notions

Désenclavement / Enclavement
Définition p. 163.

Vocabulaire

Corridor
Axe qui concentre les voies de communication les plus diversifiées, les plus nombreuses et les plus efficaces, et parcouru par les flux les plus intenses.

1 Le Havre, débouché maritime de Paris sur la *Northern Range*

Ces terminaux pétroliers et de conteneurs illustrent l'importance d'être connecté aux flux du commerce maritime mondial pour les échanges de matières premières et de biens manufacturés.

2 L'effet tunnel

« En dépit de la volonté maintes fois répétée tant par la France que par l'Union européenne d'accroître l'accessibilité de tous les territoires aux transports rapides – qui est, pour ces lieux, une condition nécessaire, mais non suffisante du développement –, la France souffre encore de graves déséquilibres et semble de moins en moins capable (et/ou désireuse) de les atténuer. Le maillage des axes rapides est encore lâche, ce qui engendre des "effets tunnels" : les points d'entrée et de sortie – les nœuds, qui sont souvent les métropoles – sont avantagés alors que les zones traversées sont plus isolées, car elles sont à l'écart des facteurs de développement et ne bénéficient pas de la dynamique des métropoles. »

F. Smits, *Géographie de la France*, © Hatier, 2011.

Comment s'explique l'effet tunnel ? Comment se traduit-il ?

3 Le projet controversé de l'aéroport de Notre-Dame-des-Landes

Ce projet d'aéroport, fort ancien, a été relancé récemment pour doter la métropole nantaise d'un équipement aéroportuaire plus performant et pour desservir le Grand Ouest. Il suscite de nombreuses polémiques tant économiques qu'environnementales.

4 L'extension des LGV en débat

« En théorie, les projets de nouvelles lignes à grande vitesse à l'étude ou bien actuellement en construction devraient tirer les enseignements du rapport de la Cour des comptes et chercher à limiter autant que possible le nombre de gares desservies. Dans les faits, c'est l'inverse qui risque de se produire. En effet, les collectivités territoriales sont amenées à participer de plus en plus au financement des nouvelles lignes. Mais "elles ne le font bien entendu que si elles y trouvent des contreparties", relève le rapport. [...] La Cour cite ainsi en exemple la LGV-Est, à laquelle seize collectivités ont contribué. Conséquence : "Des choix contestables : présence de deux gares TGV sans interconnexion avec le réseau de transport régional, création de dessertes coûteuses à la pérennité incertaine, multiplication des arrêts à partir de Reims." [...] »

L. Steinmann, *Les Échos*, 24 octobre 2014.

Quelles sont les limites à la desserte ferroviaire à grande vitesse ?

CONSIGNE Après avoir présenté le document et sa source, vous distinguerez les différentes formes de mobilités sur le territoire français, puis vous décrirez leur inégale intensité. Montrez qu'elles s'organisent autour de « portes d'entrée » de différentes natures desservant le territoire français.

Les réseaux de transport et les flux en France

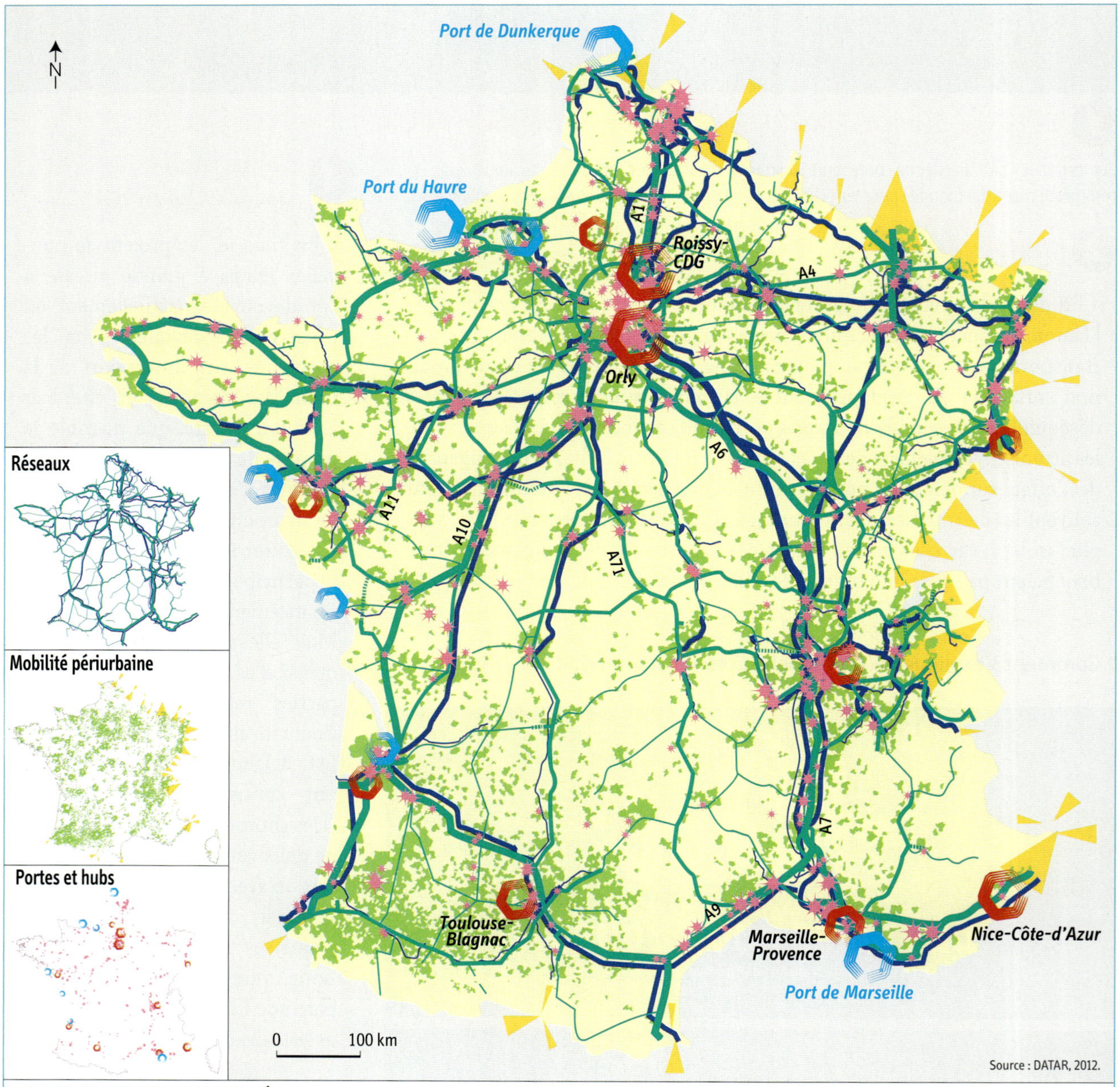

Source : DATAR, 2012.

1. TERRITOIRE DE LA MOBILITÉ

Trafic routier (moyenne annuelle de la circulation journalière sur les routes nationales et autoroutes en 2007)
- 5 000 à 10 000
- 10 000 à 20 000
- plus de 20 000

Mobilité périurbaine
- communes ayant plus de 50 % de ménages bi-motorisés en 1999

Trafic ferroviaire (nombre moyen de trains par jour en 2008)
- 25 à 50
- 50 à 200
- plus de 200

Mobilité transfrontalière (nombre de travailleurs transfrontaliers en 2008)
- 3 000
- 7 000
- 20 000

2. PORTE D'ENTRÉE

Entrepôts de la grande distribution (surfaces cumulées d'entrepôts par commune en 2007)
- moins de 25 000 m²
- de 25 000 m² à 75 000 m²
- plus de 75 000 m²

Trafic aéroportuaire (en millions de passagers, 2008)
- 2
- 5
- 10

Trafic portuaire (en millions de tonnes de marchandises, 2006)
- 20
- 50

Étape 1 *Analyser la consigne*

Méthode

Les termes de la consigne doivent être bien lus et définis, afin de ne pas les confondre et de ne pas faire de hors-sujet. Au brouillon, recopiez la consigne et analysez chaque terme.

CONSEIL Les termes doivent ici être utilisés avec précaution.
– Le terme « mobilités » renvoie à des flux d'hommes utilisant divers modes de transport (routier, ferroviaire, aérien) dans le cadre de déplacements périurbains et/ou transfrontaliers.
– L'expression « nœuds de transports » ou « portes d'entrée » renvoie à des aménagements en transports, qui se rencontrent en certains points du territoire, qu'il faudra identifier.

Entraînement 1 La carte représente-t-elle des flux de marchandises ? D'hommes ? D'informations ?

Étape 2 *Lire la carte*

Méthode

La lecture d'une carte est essentielle pour réussir à la commenter. Vous devez être méthodique et relier sans cesse votre lecture de la carte au sujet.

Entraînement 2

1. Lisez la légende de la carte : quelle différence faites-vous entre « territoire de la mobilité » et « porte d'entrée » ?
2. Dans la partie « Territoire de la mobilité », quels types de mobilité sont représentés ?
3. Certains éléments compris dans la rubrique « Porte d'entrée » représentent-ils aussi des flux ?
4. Quels sont les réseaux de transport empruntés ?
5. Quelle est la fonction des trois petites cartes à gauche ?
6. Peut-on hiérarchiser les portes d'entrée du territoire ? Montrez que c'est un facteur essentiel pour comprendre les inégalités territoriales.

Étape 3 *Rédiger la présentation du document*

Entraînement 3 Rédigez la présentation à l'aide de la méthode p. 117 (étape 1).

CONSEIL N'oubliez pas de vous poser les questions suivantes :
– Quelle est la nature du document ?
– Quelle est la source du document ?

Étape 4 *Construire le plan*

Entraînement 4 Recopiez et complétez le tableau suivant en classant les différents éléments répondant aux trois grandes parties de la consigne.

Thème/Partie du plan	Description de la carte	Analyse
Les différents types de mobilité sur le territoire français	– Trafic routier – Trafic .... – Trafic .... – Trafic	– Des mobilités diversifiées, qui utilisent tous les modes de transport – Des mobilités spécifiques pour certains territoires : .... et ....
Une répartition inégale des mobilités sur le territoire français	– Concentration de plusieurs types de mobilités le long des .... et près des .... – Des espaces moins concernés par les mobilités : ....et	– .... – .... – ....
Des portes d'entrée d'inégale importance	– Hiérarchie des principales portes d'entrée –	Les portes d'entrée : des pôles multimodaux

Étape 5 *Rédiger le développement et la conclusion*

Méthode BAC Composition

L
ES

Sujet la connexion inégale du territoire français à l'Europe et au monde par les réseaux de transport et le numérique

Étape 1 *Analyser le sujet*

Entraînement 1 Définissez les termes du sujet.

La connexion inégale du territoire français à l'Europe et au monde par les réseaux de transport et le numérique

- À quelles échelles analyse-t-on cette « inégale connexion » ?
- Le sujet doit-il uniquement être centré sur le territoire métropolitain ?
- • Les réseaux de transport et le numérique sont-ils uniquement pensés à l'échelle nationale ?
  • Quelle est la place de la France dans les réseaux de transport européens et mondiaux ?

Étape 2 *Choisir une problématique*

Entraînement 2 Parmi les problématiques suivantes, choisissez celle qui convient le mieux au sujet.

a. Dans quelle mesure le territoire est-il inégalement connecté aux réseaux de transports et de communication, aux échelles locale, nationale, européenne et mondiale ?
b. Pourquoi le territoire français est-il inégalement connecté aux réseaux de transports et de communication ?
c. Quels territoires sont les mieux connectés aux réseaux de transports et de communication ?

Étape 3 *Rédiger l'introduction*

Entraînement 3 Rédigez l'introduction en prenant soin de respecter les trois étapes (*cf.* méthode générale p. 154).

Étape 4 *Construire un plan*

Méthode générale Choisir un type de plan

Plusieurs types de plan de composition peuvent être utilisés en géographie, en fonction des sujets proposés.

- Le **plan thématique**, qui répond à la problématique en tenant compte des différents thèmes soulevés par le sujet.
- Le **plan par échelle**, qui étudie le phénomène échelle par échelle.
- Le **plan typologique**, qui met en valeur plusieurs types d'espaces, en fonction de différents critères soigneusement choisis pour leur pertinence, notamment pour identifier la spécificité d'un territoire par rapport à un autre.
- Le **plan description/explication/typologie**, qui décrit un phénomène, l'explique, et montre ensuite la situation de différents espaces au regard du phénomène étudié.

Deux types de plans sont ici plus appropriés pour répondre au sujet : le plan thématique ou le plan typologique.

Plan thématique

I. Les réseaux de transport : qualité, diversité et ouverture

II. L'impact des réseaux sur les territoires

III. Des connexions inégales selon les territoires

Plan typologique

I. Métropoles et axes majeurs : des territoires très bien connectés à toutes les échelles.

II. Villes et espaces périurbains : des territoires qui renforcent leur connexion au réseau local, national et européen de transports et communication

III. Les campagnes et les îles : des territoires enclavés ?

Entraînement 4

1 Notez les avantages et inconvénients de chacun de ces plans et choisissez celui qui vous semble le plus approprié.

2 Décomposez ensuite chacune des grandes parties en sous-parties, en prenant soin d'utiliser la liste de notions et de mots de vocabulaire suivante : *enclavement, accessibilité, flux, réseaux, TIC, politique européenne de transports, hub, corridors, plateforme multimodale, nœuds de transports, transversales, mégalopole européenne, espaces frontaliers, effet tunnel, métropolisation, aménagement, mondialisation.*

3 À l'aide du cours et de votre manuel, enrichissez chacune des sous-parties d'exemples précis (ville, *hub*, aménagement en transports, port, plateforme multimodale, ville ou zone rurale enclavée).

Étape 5 *Intégrer un schéma dans le développement*

Méthode

Le schéma est valorisé dans une composition. Il peut avoir pour objectif :
– d'illustrer un point précis de votre développement ;
– de faire la synthèse de votre devoir ou de plusieurs sous-parties.

Exemples de schémas

Le schéma « Roissy, un nœud en Île-de-France au service d'une métropole mondiale » (p. 169) exprime l'hypercentralité, la multimodalité et peut s'utiliser aux échelles locale, métropolitaine, européenne et mondiale. Ce schéma illustre un point précis, mais présente l'avantage d'appuyer votre démonstration à plusieurs échelles : partie III du plan thématique ou partie I du plan typologique.

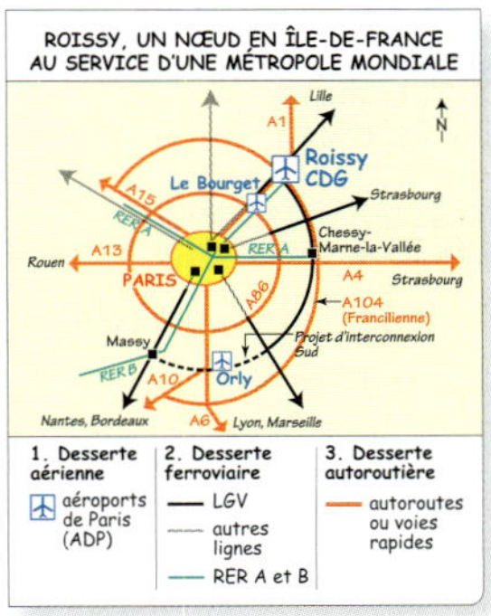

Le schéma « Centralité parisienne et carrefours périphériques » (p. 191) peut être un schéma de synthèse pour illustrer l'inégale connexion du territoire français aux échelles nationale et européenne.

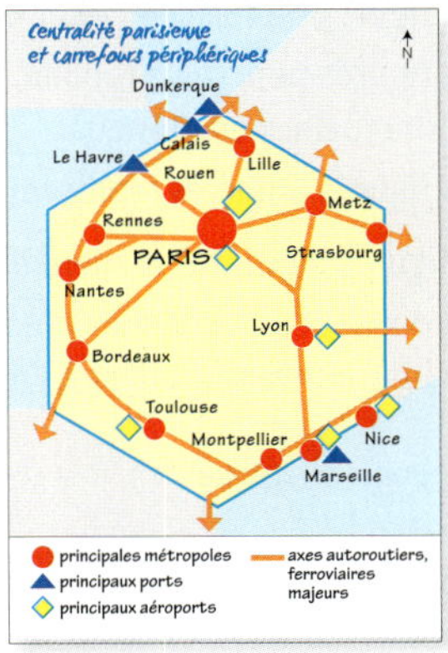

Étape 6 *Rédiger la conclusion*

Exemple de conclusion ▶ Le territoire français métropolitain est inégalement connecté aux réseaux de transport et de communication. Il oppose des « centres » (notamment les métropoles) très bien reliés à tous les types de réseaux et à toutes les échelles et des périphéries (les campagnes profondes) plus ou moins connectées. Néanmoins, les actions menées pour plus d'équité territoriale par les collectivités territoriales et l'État sont nombreuses.

Méthode BAC Croquis

Sujet : L'organisation des réseaux de transport en France et leur connexion à l'Europe et au monde

Étape 1 *Analyser le sujet*

Entraînement 1 Définissez les termes importants du sujet.

Étape 2 *Formuler les titres de la légende*

Méthode générale **Choisir les titres d'une légende**

Les titres de la légende doivent permettre de lire et comprendre facilement la carte. Ils doivent être concis, mais explicites, et utiliser les termes importants du sujet, mais aussi les notions du cours. Ces titres doivent avoir du sens et regrouper l'ensemble des informations qui seront ensuite développées dans la partie.

Entraînement 2 En vous aidant du titre donné à la partie I de la légende du croquis p. 187, choisissez parmi les propositions suivantes le titre de la partie II, puis recopiez-le sur la légende.

a. Ouverture et insertion dans les espaces européens et mondiaux
b. Les réseaux de transports aérien et portuaire
c. Les villes, des espaces très accessibles par les transports

Étape 3 *Choisir des figurés pour construire la légende*

Méthode générale **Choisir les figurés** (voir tableau p. 13)

Le choix des figurés est très important dans l'élaboration du croquis. Les figurés permettent d'exprimer vos idées. Ils doivent être pensés avant de commencer à réaliser le croquis.

Ces figurés doivent respecter certaines règles de représentation et certaines normes. Vous devez aussi veiller à ce qu'ils puissent être superposés, afin que votre croquis reste lisible facilement.

Il existe trois types de figurés :
– les **figurés de surface** (aplat de couleurs, hachures) permettent de représenter une zone (étalement urbain, zone enclavée...) ;
– les **figurés ponctuels** (points, triangles...) représentent un point précis, un lieu, un type d'activité dont la localisation est ponctuelle, peu étendue ;
– les **figurés linéaires** représentent des axes de transport, des fleuves... (lignes, traits) ou des flux (flèches).

Ces figurés doivent être hiérarchisés en variant leur taille et leur couleur.

Le choix des couleurs répond à des normes : rouge ou noir pour les axes de transport, rouge pour les villes, bleu pour les informations liées à l'eau, vert pour les éléments naturels, jaune pour l'agriculture.

Entraînement 3

1. Afin de construire la légende, complétez le tableau suivant.

Informations représentées par des...	Informations
Figurés de surface	....
Figurés linéaires	....
Figurés ponctuels	....

2. Complétez la légende et le croquis, sans oublier de placer la nomenclature.
3. Donnez un titre au croquis

TITRE : ....

1. UN TERRITOIRE INÉGALEMENT CONNECTÉ

Densité des réseaux

⊖ ⟶ ⊕

.... nœud majeur .... nœud secondaire

.... axe majeur (autoroute, TGV)

.... axe secondaire ou transversal

2. ....

.... ville s'affirmant comme carrefour européen

....

....

.... port de la Northern Range

....

....

.... grand axe européen

autoroute ferroviaire (ferroutage)

tunnel transfrontalier

.... projet de canal fluvial à grand gabarit

Étude de document

Après avoir présenté le document, vous localiserez les « zones blanches du territoire français » et vous expliquerez l'impact de cette situation pour les territoires concernés. Vous analyserez ensuite le rôle de l'État et des collectivités locales dans le désenclavement numérique de ces zones.

« Les zones blanches » du territoire français

a. La commune de Sainte-Anne-Saint Priest (Haute-Vienne)

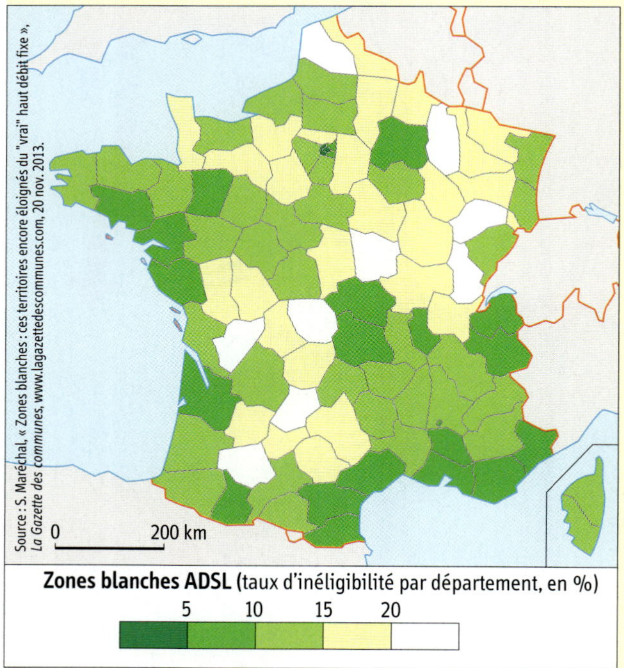

Source : S. Maréchal, « Zones blanches : ces territoires encore éloignés du "vrai" haut débit fixe », *La Gazette des communes*, www.lagazettedescommunes.com, 20 nov. 2013.

« Ne parlez pas de la 4G aux habitants de Bussy, un hameau de la commune de Sainte-Anne-Saint-Priest, de très haut débit, ni même de haut débit [...] ! Depuis 2008 ils se plaignent de ne pas avoir un accès satisfaisant aux moyens modernes de communication. Les téléphones portables "passent" mal et le débit Internet est bien trop faible pour l'usage actuel, pas plus de 512k. [...] "Nous sommes des citoyens de seconde zone, oubliés de tous. Nous en avons ras-le-bol ! Nous ne comprenons pas pourquoi nous serions traités différemment de l'ensemble du territoire français. [...] Nous ne pouvons rien faire comme tout le monde, pour faire des achats, communiquer, s'informer... Nous avons des enfants à qui les enseignants demandent de faire des recherches sur Internet ou des pré-inscriptions en ligne : impossible, il faut les emmener à La Poste ou s'organiser pour rester une heure de plus au CDI !" Bussy, en effet, ne peut être alimenté en haut débit par câble et la mise en place d'une connexion via satellite coûte entre 250 et 300 euros. [...] Les habitants souhaitent donc que les collectivités et l'État "prennent en charge l'équipement des maisons en parabole pour accéder à internet via le satellite, et l'abaissement du prix de l'abonnement à un prix plus en rapport avec la facture des Français domiciliés dans les zones couvertes." »

Le Journal des Communes durables, site Internet www.journal-des-communes.fr, 15 janvier 2014.

b. Enjeu des prochaines années : le très haut débit

« En 2012, le gouvernement a lancé la Mission Très Haut Débit, avec comme objectif de raccorder 100 % des foyers à un débit de 100 Mbits/s d'ici à 2022. Ce plan prévoit le déploiement de la fibre optique au niveau national, et la mobilisation de 20 milliards d'euros, dont 3 milliards de subventions pour soutenir les collectivités territoriales. »

D. Roucaute, www.lemonde.fr, 25 juillet 2014.

FAIRE LE POINT

Les notions

Exercice 1 Définissez les notions et termes suivants : *transports* • *TIC* • *mobilités* • *réseaux* • *flux* • *accessibilité* • *multimodalité* • *intermodalité* • *hub* • *connexion* • *enclavement* • *transports durables*.

Les repères spatiaux

Exercice 2 Sur un fond de carte de France (téléchargeable sur www.geo-hatier.com), placez :
– les principaux axes et nœuds de transport d'échelle nationale, européenne et mondiale ;
– les principaux corridors de circulation ;
– les principales villes et les mobilités périurbaines associées.

Les capacités du chapitre

- ✔ Mettre en relation les réseaux de transports et les mobilités.
- ✔ Décrire l'inégale connexion du territoire français aux réseaux de transports et de communication.
- ✔ Expliquer la localisation des principales infrastructures de transport.
- ✔ Montrer l'impact d'un aménagement en transport à plusieurs échelles.
- ✔ Produire un schéma simple montrant un nœud de transport important.
- ✔ Exprimer son sens de la critique à propos des impacts d'une infrastructure de transports.

GÉOTICE Étudier les alentours de l'aéroport de Roissy avec Édugéo-Éduthèque

Édugéo est un service conçu par l'IGN en partenariat avec le ministère de l'Éducation nationale. Il s'adresse aux élèves et aux professeurs.

En salle informatique, répartissez-vous en plusieurs groupes. Allez sur le site d'Édugeo, **www.edugeo.fr**, **cliquez** sur « Éduthèque ». **Connectez-vous** à l'aide des identifiant et mot de passe fournis par votre enseignant.

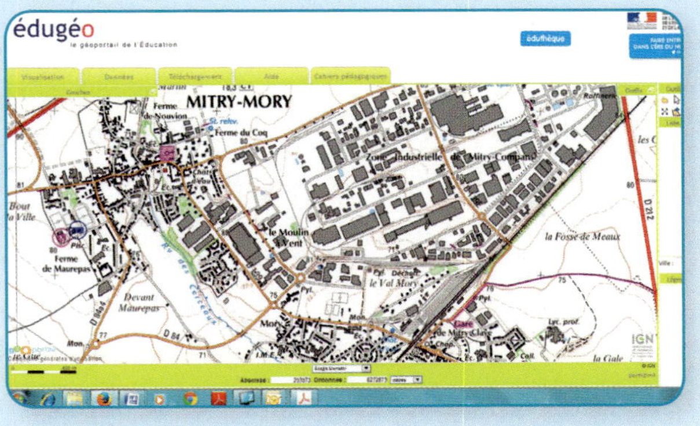

Répartissez-vous en deux groupes.
Dans le menu déroulant « Données », **cliquez** sur « Roissy-en-France ».
Déplacez la carte vers le sud-est afin de visualiser la commune de Mitry-Mory.
• Pour le premier groupe, dans le menu « Couches », **cochez** les rubriques « Cartographie Roissy 1973 » et « Cartes IGN ».
• Pour le deuxième groupe, dans le menu « Couches », **cochez** uniquement la rubrique « Cartes IGN ».
Vous pouvez changer d'échelle afin de visualiser sur votre écran toute la commune de Mitry-Mory. Pour cela, jouez sur le zoom dans la barre « Outils » (en haut à droite), en déplaçant le curseur aux niveaux « Ville » et « Rue ».

1. Comparez la carte de 1973 et la carte actuelle.

2. Quelles évolutions constatez-vous dans l'occupation de l'espace ?

3. Quel est le facteur explicatif de ces évolutions ?

4. Au détriment de quelle mise en valeur se sont effectués ces changements ?

RÉVISER

Mobilités, flux et réseaux de communication dans la mondialisation

Repères

Mobilités, flux et réseaux en France

- 4e réseau autoroutier au monde et 2e de l'UE
- 4e réseau ferroviaire à grande vitesse au monde et 2e de l'UE
- Plus de 8 déplacements sur 10 effectués en voiture
- Plus de 80 % des foyers connectés à Internet

Idées clés

L'accroissement des mobilités illustre l'intégration de la France à l'Europe et son ouverture sur le monde

L'urbanisation du territoire, la modernisation des transports et leur interconnexion, l'abaissement du coût des déplacements ont contribué à favoriser les mobilités. Les raisons qui les motivent sont diverses. L'efficacité des modes et réseaux de transport, à l'image des *hubs* et des plateformes multimodales, a largement favorisé la participation de la France aux dynamiques européennes ainsi qu'au processus de mondialisation. Les flux témoignent du rattachement des territoires français à la *Northern Range* ou à la mégalopole européenne.

Les réseaux et mobilités contribuent à structurer le territoire à toutes les échelles

Les transports et voies de communication, grâce aux facilités de déplacement des hommes et des marchandises qu'ils permettent, contribuent à fixer les populations et les activités. Cette attractivité se constate autour d'aéroports comme Roissy-Charles de Gaulle, malgré les nuisances engendrées par l'intensité des flux. Les territoires les mieux desservis sont les plus recherchés ce qui renforcent leurs potentialités.

Les voies de communication révèlent les inégalités spatiales, les renforcent mais contribuent aussi à les atténuer

Des corridors majeurs concentrent les flux les plus intenses qui empruntent les réseaux de transport les plus variés et les plus denses. Ces axes sont alimentés par les villes qui s'affirment comme des carrefours : Paris, Lille, Lyon et Marseille avec des prolongements vers l'Europe du Nord-Ouest ou vers l'Espagne et l'Italie. Les métropoles frontalières jouent aussi un rôle. Au-delà de ces lignes de force, certains territoires demeurent à l'écart. Des aménagements liés aux transports permettent parfois de les désenclaver et de rétablir de l'équité territoriale.

Surfer

- Ministère en charge des transports : Ministère de l'Écologie, du Développement durable et de l'énergie : **www.developpement-durable.gouv.fr**
- Dossier sur les mobilités des Français : **www.developpement-durable.gouv.fr/La-mobilite-des-Francais-panorama.html**
- Le site des aéroports franciliens pour leurs riverains : **www.entrevoisins.org**
- Le site ADP (Aéroports de Paris) : **www.aeroportsdeparis.fr**
- Dossier sur les 40 ans de Roissy-CGD : **www.aeroports-deparis.fr/groupe/presse/40-ans-paris-cdg**
- Pour observer le trafic aérien en temps réel à toutes les échelles géographiques : **www.flightradar24.com**

Lire

- *Roissy, un monde secret : enquête sur le plus grand aéroport d'Europe* de Cyril Azouvi, Denoël, 2012
- *Une Semaine à l'aéroport* d'Alain De Botton, Flammarion, 2010

Schémas clés

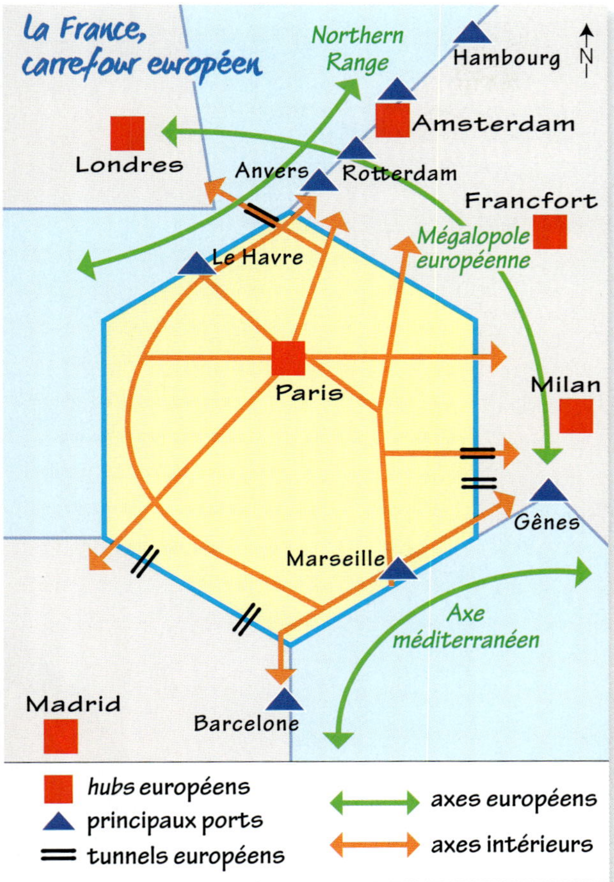

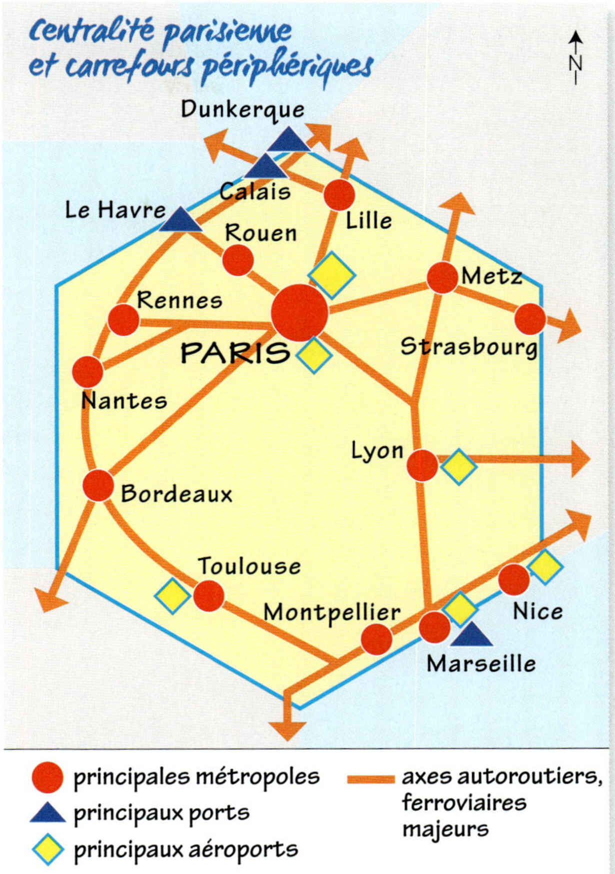

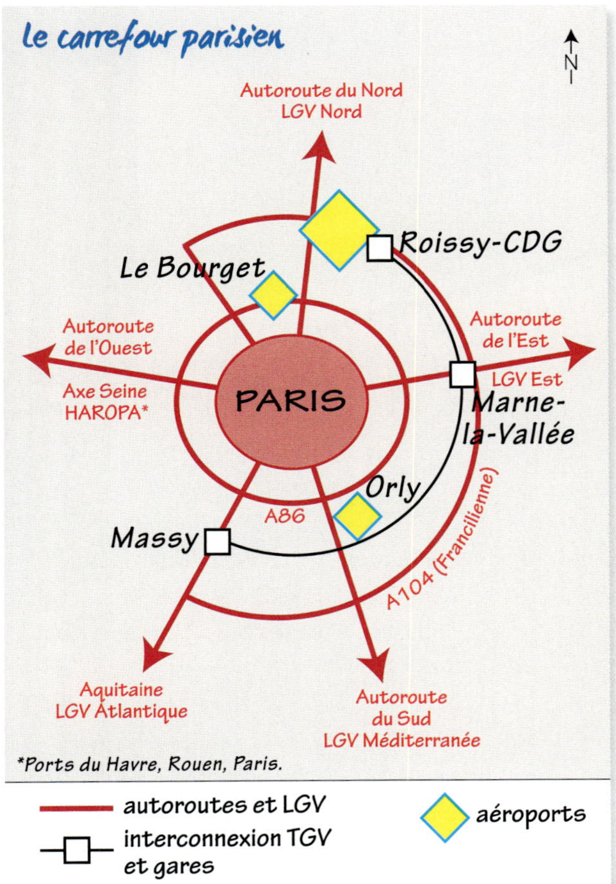

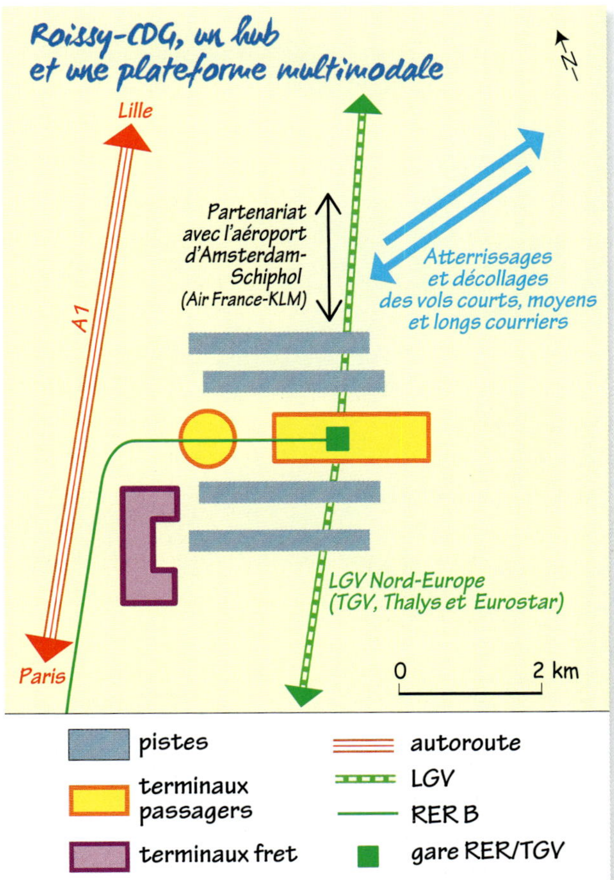

Partie 3 L'Union européenne

CHAPITRE 6
Les territoires de l'Union européenne

CHAPITRE 7
Les territoires ultramarins de l'Union européenne et leur développement

Le Parlement de l'Union européenne à 28 (Strasbourg)

et la France dans le monde

CHAPITRE 8
L'Union européenne dans la mondialisation

CHAPITRE 9
La France dans la mondialisation

Chapitre 6

Les territoires de l'Union européenne

Le territoire de l'Union européenne s'organise de manière complexe. Les frontières externes évoluent du fait des élargissements, posant la question de ses limites définitives. En interne, il se présente aussi comme une union à géométrie variable. Confrontée à des disparités et inégalités socio-spatiales, l'Union européenne mène des politiques en faveur de ses territoires.

Quels sont les principes et les politiques qui structurent cette construction territoriale inédite ?

1 De nouveaux types de frontières : l'aéroport de Bruxelles (Belgique)

Les contrôles sont particulièrement stricts aux frontières externes de l'espace Schengen et de l'Union européenne. En tant qu' interfaces avec le reste du monde, les aéroports constituent une nouvelle forme de frontière.

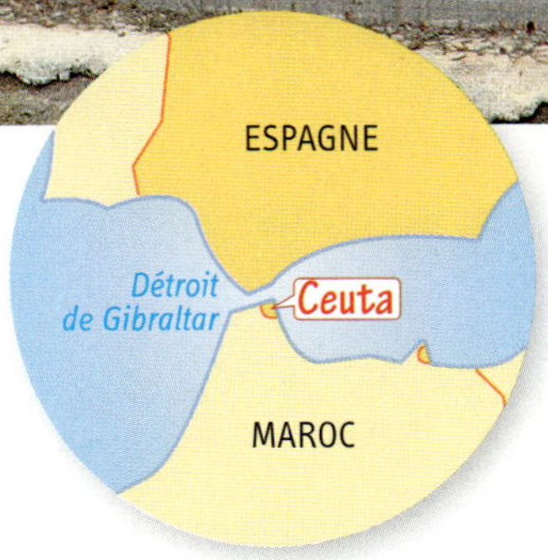

2 La frontière entre le Maroc et l'Espagne à Ceuta

Ceuta est une enclave espagnole au Maroc. De nombreux émigrants tentent d'y pénétrer malgré le mur car l'enclave est une porte d'entrée dans l'espace Schengen.

Notions

Frontière Ligne conventionnelle séparant deux États. Elle correspond à la limite de l'exercice de la souveraineté nationale, des pouvoirs d'un État.

Intégration régionale Processus d'harmonisation économique, politique et territoriale réunissant plusieurs États. Elle nécessite le rapprochement des législations, le développement des échanges et des réseaux de transport.

Limite Ce qui permet de circonscrire un ensemble spatial donné : une région, une construction politique...

Questions

1. Doc. 1 Quel élément de cette photographie rend compte de l'existence de l'espace Schengen ?
2. Doc. 1 Pourquoi peut-on dire que les aéroports constituent une nouvelle forme de frontière ?
3. Doc. 2 Les frontières de l'UE sont-elles toutes situées en Europe ? Justifiez votre réponse.
4. Doc. 1 et 2 Confrontez les deux photographies. Montrez que le statut des frontières est très divers dans l'Union européenne.

Cartes Frontières et limites de l'UE

1 Les frontières dans l'Union et à ses périphéries : un morcellement récent, encore en cours ?

Repérer Quelle évolution des frontières dans l'Union européenne et à ses périphéries cette carte montre-t-elle ?

2 Les limites de l'Union européenne en 2015

Repérer 1. L'Union européenne englobe-t-elle toute l'Europe ?
2. Se limite-t-elle au continent européen ?
3. Situez les RUP par rapport à l'Europe.

PRÉPA BAC

Étude/Analyse de documents

Doc. 1 et 2 À partir de la confrontation de ces deux cartes, montrez la différence entre frontières et limites de l'UE.

Dossier 1

S | L ES

L'Union européenne : frontières et limites

Les frontières de l'Union européenne évoluent au gré des élargissements successifs, ce qui pose la question des limites de l'Union, donc de l'identité européenne.
L'émergence de nouveaux États a multiplié les frontières, même si celles-ci s'effacent dans le cadre de la construction européenne. Leur conception évolue, avec l'apparition de nouveaux types de frontières et de nouvelles modalités de fonctionnement.

Quelles évolutions connaissent les limites et les frontières de l'UE ?

1 L'identité européenne

« L'existence d'une identité européenne ne fait pas de doute quand elle est observée de loin. En Inde ou en Chine, l'Europe instituée comme Union incarne “l'Europe”, au sens d'aire de civilisation séculaire et aux contours variables, un ensemble culturel issu de la combinaison du christianisme et des Lumières. Vue d'Asie, l'UE est la forme politique collective et contemporaine de “l'Europe” et un modèle d'intégration économique régionale permettant de dépasser les animosités[1] politiques. […]
L'originalité des valeurs du modèle européen tient à leurs différents ingrédients […] : rationalité, justice, démocratie, liberté individuelle, laïcité, tolérance. Ajoutons-y la pensée critique et le doute, vertus philosophiques qui rendent les Européens toujours insatisfaits de l'état des choses, à la différence des Américains. Cette identité est mouvante, construite ; elle s'est renouvelée dans les deux dernières décennies, dans le sens d'une bien plus grande diversité : nouveaux peuples, nouvelles langues, mémoires et passés différents. L'enjeu est donc dans l'ouverture aux autres. »

M. Foucher, « Frontières européennes », *Grande Europe n° 1*, La Documentation française, © DILA, octobre 2008.

1. Sentiments d'hostilité.

1. Relevez les valeurs qui permettent d'identifier l'identité européenne.

2. Pourquoi peut-on dire que l'identité européenne est « mouvante » et « construite » ?

L'Europe des Six
Belgique
France
Italie
Luxembourg
Pays-Bas
RFA

* **1957** Traité de Rome : création de la CEE

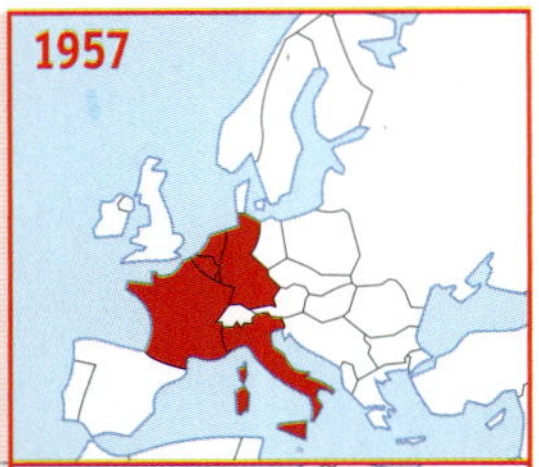

L'Europe des Neuf
+ Danemark, Irlande, Royaume-Uni

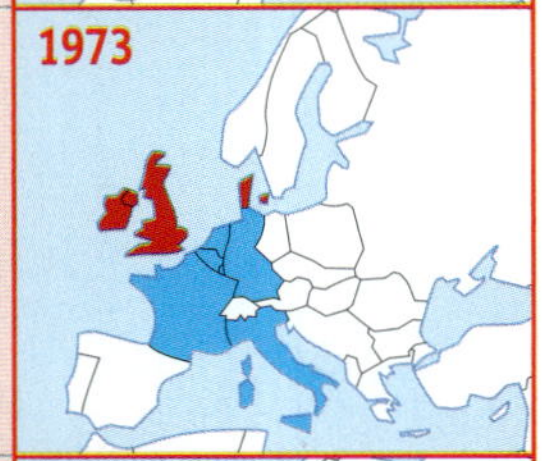

L'Europe des Dix
+ Grèce

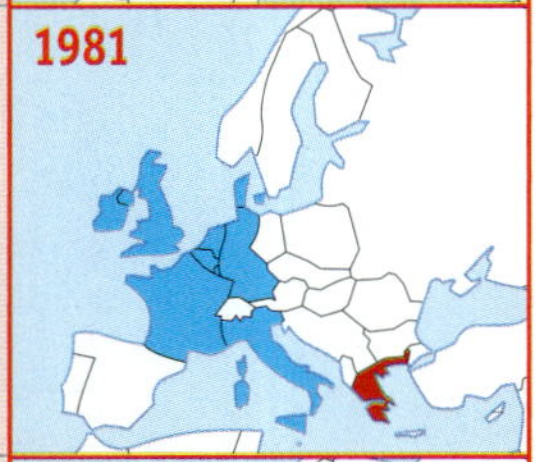

L'Europe des Douze
+ Espagne, Portugal

* **1992** Traité de Maastricht : l'Union européenne

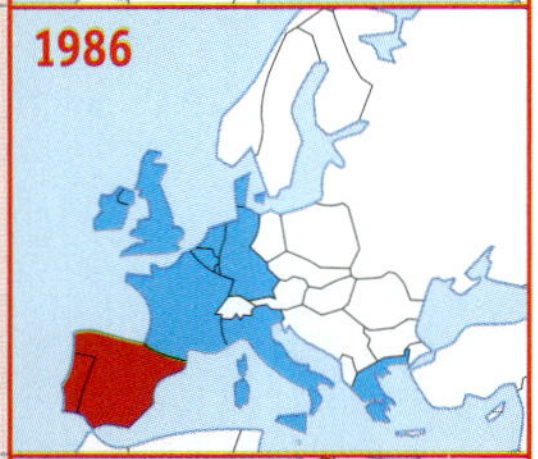

L'Europe des Quinze
+ Autriche, Finlande, Suède

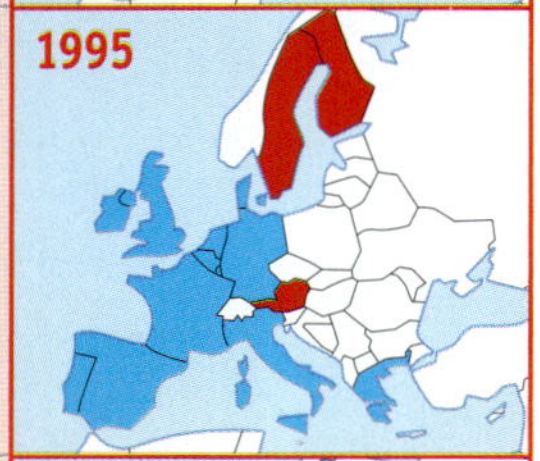

L'Europe des Vingt-cinq
+ Chypre, Estonie, Hongrie, Lettonie, Lituanie, Malte, Pologne, Rép. tchèque, Slovaquie, Slovénie

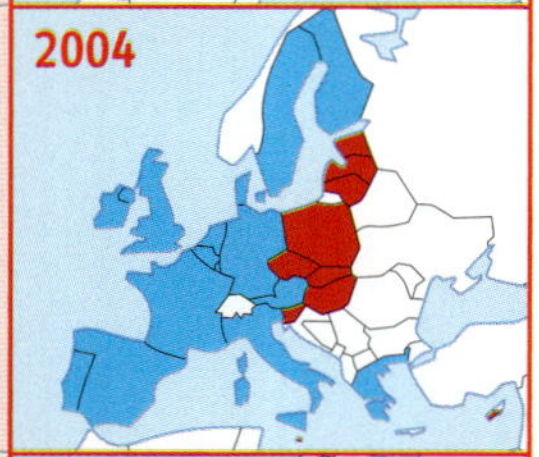

L'Europe des Vingt-sept
+ Bulgarie, Roumanie

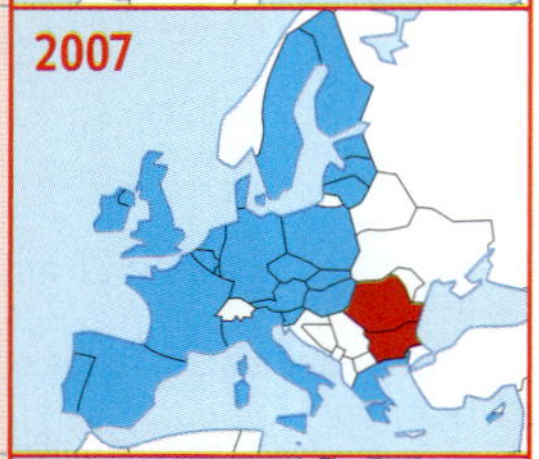

L'Europe des Vingt-huit
+ Croatie

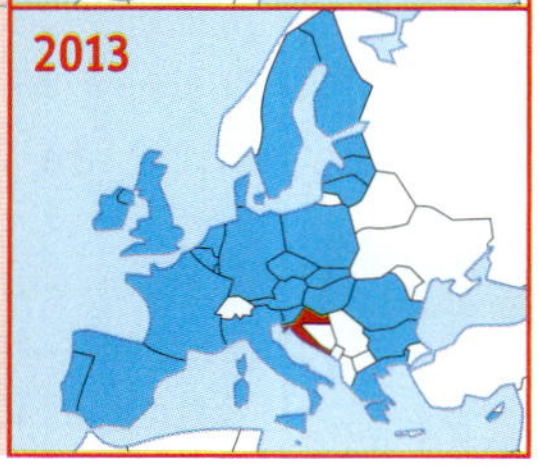

2 Des limites évolutives

Repérez les membres fondateurs de l'UE.

3 La candidature turque : quelles limites pour l'UE ?

Caricature de Mayk, parue sur le site Internet Voxeurop, www.voxeurop.eu, 11 octobre 2010.

1. À quoi cette caricature fait-elle référence ?
2. Pourquoi la candidature de la Turquie pose-t-elle la question des limites de l'UE ?

5 Vers de nouvelles frontières à l'intérieur de l'UE ?

Manifestation indépendantiste à Barcelone réunissant entre 500 000 et 1,8 million de manifestants. Sur le drapeau : « La Catalogne, nouvel État d'Europe ».

▸ Quelles conséquences l'accession à l'indépendance de régions comme la Catalogne peut-elle avoir sur les frontières dans l'Union européenne ?

4 Des frontières entre effacement et persistance

« Dans l'Union européenne, la libre circulation des biens implique l'absence de barrières douanières. Néanmoins, chaque pays garde sa fiscalité propre : les cigarettes, les alcools ou l'essence, fortement taxés en France, sont moins chers dans la plupart des pays voisins. Afin d'éviter une trop forte concurrence pour les commerçants des villes frontalières, les quantités importables de ces produits sont réglementées.
Le différentiel fiscal a d'autres effets. Au Luxembourg, les entreprises bénéficient d'avantages plus intéressants qu'en France. Cela se lit dans le paysage, puisque le complexe sidérurgique de Belval est reconverti en zone industrielle frontalière qui accueille de nombreux sièges d'entreprises comme Arcelor-Mittal par exemple, tandis que la sidérurgie française en crise peine à se reconvertir. À Thionville, nombreux sont donc les actifs qui franchissent quotidiennement la frontière pour aller travailler au Luxembourg, où ils trouvent des emplois et une bonne rémunération, tout en habitant en France où le foncier est moins coûteux. »

F. Farago, É. Libourel, *Les Frontières*, © SEDES, 2011.

▸ Dans quelle mesure peut-on dire que les frontières s'effacent dans l'Union européenne ? Qu'elles persistent ?

PRÉPA BAC

Croquis

En vous appuyant sur le doc. 2 p. 198, réalisez sur un fond de carte de l'Europe un croquis des étapes de l'élargissement de l'UE.

S | L ES

L'Union européenne : frontières et limites

**L'Union européenne est un territoire en construction.
L'élargissement pose la question de ses limites.
Ses frontières sont en mutation.**

1 Un territoire en construction

• Lancée par quelques pays d'Europe occidentale après la Seconde Guerre mondiale, la construction européenne a pour ambition d'englober tous les pays européens : le traité de Rome (1957) affirme que « Tout État européen peut adhérer ».

• La construction européenne est un projet original et ambitieux d'unification, unique dans l'histoire de l'humanité : des États ont décidé de surmonter leurs divisions pour s'unir autour de valeurs comme la démocratie, les droits de l'Homme et le libéralisme. Avec le christianisme, la laïcité, des modèles artistiques et des modes de vie originaux, ces valeurs sont aussi des fondements majeurs d'une identité européenne, déclinée dans la diversité par les peuples européens.

• Le territoire de l'UE s'organise progressivement selon des règles communes, définies dans la concertation entre les acteurs **communautaires** (Commission, Parlement européen) et les acteurs nationaux et locaux : l'**intégration régionale** est en cours.

2 Des limites évolutives

• L'attractivité du projet communautaire est forte. L'UE est passée de 6 États en 1957 à 28 aujourd'hui. Leur adhésion est conditionnée au respect de critères relatifs aux valeurs communautaires.

• Le processus d'**élargissement** de l'Union pose donc le problème des **limites** de l'Europe. Leur caractère conventionnel et flou justifie la candidature de pays situés aux marges de l'Europe (Turquie, Arménie…), mais aussi les désaccords à leur propos **(doc. 2)**. Les États membres développent des positions divergentes. Le Royaume-Uni est favorable à l'élargissement car il considère la construction européenne comme une simple zone de libre-échange, tandis que l'Allemagne et la France souhaitent privilégier l'**approfondissement**. Certains s'appuient sur la tradition chrétienne pour refuser l'entrée de la Turquie.

• Au cœur de l'Europe, l'UE se heurte au refus d'adhérer de pays riches d'Europe occidentale (Norvège, Suisse), qui entendent tirer profit d'un partenariat étroit sans les éventuels inconvénients liés à l'adhésion. **(doc. 3)**

• Le risque de sortie du Royaume-Uni de l'Union européenne est réel car ce pays refuse tout abandon de souveraineté supplémentaire.

3 Des frontières en mutation

• Le morcellement récent du continent concerne l'Union, qui compte parmi ces membres des États, et donc des **frontières**, de création récente. Les mouvements indépendantistes en Écosse, en Catalogne, en Flandre belge peuvent entraîner une recomposition interne.

• Les frontières tendent à s'effacer entre pays membres avec la libre circulation des hommes et des marchandises à l'intérieur de l'Union. Elles persistent néanmoins : les États sont souverains. Les populations frontalières tirent profit des différences existant de part et d'autre de la frontière, notamment en matière de prix du logement ou de l'essence, ou encore de salaires.

• Les régions frontalières sont ainsi des laboratoires du processus d'intégration européenne. Les financements communautaires alloués aux **Eurorégions** et aux **Groupements européens de coopération territoriale (GECT)** favorisent la coopération transfrontalière dans les transports, l'économie, la culture, l'environnement ou la santé **(doc. 1)**. Située le plus souvent à l'intérieur de l'UE, une Eurorégion peut associer des régions de pays membres et non-membres de l'Union. Des **espaces frontaliers** apparaissent.

▶ **Limites et frontières sont des enjeux majeurs du projet communautaire.**

Notions

Frontière
Définition p. 195.

Intégration régionale
Définition p. 195.

Limite
Définition p. 195.

Vocabulaire

Approfondissement
Processus d'unification et d'harmonisation politique et juridique.

Communautaire
Adjectif qui désigne ce qui relève de l'Union européenne.

Élargissement
Accueil de nouveaux membres dans l'Union européenne.

Espace frontalier
Région dont l'organisation et les activités sont définies par le fonctionnement de la frontière.

Eurorégion
Espace frontalier dans lequel est promue la coopération entre collectivités territoriales situées de part et d'autre de la frontière.

Groupement européen de coopération territoriale (GECT)
Créé en 2006, statut qui permet à des collectivités territoriales frontalières de partager des compétences pour réaliser des projets. En 2014, on compte 46 GECT.

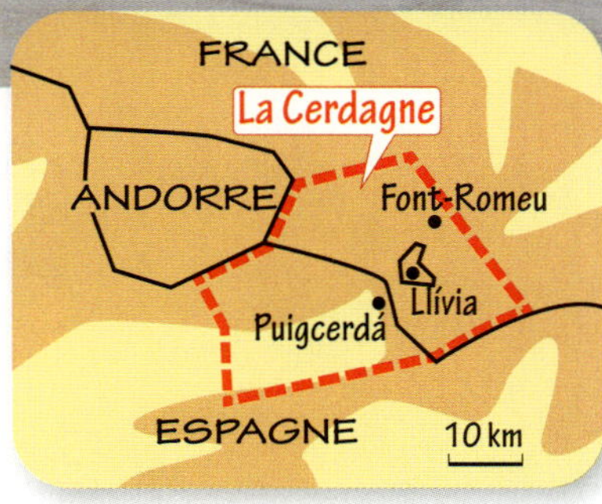

1 L'hôpital transfrontalier de Cerdagne à Puigcerdá

Ouvert en 2014, cet hôpital a été financé à hauteur de 60 % par le FEDER dans le cadre d'un GECT associant la Généralité de Catalogne et la France.

1. Dans quel type d'espace (relief, peuplement, localisation par rapport aux deux régions et pays concernés) est situé cet hôpital ?
2. Pourquoi la mise en commun des moyens entre les deux régions est-elle ici pertinente ?

2 Des limites encore à définir

« Le critère géographique n'est pas suffisant pour justifier l'adhésion d'un État [à l'UE]. Ainsi, deux pays déjà membres de l'Union sont géographiquement africain (Malte) et asiatique (Chypre). Seule la volonté politique des États membres peut décider des limites de l'Union européenne. Les Européens ont déjà déclaré que le Maroc n'en ferait pas partie. Il leur faudra un jour décider si la Géorgie, l'Ukraine ou l'Arménie ont vocation à les rejoindre. »

France 2015, La Documentation française, 2014.

- Montrez que la question des limites de l'Europe relève d'un choix politique.

3 La Norvège et la Suisse, européennes mais hors UE

« La Norvège pourrait facilement être membre de l'Union mais elle n'en veut pas. À deux reprises déjà, les Norvégiens ont pu donner leur avis sur cette éventuelle adhésion, en 1972 et 1994, et par deux fois, la réponse a été claire, c'est non.
Et pourtant, les Norvégiens sont liés très étroitement à l'Union européenne. [...] La Norvège est membre de l'Espace économique européen[1], ce qui signifie que les barrières administratives, techniques, réglementaires entre elle et l'Union sont abolies sauf en ce qui concerne la pêche et l'agriculture [...]. Elle est membre associé à l'espace Schengen et elle coopère avec les Européens pour tout ce qui concerne l'immigration et la politique d'asile. [...] À partir du moment où l'Union leur permet d'avoir accès à un gigantesque marché unique de 500 millions d'habitants, les pays membres [...] de l'Espace économique européen sont priés de financer la cohésion de ce marché unique : entre 2009 et 2014, la Norvège paiera ainsi environ deux milliards d'euros au budget de l'Union. [...]
Ils paient [...] mais voilà, dans le domaine de la pêche ils font ce qu'ils veulent. Et puis surtout, les pays très riches, et c'est le cas de la Norvège, hésitent à rejoindre l'Union, sachant que leurs richesses en feront les premiers contributeurs au budget européen.
En Suisse, on entend le même discours. Un sentiment de ne pas avoir besoin de l'Union, de très bien vivre en voisins qui se parlent au-dessus de leur haie mais sans forcément manger tous les jours ensemble. »

A. Blanpain, www.rtbf.be, 10 septembre 2013, D.R.

1. Union économique rassemblant les États membres de l'UE et l'Islande, le Liechtenstein, la Norvège.

- Pourquoi des pays comme la Norvège et la Suisse ont-ils intérêt à s'associer étroitement à l'UE sans pour autant y adhérer ?

L'Union européenne : une union d'États à géométrie variable

Les politiques définies dans le cadre de l'Union européenne ne concernent pas forcément tous les États membres. Certains États choisissent d'approfondir leur intégration dans certains domaines, d'autres s'y refusent au nom de leur souveraineté nationale. La zone euro et l'espace Schengen sont emblématiques de cette union d'États à géométrie variable, qui reste fragile.

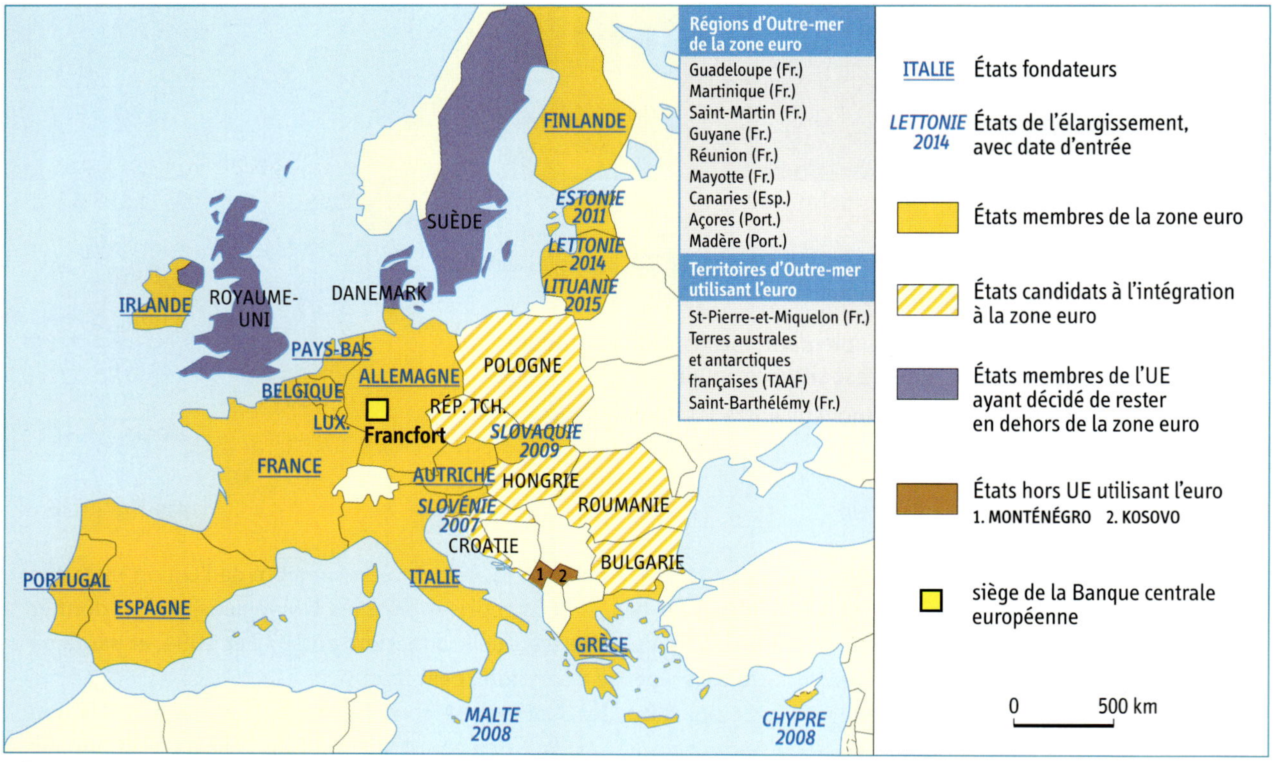

1 La zone euro

▸ Où sont situés la plupart des pays membres de l'UE candidats à l'euro ? Comment l'expliquez-vous ?

2 Le rôle de l'euro

« Afin de garantir la stabilité économique de l'UE, les États membres ont défini en 1997 un Pacte de stabilité et de croissance, qui constitue un engagement politique sur le contrôle des déficits publics. [...] Ce texte permet d'éviter les déficits budgétaires excessifs des États membres et de renforcer la convergence des politiques économiques. [...]

Or, la crise économique, qui a fait bondir la dette et le déficit publics des États membres, a profondément modifié la situation. [...] [La zone euro a été à plusieurs reprises au bord de l'éclatement].

Quant à l'euro, même s'il traverse une période difficile, il conserve de nombreux avantages. La monnaie unique a notamment permis de limiter les conséquences néfastes des turbulences financières internationales en fournissant un environnement stable aux échanges entre les [...] États membres, notamment grâce à la disparition des opérations de change.

Les enjeux économiques pour l'avenir de l'Union économique et monétaire sont doubles : son approfondissement, qui passe notamment par la définition d'un "gouvernement économique européen", et l'élargissement de la zone euro aux autres États membres de l'UE. »

www.touteleurope.eu, 7 août 2013.

▸ Classez dans un tableau les contraintes, les avantages et les enjeux de la zone euro.

Crise financière grecque, après la Finance, le Commerce prend peur...

3 L'euro en crise

Caricature de Gerda Szabo, 2010.

Doc. 2 et 3 En confrontant ces deux documents, montrez que la crise de la dette publique grecque a fragilisé la zone euro.

4 Le Royaume-Uni, dedans ou dehors ?

Caricature de Blower, 2012.

Doc. 1 et 4 Montrez que la situation du Royaume-Uni rend compte du fait que l'UE est une union d'Etats à géométrie variable.

5 L'espace Schengen

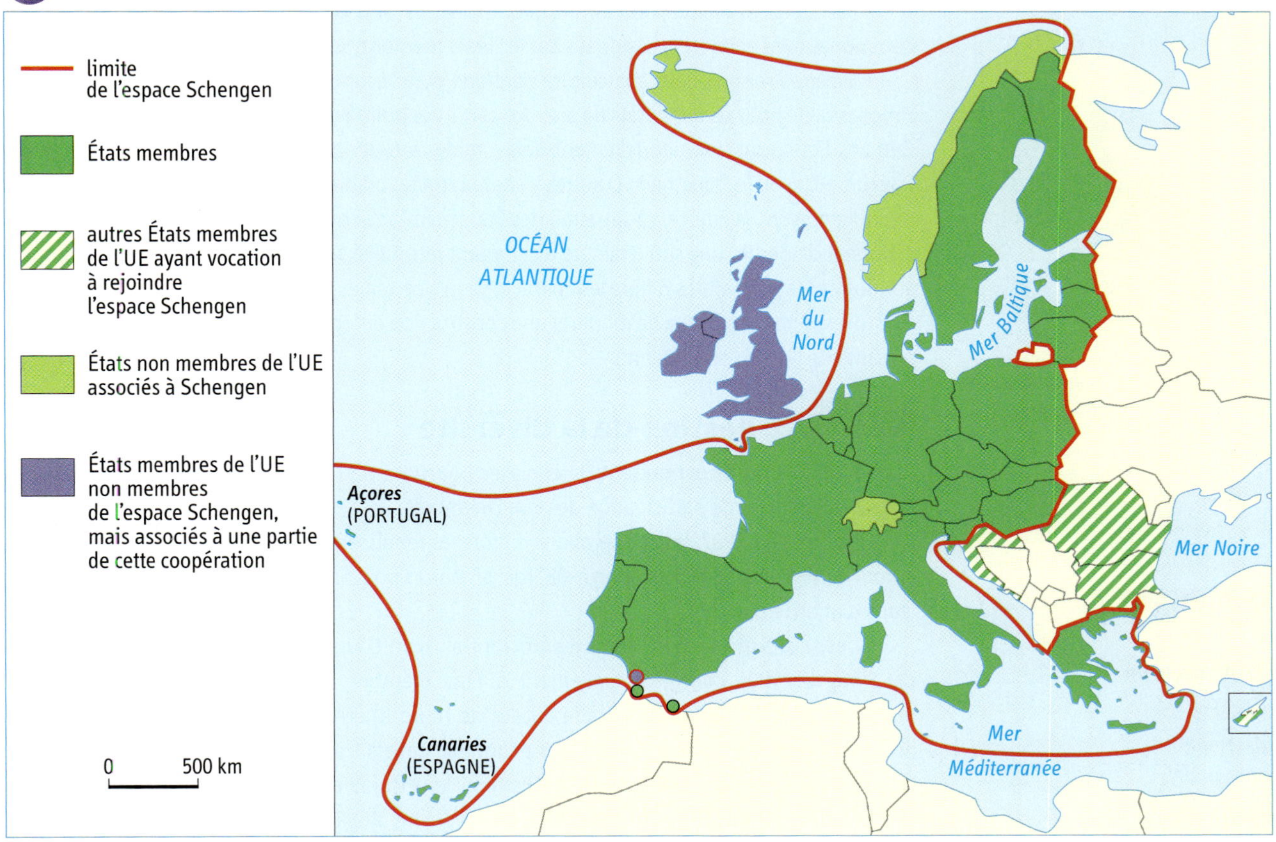

L'espace Schengen est un espace de libre circulation des personnes entre les 26 États signataires et associés (suppression des contrôles aux frontières intérieures) tout en garantissant une protection renforcée aux frontières extérieures de cet espace.

Les limites de l'espace Schengen correspondent-elles à celles de l'UE ? Pourquoi ?

PRÉPA BAC

Croquis

Doc. 1 et 5 À partir de ces cartes, réalisez la légende d'un croquis sur : « L'UE, un espace à géométrie variable ».

Cours 2

Une union d'États à géométrie variable

L ES

Si l'UE compte 28 États depuis 2013, tous ne participent pas à l'ensemble des politiques communautaires.

1 Les exigences de l'intégration européenne

• La construction européenne implique une dynamique **d'approfondissement**, c'est-à-dire un processus d'unification et d'harmonisation politique, économique et juridique. Il prend la forme de politiques communautaires, notamment dans les domaines de l'agriculture et de l'environnement.

• L'Union européenne devient ainsi un acteur à part entière des politiques menées à l'intérieur des territoires nationaux, à différentes échelles. Pour les États, l'affirmation de ce nouvel acteur implique des efforts d'harmonisation politique, juridique et économique. Il nécessite des transferts de compétences en faveur de la Commission européenne.

• Par exemple, la liberté de circulation des travailleurs communautaires impose la reconnaissance des diplômes au niveau européen. Elle implique localement le développement d'infrastructures de transport ou encore la disparition des postes-frontières dans les régions frontalières **(doc. 2)**.

2 Concilier élargissement et approfondissement

• Les **élargissements** successifs rendent toujours plus délicate la conciliation entre intérêt communautaire et intérêts nationaux car les États membres sont plus nombreux.

• Diverses raisons, liées à la culture politique ou à l'économie, peuvent expliquer le refus ou l'impossibilité pour certains États de prendre part à des politiques relevant de l'approfondissement. Certains États sont traditionnellement défavorables à tout abandon de souveraineté, comme le Royaume-Uni ou le Danemark. D'autres y sont plutôt favorables, comme l'Allemagne et, dans une moindre mesure, la France. La situation des États membres entrés depuis 2007 est particulière : ils craignent de perdre une souveraineté récemment retrouvée. Leur retard économique par rapport aux autres États membres diffère leur participation à certaines politiques.

• Il est donc nécessaire de modérer une construction européenne trop unificatrice et homogénéisante de l'Union européenne.

3 La gestion de la diversité

• Plusieurs outils permettent de concilier poursuite de l'approfondissement et respect des degrés différenciés de participation des États membres.

Instaurées en 1997, les coopérations renforcées réunissent au moins huit des États membres autour d'un projet, et ont vocation à s'élargir, les autres pouvant s'y associer s'ils le souhaitent et si leur situation le permet.

• L'**espace Schengen** et la **zone euro** sont ainsi en cours d'élargissement. Le premier, créé par 5 pays en 1995, compte actuellement 22 États membres de l'Union, et 4 États associés, non membres de l'UE. L'union monétaire autour de l'euro (traité de Maastricht, 1992) accueille de nouveaux membres une fois que leur économie satisfait à certaines conditions (critères de convergence) : dans l'UE depuis 2007, l'Estonie, la Lettonie et la Lituanie ne sont entrées dans la zone euro qu'en 2011, 2014 et 2015. En revanche, Royaume-Uni, Danemark et Suède n'y participent pas.

• Néanmoins, les remises en cause sont nombreuses. Fragilisée par la crise financière de 2008, la zone euro a dû être réformée **(doc. 1)**. En raison du risque terroriste, des flux illicites de drogue et de l'afflux de migrants malgré d'importants dispositifs de surveillance (Frontex), la liberté de circulation connaît des entraves et certains États membres (France, Italie, Danemark) réclament une modification des règles de Schengen en cas de circonstances exceptionnelles **(doc. 3)**.

▶ **Intégration communautaire et Europe à la carte semblent donc compatibles, mais sont actuellement soumises à de fortes contestations.**

Les migrants morts aux portes de l'UE

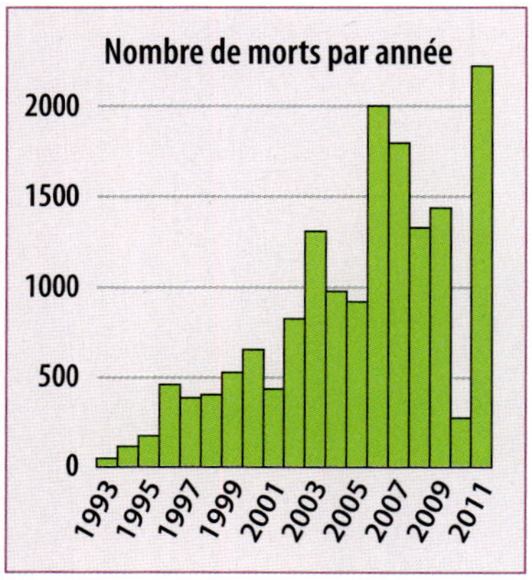

Source : *Atlas of migration in Europe, a critical geography of migration policies*, Migreurop, 2013.

Vocabulaire

Approfondissement
Définition p. 200.

Élargissement
Définition p. 200.

Espace Schengen
Espace caractérisé par la libre circulation des personnes entre États signataires de la convention de Schengen et par des contrôles renforcés à leurs frontières extérieures.

Zone euro
Zone monétaire regroupant les pays de l'Union européenne qui ont adopté l'euro.

1 La nécessaire réforme de la zone euro

« La crise de la dette a mis en évidence la nécessité d'une réforme approfondie de l'Union économique et monétaire (UEM). Il s'agit notamment de consolider son pilier économique, jusqu'ici sous-développé. La réforme de l'UEM poursuit trois objectifs principaux :
1. Établir un cadre permanent pour gérer les crises et pour aider les États en difficultés financières [...].
2. Renforcer la discipline budgétaire. Cela implique notamment une réforme du pacte de stabilité et de croissance.
3. Introduire une coordination économique pour réduire les déséquilibres qui sont en train de déchirer la zone euro. »

S. Paulo, *L'Europe et la crise économique mondiale. Réponses-bilan*, Fondation Robert Schuman, avril 2011.

▸ **Quels sont les éléments de cette réforme qui devraient contribuer au rapprochement des États membres de la zone euro ?**

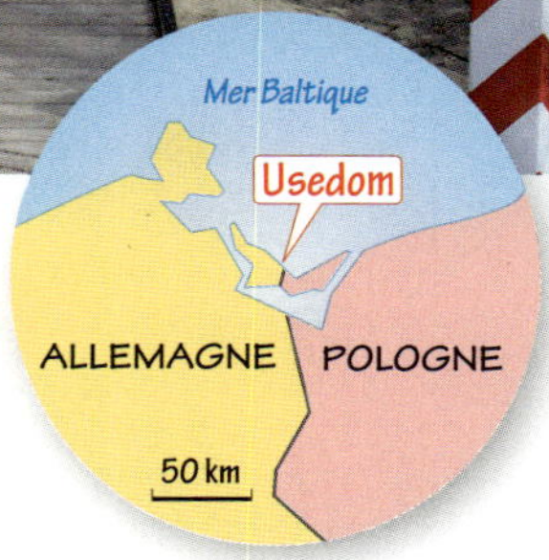

2 La frontière germano-polonaise sur l'île d'Usedom

▸ **Pourquoi cette photographie est-elle représentative de l'espace Schengen ?**

3 La pression migratoire aux frontières de l'UE, facteur de remise en cause de l'espace Schengen ?

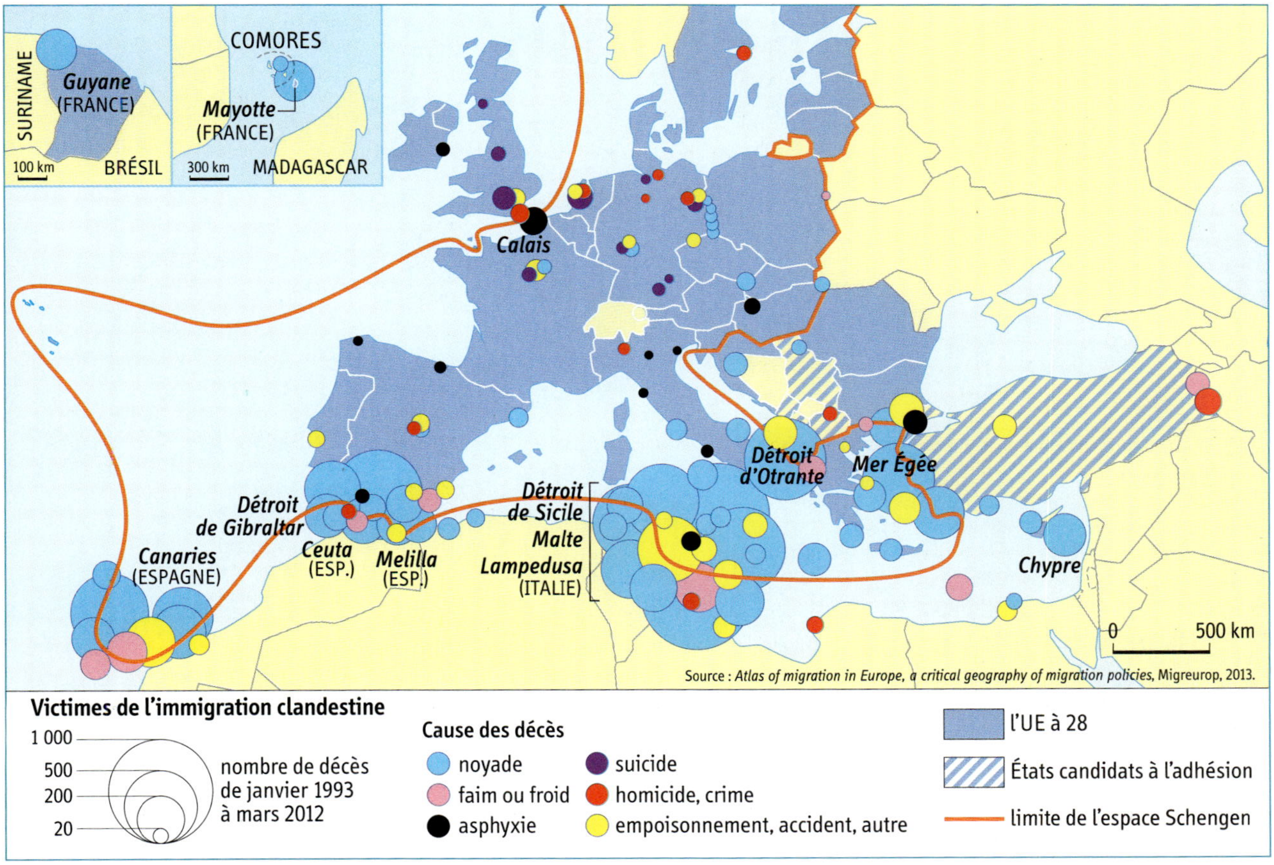

▸ **Quels sont les deux types de lieux où sont recensés la majorité des victimes ? Comment l'expliquez-vous ?**

L'action de l'UE contre les inégalités

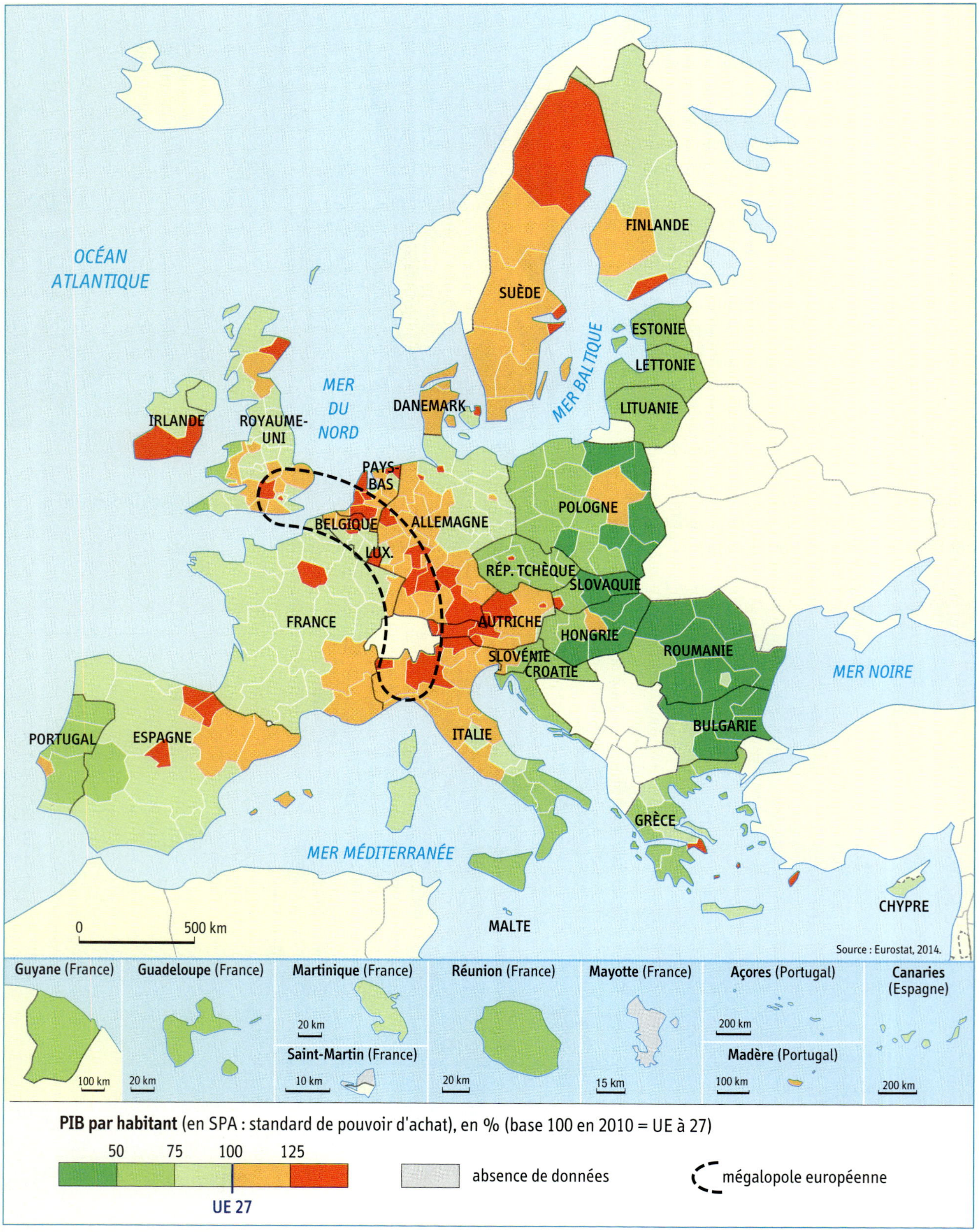

1 Les disparités régionales de développement dans l'UE

Repérer Où sont situées les régions les plus riches de l'UE ? Les régions les plus pauvres ?

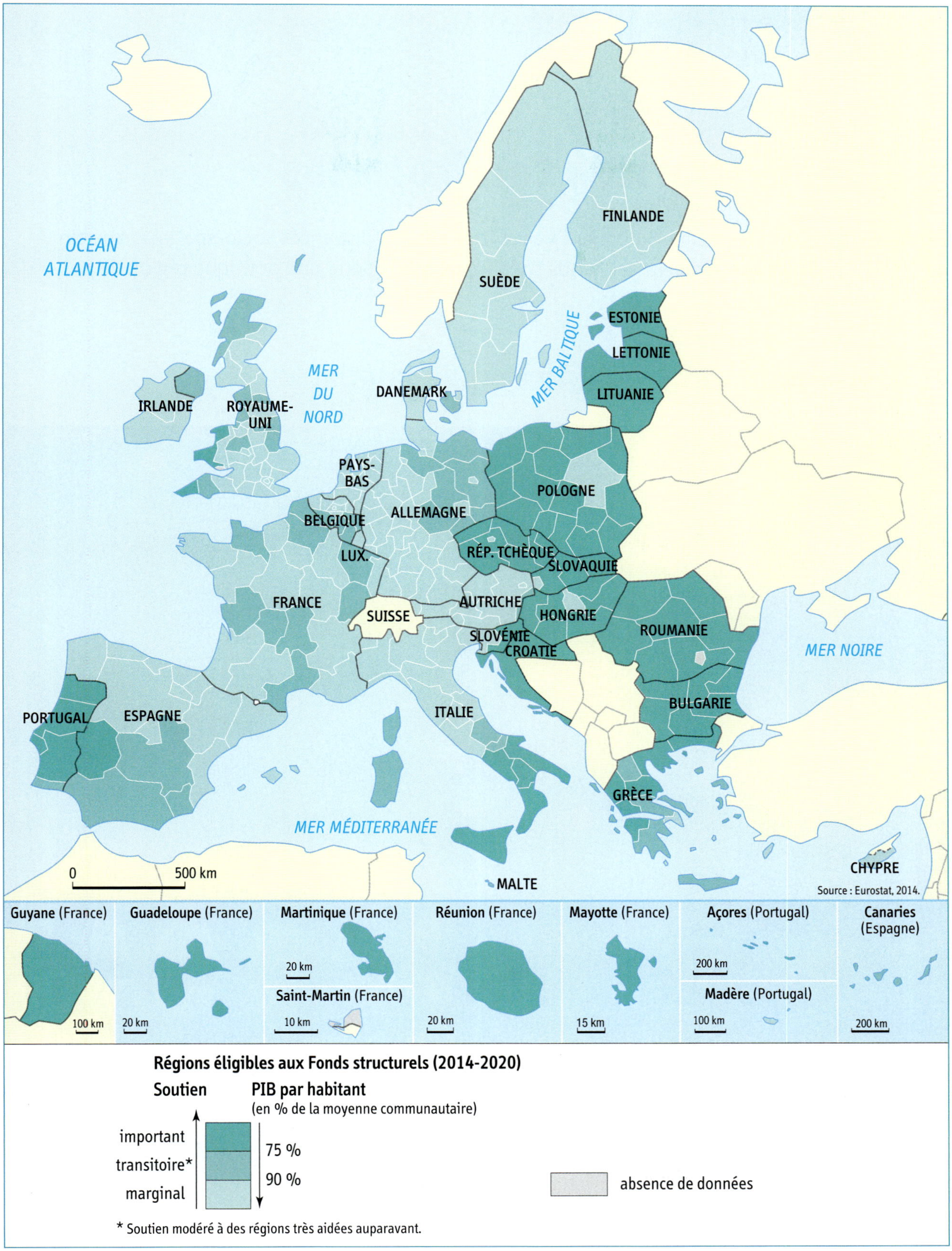

2 Les territoires bénéficiant de la politique régionale de l'Union européenne

Repérer Dans quels pays les régions sont-elles le plus soutenues par l'UE ? Pourquoi ?

PRÉPA BAC

Étude/Analyse de documents

Doc. 1 et 2 En confrontant les deux cartes, mettez en évidence les relations existant entre les disparités de développement et les aides de l'UE. Dressez un classement des régions selon deux critères : niveau de développement et intensité des aides de l'UE.

S L ES

L'action de l'UE sur les disparités territoriales

Les élargissements successifs expliquent l'accentuation des disparités socio-spatiales au sein de l'Union européenne. Grâce à des fonds spécifiques, l'UE mène une politique régionale pour les atténuer.

A Disparités et inégalités socio-spatiales

1 Londres, au cœur de la région la plus riche de l'UE (Royaume-Uni)

1. Tour d'une compagnie d'assurance dans La City
2. Nouveau quartier de Canary Wharf dans le cadre de la requalification des Docklands (anciens docks)
3. La Tamise

ACTIVITÉ

Analyser une photographie

1. Montrez que les premier et troisième plans de la photographie témoignent de la richesse et de la puissance de Londres.
2. Quels sont les types de quartiers représentés ?
3. Recherchez leurs fonctions.

2 Des disparités accrues par la crise économique

« Jusqu'à ce que la crise survienne en 2008, les écarts entre économies régionales tendaient à se combler au sein de l'UE […]. En 2000, le PIB moyen par habitant des 20 % de régions les plus développées était 3,5 fois supérieur environ à celui des 20 % de régions les moins développées. En 2008, il n'était plus que 2,8 fois supérieur – une évolution provenant principalement de ce que les régions ayant les PIB par habitant les moins élevés […] effectuent un rattrapage par rapport aux régions plus prospères.
La crise semble toutefois avoir donné un coup d'arrêt à une évolution dans ce sens puisque les disparités régionales se sont accrues entre 2008 et 2011. […] [Elle] affecte à la fois les économies avancées et celles qui le sont moins. […]
Les disparités entre régions d'un même pays se sont, elles aussi, fortement accentuées entre 2000 et 2011 […]. Le phénomène a été marqué en Bulgarie et en Roumanie […] en raison principalement d'un taux élevé de croissance dans la région-capitale. Le PIB par habitant des autres régions de ces deux pays a poursuivi sa convergence vers la moyenne de l'UE, mais à un rythme beaucoup plus lent. Les disparités régionales se sont également accentuées en Grèce et au Royaume-Uni. »

Extrait du Sixième rapport sur la cohésion économique économique, sociale et territoriale, © Commission européenne, 2014.

Quels sont les effets de la crise économique en termes de disparités socio-spatiales ? À quelles échelles s'observent-ils ?

3 Records de richesse, records de pauvreté

Les 6 régions les plus riches en SPA par habitant, 2011	
Inner London (Royaume-Uni)	80 400
Luxembourg (Grand Duché)	66 700
Région de Bruxelles-Capitale (Belgique)	55 600
Hambourg (Allemagne)	50 700
Bratislava (Slovaquie)	46 600
Île-de-France	**45 600**
Les 6 régions les plus pauvres en SPA par habitant, 2011	
Sud-Vest Oltenia (Roumanie)	9 300
Severna i yugoiztochna (Bulgarie)	8 600
Yuzhen tsentralen (Bulgarie)	8 100
Severen tsentralen (Bulgarie)	7 800
Severozapaden (Bulgarie)	7 200
Nord-Est (Roumanie)	7 200
Moyenne UE à 28	**25 100**

Source : Eurostat, 2013.

Où sont situées les régions les plus riches ? Les régions les plus pauvres ? Comment l'expliquez-vous ?

Vocabulaire

Standard de pouvoir d'achat (SPA)
Unité monétaire artificielle qui élimine les différences de niveaux de prix entre les pays.

4 Les inégalités sociales en Europe : une rue à Hambourg (Allemagne)

Dans les villes européennes, richesse et pauvreté se côtoient. Les inégalités se retrouvent à toutes les échelles.

B L'action de l'Union européenne à toutes les échelles

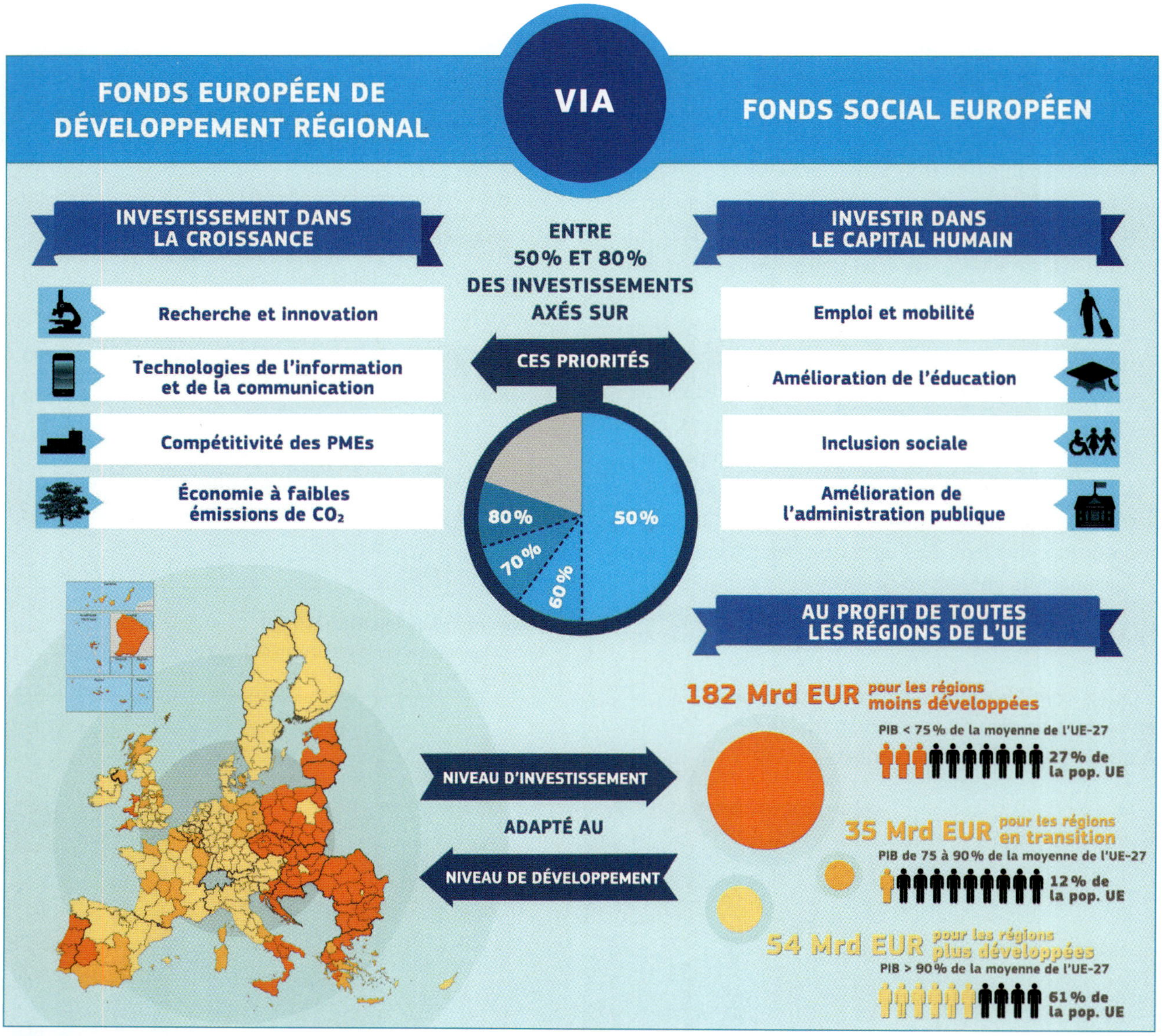

Source : Eurostat, 2014.

5 La politique de cohésion 2014-2020

Quels sont les outils de financement de l'UE ?

PRÉPA BAC

Composition

Doc. 7 et 8 À partir de ces deux documents, rédigez un paragraphe sur l'action de l'UE à deux échelles différentes et son impact dans la vie quotidienne des populations. Cela pourra servir d'exemple pour illustrer une composition sur l'action de l'UE sur les territoires.

6 Les fonds européens en France métropolitaine (2014-2020)

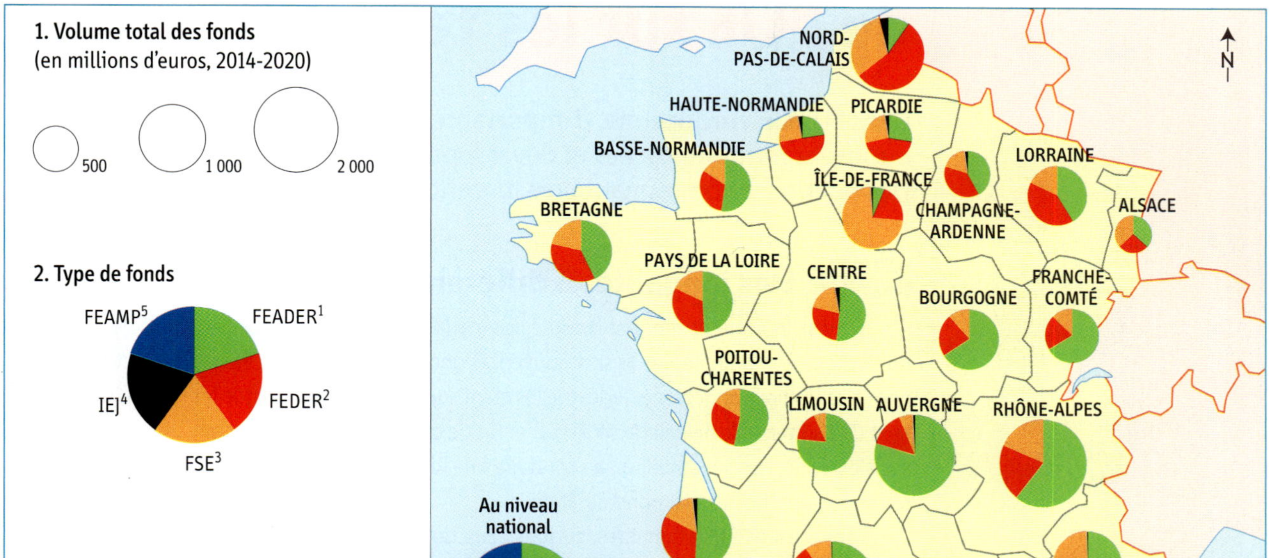

1. Fonds européen agricole pour le développement rural.
2. Fonds européen de développement régional.
3. Fonds social européen.
4. Initiative pour l'emploi des jeunes.
5. Fonds européen pour les affaires maritimes et la pêche.

Source : Commissariat général à l'égalité des territoires, 2015.

▸ Quelles sont les régions qui bénéficient le plus des fonds communautaires ?

7 Les fonds européens dans le département de l'Eure-et-Loir en 2007

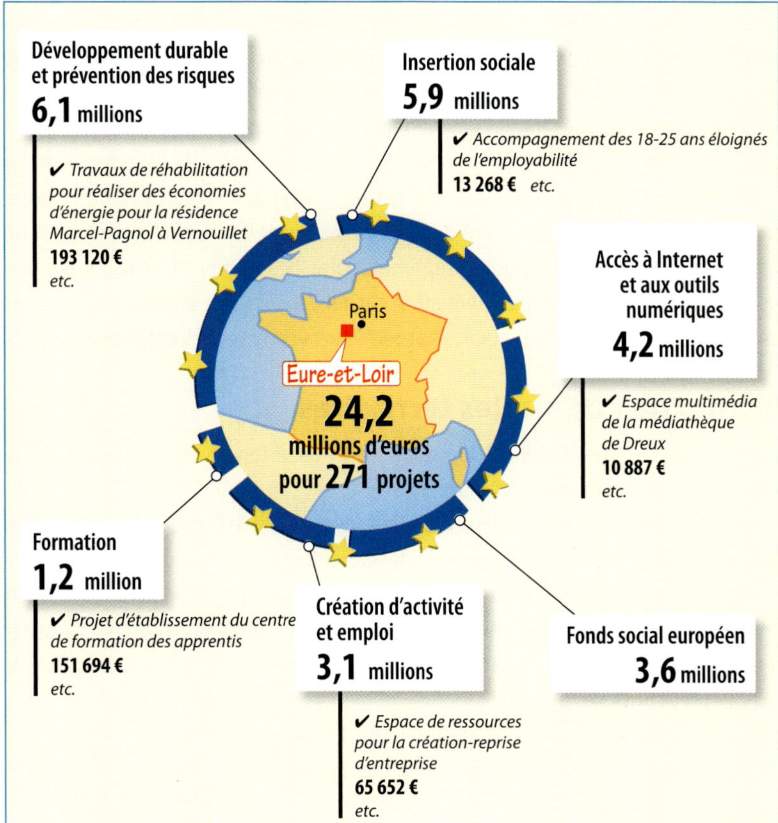

Source : *L'Écho républicain*, 2014.

▸ Quelles sont les actions cofinancées par l'UE qui relèvent de la lutte contre les disparités socio-spatiales ?

8 Les fonds européens et la vie quotidienne à Sens

« L'opération Plateforme Mobil'éco portée par l'association AILES consiste à mettre à disposition des moyens de transport pour faciliter l'accès à l'emploi des personnes les plus éloignées du marché du travail et qui rencontrent des difficultés concrètes pour se déplacer aux divers rendez-vous de leur parcours de recherche d'emploi. Ainsi, la plateforme Mobil'éco leur propose de louer des véhicules à deux roues en échange d'une participation financière modique et/ou éventuellement de bénéficier d'un transport collectif. En 2012, ce sont 5 600 transports qui ont été assurés et 193 personnes, majoritairement des femmes, qui ont bénéficié d'au moins un transport via la plateforme. »

www.europe-en-france.gouv.fr, *Connaître les programmes européens - Bilan thématique 2007-2013 de la programmation FEDER-FSE*, 2014, D.R.

▸ Pourquoi ce projet témoigne-t-il de la participation de l'UE à la lutte contre les inégalités socio-spatiales à l'échelle locale ?

Cours 3

Les inégalités et l'action de l'UE sur les territoires

S | L ES

Dans l'Union européenne, d'importantes disparités socio-spatiales opposent territoires riches et développés et territoires marginalisés. Des politiques communautaires tentent d'y remédier.

1 Des inégalités à différentes échelles

• Divers indicateurs rendent compte des inégalités entre les territoires et donc des **disparités** du territoire communautaire. Ils sont souvent économiques, comme le PIB ou la structure de l'économie, les régions agricoles et industrielles étant souvent plus pauvres que les régions tertiaires. Le taux de chômage, le niveau de scolarisation et de qualification, l'IDH rendent compte d'inégalités sociales. Enfin, l'**enclavement** ou au contraire une forte accessibilité reflètent l'inégale capacité des territoires à participer à la mondialisation.

• Les anciens États membres, surtout ceux du Nord-Ouest de l'Union, sont nettement plus riches et développés que les États d'Europe centrale et orientale. Au Sud, le Portugal et la Grèce sont dans une situation intermédiaire.

• Mais les plus fortes disparités existent surtout à l'intérieur des États. Elles opposent des régions dominantes, fortement ancrées dans la mondialisation, et des territoires en marge.

2 Richesse des grandes villes, pauvreté des marges

• Un tiers des régions européennes produit les deux tiers du PIB communautaire. À l'inverse, près de 30 % de la population de l'Union réside dans des régions dont le PIB par habitant est inférieur à 75 % de la moyenne communautaire.

• À des degrés divers, les régions urbaines concentrent richesse et dynamisme. Riches et dotées d'une forte accessibilité, Londres et Paris, sont des **villes mondiales**. Le long du Rhin, l'Europe rhénane est le cœur démographique et économique communautaire. Proches et bien reliés à elle, le bassin de Londres, l'Italie du Nord, la Bavière et le Sud de la Belgique profitent de son dynamisme. Plus à l'est, le dynamisme des capitales tranche souvent avec les difficultés du reste du territoire.

• La pauvreté caractérise les territoires situés dans les *Länder* orientaux de l'Allemagne et les pays d'Europe centrale et orientale, à l'exception de leur région-capitale. D'accès et de valorisation difficiles et coûteux, les territoires souffrant de contraintes fortes (froid, pente, éloignement) comme des massifs montagneux, les périphéries septentrionales, des territoires insulaires et ultramarins de l'Union sont en retard de développement. À l'échelle locale, des quartiers défavorisés de villes-centres et de périphéries urbaines cumulent problèmes économiques et sociaux **(doc. 2)**.

3 L'action de l'UE sur les territoires

• La politique de réduction des inégalités ou « politique de cohésion » existe depuis 1975. Elle occupe la première place dans le budget communautaire.

• Surtout destinées aux pays, régions et territoires les plus pauvres de l'Union, des aides financières sont versées par le FEDER (Fonds européen de développement économique régional) et le FSE (Fonds social européen), en complément des subventions nationales. Elles visent à améliorer l'accessibilité des territoires par la construction d'infrastructures de transport **(doc. 1)**, favoriser la reconversion et la modernisation des structures économiques, sanitaires et éducatives, dans le respect du développement durable **(doc. 3)**.

• Cependant, les disparités territoriales à l'intérieur des États membres ne disparaissent pas, voire s'accroissent. Les régions les plus pauvres connaissent parfois un « décrochage », les plus riches concentrent toujours plus de richesse.

▶ **Malgré ses efforts, parfois couronnés de succès, la politique régionale communautaire peine à réduire les inégalités dans le contexte de la mondialisation qui profite d'abord aux territoires les mieux dotés.**

Vocabulaire

Disparités
Différences qui réduisent l'harmonie d'un ensemble.

Enclavement
Désigne un lieu difficile d'accès – du fait de l'éloignement et/ou du temps de parcours –, mal ou peu desservi.

Politique régionale
Politique dont l'objectif est de réduire les inégalités socio-spatiales.

Ville mondiale
Métropole dont le rayonnement économique, politique et culturel s'étend à l'échelle de la planète.

1 L'accessibilité des territoires

Inauguré en juin 2013, le pont Vidin-Calafat traverse le Danube et la frontière entre Roumanie et Bulgarie. La contribution de l'UE s'élève à 106 millions d'euros pour un coût total de 282 millions d'euros.

Pourquoi une telle réalisation peut-elle contribuer à réduire les inégalités socio-spatiales dans l'UE ?

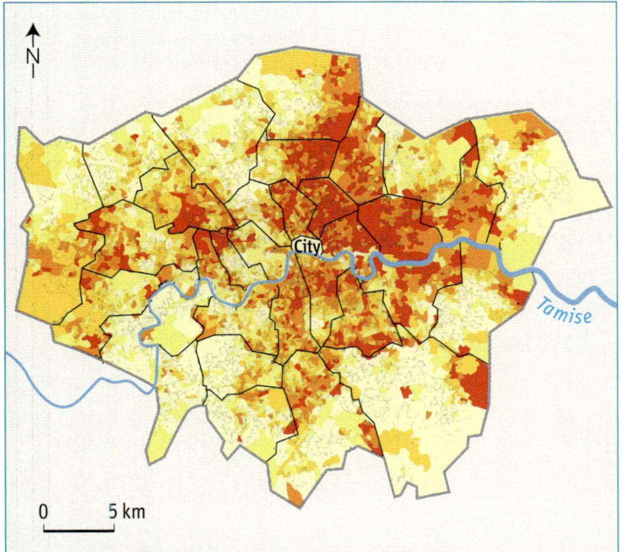

Source : M. Appert, « Les JO 2012 à Londres : un grand événement alibi du renouvellement urbain à l'est de la capitale », site Internet Géoconfluences, www.geoconfluences.ens-lyon.fr, 6 janvier 2012.

Profil de la population du quartier

- très prospère
- prospère
- moyen
- précaire
- grande précarité

2 Les inégalités à Londres en 2010

3 L'impact des fonds européens à l'Est de l'Union

« Les régions métropolitaines (Prague, Budapest, Varsovie, Bratislava) se sont développées de manière spectaculaire en captant des flux migratoires, économiques et financiers (IDE et Fonds de la politique de cohésion). Ainsi Prague s'est ouverte à la fois à la curiosité des touristes mais aussi à l'activité des hommes d'affaires. Sa localisation privilégiée en Europe a attiré de nombreux investisseurs si bien que de nombreux parcs industriels et centres commerciaux ont vu le jour. Bratislava, située à proximité immédiate de l'Autriche et sur le corridor danubien, a profité des Fonds européens pour améliorer son accessibilité par les réseaux de transports. Varsovie, à l'inverse de Bratislava, est éloignée de l'Europe des Quinze. Néanmoins, elle se situe sur le corridor Berlin-Moscou et peut être aussi une "porte européenne" pour les flux Nord-Sud entre Finlande et pays Baltes et le reste de l'Europe centrale et orientale. Parmi tous les PECO[1], seule la Pologne, avec la liaison Varsovie-Silésie et les accès au port baltique de Gdansk, dispose d'axes verticaux dont l'amélioration a été largement financée par le FEDER. »

S. Bourdin, « Les défis de la future politique régionale européenne 2014-2020 : on prend les mêmes et on recommence ? », *Géoconfluences*, 2014.

1. Pays d'Europe centrale et orientale.

En vous aidant de la carte p. 207, comment qualifier le bilan de l'action communautaire en faveur de la réduction des inégalités socio-spatiales dans la partie orientale de l'Union ?

CONSIGNE Après avoir présenté le document, vous décrirez et expliquerez les inégalités de richesses au sein de l'UE à toutes les échelles, puis vous analyserez la localisation des régions les plus riches.

Les inégalités de PIB régional par habitant dans l'UE
(en parité de pouvoir d'achat, 2010)

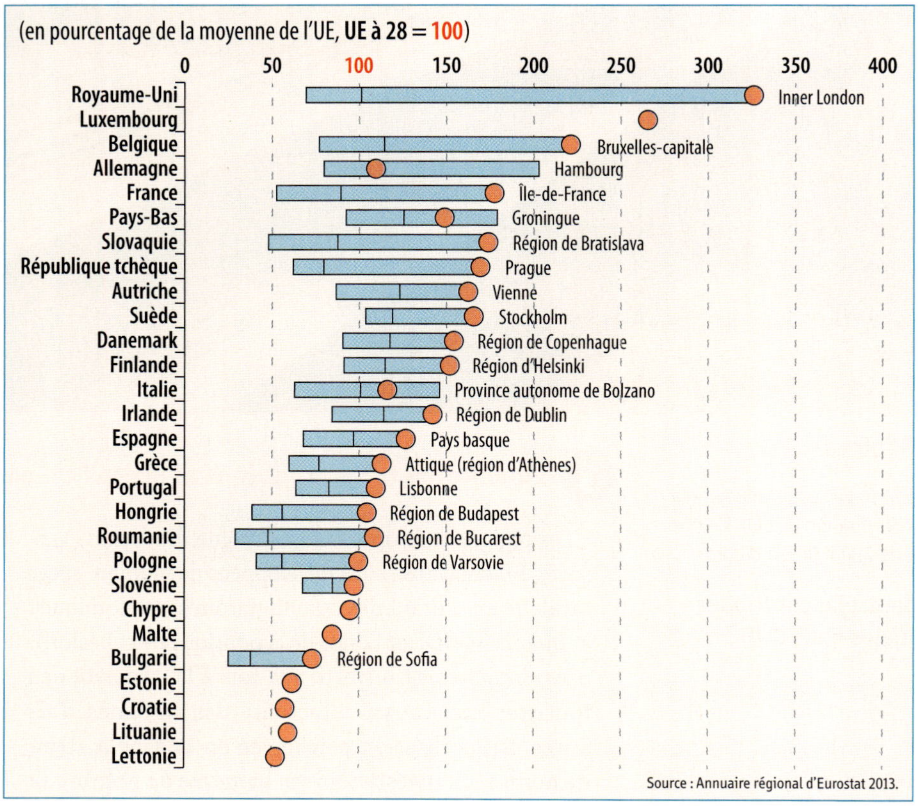

Source : Annuaire régional d'Eurostat 2013.

Vocabulaire

PIB/habitant en parité de pouvoir d'achat (PPA)
Indicateur du PIB par habitant permettant la comparaison des prix et donc celle des revenus réels.

Aide à la lecture du graphique

1 La barre horizontale montre l'écart entre la région la plus riche et la région la plus pauvre. Ici, au Royaume-Uni, le PIB par habitant de la région la plus pauvre est de 60 % de la moyenne européenne, celui de la région la plus riche est de 325 %.

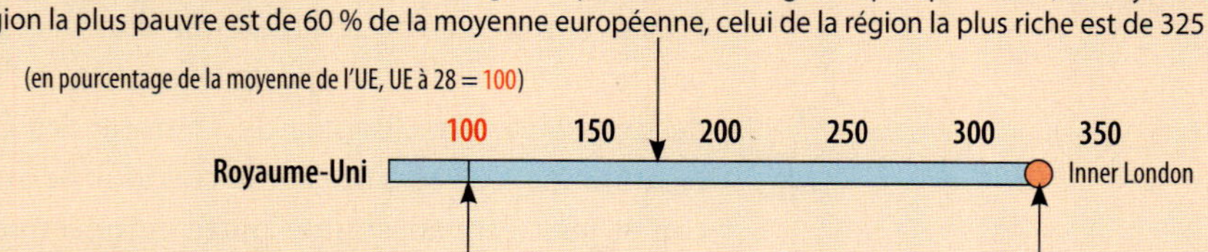

2 La barre verticale indique la moyenne nationale. Ici, le PIB par habitant du Royaume-Uni est égal à la moyenne européenne.

3 Le cercle orange situe la région capitale de chaque pays. Attention, la région capitale n'est pas forcément la région la plus riche citée en noir (exemple de l'Allemagne).

Méthode générale — Analyser un graphique

La lecture et l'exploitation d'un graphique se déroule en trois temps.

1. Lire le graphique et sélectionner les informations qui permettent de le présenter
– Repérer son titre, sa source, sa date, les unités des données, sa légende.
– Relier le graphique au thème étudié.

2. Analyser les données
– Dégager les tendances générales (allure des courbes, hauteur et variation des barres d'un histogramme) et les éventuelles ruptures dans les progressions.
– Comparer les données et faire des classements.

3. Expliquer le graphique
– Sélectionner des chiffres pour répondre à la consigne.
– Mobiliser ses connaissances pour dégager l'intérêt et les limites du document.

Étape 1 Présenter le document

Exemple de présentation

Ce document est un graphique statistique, montrant les disparités de pouvoir dans l'UE, répertoriées par pays. La source de ce document est l'Annuaire régional d' Eurostat, organisme de statistiques de l'UE. Le document a été établi en 2013, à partir de données de 2010, dans un contexte d'élargissement progressif de l'Union européenne avec l'adhésion de la Croatie, et de continuité des politiques communautaires de réduction des inégalités. Il montre des inégalités entre les pays, mais aussi au sein des pays européens.
Dans quelle mesure ce document est-il représentatif de la présence d'inégalités dans l'Union, à toutes les échelles ? Quelles sont les régions les plus riches ?

Nature du document
Thème et espace étudié
Auteur du document
Date du document
Contexte du document
Sujet ou sens général du document
Reformulation de la consigne

Étape 2 Construire le plan de la réponse

Il s'agit de relever les informations essentielles du document et de les classer selon un plan.
Le plan est en général suggéré par la consigne.

Exemple de plan

I. Des inégalités à toutes les échelles au sein de l'UE
II. L'existence de régions très riches au sein de l'UE

Étape 3 Rédiger la réponse

Pour votre premier paragraphe, prélevez des exemples significatifs, qui vous permettront de distinguer des inégalités à toutes les échelles au sein de l'UE. Vous commencerez par classer les pays en fonction de leurs aires géographiques (Ouest, Sud et Centre de l'UE) afin de montrer les inégalités à l'échelle européenne. Vous relèverez ensuite des exemples significatifs d'inégalités à l'échelle nationale. Enfin, vous expliquerez ces différences.
Vous justifierez vos arguments à l'aide d'exemples précis pris dans le document en n'oubliant pas de citer des chiffres.

Exemple de premier paragraphe

Nous pouvons constater que les pays de l'est de l'Europe sont plus pauvres que les pays d'Europe occidentale. Par exemple, le PIB/habitant en parité de pouvoir d'achat de la Pologne est inférieur de moitié à celui de la moyenne européenne pour les régions les plus pauvres du pays, et atteint la moyenne européenne pour sa région la plus riche. Cela s'explique par le fait que les pays d'Europe centrale et orientale sont en situation de transition économique, depuis l'implosion du bloc socialiste en 1991.
Leur récente intégration à l'UE, en 2004, leur permet progressivement de rattraper leur retard du point de vue économique.

Pour votre deuxième paragraphe, vous distinguerez les régions les plus riches (quel est leur point commun, comment expliquez-vous cela ?)

Entraînement 1 Rédigez votre réponse.

Étape 4 Rédiger la conclusion

Méthode

La conclusion doit montrer :
– l'intérêt du document statistique pour traiter le sujet (ici dans le cadre du chapitre sur l'Union européenne) ;
– les limites du document (ses insuffisances, les éléments manquants).

Entraînement 2

À l'aide des indications ci-contre, rédigez la conclusion.

Méthode BAC Composition

S | L ES

Sujet Frontières et limites de l'Union européenne

Étape 1 *Analyser le sujet et dégager l'idée centrale du devoir*

Frontières et limites de l'Union européenne

- **et** : Relation, rapport entre limites et frontières
- **Frontières** : Limite de souveraineté, de pouvoir, d'un État. Ici, il peut s'agir des frontières des États européens (frontières internes), mais aussi des frontières externes de l'UE (délimitation entre les États appartenant à l'UE et ceux qui n'appartiennent pas à l'UE)
- **limites** : Ligne délimitant plusieurs territoires ou plusieurs aires, qui n'a pas forcément de statut officiel
- **de l'Union européenne** : Construction d'un territoire politique ouvert, regroupant plusieurs États, débutée en 1957 et dont le dernier élargissement date de 2013

Ces définitions posent d'emblée plusieurs questions qui vous aideront dégager l'idée centrale que vous allez exposer dans la composition. ▶

a. Quelles sont les limites de l'UE ?
b. Les limites de l'Europe coïncident-elles avec les frontières de l'UE ?
c. Quelles sont les nouvelles fonctions des frontières internes et externes de l'UE ?

Exemple de formulation de l'idée centrale ▶

Dans quelle mesure la construction du territoire communautaire européen pose-t-elle la question de ses limites et redéfinit-elle le rôle de ses frontières, internes et externes ?

Étape 2 *Construire et organiser un plan*

Vous devez dégager deux ou trois grands axes de réflexion afin d'organiser votre développement.

Proposition de plan ▶

I. La construction européenne pose la question des limites de l'Europe
- *A. L'UE, un espace en construction*
- *B. Des frontières de l'UE qui ne correspondent pas toujours aux limites du continent européen*
- L ES *C. Un territoire à géométrie variable : des frontières multiples en fonction du degré d'adhésion des pays aux politiques communautaires*

II. Les frontières internes et externes de l'UE : des fonctions renouvelées
- *A. La redéfinition de la fonction de contrôle par le biais de l'adhésion à l'espace Schengen : un effacement des frontières internes ?*
- *B. Les frontières : des « traits d'union » de l'espace communautaire ?*
- *C. Un déplacement de la fonction de contrôle des frontières*

Étape 3 Rédiger le développement

Vous devez vous référer au plan détaillé que vous avez élaboré au brouillon pour rédiger le développement au propre (voir méthode générale p. 13).

Exemple de rédaction

Chaque ensemble idée/notion/exemple constitue un paragraphe.

L ES Ces deux paragraphes constituent une sous-partie du devoir

II. A. La redéfinition de la fonction de contrôle par le biais de l'adhésion à l'espace Schengen : un effacement des frontières internes ?

La construction européenne vise à construire un espace communautaire unifié, composé des différents pays adhérents, au sein duquel les marchandises et les hommes circulent librement. Dans ce but, plusieurs États ont signé la Convention Schengen en 1995, qui a entraîné la disparition de la fonction douanière des frontières et donc du contrôle des mouvements de population aux frontières internes de l'UE. La frontière germano-polonaise se traverse aujourd'hui sans passer par un contrôle douanier.

Les frontières internes de l'espace Schengen sont moins marquées dans le paysage : on parle couramment d'un « effacement des frontières ». Or, les frontières d'un État correspondent toujours à la limite de souveraineté. La législation en vigueur concernant les taxes appliquées sur l'essence entre l'Espagne et la France crée un différentiel de prix : les habitants traversent donc régulièrement la frontière pour aller acheter de l'essence en Espagne. La frontière marque toujours une discontinuité très importante entre les États européens, que les citoyens doivent respecter, mais dont ils peuvent aussi tirer parti.

Entraînement 1 À l'aide du modèle ci-dessus, repérez, dans le 2e paragraphe, l'idée principale, la notion qui lui est attachée et l'exemple utilisé.

Entraînement 2 À partir du texte ci-dessous, rédigez la sous-partie II.C.

Les frontières internes se sont déplacées vers ..... et vers .....
Les frontières externes ont aujourd'hui une nouvelle fonction : ....
La frontière entre l'enclave espagnole de Ceuta et le Maroc illustre la fonction ....
des frontières externes de l'UE. Le film Welcome du réalisateur Philippe Lioret, sorti en 2009, nous montre aussi cette fonction.

Entraînement 3 Rédigez l'intégralité du développement et la conclusion.

Illustrer la composition par un exemple de film

Welcome est un film français réalisé par Philippe Lioret, sorti le 11 mars 2009. Il aborde la question de l'immigration illégale en Europe à travers l'histoire d'un jeune Irakien kurde, Bilal, parti de son pays d'origine pour rejoindre sa petite amie Mina, qui a émigré avec sa famille en Angleterre, à Londres.
Bilal arrive en France, à Calais, où il découvre les difficultés du franchissement d'une frontière dans l'Union européenne pour les migrants en situation illégale.

Vous pouvez utiliser vos connaissances sur ce film pour illustrer votre développement, notamment sur la fonction de contrôle des frontières et sur leurs conséquences d'un point de vue spatial et humain.

Méthode BAC Croquis

Sujet Les inégalités socio-spatiales au sein du territoire de l'Union européenne

Étape 1 Analyser le sujet

Les inégalités socio-spatiales au sein du territoire de l'Union européenne

Le sujet invite à déterminer les inégalités de deux types (sociales et spatiales) dans l'UE

Le terme « socio-spatiales » désigne les inégalités de revenus mais aussi de niveau de vie. Celles-ci se traduisent spatialement.
✔ Avec quels indicateurs peut-on mesurer ce type d'inégalités ?
✔ Quels sont les facteurs explicatifs concernant ces inégalités ?

✔ Quels sont les pays appartenant à l'UE ?
✔ Quelles sont les politiques de l'UE pour réduire les inégalités entre les États membres ?

CONSEIL

Vous devrez faire ressortir les éléments les plus importants, notamment les inégalités d'ordre économique entre les différents États membres. Pour cela, inspirez-vous de la carte p. 206.

Étape 2 Construire la légende

Entraînement 1

1 Pour compléter la partie 1 de la légende, inspirez-vous de la carte p. 206 et classez les pays par niveau de PIB/habitant.

2 Pour compléter la partie 2 de la légende, il faut chercher à expliquer les différences précédemment observées.

a. Quels sont les espaces les mieux desservis en transports ? Quel lien faites-vous avec le niveau de richesse des pays ?

b. Au sein des différents pays de l'Union, quels sont les espaces les plus riches ?

c. Quels pays sont le plus durement frappés par la crise économique ?

3 Pour compléter la partie 3 de la légende, déterminez les pays concernés par la politique d'aide et de convergence de l'UE. Vous pouvez vous aider de la carte p. 207.

CONSEIL Veillez à choisir des figurés superposables.

Étape 3 Compléter le croquis

Méthode générale Choisir des couleurs pour hiérarchiser une donnée

Pour classer des espaces selon un critère, utilisez des aplats de couleurs que vous classerez du plus foncé au plus clair. La nuance la plus foncée représente la valeur la plus haute, la plus claire représente la valeur la plus basse.

Entraînement 2 Choisissez trois couleurs pour caractériser les trois niveaux de vie dans l'UE (partie 1 de la légende).

Entraînement 3 Complétez le croquis, sans oublier de placer la nomenclature (noms des pays et principales villes) et de donner un titre au croquis.

TITRE : ....

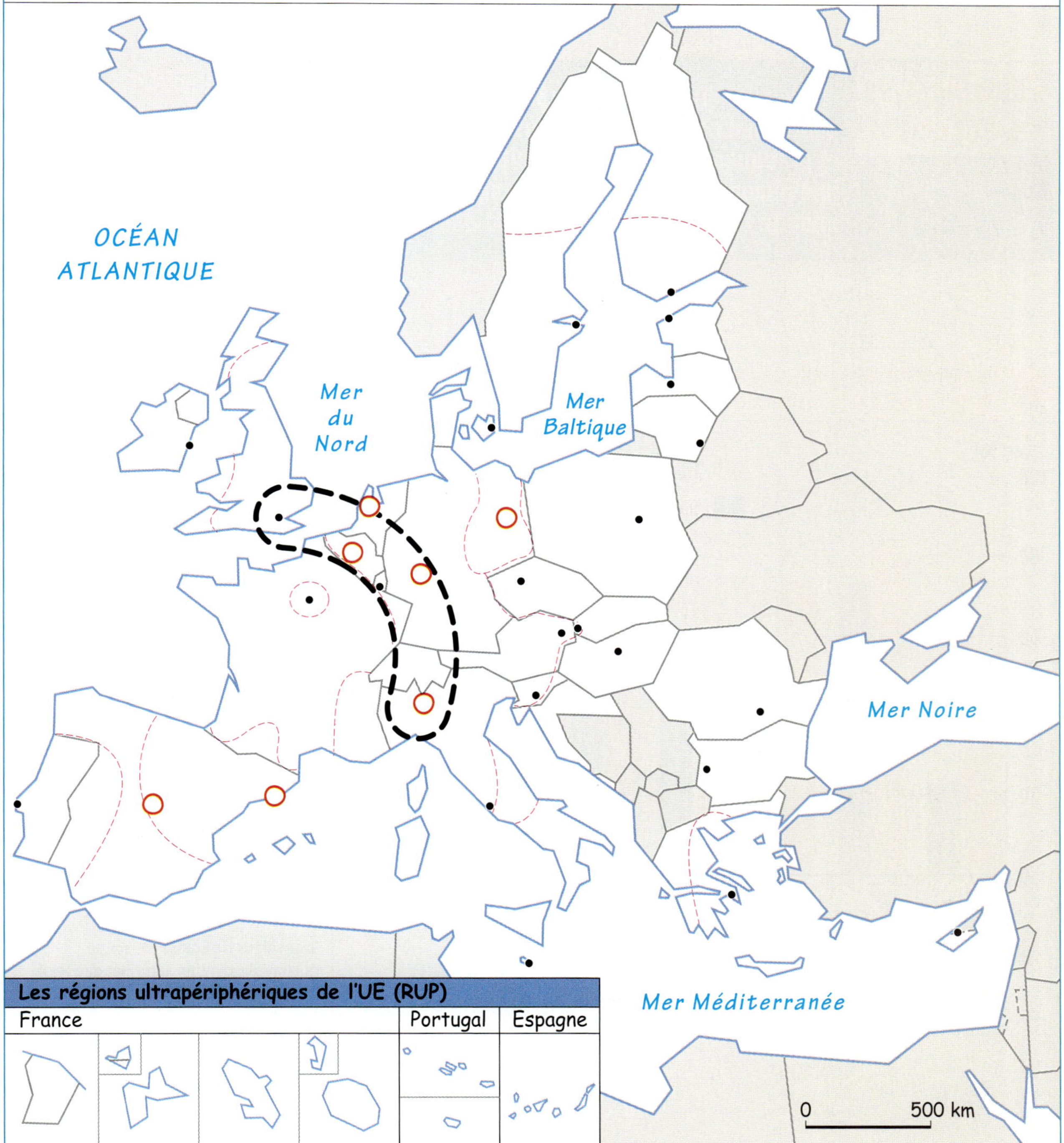

1.	2. Des espaces moteurs et des espaces en crise	3. ....
niveau de vie supérieur à la moyenne de l'UE	des villes	Bruxelles, centre de la politique de cohésion et de réduction des disparités de l'Union
niveau de vie égal ou légèrement inférieur à la moyenne de l'UE	....	régions les moins développées, principales bénéficiaires des aides
niveau de vie inférieur à 75 % de la moyenne de l'UE	mégalopole européenne	
	axes de transport majeurs	
	pays frappés par la crise économique	

Étude/Analyse de document

Après avoir présenté le document, montrez pourquoi il est représentatif des mobilités et pratiques spatiales des habitants dans une région frontalière européenne. Montrez ensuite l'intérêt et les limites du document.

Les pratiques spatiales transfrontalières
dans l'arc jurassien franco-suisse

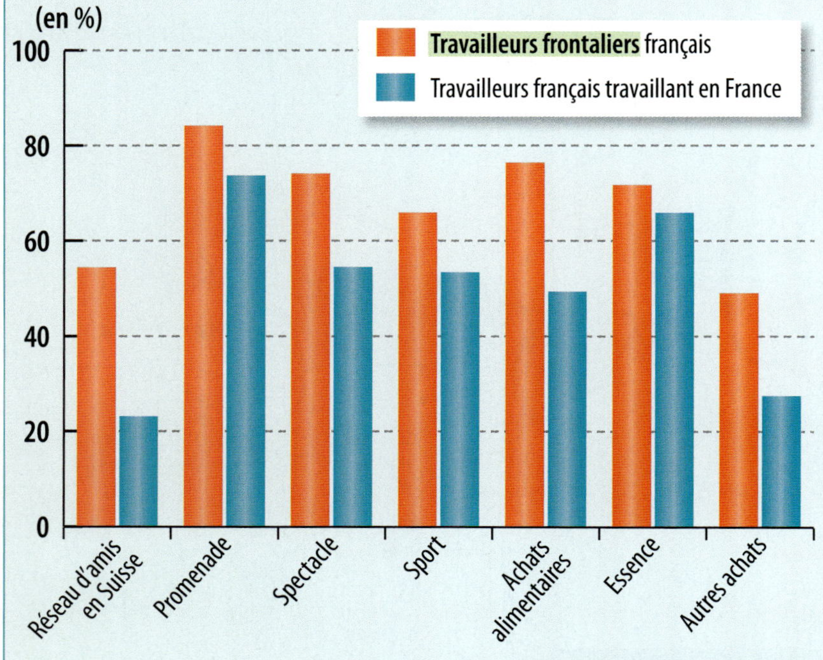

Source : Enquête de *Belgeo*, revue belge de géographie, 2011.

Vocabulaire

Travailleur frontalier Personne qui travaille dans un autre État que celui où elle réside habituellement.

Composition

L'Union européenne : disparités et inégalités socio-spatiales

FAIRE LE POINT

Les notions

Exercice 1 Définissez les notions et termes suivants : *frontière* • *limite* • *Union européenne* • *espace Schengen* • *disparités socio-spatiales* • *intégration régionale* • *FEDER* • *FSE*.

Exercice 2 Expliquez la différence entre une frontière et une limite.

Les repères spatiaux

Exercice 3

1. Sur un fond de carte de l'Europe (téléchargeable sur www.geo-hatier.com), identifiez les 28 États membres de l'Union européenne.
2. Tracez ensuite les limites de la zone euro et de l'espace Schengen.

Les capacités du chapitre

✔ Connaître la distinction entre limites et frontières de l'UE.

Exercice 4 Expliquez la différence entre limites et frontières et illustrez votre réponse par des exemples précis en Union européenne.

✔ Comprendre que l'UE est une union à géométrie variable. L ES

Exercice 5 Réalisez un schéma montrant les différents degrés d'intégration des États à l'UE, à la zone euro et à l'espace Schengen.

✔ Expliquez les disparités et inégalités socio-spatiales de l'UE.

Exercice 6 Réalisez un schéma des inégalités socio-spatiales des territoires de l'UE.

GéoTICE Étudier une Eurorégion grâce à Internet

Les Eurorégions sont des entités territoriales transfrontalières dont l'objectif est de créer un espace plus unifié de part et d'autre de la frontière, par le biais de politiques spécifiques d'aménagement du territoire dans divers secteurs.

L'Eurorégion PAMINA, www.eurodistrict-regio-pamina.com

Allez sur le site www.espaces-transfrontaliers.org, déroulez l'onglet « Ressources » pour accéder à la rubrique « Territoires ». Cliquez ensuite sur « Frontières ». Sur la carte qui s'affiche, cliquez sur la frontière France-Allemagne, puis, dans l'introduction, sur la mention « REGIO PAMINA ».

1. Dans « Réalisations et lignes directrices », classez les réalisations concrètes dans un tableau, en les classant par types d'actions. Quel est le domaine de coopération le plus important ? Quels aménagements ont été réalisés ?

Cliquez sur le lien « L'Eurodistrict Regio Pamina ».

2. Dans l'onglet « Jeunesse », sélectionnez une action concrète.

3. Dans l'onglet « Sport », sélectionnez deux actions récentes.

RÉVISER

Les territoires de l'Union européenne

Repères

L'UE en 2014
- 28 États
- 24 langues officielles
- 4 272 000 km² (3 % des terres)
- 508 millions d'habitants

Idées clés

Les limites et les frontières de l'UE sont en mutation

Les limites de l'Union évoluent au gré des élargissements successifs : fondée par 6 États en 1957, l'UE en compte 28 depuis 2014. Elle est donc attractive, mais certains États refusent d'y adhérer. Ses frontières internes sont susceptibles d'évoluer si l'aspiration à l'indépendance de certaines régions aboutit à la création de nouveaux États, si le Royaume-Uni sort de l'UE.

L'UE est une union d'États à géométrie variable

L ES

Des réalisations communautaires comme la zone euro ou l'espace Schengen présentent également une géographie singulière, distincte de celle de l'UE. Elles témoignent d'un objectif d'harmonisation politique, économique et juridique du territoire de l'Union. Elles sont actuellement fragilisées par la crise financière et économique, et par la forte pression migratoire aux portes de l'Europe, continent attractif du fait de sa richesse.

L'UE présente des disparités contre lesquelles luttent les politiques communautaires

Malgré ces efforts d'harmonisation, le territoire communautaire présente de fortes disparités et inégalités à différentes échelles, nationales, régionales et locales, accentuées par les élargissements récents. Elles opposent pays riches de l'Ouest et pays plus pauvres de l'Est, mais aussi régions pauvres et riches, notamment capitales, et espaces urbains.

La politique de cohésion communautaire a pour objectif majeur la réduction de ces disparités.

Ne pas confondre

Frontière / limite

Une **limite** est ce qui permet de circonscrire un ensemble spatial donné : une région, une construction politique...

Une **frontière** est une limite de l'exercice de la souveraineté nationale, des pouvoirs d'un État.

Surfer

- Le site de l'Union européenne : www.europa.eu
- Pour les statistiques de l'UE http://epp.eurostat.ec.europa.eu
- Sur la politique régionale www.ec.europa.eu/regional_policy/index_fr.cfm
- Un site général d'informations www.europe-en-france.gouv.fr

Voir

- *La Dette, une spirale infernale*, documentaire de Laure Delesalle sur Arte, 2015
- Émissions Le Dessous des cartes sur Arte :
  - « Après le mur : l'Europe », 2009
  - « Sortir de l'Europe ? », 2012
  - « UE, migrants, frontières », 2013

Schémas clés

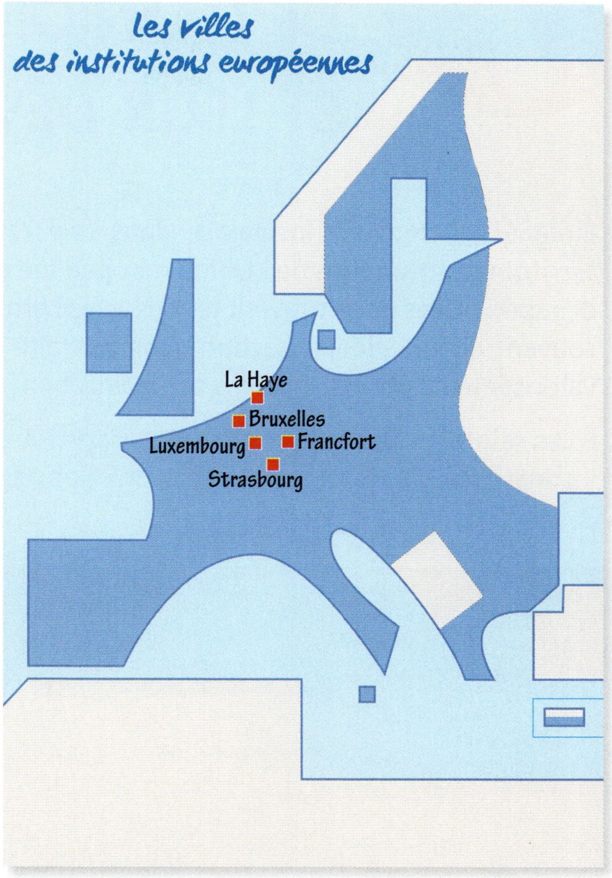

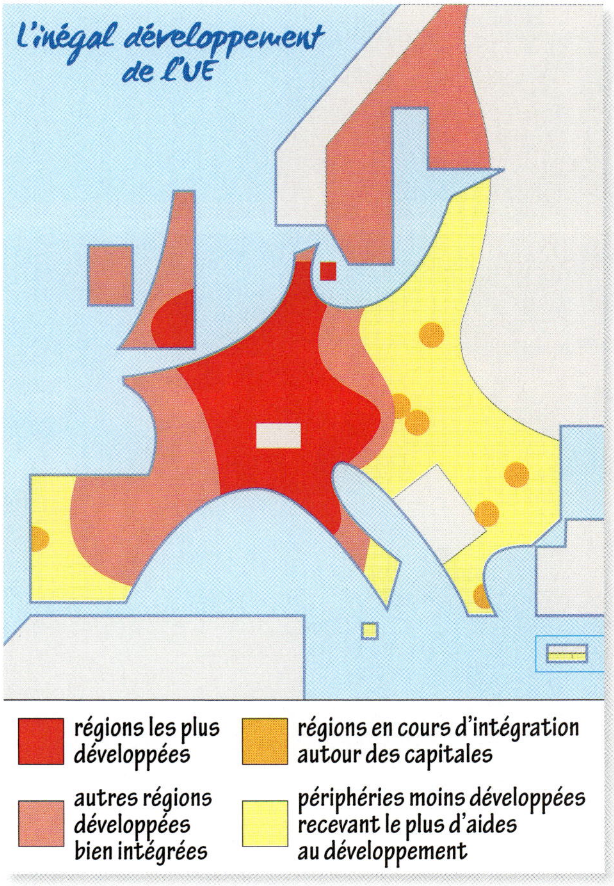

Chapitre 7

Les territoires ultramarins de l'Union européenne et leur développement

Éloignés et souvent insulaires, dans une relation de dépendance à la métropole, les territoires ultramarins de l'Union européenne présentent des statuts divers, mais partagent des spécificités qui entravent leur développement. Leur situation économique et sociale est souvent difficile, leur insertion dans leur aire régionale est limitée. Pour les surmonter et valoriser leurs atouts, certains territoires bénéficient d'aides communautaires.

Les relations des territoires ultramarins avec l'UE et leur aire régionale peuvent-elles constituer des leviers pour leur développement ?

1 Le tourisme balnéaire au Diamant (Martinique)

Le tourisme représente 10 % du PIB de l'île. Néanmoins, il constitue un levier fragile de développement compte tenu de la concurrence régionale.

2 Le centre de Fort-de-France (Martinique)

Fort-de-France concentre un tiers de la population martiniquaise au point que le territoire est devenu une « île-ville ». L'espace urbain présente des contrastes socio-spatiaux en son centre. Au second plan, des habitats parfois précaires s'entassent sur les pentes.

Notions

Aire régionale Espace dont les composantes ont en commun des spécificités liées à leur proximité géographique et qui développent des relations entre elles.

Territoire ultramarin Territoire d'Outre-mer.

Questions

1. Comparez les deux photographies en complétant le tableau suivant.

	Photographie 1	Photographie 2
Paysage		
Activité		
Signes montrant un certain niveau de développement		
Liens avec la métropole et l'UE évoqués		

2. Quels caractères spécifiques de la Martinique ces deux photographies montrent-elles ?

Étude de cas 1

S L ES

La Réunion et Mayotte : deux îles françaises de l'océan Indien

Îles françaises de l'océan Indien, La Réunion et Mayotte, au-delà de leurs différences, partagent des handicaps et une situation économique et sociale difficile. Régions ultrapériphériques (RUP) de l'UE, elles bénéficient de financements communautaires dans le cadre de la politique de solidarité de l'UE, mais peinent à s'intégrer dans leur aire régionale. Valoriser leurs potentialités est prioritaire.

Quelles sont les spécificités de La Réunion et de Mayotte ? Ces deux îles sont-elles représentatives des RUP de l'UE ?

A Éloignement, fragilités et dépendance

1 Deux îles françaises dans l'océan Indien

	La Réunion	Mayotte	France	UE
Superficie	2 510 km²	374 km²	551 000 km²	4 272 000 km²
Population	841 000 habitants, (1,2 % de la population française)	217 000 habitants, (0,5 % de la population française)	65 millions	508 millions
Densité	335 hab./km²	580 hab./km²	117 hab./km²	117 hab./km²
Part des moins de 20 ans	32,2 %	54,3 %	24,6 %	22 %
Taux de chômage (2013)	29 %	36,6 %	10,2 %	10,7 %
PIB/hab. PPA (2013)	13 930 €	6 427 €	27 860 €	25 710 €
Temps de trajet par avion jusqu'à la métropole	11 h, vol direct possible	16h minimum, vol avec escale		

2 Des histoires différentes avec la France

« Les relations de La Réunion avec la France sont plus anciennes que celle de Mayotte. La première, longtemps appelée Île Bourbon, appartient au premier Empire colonial français, constitué dès le XVIIe siècle, alors que la seconde, avec le reste de l'archipel des Comores dont elle fait partie, ne devient une colonie française qu'au milieu du XIXe siècle. La Réunion est un département français d'Outre-mer dès 1946 : elle est donc française à part entière depuis cette date, la loi française s'y applique en totalité, elle est représentée au Parlement. À ce titre, elle devient une RUP de l'UE dès la création de ce statut en 1997. Mayotte a suivi un parcours différent : en 1976, elle devient une Collectivité d'Outre-mer après un référendum à l'issue duquel elle choisit de rester française alors que le reste des Comores obtient son indépendance ; dernier né des départements français depuis 2011, elle ne bénéficie du statut de RUP que depuis 2014. »

A. Frémont-Vanacore, © Hatier, 2015.

Questions

1. **Doc. 1 et 3** Quelle est la situation géographique de ces îles ?

2. **Doc. 1, 2 et 3** a) Identifiez les spécificités de La Réunion et de Mayotte en France et en Europe (distance et histoire avec la métropole, superficie, peuplement, économie, critères sociaux).
b) Comparez ensuite ces deux territoires ultramarins.

3. **Doc. 1, 3 et 4** Quelles sont les contraintes et les potentialités de ces îles tropicales ? Donnez des exemples précis.

4. **Doc. 3** Pourquoi les flux migratoires avec la métropole sont-ils dissymétriques ?

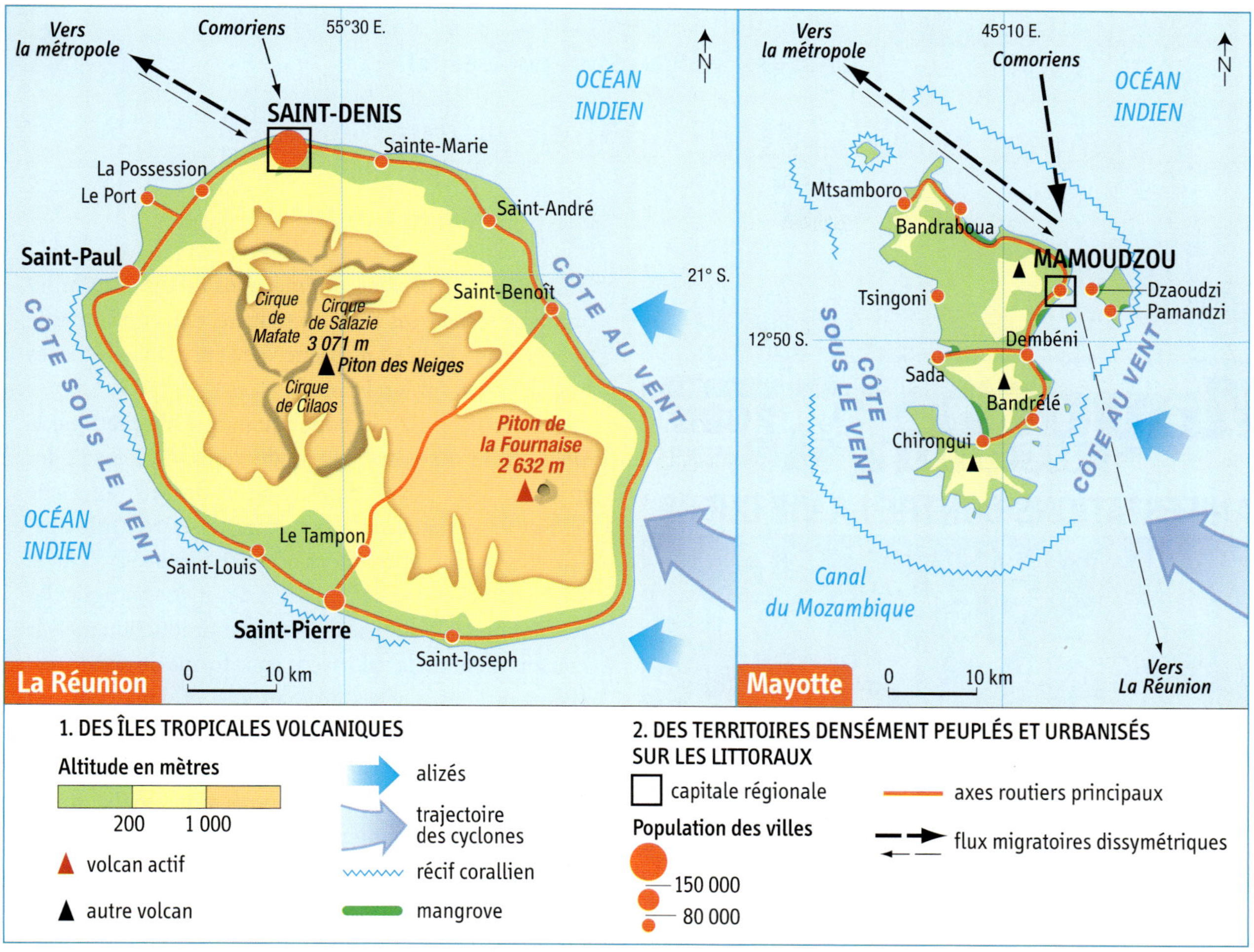

3 Les milieux et le peuplement

4 Le Cirque de Mafate dans le Parc national des Hauts de La Réunion

Malgré son enclavement, le Cirque de Mafate constitue un élément de valorisation des Hauts de La Réunion. Créé en 2007 et inscrit au Patrimoine mondial de l'Unesco, le Parc national couvre 40 % de l'île.

B Des îles en difficultés, aidées par l'UE

5 Une manifestation contre la vie chère

Hebdomadaire d'information générale – 12ème année – n°539 - Vendredi 14 octobre 2011 – Prix de vente : 3 €   www.mayottehebdo.com

Mayotte HEBDO

VIDANGE SANS RENDEZ-VOUS ZOOM CENTRE AUTO ENTRETIEN AUTO ZI KAWENI - Tel 0269 62 14 55

MANIFESTATIONS CONTRE LA VIE CHÈRE

L'ÉCONOMIE À GENOUX, LA POPULATION AFFAMÉE

OÙ EN EST MAYOTTE ?

La vie chère est un problème récurrent, lié à la dépendance de l'île vis-à-vis des importations en provenance de la métropole (90 % des produits consommés).

6 Un secteur tertiaire hypertrophié à La Réunion

« Les services sont au cœur du tissu économique de La Réunion. Au 31 décembre 2011, ils regroupent (y compris hébergement-restauration et transports) 51 % de l'ensemble des établissements de l'île et surtout sept emplois salariés sur dix.

Les services qui emploient le plus de salariés sont l'administration publique (32 600), l'enseignement (31 000), les activités pour la santé humaine (16 200), l'hébergement social, médico-social et l'action sociale (12 900). Ces quatre activités représentent 43,5 % des emplois salariés de la région. Les activités de "services administratifs et de soutien" emploient 10 000 salariés et les "autres activités de services" 9 500. »

Insee, 2014.

7 L'agriculture vivrière à Mayotte

« L'agriculture permet aux ménages l'accès à un minimum de ressources et de nourriture, dans un contexte de chômage élevé et d'absence de l'ensemble des aides sociales existant [en France].

[...] La majorité de la population agricole pratique la polyculture, associant des productions vivrières et des arbres fruitiers. Cette production est destinée en partie à l'autoconsommation. Les cultures vivrières (principalement banane et manioc) occupent ainsi 92 % de la surface cultivée totale [...], 49 % des ménages agricoles ne commercialisent pas du tout leur production mais la consomment ou la valorisent sous forme de dons.

[Pourtant] les plantes aromatiques et à parfum ont longtemps valu à Mayotte l'appellation d'"île aux parfums" aujourd'hui revendiquée par l'île sœur de Nosy Bé à Madagascar. On trouve ainsi l'ylang-ylang, le poivre et d'autres épices : citronnelle, gingembre, curcuma, clou de girofle, piment, noix de muscade.

L'ylang, culture de rente historique avec la vanille, est en pleine déprise[1]. Les surfaces cultivées ont diminué de 60 % entre 2002 et 2010. [...] Cette déprise s'explique par le manque de rentabilité de la culture par rapport aux productions vivrières et maraîchères, les difficultés d'écoulement par les circuits traditionnels et l'augmentation du coût de la main-d'œuvre. »

D'après « Élaboration du Programme de Développement Rural de Mayotte », Direction de l'alimentation, de l'agriculture et de la forêt de Mayotte, ministère français de l'Agriculture, 2014.

1. Abandon de la production.

8 Les financements européens (estimations 2014-2020, en millions d'euros)

	Fonds structurels		PAC		PCP
	FEDER	FSE	FEADER	POSEI	FEAMP
La Réunion	1 139	544,9	385	97	12 millions pour les 5 RUP
Mayotte	150,2	69,2	60	42	

Sources : Association Eurodom et Préfecture de Mayotte, 2014.

Vocabulaire

FEAMP Fonds européen pour les Affaires Maritimes et la Pêche.

FEDER Fonds européen de développement économique régional.

FSE Fonds social européen.

PAC Politique agricole commune.

PCP Politique Commune de la Pêche.

POSEI Programme d'options spécifiques à l'éloignement et à l'insularité.

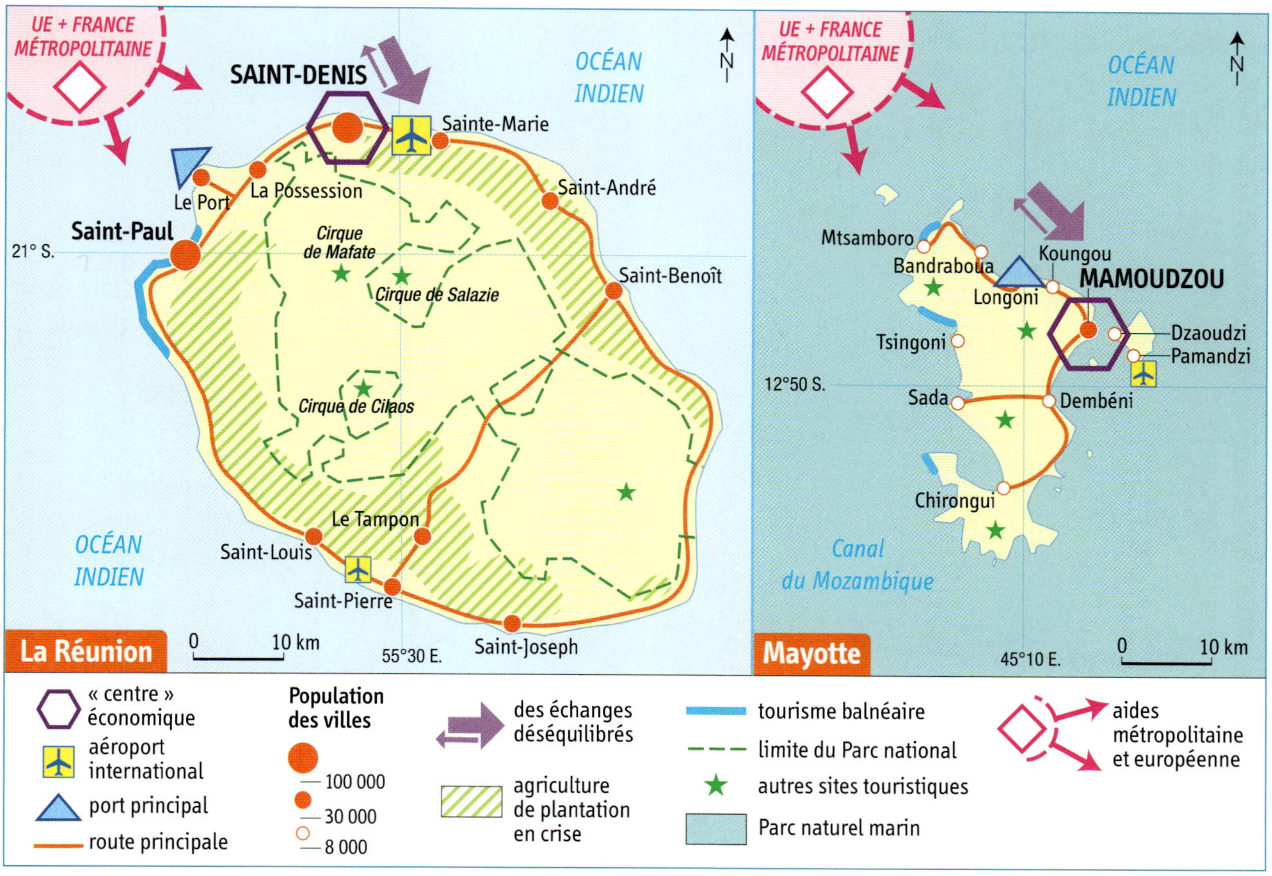

9 Les bases du développement

10 Urbanisation et étalement urbain à Saint-Denis de La Réunion

Questions

1. **Doc. 7** Quelles sont les activités agricoles traditionnelles de Mayotte ?
2. **Doc. 6** Pourquoi les services sont-ils le secteur d'emplois le plus important ?
3. **Doc. 5, 7 et 8** Quels problèmes économiques et sociaux justifient les aides communautaires ?
4. **Doc. 9 et 10** Montrez les caractéristiques de l'urbanisation à Saint-Denis de La Réunion. Quel est le rôle de la route littorale ?

C Une difficile insertion dans l'aire régionale

11 Une faible intégration régionale

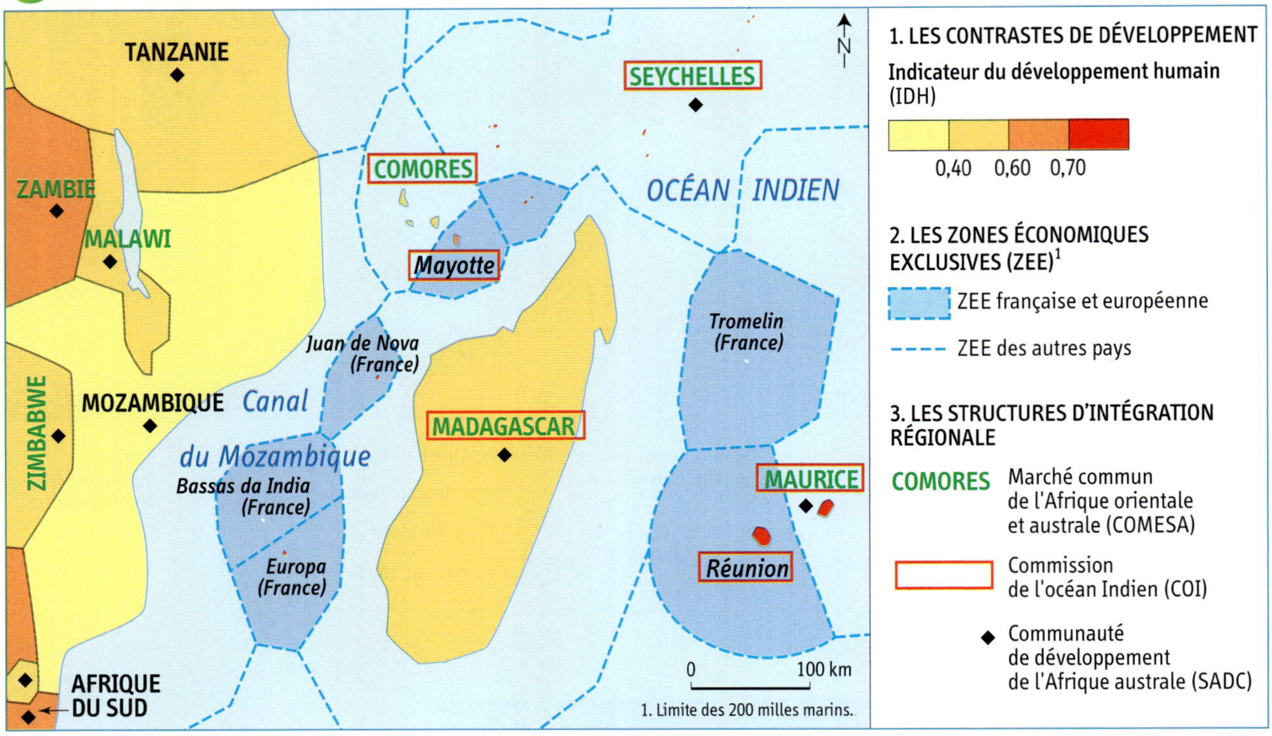

12 Mayotte, un pôle migratoire dans l'aire régionale

Mayotte est le département français où la part d'étrangers dans la population est la plus importante (41 %), devant la Guyane (35,5 %). Majoritaires dans les villes, pour la plupart Comoriens, ils sont attirés par la qualité des soins.

13 La stratégie des « îles Vanille »

« La Réunion participe depuis 2010, avec les îles de la zone (Maurice, Seychelles, Madagascar, Mayotte, Comores, Maldives), à une nouvelle stratégie promotionnelle destinée à séduire les clientèles étrangères, particulièrement les touristes européens et chinois, en leur proposant des offres combinées inter-îles. Fin 2013, ce concept des “Îles Vanille” se traduit essentiellement par la vente d'offres combinées entre La Réunion et Maurice et peine encore à se matérialiser dans les taux de fréquentation en raison notamment des différences dans les réglementations relatives aux visas et au fait que les partenaires sont également des concurrents. »

Rapport de la Cour des comptes sur le tourisme Outre-mer, février 2014.

Questions

1. Doc. 11 Quels sont les différentiels de développement dans l'aire régionale de Mayotte et de la Réunion ?
2. Doc. 12 Quelle en est la conséquence ?
3. Doc. 13 Dans quels programmes de coopération régionaux Mayotte et la Réunion sont-ils insérés ? Dans quels buts ?

BILAN DE L'ÉTUDE DE CAS

1. Rédigez un paragraphe montrant les contraintes et les potentialités de la Réunion et de Mayotte.

2. Quelles sont les difficultés économiques et sociales de Mayotte et de la Réunion ? Quel rôle joue l'UE dans l'aide au développement de ces RUP ?

3. Montrez l'originalité de la position économique de Mayotte et de la Réunion dans leur aire régionale et les efforts entrepris pour s'insérer dans cette aire.

▶ Complétez le croquis suivant et donnez-lui un titre.

1. Des territoires entre .... et potentialités

8 045 km ....

altitudes supérieures à 1 000 m

....

CÔTE....... une opposition entre .... et ....

.... volcanisme : un territoire à risque

.... parc national : protection de la biodiversité

....

2. Des difficultés économiques et sociales qui justifient les aides de l'UE

une agriculture fragile

Une économie dépendante des relations avec la métropole :

....

.... aéroport

....

des échanges déséquilibrés

3. ....

.... accueil de flux migratoires légaux et illégaux

.... par le projet des « îles Vanille »

appartenance à la .... de l'océan Indien (COI)

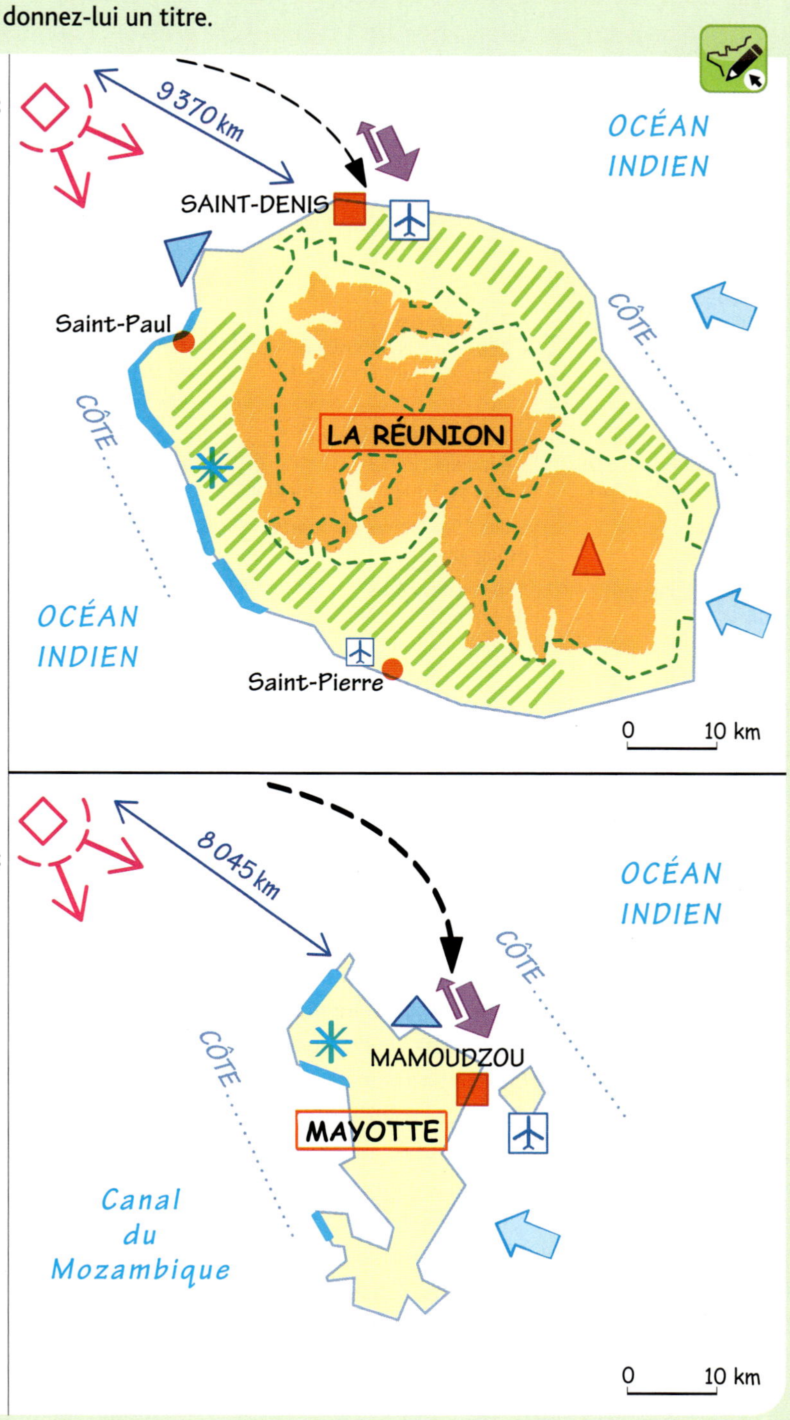

Étude de cas 2

S | L ES

Les îles Canaries, une Espagne tropicale

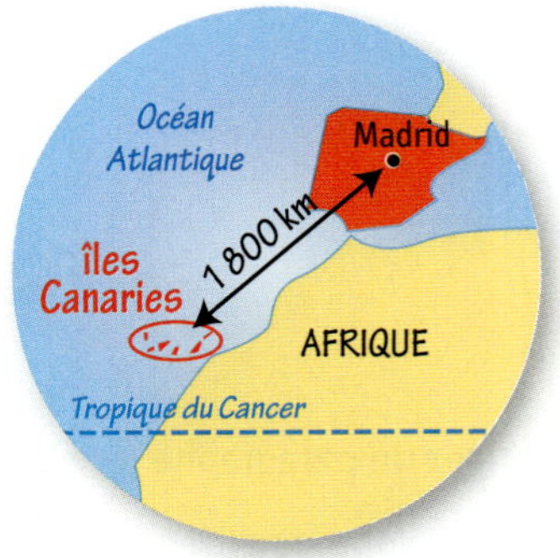

L'archipel des Canaries, communauté autonome espagnole, est une Région ultrapériphérique de l'UE. À ce titre, elle perçoit des aides liées à la politique de cohésion territoriale européenne. Mais les Canaries sont aussi une « Région d'Opportunité » dans le cadre du programme « Europe 2020 » grâce à ses atouts dont l'Union peut bénéficier.

Quels sont les potentialités et les handicaps de l'archipel ? En quoi est-il un poste avancé de l'UE en Afrique ?

A La mise en valeur d'une Espagne tropicale

1 Une RUP de l'Union européenne

Atouts locaux	Statistiques	Des contraintes relatives	Financements communautaires au titre des RUP, Stratégie Europe 2020
Archipel volcanique : – image positive de l'île – paysages variés – ressources marines	– 7 447 km², sept îles – ZEE (Zone économique exclusive) : 650 000 km²	– Émiettement insulaire – Marché insulaire réduit – PIB /hab. : indice 84 (100 pour l'UE)	– Fonds structurels : FEDER (Fonds européen de développement régional) et FSE (Fonds social européen : 2,4 milliards d'euros – POSEI (Programme d'options spécifiques à l'éloignement et à l'insularité) : 268 millions d'euros – FEAMP (Fonds européen pour les affaires maritimes et la pêche) : 8,7 millions d'euros
Climat tropical attractif : espace exotique pour l'UE (tourisme et agriculture)	– Température moyenne annuelle : 21°C – plus de 300 jours de soleil/an	Ressources en eau insuffisantes	
Relative proximité de la métropole	5 des 15 premiers aéroports espagnols	Dépendance forte à l'activité touristique	
Proximité du continent africain	150 km des côtes du Maroc	Conflit avec le Maroc pour la délimitation de la ZEE	Programme « MAC » (Madère, Açores, îles Canaries) associant les pays voisins d'Afrique occidentale : 55 millions d'euros au titre de la coopération territoriale transfrontalière

2 Un archipel tropical volcanique

« Il n'y a pas de Canaries, mais un archipel avec en commun des altitudes élevées, des paysages marqués au sceau du volcanisme, comme en témoignent les 3 718 mètres du Teide qui joue le rôle d'arrière-plan enneigé pour les bananeraies, une opposition nord-sud dans la végétation : le nord humide et **au vent**, le sud plus sec, plus chaud, **sous le vent**, une opposition est-ouest dans les implantations portuaires en fonction du régime des **alizés**, des villes en périphérie. [...] Le climat garantit toute vie économique, autant que le passage ; à lui sont liées la fréquentation touristique étalée dans l'année, la maturation anticipée des primeurs, les bonnes conditions d'escale. L'été reste aride ; d'avril à octobre les alizés sont garants d'une **hygrométrie** élevée, mais sans pluies ; de novembre à mars les vents du sud leur succèdent, porteurs d'orages. »

R. Ferras, D. Pumain, T. Saint-Julien, *France, Europe du Sud*, Éditions Belin, 1990.

Vocabulaire

Alizé Vent régulier soufflant dans la partie tropicale des océans.
Archipel Groupe d'îles relativement proches les unes des autres.
Au vent Versant exposé aux alizés.
Hygrométrie Taux d'humidité dans l'air.
Sous le vent Versant à l'abri des alizés.

Questions

1. Doc. 1, 2 et 3 Quelles sont les potentialités de l'archipel ?
2. Doc. 4 Quelle activité en découle ? Quelle est l'impact paysager de cette activité ?
3. Doc. 1 à 4 Quelles sont les contraintes des îles Canaries ? Comment guident-elles l'organisation de cet archipel ? Peuvent-elles être aussi des atouts ?
4. Doc. 1 Quels secteurs bénéficient des aides communautaires ?

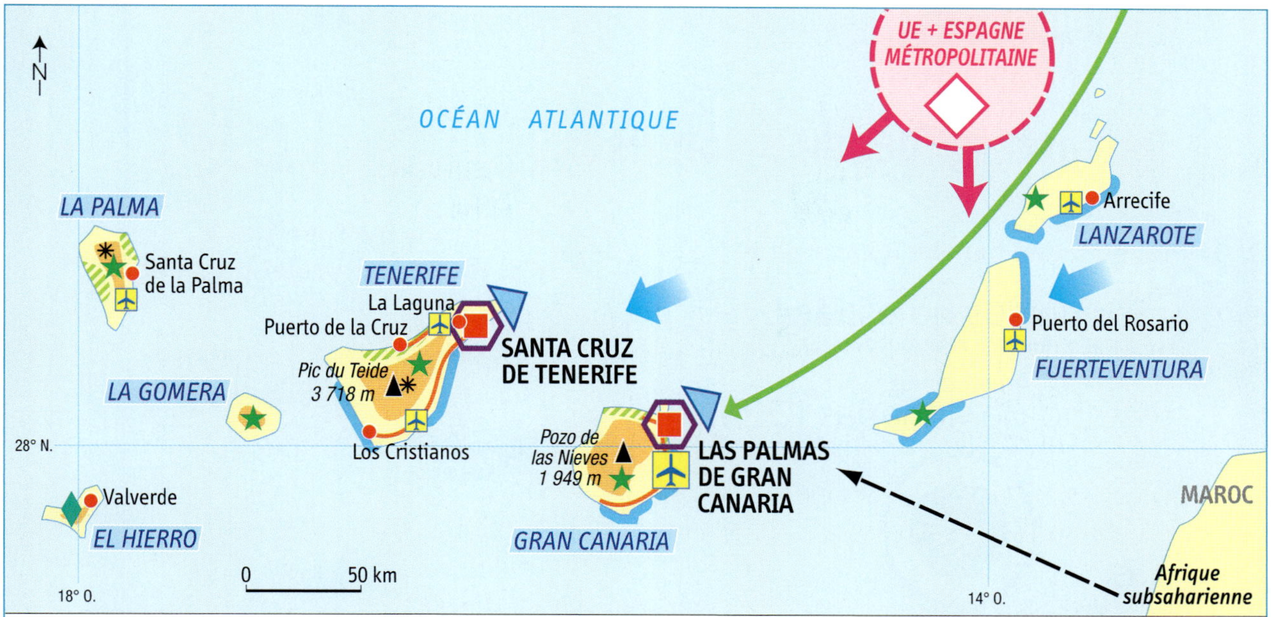

1. UN ARCHIPEL ESPAGNOL

- LA PALMA : île de l'archipel des Canaries
- altitudes supérieures à 1 000 mètres
- principaux sommets volcaniques
- direction des alizés

2. UNE OCCUPATION HUMAINE TRÈS DENSE

Une forte urbanisation

- principales villes
- villes secondaires
- « centre » économique
- principales routes

Un tourisme toute l'année en croissance

- aéroports internationaux
- principaux ports
- tourisme balnéaire
- autres sites touristiques (dont parcs et réserves)

Une porte d'entrée des flux de clandestins en Europe

- flux migratoires

3. ENTRE DÉVELOPPEMENT LOCAL ET DÉPENDANCES

- observatoires astronomiques
- centrale hydroéolienne
- bananeraie
- flux touristiques
- aides de l'Espagne et de l'UE

3 Un archipel entre contraintes et potentialités

4 Un tourisme de masse pour une clientèle d'Europe du Nord à Puerto Rico (Grande Canarie)

Un climat tropical exceptionnel et d'excellentes liaisons aériennes expliquent l'essor du tourisme. Il représente 30 % du PIB de l'archipel et constitue un levier essentiel de développement.

B Des atouts locaux à valoriser

5 « La meilleure banane du monde »

« Être unique n'est pas facile, mais notre produit l'est. La banane des Canaries est une indication géographique protégée. »
L'agriculture ne représente plus que 10 % de l'activité économique de Tenerife, mais contribue à la beauté des paysages et produit une banane considérée comme « la meilleure du monde ».

6 L'Institut Astrophysique des Canaries, organisme scientifique européen

Au sein de l'Institut Astrophysique des Canaries, 19 pays collaborent. Au pied du Mont Teide, les télescopes bénéficient d'une pureté atmosphérique rare, protégée par la « *ley del cielo* » (1988).

7 La centrale hydroéolienne d'El Hierro : un projet pionnier

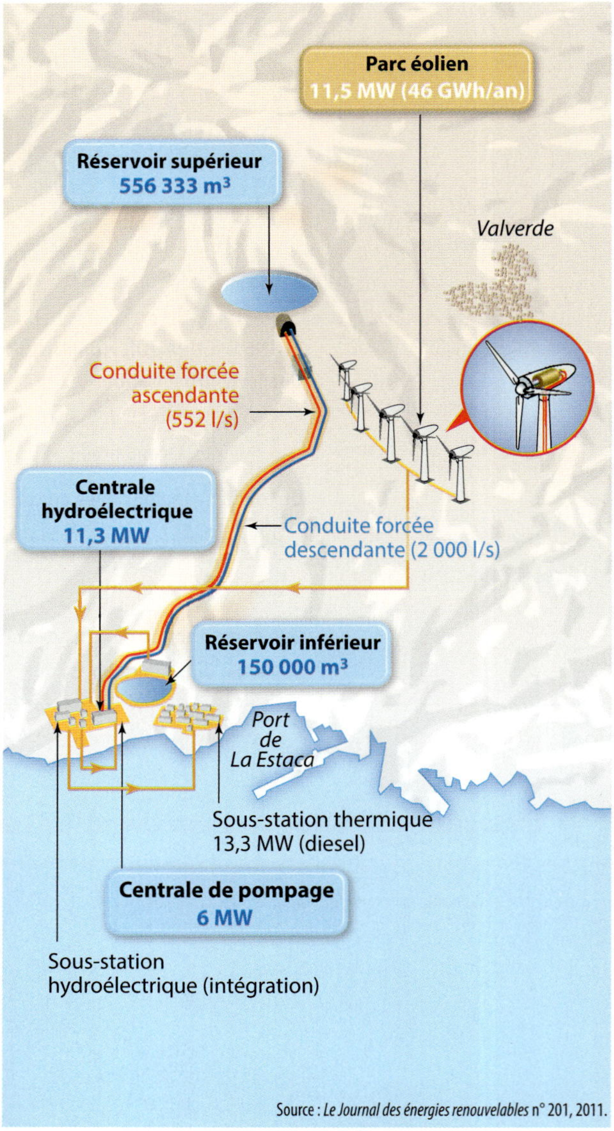

Source : *Le Journal des énergies renouvelables* n° 201, 2011.

Dans une optique de durabilité, ce projet pionnier pourrait permettre d'atteindre l'autonomie en électricité et en production d'eau potable par dessalement.

Questions

1. Doc. 5 et 6 Quelles activités sont ici mises en avant ?
2. Doc. 7 Quel est l'intérêt de développer l'énergie hydroéolienne aux Canaries ? Dans quelle mesure est-ce un levier de développement ?
3. Doc. 6 Pourquoi l'UE a-t-elle installé l'Institut Astrophysique aux Canaries ? Quelles peuvent être les retombées économiques ?

C Une interface entre l'Afrique et l'Europe

8 Une porte d'entrée des flux illicites en Europe

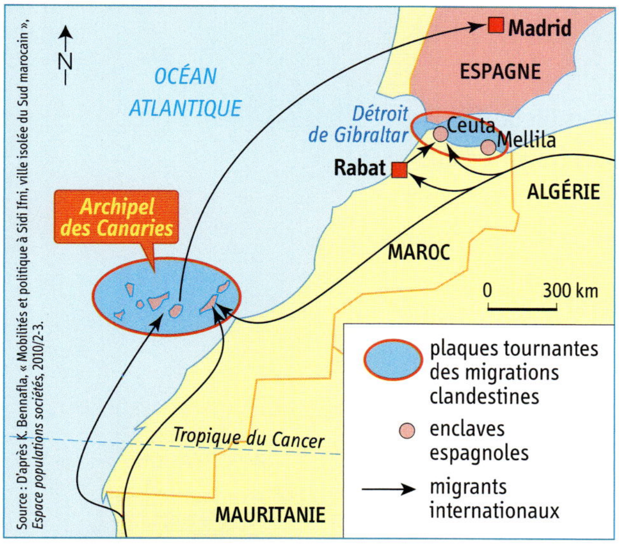

Source : D'après K. Bennafla, « Mobilités et politique à Sidi Ifni, ville isolée du Sud marocain », *Espace populations sociétés*, 2010/2-3.

9 La coopération avec la Mauritanie

« Les Canaries et la Mauritanie vont collaborer en matière de pêche et d'infrastructures. [...] Le président canarien a mis l'accent sur les opportunités offertes par les Canaries pour le développement de la pêche en Mauritanie et a proposé de mettre l'expérience, les connaissances et les moyens techniques des Canaries dans le secteur de la pêche à disposition du Gouvernement mauritanien et de ses ambitions de développement, notamment en vue l'élargissement du port de Nuadibu. [...] Il a en outre décidé de mettre à disposition des institutions et entreprises du pays "toutes les possibilités de coopération possibles" dans des secteurs comme le tourisme, le traitement des eaux, les énergies renouvelables ou le secteur primaire. »

Site Internet de l'association Eurodom (L'Europe et les départements français d'Outre-mer), www.eurodom.org, 2014.

Questions

1. **Doc. 8** Pourquoi l'archipel est-il une porte d'entrée de flux migratoires ?
2. **Doc. 8 et 9** Quelle relation existe-t-il entre ces deux documents ?

Vocabulaire

Interface Zone de contact entre deux espaces.

Flux Échanges visibles et invisibles qui sillonnent la planète.

BILAN DE L'ÉTUDE DE CAS

▶ Complétez le croquis suivant, sans oublier la nomenclature, et donnez-lui un titre.

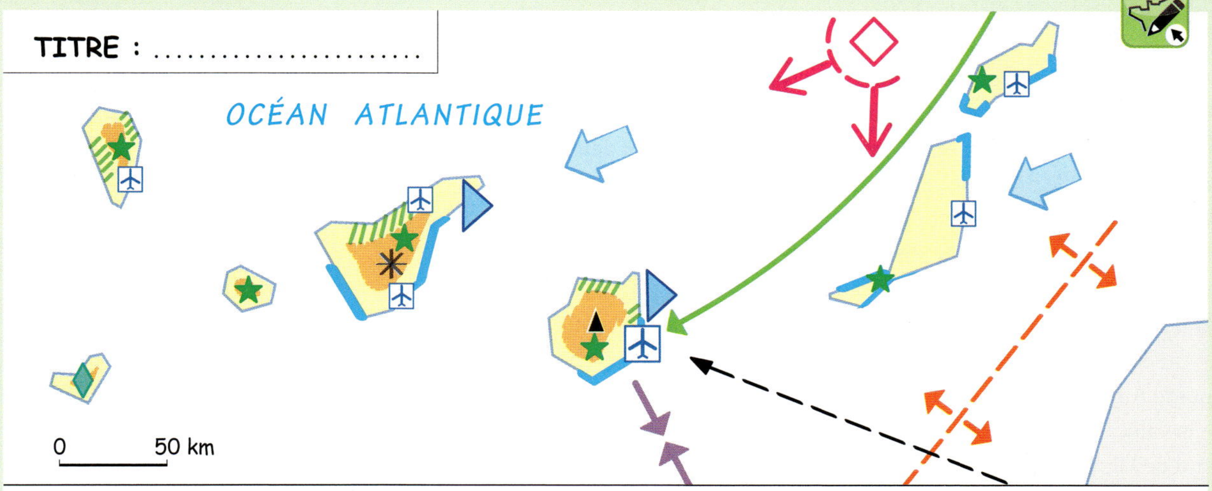

1. Un archipel tropical mis en valeur

- ....
- ....
- ....
- ....
- .... port
- .... flux touristiques
- .... tourisme balnéaire
- .... autres sites touristiques

2. Des ressources locales au service du développement de l'archipel

- ....
- .... destinée au marché européen
- .... institut astrophysique des Canaries

3. Entre .... et Afrique

- .... de l'Espagne et de ....
- .... un fort différentiel de .... avec les pays voisins
- ....
- une coopération avec la Mauritanie

Étude de cas 3

S | L ES

La Martinique, entre UE et aire régionale

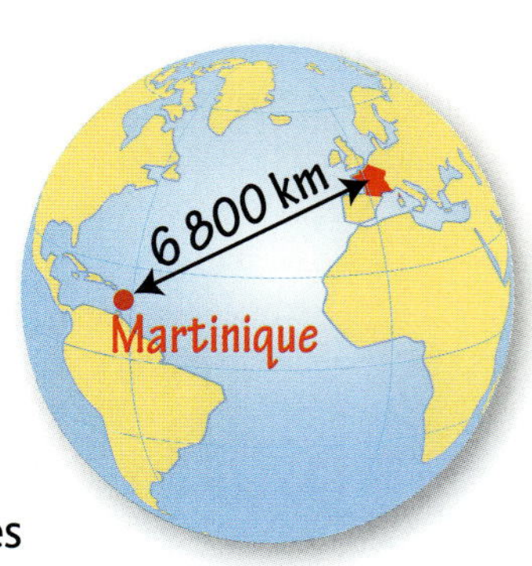

La Martinique, Région ultrapériphérique de l'UE, illustre l'ampleur des inégalités socio-spatiales du territoire communautaire : les fragilités du développement justifient les aides européennes. Mais l'île constitue pour la France et l'UE un atout économique et géostratégique dans l'aire caraïbe.

Quelles sont les singularités de la Martinique, territoire ultramarin français entre UE et aire régionale ?

1 Une Région ultrapériphérique française

	Martinique	France	UE
Superficie	1 128 km²	551 000 km²	4 272 000 km²
Population	386 500 habitants, (0,6 % de la pop. française)	65 millions	508 millions
Densité	343 hab/km²	117 hab/km²	117 hab/km²
Part des moins de 20 ans	24,9 %	24,6 %	22 %
Taux de chômage (2013)	21 % (2012)	10,2 %	10,7 %
PIB/hab PPA (2013)	19 745 €	27 860 €	25 710 €
Financements de l'UE 2014-2020 dans le cadre de la politique de cohésion territoriale (Stratégie Europe 2020, millions d'euros)	- FSE (Fonds social européen) État : 132,4 - FEDER (Fonds européen de développement économique régional) : 445,1 - FSE UE : 73,3 - FEADER (Fonds européen agricole pour le développement rural) : 130,2 - FEAMP (Fonds européen pour les affaires maritimes et la pêche) pour les 5 RUP : 12 - POSEI (Programme d'options spécifiques à l'éloignement et à l'insularité) : 278		

2 Les difficultés du tourisme en Martinique

« La Martinique est la destination touristique la plus développée des Antilles françaises. Elle peut être considérée comme un modèle dans ce domaine, dans le sens où elle a su encore mieux que sa jumelle guadeloupéenne tirer un remarquable profit de ses atouts historiques et géographiques :
– le passé colonial qui n'est pas oublié mais qui devient une sorte d'ancrage historique inscrit dans les paysages (aménagement des sucreries désaffectées, lieux de mémoire évoquant aussi bien l'esclavage que l'attachement à la métropole, monuments aux morts de la Première Guerre mondiale, etc.) ;
– un fort sentiment d'appartenance à cette créolité[1] si chère au grand poète Aimé Césaire ;
– la valorisation touristique de la côte sous le vent (protégée des alizés) au sud de l'île (Le Marin).
Malgré tout, le tourisme martiniquais est aujourd'hui à la croisée des chemins. Les trois quarts de la clientèle viennent de la métropole, ce qui n'est pas sans danger. Cette clientèle est volatile et préfère de plus en plus choisir des destinations équivalentes et moins chères. Le tourisme régional est encore assez peu développé. Les Nord-Américains ne sont guère présents (moins de 4 % du total), les dessertes aériennes et le niveau global de confort étant jugé insuffisant. »

V. Adoumié (dir.), *Les Régions françaises*, Hachette, 2014.

1. Mouvement de défense des valeurs culturelles et spirituelles propres aux créoles des Antilles françaises.

3 Le commerce extérieur

IMPORTATIONS (en %)

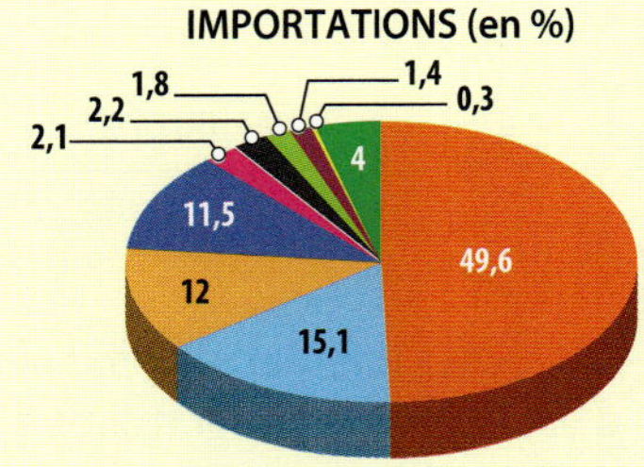

Total = 2 812 millions d'euros

EXPORTATIONS (en %)

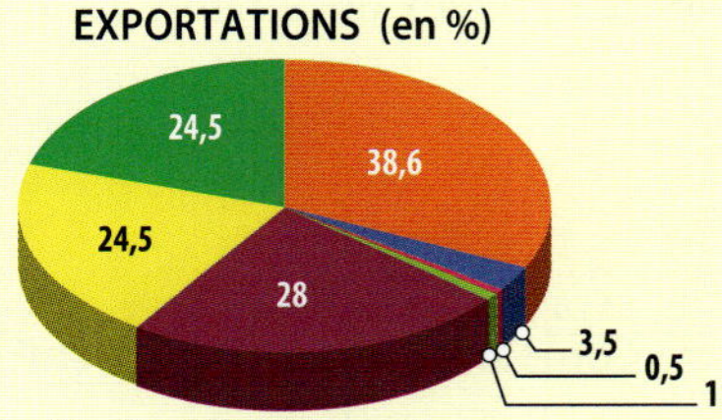

Total = 424 millions d'euros

- France métropolitaine
- Norvège
- UE hors France
- États-Unis
- Caraïbe hors ACP[1]
- Chine
- Caraïbe ACP[1]
- Guadeloupe
- Guyane
- Autres

1. ACP : Afrique Caraïbe Pacifique.

Antiane n° 76, Martinique, juin 2013.

Questions

1. Doc. 2 et 4 Décrivez et expliquez l'organisation spatiale de l'île.
2. Doc. 1, 2 et 4 Quelles sont les difficultés économiques et sociales de l'île ?
3. Doc. 3 Montrez que le commerce extérieur témoigne à la fois de la dépendance de l'île et de sa faible intégration régionale.
4. Doc. 1 à 4 Qu'est-ce qui justifie les aides de l'UE ?

4 L'organisation du territoire en Martinique

BILAN DE L'ÉTUDE DE CAS

▶ En vous appuyant sur le schéma ci-contre, montrez que la situation de la Martinique est représentative de celle d'une île tropicale appartenant à une métropole européenne.

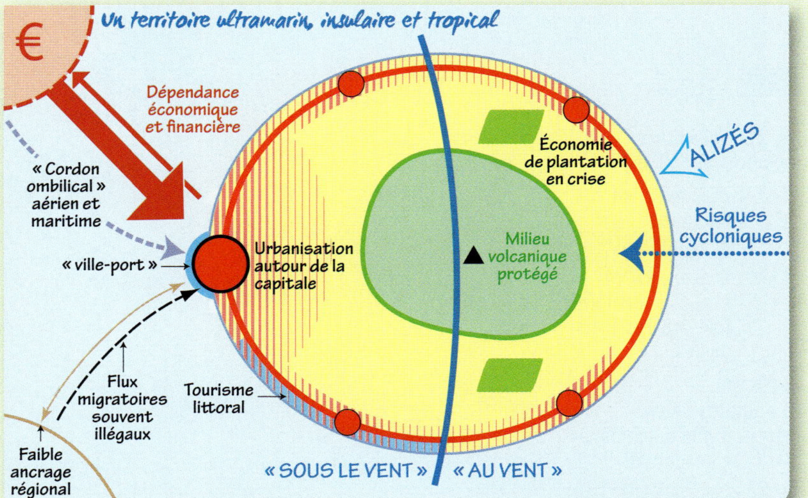

Les territoires ultramarins de l'UE

S L ES

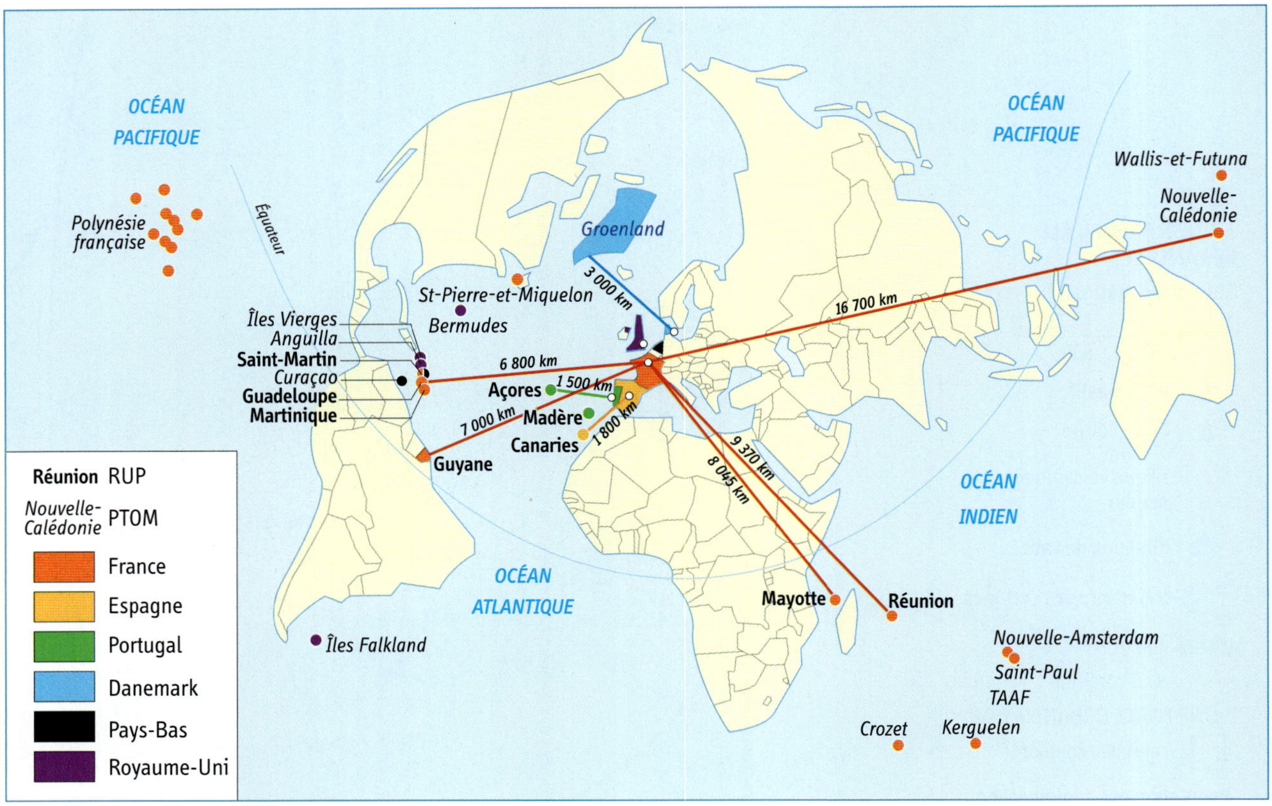

1 Les Régions ultrapériphériques (RUP) et les Pays et territoires d'Outre-mer (PTOM) de l'UE

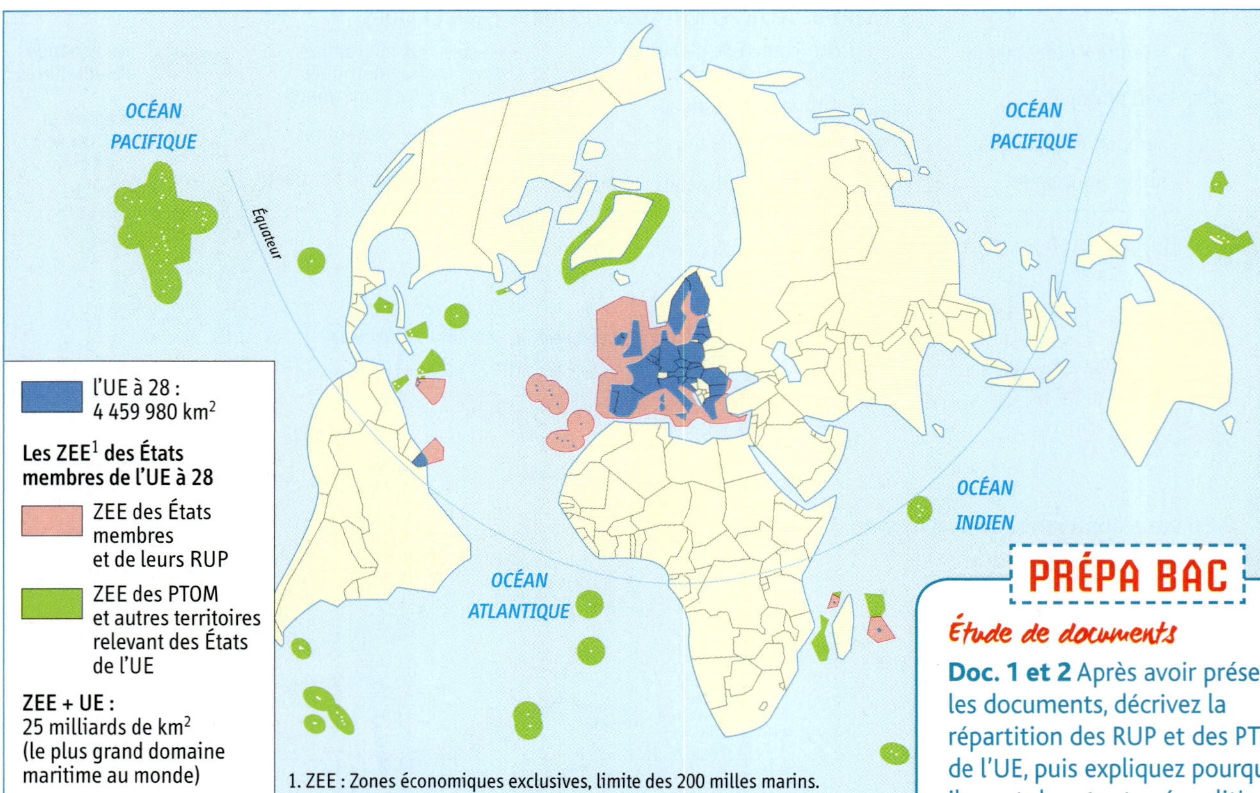

2 Les ZEE des territoires ultramarins de l'UE

PRÉPA BAC

Étude de documents L ES

Doc. 1 et 2 Après avoir présenté les documents, décrivez la répartition des RUP et des PTOM de l'UE, puis expliquez pourquoi ils sont des atouts géopolitiques et économiques pour les métropoles et l'UE.

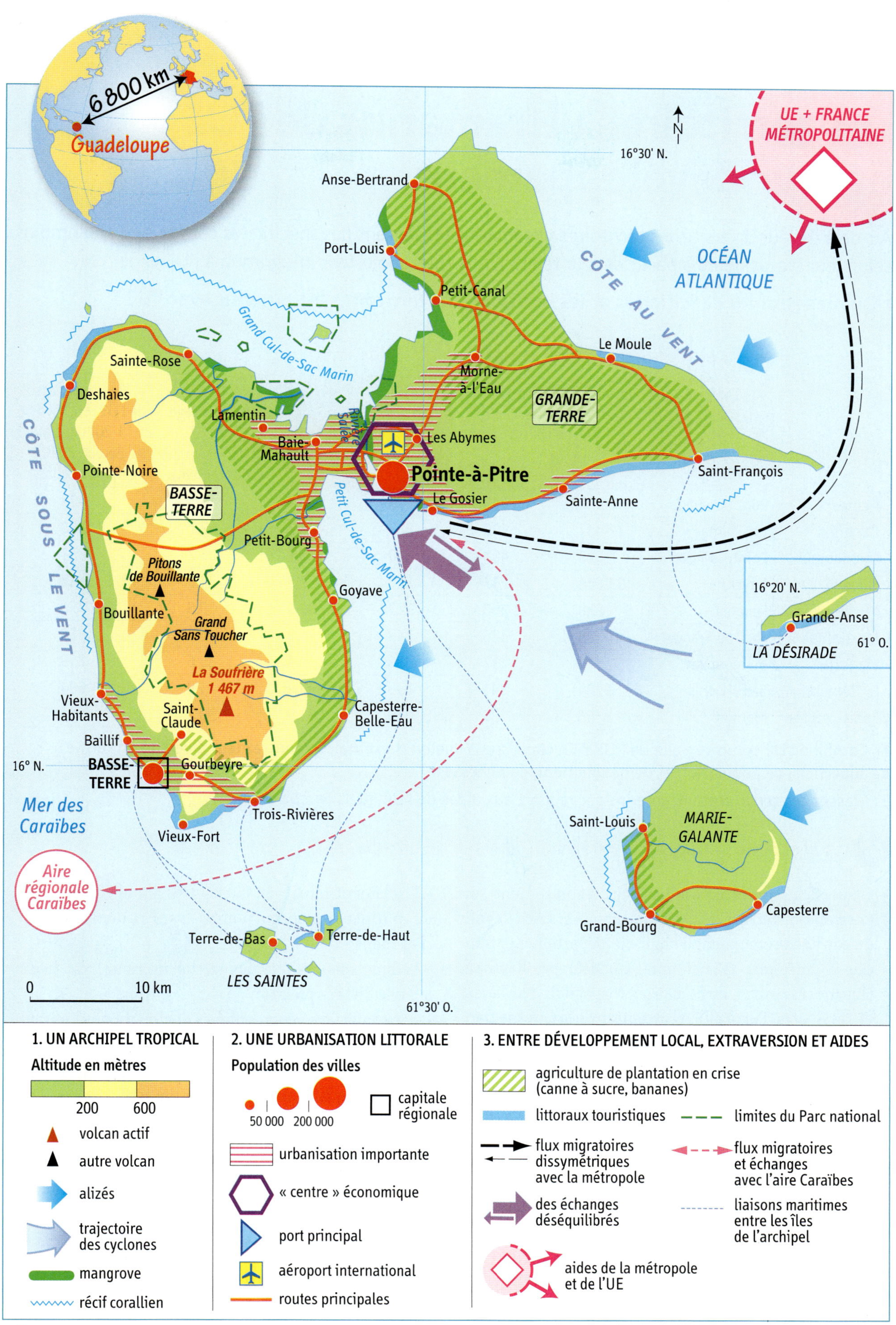

3 La Guadeloupe, une île représentative d'un territoire ultramarin français et de l'UE

Dossier

S | L ES

Les territoires ultramarins de l'UE et leur développement

Au-delà de leur diversité, les territoires ultramarins présentent des spécificités communes. Néanmoins, selon leur statut défini à partir de leur relation à la métropole, leur intégration à l'UE varie.

Quelles sont les spécificités et les relations des territoires ultramarins avec l'UE ?

1 Les Régions ultrapériphériques (RUP) de l'UE

	Capitale	Superficie (km²)	Population (en milliers d'habitants)	Densité (hab./km²)	PIB/hab PPA (moyenne UE = 100 en 2010)	Taux de chômage (2013, % de la pop. active)	Financements de l'UE : FEDER-FSE 2014-2020 (Stratégie Europe 2020, millions d'euros)
Açores	Ponta Delgada	2 322	245	105	72,4	17,3	498
Canaries	Las Palmas	7 447	2 100	282	82,2	33,7	268
Guadeloupe	Pointe-à-Pitre	1 628	404	248	76,6	26,2	821
Guyane	Cayenne	83 846	237	2,8	52,5	21,3	482
Madère	Funchal	828	268	323	99,5	18,8	150
Martinique	Fort-de-France	1 128	386	343	76,8	21	650
Mayotte	Mamoudzou	374	217	580	54	36,6	219
La Réunion	Saint-Denis	2 504	841	335	24,8	29	1 684
Saint-Martin	Marigot	53	36	679	61,9	30,3	54

1. Combien l'UE compte-t-elle de RUP ? En choisissant quelques exemples, montrez leur diversité en terme de superficie, de population et de peuplement, de richesses.
2. Classez ces territoires ultramarins par rapport aux aides de l'UE qu'ils perçoivent.

2 Le statut des RUP, partie intégrante de l'Union européenne

« Les Régions ultrapériphériques représentent un ensemble de territoires des États membres très éloignés du continent européen. Il s'agit des départements français d'Outre-mer (Martinique, Guadeloupe, Réunion, Guyane, Mayotte), des Canaries (Espagne), de Madère et des Açores (Portugal). À l'exception de la Guyane française, ces régions sont des îles ou des archipels, souvent montagneux. La définition des Régions ultrapériphériques se fonde sur les cinq caractéristiques suivantes :
– l'intégration au sein d'un double espace géoéconomique constitué, d'une part, d'une zone géographique de proximité, et d'autre part d'un espace politique d'appartenance ;
– l'isolement relatif, du fait du très grand éloignement du continent européen, renforcé par l'insularité ou l'enclavement ;
– la dimension réduite du marché intérieur local, liée à la taille de la population ;
– des conditions géographiques et climatiques limitant le développement **endogène** des secteurs primaire et secondaire (absence de matières premières, **caractère archipélagique**, zones de volcanisme actif…) ;
– la dépendance économique d'un petit nombre de produits ou même d'un seul produit. »

Lexique de l'Aménagement du territoire européen, www.ums-riate.fr/lexique, © RIATE, 2007.

1. Quels sont les caractères qui définissent une RUP selon l'UE ?
2. Doc. 3 Quel est le statut particulier des PTOM ?

Vocabulaire

Caractère archipélagique Relatif à un archipel.

Endogène Caractérise ce qui est produit localement.

3 Le statut des Pays et territoires d'Outre-mer (PTOM)

« Bien que faisant partie intégrante du territoire d'États membres, les PTOM ne sont pas considérés comme faisant partie du territoire de l'Union européenne. À ce titre, le droit communautaire ne s'applique pas directement à ces régions, qui ne bénéficient pas de fonds structurels, contrairement aux Régions ultrapériphériques.

Les PTOM font l'objet d'un régime d'association au titre duquel ils bénéficient d'un régime commercial très avantageux : les produits originaires des PTOM importés dans l'UE ne sont pas soumis aux droits d'importation ni aux restrictions quantitatives.

Les PTOM bénéficient de financements européens au titre du Fonds européen de développement (FED). Des aides complémentaires viennent de leur État de rattachement. »

A. Ciattoni, © Hatier, 2015.

4 Les aides de l'UE à un PTOM, Montserrat

PTOM britannique, l'île caribéenne de Montserrat a reçu l'aide communautaire pour reconstruire son aéroport, détruit par une éruption volcanique en 1997.

▸ Quel est le rôle de l'UE dans le financement de cette infrastructure essentielle pour Montserrat ? Pourquoi ?

5 Les liaisons aériennes, cordon ombilical avec la métropole

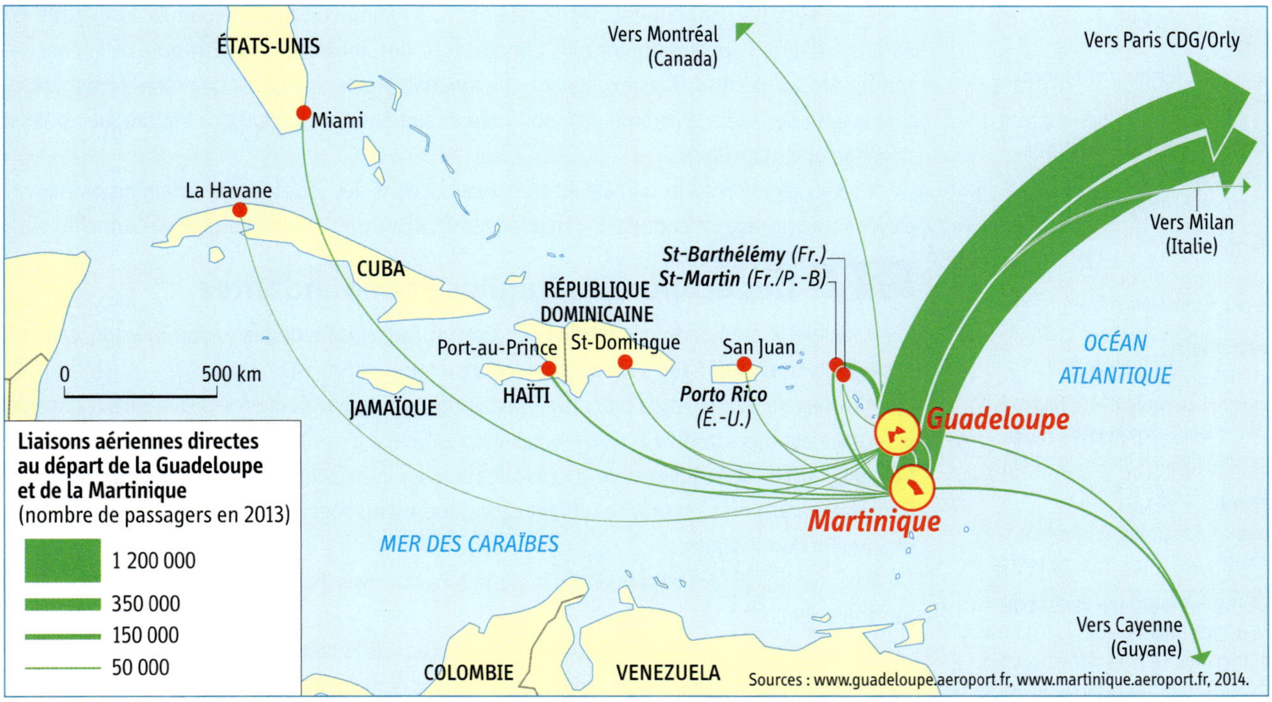

▸ Vers quelles destinations se dirigent principalement les flux aériens au départ de la Guadeloupe et de la Martinique ? Quelles en sont les conséquences ?

Cours 1

Les territoires ultramarins, des périphéries de l'UE

S | L ES

Les Pays et territoires d'Outre-mer (PTOM) et les Régions ultrapériphériques (RUP) sont des espaces dispersés dans le monde dont les spécificités sont reconnues par l'UE.

Le profil socio-économique

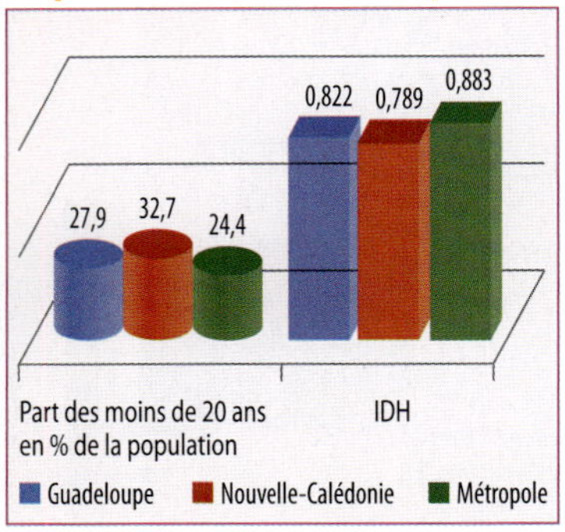

Source : Insee, 2015.

1 Des territoires lointains et dispersés

• Les territoires ultramarins de l'UE appartiennent à la France, l'Espagne, au Portugal, Danemark, Pays-Bas et Royaume-Uni. « Confettis » des empires coloniaux, dispersés dans tous les océans, ils agrandissent la **ZEE** de leur État d'appartenance.

• Leur éloignement peut être un handicap majeur. En effet, malgré la rapidité du transport aérien, la **discontinuité géographique** engendre des coûts. À la distance et à la dispersion s'ajoute la petitesse des territoires insulaires (excepté le Groenland), accentuée par l'émiettement des **archipels** (Guadeloupe, Canaries, Açores). Continentale et vaste, la Guyane est une exception. Néanmoins, si l'**insularité** peut être vécue comme un facteur d'isolement, le mythe de l'île paradisiaque suscite une attractivité touristique forte, notamment sur la côte sous le vent, abritée des vents alizés.

• Ils sont exposés aux risques naturels et sanitaires – volcanisme actif (Soufrière, Montagne Pelée), cyclones tropicaux **(doc. 2)** et chikungunya – mais sont riches de biodiversité valorisée par des parcs naturels (Guyane) ou marins (Mayotte) et des réserves de biosphère (Canaries).

• En zone polaire ou subpolaire et très peu peuplée, Saint Pierre-et-Miquelon, Groenland, Kerguelen, Terre Adélie sont des exceptions.

Notion

Territoire ultramarin

Définition p. 225.

2 Des sociétés diverses jeunes et urbaines

• La population ultramarine a connu une croissance rapide, liée à la transition démographique : la population française d'Outre-mer est passée en un siècle de moins de 600 000 à 2,6 millions d'habitants. Si la fécondité a baissé (sauf à Mayotte), la natalité reste forte en raison de la jeunesse de la population. À cela s'ajoute parfois une immigration importante (Guyane, Réunion, Canaries).

• Les perspectives sont diverses. Dès 2020, le vieillissement touchera les Antilles françaises, les Canaries, Madère. À l'inverse, sous l'effet d'une natalité forte et d'une immigration soutenue en Guyane et à Saint-Martin, la croissance va se poursuivre.

• Les sociétés s'urbanisent très rapidement : l'agglomération de Nouméa a sextuplé en 50 ans, celle de Papeete a quintuplé. L'importance des liens avec la **métropole** et la concentration des emplois tertiaires expliquent une **macrocéphalie** associée à une forte périurbanisation le long des axes de communications, notamment littoraux **(doc. 3)**. La Martinique est ainsi devenue une « île-ville ».

• La ségrégation socio-spatiale est très présente dans des sociétés culturellement diverses et issues d'un brassage de population (esclavage **(doc. 1)**, vagues migratoires, société autochtone).

Vocabulaire

Archipel
Groupes d'îles relativement proches les unes des autres.

Discontinuité géographique
Rupture géographique liée à la distance, à l'insularité.

Insularité
Caractéristiques propres aux îles, relatives à leur isolement.

Macrocéphalie
Caractérise un réseau urbain déséquilibré au profit d'une ville plus peuplée et puissante que toutes les autres villes du pays ou de la région.

Métropole
État auquel appartient le territoire ultramarin.

ZEE (Zone économique exclusive)
Bande de 200 milles marins (370 km) à partir des côtes. Le pays qui la possède dispose de droits pour l'exploitation des ressources (pêche, minerais, hydrocarbures).

3 Des économies fragiles et dépendantes

• Malgré la promotion des produits en Europe, l'agriculture de plantation (banane, canne à sucre, fruits tropicaux) issue de la colonisation, peu compétitive, est en crise.

• Le secteur industriel est peu développé (industries agroalimentaires, distilleries). À l'inverse, le tertiaire est hypertrophié avec 80 % des emplois : services publics, petit commerce, tourisme. Ce dernier est en difficulté malgré la défiscalisation des investissements immobiliers dans les RUP françaises car d'autres îles proches offrent des séjours moins chers. Les flux touristiques sont majoritairement domestiques.

• Les territoires sont dépendants d'importations massives (produits alimentaires et manufacturés, énergie).

• Alors que les niveaux de vie sont inférieurs à ceux de la métropole (30 % environ) et le chômage élevé, la vie est chère, entraînant manifestations et malaise social.

▶ **Les spécificités des territoires ultramarins sont prises en compte par l'UE dans le cadre de sa politique de solidarité et de cohésion territoriale.**

1 Une identité commune fondée sur l'histoire

La fête de commémoration de l'abolition de l'esclavage en Martinique (1998).

- Quels liens historiques sont mis en valeur par cette photographie ? Comment ces liens du passé sont-ils vécus aujourd'hui ?

2 Le risque cyclonique en Polynésie française

- Quels acteurs font de la prévention auprès de la population ?

3 Le port et la ville de Pointe-à-Pitre (Guadeloupe)

Centre économique de l'archipel, le port est une interface majeure entre la Guadeloupe et la métropole. Il témoigne de dépendances.

Cours 2

Entre dépendance et avant-postes de l'UE dans le monde

S | L ES

Au-delà de leur fragilité économique et de leur dépendance vis-à-vis des métropoles et des financements européens, PTOM et RUP participent au rayonnement de l'UE dans le monde.

1 Des territoires aidés par l'UE mais reconnus pour leur potentiel

• Les aides octroyées par l'UE dépendent du statut administratif des territoires ultramarins : RUP ou PTOM. Les neuf Régions ultrapériphériques font partie intégrante de l'UE. Le droit communautaire s'y applique et elles perçoivent des aides spécifiques « en raison de leurs handicaps structurels » dans le cadre de la politique européenne de cohésion territoriale et du Programme d'options spécifiques à l'éloignement et à l'insularité (POSEI). Elles appartiennent à la zone euro.

• Les Pays et territoires d'Outre-mer disposent d'un statut de plus ou moins grande autonomie (forte autonomie du Groenland, referendum d'autodétermination pour la Nouvelle-Calédonie en 2018) et ne font pas partie de l'espace Schengen. Ils peuvent recevoir des aides du Fonds européen de développement (FED) pour réaliser de grands équipements (routes, aéroports, ports) **(doc. 2)**. Associés à l'UE, ils bénéficient d'un régime commercial dérogatoire aux règles de l'OMC.

• Par ailleurs, les objectifs des financements évoluent progressivement pour mettre en avant des potentialités capables de promouvoir un développement économique plus autonome et de contribuer à la puissance de l'UE.

2 Des « îlots de richesse » dans leur aire régionale ?

• Les aides de l'UE et de la métropole font des territoires ultramarins des zones de prospérité relative dans leur aire régionale. Leurs IDH, PIB/hab, leurs équipements sont supérieurs à ceux des régions environnantes. Ceci entraîne d'importants flux de migrants illégaux pauvres venus des territoires voisins. De plus, leur intégration économique régionale est faible en raison des coûts de production et du niveau de vie relativement élevés liés à leur statut. **(doc. 1)**

• Les territoires ultramarins ont peu d'ancrage régional. Ils ne participent guère aux regroupements régionaux. Les Antilles françaises sont exclues de la Communauté des Caraïbes (CARICOM). Malgré la distance, les liens se font avec leurs États d'appartenance, comme le montre la direction des flux aériens : la plupart des vols assurent les liaisons avec les capitales et les villes d'Europe occidentale. La métropole est aussi presque toujours le premier partenaire commercial.

3 Des territoires géostratégiques de l'UE

• Partie prenante de la puissance de l'UE dans la mondialisation, les territoires ultramarins sont ses avant-postes dans le monde. L'UE dispose du premier territoire maritime du monde avec 25 millions de km^2, source de richesse potentielle grâce à l'exploitation des ZEE. C'est aussi un élément de puissance maritime avec un positionnement des flottes dans de nombreux océans (les forces de souveraineté dans l'Outre-mer français par exemple) et de surveillance des flux illicites **(doc. 3)**. Leur position géostratégique est un atout de l'UE dans le développement des relations avec les pays voisins.

• Ils sont aussi des acteurs géopolitiques grâce à la valorisation de nouvelles activités de recherche et de haute technologie.

▶ **Faiblement intégrés dans leur aire régionale, les territoires ultramarins évoluent selon une double relation, ancienne avec leur métropole, nouvelle avec l'UE. Ils doivent surmonter leurs handicaps et leur dépendance pour relever le défi de leur développement.**

Notion

Aire régionale
Définition p. 225.

Vocabulaire

Ancrage régional
Participation aux relations de tout type (économiques, culturelles, humaines) développées par les différentes parties d'un ensemble régional.

IDH (indice de développement humain)
Indicateur composite intégrant, sur une échelle allant de 0 à 1, le PIB/habitant, l'espérance de vie et le pourcentage d'adultes analphabètes.

PIB/habitant (produit intérieur brut/hab.)
Richesse produite par les activités des habitants divisée par le nombre d'habitants.

1 Guadeloupe et Martinique dans l'aire caraïbe : des îlots de richesse

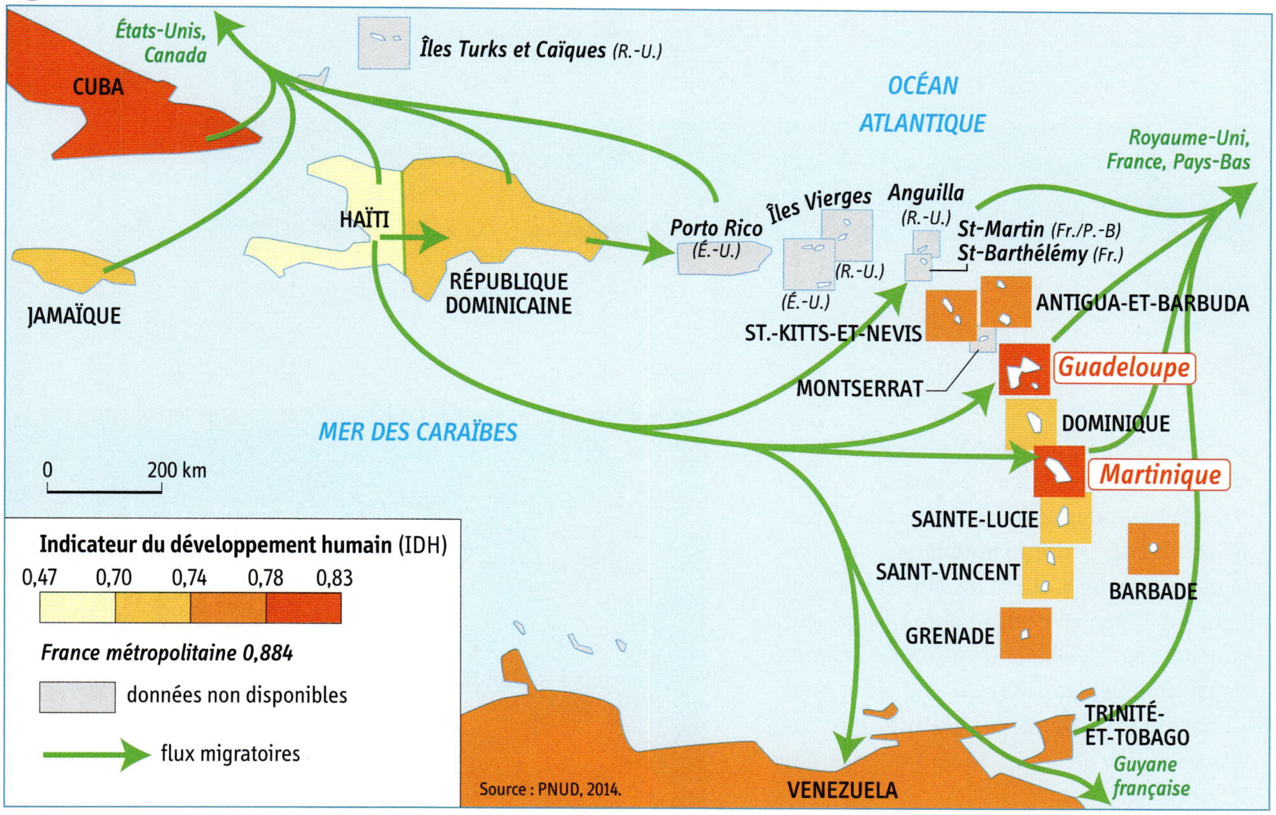

1. Quelle est la situation économique et sociale de la Guadeloupe et de la Martinique dans leur aire régionale en termes de développement ?

2. Quelles en sont les conséquences ?

2 La Nouvelle-Calédonie : atouts et difficultés d'un PTOM

« De prime abord, la Nouvelle-Calédonie semble plus dépendante de la France que le contraire. En effet, outre le nickel et le tourisme, son économie repose largement sur les transferts financiers massifs de la métropole, qui représentent 16 % du PIB de l'archipel, et bénéficie également de subventions européennes. D'un autre côté, la Nouvelle-Calédonie contribue au rayonnement et à la projection de l'influence de la France dans le Pacifique et il sera de toute évidence difficile pour Paris de se défaire de ce territoire situé à près de 17 000 km de la métropole. L'île possède en outre de multiples atouts. Le "Caillou" détient 30 % des ressources mondiales de nickel et sera bientôt le deuxième producteur de la planète de ce minerai qui constitue un produit de base essentiel dans de nombreuses activités industrielles comme l'armement et l'aéronautique. Mais son exploitation est source de conflit et les répercussions sur l'environnement sont inquiétantes. [...] En outre, bien que la superficie de l'île soit faible (18 575 km²), sa ZEE représente 17,4 millions de km² avec d'importantes ressources marines. »

M. Hamache, *Carto* n°8, décembre 2011.

À partir de l'exemple de la Nouvelle-Calédonie montrez que les territoires ultramarins représentent des atouts pour les métropoles.

3 La lutte contre le narcotrafic aux Antilles

Point de passage obligé entre les zones productrices de l'Amérique latine et les régions consommatrices, dont l'Europe, l'aire caraïbe est propice au narcotrafic. La Martinique sert de base à la marine française pour lutter contre le trafic de cocaïne vers l'Europe. Elle travaille en coopération avec les États riverains, dont les États-Unis.

1. Pourquoi la Martinique est-elle particulièrement surveillée par la marine française ?

2. Expliquez pourquoi cette RUP représente un atout pour l'armée française.

L ES

Méthode BAC Étude de documents

CONSIGNE Après avoir présenté les documents, vous montrerez quels problèmes économiques et sociaux touchent Saint-Pierre-et-Miquelon, puis les efforts entrepris par ce territoire ultramarin français pour diversifier ses activités.

1 La fin de la pêche à Saint-Pierre-et-Miquelon

« Aujourd'hui, les pêcheurs de St-Pierre errent sur un quai quasiment à l'abandon, faute d'acheteurs pour leurs poissons. À 49 ans, Bruno Perrin pense maintenant à sa reconversion à terre. [...] [Il] va ainsi briser une lignée de pêcheurs qui remonte à plusieurs générations. La sédentarisation de l'homme dans l'archipel au début du XVIIe siècle reposait sur cette activité, qui fournissait sa précieuse morue devenue vitale pour les pays d'Europe de l'Ouest.

L'apogée économique de l'archipel a été atteint après la Seconde Guerre mondiale avec la grande pêche à bord de chalutiers-usine. Cette pêche industrielle intensive a été stoppée avec le moratoire[1] sur la morue de 1992.

Depuis, la structure économique du territoire, basée sur cette unique filière, est bouleversée et les services administrés[2] prennent progressivement le pas sur les activités marchandes. [...]

Les perspectives économiques de l'archipel reposent maintenant sur une hypothétique extension de ses droits maritimes dans la région. Un dossier devrait être déposé en 2012 auprès de l'ONU, pour demander l'extension du plateau continental de Saint-Pierre-et-Miquelon au-delà de l'actuelle zone limitée depuis 1992 à un étroit tunnel au sud de l'archipel. Elle permettrait aux Français d'exploiter les ressources du sol (poissons de fond, mollusques et crustacés) et du sous-sol (gaz, pétrole). Ces ressources intéressent également le Canada voisin, d'où des tensions diplomatiques entre les deux pays depuis le dépôt de la lettre d'intention de la France auprès de l'ONU en 2009. »

A. Pinault, site Internet d'information francophone *www.lapresse.ca*, 21 août 2011.

1. Décision de suspendre provisoirement une activité. En 1992, le Canada a pris cette décision pour sa ZEE, zone de pêche majeure de la morue.

2. Services non marchands, publics ou semi-privés, fournis gratuitement ou à des prix qui ne sont pas économiquement significatifs : éducation, santé, action sociale, administration.

2 Saint-Pierre-et-Miquelon dans son aire régionale

Affiche promotionnelle du Comité régional pour promouvoir le tourisme à Saint-Pierre-et-Miquelon, 2014.

Étape 1 Mettre en lien la consigne et les documents

Méthode générale **Confronter deux documents**

Le but de cette étape est de commencer la confrontation des deux documents. Il s'agit d'identifier leurs points communs, leurs différences et leurs complémentarités, toujours en lien avec la consigne. Un tableau réalisé au brouillon peut être utile.

	Document 1	Document 2
Nature		
Auteur		
Date		
Espace		
Sujet du document		
Liens avec les thèmes présents dans la consigne (ici problèmes économiques et sociaux, efforts entrepris...)		

Entraînement 1 En vous appuyant sur la méthode générale ci-dessus, confrontez les deux documents.

Étape 2 Rédiger la présentation des documents

Entraînement 2 Parmi les reformulations suivantes, quelle est celle qui convient le mieux ?

a. Pourquoi le problème de la pêche à Saint-Pierre-et-Miquelon remet-il en cause le développement de l'archipel ?

b. Quels sont les problèmes économiques, géopolitiques et sociaux rencontrés par un territoire ultramarin ?

c. Quelles sont les activités à Saint-Pierre-et-Miquelon ?

Entraînement 3

À l'aide de vos réponses aux exercices qui précèdent, rédigez la présentation des documents.

Étape 3 Sélectionner les informations pour construire la réponse

Entraînement 4

Remplissez le tableau suivant afin de construire votre réponse.

Les problèmes économiques et sociaux de Saint-Pierre-et-Miquelon (document 1)	Les solutions proposées (documents 1 et 2)
1. .... – Activité de la pêche moteur du développement jusqu'aux années 1990 → lignes ..... à ..... – Une activité en .... → lignes ..... à	1. .... → lignes 21 à 32
2. .... mono-activité – Frein au .... → lignes ..... à ..... – Facteur de conflit avec le .... → lignes ..... à	2. .... → document 2
3. Des problèmes sociaux consécutifs à cette crise : un .... important → lignes ..... à	

Étape 4 Rédiger la réponse

Méthode

Dans votre réponse, veillez toujours à :
– introduire l'idée générale, les notions du cours et illustrer d'exemples pris dans le document (citation, élément repéré dans un document iconographique) ;
– faire le lien entre les différents paragraphes de votre réponse.

Étape 5 Rédiger la conclusion

Méthode générale **Dégager les limites des documents**

Afin de montrer l'intérêt des documents dans votre conclusion, vous devez vous interroger :
– Le croisement de ces deux types de documents vous a-t-il permis d'étudier plusieurs aspects de la question ?
Afin de montrer les limites des documents dans votre conclusion, vous devez vous poser les questions suivantes :
– Ces documents sont-ils suffisants pour répondre à la consigne ?
– Quels autres documents auraient pu être utilisés ?
– Les auteurs des documents sont-ils neutres et présentent-ils des visions objectives de la réalité ?

Méthode BAC Composition

L ES

Sujet Les territoires ultramarins de l'UE et leur développement

Étape 1 *Analyser le sujet*

Les territoires ultramarins de l'UE et leur développement

- **Invite à nous interroger sur les relations entre ces territoires et la notion de développement**
- Il existe une trentaine de territoires ultramarins, dépendant de 6 pays européens → diversité de ces territoires (statuts, types, tailles, peuplement...)
- Territoires ultrarmarins éloignés du territoire métropolitain, dispersés dans le monde entier. Ce sont pour la plupart d'anciennes possessions coloniales qui sont aujourd'hui des RUP ou des PTOM
- Processus de croissance, couplé à une amélioration des conditions de vie de la population. La croissance se base sur le déploiement d'activités, comme l'agriculture, l'industrie, le tourisme par exemple. Il est souvent mesuré par l'IDH

Étape 2 *Dégager une problématique*

Méthode

La problématique correspond à la synthèse de toutes les interrogations suscitées par la confrontation des termes. Chaque partie de votre développement répondra ensuite partiellement à cette problématique.

Il faut ici confronter et mettre en relation les termes du sujet :
- Les territoires ultramarins ont-ils tous le même statut ?
- Ces territoires rencontrent-ils des difficultés de développement par rapport à la métropole ?
- Quels sont les leviers de développement des territoires ultramarins ?
- Quels rôles les métropoles et l'UE jouent-elles dans le développement des territoires ultramarins ?

Exemple de problématique

▶ *Dans quelle mesure les spécificités des territoires ultramarins sont-elles des potentialités mais aussi des contraintes pour leur développement ?*

Étape 3 *Rédiger l'introduction*

Vous pouvez insérer une phrase d'accroche pour introduire le sujet. Vous pouvez par exemple comparer le PIB de la métropole avec celui des territoires d'Outre-mer.

Exemple de phrase d'accroche ▶

Mayotte, RUP de l'océan Indien, a connu des émeutes contre la vie chère en 2011, car ses habitants sont très pauvres par rapport à la métropole française. En effet, le statut de RUP renvoie à des handicaps de développement et donne droit à de aides financières de l'UE.

Entraînement 1 Rédigez la suite de l'introduction selon les étapes suivantes :
- présentation de la grande diversité des territoires ultramarins, en insérant la définition proposée, leur nombre, les pays dont ils dépendent et leur statut par rapport à l'UE ;
- définition de la notion de développement et mise en relation de ce terme avec celui de « territoires ultramarins » afin de poser le sujet ;
- problématique ;
- annonce du plan.

CONSEIL Le but est ici de définir et de délimiter le sujet, mais aussi l'aire géographique très large dont il est question.

Étape 4 Construire le plan

Méthode

Il s'agit de déterminer trois axes de réflexion issus des questions posées lors de la confrontation des termes (étape 2). Ces trois axes correspondent aux trois parties de votre plan .
Il faut ensuite détailler le contenu des trois parties, en organisant vos idées en sous-parties.

Exemple de plan

I. Entre handicaps structurels et potentialités : freins et leviers de développement
A. Des contraintes liés à l'éloignement et à l'insularité
B. Les milieux entre handicaps et potentialités
C. Des difficultés liés aux héritages de formes de mise ne valeur
II. Des économies extraverties : une dépendance forte à la métropole
A. Une agriculture tropicale d'exportation
B. Un tourisme dépendant des flux métropolitains
C. Entre faiblesse de l'industrie et hypertrophie du tertiaire
III. Des aides de l'UE différenciées selon le statut du territoire ultramarin

Entraînement 2 Détaillez le contenu de la partie III proposée ci-dessus en l'organisant en deux ou trois sous-parties.

Étape 5 Rédiger le développement

Méthode

Dans votre développement, pensez à utiliser des exemples précis pour chaque sous-partie. Ces exemples peuvent être tirés de l'étude de cas développée en classe. Élargissez ensuite à d'autres éléments vus en classe.

CONSEIL N'oubliez pas de montrer la diversité des territoires ultramarins grâce au choix judicieux des exemples.

Illustrer la composition par un schéma

Un schéma peut être intégré dans votre composition. Celui-ci valorisera votre copie. Vous pouvez réutiliser un croquis de synthèse fait en classe ou les schémas clés de votre manuel en page « Réviser » à la fin de chaque chapitre. Vous devez faire référence au schéma à plusieurs reprises dans votre composition.

Un territoire ultramarin, insulaire et tropical

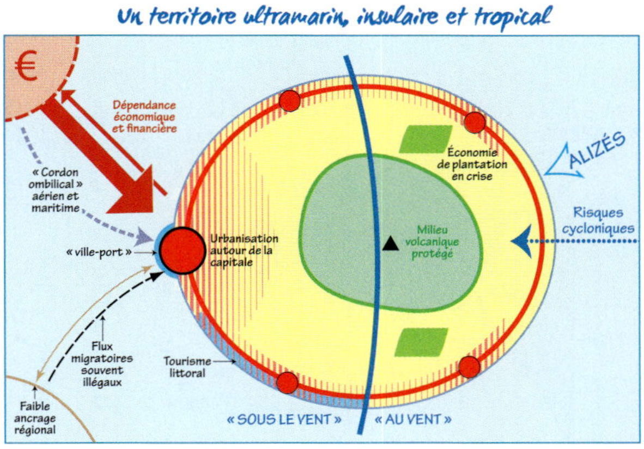

Le tourisme est très présent dans les territoires ultramarins, notamment dans les îles. Comme nous pouvons le voir sur le schéma ci-contre, ce tourisme est surtout concentré sur le littoral . Il s'agit d'un tourisme balnéaire, qui profite d'un milieu tropical (concentration sur la « côte sous le vent ») ou de contre-saison par rapport au continent européen (cas des Canaries).

Étape 6 Rédiger la conclusion

Méthode générale Rédiger une conclusion

La conclusion se déroule en trois temps :

❶ La reprise des principaux arguments et grandes idées développés dans le devoir. (attention à ne pas faire un résumé de votre développement).

❷ La réponse à la problématique posée en introduction, en la nuançant si possible.

❸ L'ouverture du sujet vers une perspective plus large et pertinente (sur l'actualité, sur une comparaison, une évolution...).

Sujet La Guyane, une région ultrapériphérique de l'Union européenne

Étape 1 *Analyser le sujet*

La Guyane, une région ultrapériphérique de l'Union européenne

- RUP française située à proximité de l'Équateur, en Amérique du Sud. Une exception parmi les RUP, dans la majorité insulaires.
- Statut conféré par l'UE à certains territoires ultramarins en raison de leurs handicaps structurels.
- Du fait de son statut, la Guyane reçoit des aides de l'UE pour son développement.

Étape 2 *Sélectionner les informations à représenter*

Entraînement 1 À partir des deux cartes ci-dessous, sélectionnez les principales informations permettant de répondre au sujet.

CONSEIL

Vous devrez ici faire ressortir trois points essentiels :
– La Guyane est une RUP française, isolée et faiblement peuplée ;
– La Guyane est en quête de développement ;
– La Guyane est en situation de dépendance par rapport à la métropole et à l'UE. Elle est en situation de faible intégration régionale.

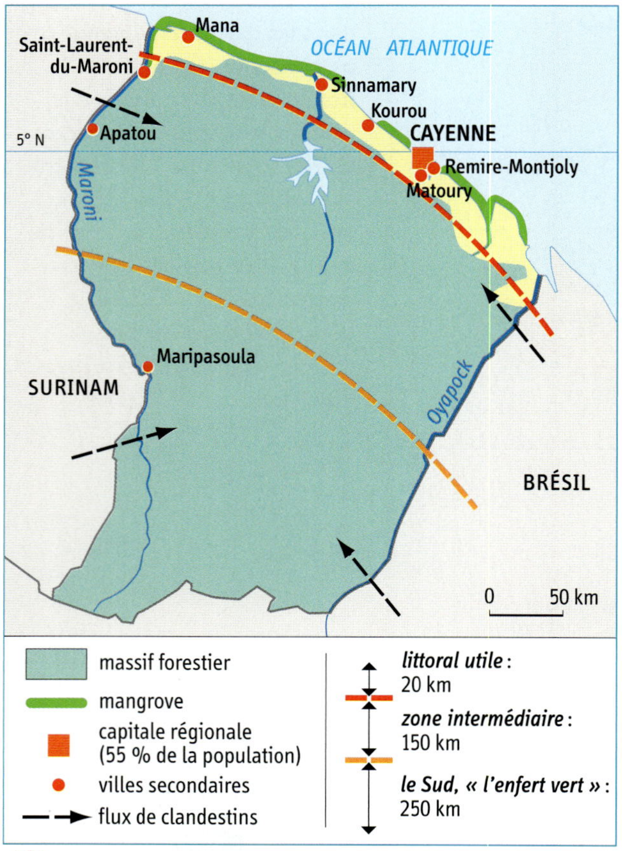

1 Une immensité équatoriale faiblement peuplée

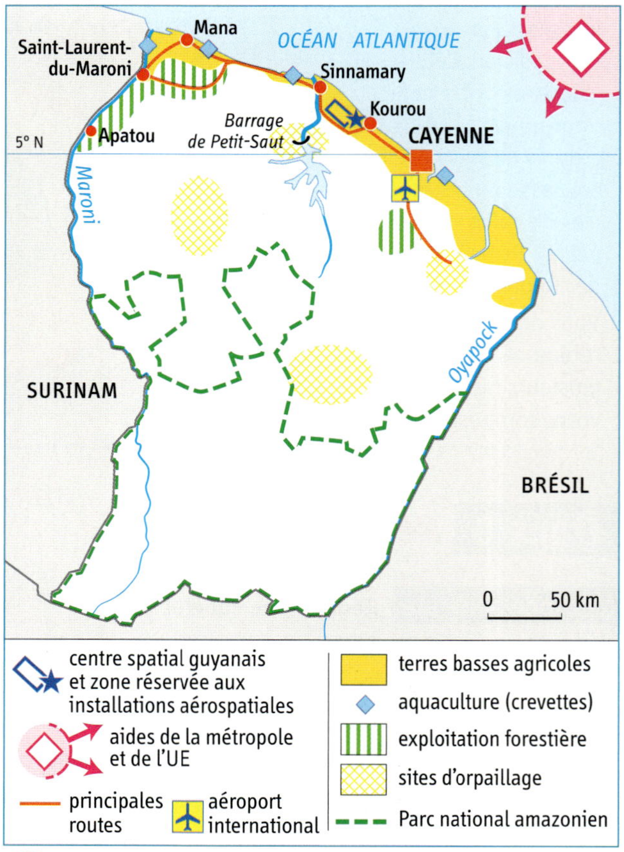

2 Les spécificités du développement guyanais

Étape 3 *Construire la légende et choisir les figurés*

Entraînement 2

❶ En vous basant sur les trois grands thèmes autour desquels vous avez sélectionné des informations, remplissez la légende ci dessous.

I. Une RUP française, isolée et faiblement peuplée	II. Une RUP en quête de développement	III. Une RUP dépendante de la métropole et de l'UE
– Une distance très importante à la métropole (7 000 km) – Un espace marqué par la forêt amazo-nienne – Cayenne, lien avec la métropole – .... – .... –	Activités – Le centre spatial .... – .... – .... Conséquences – .... –	Dépendance – .... – .... Faible intégration régionale – .... – Des migrations illégales en provenance des pays voisins

❷ Choisissez ensuite les figurés adaptés à chaque information de votre légende.

Étape 4 *Réaliser le croquis*

Entraînement 3 Réalisez le croquis en prenant soin de placer la nomenclature et de donner un titre.

1. ....

Un espace immense et isolé

- aéroport et port, traits d'union avec la métropole
- forêt dense
- mangrove

Un espace faiblement..................

- ....
- ...... Cayenne (...% de la population) et villes secondaires

2. ....

- ...... centre spatial guyanais
- ....
- ....
- exploitation forestière
- ....
- l'orpaillage, un impact négatif sur le milieu forestier

3. Une RUP dépendante de la métropole et de l'UE

- ...... aides métropolitaines et européennes
- BRÉSIL pays frontaliers : peu de relations avec la Guyane
- ...... des migrations ....

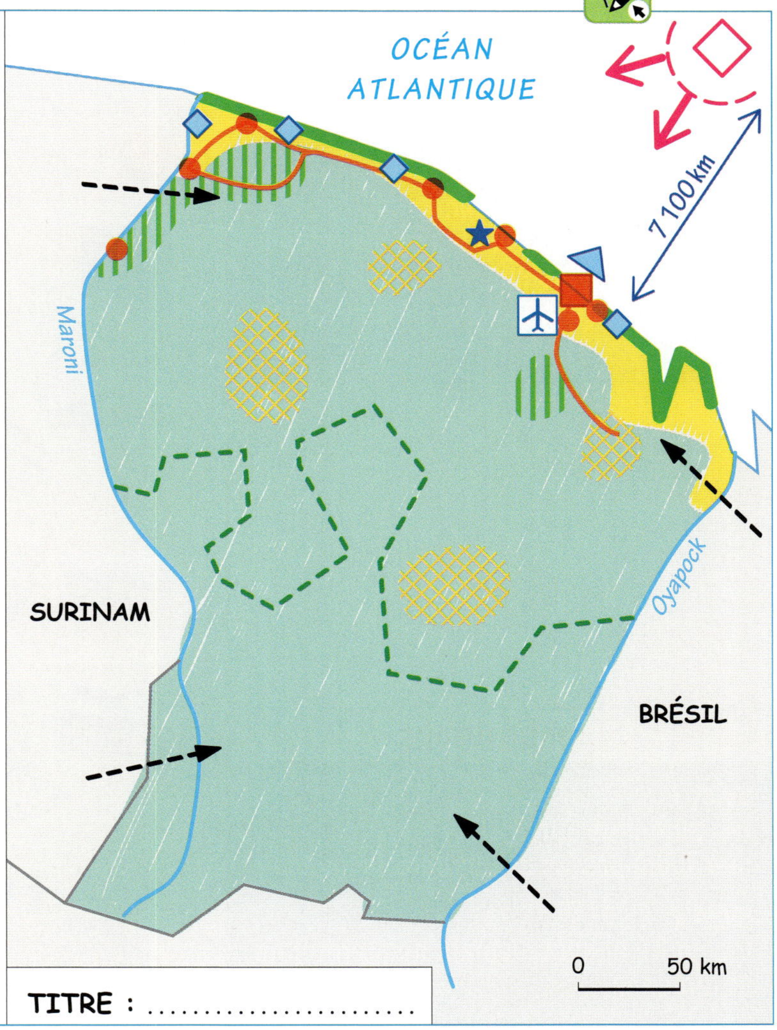

Étude/Analyse de document

Après avoir présenté le document, vous montrerez comment il illustre le rôle des exportations agricoles dans le développement des territoires ultramarins, puis vous en soulignerez les limites.

La banane de Guadeloupe et Martinique

Étude/Analyse de document

Après avoir présenté le document, vous montrerez comment il illustre les relations existant entre les RUP françaises et la métropole, puis vous en soulignerez les limites.

Le recrutement des enseignants en Guyane

Compositions

Sujet 1
Les territoires ultramarins sont-ils des avant-postes de l'UE dans le monde ?

Sujet 2
Insularité et enclavement des territoires ultramarins.

FAIRE LE POINT

Les notions

Exercice 1 Définissez les notions et termes suivants : *territoires ultramarins* • *dépendance* • *RUP* • *PTOM* • *métropole* • *contraintes* • *potentialités* • *tropicalité* • *côte au vent* • *côte sous le vent* • *aire régionale*.

Exercice 2 Expliquez la différence entre les relations entretenues entre les RUP et leurs métropoles, et les RUP dans leur espace régional.

Les repères spatiaux

Exercice 3 Placez sur un fond de carte du monde (téléchargeable sur www.geo-hatier.com) les principales RUP et leurs métropoles.

Exercice 4 Réalisez un schéma de l'organisation d'un territoire ultramarin de type île tropicale.

Les capacités du chapitre

✔ Connaître la diversité des statuts et des types de territoires ultramarins européens.

✔ Comprendre que les territoires ultramarins ont des caractéristiques communes qui peuvent freiner, mais aussi stimuler leur développement.

✔ Comprendre et savoir distinguer les relations entretenues entre les territoires ultramarins et les espaces avec lesquels ils interagissent, à plusieurs échelles : intégration régionale dans l'aire régionale ; relations avec la métropole ; relations avec l'UE.

Exercice 5 Réalisez un tableau des territoires ultramarins, en les classant selon :
– les différents statuts des territoires ultramarins ;
– les atouts et les contraintes de ces territoires, en relation avec leur niveau de développement ;
– les relations des territoires ultramarins avec d'autres territoires, à toutes les échelles.

GéoTICE Tahiti sur Google Earth

Tahiti est une île de la Polynésie française, archipel situé dans l'océan Pacifique au statut de collectivité territoriale d'Outre-mer (COM). Son chef-lieu est situé à Papeete, sur l'île de Tahiti. Cet archipel est connu dans le monde entier pour le surf, le tourisme, la beauté de ses fonds marins. Le logiciel Google Earth nous permet d'avoir un aperçu des aménagements touristiques de cet archipel, et donc de l'organisation de cette activité.

Le logiciel Google Earth

Après avoir téléchargé le logiciel **Google Earth** (disponible gratuitement sur Internet), tapez le mot « Tahiti » dans la barre de recherche à gauche. Dans le pavé « Calques » situé en bas à gauche, assurez-vous que l'onglet « Photos » est sélectionné afin que les photographies insérées par les touristes sur Google Earth apparaissent.

1. Où sont majoritairement localisées les photographies de l'île ? Qu'est-ce que cela nous apprend sur la mise en valeur touristique de l'île ?

2. Dans la barre latérale, tapez « Tahiti Intercontinental Resort ». À côté de quelle infrastructure majeure de l'île est-il situé ? Est-ce le cas d'autres hôtels ? Quel est l'intérêt de cette localisation ?

3. Cliquez sur les photographies prises par les touristes aux alentours de cet hôtel : quel type de paysage est privilégié par ces derniers ? Quel type de paysage n'est quasiment pas montré ?

4. Rédigez un paragraphe montrant la mise en valeur touristique de Tahiti (lieux, types d'hébergement majoritaires, éléments recherchés par les touristes). Il pourra servir à illustrer une composition sur le tourisme dans les territoires ultramarins.

RÉVISER

Les territoires ultramarins de l'Union européenne et leur développement

Repères

- 34 territoires ultramarins dont 9 RUP et 25 PTOM reliés à 6 États membres
- Superficie : 100 130 km^2= 2,4 % de la superficie totale de l'UE
- Population : 4,7 millions d'habitants = 0,93 % du total de l'UE
- Densité de population : 322 hab/km^2
- Revenu par habitant : de 25 à 99 % de la moyenne UE

Ne pas confondre

RUP/France d'outre-mer

Les **RUP** françaises sont des territoires lointains issus de son ancien empire colonial. Elles bénéficient des aides structurelles de l'Union européenne.

La **France d'outre-mer** désigne l'ensemble des possessions ultramarines dépendantes de la République française : DROM et autres Collectivités territoriales.

Idées clés

Les territoires ultramarins sont des périphéries de l'Union européenne

Dispersés dans le monde, éloignés de leur métropole, majoritairement insulaires, les territoires ultramarins présentent des handicaps structurels. Ceux-ci peuvent expliquer des retards de développement, notamment un manque d'activités productives pris en compte dans leur relation à l'UE.

Les territoires ultramarins reçoivent des aides financières pour soutenir leur développement

Leur appartenance à des pays membres de l'UE leur confère un statut spécial de Région ultrapériphérique ou de Pays et territoire d'Outre-mer qui définit leurs droits dans l'UE. Les RUP bénéficient d'aides financières définies dans le cadre des politiques régionales de l'Union. Ces aides ont pour but « d'arriver à un partenariat pour une croissance intelligente, durable et inclusive ».

De fait, ils deviennent ainsi paradoxalement à la fois des « îlots » de richesse et des territoires isolés dans leur aire régionale d'appartenance.

Les territoires ultramarins sont des avant-postes de l'UE dans le monde

Territoires fragiles et dépendants, ils participent néanmoins au rayonnement de l'UE (vaste ZEE) dans le monde, mais aussi de leur pays d'appartenance. Ils évoluent donc selon une double relation : une relation ancienne avec leur État d'appartenance et une relation nouvelle avec l'UE.

Surfer

- Le site du ministère des Outre-mer : **www.outre-mer.gouv.fr**
- Les sites des préfectures, par exemple : **www.mayotte.pref.gouv.fr**
- Les sites des collectivités territoriales, par exemple :
  - **www.regionreunion.com**
  - **www.cr-martinique.fr**
  - **www.cr-guadeloupe.fr**
  - **www.europe-en-france.gouv.fr**

Lire

- *Discours sur la négritude* d'Aimé Césaire, 1987 : un discours fort qui dénonce la colonisation
- *Texaco* de Patrick Chamoiseau, Éditions Gallimard, 1992 : un roman sur l'histoire créole depuis les plantations esclavagistes jusqu'au drame contemporain de la conquête des villes.
- *Pluie et Vent sur Telumée Miracle* de Simone Schwarz-Bart, Le Seuil, 1972 : l'histoire d'une femme, travailleuse dans les plantations de canne à sucre en Guadeloupe

Schémas clés

Les territoires ultramarins de l'UE

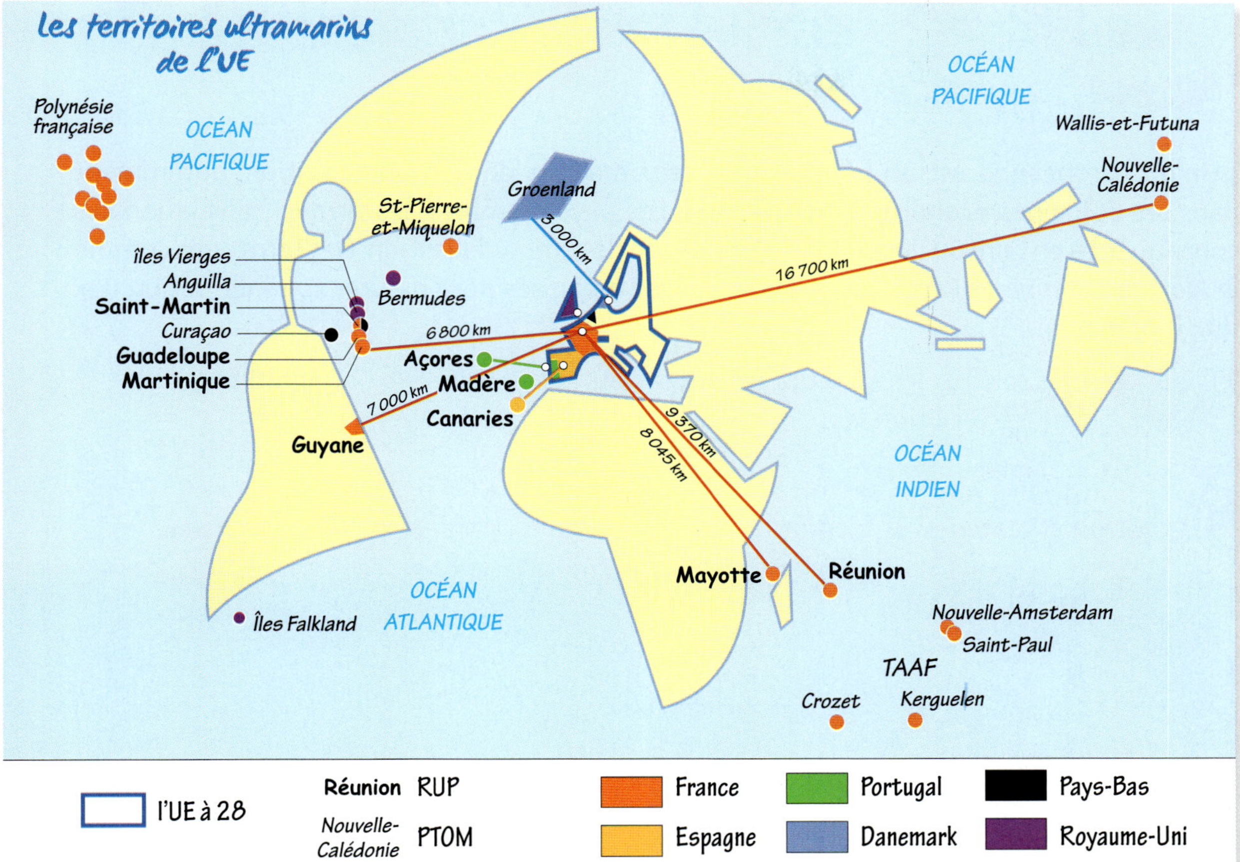

Les régions ultrapériphériques de l'UE

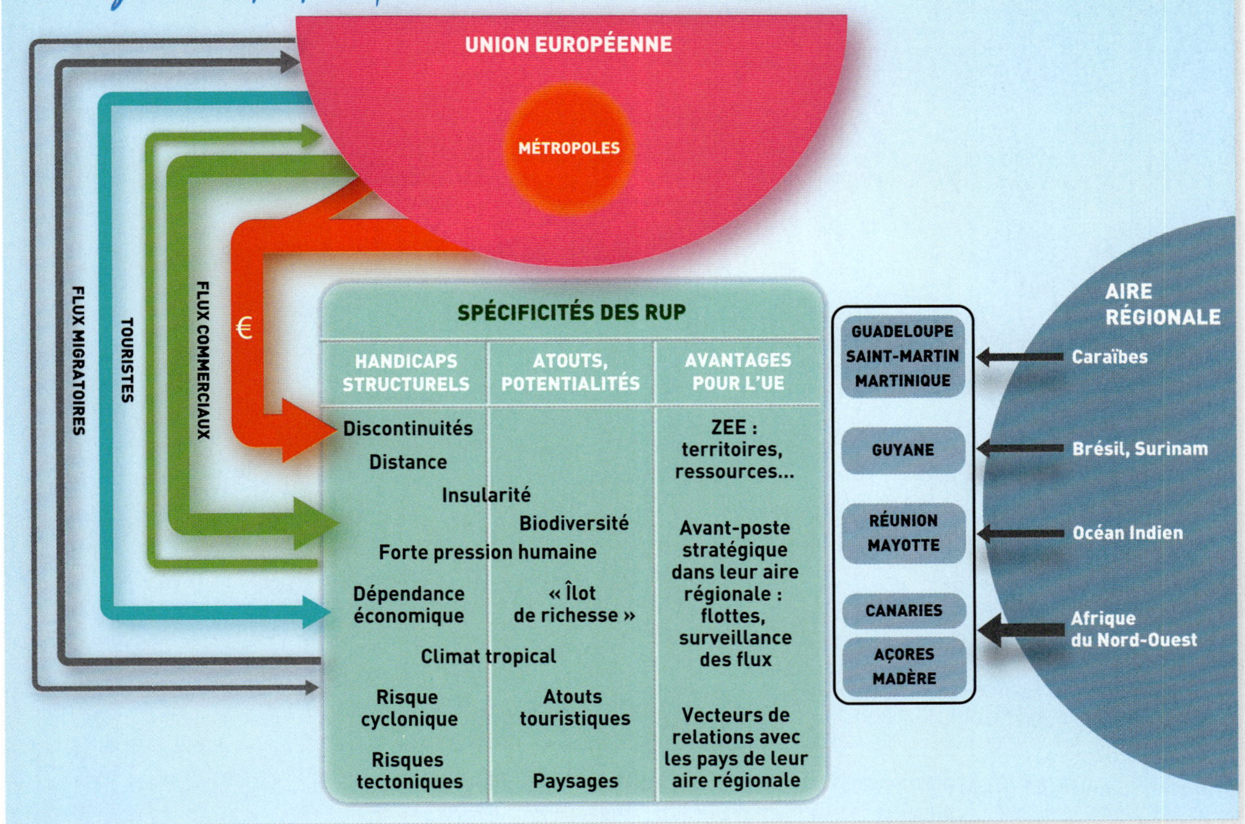

Chapitre 8

L'Union européenne dans la mondialisation

L'Union européenne est un pôle et un acteur majeurs de la mondialisation, notamment dans les domaines économique et culturel. Les pays membres, les firmes transnationales contribuent à en faire un des centres d'impulsion de la mondialisation. Des territoires comme la *Northern Range* et Paris, ville mondiale, sont organisés pour assurer son intégration aux flux mondiaux.

Quels sont les formes, les facteurs, les limites et les territoires de l'intégration de l'UE à la mondialisation ?

1 Le terminal Maersk à Rotterdam (Pays-Bas), premier port de la *Northern Range*

Premier port d'Europe, troisième port mondial, Rotterdam est une interface majeure de l'UE appartenant la *Northern Range*, la première façade maritime de l'UE. À quai, l'Emma Maersk, un des plus gros porte-conteneurs du monde, appartient à la compagnie danoise Maersk.

2 Le nouveau siège de la Banque centrale européenne à Francfort

La Banque centrale européenne se situe à Francfort, capitale financière de l'Allemagne, au cœur de la mégalopole européenne, colonne vertébrale démographique et économique de l'UE. Elle est l'institution émettrice de l'euro, monnaie de la zone euro qui rassemble 19 États de l'UE et cherche à concurrencer le dollar.

Notions

Façade maritime Ensemble de ports puissants formant une région portuaire.

Interface Lieu où se font les échanges entre des acteurs géographiques différents.

Mondialisation Mise en relation des différentes parties du monde sous l'effet de l'accélération des échanges. De nombreux phénomènes (économiques, culturels, sociaux...) touchent désormais la planète entière.

Questions

1. **Doc. 1** Quels éléments de la photographie témoignent de l'insertion de l'UE dans la mondialisation ?

2. **Doc. 2** Montrez que Francfort, par ses fonctions et son paysage, participe à l'intégration de l'UE dans la mondialisation.

3. **Doc. 1 et 2** Quels sont les deux aspects de la participation de l'UE à la mondialisation révélés par ces photographies ?

Cartes L'Union européenne dans la mondialisation

S L ES

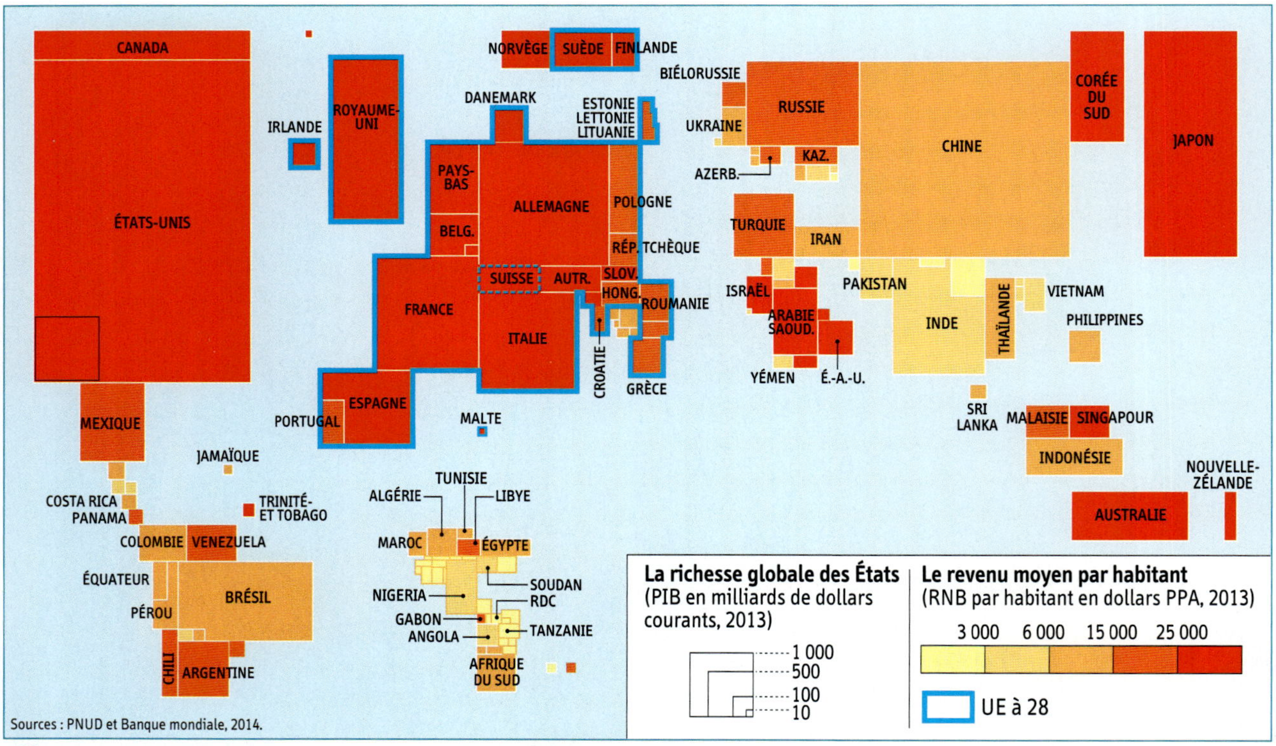

1 Un pôle de richesse

Repérer Quels sont les pays les plus riches du monde en terme de PIB et de PIB/habitant ?

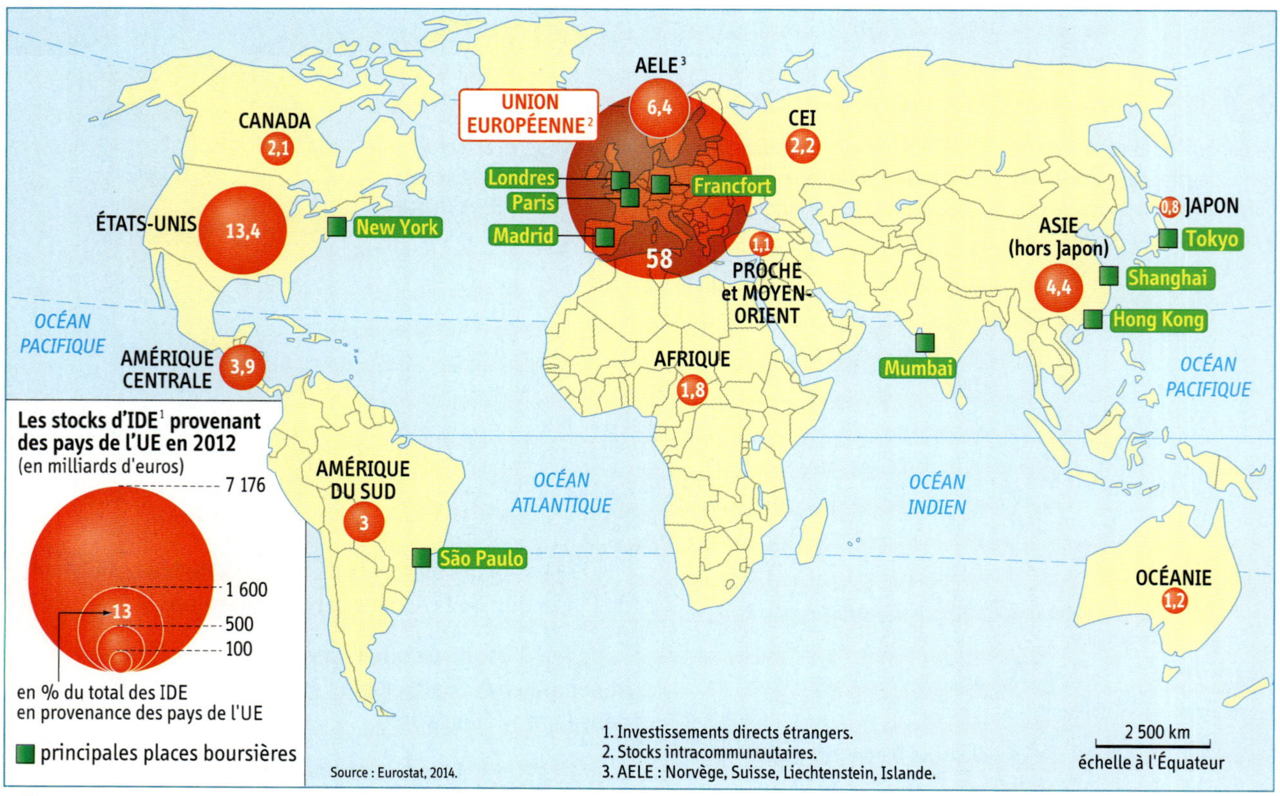

2 Une forte capacité d'investissement

Repérer Quels sont les pays qui attirent le plus les investissements des pays membres de l'UE ?

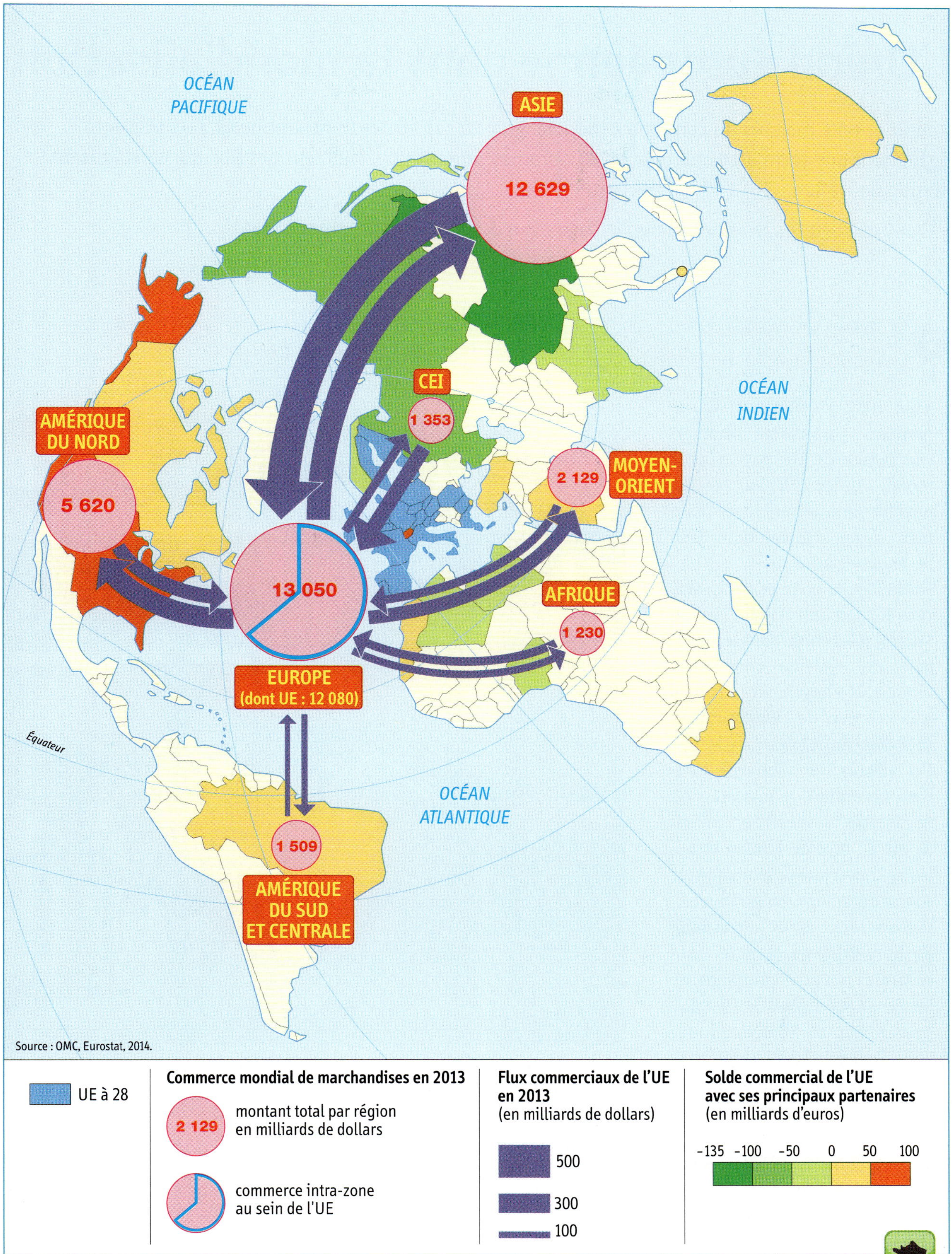

3 L'UE, un pôle majeur du commerce mondial

Repérer 1. Quelle est la place de l'UE dans le commerce mondial ?
2. Avec quel type de pays l'essentiel du commerce de l'UE s'effectue-t-il ?

Dossier 1

S | L ES

L'Union européenne dans la mondialisation

Acteur et pôle majeurs du commerce mondial grâce à ses firmes transnationales, l'UE présente également une forte attractivité pour les hommes. Elle est donc au cœur des flux qui caractérisent la mondialisation.

Quelles sont les modalités de l'intégration de l'UE dans la mondialisation ?

1 L'Union européenne et le commerce mondial

« En 2012, l'Union était [...] le premier partenaire commercial de plus de 100 pays dans le monde entier. L'Union est un marché très ouvert doté d'un haut degré d'intégration dans l'économie mondiale.
Du fait de la taille et de l'ouverture du marché intérieur, l'Union joue un rôle central dans le modelage du système commercial mondial et a largement contribué à la création de l'**Organisation mondiale du commerce (OMC)**. Par ailleurs, le commerce extérieur contribue de manière non négligeable à élever le niveau de vie au sein de l'Union et ailleurs. L'ouverture économique est source d'avantages pour l'Union.
Cette dernière est de loin la **zone de libre-échange** la plus vaste et la plus intégrée au monde, et les échanges créent de l'emploi. Aujourd'hui, en Europe, 36 millions d'emplois [soit plus de 10 % de la main-d'œuvre] dépendent, directement ou indirectement, du commerce. L'amélioration de la compétitivité de l'Europe l'a rendue plus attractive pour les entreprises et les investisseurs étrangers. »

Parlement européen, *Fiches techniques sur l'Union européenne. L'Union européenne et ses partenaires commerciaux*, 2014, D.R.

Quelles sont les formes de la participation de l'UE au commerce mondial ?

2 La firme automobile Audi en Chine

Le succès du stand Audi au salon de l'automobile de Nanjing, en octobre 2014, révèle l'engouement des consommateurs chinois pour la marque allemande, filiale du groupe Volkswagen. Celui-ci produit plus de 3 millions de véhicules en Chine en 2013.

Pourquoi la Chine constitue-t-elle un marché important pour un constructeur automobile européen comme Audi ?

Vocabulaire

OMC (Organisation mondiale du commerce) Organisation internationale qui promeut l'abaissement des barrières douanières, donc le libre-échange.

Zone de libre-échange Espace dans lequel les flux commerciaux ne sont pas entravés par des barrières douanières.

3 Un pôle majeur des migrations internationales

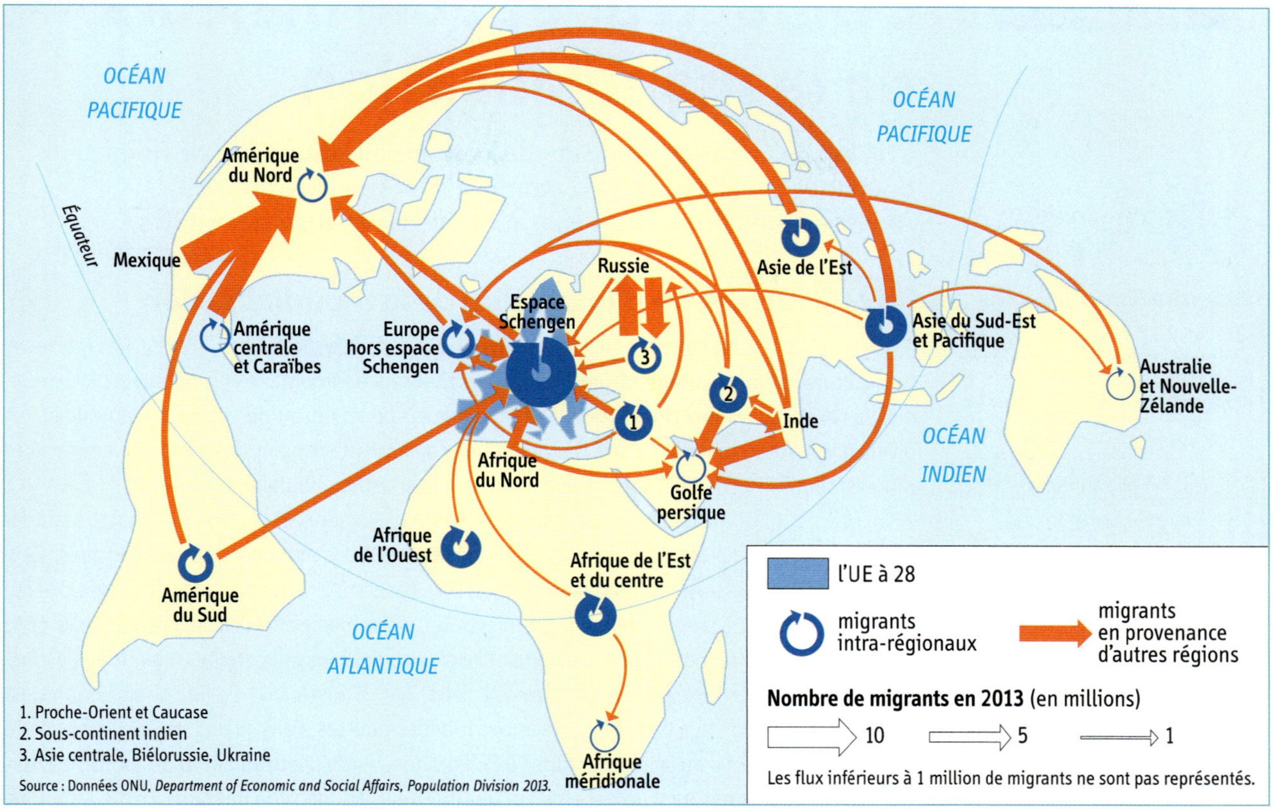

Source : Données ONU, *Department of Economic and Social Affairs, Population Division 2013.*

D'où provient l'essentiel des migrants internationaux vivant dans les pays membres de l'UE ?

4 La première destination du tourisme international

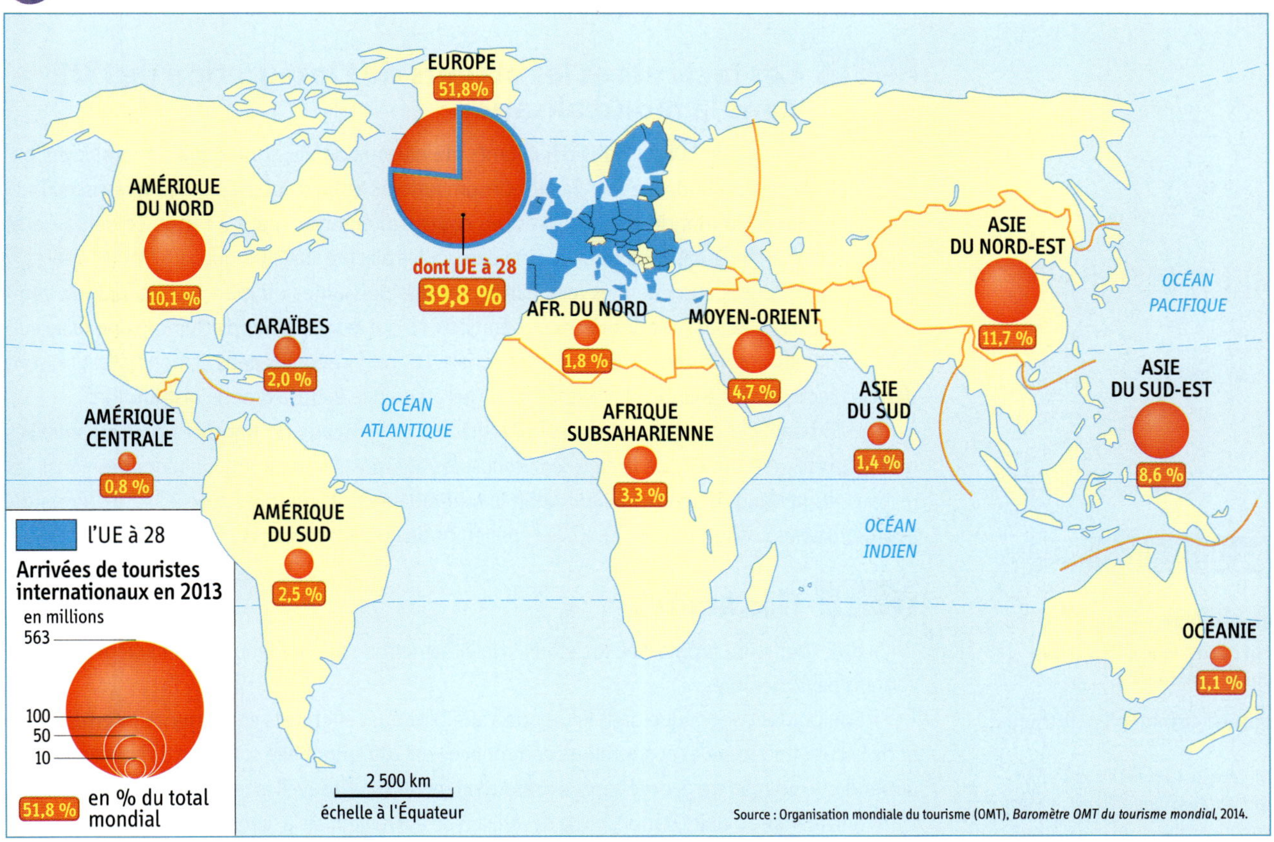

Source : Organisation mondiale du tourisme (OMT), *Baromètre OMT du tourisme mondial*, 2014.

Doc. 3 et 4 En confrontant ces deux cartes avec la carte 1 p. 258, cherchez des raisons expliquant l'importance de l'UE dans les flux humains internationaux.

Cours 1

L'UE, acteur et pôle majeurs de la mondialisation

S L ES

L'UE est un centre d'impulsion de la mondialisation dans de nombreux domaines car elle dispose d'atouts importants. Néanmoins, son insertion dans la mondialisation présente aussi des limites.

Classement mondial des plus grands groupes de l'UE

2	Royal Dutch Shell (Royaume-Uni/Pays-Bas) - Énergie
6	BP (Royaume-Uni) - Énergie
8	Volkswagen (Allemagne) - Automobile
11	Total (France) - Énergie
16	AXA (France) - Assurance
18	E.ON (Allemagne) - Énergie
20	Daimler (Allemagne) - Automobile
22	ENI (Italie) - Énergie
24	EXOR Group (Italie) - Automobile

Source : *Fortune Global 500*, 2014.

1 Un centre d'impulsion de la mondialisation

• En 2013, l'UE représentait 18,9 % du PIB mondial devant les États-Unis (18,4 %). Très intensive, l'agriculture **communautaire** assure à la fois l'autosuffisance alimentaire et la première place mondiale à l'exportation de l'Union **(doc. 1)**. L'industrie européenne, au deuxième rang mondial, est diversifiée : l'automobile, la chimie, l'aéronautique constituent ses points forts **(doc. 3)**. Les services représentent 71 % du PIB et contribuent au dynamisme communautaire.

• L'UE est au centre des flux majeurs de marchandises, de services et d'hommes qui structurent l'espace de la mondialisation. Elle génère 32 % des exportations mondiales de marchandises, 42 % des exportations de services (premier rang mondial). Assurant plus de 90 % des échanges de l'Europe, elle contribue à faire de celle-ci le premier pôle du commerce mondial de marchandises. 65 % de ses échanges sont intra-communautaires. Elle est une des plus importantes régions de destination et d'origine des **Investissements directs à l'étranger (IDE)** **(doc. 2)**. La Bourse de Londres est très ouverte aux capitaux étrangers ; les autres grandes bourses (Paris, Francfort) sont associées à Wall Street (New York) au sein du groupe NYSE-Euronext. Première destination du tourisme international, elle constitue aussi un pôle majeur des flux internationaux de migrants, ce qui témoigne de la forte attractivité de ce pôle de richesse **(doc. 4)**.

• Par l'intermédiaire des États membres, l'UE a une influence culturelle et politique. Quatre langues européennes sont parmi les plus parlées du monde. Forte de deux membres au Conseil de sécurité de l'ONU, de quatre pays membres et de représentants communautaires au G20, l'UE participe aux décisions mondiales et s'engage dans des interventions de maintien de la paix.

2 Les facteurs et les acteurs de l'intégration de l'UE dans la mondialisation

• L'UE est riche de 508 millions d'habitants, de niveaux de vie et de qualification élevés par rapport au reste du monde. Ce marché de consommateurs attire d'autant plus les investissements et les entreprises du monde entier qu'il est en cours d'intégration grâce à l'absence de barrières douanières (marché unique) et, pour la zone euro, grâce à la monnaie unique.

• Les entreprises européennes font partie des plus puissantes du monde. L'intégration communautaire a facilité les fusions ou les coopérations, ce qui leur a permis d'atteindre une taille suffisante pour affronter la concurrence internationale. Les plus intégrées dans la mondialisation sont dans les secteurs de l'énergie, de l'automobile, de l'assurance et de la grande distribution.

• L'UE bénéficie d'une forte accessibilité grâce à des réseaux de transport performants. Les grands ports, notamment de la *Northern Range*, les aéroports internationaux (Londres, Paris), les réseaux numériques denses et à haut débit la mettent en contact rapide avec le reste du monde. Les métropoles constituent des **interfaces** majeures de l'UE avec toute la planète.

3 Des limites

• L'UE souffre de problèmes sociétaux : vieillissement de la population, chômage massif dans certains pays membres.

• Son poids économique dans le monde s'affaiblit sous l'effet de la concurrence internationale et de la crise financière et économique commencée en 2007, dont elle sort avec difficultés. Elle est dépendante en matière énergétique, en retard en matière de nouvelles technologies.

• Son manque d'unité l'empêche de devenir un acteur majeur de la scène politique internationale.

▶ **Très fortement intégrée dans la mondialisation, l'UE en est un acteur majeur, mais non sans faiblesses.**

Notion

Interface
Définition p. 257.

Vocabulaire

Communautaire
Adjectif qui désigne ce qui relève de l'Union européenne.

Investissements directs à l'étranger (IDE)
Investissements effectués par une entreprise dans un autre pays sous forme d'ouverture de filiale, d'entreprise associée (*joint venture*), de prise de participation au capital.

1 La puissance agricole de l'UE

« L'agriculture européenne figure parmi les plus performantes du monde. Elle est dotée de moins de 12 millions d'exploitations agricoles, diversifiées et réparties sur l'ensemble du territoire européen. Elle se classe au premier rang des exportateurs mondiaux de produits agricoles et alimentaires, si l'on inclut les flux intra-UE, au second si l'on ne retient que les échanges extra-UE. Mais elle est également le premier importateur mondial de produits agricoles et alimentaires. L'agriculture européenne exerce par ailleurs des effets d'entraînement importants sur les secteurs situés en amont (machinisme, engrais…), et aval, puisque les industries agroalimentaires s'approvisionnent largement auprès des producteurs de l'UE. […] La France est la première puissance agricole européenne, avec près de 20 % de la production totale des 28 États membres. Dans le contexte actuel de tensions sur les marchés des produits agricoles et alimentaires, il apparaît que le secteur agricole et alimentaire forme un socle de la présence française dans le monde. […] »

P. Verluise, S. Abis, T. Pouch, « Géopolitique de l'agriculture dans la mondialisation », www.diploweb.com, 24 nov. 2013.

1. Quels sont les atouts de l'agriculture communautaire ?
2. Comment participe-t-elle à l'intégration de l'UE dans la mondialisation ?

2 Un espace ouvert et attractif pour les IDE

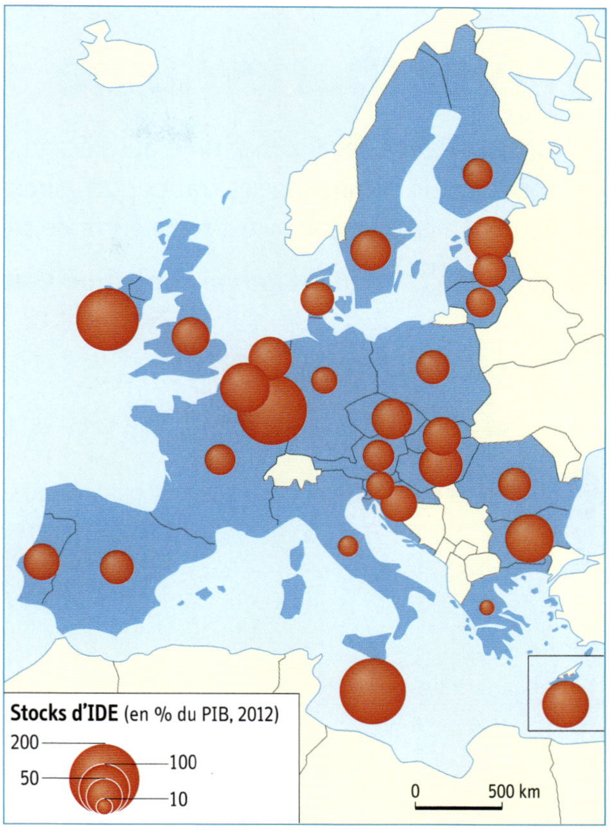

Montrez que les pays de l'Union sont inégalement attractifs pour les IDE.

3 L'UE, puissance spatiale

« Mercredi 11 février 2015, l'Europe a rejoint le cercle fermé des puissances capables de ramener des véhicules spatiaux sur Terre depuis l'espace. Elle a testé avec succès la rentrée dans l'atmosphère de l'IXV (Intermediate eXperimental Vehicle), un véhicule cylindrique, sans ailes, mais pilotable, d'environ 2 tonnes pour 5 mètres de long. […]
C'était le principal défi de cette mission : s'assurer de la maîtrise de technologies pour ramener sur Terre un engin depuis l'espace sans qu'il se désintègre en percutant à haute vitesse les molécules de l'air dans la stratosphère. L'Europe restait la seule grande puissance à ne pas disposer de ces capacités. »

D. Laroussi, *Le Monde*, 13 février 2015.

Montrez que cette mission replace l'UE dans la compétition mondiale.

4 Le Nouvel An chinois à Amsterdam

1. Où se situe cette scène et pour quel événement ? Pourquoi ?
2. Comment cette photographie illustre-t-elle l'attractivité migratoire de l'UE ?

S L ES

La *Northern Range*

La *Northern Range*, façade maritime qui s'étend de Hambourg au Havre, est l'une des plus importantes au monde par le volume de ses trafics portuaires. Elle est une interface majeure entre l'UE et le reste du monde. La concurrence y est forte entre de très grands ports.

Comment la *Northern Range* contribue-t-elle à l'intégration de l'UE à la mondialisation ?

A La *Northern Range* : territoire d'intégration de l'UE au monde

Vocabulaire

***Hinterland* (arrière-pays)** Espace desservi par un port maritime par lequel transite l'essentiel des importations et exportations de cet espace.

1 La plus puissante des façades maritimes de l'UE

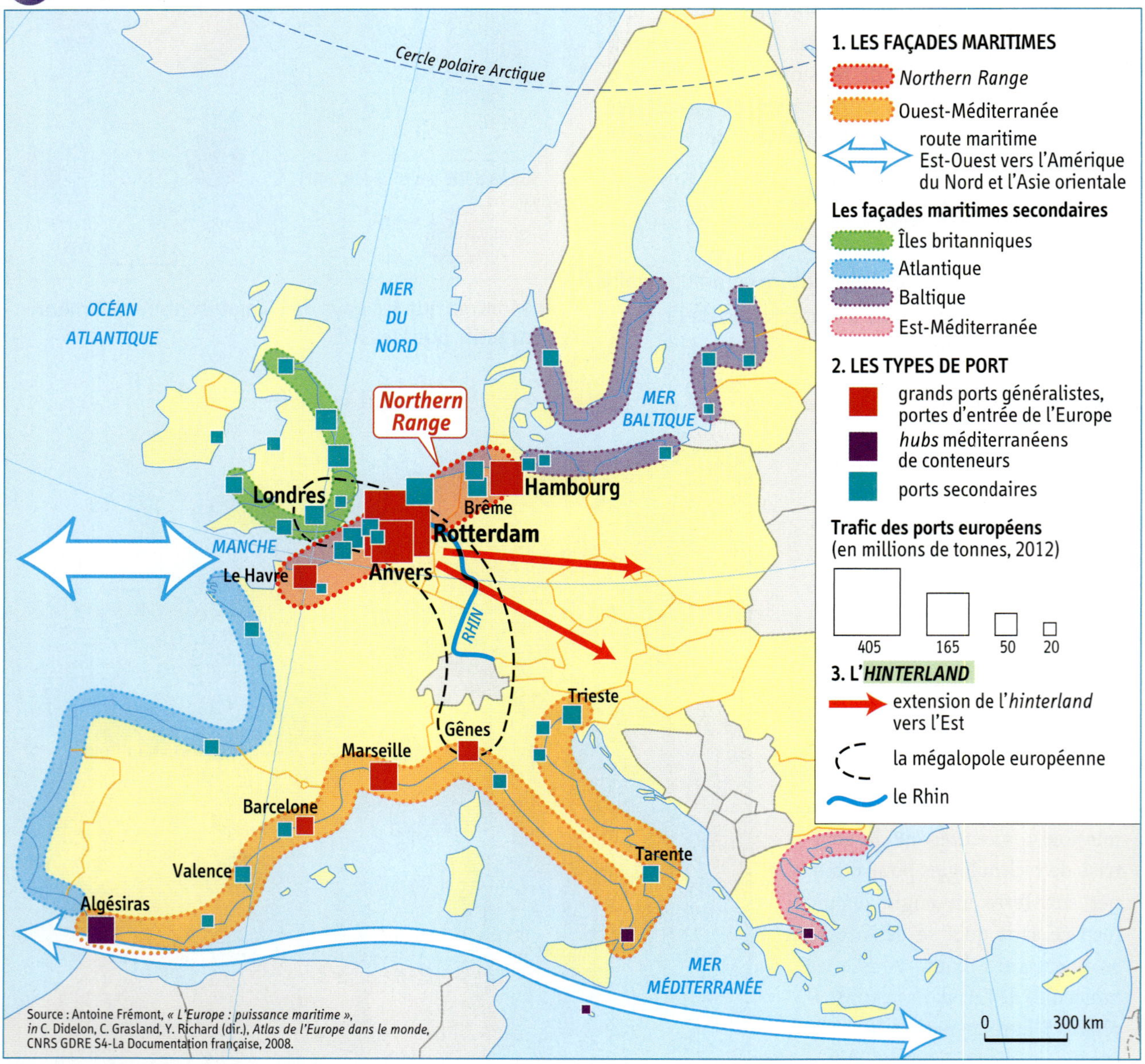

Source : Antoine Frémont, « *L'Europe : puissance maritime* », *in* C. Didelon, C. Grasland, Y. Richard (dir.), *Atlas de l'Europe dans le monde*, CNRS GDRE S4-La Documentation française, 2008.

1. Où sont situés les grands ports européens ?
2. Doc. 1 et Doc. 1 p. 206 Expliquez pourquoi les ports de la *Northern Range* sont les plus puissants d'Europe.

PRÉPA BAC

Étude/Analyse de documents

Doc. 1 et 2 Montrez qu'Anvers est une interface majeure de l'UE intégrée à la *Northern Range*.

2 Le port d'Anvers

Anvers est pour la compagnie MSC, deuxième opérateur mondial pour les conteneurs, son principal port en Europe. MSC est à l'origine de 50 % des trafics conteneurs du port d'Anvers.

Quels éléments de la photographie témoignent de la puissance du port d'Anvers ?

3 Rotterdam : un trafic de rang mondial

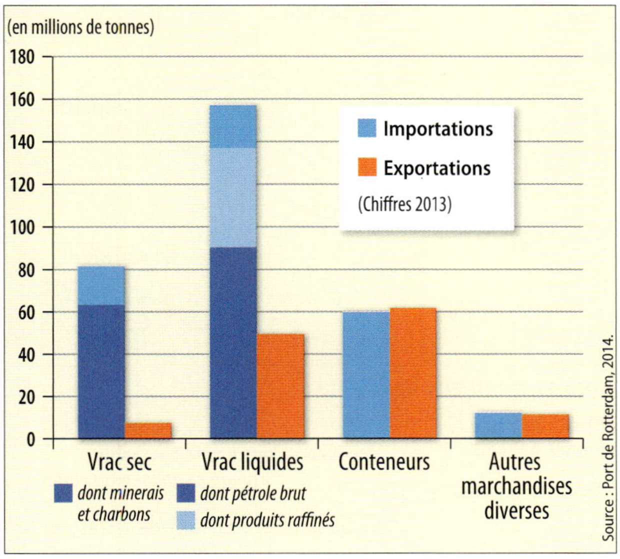

Doc. 2 et 3 Quels sont les principales caractéristiques des trafics des ports de la *Northern Range* ?

4 Hambourg : port de l'Asie et de la Baltique

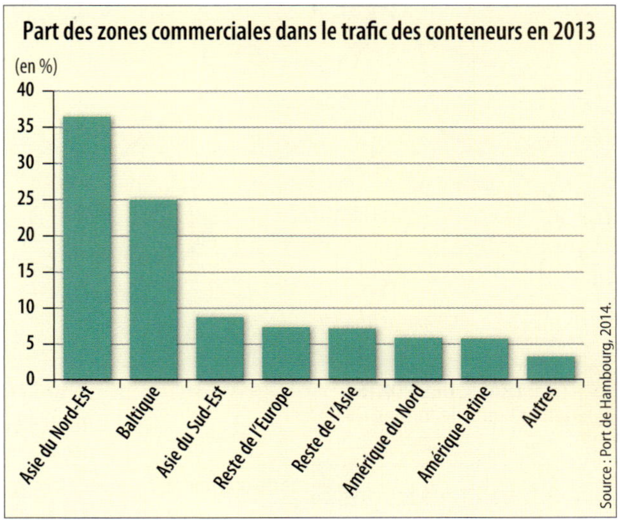

Doc. 1 et 4 Mettez en évidence que Hambourg et la *Northern Range* sont des territoires d'intégration de l'UE au monde.

B Des ports en concurrence

5 Plusieurs ports pour un seul arrière-pays

Comment s'organise la hiérarchie des ports de la *Northern Range* ?

6 La concurrence par les aménagements : le port de Rotterdam

Pour s'adapter au gigantisme des navires et gagner en accessibilité et en rapidité de traitement des bateaux, les ports de la *Northern Range*, comme ici à Rotterdam, ont construit des aménagements portuaires de plus en plus vastes, en gagnant des terrains sur la mer.

Quel est le rôle des nouveaux aménagements dans la compétition entre les ports ?

7 Des *hinterlands* proches de richesse inégale

« Avec deux heures de transport routier, il est possible d'accéder à l'équivalent de 79 milliards de PIB à partir du port du Havre. Pour un temps de trajet équivalent, cette valeur atteint 500 milliards pour Rotterdam et 640 pour Anvers. Ceci traduit les écarts de localisation des ports de la *Northern Range* par rapport au centre de gravité de l'économie européenne, le couloir rhénan, où se retrouvent les principales concentrations industrielles et de population de l'UE. Dans le delta Rhin-Escaut où se localisent les centres de distribution européens des marques et des grandes enseignes, une proportion élevée du trafic conteneurs est générée par la région entourant les ports. 40 % des conteneurs qui transitent par Anvers desservent des entrepôts localisés dans un rayon de 50 km. Pour Rotterdam, les destinations les plus fréquentes s'inscrivent dans un rayon de 150 à 200 km. »

Site Internet DEVPORT (Recherche en géographie, aménagement et économie maritime, portuaire et logistique), www.projet-devport.fr, 2014.

Quel est le rôle de l'*hinterland* dans la concurrence des ports de la *Northern Range* ?

8 Les atouts commerciaux du port d'Anvers

« Anvers est un port bien différent de Rotterdam. Sa situation géographique est davantage contrainte, l'accès à la mer se faisant par l'estuaire néerlandais de l'Escaut. [...] L'espace portuaire d'Anvers étant limité vers l'est par la ville et la frontière néerlandaise, c'est donc à l'ouest, sur la rive gauche de l'Escaut non urbanisée, que les derniers aménagements ont été réalisés. Une darse géante destinée à la conteneurisation a ainsi été construite, qui a nécessité la réalisation d'un coûteux tunnel ferroviaire sous le fleuve. [...]
En fait, l'essentiel du succès d'Anvers repose sur la maîtrise des savoir-faire d'un port commercial traditionnel. Celui-ci peut se prévaloir d'une longue tradition qui remonte à ses origines médiévales avec des acteurs portuaires fort anciens pour certains, comme les *naties*, des coopératives de dockers. Devenues des entreprises privées, ces structures sont des opérateurs efficaces de la manutention, du stockage et de la distribution de toutes sortes de produits : bois et papiers, aciers, fruits, véhicules. [...] »

P. Tourret, « Rotterdam et Anvers : un duo portuaire original », *Questions internationales* n° 70, 2014.

Qu'est-ce qui permet à Anvers de dépasser les contraintes de sa situation géographique ?

9 Des modes d'acheminement d'efficacité inégale (en % du trafic mondial)

Ports	Par route	Par rail	Par barge
Hambourg	69	29	2
Brême-Bremerhaven	40	56	4
Rotterdam	60	9	31
Anvers	60	8	32
Zeebrugge	61	38	1
Le Havre	87	5	8

Site Internet DEVPORT (Recherche en géographie, aménagement et économie maritime, portuaire et logistique), www.projet-devport.fr, 2014.

La qualité et la compétitivité de la desserte terrestre est déterminante pour le développement d'un port. La part du coût de la desserte terrestre représente 30 % du coût total. La desserte de l'*hinterland* par le réseau fluvial permet de massifier les flux et de réduire les coûts de transport.

Doc. 6, 7 et 9 Quels éléments expliquent le caractère marginal des ports français dans la *Northern Range* ?

Cours 2 Une façade maritime mondiale : la *Northern Range*

S | L ES

90 % des échanges extracommunautaires de l'Union s'effectuent par voie maritime. Sa façade maritime Nord est son interface maritime majeure, un territoire essentiel à l'intégration de l'UE au monde.

Trafic des 8 premiers ports de la *Northern Range* (en millions de tonnes, 2013)

Rotterdam	440,5
Anvers	190,8
Hambourg	139,1
Amsterdam	95,7
Brême-Bremerhaven	78,8
Le Havre	67,2
Dunkerque	43,6
Zeebrugge	42,8

Source : Port of Rotterdam Authority, 2014.

1 Les portes de l'Europe

- La *Northern Range* est constituée d'un chapelet de grands ports qui s'égrènent le long de la Manche et de la mer du Nord, du Havre à Hambourg. Points de passage obligés sur les grandes routes maritimes qui desservent le continent européen, ces places maritimes accueillent d'importants trafics d'hydrocarbures et de conteneurs. **(doc. 1)**
- Ces ports sont des territoires privilégiés d'intégration de l'UE à la mondialisation. L'intensité de leur activité renvoie à la puissance de leur ***hinterland*** et de leur ***foreland***. L'arrière-pays est constitué de la mégalopole rhénane, de riches régions urbaines comme l'Île-de-France, dont Le Havre est la « porte océane », et de régions plus éloignées d'Europe centrale et orientale. Marchés de consommation, bassins d'emploi et de production, notamment industrielle, ces régions développent des liens de complémentarité avec les ports. L'avant-pays est mondial, la *Northern Range* étant reliée aux grands ports de la planète.
- Des réseaux de transport performants, divers et de maillage dense les relient à leur arrière-pays. Ils empruntent surtout les vallées des grands fleuves, comme le Rhin, la Meuse et la Seine.

2 Des installations portuaires modernes

- Les espaces portuaires font l'objet de constants aménagements de leurs infrastructures pour améliorer leur accessibilité et attirer les plus gros navires, donc les plus gros trafics. Ils sont quadrillés de denses réseaux de transport, fluvial, routier et ferroviaire, interconnectés à diverses échelles, qui leur permettent de conjuguer accessibilité et intermodalité. Quais et bassins gigantesques, glissement vers l'aval et construction d'avant-ports à conteneurs ou de terminaux à hydrocarbures suivent les évolutions du transport maritime. L'informatique portuaire, très performante, permet de gérer les aspects douaniers et de mettre en relation tous les intervenants de la chaîne de transport.
- Les installations sont spécialisées en fonction des marchandises. Des terminaux dotés de portiques et de vastes plateformes accueillent des porte-conteneurs géants. Les terminaux pétroliers, souvent associés à des raffineries, vraquiers pour le charbon, méthaniers, jouent un rôle essentiel dans l'approvisionnement énergétique de l'Union.
- Ces trafics alimentent l'industrie portuaire. Les ports sont dotés de puissantes zones industrialo-portuaires (ZIP) et **logistiques**.

3 Des ports en concurrence

- La *Northern Range* est dominée par Rotterdam et Anvers, suivis par Hambourg, riches des trafics les plus intenses et diversifiés, des ZIP les plus étendues. Les autres ports sont plus modestes, notamment les ports français (Le Havre, Dunkerque) **(doc. 3)**.
- Cette hiérarchie renvoie à la puissance inégale des *hinterlands* proches. Longtemps stable, elle a été transformée dans les années 2000 par l'essor de Hambourg, consécutif à l'élargissement de l'UE vers l'Europe centrale et orientale. **(doc. 2)**
- S'ils présentent une certaine complémentarité, ces ports sont souvent en concurrence pour attirer les trafics les plus lucratifs. Anvers et Rotterdam, ports rhénans, se disputent l'accès et les trafics de leur *hinterland* allemand. Le Havre et Anvers sont en concurrence pour desservir l'Île-de-France, Hambourg et Brême-Bremerhaven pour desservir l'Allemagne et l'Europe centrale. La construction d'aménagements portuaires toujours plus vastes, destinés à accroître l'accessibilité et la compétitivité des ports, témoigne de cette concurrence.

▶ **Interface maritime de l'Europe, la *Northern Range* joue un rôle majeur dans l'intégration de l'UE à la mondialisation.**

Notions

Façade maritime
Définition p. 257.

Intégration
Participation, articulation à un ensemble plus vaste. Processus d'harmonisation des législations qui favorise les échanges.

Interface
Définition p. 257.

Vocabulaire

***Foreland* (avant-pays)**
Espace desservi par les lignes maritimes au départ ou à destination d'un port. Il réunit les partenaires commerciaux du port.

***Hinterland* (arrière-pays)**
Espace desservi par un port maritime par lequel transite l'essentiel des importations et exportations de cet espace.

Logistique
Activité de traitement de la marchandise amenée par conteneur : étiquetage, mise aux normes, conditionnement, mise en lots et organisation du transport jusqu'à la destination finale. Cette activité s'effectue dans de vastes entrepôts.

1 Une façade maritime

« La *Northern Range*, littoral compris entre l'Elbe et la Seine, est une façade, c'est-à-dire un ensemble de ports puissants formant une région portuaire marquée par un certain nombre de caractères communs. [...] De telles façades sont peu nombreuses : côte Est des États-Unis, baies japonaises – surtout celle de Tokyo – et façade chinoise. La gamme absolument complète des activités océaniques y peut être analysée. »

A. Vigarié *in* A. Gamblin (dir.), *Les Littoraux, Espace de vie*, © SEDES, 1998, D.R.

▸ Qu'est-ce qu'une façade maritime ?

2 Puissance des *hinterlands* et hiérarchie portuaire

« La grande porte maritime de l'Europe est constituée par les ports du delta d'Or qui regroupent les ports néerlandais et belges, avec en tête Rotterdam et Anvers. Cet ensemble portuaire est l'un des plus importants à l'échelle mondiale. [...] Leur développement s'appuie d'abord sur la richesse de leur *hinterland* immédiat, la Randstad Holland[1] et la Flandre belge dont le poids logistique à l'échelle européenne est déterminant. Mais ils développent aussi de puissantes dessertes intérieures, d'abord grâce à l'axe rhénan et à l'excellence de leur batellerie. Chaque grande ville rhénane (Francfort, Strasbourg, Cologne...) est dotée d'un port fluvial. Duisbourg, plus grand port intérieur européen et porte de la Ruhr, rappelle au cœur de la métropole le lien avec le monde océanique. [...]

Les ports français ne parviennent pas à l'image du Havre à mettre pleinement en place le cercle vertueux de la massification maritime et terrestre. Seuls Hambourg et dans une moindre mesure Brême se sont affirmés depuis la réunification allemande comme des portes méga-régionales de l'Allemagne et de l'Europe orientale grâce à l'importance de leurs liaisons ferroviaires.

A. Frémont, « Les portes internationales des métropoles. Ports maritimes et aéroports », *in* L. Dablanc, A. Frémont (dir.), *La Métropole logistique*, © Armand Colin, 2015.

1. Conurbation, c'est-à-dire un espace urbanisé formé par les villes néerlandaises d'Amsterdam, Rotterdam et La Haye.

▸ Montrez que la puissance d'un port est liée au dynamisme de son arrière-pays.

3 Haropa, l'association des ports français

HAROPA,
1er ensemble portuaire de France

Façade maritime européenne de premier plan, HAROPA conjugue les atouts spécifiques des ports maritimes du Havre (conteneurs) et de Rouen (les vracs et céréales) ainsi que des Ports fluviaux de Paris.

HAROPA, 5ème ensemble portuaire européen

1er port pour le commerce extérieur de la France

1er port fluvial européen pour le vrac

2ème port français pour l'approvisionnement énergétique

HAROPA, un accès privilégié à un hinterland européen majeur

HAROPA propose un accès privilégié à un hinterland riche de 25 millions d'habitants dans un rayon de 200 km. Porte d'entrée naturelle de la région parisienne, 1er marché de consommation français et 2ème européen, HAROPA permet aussi des connexions plus larges sur le marché français par fer, route ou fleuve.

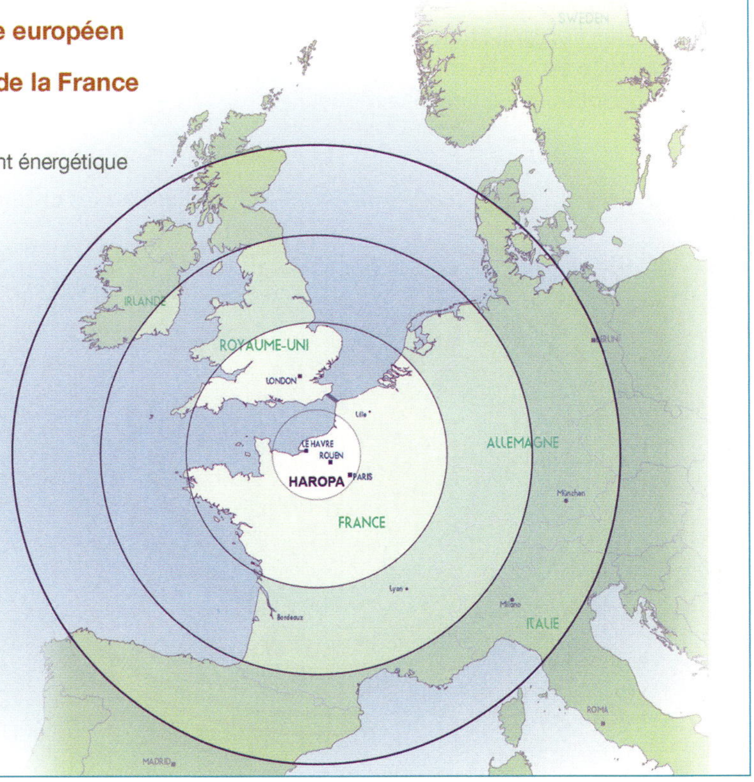

PRÉPA BAC

Étude/Analyse de document

Doc. 3 Après avoir présenté le document, vous montrerez qu'il révèle à la fois les atouts et les faiblesses des ports français dans la *Northern Range*.

Paris, ville mondiale

Paris, par son rayonnement planétaire multiforme et sa puissance appuyée sur la région Île-de-France, a valeur de référence dans le monde. La capitale constitue un atout majeur pour l'intégration de la France au monde.

Dans quelle mesure Paris est-elle un atout pour la France et l'UE dans la mondialisation ?

1 La candidature de Paris à l'Exposition universelle de 2025

LA TRIBUNE DE...
Sans tabous et sans postures, Pierre Gattaz, « patron » du Medef, nous livre ses quatre vérités. P. 12-13

INNOVER
Du village flottant de Londres au clonage de chiens de race. TOUR DU MONDE P. 14-15

CHANGER
« Dégooglisez Internet », la campagne des irréductibles Gaulois du logiciel libre. P. 23

LA TRIBUNE

DU VENDREDI 24 AU JEUDI 30 OCTOBRE 2014 - N° 105 - 3 €

EBOLA, LA COURSE CONTRE LA MORT
Un test de dépistage rapide mis au point par les Français, un (presque) vaccin annoncé par les Canadiens... Ces avancées suffiront-elles à freiner l'épidémie ? Notre enquête. P. 16-17

ENTREPRISES
REVOILÀ LES « LITTÉRAIRES » !
Marginalisés depuis des décennies dans le management, les profils littéraires passent désormais pour les « ingénieurs de l'avenir ». P. 18

MÉTROPOLES
KIEV TENTE DE REBONDIR
Malgré la pression russe, la capitale ukrainienne espère des lendemains meilleurs. Mais, à la veille des législatives, elle craint l'extension de la guerre civile. P. 20-21

IDÉES
À CHACUN SA « VALLEY »
Le modèle de la Silicon Valley a essaimé partout dans le monde. Parfois en mieux ! P. 24

PORTRAIT
MICKAËL FROGER
34 ans, autodidacte du numérique, déjà 80 salariés... P. 26

La capitale se mobilise pour une candidature en 2016

Paris 2025, l'Exposition de la renaissance française ?

Réconcilier les Français avec le progrès et présenter au monde le spectacle d'un pays moderne et ouvert : le projet ExpoFrance 2025, imaginé par Jean-Christophe Fromantin, fédère les énergies. Reste à transformer ce rêve en réalité.

PAGES 4 à 10

Montrez que l'organisation d'une Exposition universelle est un élément de marketing essentiel pour l'image d'une ville mondiale.

2 Les fonctions métropolitaines de Paris

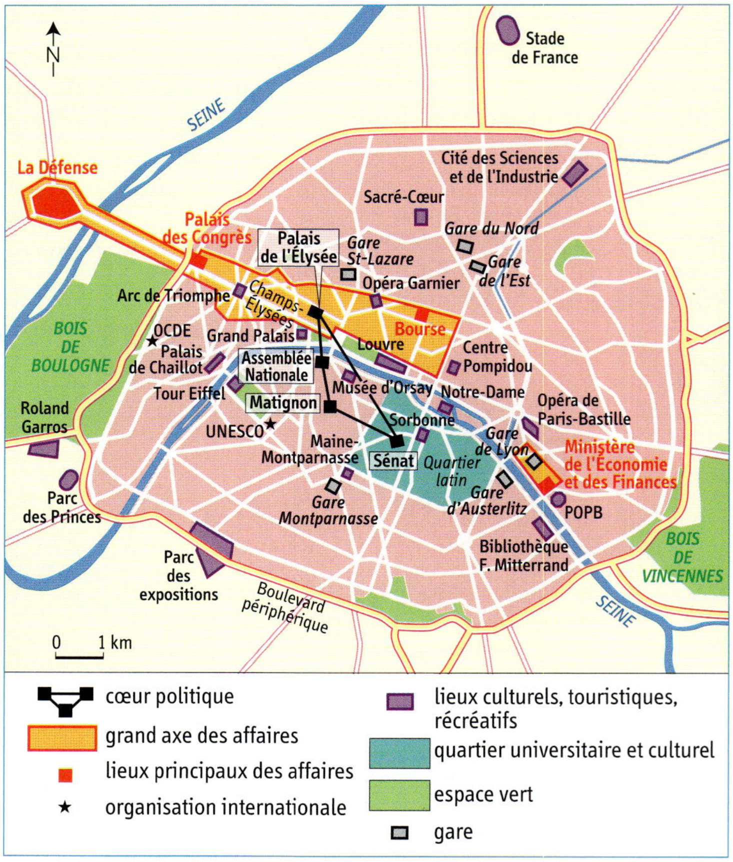

Repérez les différentes fonctions dans l'espace parisien.

3 Le château de Versailles

Quel aspect du rôle de Paris dans l'intégration de l'UE à la mondialisation cette photographie illustre-t-elle ?

4 Le TOP 5 des villes connectées aux grands réseaux mondiaux

Rang	Connexions aériennes[1]	Connexions dans les réseaux des firmes transnationales[2]
1	Londres	New York
2	Francfort	Londres
3	Paris	Hong Kong
4	Amsterdam	Paris
5	New York	Singapour

A. Bretagnolle, « La ville mondiale : une histoire de représentations », *Questions internationales* n° 60, mars-avril 2013.

1. Pour les connexions aériennes, les villes sont classées en fonction du nombre total de destinations internationales situées à plus de 3 000 kilomètres en 2010.

2. Le classement selon les firmes internationales se base sur les connexions tissées en interne en 2008 entre une centaine d'entreprises dans les secteurs de la finance, de l'expertise, des assurances, de la publicité et de l'immobilier.

Montrez que l'accessibilité aérienne est un facteur majeur d'intégration à l'UE et au monde.

5 Deezer, une entreprise parisienne déployée dans le monde entier

« Après avoir atteint la rentabilité en France, [...] Deezer lance son déploiement à l'international avec une première implantation au Royaume-Uni. Le site est également choisi par Facebook pour l'intégration de sa plateforme musicale au sein du premier réseau social au monde. Désormais, il est possible de partager et suivre les humeurs musicales de millions d'utilisateurs de Deezer et Facebook du monde entier. Début 2012, Deezer souhaite que son service soit accessible dans le monde entier et mise clairement sur les pays émergents [...]. À ce jour, Deezer est présent dans 182 pays. La firme a l'ambition de s'imposer en tant qu'acteur global de la musique. »

S. Samama, *in* M. Foucher, *Atlas de l'influence française au XXI*e *siècle*, Institut français-Robert Laffont, 2013.

1. Montrez que l'entreprise Deezer est une entreprise parisienne innovante.

2. Quelle est sa force dans un monde en réseau ?

Vocabulaire

Fonctions métropolitaines

Fonctions décisionnelles et d'innovation dans les domaines économique, politique et culturel. Elles sont concentrées dans les plus grandes villes et sont représentatives de leur pouvoir de commandement.

6 Le passage Brady à Paris (Xe arrondissement, *Little India*)

Pourquoi le caractère cosmopolite de ce quartier témoigne-t-il du rôle de Paris comme territoire d'intégration de l'UE au monde ?

PRÉPA BAC

Étude/Analyse de documents

Doc. 2 et 4 Après avoir rappelé l'importance des fonctions métropolitaines dans la mondialisation, vous montrerez que Paris est une ville mondiale et un atout pour l'intégration de la France dans l'UE et le monde.

Cours 3

Paris, un territoire d'intégration de la France et de l'UE au monde

S

L'importance de Paris est indissociable de son ancrage dans la mondialisation et dans l'Union européenne. Elle est le symbole de la France dans le monde par ses fonctions de dimension planétaire.

1 Paris, une référence dans le monde

• Paris appartient au club fermé des villes mondiales, c'est-à-dire des villes qui sont des lieux de commandement exceptionnel à l'échelle de la planète et qui s'insèrent dans les grands réseaux mondiaux. **(doc. 1)**

• Elle abrite le siège d'institutions internationales comme l'Unesco et l'OCDE. Elle est au quatrième rang mondial pour l'accueil des sièges d'entreprises. Elle est aussi le deuxième pôle d'implantation des 500 plus grandes entreprises dans le monde après Tokyo.

• Elle dispose de fonctions métropolitaines remarquables. Elle est en effet la capitale politique d'un État présent dans toutes les grandes institutions internationales (ONU, Conseil de sécurité). Elle est la métropole économique de la sixième économie du monde et de la troisième économie européenne.

• L'importance et la qualité du patrimoine culturel et architectural de la ville l'inscrivent dans les échanges touristiques mondiaux. Elle est la première ville touristique mondiale notamment pour les congrès internationaux et ses musées (Le Louvre) **(doc. 2)**. Paris accueillera en 2015 la Conférence mondiale pour le climat et pourrait être candidate aux Jeux Olympiques de 2024.

• C'est aussi une ville cosmopolite comme en attestent la diversité de ses quartiers, son attractivité pour des populations venues du monde entier (plus de 110 nationalités), notamment de nombreux étudiants **(doc. 3)**.

Le périmètre des zones touristiques internationales

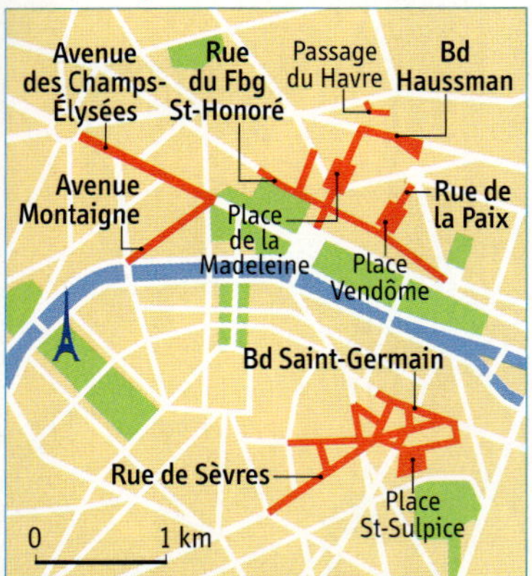

Source : Site Internet www.lejdd.fr, 15 fév. 2015.

2 Paris, une interface entre la France, l'UE et le monde

• Paris appartient au TOP 5 des villes les mieux connectées aux grands réseaux mondiaux. Elle est au troisième rang pour les connexions aériennes grâce à l'aéroport de Paris-Roissy Charles de Gaulle, deuxième du monde. Chaque semaine, environ 14 000 vols hebdomadaires assurent des liaisons avec 130 pays dans le monde, ce qui est un élément de son insertion dans les flux mondiaux. En outre, 400 TGV par jour relient Paris à d'autres métropoles européennes. Elle est aussi au quatrième rang dans la connexion aux réseaux des grandes firmes transnationales. Paris dispose également d'une très bonne couverture en réseaux à haut débit.

• Sa force est aussi celle d'une région puissante, la région Île-de-France qui compte plus de 12 millions d'habitants et représente 29 % du PIB de la France, 40 % des effectifs et des dépenses dans les activités de recherche-développement (Pôle de Saclay). 40 % des emplois industriels de la France dépendent d'une entreprise dont le siège est en Île-de-France. Le Triangle d'Or, le quartier de Paris-La Défense, premier quartier d'affaires de France, avec 71 grandes tours de bureaux représentant 3,5 millions de m^2 et accueillant 2 500 entreprises et 180 000 salariés, symbolisent l'ancrage de la ville dans la mondialisation économique et contribuent au renforcement de ses fonctions métropolitaines.

• Le projet de Grand Paris, porté à la fois par l'État et la région Île-de-France, a pour objectif de simplifier la gouvernance à l'échelle métropolitaine de manière à accroître la visibilité de Paris vis-à-vis de l'étranger, améliorer les transports et développer les nouvelles technologies.

▶ **Paris, une « île de l'archipel métropolitain mondial », est un atout majeur pour l'intégration de la France dans l'UE et la mondialisation.**

Notion

Ville mondiale

Métropole dont le rayonnement économique, politique et culturel s'étend à l'échelle de la planète.

1 Paris, ville mondiale

« La notion de métropole mondiale n'a pas une définition unique, mais désigne une métropole qui concentre les principaux lieux de pouvoir, les centres du commerce et de la finance, les principales infrastructures de transports et de communication ainsi que les fonctions d'enseignement supérieur, des arts et de la médecine. Paris, environ 12 millions d'habitants, est la seule métropole française de dimension mondiale : elle joue un rôle d'interface entre la France et le reste du monde. »

F. Smits, *Géographie de la France*, © Hatier, 2011.

2 Paris, 1re ville mondiale de congrès

L'association EuroMedLab[1] a choisi Paris pour son congrès en juin 2015

« Quels sont, selon vous, les atouts de Paris pour un congressiste ?
Paris est une ville incontournable pour son histoire, son architecture et pour toute la tradition française. La qualité des soins en France est également reconnue mondialement, de même que la réputation des établissements de soins à Paris. Citons aussi la présence de nombreux laboratoires de référence en biologie clinique à Paris et dans la région parisienne, et des sièges sociaux de beaucoup de compagnies [...] de biotechnologie.

Pourquoi est-ce important de faire venir votre congrès à Paris ?
Cela permet de réunir de nombreux professionnels européens de biologie clinique et de faciliter des échanges de haut niveau dans un environnement de santé en pleine évolution en Europe.
L'organisation d'EuroMedLab 2015 à Paris permet également de mettre en avant la biologie française et le travail de ses professionnels. »

Paris Tourisme Infos n° 45, décembre 2014, D.R.

1. Société savante spécialisée dans la biologie médicale.

Doc. 1 et 2 Quels sont les atouts de Paris dans la compétition mondiale ?

3 Paris, une ville cosmopolite

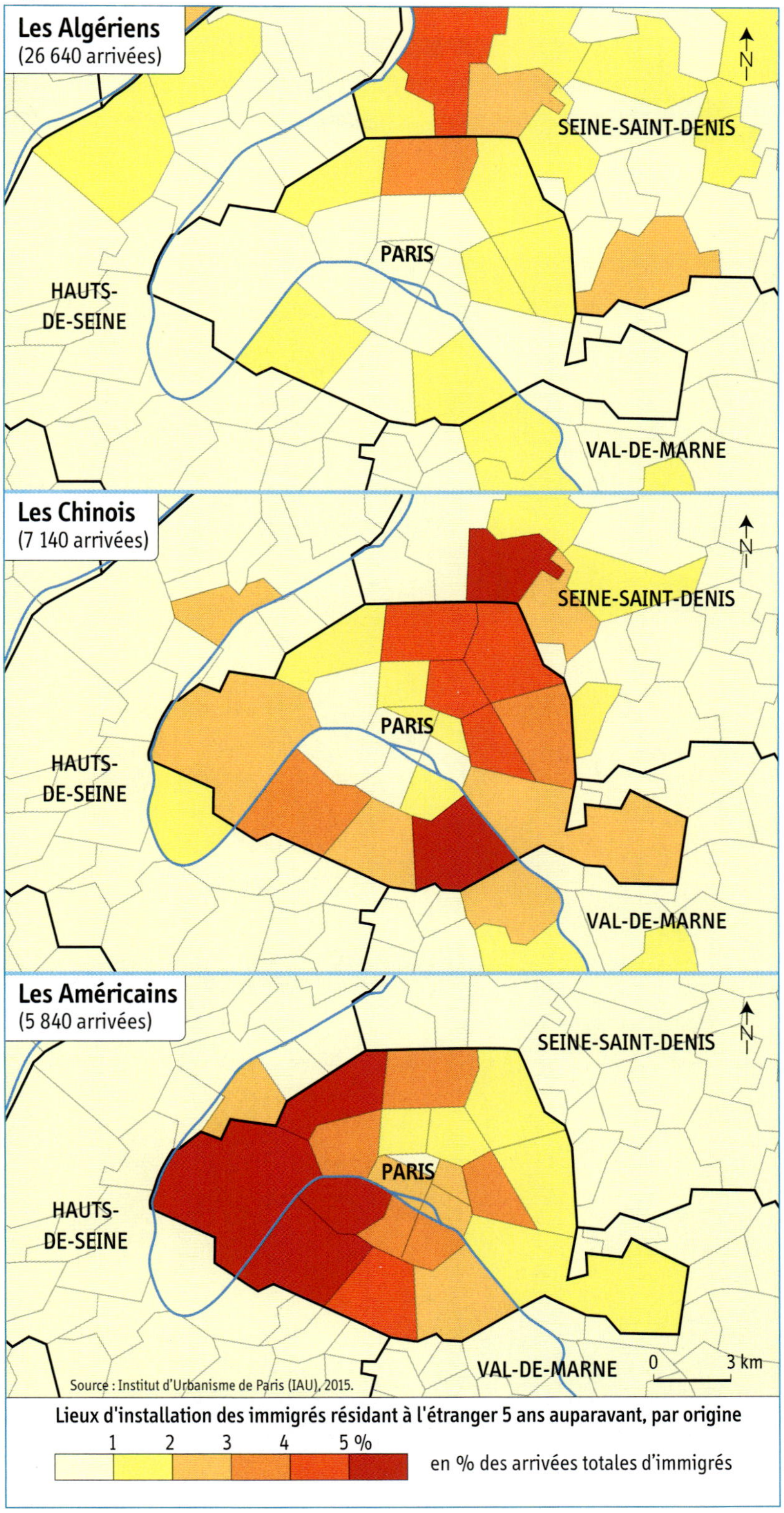

Un tiers des personnes arrivées récemment de l'étranger en France se sont installées en Île-de-France, notamment à Paris. La diversité des origines et des niveaux de qualification rend compte de l'attractivité de Paris.

Comparez ces trois cartes. Montrez que Paris attire différents types de population.

Vocabulaire

Cosmopolite Composé des personnes originaires de pays divers.

Méthode BAC Analyse de document

S

CONSIGNE Après avoir présenté le document, vous montrerez en quoi ce territoire reflète l'intégration de la France et de l'UE au monde.

Prise de vue oblique de l'avenue des Champs-Élysées à Paris (2014)

L'axe historique parisien (la « voie royale ») est une voie rectiligne qui traverse l'Ouest de Paris, du Louvre jusqu'a La Défense. C'est l'axe principal de développement de Paris.

Fonctions politiques

1. Les Jardins du Palais de l'Élysée
2. L'Arche de La Défense

Fonctions économiques

3. La Seine, axe majeur de circulation des marchandises et du développement de Paris. Ici, la rive droite
4. L'avenue des Champs-Élysées, haut-lieu des enseignes de luxe, des salles de spectacle et des bureaux (sièges sociaux)
5. Le Triangle d'Or (centre 1), qui concentre des fonctions de commandement et une population aisée et très qualifiée
6. La Défense (centre 2), quartier d'affaires, un centre économique très puissant

Fonctions culturelles et de loisirs

7. La Place de la Concorde
8. Le musée du Petit Palais
9. Le musée du Grand Palais
10. Le théâtre du Rond-Point
11. Le théâtre Marigny
12. Le Bois de Boulogne
13. L'Arc de Triomphe, symbolisant les victoires de l'Empire, et la Place de l'Étoile
14. Le Palais des Congrès et Grand Hôtel
15. La Fondation Louis Vuitton

Étape 1 Analyser la consigne

Entraînement 1 Analyser les termes de la consigne.

Étape 2 Présenter le document et rédiger l'introduction

Méthode générale Analyser une photographie en géographie

L'analyse de photographie est très utilisée en géographie. Elle permet par exemple d'étudier un paysage ou un aménagement, pour en dégager les logiques spatiales.
Vous devez :
– localiser le lieu photographié et repérer la prise de vue. Il peut s'agir d'une photographie aérienne (verticale ou oblique) ou d'une photographie prise au sol (horizontale) ;
– identifier les différents plans de la photographie, qui peuvent correspondre aux différentes unités paysagères (espace très aménagé, espace agricole, espace urbain, en cours d'urbanisation), ainsi que les éléments qui structurent l'espace (route, axe ferroviaire, cours d'eau...) ;
– si possible, identifier la source, puisque la photographie représente aussi un certain regard sur la réalité ;
– commenter la photographie en expliquant, à l'aide de ses connaissances et du cours, les phénomènes observés.

Entraînement 2

1. À l'aide de la méthode, présentez le document.
2. Reliez l'analyse des termes de la consigne au document proposé et rédigez la suite de l'introduction proposée ci-dessous.

Exemple d'accroche de l'introduction

L'avenue des Champs-Élysées à Paris est un symbole fort de la France et de l'UE dans le monde. Les paysages de cette avenue sont diffusés partout dans le monde, par le biais de photographies, de cartes postales, de reportages, d'objets vendus dans des boutiques de souvenirs.

Étape 3 Analyser la photographie

Entraînement 3

1. Quels éléments du paysage montrent la puissance économique de Paris et son insertion dans la mondialisation ?
2. Quels éléments montrent le rôle politique de Paris ?
3. Quels éléments montrent le rayonnement culturel de Paris en Europe et dans le monde ?
4. Montrez que l'architecture du quartier de La Défense est représentative d'une ville mondiale.

Étape 4 Construire et rédiger sa réponse

Vous devez partir des éléments présents sur la photographie, pour les commenter, ajouter des renseignements (dates, chiffres, explications) et relier cela aux grandes notions du cours (rayonnement, ville mondiale, fonctions de commandement, polycentrisme...).

Entraînement 4 Sur le modèle suivant, rédigez l'ensemble de votre réponse.

Exemple de paragraphe sur le paysage parisien, reflet de la puissance de Paris

Le paysage parisien reflète la puissance de Paris. En effet, la place de la Concorde, les Champs-Elysées (XVIIIe siècle), l'Arc de Triomphe (bâti au XIXe siècle), mais aussi la verticalité et la hauteur des tours de la Défense, construites dans la deuxième moitié du XXe siècle, attestent de la puissance symbolique de la ville. Néanmoins, l'architecture est particulièrement homogène, ce qui fait l'originalité de Paris dans le monde. La ville est aussi structurée selon des axes du pouvoir. L'axe reliant le Louvre à la Défense, en passant par la place de la Concorde, Le Palais de l'Élysée, les Champs Élysées, l'Arc de Triomphe, puis la Défense, est visible sur la photographie : il s'agit de l'axe de développement de Paris.

Étape 5 Rédiger la conclusion

Entraînement 5 Montrez l'intérêt du document proposé pour traiter le thème étudié, puis montrez ses limites.

CONSEIL Une photographie, par son cadrage, ne présente pas toutes les activités et l'ensemble de la ville. Il faut faire appel à sa culture et à ses connaissances personnelles pour l'analyser. La confrontation avec des chiffres et d'autres documents peut être nécessaire pour nuancer l'analyse.

Méthode BAC Composition

S | L ES

Sujet : L'Union européenne, acteur et pôle majeurs de la mondialisation

Étape 1 *Analyser le sujet*

L'Union européenne, acteur et pôle majeurs de la mondialisation

- **L'Union européenne** : Limites spatiales du sujet : Union européenne à 28 membres
- **acteur** : Individus, institutions ou organisations intervenant dans un projet ou processus. Ici, les acteurs sont multiples : États, groupes d'États, entreprises, institutions européennes, associations jouant un rôle dans la mondialisation
- **pôle** : Centre d'impulsion et de réception
- **majeurs** : L'UE est vue comme un pôle majeur à l'échelle mondiale, concurrencé toutefois par d'autres États. Son rôle « majeur » sera donc à démontrer et à nuancer
- **mondialisation** : Mise en relation des différentes parties du monde sous l'effet de l'accélération des échanges. De nombreux phénomènes (économiques, culturels, sociaux...) touchent désormais la planète entière

Étape 2 *Dégager l'idée centrale du devoir*

Vous devez relier entre eux les termes du sujet pour formuler votre problématique ou votre fil directeur.

Étape 3 *Rédiger l'introduction*

Dans l'introduction, veillez à présenter l'UE, sa date de création et ses objectifs lors de sa création.

Étape 4 *Construire le plan*

À partir des cours p. 262 et p. 268, ainsi que des exemples étudiés en classe, mobilisez les connaissances répondant au sujet afin d'élaborer un plan.

Plan possible ▶

I. L'UE, un centre d'impulsion de la mondialisation

II. Facteurs et acteurs de l'intégration de l'UE dans la mondialisation

III. L'UE, un pôle majeur de la mondialisation concurrencé et menacé ?

Entraînement 1 Sur le modèle de la partie I ci-dessous, complétez les parties II et III du plan proposé en p. 276.

Plan détaillé	Documents du manuel pour illustrer votre propos
I. L'UE, un centre d'impulsion de la mondialisation	
A. Un espace majeur de production	
• 18,9 % du PIB mondial	▶ Carte 1 p. 258
• Une puissance agricole et industrielle	▶ Tableau en marge du cours p. 262
B. Une puissance commerciale et financière	
• 32 % des exportations mondiales de marchandises, 42 % des exportations de services (1er rang mondial)	▶ Carte 3 p. 259
• Une des plus importantes régions de destination et d'origine des investissements directs à l'étranger (IDE)	▶ Carte 2 p. 258
• Présence de places boursières importantes	▶ Photographie p. 257
C. Un espace attractif pour les hommes	
• Un pôle majeur des migrations internationales	▶ Carte 3 p. 261 et doc. 4 p. 263
• La première destination du tourisme international	▶ Carte 4 p. 261

Étape 5 Rédiger des transitions

L ES

Méthode générale Rédiger une transition

Les transitions sont essentielles dans votre développement. Elles permettent de faire de courts bilans des parties que vous présentez et de poursuivre votre raisonnement en introduisant une nouvelle idée. Elles doivent être rédigées au brouillon, en même temps que votre plan.

Exemple de transition (de la partie I à la partie II) ▶ L'Union européenne est donc un acteur et un pôle majeurs de la mondialisation. Les causes de cette puissance doivent être analysées.

Entraînement 2 Parmi les deux exemples suivants, choisissez la transition la plus adaptée pour passer de la partie II à la partie III.

Transition a ▶ La place de l'UE en tant que pôle majeur de la mondialisation s'explique par plusieurs facteurs. Toutefois, cette place est concurrencée, voire contestée, dans un contexte d'émergence de nouveaux pôles majeurs de la mondialisation.

Transition b ▶ L'UE est un pôle majeur des échanges mondiaux, grâce à une bonne accessibilité et à sa façade maritime mondiale, la Northern Range. La construction européenne a permis à l'UE de devenir une puissance. Mais les États-Unis et les pays émergents concurrencent très fortement sa place.

Étape 6 Rédiger le développement et la conclusion

Entraînement 3 Rédigez la totalité du développement en vous appuyant sur les étapes précédentes. Rédigez ensuite la conclusion.

Méthode BAC Croquis

S | L ES

Sujet L'Union européenne dans la mondialisation

Étape 1 Mobiliser ses connaissances et construire une légende

Entraînement 1 À partir des cartes 2 et 3 p. 258-259, 3 et 4 p. 261 et 1 p. 264, mobilisez vos connaissances sur le sujet, puis complétez les titres des parties 2 et 3 de la légende avec les mots suivants : *Les limites de la place de l'UE dans le monde ; Un pôle attractif, diffusant son influence dans le monde.*

Étape 2 Réaliser le croquis

Entraînement 2

1. Complétez la légende avec les termes suivants : *deux villes mondiales ; la Northern Range ; importations et exportations ; importations d'hydrocarbures : une dépendance énergétique ; flux d'immigration.*
2. Terminez le croquis en plaçant les figurés manquants et la nomenclature, puis donnez un titre à votre croquis.

TITRE : ....

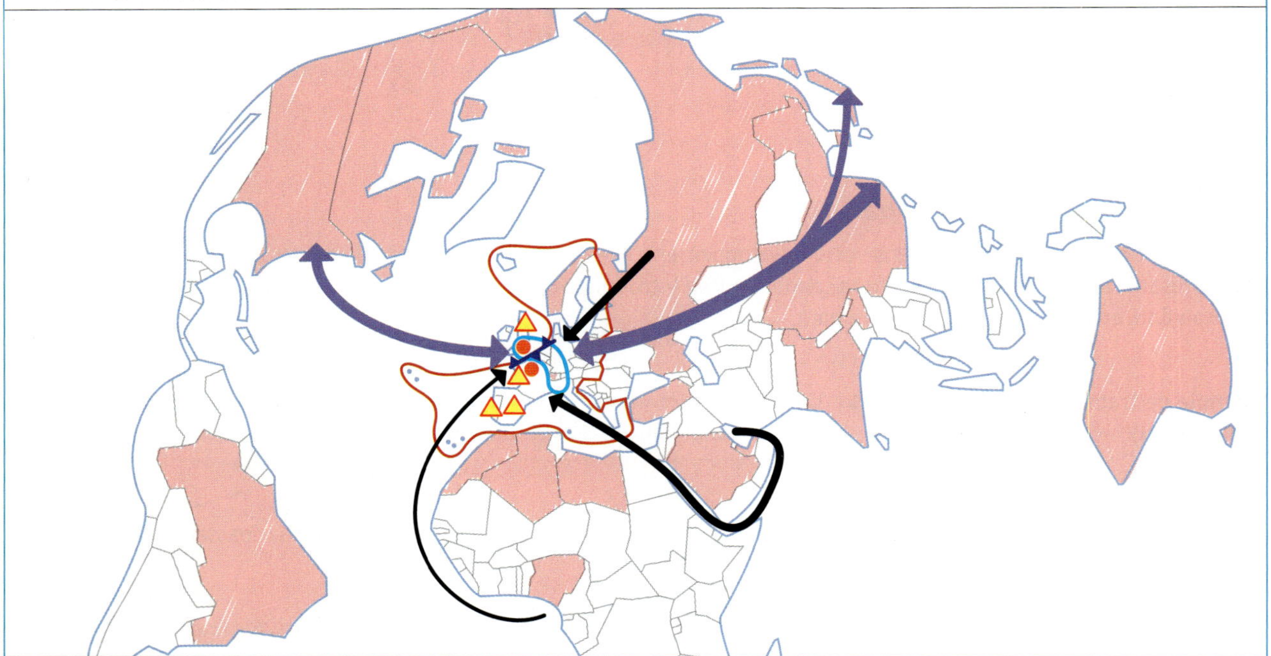

1. L'UE, UN PÔLE ÉCONOMIQUE MAJEUR

A. Le 1er pôle commercial et financier de la mondialisation

- UE à 28
- principaux partenaires commerciaux
- ....

B. Des centres d'impulsion de la mondialisation

- ....
- la mégalopole européenne
- .... une façade maritime majeure : ....

2. ....

A. Un pôle attractif sur le plan humain

- ....
- .... l'espace Schengen
- .... la première destination du tourisme international

B. Un foyer de rayonnement culturel

- quatre langues de diffusion mondiale

3. ....

A. L'UE, entre dépendance et concurrence

- ....
- .... une seule bourse d'envergure mondiale : Londres

B. L'UE, un espace concurrencé

- ✳ principaux pays concurrençant l'UE

Sujet Une façade maritime mondiale : la *Northern Range*

Étape 1 Mobiliser ses connaissances et construire une légende

Entraînement 1 À partir des cartes de la *Northern Range* p. 264 et p. 266, ainsi que du cours p. 268, mobilisez vos connaissances sur le sujet et sélectionnez les informations que vous souhaitez représenter.

Étape 2 Réaliser le croquis

Entraînement 2

1. Complétez la légende avec les termes suivants : *voie maritime majeure ; autres ports ; axes terrestres majeurs ; villes mondiales ; avant-pays maritime (foreland) d'envergure mondiale ; principale voie fluviale navigable ; mégalopole européenne ; port maritime majeur ; façades maritimes de l'UE ; autres métropoles.*
2. Terminez le croquis en plaçant la nomenclature, puis donnez-lui un titre.

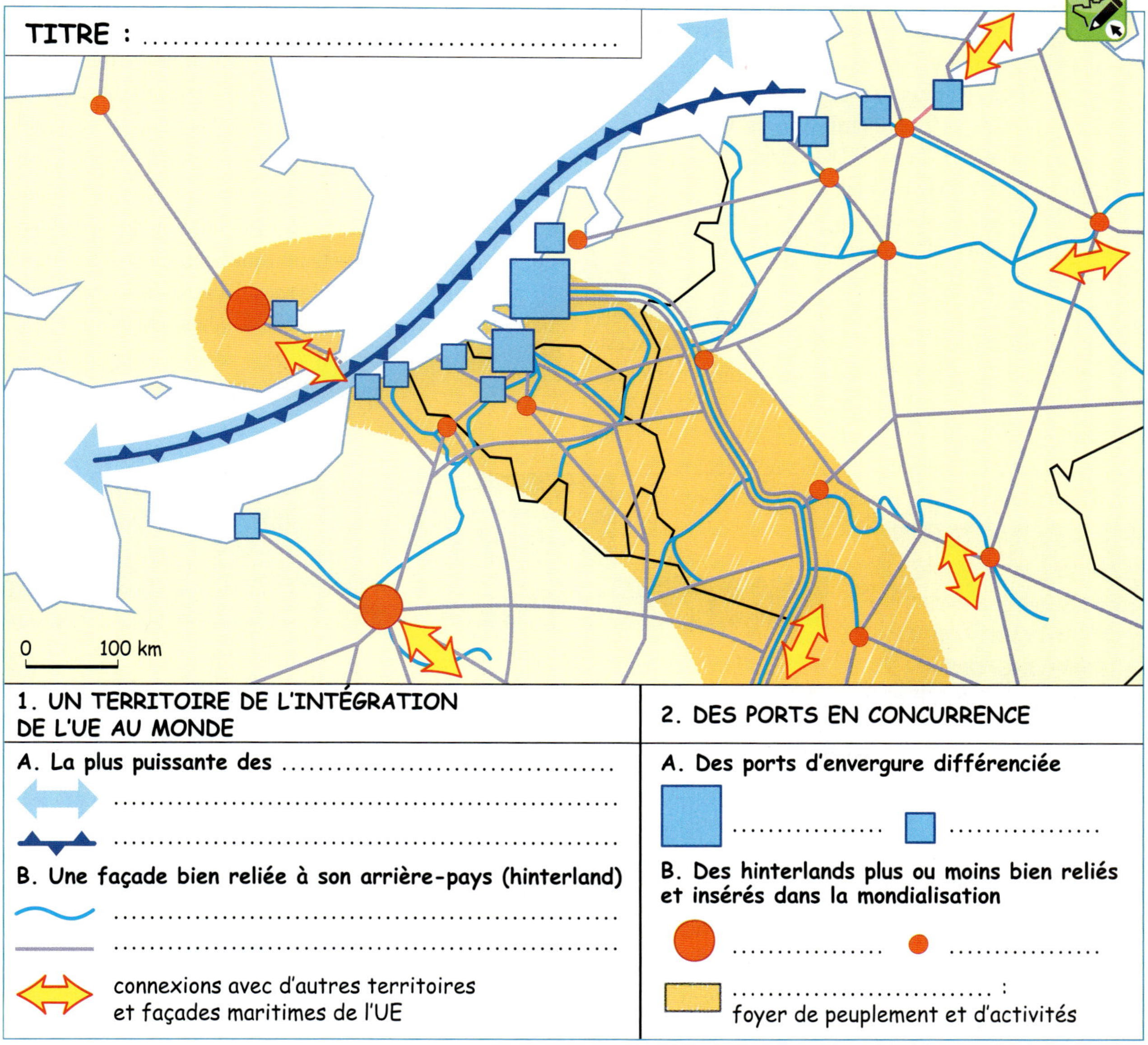

1. UN TERRITOIRE DE L'INTÉGRATION DE L'UE AU MONDE

A. La plus puissante des ....

- ....
- ....

B. Une façade bien reliée à son arrière-pays (hinterland)

- ....
- ....
- connexions avec d'autres territoires et façades maritimes de l'UE

2. DES PORTS EN CONCURRENCE

A. Des ports d'envergure différenciée

- ....
- ....

B. Des hinterlands plus ou moins bien reliés et insérés dans la mondialisation

- ....
- ....
- .... : foyer de peuplement et d'activités

S L ES

Étude/Analyse de document

Après avoir présenté le document, vous montrerez le déploiement géographique de la firme européenne Adidas dans le monde, puis vous expliquerez la stratégie de la firme pour devenir un leader mondial du sport.

Adidas : une entreprise européenne dans la mondialisation

« *INTERVIEW - Herbert Hainer, PDG du numéro deux mondial des articles de sport et leader du football, détaille sa stratégie pour atteindre 17 milliards d'euros de chiffre d'affaires en 2015. [...]*

Créé en 1948 par Adolf Dassler [...], Adidas reste distancé de plusieurs longueurs par Nike, lancé 25 ans plus tard. Mais, après un passage à vide dans les années 1980, le groupe allemand est au meilleur de sa forme. Il affiche un chiffre d'affaires 2012 record (14,88 milliards d'euros, en hausse de 6 %). Il table sur une hausse d'environ 5 % cette année et s'estime confiant dans sa capacité à atteindre 17 milliards d'euros en 2015. Adidas sera alors toujours loin de Nike, qui espère dépasser à cette date les 22 milliards d'euros. Ce n'est pas un souci pour Herbert Hainer, PDG d'Adidas, qui dévoile au *Figaro* sa stratégie et ses challenges.

"[...] Nous sommes beaucoup plus internationaux que Nike, qui réalise 64 % de ses ventes hors d'Amérique du Nord. 93 % des ventes d'Adidas sont faites hors d'Allemagne. L'un de nos plus grands succès, c'est la Chine, où nous affichons une croissance de 15 % [...]. La Russie est devenue, après les États-Unis et la Chine, notre troisième marché avec le Japon. Si Nike nous devance encore au niveau mondial, cela tient uniquement à sa prédominance sur le marché américain, où l'écart qui nous sépare est le plus important, mais où nos ventes ont progressé de 2 %. Dans le reste du monde, cet écart est bien plus réduit et nous sommes souvent coude à coude. En Allemagne, en France, au Japon, en Russie, Adidas est premier. En Chine, Nike nous devance à peine. [...]"

Vous semblez plus prudent avec le déploiement en Europe de votre enseigne pour jeunes, Adidas Neo...

"Une dizaine de magasins ont ouvert en Allemagne. Après cette phase test, qui s'achève cet été, nous étendrons ce concept de magasin de mode jeune à d'autres pays d'Europe. [...] Neo poursuivra aussi sa route en Russie et en Chine, où il y a déjà 1 000 magasins. Adidas Neo réalisera 1 milliard d'euros de chiffre d'affaires d'ici à 2015. [...]"

Vous avez réduit vos ambitions pour Reebok. Pourriez-vous finir par céder cette marque acquise en 2005 ?

"Il y a encore beaucoup de travail à accomplir avec Reebok, que nous ne vendrons pas. [...] Nous ferons de Reebok le leader du fitness. [...]" »

A.-S. Cathala, *Le Figaro économie*, 26 mars 2013.

Composition

S

Paris, un territoire d'intégration de la France et de l'UE dans le monde

Étude/Analyse de document

Après avoir présenté le document, montrez les causes de la perte de puissance de l'Union européenne dans le numérique et les conséquences de cette faiblesse pour l'avenir. Justifiez votre réponse.

La faiblesse de l'UE dans le numérique

« Le rachat des activités mobile de l'équipementier finlandais Nokia par le géant américain des logiciels Microsoft [en 2013] symbolise à lui seul le déclin de l'Europe dans les hautes technologies : alors que dans les années 1990, elle était «le» continent du mobile, avec Nokia, elle a perdu son dernier constructeur. L'ennui, c'est qu'elle apparaît également fragilisée dans les autres secteurs de l'économie numérique : elle a perdu ses derniers acteurs dans l'informatique et l'électronique grand public, ses équipementiers de réseau luttent pour leur survie face à la concurrence asiatique, tandis que les opérateurs télécoms apparaissent trop petits et bien affaiblis face aux appétits de leurs homologues extra-européens. Surtout, le vieux continent ne compte aucune grande entreprise parmi les géants des services sur Internet, et notamment les fameux Gafa : Google, Apple, Facebook et Amazon. »

M. Chevalier, *Alternatives économiques*, « Les chiffres 2015 », Hors-série n°102, oct. 2014.

FAIRE LE POINT

Les notions

Exercice 1 Définissez les notions et termes suivants : *zone de libre-échange* • *pôle* • *interface* • *acteur* • *mondialisation* • *rayonnement* • *intégration* • *façade maritime* • *hinterland* • *foreland* • *ville mondiale*.

Les repères spatiaux

Exercice 2 Sur un fond de carte mondial (téléchargeable sur le site www.geo-hatier.com), placez :
– les principaux partenaires commerciaux de l'UE ;
– les principaux flux d'exportation des productions européennes ;
– les principaux flux de migrants à destination de l'UE.

Sur un fond de carte de l'Europe (téléchargeable sur le site www.geo-hatier.com), placez :
– les principaux ports de la *Northern Range ;*
– les pôles de commandement de l'UE, jouant un rôle dans la mondialisation ;
– les bourses européennes d'envergure mondiale ;
– les villes mondiales européennes ;

Les capacités du chapitre

- ✔ Observer le rôle de la mondialisation sur l'organisation des territoires européens (rôle de l'échelle mondiale sur le local).
- ✔ Exercer un regard critique sur la place de l'UE dans la mondialisation.
- ✔ Lire et exploiter un graphique et/ou un tableau sur les flux de marchandises provenant et émanant d'un port ou d'un espace régional.
- ✔ Mettre en relation l'organisation d'un espace maritime ou d'une ville et son rôle dans l'insertion de l'UE dans la mondialisation.
- ✔ Analyser une photographie de paysage et la relier à un contexte mondial.

GéoTICE Les aménagements du port de Rotterdam

Le port et le complexe industriel de Rotterdam couvrent 10 500 hectares et s'étirent sur 40 km de long, du centre-ville à Maasvlakte, le long du canal Nieuwe Waterweg. Il s'agit d'un espace densément aménagé pour permettre l'activité portuaire et industrielle, dans un contexte de concurrence entre les ports.

Vocabulaire

Petroleumhaven Port pétrolier	***Chemie*** Chimie
Raffinaderi Raffinerie	***Haven*** Port

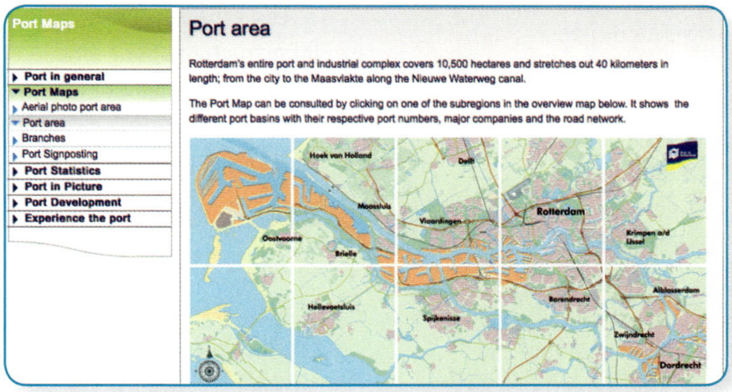

Le site du port de Rotterdam : www.portofrotterdam.com

La carte du port est consultable sur le site du port de Rotterdam : http://www.portofrotterdam.com.
Cliquez sur la rubrique « Port », puis sur « Port Maps » et, dans le menu déroulant, sur « Port area ». Il est possible de cliquer sur les différentes parties du port pour voir son organisation.

1. Quelle activité portuaire apparaît le plus sur la carte ?

2. Citez des compagnies pétrolières étrangères. Dans quelle mesure voit-on clairement ici que Rotterdam est un port d'importance mondiale ?

Cliquez sur « Aerial photo port area ».

3. Quelles infrastructures permettent l'acheminement du vrac et des conteneurs de l'hinterland au port de Rotterdam, et du port vers l'hinterland ?

4. Comparez l'organisation du port (taille des bassins, des quais, activités), du centre-ville (partie la plus ancienne), à l'embouchure. Pourquoi cette organisation est-elle différenciée ?

5. Dans un contexte de concurrence entre les ports de la *Northern Range*, pourquoi l'aménagement du port de Rotterdam est-il un enjeu ?

RÉVISER

L'Union européenne dans la mondialisation

Repères

L'UE en 2014

- 7,2 % de la population mondiale
- 18,9 % du PIB PPA mondial
- 28 064 US$ PPA/habitant ; moyenne mondiale : 10 616
- 38 % des échanges mondiaux de biens et services
- 1er pôle touristique mondial

Population de Paris :
2,2 millions d'habitants

Ne pas confondre

***Foreland* (avant-pays)/ *Hinterland* (arrière-pays)**

Le *foreland* est un espace desservi par les lignes maritimes au départ ou à destination d'un port. Il réunit les partenaires commerciaux du port.
L'*hinterland* est un espace desservi par un port maritime par lequel transite l'essentiel des importations et exportations de cet espace.

Pôle / Interface

Un pôle est un lieu de convergence des flux qui rayonne sur un espace.
Une interface est un lieu où se font les échanges entre des acteurs géographiques différents.

Idées clés

L'UE est un acteur et un pôle majeurs de la mondialisation

L'UE est un espace majeur de production dans le monde. En 2013, elle représentait 18,9 % du PIB mondial. Elle est très performante dans tous les secteurs de production.

L'UE est au centre des flux majeurs qui structurent l'espace de la mondialisation : flux financiers ou commerciaux, d'IDE, de touristes, flux de migrants. Par l'intermédiaire des États membres, l'UE a une influence culturelle et politique.

Les facteurs et acteurs de l'intégration de l'UE dans la mondialisation sont sa population riche et qualifiée, ses entreprises puissantes, sa forte accessibilité.

Néanmoins, l'UE souffre de problèmes sociétaux. Son poids économique dans le monde s'affaiblit. Elle est dépendante en matière énergétique, en retard en matière de nouvelles technologies. Son manque d'unité l'empêche de devenir un acteur majeur de la scène politique internationale.

La Northern Range permet l'intégration de l'UE au monde

Elle est constituée d'un chapelet de grands ports donnant sur la Manche et la mer du Nord. L'intensité de leur activité renvoie à la puissance de leur *hinterland* et de leur *foreland*. Des réseaux de transport performants les relient à leur arrière-pays.

Les espaces portuaires font l'objet de constants aménagements de leurs infrastructures pour améliorer leur accessibilité et attirer les plus gros trafics. Ces trafics alimentent l'industrie portuaire.

La *Northern Range* est dominée par Rotterdam et Anvers, suivis par Hambourg. Les autres ports sont plus modestes (Le Havre, Dunkerque).

Paris est un territoire d'intégration de la France et de l'UE au monde

S

Paris est un des centres de l'espace mondial grâce à son rayonnement politique, culturel, universitaire, ses pôles de recherche. C'est un centre économique puissant, appuyé sur l'Île-de-France. Grâce à la qualité de ses infrastructures de transport, Paris est une interface entre la France, l'UE et le monde.

Surfer

- Le site de l'UE : www.europa.eu
- Un journal électronique spécialisé sur les questions européennes : www.touteleurope.eu
- les statistiques de l'UE : ec.europa.eu/eurostat
- Le site de l'Institut supérieur d'économie maritime Nantes-Saint-Nazaire : www.isemar.asso.fr
- Le site de l'Institut d'aménagement et d'urbanisme de la région Île-de-France : www.iau-idf.fr

Voir

- *Le port du Havre. Un monde de démesure*, documentaire par Élise Casta-Verchère, 2014
- *Le Havre*, film de Aki Kaurismäki, 2011
- *Minuit à Paris* de Woody Allen, 2011
- « Ces étrangers amoureux de Paris », documentaire de Philippe Poiret et Éléanore Manéglier, 2009

Schémas clés

L'UE, un des pôles de la mondialisation

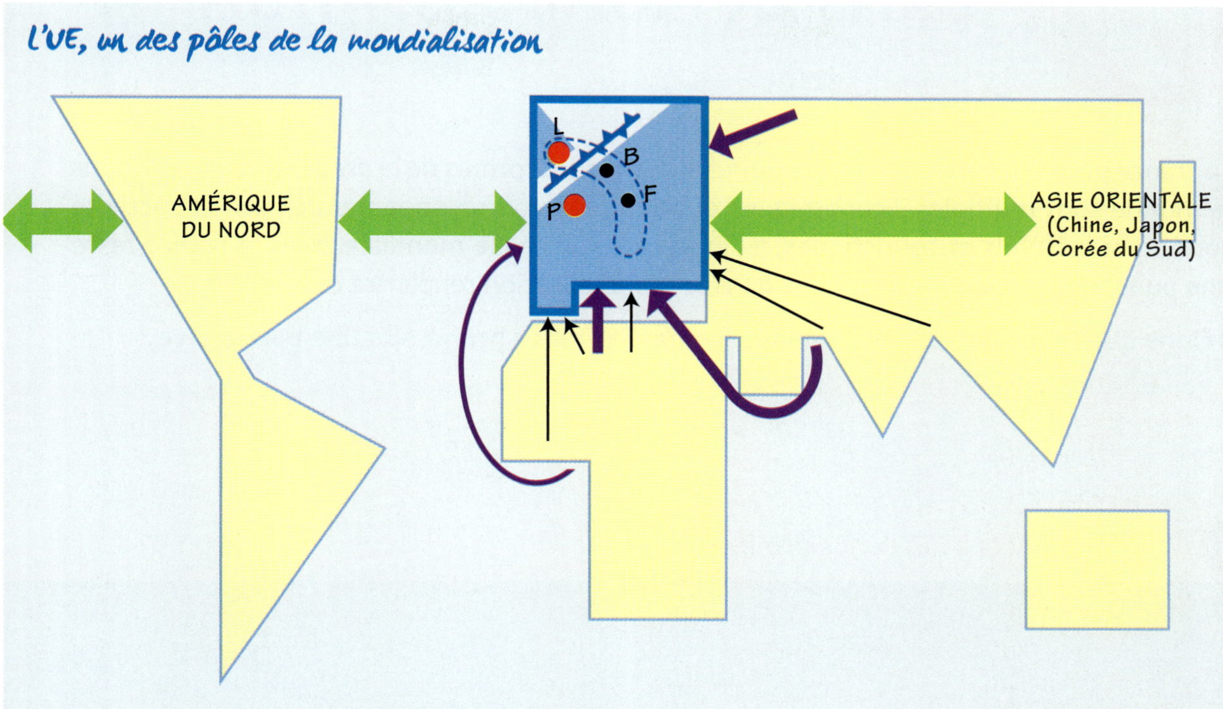

1. L'UE, acteur et pôle majeurs de la mondialisation

- l'UE à 28
- flux majeurs de marchandises, d'IDE, de services et de touristes avec les autres pôles de l'espace mondialisé
- Paris et Londres
- mégalopole européenne
- façade maritime majeure
- deux villes sièges d'institutions de l'UE : Bruxelles et Francfort

2. Un pôle à la fois attractif et dépendant

- flux migratoires en direction de l'UE
- la dépendance énergétique : flux d'importations d'hydrocarbures

La Northern Range, territoire d'intégration de l'UE au monde

- la vallée du Rhin, axe majeur fluvial, ferroviaire, autoroutier
- autres voies fluviales à grand gabarit
- principaux axes terrestres de liaison européenne (arrière-pays)
- la *Northern Range*, interface maritime majeure
- principaux ports
- villes mondiales
- autres métropoles européennes

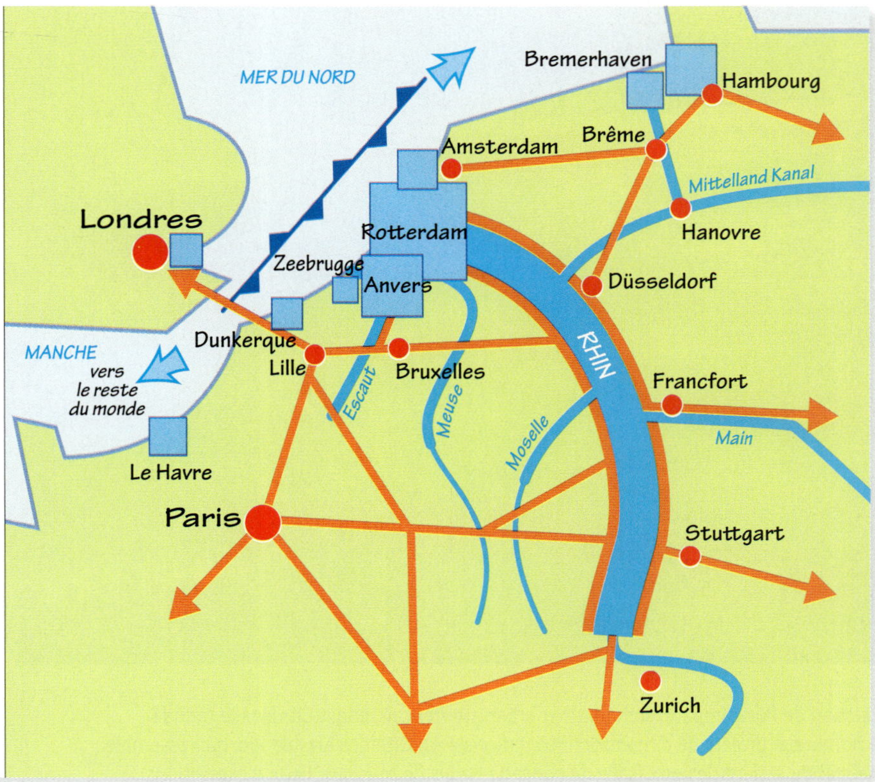

Chapitre 9

La France dans la mondialisation

La France prend une part active à la mondialisation. Les formes de la présence française dans le monde sont multiples. Économiques et politiques, son rayonnement et son attractivité sont aussi culturels et touristiques, à l'image de Paris, ville mondiale. Mais la France reste une puissance moyenne et son rôle dans la mondialisation rencontre des limites.

Dans quelle mesure et sous quelles formes la France prend-elle une part active à la mondialisation ?

1 La Cité des Arts à Rio de Janeiro (Brésil)

Christian de Portzamparc, architecte et urbaniste français, construit dans le monde de nombreux projets de dimension internationale. La Cité des Arts de Rio, qui rassemble une grande variété de lieux (salle de concerts, salles de musique, lieux d'expositions...) est située dans un nouveau quartier de Rio Janeiro, dit Barra da Tijuca.

2 Paris, ville mondiale

Par sa richesse en monuments prestigieux, le cœur de Paris est un élément de rayonnement de la ville dans le monde.

1 Le Grand Palais
2 L'obélisque de la Concorde
3 Le Louvre et la Pyramide
4 Le Pont-Neuf
5 L'Hôtel de Ville
6 Notre-Dame de Paris

Notions

Mondialisation Mise en relation des différentes parties du monde sous l'effet de l'accélération des échanges. De nombreux phénomènes (économiques, culturels et sociaux...) touchent désormais la planète entière.

Ville mondiale Métropole dont le rayonnement économique, politique et culturel s'étend à l'échelle de la planète.

Questions

1. **Doc. 1** Montrez que cette réalisation illustre l'influence culturelle de la France dans le monde.
2. **Doc. 2** Quels éléments du paysage rendent compte du rayonnement international de Paris ?
3. **Doc. 1 et 2** Quels aspects de la présence française dans le monde et de son rayonnement ces photographies illustrent-elles ?

S | L ES

La France, acteur de la mondialisation

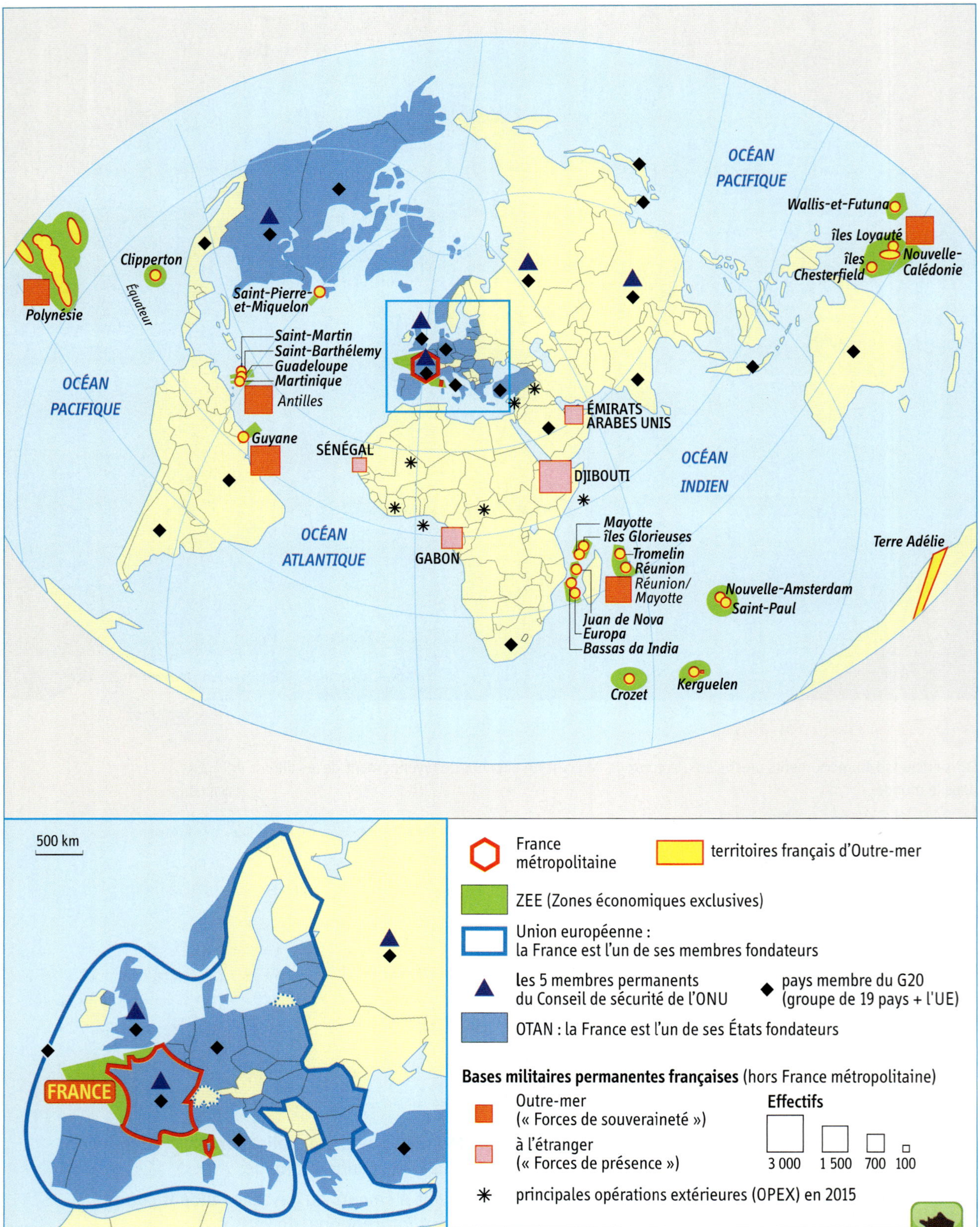

1 La présence géopolitique de la France dans le monde

Repérer 1. Sur quels territoires sont basées les forces françaises de souveraineté ? Pourquoi ?
2. Comment les pays européens sont-ils représentés au G20 ?

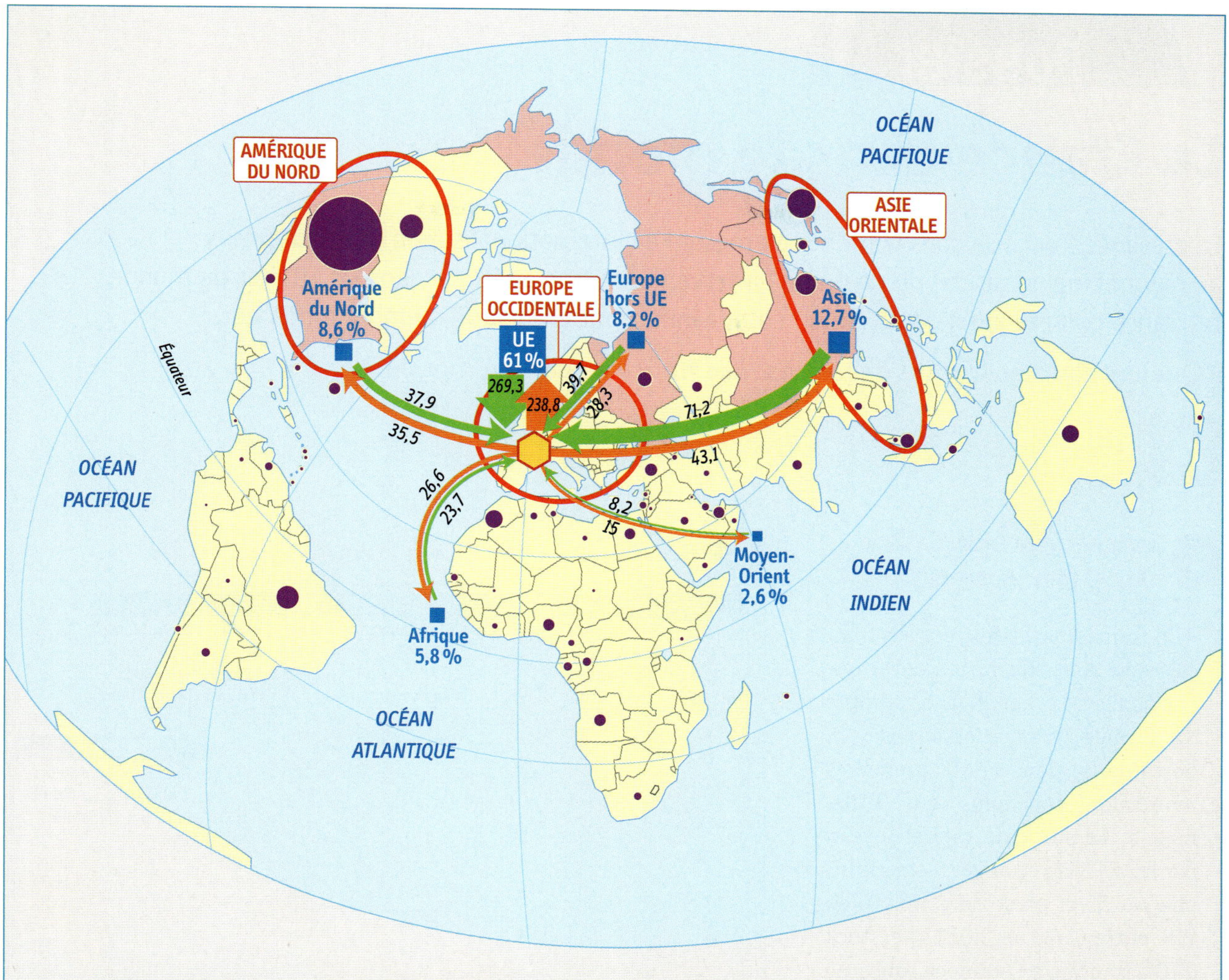

Sources : « France et mondialisation », *Carto* n°17, mai-juin 2013 et *L'Atlas de la France et des Français*, Hors-série *Le Monde – La Vie*, oct. 2014.

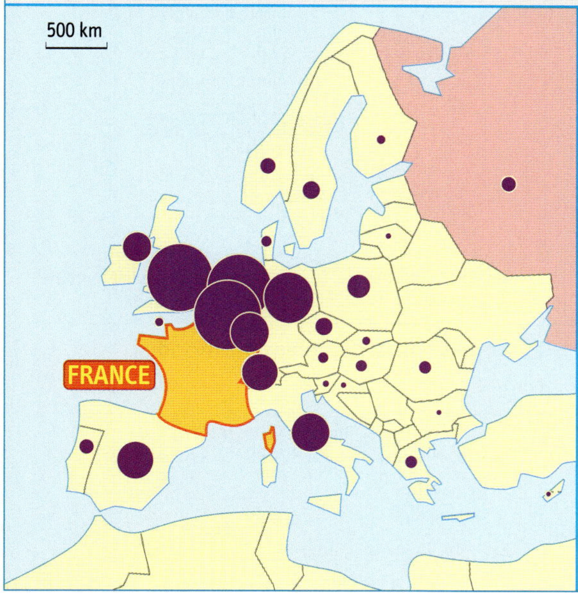

1. Une puissance économique intégrée dans la mondialisation

la France dans les espaces moteurs de la mondialisation

Flux commerciaux en 2011 (en milliards d'euros)

exportations — importations

Asie 12,7 % : part dans le commerce extérieur de la France (importations et exportations)

principaux partenaires commerciaux hors UE

2. Les investissements français dans le monde

Investissements des entreprises françaises à l'étranger de 2002 à 2012
(en milliards, investissements supérieurs à 1 milliard de dollars par pays)

100 — 300 — 1 000 — 2 200

2 La présence économique de la France dans le monde

Repérer 1. Quels sont les principaux partenaires commerciaux de la France ?
2. Quels sont les pays privilégiés par les investissements des entreprises françaises ?

PRÉPA BAC

Croquis

Doc. 1 et 2 Sélectionnez des informations et trouvez des titres pour constituer deux parties d'une légende de croquis sur la présence française dans le monde.

Dossier 1

S | L ES

La France dans le monde

La présence française dans le monde se mesure à l'internationalisation des entreprises, au rayonnement culturel du pays et à l'interventionnisme politique dans les affaires du monde. La France compte aussi dans l'Union européenne, dont elle est un membre fondateur.

Quelles sont les formes de la présence française dans le monde ?

A Les indicateurs de la présence économique et culturelle

1 La stratégie mondialisée des FTN françaises

« En trente ans, les entreprises françaises se sont très fortement internationalisées. La France compte 32 Firmes transnationales (FTN), hors finance, dans les 500 premières mondiales, soit plus que l'Allemagne. Le stock de capital investi par les FTN à l'étranger a été multiplié par 55 et passe de 4 à 62 % du PIB entre 1980 et 2011. Le stock d'IDE français à l'étranger concerne essentiellement la finance (31 %), l'industrie (26 %), l'information et la communication (8 %). Si l'Union européenne demeure la première destination (61 %), les autres grands pays industriels en attirent 25 %, devant le reste du monde où l'Asie joue un rôle croissant. »

L. Carroué, *La France : mutations des systèmes productifs*, © Armand Colin, 2013.

2 Le déploiement de GDF Suez dans le monde

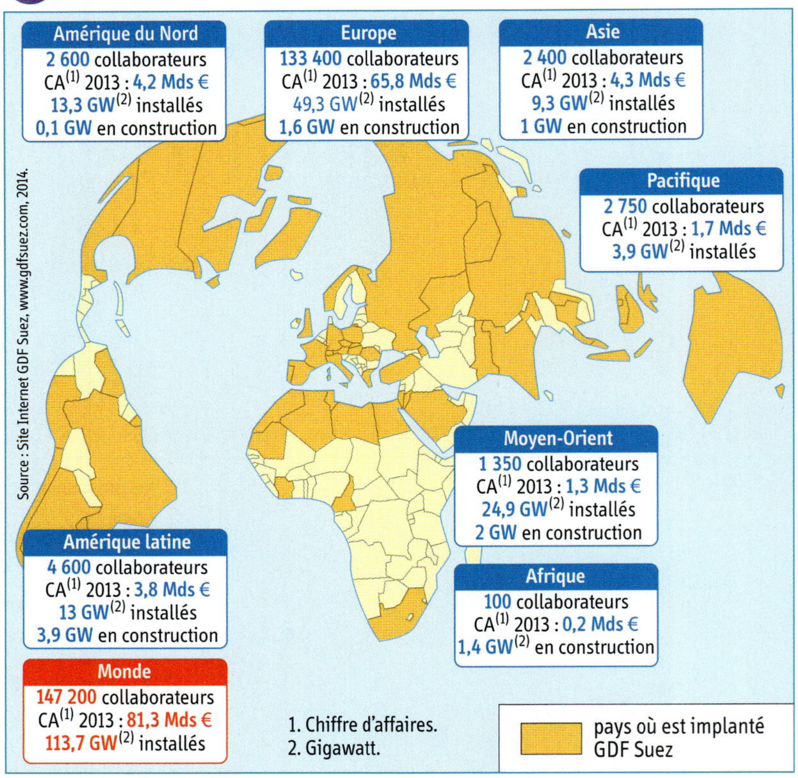

Quelle est la part de l'Europe dans le déploiement mondial de GDF Suez ?

3 Le Comité Colbert

Créé en 1954, le comité Colbert rassemble 78 maisons de luxe françaises et 14 institutions culturelles et a pour mission la promotion à travers le monde de l'art de vivre français, via l'organisation de manifestations culturelles.
Il représente **39,6 milliards d'euros** de chiffre d'affaires en 2013, dont **86 % réalisés à l'étranger**.

32 : répartition des ventes des maisons du Comité Colbert en 2013, en %

★ : organisation de manifestations culturelles

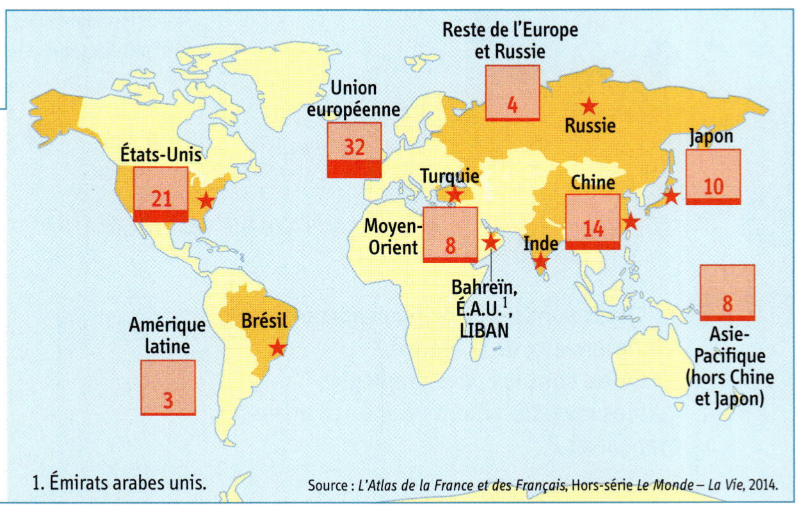

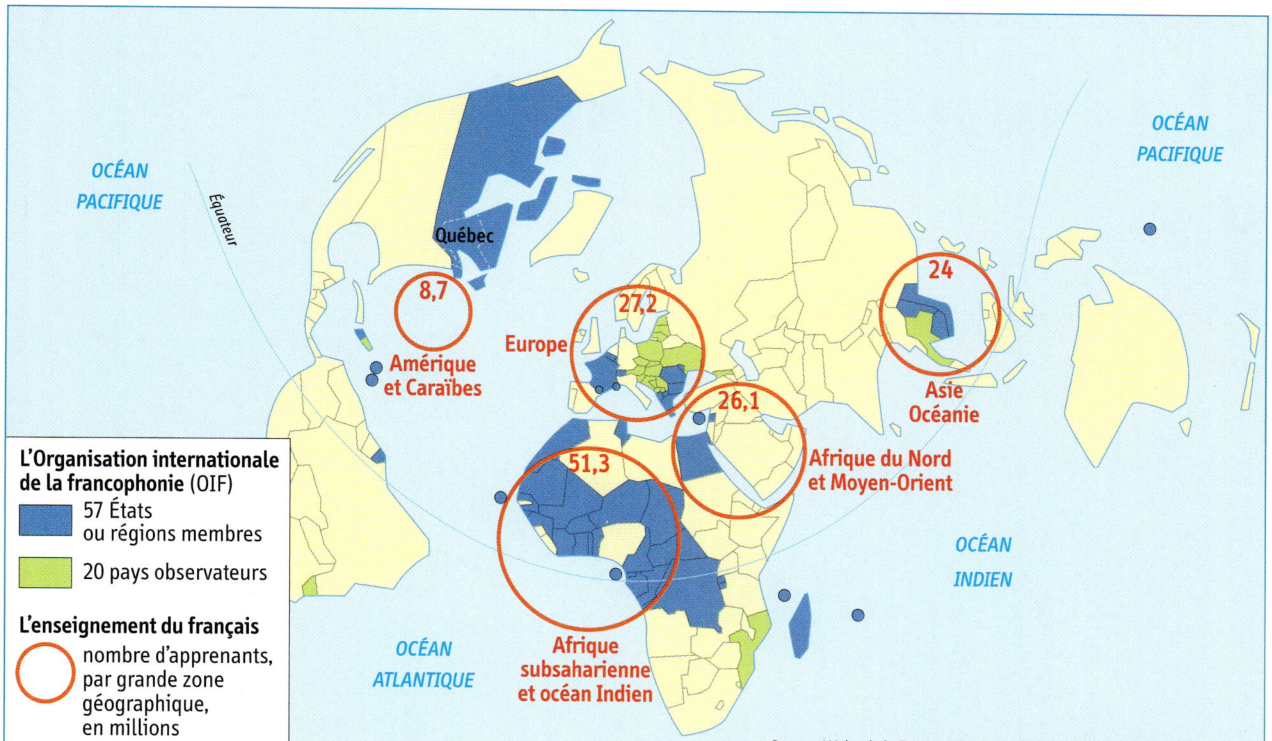

Source : *L'Atlas de la France et des Français*, Hors-série *Le Monde – La Vie*, 2014.

4 La francophonie

Relevez les aires géographiques où l'on parle français. Expliquez leur localisation grâce à l'histoire.

5 Le rayonnement culturel

« La France joue un rôle important dans le domaine de la culture et de l'information. En 2010, elle a produit 261 longs métrages (dont 118 en coproduction avec l'étranger), ce qui la place au 5e rang mondial. La chaine de télévision France 24, qui émet dans le monde entier en français, en arabe et en anglais, et l'Agence France Presse (une des cinq premières agences de presse du monde) diffusent l'actualité internationale selon une perspective française. La France est reconnue pour son patrimoine culturel et pour son savoir-faire dans des domaines tels que la mode ou la cuisine. L'image culturelle de la France se vend assez bien, comme l'illustrent la Sorbonne ou le Louvre à Abu Dhabi : le musée du Louvre a négocié avec les autorités des Émirats arabes l'utilisation de son nom pendant 30 ans contre 400 millions d'euros. »

F. Smits, *La France. Un territoire en questions*, Scérén-CNDP, 2014.

Vocabulaire

Firme transnationale (FTN) Grande entreprise dont les activités se déploient dans au moins cinq pays différents

Francophonie Organisation regroupant les pays où le français est parlé.

IDE (investissements directs étrangers) Placements de capitaux effectués par des entreprises françaises à l'étranger.

6 Une réussite française : les jeux vidéo

Dans le secteur des jeux vidéo, 80 % des productions sont destinées à l'exportation. Les sociétés françaises les plus connues sont Ubisoft, Big Ben et Game Loft.

Doc. 3, 5 et 6 Quelles formes prend le rayonnement culturel français ?

B La présence géopolitique dans le monde

7 Le deuxième réseau diplomatique du monde

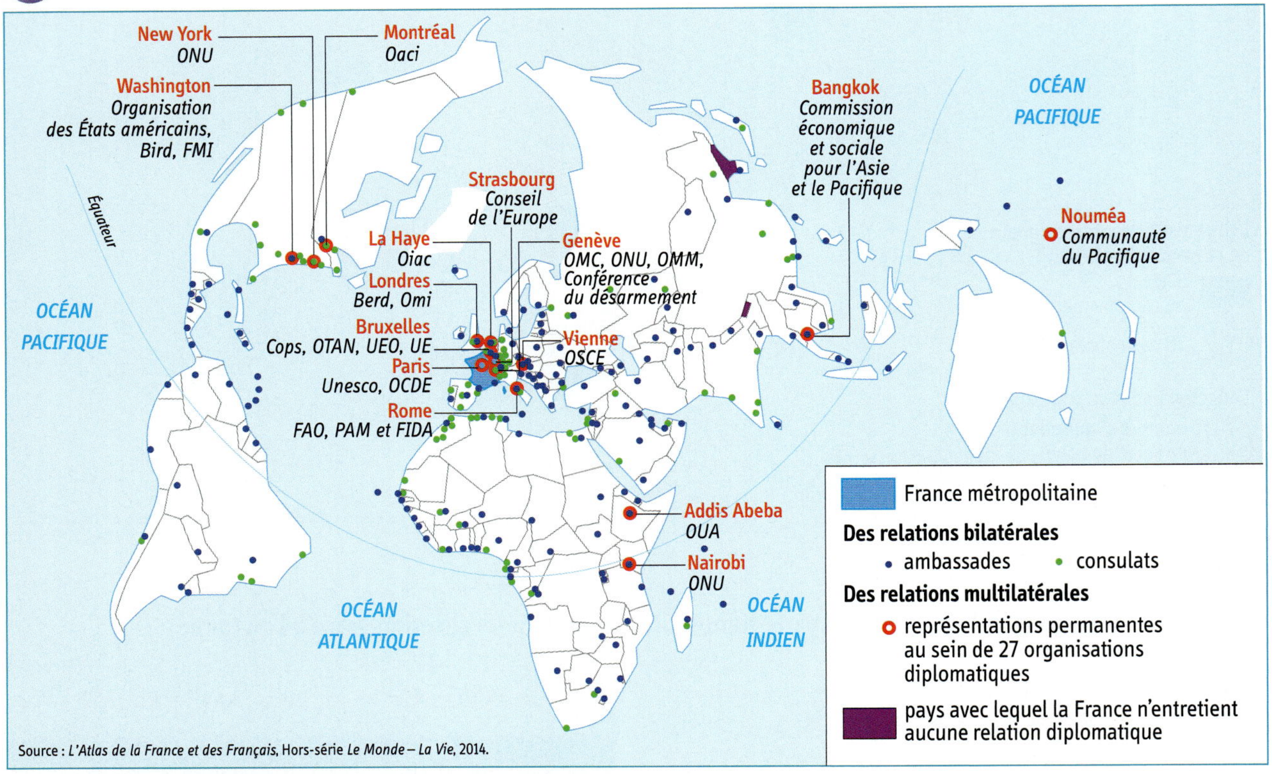

Source : *L'Atlas de la France et des Français*, Hors-série *Le Monde – La Vie*, 2014.

▶ Montrez que la France déploie une présence diplomatique d'envergure mondiale.

8 Les ONG françaises dans le monde

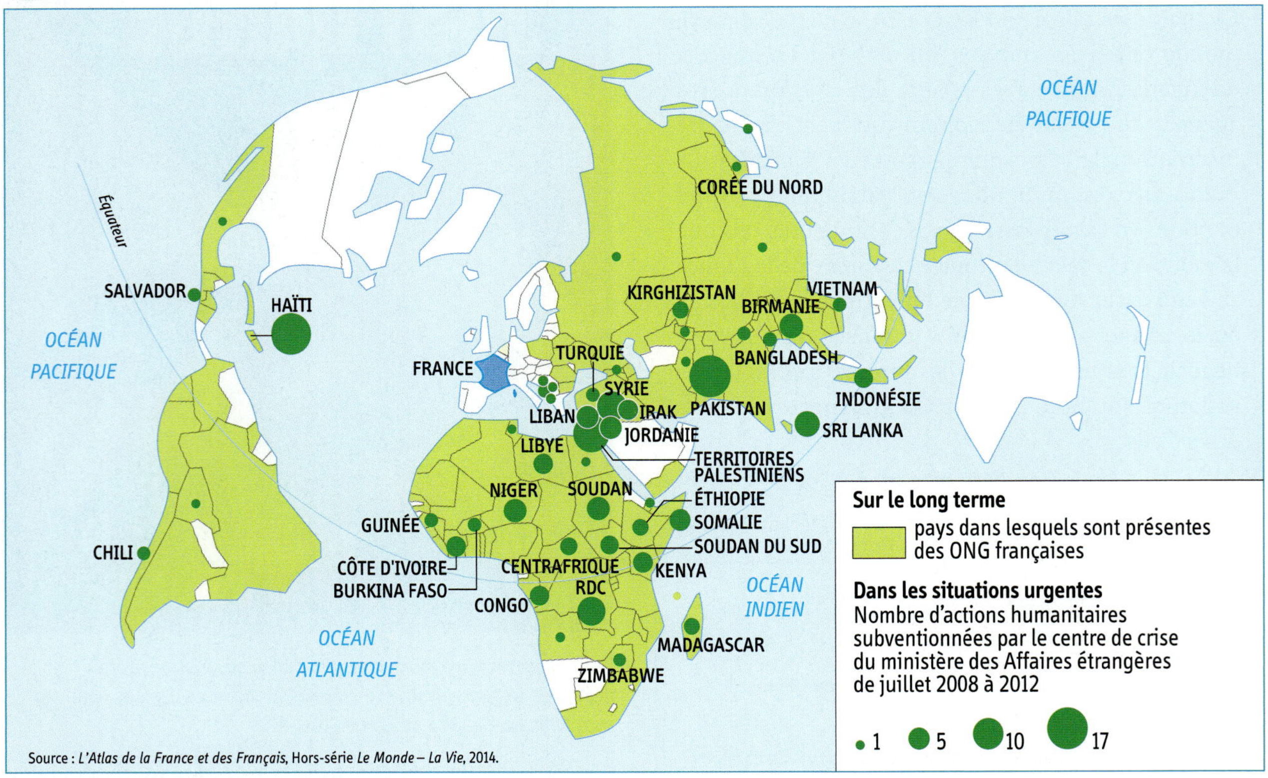

Source : *L'Atlas de la France et des Français*, Hors-série *Le Monde – La Vie*, 2014.

▶ Dans quelles zones du monde les ONG françaises interviennent-elles ?

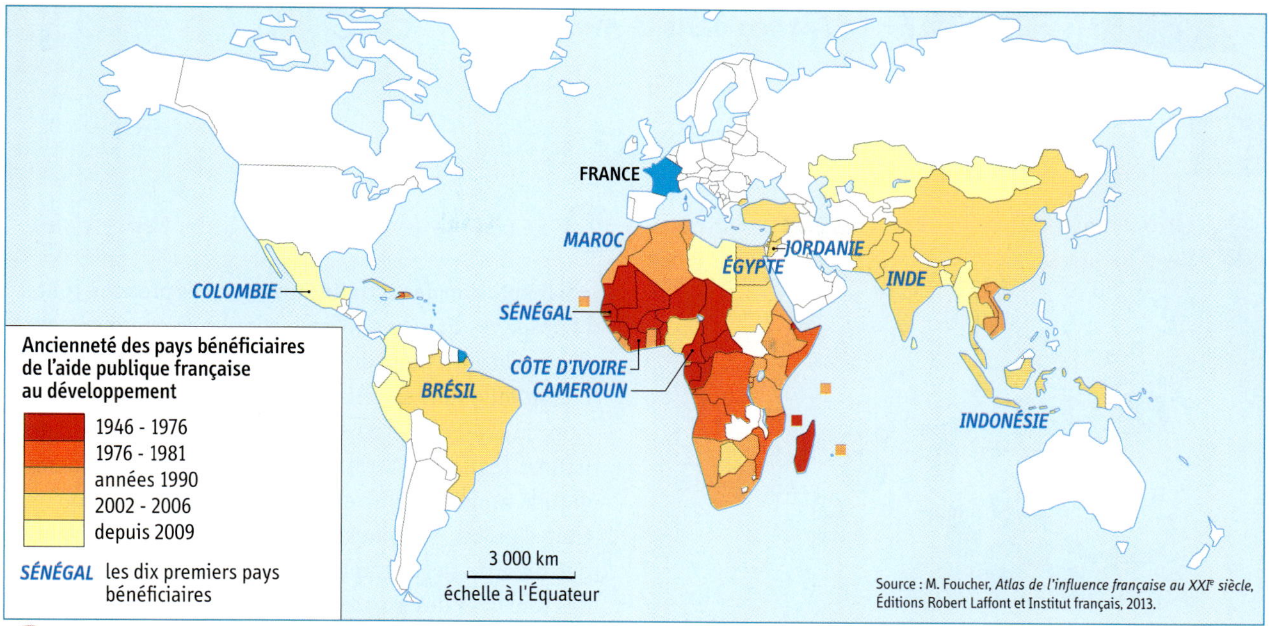

9 La participation de la France à l'aide publique au développement

▸ Quelle est l'évolution de la répartition de l'aide publique française au développement dans le monde depuis 1946 ? Faites le lien avec l'histoire du pays.

10 L'atout ultramarin

« Près de 3 millions de Français vivent dans les Outre-mer, répartis sur trois continents. L'évolution des Outre-mer est celle d'une interaction croissante dans les ensembles géopolitiques environnants (Guyane et Brésil, relations croissantes entre la Nouvelle-Calédonie, la Nouvelle-Zélande et l'Australie avec laquelle la France a noué un partenariat stratégique en 2012, Réunion, Maurice et Afrique australe). Dans la région Antilles-Guyane, carrefour d'influences multiples, le centre spatial de Kourou présente un intérêt stratégique national et européen majeur. L'archipel de Saint-Pierre-et-Miquelon se situe au débouché des routes maritimes arctiques et de l'Atlantique Nord. Dans l'océan Indien, La Réunion et Mayotte [...] se situent sur des axes de circulation parcourus par des trafics maritimes Sud-Sud en hausse. La Nouvelle-Calédonie, la Polynésie française et Wallis-et-Futuna donnent accès à plusieurs organisations régionales [...]. Les Terres australes et Antarctiques offrent des ressources halieutiques [relatives à la pêche] importantes et la base scientifique de Terre Adélie est un observatoire des évolutions climatiques. »

M. Foucher, *Atlas de l'influence française au XXIe siècle*, Institut français-Robert Laffont, 2013.

11 La frégate européenne multi-missions (FREMM)

La puissance militaire de la France repose en partie sur la maîtrise des technologies de pointe. Ici, l'arrivée à Brest de la FREMM Aquitaine.

▸ **Doc. 10 et 11** Quels sont les atouts qui font de la France un acteur important de la géopolitique mondiale ?

PRÉPA BAC

Étude/Analyse de documents

Doc. 8 et 9 Après avoir présenté les documents, montrez et expliquez les formes et les aires géographiques privilégiées de la présence française dans le monde en développement.

C L'attractivité du territoire français

12 Une destination majeure du tourisme international

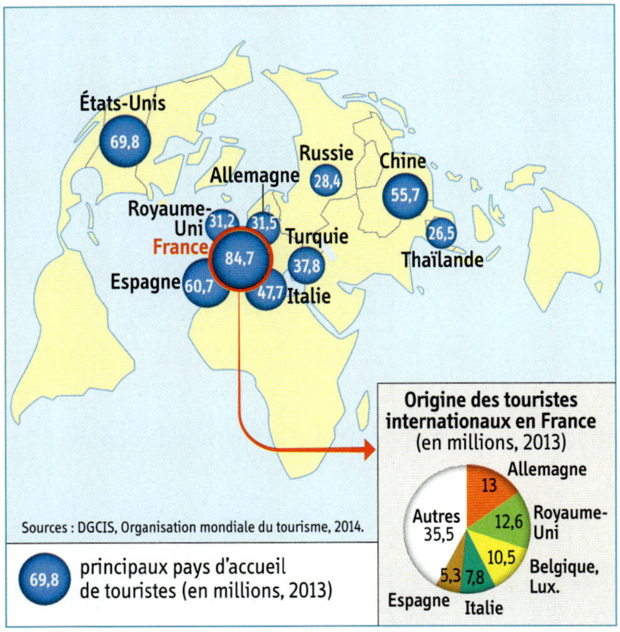

Sources : DGCIS, Organisation mondiale du tourisme, 2014.

De quels pays viennent les touristes les plus nombreux à visiter la France ?

13 Les facteurs de l'attractivité touristique

« Si l'explosion des activités touristiques profite à toute l'Europe, la France s'affirme comme le premier pays d'accueil touristique du continent devant l'Espagne et l'Italie. Elle doit sa réussite non seulement à la position qu'elle occupe en Europe occidentale, celle d'un isthme [bande de terre entre deux mers] d'une assez grande ampleur pour être un carrefour autant qu'un trait d'union, mais aussi à la valorisation des atouts que lui offre sa géographie, en mettant à la disposition des touristes des espaces très convoités (la mer, les littoraux, la montagne...). [...] La culture et le patrimoine français contribuent [aussi] à l'attractivité touristique du pays qui est encore la première destination mondiale. La richesse patrimoniale et naturelle mais aussi la capacité de la France à la faire valoir expliquent le nombre important de sites culturels et naturels classés au patrimoine mondial de l'Unesco, auxquels s'ajoute le classement en 2010 de biens immatériels comme le repas gastronomique des Français. »

Y. Colombel et D. Oster (dir.), *La France. Territoires et aménagement face à la mondialisation*, Nathan, 2014.

14 Les FTN étrangères en France

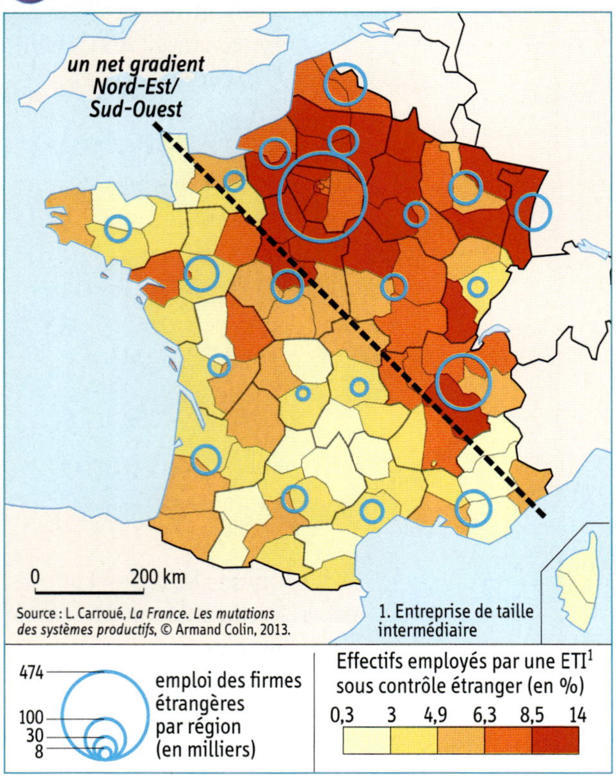

Source : L. Carroué, *La France. Les mutations des systèmes productifs*, © Armand Colin, 2013.

Pourquoi les FTN étrangères privilégient-elles le Nord-Est du pays ?

15 Le 4e pays d'accueil des étudiants internationaux

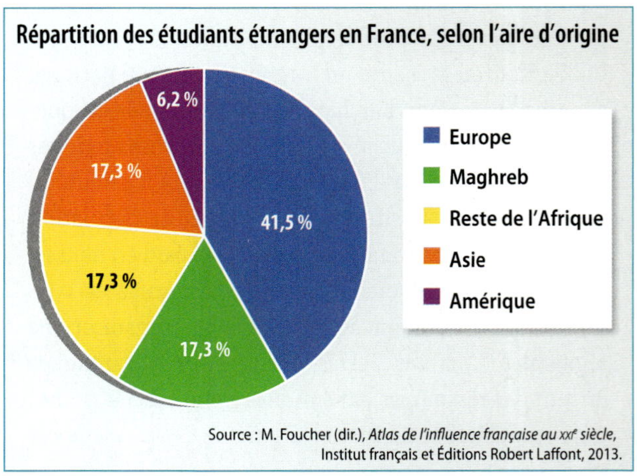

Source : M. Foucher (dir.), *Atlas de l'influence française au XXIe siècle*, Institut français et Éditions Robert Laffont, 2013.

De quels pays viennent majoritairement les étudiants étrangers ? La proximité géographique est-elle un facteur important ?

PRÉPA BAC

Étude/Analyse de documents

Doc. 12 et 13 Décrivez et expliquez la place de la France comme destination majeure du tourisme mondial.

D Les limites et les freins

16 Le revers des interventions françaises à l'étranger

L'opération Sangaris en Centrafrique a été déclenchée avec le soutien de l'ONU en décembre 2013 pour empêcher les massacres interconfessionnels. Il s'agit d'appuyer les forces africaines, la Misca, afin de sécuriser des zones précises (grands axes, villes). Cette intervention suscite néanmoins des réactions de rejet.

17 Les universités françaises dans le classement de Shanghai

Rang 2014	Universités
De 1 à 100	Pierre-et-Marie-Curie (Paris VI) : 35e Paris-Sud (Orsay Paris XI) : 42e École normale supérieure de Paris : 67e Strasbourg : 95e
De 101 à 150	Aix-Marseille ; Grenoble Joseph-Fourier ; Paris-Diderot (Paris VII)
De 151 à 200	Paris-Descartes (Paris V)
De 201 à 300	Bordeaux ; Claude-Bernard (Lyon I) ; Paul-Sabatier (Toulouse III) ; École normale supérieure de Lyon ; Lorraine ; Montpellier II
De 301 à 400	École polytechnique ; Paris-Dauphine ; École de physique chimie de Paris
De 401 à 500	Auvergne ; École des Mines Paris ; Nice-Sophia Antipolis

Le classement académique de Shanghai classe les organismes de formation selon six critères : nombre de prix Nobel et médailles Fields, nombre de chercheurs les plus cités dans leur discipline, nombre de publications dans les revues scientifiques anglo-saxonnes *Nature* et *Science*, nombre de chercheurs répertoriés dans des Index anglo-saxons, et performance moyenne des professeurs. Il concerne chaque année plus de 1 200 universités.

Que montre le classement des grandes universités françaises ? Pourquoi est-il révélateur des faiblesses de la France dans le monde ?

18 La France dans la compétition mondiale

« La France se situe au 23e rang mondial [21e en 2012] selon le *Global Competitiveness Index* (2014), élaboré par le Forum économique mondial. Cet indice est élaboré à partir de données statistiques et d'enquêtes auprès de chefs d'entreprises. Parmi les atouts de la France apparaissent ses infrastructures (TGV), les performances de son système de santé, la qualité de son enseignement.
La fiscalité, le fonctionnement du marché du travail, le climat social sont considérés comme des points faibles. »

D'après Y. Colombel, D. Oster (dir) *La France, territoires et aménagement face à la mondialisation*, Nathan, 2014.

Quelles sont les principales faiblesses de la France vues de l'étranger ?

19 La faiblesse de la France dans les pays émergents

« La baisse progressive des parts de marché des entreprises françaises à l'exportation constitue un facteur inquiétant. Beaucoup d'observateurs insistent sur le rôle essentiel pour les emplois dans les pays industrialisés, de leurs exportations vers les pays émergents, ce que Barack Obama a résumé par la formule *New markets, new jobs*. Or les industries françaises sont peu diversifiées et dépendent dangereusement de secteurs (automobile, aéronautique par exemple) fortement concurrencés sur les marchés émergents. »

F. Bost (dir.), *Images économiques du monde* © Armand Colin, 2014.

Montrez les causes et conséquences de la faiblesse de la présence française dans les pays émergents.

Vocabulaire

Pays émergent État en développement connaissant une croissance économique et un développement humain assez élevés.

Cours 1

S L ES

La présence française dans le monde

La volonté de la France de jouer un rôle dans le monde s'est construite au fil de l'histoire. Néanmoins, sa présence mondiale multiforme se heurte aux réalités de l'insertion dans la mondialisation.

Le réseau diplomatique français

- 163 ambassades
- 27 Instituts français de recherche à l'étranger

Les cinq groupes français les plus internationalisés

	Ventes à l'étranger (en %)
Total (énergie)	77
GDF Suez (énergie)	66
EDF (énergie)	39
Sanofi (pharmacie)	30
EADS (aéronautique)	90

	Emplois à l'étranger (en %)
Total (énergie)	64
GDF Suez (énergie)	51
EDF (énergie)	19
Sanofi (pharmacie)	49
EADS (aéronautique)	64

D'après L. Carroué, *La France. Mutations des systèmes productifs*, © Armand Colin, 2013.

1 Une participation active aux affaires du monde

• La France exerce une influence directe par le nombre de ses représentations à l'étranger (163 ambassades, soit le deuxième rang après les États-Unis), par la place qu'elle a conservée dans les institutions internationales nées à la fin de la Seconde Guerre mondiale ou dans les groupes réunissant les pays les plus puissants (G20, G8). Avec l'accord de l'ONU dont elle est membre du Conseil de sécurité, elle intervient militairement dans certains conflits (Mali, Centrafrique ou dans le cadre d'une coalition comme en Syrie **(doc. 1)**. Elle organise de nombreuses missions humanitaires notamment lors de catastrophes en déployant les forces de la sécurité civile ou lors d'épidémies (centre de traitement de Macenta contre le virus Ebola en Guinée).

• Les territoires ultramarins, dispersés dans le monde, garantissent à la France des points d'appui stratégiques. Des bases militaires et scientifiques y sont installées. Pour la plupart insulaires, ils lui permettent de disposer d'un immense domaine maritime (le deuxième plus vaste au monde) qui lui assure l'accès à d'importantes ressources.

2 Un rayonnement culturel et économique

• La France soutient une politique culturelle ambitieuse, ce qui fait son originalité. La francophonie est une organisation qui n'a pas d'équivalent dans le monde. Le rayonnement du français et de la culture française est appuyé par différentes institutions comme les écoles françaises, l'Alliance française, les médias (RFI, France 24).

• Elle est présente également dans le monde sur le plan économique grâce à ses Firmes transnationales (FTN) qui dominent parfois leur secteur d'activité à l'échelle mondiale. Les échanges de biens et de services, les transferts de capitaux sont de plus en plus internes à des firmes dont les activités sont déployées à l'échelle du monde **(doc. 3)**. Les principales FTN françaises ont une stratégie qui s'adapte en permanence aux évolutions de l'économie globalisée **(doc. 4)**.

• Le territoire demeure attractif car il conserve des avantages importants : savoir-faire et capacité d'innovation, qualité des équipements urbains, des transports, fiabilité du système de santé, du système éducatif **(doc. 2)**. La France est le second récepteur des **investissements directs à l'étranger (IDE)**.

3 Les fragilités d'une puissance moyenne

• La présence française dans le monde a un coût très élevé, plus difficile à soutenir en période de crise. La place de la France est aussi remise en cause par la montée d'autres puissances, notamment les pays émergents. Le français perd du terrain partout, sauf en Afrique, ce qui peut constituer un atout pour l'avenir. Seuls 1,5 million de Français résident à l'étranger.

• La concurrence est de plus en plus sévère entre les territoires pour accueillir et conserver emplois industriels et investissements. La France a perdu de nombreuses activités de fabrication et même de commandement économique. La compétitivité est menacée. Sa position de principale destination touristique diminue progressivement. Sa suprématie dans le luxe est incontestable, mais s'affaiblit.

▶ **Malgré une concurrence accrue, la France, puissance moyenne de rayonnement mondial, conserve une forte attractivité, des capacités d'innovation et des atouts, à commencer par Paris, l'une des villes mondiales.**

Vocabulaire

IDE (investissements directs étrangers)

Placements de capitaux effectués par des entreprises françaises à l'étranger.

1 Une puissance d'initiative à l'ONU

« Paris fait office de *penholder*, c'est-à-dire de preneur d'initiative en moyenne dans près du quart des 688 résolutions votées par le CSNU [Conseil de sécurité des Nations unies] depuis 2002. Les cas les plus récents étant la gestion des crises libyenne en 2011 et malienne en 2012. À l'échelle de la décennie, les initiatives françaises ont majoritairement porté sur la Côte d'Ivoire, la République démocratique du Congo et le Liban. D'autre part, même dans le cas où elle n'est pas à l'origine directe d'une résolution, la diplomatie française est systématiquement associée à la rédaction des projets émanant du Royaume-Uni et des États-Unis. [...] De même, elle co-parraine et aide à la rédaction de certaines résolutions présentées par des membres non-permanents tels que le Togo ou le Maroc dans la période récente. »

C. Prévélakis, *in* M. Foucher, *Atlas de l'influence française au XXIe siècle*, Institut français-Robert Laffont, 2013.

Quels liens la France entretient-elle avec les pays sur lesquels portent ses propositions ?

2 Atout France : promouvoir la destination France

ATOUT FRANCE

« Le partenariat de LVMH avec Atout France répond à une volonté du groupe de développer son action auprès des touristes internationaux venant découvrir la France et dont le shopping constitue une forte motivation de séjour. [...] Environ 150 entreprises rejoignent chaque année l'Agence. »

Site Internet www.quotidiendutourisme.com, 31 janvier 2012.

Quels sont les objectifs d'Atout France Tourisme ?

3 L'usine Renault à Oran (Algérie)

Premier site de production de Renault en Algérie, ouvert en novembre 2014, cette usine doit produire 25 000 véhicules par an pour le marché algérien et employer 350 personnes. Elle est détenue à hauteur de 51 % par l'État algérien.

4 Les marques françaises à l'étranger

« À Phnom Penh, les restaurants français foisonnent, du plus simple au plus luxueux.
On sait que notre gastronomie est bien représentée à l'étranger grâce aux nombreux restaurants tenus par des chefs français ou formés en France, aux pâtisseries et bien sûr à nos exportations de vins et spiritueux. Je l'ai constaté dès mon arrivée à Phnom Penh où foisonnent les restaurants français, de toutes catégories, du plus simple au plus luxueux, et où l'on trouve sans difficulté une grande variété de produits alimentaires français dans les supermarchés. Je ne m'attendais pas toutefois à retrouver mon boulanger parisien dans la capitale cambodgienne. Je le dois à la Maison Kayser qui vient d'ouvrir, non pas une mais deux boulangeries-pâtisseries : l'une dans un tout nouveau centre commercial japonais, AEON Mall, l'autre dans une artère commerçante à proximité du palais royal. En se fournissant désormais chez Éric Kayser, l'ambassade sert non seulement du pain de qualité à ses invités mais contribue à faire connaître un entrepreneur français qui ose et réussit : ouverture de la première boulangerie à Paris en 1996, plus de 100 boutiques dans 20 pays en 2014. »

J.-C. Poimboeuf, « Diplomatie du pain, diplomatie du riz », *France Diplomatie*, 21 oct. 2014.

Quels sont les différents éléments de la réputation de la gastronomie française dans le monde ?

Dossier 2

Paris, ville mondiale

Paris contribue à l'ouverture de la France sur le monde et sur l'UE. La capitale cumule les atouts et les fonctions des villes mondiales. Elle est l'une des « îles » de l'**archipel métropolitain mondial**. Son rayonnement est planétaire.

Quels sont les fondements de l'influence mondiale de Paris ?

A Le rayonnement et les fonctions d'une ville mondiale

1 Une « île » de l'archipel métropolitain

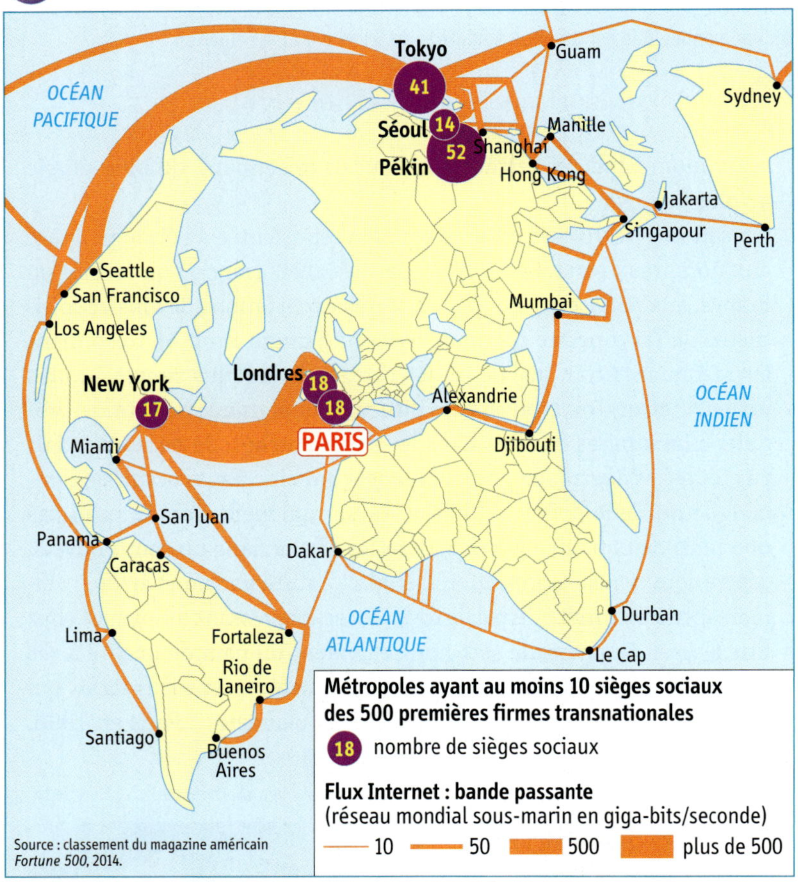

1. Quelles sont les principales « îles » de l'archipel métropolitain mondial ?
2. Comparez le nombre de sièges sociaux de Paris avec celui des autres villes mondiales.

Vocabulaire

Archipel métropolitain mondial Ensemble des grandes métropoles qui jouent un rôle moteur dans la mondialisation de l'économie et sont reliées entre elles par des réseaux et des flux, matériels et immatériels.

2 « Magasiner » à Paris

« Le *Figaro* et le périodique chinois *Mode et Design* se sont associés pour produire un guide indispensable à tous ceux/celles qui ne veulent pas rater ce qui se fait de mieux à Paris en terme de mode. [...] L'achat d'objets de luxe sera une activité centrale dans le projet touristique des Chinois qui liront ce document. Aussi, on propose aux touristes une découverte culturelle de Paris [...]. L'association culture et shopping est ainsi devenue un leitmotiv des destinations urbaines mondiales, au sein desquelles Paris occupe une position de leader. »

P. Duhamel, *Le Tourisme. Lectures géographiques*, *Documentation photographique* n°8 094, La Documentation française, 2013.

3 Les emblèmes de Paris

1 La Tour Eiffel
2 L'École militaire
3 Le Trocadéro
4 Les tours de la Défense

Montrez que l'image de la ville joue un rôle essentiel dans la compétition mondiale.

4 Une « Silicon Valley » à la française

Image de synthèse.

« Le "Bâtiment totem" de la Silicon Valley à la française, la Halle Freycinet, située dans le 13e arrondissement de Paris, doit accueillir un millier de start-up. [...] Un projet qui sera financé essentiellement par Xavier Niel, fondateur de Free et qui s'est déjà investi dans la création d'une école d'informatique, l'école 42. La reconstruction et la transformation de cette ancienne gare de marchandises devrait coûter 200 millions d'euros pour 35 000 m^2 d'espace disponible. »

Le Monde, 24 octobre 2014.

Pourquoi l'innovation est-elle un atout dans la compétition entre les villes mondiales ?

PRÉPA BAC

Étude/Analyse de documents

Doc. 3 et 4 En confrontant ces documents, montrez quelles fonctions font de Paris une ville mondiale.

5 Paris, ville cosmopolite

« En 2013, les étrangers (personnes n'ayant pas la nationalité française) constituent 15 % de la population parisienne. On recense plus de 110 nationalités différentes. Les personnes nées à l'étranger (les immigrés dont certains ont pu acquérir la nationalité française) représentent 20 % de la population parisienne.

L'ensemble des étrangers et/ou immigrés est composé de cadres et hauts fonctionnaires en poste à Paris, d'artistes, de créateurs, tous très mobiles et à hauts revenus, d'étudiants et chercheurs, mais aussi de personnes sans qualification, agents d'entretien, personnels de service dont une partie est en situation irrégulière. La répartition spatiale des différentes catégories d'étrangers et d'immigrés reflète et accentue les inégalités socio-spatiales entre quartiers. »

Insee, 2014.

Montrez que le cosmopolitisme de Paris révèle l'attractivité de la ville dans le monde.

B Une ville mondiale inscrite dans une région puissante

Vocabulaire

Polycentralité Existence de plusieurs centres dans une ville ou une agglomération.

6 Une métropole polycentrique

« Au sein de la commune de Paris, le quartier des affaires (sièges sociaux, banques, assurances...) se trouve dans les 8e et 9e arrondissements, le quartier des études dans le Quartier latin, le pouvoir politique dans les 7e et 8e arrondissements et la production économique dans le Sentier. À ces quartiers attractifs, il faut ajouter les grands équipements culturels : Bibliothèque nationale de France, opéras Garnier et Bastille, théâtres, musées dont celui du Louvre, et les grands hôpitaux parmi lesquels le dernier construit, l'hôpital européen G. Pompidou. De plus, pour rééquilibrer l'espace parisien, l'État et la Ville de Paris ont créé un pôle d'affaires à l'est de la capitale sur les terrains laissés vacants par le port de Bercy et une gare de triage SNCF, reconvertissant ainsi les friches nées des changements d'activité. Cela a donné naissance au ministère des Finances, au palais omnisports de Paris-Bercy, au parc de Bercy (le long duquel de nombreux logements ont été créés) sur la rive droite tandis que, sur la rive gauche, étaient implantées la Bibliothèque nationale de France et l'université Paris VII-Denis Diderot [...]. Parallèlement, des centres émergent en périphérie, suite aux contraintes spatiales et foncières que subissent les quartiers traditionnels, à la difficulté de transformer des immeubles pour qu'ils répondent aux exigences des TIC (Technologies de l'information et de la communication) et à la mobilisation croissante des populations. Dans l'aire urbaine de Paris sont nés le quartier d'affaires de La Défense à l'ouest [...], la cité scientifique de Paris-Sud, la plateforme logistique de Roissy au nord et, dans le domaine des loisirs, Disneyland Paris (à l'est) et les centres commerciaux qui sont proches. »

F. Smits, *Géographie de la France*, © Hatier, 2011.

▸ Quelles sont les principales fonctions des divers « centres » parisiens ?

7 Saint-Denis-Plaine commune, une banlieue en mutation

1 Stade de France
2 Autoroutes A1 et A86
3 Bureaux et sièges sociaux

Grâce à sa proximité avec Paris et à d'importantes opérations de rénovation et de requalification autour du Stade de France, Saint-Denis a connu une augmentation de 45 % de son emploi total.

▸ Quels éléments de la photographie montrent le rayonnement de Paris en France et dans le monde ? À quel type de fonction renvoient-ils ?

PRÉPA BAC

Illustrer une composition

À partir du document 6, réalisez un schéma localisant les différents centres évoqués dans le texte.

C Quelle gouvernance pour Paris ?

8 Une gouvernance éclatée, un projet d'amélioration

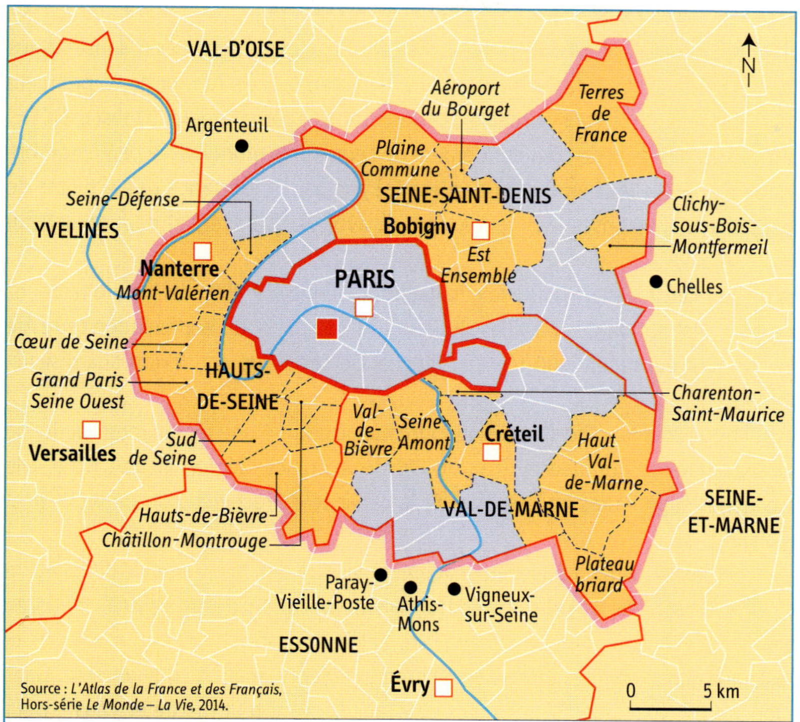

LA GOUVERNANCE ACTUELLE

1. Une situation complexe
- limite de la ville de Paris
- autre département
- limite de commune ou d'arrondissement pour Paris
- Conseil régional
- Conseil départemental

2. Une intercommunalité disparate
- intercommunalité en petite couronne
- intercommunalité en grande couronne
- absence d'intercommunalité

LA RESTRUCTURATION EN COURS

La métropole du Grand Paris
- limite de la future métropole du Grand Paris
- communes de la grande couronne pouvant rejoindre la métropole du Grand Paris

Quels sont les collectivités territoriales et les différents acteurs concernés par la gouvernance de la métropole du « Grand Paris » ?

9 Le Nouveau Grand Paris

« Le Nouveau Grand Paris est un projet d'aménagement à l'échelle de l'agglomération parisienne, dont la vocation est d'améliorer le cadre de vie des habitants, de corriger les inégalités territoriales et de construire une ville durable à l'échelle d'une région métropolitaine de 12 millions d'habitants qui produit un tiers du PIB national.
Le projet porte sur la modernisation et le développement des transports franciliens (8,5 millions de voyageurs/jour ; temps de transport quotidien : 10 minutes il y a 60 ans, 1h20 aujourd'hui) : améliorer le confort et la fiabilité, assurer des nouvelles connexions qui doivent fixer de véritables projets urbains. »

Ministre du Logement, de l'Égalité, des Territoires et de la Ruralité, www.territoires.gouv.fr, 2014.

Note : Le Grand Paris Express, métro en rocade qui desservira la métropole du Grand Paris comptera 69 nouvelles gares et 200 km de voie rapide. Cette double boucle de métro automatique reliera 124 communes.

Doc. 8 et 9 Relevez les différents éléments constitutifs du projet Grand Paris. Quels sont leurs objectifs ?

10 Paris en perte de vitesse dans la compétition mondiale

« Selon un rapport de la Chambre de Commerce et d'Industrie Paris-Île-de-France portant sur 16 grandes métropoles mondiales, Paris a reculé par rapport à ses concurrentes. La croissance de Paris a été plus faible que celle de beaucoup d'autres villes mondiales. Le PIB par habitant a crû moins vite qu'à Londres ou New York. Pour l'accueil des investissements directs étrangers, Paris est passé de la 4e à la 7e place. Si Paris a enregistré un record de fréquentation touristique en 2013, c'est la ville qui a connu la plus faible croissance en nombre de visiteurs et elle n'occupe que la 5e place pour les dépenses des touristes. Selon le *Global Financial Center Index*, Paris est passé de la 11e place financière mondiale à la 26e. L'Île-de-France attire moins de sièges sociaux que Londres, Bruxelles ou Amsterdam. »

D'après *Le Monde*, 21 mai 2014.

Vocabulaire

Gouvernance Gestion d'une entreprise, d'une collectivité territoriale, d'un État.

Montrez que Paris subit la concurrence des autres villes mondiales.

Cours 2 Paris, ville mondiale

Paris appartient à une catégorie exceptionnelle de villes, celles dont le rôle s'étend à l'espace mondial.

Paris et sa région

- Population intra-muros : 2,25 millions
- Population de l'aire urbaine : 12,3 millions
- Population de l'Île-de-France : 11,8 millions
- 1re destination touristique mondiale

1 Un des centres de l'espace mondial

• Dotée d'un patrimoine exceptionnel, d'une vie culturelle animée par des manifestations de prestige **(doc. 1)**, l'attractivité de Paris en fait la ville la plus visitée au monde, la première ville de congrès internationaux. Paris accueille des institutions internationales (Unesco, OCDE) et s'impose comme un des lieux de commandement de l'économie mondialisée par le nombre de sièges sociaux des FTN (deuxième rang derrière Tokyo), par l'importance des activités de services spécialisés aux entreprises (assurance, conseil, avocats d'affaires) et par son activité financière.

• Paris est un des centres majeurs de la circulation aérienne (14 000 vols hebdomadaires en provenance ou à destination de 600 villes situées dans 130 pays), de la circulation terrestre à l'échelle du continent européen (400 TGV par jour) et un centre de connexion aux réseaux numériques.

• Capitale politique cosmopolite, Paris est aujourd'hui au cœur d'une région métropolitaine de 12,3 millions d'habitants qui assure 29 % du PIB de la France. Région la plus riche, elle concentre les activités supérieures et l'essentiel de la capacité de recherche du pays (37 % et 42 % des effectifs).

• Le temps n'est plus où la politique d'aménagement visait à diminuer le poids de la région capitale. Dans un espace mondialisé, celle-ci est désormais en concurrence avec d'autres territoires. Dans le domaine de la recherche-développement, Paris et l'Île-de-France montrent un affaiblissement par rapport aux grands centres de recherche nord-américains, mais aussi européens. Dans la mondialisation, les pouvoirs publics, nationaux et locaux, doivent tout mettre en œuvre pour assurer la compétitivité de leur territoire par la qualité des équipements, de l'environnement, de la formation **(doc. 2)**.

2 Une ville polycentrique

• La structure de l'agglomération est complexe. Des pôles spécialisés permettent de gagner en efficacité en favorisant le contact direct entre entreprises travaillant dans un même secteur d'activité : sièges sociaux à La Défense, à Boulogne ou Rueil, la recherche sur le plateau de Saclay, la logistique autour de Roissy et Villepinte.

• L'organisation territoriale n'est pas adaptée à la réalité spatiale : il n'existe pas de réelle structure de coopération de la ville de Paris avec les communes de l'agglomération.

• La **métropolisation** passe aussi par l'adaptation des découpages territoriaux à l'étalement mais aussi aux liens internes à l'agglomération, comme on peut l'observer dans d'autres grandes capitales (Londres, Madrid). Le Projet du Grand Paris vise à renforcer la cohérence par l'amélioration des transports et à lutter contre la ségrégation socio-spatiale. Créée le 1er janvier 2016, la métropole du Grand Paris sera une structure de gouvernance d'échelle métropolitaine.

Notion

Ville mondiale
Métropole dont le rayonnement économique, politique et culturel s'étend à l'échelle de la planète.

3 Une ville mondiale fragmentée

• La structure sociale est de plus en plus inégalitaire et les écarts socio-spatiaux au sein de l'agglomération s'accentuent. Paris attire des catégories à haut, voire très haut, niveau de revenus : cadres dirigeants, professions libérales, créateurs qui circulent de plus en plus d'une ville mondiale à une autre. Ils contribuent à la flambée des prix de l'immobilier résidentiel. Les emplois sans qualification se multiplient (sécurité, entretien, livraison), souvent occupés par des migrants. La révolution des techniques de communication a détruit beaucoup d'emplois intermédiaires.

• La dualité sociale est aussi une dualité spatiale et l'opposition entre quartiers, à l'échelle de l'agglomération, est de plus en plus forte **(doc. 3)**.

▶ **Paris doit constamment s'adapter pour rester dans la compétition métropolitaine. La question des modalités de sa gouvernance demeure délicate faute d'entente entre les différents acteurs.**

Vocabulaire

Métropolisation
Processus de concentration des fonctions stratégiques dans les grandes villes.

Polycentralité
Existence de plusieurs centres dans une ville ou une agglomération. « Polycentrique » désigne donc un espace où existent plusieurs centres.

1 **La Foire internationale de l'art contemporain (FIAC)**

La FIAC attire des artistes du monde entier. Ici, les sculptures de l'artiste catalan Jaume Plensa, place Vendôme en 2012.

2 Paris, ville mondiale

« Paris n'est pas considéré par tous les spécialistes comme une ville globale. Parmi les attributs manquants, on relève surtout sa faiblesse financière. Toutefois, la combinaison entre sa position dominante au sein du réseau urbain français et la variété de ses fonctions et des réseaux que la ville entretient lui donnent une dimension exceptionnelle en Europe et en font une ville mondiale importante, voire la "quatrième ville globale". Pour les uns, le poids écrasant de Paris dans le réseau urbain français, pour d'autres, sa relative faiblesse, ont nourri un débat politique au cours des années 1960-1970 pour une meilleure répartition des fonctions entre les grandes villes françaises. Très vite, avec l'insertion de la France dans la mondialisation et dans l'Europe, on assiste à un changement de cap : il n'est plus question d'affaiblir Paris, seule ville française de rang mondial. Le débat en cours sur le Grand Paris en témoigne : il s'agit de faire de Paris une capitale de l'innovation en associant la recherche, les grandes écoles, les universités et les entreprises innovantes et de renforcer ses connexions au monde grâce au *hub* aérien mondial de Paris-Charles de Gaulle. »

A. Ciattoni, *Géographie et géopolitique de la mondialisation*, © Hatier, 2011.

3 Les disparités de revenus à Paris et en Île-de-France

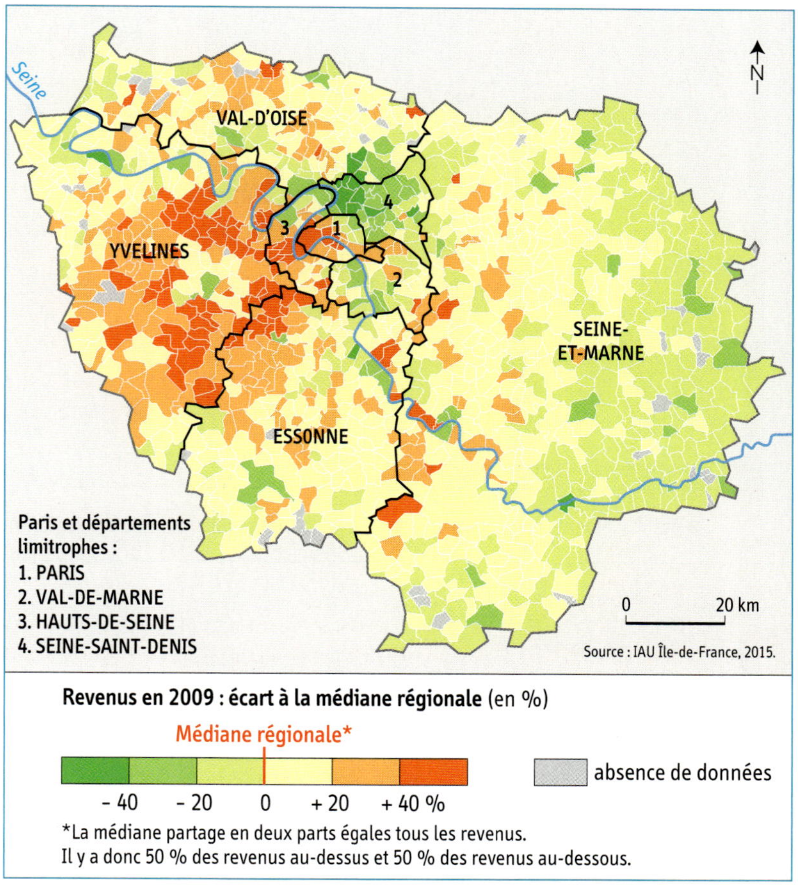

1. Où se situent les populations à hauts revenus ? Celles aux revenus les plus bas ? Pourquoi ?
2. Montrez que la ségrégation socio-spatiale s'observe à l'échelle de la ville, de l'agglomération et de la région.
3. Réalisez un schéma qui résume les disparités de revenus en Île-de-France.

Quelles sont les forces et les faiblesses de Paris pour s'affirmer dans l'archipel métropolitain ?

Méthode BAC Étude/Analyse de documents

S | L ES

CONSIGNE **Après avoir présenté les documents, vous montrerez la répartition mondiale des établissements d'enseignement français à l'étranger, puis vous expliquerez leur place dans la stratégie de « *soft power* » française.**

1 Les établissements d'enseignement français à l'étranger (EEFE)

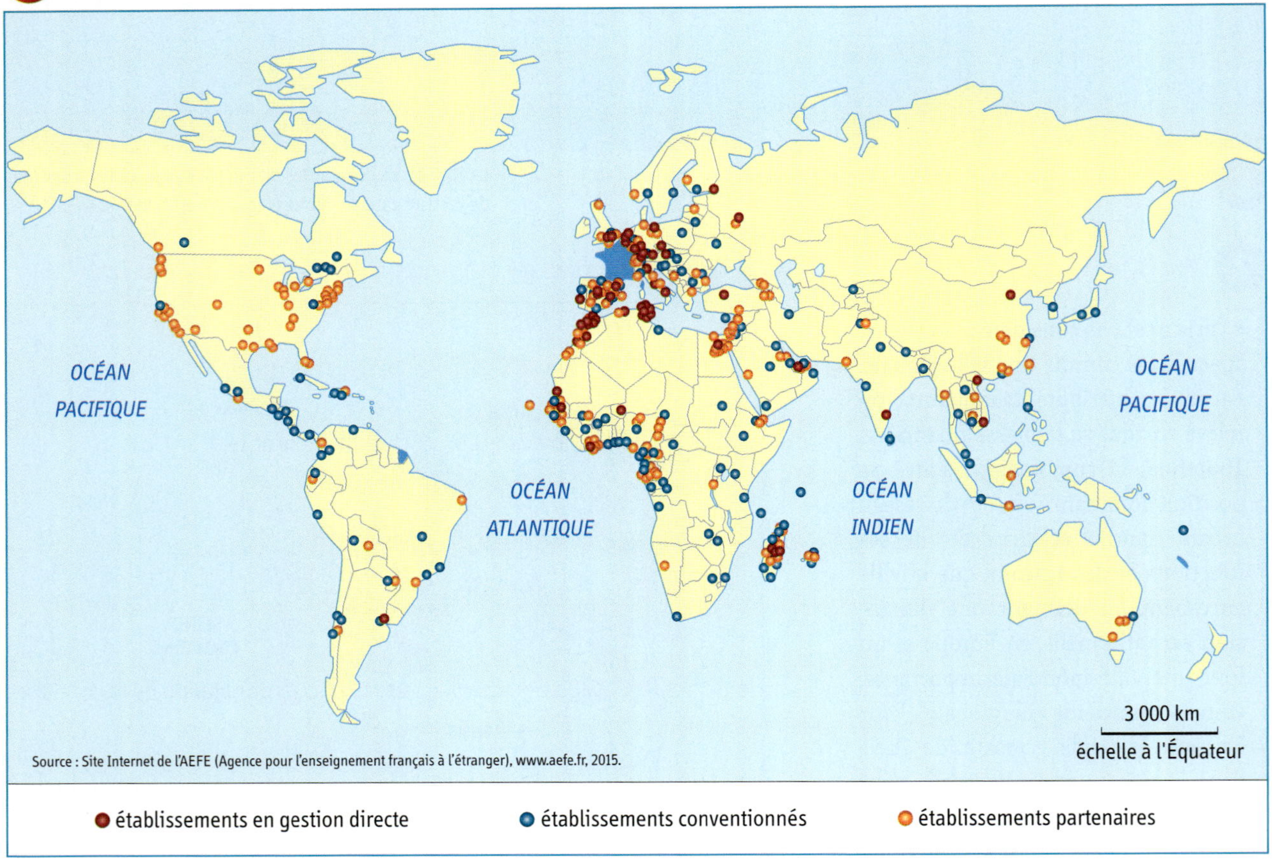

Source : Site Internet de l'AEFE (Agence pour l'enseignement français à l'étranger), www.aefe.fr, 2015.

2 L'enseignement du français à l'étranger, un facteur de « *soft power* » ?

« Aujourd'hui, la politique de rayonnement culturel de la France est reconnue comme une référence par nombre de pays émergents, qui avouent s'en inspirer. [...]

Se fondant sur l'analyse de la mondialisation accélérée des vingt dernières années, le *Livre Blanc sur la politique étrangère et européenne de la France* a consacré le concept de "diplomatie d'influence", traduction assez proche de l'expression anglaise "*soft power*", qui s'est inscrite depuis lors dans les discours officiels.

L'Agence pour l'enseignement français à l'étranger (AEFE) [...] est une belle réussite du point de vue de l'influence (plus de 60 % des élèves sont étrangers). [...] La subvention de 425 millions d'euros représente 56 % du programme 185 [programme "Diplomatie culturelle et d'influence"], mais, avec les ressources propres, le budget total de l'AEFE atteint plus d'un milliard. Malgré des besoins de financement croissants (rénovation du parc immobilier, pensions civiles, aide à la scolarisation des enfants français), cet opérateur reste sain et dynamique. La capacité d'attraction de nos établissements est en croissance, avec une augmentation de 4 000 à 5 000 élèves par an [...]. Cependant, l'AEFE aura peine à se développer face à la politique restrictive du ministère des Finances, qui cherche à l'empêcher d'engager du personnel supplémentaire, même quand ces recrutements sont financés sur ses ressources propres. »

A. Gazeau-Secret, « "*Soft power*" : l'influence par la langue et la culture », *La Revue internationale et stratégique* n° 89, IRIS Éditions-Armand Colin, 2013.

Étape 1 Analyser les termes de la consigne

Entraînement 1 Analysez les termes de la consigne en complétant le tableau suivant.

Répartition mondiale	....
Établissement d'enseignement français à l'étranger	Écoles et lycées français à l'étranger, dépendant du ministère de l'Éducation nationale ou des Affaires étrangères. Ces établissements préparent aux examens et diplômes français dans des conditions équivalentes à celles des établissements de l'enseignement public en France. Ils accueillent des élèves français et étrangers.
Stratégie de « *soft power* » française	....

Entraînement 2 Reformulez la consigne sous forme de question avant l'analyse des documents.

CONSEIL Les termes « établissement d'enseignement français à l'étranger », « mondialisation », « *soft power* », « stratégie », « France » doivent apparaître dans votre question.

Étape 2 Présenter les documents et rédiger l'introduction

Entraînement 3 Afin de présenter les documents et de mettre en évidence leur complémentarité, complétez le tableau suivant.

	Nature du document	Auteur	Source	Vision, parti pris
Document 1				
Document 2				

Entraînement 4 Rédigez l'introduction en y incorporant la présentation des documents et la reformulation de la consigne.

Étape 3 Extraire des informations et les organiser pour répondre à la consigne

Entraînement 5 Répondez aux questions suivantes pour construire votre premier paragraphe.

a. Où sont localisés les EEFE dans le monde ?

b. Comment expliquez-vous cette répartition ?

CONSEIL Pensez aux éléments d'explication historiques, à la répartition des francophones et mobilisez vos connaissances sur la place de la France dans la mondialisation.

Entraînement 6 Répondez aux questions suivantes pour construire votre deuxième paragraphe.

a. Comment des établissements d'enseignement peuvent-ils s'inscrire dans une stratégie d'influence fondée sur le *soft power* ?

b. Sachant que la langue dispensée dans les classes est le français, en quoi ces EEFE participent-ils au rayonnement de la France ?

Étape 4 Rédiger la conclusion

La conclusion doit mettre l'accent sur l'intérêt et les limites du document. Il faut donc nuancer la stratégie de « *soft power* » française.

Pour rédiger votre conclusion, posez-vous les questions suivantes :
– Dans quelles parties du monde les EEFE sont-ils peu représentés ? Pourquoi ?
– Que nous dit le document 2 sur les limites du réseau AEFE ?

Méthode BAC Composition

Sujet la présence française dans le monde

S | L ES

Étape 1 *Analyser le sujet*

La présence française dans le monde

- Présence française :
  - Présence économique (ex : entreprises françaises) et géopolitique
  - Les Français dans le monde
  - Rayonnement culturel
- Française : France métropolitaine et ses territoires ultramarins. Institutions, entreprises, culture...
- Dans le monde : Échelle de la réflexion à mener

Entraînement 1

a. Répondez aux questions suivantes afin de relier les termes du sujet entre eux.
– Quels sont les aspects et les moyens de la présence française dans le monde ?
– La présence française est-elle concurrencée, contestée, menacée ?
b. Formulez la question que pose le sujet.

Étape 2 *Mobiliser ses connaissances sur le sujet*

Mobilisez vos connaissances sur le sujet. Vous pouvez utiliser les cours et exemples du chapitre, mais aussi les éléments des chapitres 4, 5 et 7 afin d'enrichir votre devoir.
Pensez à des exemples précis de secteurs et activités dans lesquels la France s'illustre dans le monde : géopolitique, militaire, économique, culturel…

Étape 3 *Construire le plan*

Entraînement 2 À partir du plan ci-dessous, de vos connaissances et du cours, détaillez les arguments pour chaque partie de votre composition.

I. Une présence multiforme
II. Une présence inégalement développée dans le monde
III. Une présence concurrencée, voire contestée

Étape 4 *Illustrer votre composition par un schéma*

Méthode

Insérer un schéma dans votre composition est très valorisé.
Certains schémas ont l'avantage de pouvoir s'insérer dans plusieurs compositions. Il faudra par contre les commenter différemment en fonction du sujet de composition. Vous devez y faire référence explicitement dans votre composition.

Le schéma « Attractivité et présence de la France dans le monde » (p. 311) peut être inséré dans la première partie de votre composition afin de montrer que la France est présente dans différents domaines.

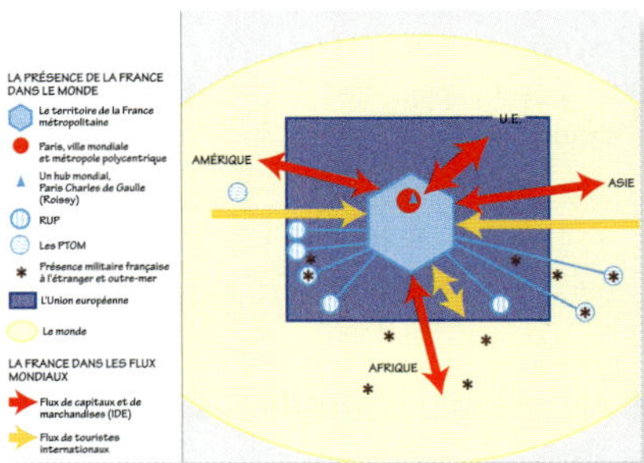

Étape 5 *Rédiger le développement et la conclusion*

Entraînement 3 Rédigez le développement, puis la conclusion.

Sujet | Paris, ville mondiale

L
ES

Étape 1 Analyser le sujet et formuler la problématique

Le sujet invite ici à montrer la place de Paris en tant que ville mondiale. L'analyse du sujet se base sur la définition d'une ville mondiale (*cf.* p. 285). Vous devez ensuite observer si Paris correspond à ces critères de définition et si elle est concurrencée par d'autres villes. Pensez également à l'impact de la mondialisation sur la ville de Paris.
Reformulez ensuite cette analyse par une question afin de trouver la problématique.

Méthode générale **Formuler une problématique**

Une problématique vise à choisir un angle de vue pour aborder un sujet. Elle doit être assez large et englober plusieurs thèmes. Il s'agit d'une question, qui peut être formulée de plusieurs manières : « Dans quelle mesure... ? », « Pourquoi... ? », « En quoi.... », « De quelle manière... ? ».

Entraînement 1 Formulez la problématique en vous appuyant sur le commentaire et la méthode ci-dessus.

Étape 2 Rédiger l'introduction

Entraînement 2 Rédigez une introduction en respectant les trois temps : présentation du sujet, formulation de la problématique et annonce du plan.

Étape 3 Mobiliser ses connaissances et élaborer un plan

Entraînement 3 À partir de l'analyse du sujet, de vos connaissances, du cours et d'exemples, élaborez un plan de composition qui montre les atouts et les fonctions de Paris expliquant son rang de ville mondiale et l'inscription de cette puissance dans son territoire.

Étape 4 Rédiger le développement en y intégrant un schéma

Entraînement 4 Appuyez-vous sur le plan de l'étape 3 pour rédiger votre développement.

CONSEIL Pensez à donner des exemples précis des atouts et des fonctions qui font de Paris une ville mondiale, mais aussi des impacts de cette mondialisation sur la ville.

Le schéma « Paris, ville mondiale » (p. 311) peut ici être utilisé comme schéma de synthèse.
Il synthétise alors les différentes informations contenues dans le développement. Faites-y référence explicitement.

Exemples

① Comme le montre le schéma ci-contre, Paris est une ville très accessible, ce qui concourt à en faire une ville mondiale.

② Paris accueille des fonctions de commandement : elle abrite des quartiers d'affaires, comme celui de la Défense, des pôles de l'innovation, comme Paris-Saclay, de grandes universités, qui participent à son rayonnement, comme nous pouvons le voir sur le schéma ci-contre.

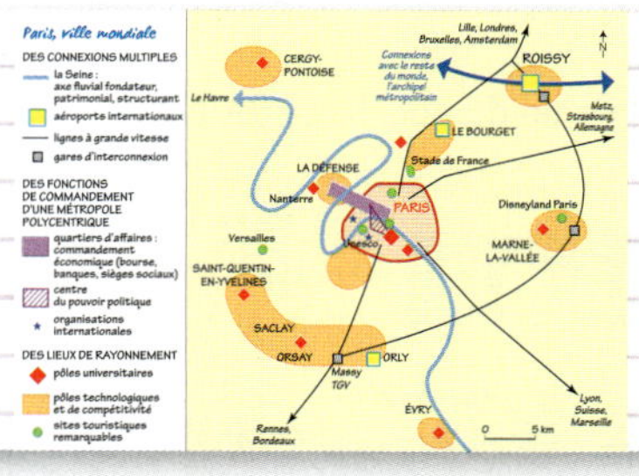

Étape 5 Rédiger la conclusion

Entraînement 5 Rédigez une conclusion dans laquelle vous réaffirmez la place de Paris en tant que ville mondiale. Vous évoquerez les concurences auxquelles elle est confrontée, mais aussi les impacts socio-spatiaux de la mondialisation.

Méthode BAC Croquis

S | L ES

Sujet La présence française dans le monde

Étape 1 *Analyser le sujet*

La présence française dans le monde

- Présence économique (ex : entreprises françaises) et géopolitique
- Les Français dans le monde
- Rayonnement culturel

France métropolitaine et ses territoires ultramarins. Institutions, entreprises, culture...

Échelle de la réflexion à mener

Étape 2 *Sélectionner les informations et élaborer la légende*

Recherchez les principales formes de présence de la France dans le monde, puis observez leur déploiement sur les planisphères dont vous disposez dans le chapitre, afin de bâtir votre légende.

Présence économique

Entraînement 1 À partir de la carte p. 287, localisez :
– les espaces moteurs de la mondialisation ;
– les principaux partenaires commerciaux de la France ;
– les investissements français dans le monde.

Présence géopolitique

Entraînement 2 À partir de la carte p. 286, localisez :
– les territoires français d'Outre-mer ;
– les pays du G20 dont la France fait partie ;
– les bases militaires permanentes de la France dans le monde et les opérations extérieures en cours (OPEX).

Entraînement 3

a. À partir de la carte 4 p. 289, recherchez et localisez un autre type de présence française dans le monde.
b. Recherchez, dans le cours 2 p. 300 (séries L ES) ou le cours 3 p. 272 (série S), des informations sur Paris en tant que vitrine mondiale de la France : comment pouvez-vous le transcrire sur votre croquis ?

CONSEIL Ces activités vous aident à formuler un titre à vos trois parties de légende et à sélectionner les informations qui doivent y figurer.

c. À l'aide du doc. 5 p. 289, prélevez une information pour en faire un élément de légende dans la partie 3.

Étape 3 *Réaliser le croquis*

Entraînement 4 Complétez la légende et réalisez le croquis ci-contre. Pour choisir vos figurés, vous pouvez vous référer à la méthode p. 186 et au tableau des figurés p. 11. N'oubliez pas de placer la nomenclature : noms des continents, des territoires d'Outre-mer, des océans, principaux pays concernés par la présence française, quelques villes.

TITRE : ....

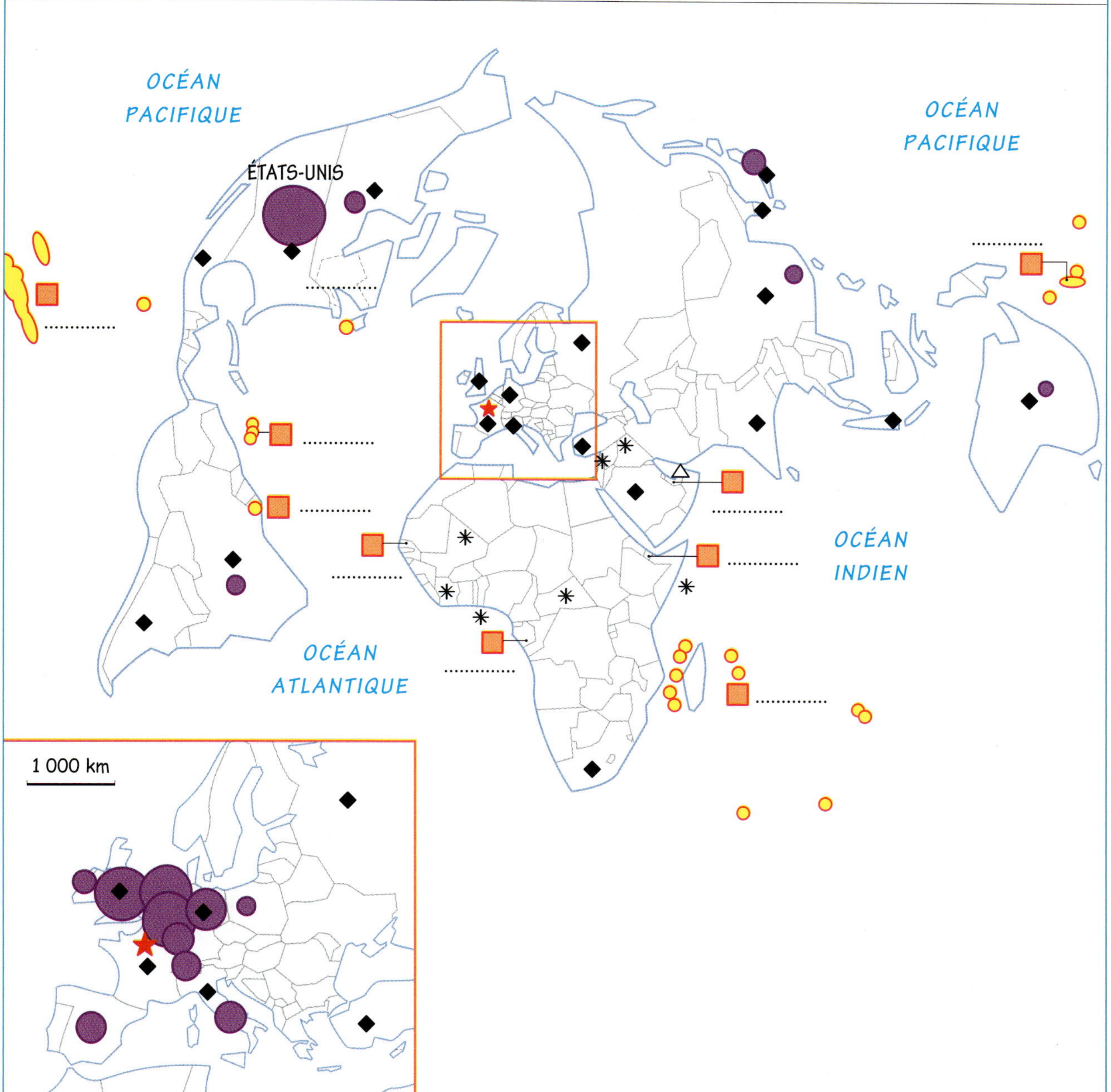

1.	2.	3. L'INFLUENCE .... DE LA FRANCE DANS LE MONDE
...... la France dans les espaces moteurs de la mondialisation	les territoires français d'Outre-mer	...... un exemple de pays ou région francophone
les principaux	...... la France dans le G20	...... Paris, ... de la France dans le monde
Principaux .... dans le monde (en ....)	....	△ ....
300 · 1 000 · 2 200	✳ principales	

BAC sujets types

Étude/Analyse de document

Après avoir présenté le document, montrez comment le cinéma français participe à la diffusion de la culture française dans le monde.

Le cinéma français dans le monde

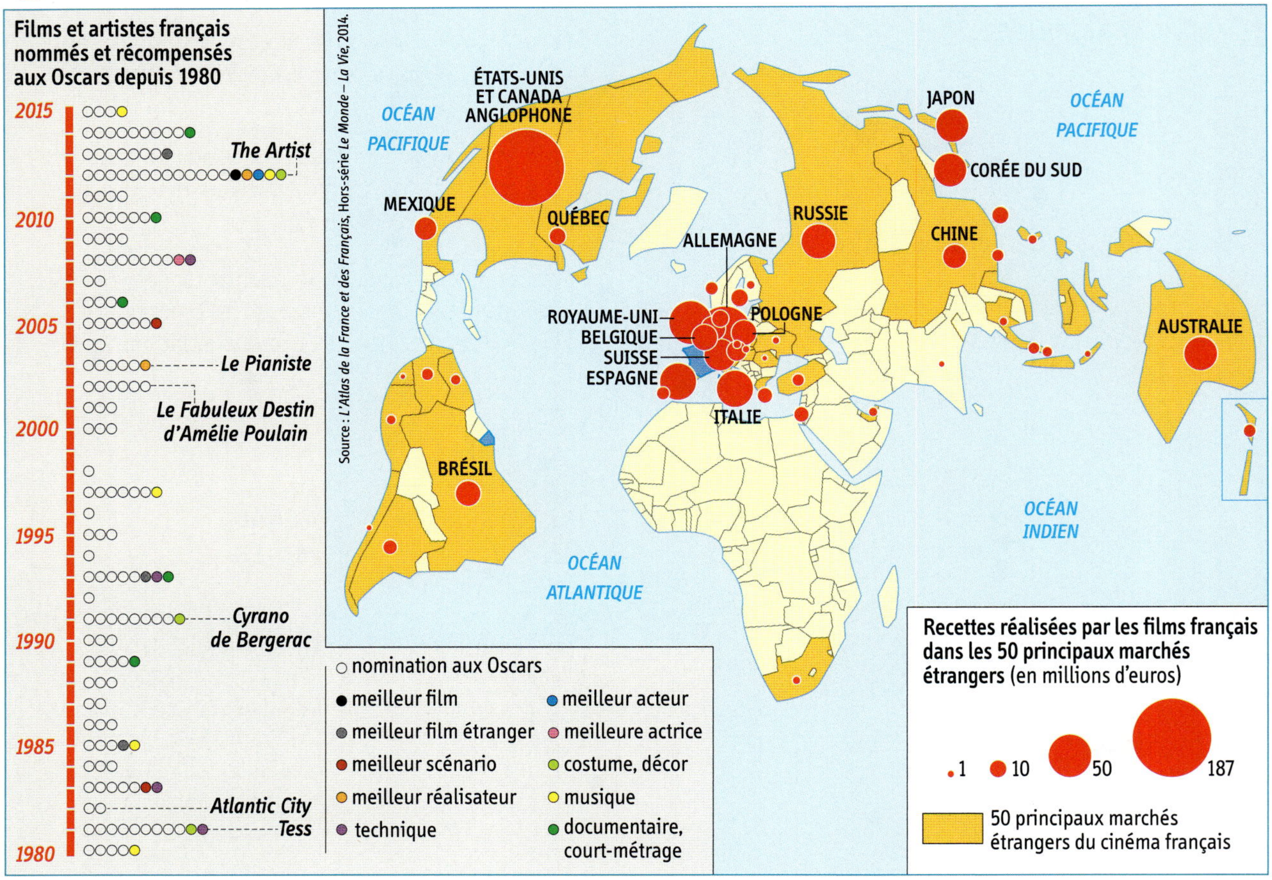

Source : *L'Atlas de la France et des Français*, Hors-série *Le Monde – La Vie*, 2014.

Étude/Analyse de document

Après avoir présenté le document, vous analyserez la présence des entreprises françaises au salon CES de Las Vegas et les enjeux de celle-ci pour la place de la France dans le monde.

La « French Tech » française dans le monde

« Les innovations des entreprises françaises ont été largement primées et ont bluffé la presse américaine au salon de l'électronique *Consumer Electronics Show* (CES) [...].

[...] “Le gagnant du CES sera la France”, prédit ainsi le responsable de la rubrique technologie du site américain Yahoo [...] : “Si vous voulez un aperçu de l'avenir, prêtez attention aux bidules absurdes mais magiques venus de France”, prévient-il.

[...] Parmi les objets sortant du lot, la montre Activité Pop de Withings, les écouteurs Parrot Zik Sport, les roulettes électriques de Rollkers, le casque de relaxation Melomind de MyBrain. [...] Il est vrai que la France a emmené sur place la première délégation européenne (la cinquième au niveau mondial) avec 120 entreprises [...] allant des grands groupes tels que Dassault Systèmes, L'Oréal, La Poste ou Valéo, aux start-up, 66 contre 38 l'an dernier. [...] La mission French Tech avait prévu des brochures en anglais montrant [...] que “*France is innovante*” mais aussi “*startup-friendly*”». Car l'accès aux capitaux demeure le point faible de l'écosystème français. [...] Venir au CES permet à toutes ces jeunes entreprises innovantes de profiter de cette formidable vitrine internationale [...]. »

D. Cuny, www.latribune.fr, 10 janvier 2015.

FAIRE LE POINT

Les notions

Exercice 1 Définir les notions et termes suivants : *francophonie* • *rayonnement* • *mondialisation* • *puissance* • *activité de commandement* • *ville mondiale* • *archipel métropolitain mondial*.

Les repères spatiaux

Exercice 2 Sur un planisphère mondial (téléchargeable sur www.geo-hatier.com), localisez :
- les territoires ultramarins français ;
- les principaux espaces où s'étend la francophonie.

Exercice 3 Sur un planisphère mondial (téléchargeable sur www.geo-hatier.com), localisez les troupes militaires françaises présentes dans le monde.

Exercice 4 Sur un planisphère mondial (téléchargeable sur www.geo-hatier.com), localisez :
- les principaux partenaires commerciaux de la France ;
- les fonctions qui font de Paris une métropole mondiale.

Les capacités du chapitre

✔ Décrire et expliquer, par des facteurs historiques, économiques, et géopolitiques, la présence française dans le monde.

✔ Décrire et expliquer les impacts spatiaux de l'insertion de la France dans la mondialisation sur le territoire français, à toutes les échelles.

✔ Développer son approche critique par rapport à des documents ne présentant que les côtés positifs de l'insertion de la France à la mondialisation.

GéoTICE

Compléter son cours à l'aide d'un site officiel

Le dossier « Animation : la France première destination touristique mondiale » sur le site du ministère des Affaires étrangères et du développement international, www.diplomatie.gouv.fr

Sur la page du ministère des Affaires étrangères et du Développement international, www.diplomatie.gouv.fr, **cliquez** sur la rubrique « La politique étrangère de la France ». **Cliquez** ensuite sur la rubrique « Tourisme » (en bas à droite). **Sélectionnez** ensuite le dossier « La place de la France dans le tourisme mondial » puis, la partie « Animation : La France première destination touristique mondiale ».

1. Quel est le rang de la France en matière d'accueil de touristes internationaux ? Comment a-t-il évolué ?

2. De quelles évolutions majeures dans les destinations du tourisme international ce document rend-t-il compte ? Quels sont les pays qui progressent le plus ?

En haut à droite de l'animation, **cliquez** sur « Touristes internationaux (en millions) ».

3. Calculez la progression du nombre de touristes internationaux dans chacun des pays représentés.
a. Quels sont les pays qui progressent le plus ?
b. Quels sont ceux qui progressent le moins ?

Revenez sur la page du classement.

4. Pourquoi les auteurs du document ont-ils choisi de représenter par un même figuré la progression et la stabilisation des pays dans le classement ?

Dans le cadre en haut à droite, **cliquez** sur « Animation : La France en 3e position pour les recettes générées par le tourisme international ».

5. Comment le rang de la France a-t-il évolué ?

6. Cherchez les raisons du décalage du rang de la France pour les deux indicateurs (nombre de touristes-recettes).

En haut à droite de l'animation, **cliquez** sur « Recettes générées (en milliards d'euros) ».

7. Quels sont les pays qui ont connu la progression la plus importante ? Comment se situent-ils en matière de recettes touristiques par rapport à la France ?

8. Rédigez un paragraphe rendant compte du fait que la position de la France en matière de tourisme international reste dominante, mais est de plus en plus vivement concurrencée.

RÉVISER

La France dans la mondialisation

Repères

- 31 entreprises françaises dans le classement des 500 plus grandes entreprises mondiales
- Musée du Louvre, monument culturel le plus visité au monde : 9,3 millions en 2013
- 220 millions de francophones
- 163 ambassades
- 5e budget militaire mondial

Ne pas confondre

Tourisme/Loisirs

Le **tourisme** concerne des déplacements supérieurs à 24 heures avec changement de résidence.
Les **loisirs** n'impliquent pas de changement de résidence.

Gouvernance/Gouvernement

La **gouvernance** désigne les modalités d'organisation des acteurs territoriaux.
Le **gouvernement** est l'instance politique dirigeante d'un État.

Idées clés

La présence française dans le monde s'est construite au fil de l'histoire

La présence française dans le monde se manifeste par une participation active aux affaires et un fort rayonnement culturel. La France dispose de points d'appui stratégiques dans le monde grâce à ses territoires ultramarins. Elle est présente dans les grandes institutions internationales et dans des opérations militaires sous mandat de l'ONU. Elle soutient une politique culturelle ambitieuse.

Elle se manifeste également dans l'économie mondiale et européenne grâce à ses firmes transnationales qui dominent souvent leur secteur d'activité à l'échelle mondiale. Le territoire français demeure attractif par ses divers atouts, notamment pour ses équipements et son patrimoine (tourisme). La France est le deuxième pays d'accueil pour les investissements directs à l'étranger. Néanmoins, la présence française dans le monde a un coût élevé et se heurte à des concurrences de plus en plus sévères sur le plan économique.

Paris, ville mondiale, participe à la présence de la France dans le monde

L ES

Paris est un des centres de l'espace mondial grâce à son rayonnement culturel, universitaire, ses pôles de recherche. C'est aussi un centre économique puissant, appuyé sur la région Île-de-France, deuxième région économique de l'UE. Son cosmopolitisme symbolise son attractivité mondiale. Néanmoins, la gestion d'une région métropolitaine de plus de 12 millions d'habitants n'est pas sans poser des difficultés : la création de la métropole du Grand Paris pourrait apporter des solutions.

Surfer

- Données économiques : www.insee.fr
- Sites gouvernementaux :

www.tourisme.gouv.fr
www.exporter.gouv.fr

www.paris.fr

- Sur la région Île-de-France :

www.iaurif.org
www.iledefrance.fr

- Sur le commerce extérieur : www.ubifrance.fr
- Sur le tourisme : www.atout.fr
- Sur le cinéma français : www.unifrance.org

Voir

- *Minuit à Paris* de Woddy Allen, 2011
- *From Paris with Love* de Pierre Morel, 2010
- « Ces étrangers amoureux de Paris », documentaire de Philippe Poiret et Éléonore Manéglier, 2009
- *Paris Blues* de Martin Ritt, 1961
- *Un Américain à Paris* de Vincente Minnelli, 1951

Lire

- *Da Vinci Code* de Dan Brown, Jean-Claude Lattès, 2004 (*The Da Vinci Code*, 2003)

Schémas clés

Attractivité et présence de la France dans le monde

LA PRÉSENCE DE LA FRANCE DANS LE MONDE

- Le territoire de la France métropolitaine
- Paris, ville mondiale et métropole polycentrique
- Un hub mondial, Paris Charles de Gaulle (Roissy)
- RUP
- Les PTOM
- Présence militaire française à l'étranger et outre-mer
- L'Union européenne
- Le monde

LA FRANCE DANS LES FLUX MONDIAUX

- Flux de capitaux et de marchandises (IDE)
- Flux de touristes internationaux

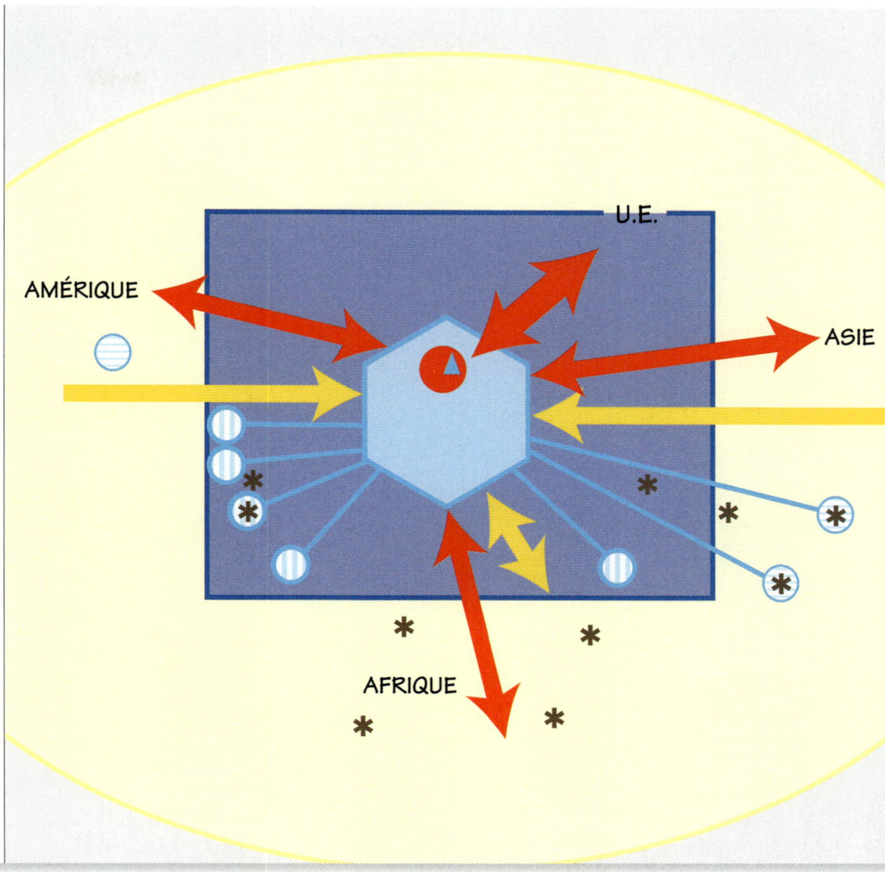

Paris, ville mondiale

DES CONNEXIONS MULTIPLES

- la Seine : axe fluvial fondateur, patrimonial, structurant
- aéroports internationaux
- lignes à grande vitesse
- gares d'interconnexion

DES FONCTIONS DE COMMANDEMENT D'UNE MÉTROPOLE POLYCENTRIQUE

- quartiers d'affaires : commandement économique (bourse, banques, sièges sociaux)
- centre du pouvoir politique
- organisations internationales

DES LIEUX DE RAYONNEMENT

- pôles universitaires
- pôles technologiques et de compétitivité
- sites touristiques remarquables

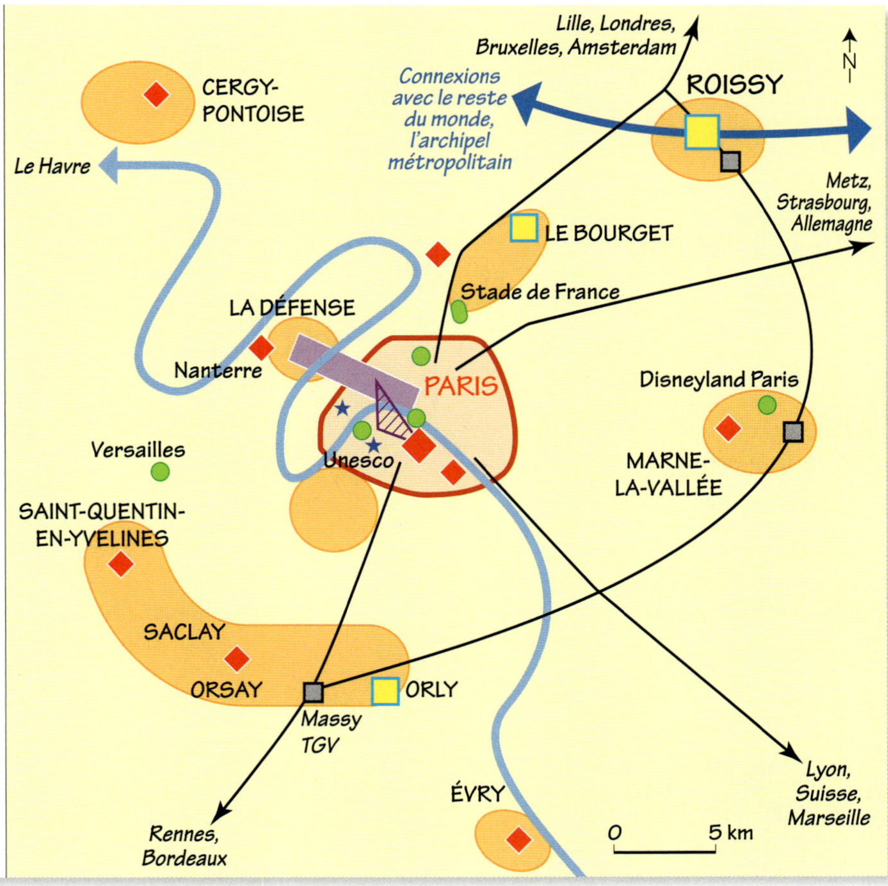

Les reliefs de la France

Les climats en France

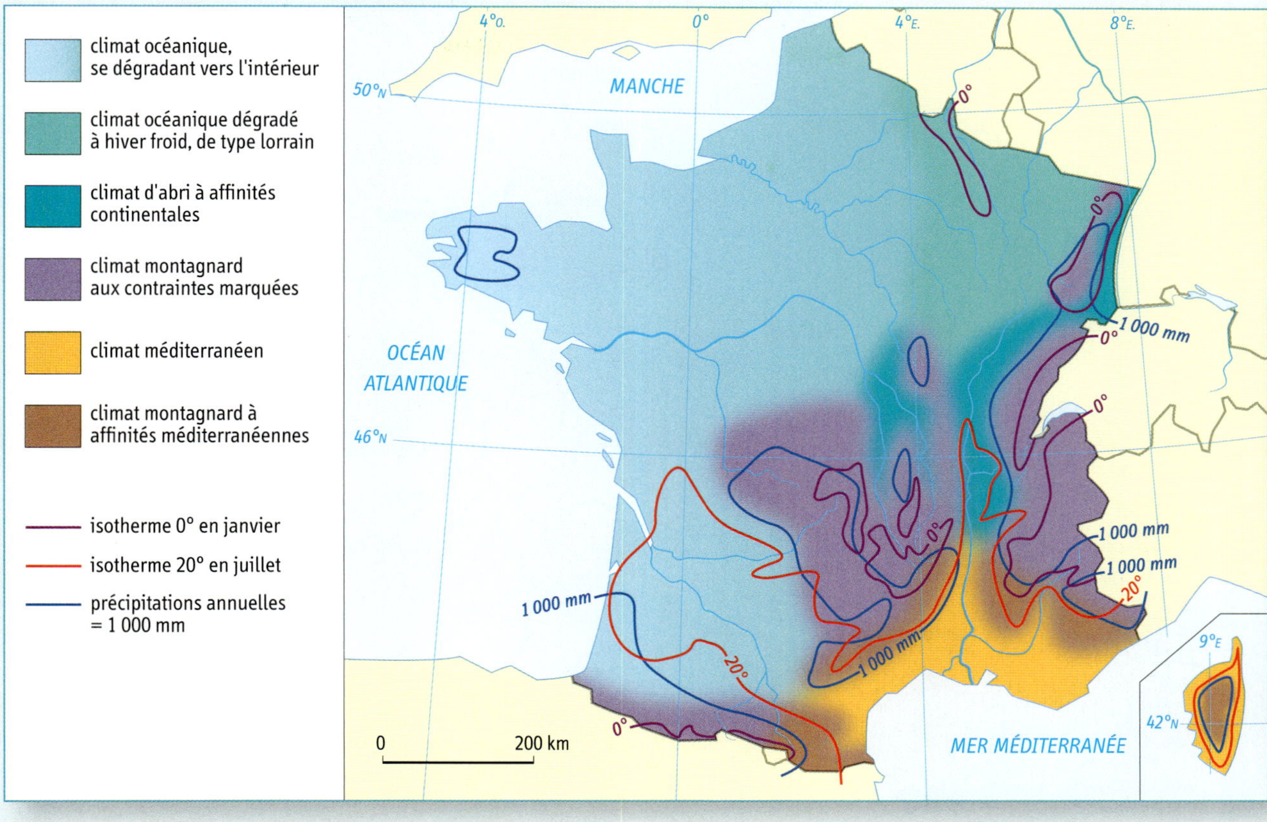

Les climats en Europe

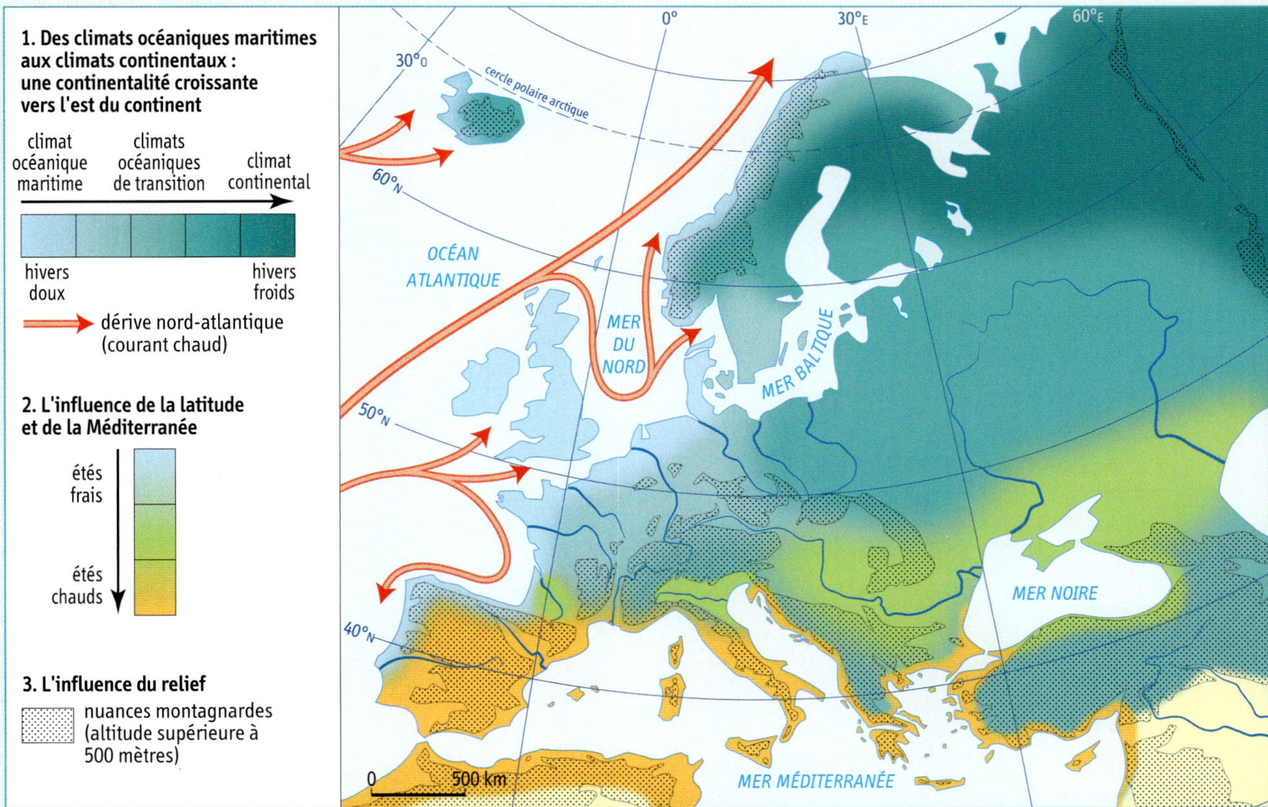

Les densités de population en France

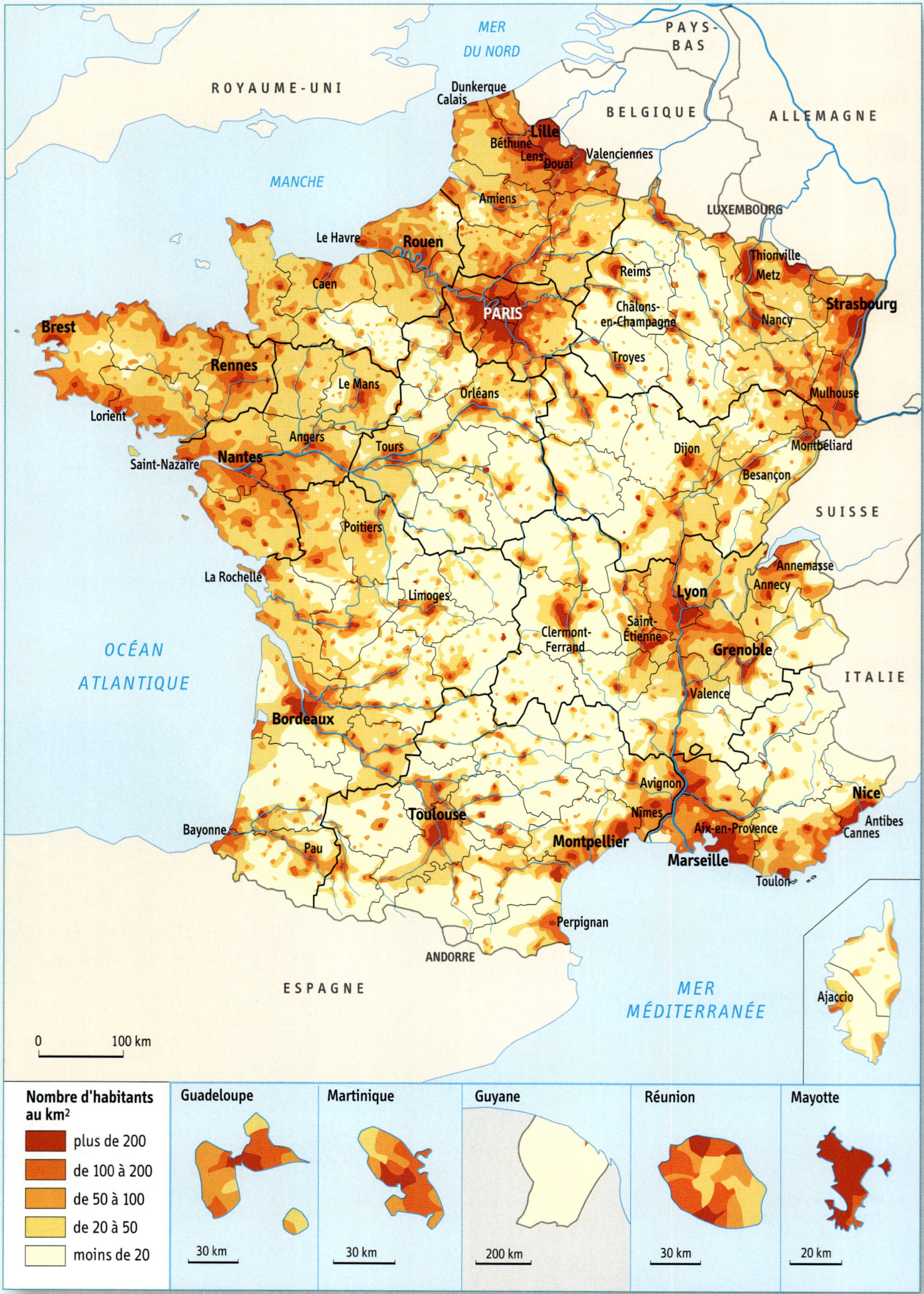

Les densités de population en Europe

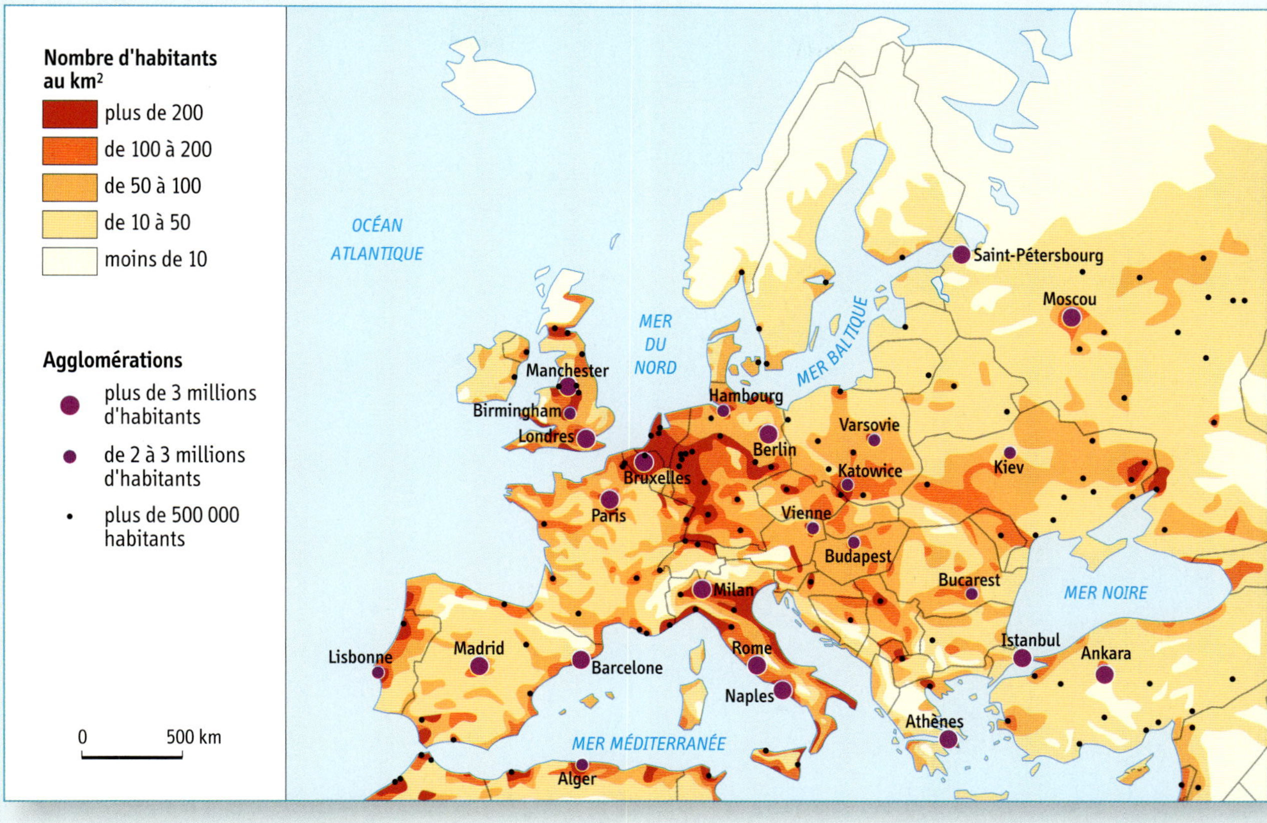

L'IDH en France et dans le monde

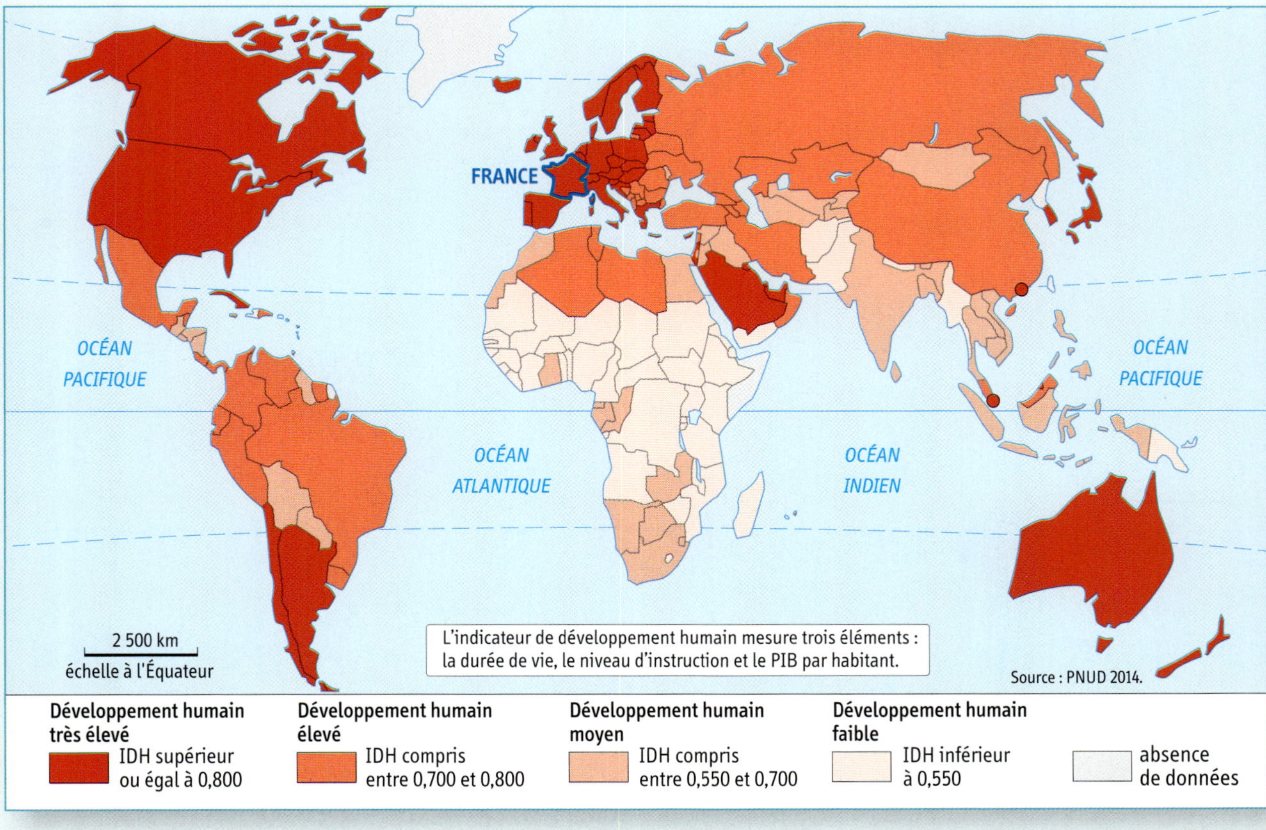

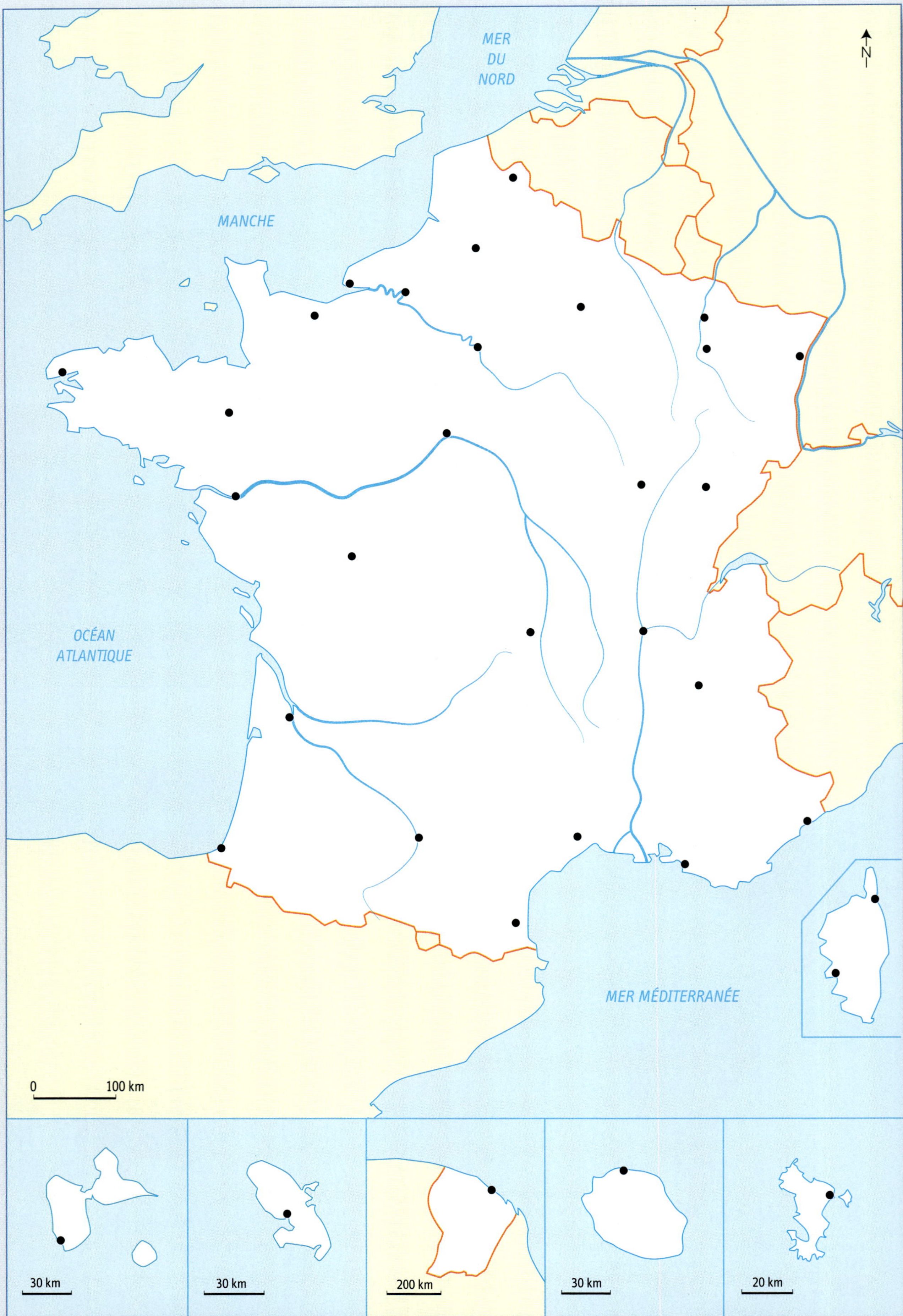
MER
DU
NORD
MANCHE
OCÉAN
ATLANTIQUE
MER MÉDITERRANÉE
N
0
100 km
30 km
30 km
200 km
30 km
20 km

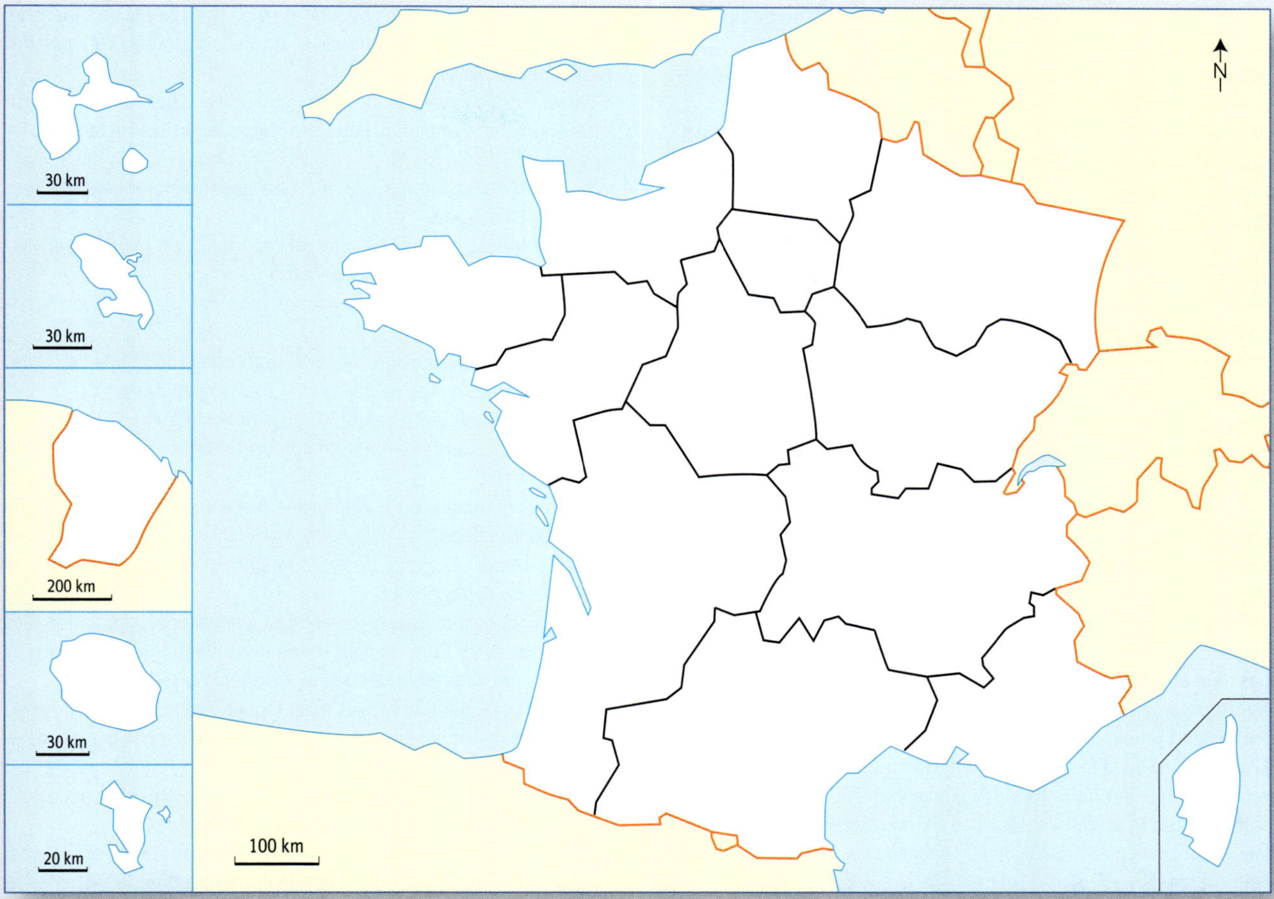

30 km
30 km
200 km
30 km
20 km
100 km
N

300 km

Accessibilité Caractérise la qualité de la desserte d'un lieu par les réseaux de communication.
Accroissement naturel Différence entre le nombre de naissances et le nombre de décès enregistrés au cours d'une période.
Aire optimale d'adhésion Zone périphérique d'un parc national.
Aire régionale Espace dont les composantes ont en commun des spécificités liées à leur proximité géographique et qui développent des relations entre elles.
Aire urbaine Ensemble formé par un pôle urbain et sa couronne périurbaine.
Aléa Probabilité d'un événement modifiant un système naturel ou technologique et présentant un danger potentiel pour les hommes et l'environnement.
Alizé Vent régulier soufflant dans la partie tropicale des océans.
Aménagement Ensemble des actions publiques et privées destinées à développer des activités économiques et/ou de protection dans un espace.
Aménagement des territoires Ensemble des mesures politiques et économiques visant à améliorer le fonctionnement des territoires.
Aménités Atouts et/ou agréments d'un lieu. Ils peuvent être paysagers, climatiques, culturels et/ou fonctionnels.
Ancrage régional Participation aux relations de tout type (économiques, culturelles, humaines) développées par les différentes parties d'un ensemble régional.
Approfondissement Processus d'unification et d'harmonisation politique et juridique.
Archipel Groupe d'îles relativement proches les unes des autres.
Archipel métropolitain mondial Ensemble des grandes métropoles qui jouent un rôle moteur dans la mondialisation de l'économie et sont reliées entre elles par des réseaux et des flux, matériels et immatériels.
Armature urbaine Ensemble des villes d'un espace déterminé.
Au vent Versant exposé aux alizés.
Biodiversité Contraction de « biologique » et « diversité », le terme désigne la diversité des êtres vivants et des écosystèmes.
Caractère archipélagique Relatif à un archipel.
Centralité périphérique Pôle secondaire d'activités métropolitaines et de peuplement dans une aire urbaine.
Climat continental Climat marqué par des forts contrastes entre un hiver froid et un été chaud et souvent humide (orages).
Climat méditerranéen Climat marqué par des hivers assez doux et des étés très chauds. L'été est sec et les précipitations tombent au printemps et en automne (grosses averses).
Climat océanique Climat marqué par de faibles contrastes de températures et de précipitations entre l'hiver et l'été en raison de la proximité de l'océan qui rafraîchit l'été et adoucit l'hiver.
Cluster Groupe d'entreprises innovantes.
Communautaire Adjectif qui désigne ce qui relève de l'Union européenne.
Compétitivité Capacité à fournir et vendre durablement des biens en situation de concurrence.
Convention de Ramsar Label international qui valorise les actions de gestion durable des zones humides d'importance internationale.
Corridor Axe qui concentre les voies de communication les plus diversifiées, les plus nombreuses et les plus efficaces, et parcouru par les flux les plus intenses.
Cosmopolite Composé des personnes originaires de pays divers.
Crassier Accumulation de déchets dans le cadre d'une exploitation minière.
DATAR Délégation interministérielle à l'aménagement du territoire et à l'attractivité régionale.
Delta Embouchure d'un cours d'eau où les alluvions apportées par le fleuve s'accumulent et forment une avancée plus ou moins marquée de la terre aux dépends de la mer.
Densité Rapport entre la population d'un territoire et sa superficie.
Désenclavement Action de relier un lieu isolé (enclavé) par des voies de circulation.
Desserte multimodale Desserte qui utilise plusieurs modes de transport, en combinant leurs avantages selon les distances parcourues.
Discontinuité géographique Rupture géographique liée à la distance, à l'insularité.
District industriel Espace industriel spécialisé en milieu rural, rassemblant des PME en forte interaction.
Élargissement Accueil de nouveaux membres dans l'Union européenne.
Enclavement Désigne un lieu difficile d'accès – du fait de l'éloignement et/ou du temps de parcours –, mal ou peu desservi.
Endogène Caractérise ce qui est produit localement.
Espace-coût Terme qui met en rapport la distance parcourue et le coût du trajet.
Espace productif Espace aménagé et mise en valeur pour une activité économique.
Espace-temps Terme qui met en rapport la distance parcourue et la durée de déplacement.
Espace Schengen Espace caractérisé par la libre circulation des personnes entre États signataires de la convention de Schengen et par des contrôles renforcés à leurs frontières extérieures.
Eurorégion Espace frontalier dans lequel est promue la coopération entre collectivités territoriales situées de part et d'autre de la frontière.
FEAMP Fonds européen pour les affaires maritimes et la pêche.
FEDER Fonds européen de développement régional.
Ferroutage Transport de marchandises associant le rail et la route.
Firme transnationale (FTN) Grande entreprise dont les activités se déploient dans au moins cinq pays différents.
Flux Déplacement de personnes, de biens, d'informations.
Fonctions métropolitaines Fonctions décisionnelles et d'innovation dans les domaines économique, politique et culturel. Elles sont concentrées dans les plus grandes villes et représentatives de leur pouvoir de commandement.
***Foreland* (avant-pays)** Espace desservi par les lignes maritimes au départ ou à destination d'un port. Il réunit les partenaires commerciaux du port.
Francophonie Organisation regroupant les pays où le français est parlé.
Fret Transport de marchandises.
Friche industrielle Espace abandonné par l'industrie.
FSE Fonds social européen.
Gentrification Processus de retour des populations aisées dans les quartiers centraux des villes après la réhabilitation de l'habitat.
Géopolitique Relatif aux relations entre l'espace et la politique, à travers les tensions et conflits, les systèmes d'alliance internationaux et les rapports de puissance.
Gestion intégrée Gestion associant protection et usages économiques dans le cadre d'un développement durable.
Gouvernance Gestion d'une entreprise, d'une collectivité territoriale, d'un État.
Groupement européen de coopération territoriale (GECT) Statut qui permet à des collectivités territoriales frontalières de partager des compétences pour réaliser des projets. En 2014, on compte 46 GECT.
***Hinterland* (arrière-pays)** Espace desservi par un port maritime par lequel transite l'essentiel des importations et exportations de cet espace.
Hub Plaque tournante d'une compagnie aérienne qui concentre sur un aéroport l'essentiel de ses vols et correspondances. Par extension, nœud d'un réseau de transport.

Hygrométrie Taux d'humidité dans l'air.

IDE (investissements directs étrangers) Placements de capitaux effectués par des entreprises françaises à l'étranger.

IDH (indicateur de développement humain) Indicateur intégrant, sur une échelle de 0 à 1, le PIB par habitant, l'espérance de vie et le pourcentage d'adultes analphabètes.

IGP (Indication géographique protégée) Label européen qui désigne un produit dont les caractéristiques sont liées à une zone géographique dans laquelle se déroule au moins sa production ou sa transformation ou son élaboration.

Innovation Mise en œuvre d'un produit (bien ou service), d'un procédé ou d'une organisation nouveaux.

Insularité Caractéristiques propres aux îles, relatives à leur isolement.

Intégration Participation, articulation à un ensemble plus vaste. Processus d'harmonisation des législations qui favorise les échanges.

Interface Zone de contact entre deux espaces.

Intermodalité Combinaison de plusieurs modes de transport.

Joint venture Co-entreprise.

Limite Ce qui permet de circonscrire un ensemble spatial donné : une région, une construction politique...

Logistique Activité de traitement de la marchandise amenée par conteneur : étiquetage, mise aux normes, conditionnement, mise en lots et organisation du transport jusqu'à la destination finale.

Macrocéphalie Caractérise un réseau urbain déséquilibré au profit d'une ville plus peuplée et puissante que toutes les autres villes du pays ou de la région.

Métropole • État auquel appartient le territoire ultramarin.
• Ville d'un certain seuil démographique disposant de fonctions stratégiques.

Métropolisation Processus de concentration des fonctions stratégiques dans les grandes villes.

Milieux Ensemble des conditions naturelles ou sociales qui influencent la vie des individus et des communautés dans un espace.

Mobilités Déplacements physiques effectués par les personnes.

Mondialisation Mise en relation des différentes parties du monde sous l'effet de l'accélération des échanges. De nombreux phénomènes (économiques, culturels et sociaux...) touchent désormais la planète entière.

Multimodalité Combinaison de plusieurs modes de transport au cours d'un même déplacement.

Multiscalaire À toutes ou à plusieurs échelles géographiques.

Natura 2000 Réseau européen qui est l'application de la « directive Habitats » 1992 et de la « directive Oiseaux » (1979). Son but est le maintien des habitats naturels et des espèces d'intérêt communautaire.

NDIT (nouvelle division internationale du travail) Nouveau partage du travail à l'échelle mondiale caractérisé notamment par le redéploiement des industries à faible valeur ajoutée dans les pays émergents.

OMC (Organisation mondiale du commerce) Organisation internationale qui promeut l'abaissement des barrières douanières, donc le libre-échange.

PAC Politique agricole commune.

Paupérisation Processus d'appauvrissement des populations et par extension des lieux.

Pays émergent État en développement connaissant une croissance économique et un développement humain assez élevé.

PCP Politique Commune de la Pêche.

PER (pôle d'excellence rurale) Label attribué par l'État à des projets destinés à dynamiser les espaces ruraux en difficulté.

Périurbanisation Urbanisation diffuse au-delà des banlieues ou de la périphérie d'une ville, guidée par les axes de transport.

PIB (produit intérieur brut) Ensemble des richesses produites à l'intérieur d'un État.

PIB/habitant (produit intérieur brut/hab.) Richesse produite par les activités des habitants divisée par le nombre d'habitants.

Polder Terrain conquis sur la mer ou sur des zones humides.

Pôle de commandement Lieu regroupant des entreprises ou des institutions exerçant une activité de commandement.

Pôle de compétitivité Pôle d'innovation encouragé par l'État.

Polycentralité Existence de plusieurs centres dans une ville ou une agglomération.

POSEI Programme d'options spécifiques à l'éloignement et à l'insularité.

Reconversion Processus de transformation d'un espace en crise pour y développer de nouvelles activités.

Réseau urbain Organisation des relations de dépendance, complémentarité ou concurrence entre les unités urbaines d'un territoire.

Réseaux Trames plus ou moins denses et hiérarchisées, dessinées par les voies de communication et les lignes de télécommunications.

Réserve de biosphère Site désigné par les gouvernements nationaux et reconnu par l'Unesco pour promouvoir un développement durable.

Réserve naturelle Site où la conservation de la faune, de la flore, du sol, des eaux, des gisements de minéraux présente une importance particulière. Certaines réserves sont nationales (RNN), d'autres régionales (RNR) ou départementales (RND).

Rupture de charge Interruption du déplacement des personnes ou des marchandises pour changer de véhicule ou de mode de transport pour poursuivre le trajet.

Saliculture Exploitation d'un marais salant.

SCOT Schéma de cohérence territoriale.

Site inscrit / site classé (loi de 1930) Site qui a un intérêt artistique, historique, scientifique, légendaire ou pittoresque.

Solde migratoire Différence entre le nombre d'immigrants et celui d'émigrants.

Sous le vent Versant à l'abri des alizés.

Standard de pouvoir d'achat (SPA) Unité monétaire artificielle qui élimine les différences de niveaux de prix entre les pays.

Station de 3e génération (ou station intégrée) Station conçue pour la pratique des sports d'altitude et organisée en un ou plusieurs sites.

Système productif Organisation économique de la production, qui permet d'envisager l'ensemble des interrelations entre les différentes filières et branches d'activité.

Technopôle Parc d'activités spécialisé dans les hautes technologies.

Territoire ultramarin Territoire d'Outre-mer.

Touristification Mise en tourisme d'un espace.

Travailleur frontalier Personne qui travaille dans un autre État que celui où elle réside.

Urbanisation Processus de concentration des hommes et des activités dans les villes.

Ville mondiale Métropole dont le rayonnement économique, politique et culturel s'étend à l'échelle de la planète.

ZEE Bande de 200 milles marins (370 km) à partir des côtes. Le pays qui la possède dispose de droits pour l'exploitation des ressources.

Zone de libre-échange Espace dans lequel les flux commerciaux ne sont pas entravés par des barrières douanières

Zone euro Zone monétaire regroupant les pays de l'Union européenne qui ont adopté l'euro.

Table des illustrations

16-17 © Conseil régional de Bourgogne - Laurence Berthel
18 ph © B. Pohu - CdC Pays de L'Aigle et de la Marche
19 ph © Région Pays de la Loire - Ouest Médias - P. Minier
23-4d ph © L. Giraudou/hemis.fr (Mucem -Architecte Rudy Ricciotti)
23-4g ph © M. Colin/hemis.fr (Mucem -Architecte Rudy Ricciotti)
25 © GEO
26 © Jean-Paul Viguier et Associés © Adagp, Paris 2015
27-3 © J. Beinat
27-4 doc. Ville de Saint-Dizier
28 ph © S. Hajewski
29-8 ph © © A. Picoré/ Le Républicain Lorrain
29-9 ph © Ph. Desmazes/Afp Photo
31-1 doc. Evry centre Essonne
31-2 © Parc naturel régional du Haut-Jura
31-4 doc. Seine Maritime - Maison départementale des personnes handicapées
32-2a ph © Y. Talensac/Photononstop
32-2b ph © Onlyfrance.fr
36 © Delestre
37 ph © P. Hertzog/Afp Photo
38-bd © Hatier
40 ph © Ph.Guignard/ air-images.net
41-4 doc. IAU-IDF, SDRIF, «Défis, projet spatial régional et objectifs», 2015
42-5 doc. IDF-IAU
45-4 © Deligne
49-3 ph © halleyjc.blog.lemonde.fr
49-5 doc. tourismepaca.fr
50 © Aurel
51 © Création : Région Centre-Val de Loire
53 ph © Azumendi/Andia.fr (Architecte Santiago Calatrava)
54 © Cornelsen Schulverlage, 2014
56 © Chaunu
60-h doc. départements.fr
64-65 ph © J. Mignot/Andia.fr
66 ph © P. Blot/Photo-aerienne-france.fr
67 ph © Laran/Colorise
68 ph © P. Blot/photo-aérienne-france.fr
71 ph © S. Baudouin/SMCG
72 ph © S. Lemaire/hemis.fr
74 ph © R. Cintract/hemis.fr
75 ph © Ph. Salvat
76 doc. www.lesarcs.com/ domaine-skiable
81 ph © G. Rolle/Rea
83 ph © PVDE/Rue des Archives
85 ph © Mairie de Saint-Pierre-des-Corps
88 © Danone
96 ph © B.Gardel/Hemis/Corbis
97 doc. avec l'aimable autorisation de la «La bergerie de Pradines». Montoulieu 34190 - www.masdepradines.fr
99 © Datar
101 Extrait de BD ORTHO® La Janais-Chartres de Bretagne- © IGN - 2015 – autorisation n° 80-1508
102 ph © F. Bocquet/photos-aeriennes-france.fr
103 ph © A.T.B.
106 ph © G. Labriet/Photononstop
107 ph © Debru/Colorise
108 ph © Benjamin Geminel - Doc.DICOM-CAB-METL/ POS/L13210 - Novembre 2013
109 © Atelier VERA & Associés Architectes
110 doc. www.vannesagglo.fr
112 ph © M.-A. Carré
113-4 ph © A. Mariani
113-6 doc. www.fromage-aoc-st-nectaire.com
115 © Datar
116 Extraits issus du SCAN25® Carte n° 9782758518547 © IGN-2015 – Autorisation n° 80-1470
118 © Conseil général de l'Aisne
122 ph © DR : Euroméditerranée
126 ph © P. Goetgheluck/SPL/ Phanie
127-h ph © Lux-in-Fine/Leemage
127-m ph © A. Mariani - (Les Machines de l'île, Elephant automate, conception François Delarozière et Pierre Orefice)
131 ph © B. Grimbert
132 © PlanetObserver
133 ph © G. Rolle/Rea
134-8 doc. www.aerotropolis-europe.com
137 ph © P. Aventurier/Sipa Press
140-1 © Alsace BioValley – www. alsace-biovalley.com
141 doc. EASE © Architecte : VIB architecture - Image IDA+L
146 ph © Gisselbrecht/Andia.fr
147 Extraits issus du SCAN25® Carte n° 97827585522881 © IGN-2015 – Autorisation n° 80-1508
149-2 ph © M. Fedouach/Afp Photo
149-3 ph © P. Pavani/Afp Photo
151 ph © F. Bocquet/photos-aeriennes-france.fr
152 doc. Moselle Tourisme - ph © J.-C. Kanny
162 ph © G. Rolle/Rea
163 ph © F. Charton/hemis.fr
164 © PlanetObserver
165 ph © J.-M. Jouanneaux pour Aéroports de Paris
167 © EuropaCity
168 ph © jeanpierredegas.com
172 ph © G. Rolle/Rea
173-4 Extraits issus du SCAN25® Carte n° 9782758522539 © IGN-2015 – Autorisation n° 80-1508
173-5 doc. Brest Métropole océane - Communauté urbaine
175 ph © X. Bonnaventure
177 ph © P. Rodriguez/Sipa Press
178-9 ph © A. Mariani
181-1 © HAROPA GPMH
181-3b ph © D. Meyer/Afp Photo
182 © Datar
189 doc. Edugéo
192-193 ph © F1online/Andia.fr
194 ph © Ph. Turpin/Belpress/ Maxppp
195 ph © J. Amado/AP/Sipa Press
199-3 © Mayk
199-5 ph © A. S. Llop/Demotix/Corbis
201 ph © PHOTOPQR/ L'Indépendant/F. Berlic/ Maxppp
203-3 © Gerda Szabo
203-4 © Blower
205 ph © Dpa/Picture-alliance/ Abaca Press
208 ph © L. Maisant/hemis.fr
209 ph © Visual Press Agency
213 ph © B. Cristel/Reuters
217 Prod DB/Nord-Ouest Productions DR/Welcome de Philippe Lioret, 2008
224 ph © David Giral Photographie
225 ph © B. de Hogues/Gamma-Rapho
227 ph © IBROKER/hemis.fr
228 © Mayotte Hebdo (n° 539- 14 oct. 2011)
229 ph © H. Douris
230 ph © X. Gauthier/Maxppp
233 ph © Peter Baker/ agefotosctock.com
234-5 doc. Union Européenne
234-6 ph © Ph. Turpin/Belpress/Andia
241 ph © Pr. John Wells
243-1 ph © D. Goudrouffe
243-2 doc. www.polynésie-française. pref.gouv.fr
243-3 ph © S. Grandadam/age fotostock.com
245 ph © PM Serge Charmoillaux/ Marine nationale
246 doc. Comité régional du Tourisme, Saint-Pierre & Miquelon
252-b © 2015-Maher SOPHIE
252-h © UGPBAN
256 ph © V. Jannin/Afp Photo
257 ph © H. Villalobos/corbis
260 ph © ImagineChina/Afp Photo
263 ph © R. De Waal/EPA/Corbis
265 ph © Porttechnology.com
267 ph © Aeroview b.v.
269 © HAROPA Port du Havre
270-1 © La Tribune (Ph © fotolia.com)
270-3 ph © G. Rigoulet/hemis.fr
271 ph © Tripelon-Jarry/ Onlyfrance.fr
274 ph © Ph.Guignard/ air-images.net
284 © HUFTON+CROW PHOTOGRAPHY - Architecte Christian de Portzamparc
285 ph © Ph.Guignard/ air-images.net
289 © 2014 Ubisoft Entertainment. All Rights Reserved. Just Dance, Ubisoft and the Ubisoft logo are trademarks of Ubisoft Entertainment in the U.S and/or other countries
291 ph © N. Nocart/ Marine nationale
293 ph © M. Medina/Afp Photo
295-3 ph © F. Batiche/Afp Photo
295-4 © Eric Kayser
296 © Paris Chic/ Le Figaro/30.07.2011
297-3 ph © P. Libera/Corbis
297-4 © Wilmotte & Associés Architectes
298 ph © Ph.Guignard/ air-images.net
301 ph © A. Viannet/Maxppp

COUVERTURE :
ph © C. Bowman/Scope-Image/Corbis
ph © NASA Earth Observatory/ NOAA NGDC

Malgré nos efforts, il nous a été impossible de joindre certains photographes ou leurs ayants-droit, ainsi que des éditeurs ou leurs ayants-droit de certains documents, pour solliciter l'autorisation de reproduction, mais nous avons naturellement réservé en notre comptabilité des droits usuels.

ÉDITION : Sophie Huttepain
MISE EN PAGE : Thomas Winock - Gudrun Challe
ICONOGRAPHIE : Hatier illustrations, Nelly Gras
MAQUETTE : Laurence Durandeau
CARTOGRAPHIE : Noël Meunier
ADAPTATION MAQUETTE : Sophie Duclos - Thomas Winock - Gudrun Challe
INFOGRAPHIE : Thomas Winock - Coredoc

Imprimé en France par Pollina - L11413
Dépôt légal : 98681.9/01 - Avril 2015

Les États d'Europe

Source : PNUD, 2015.